茂县营盘山新石器时代遗址

（中）

成都文物考古研究院
阿坝藏族羌族自治州文物管理所　编著
茂县羌族博物馆

文物出版社

The Yingpanshan Neolithic Site in Maoxian County (II)

by

Chengdu Municipal Institute of Cultural Relics and Archaeology

Administration of Cultural Relics of Aba Tibetan and Qiang Autonomous Prefecture

Qiang Museum of Maoxian County

Cultural Relics Press

第六章　2004年度发掘

2004 年 10 月 15 日至 12 月 2 日，进行了第二次正式发掘（图 6-1；彩版二〇五～二〇九）。

第一轮发掘工作在遗址中部偏东（即 2003 年发掘第二地点以南约 20 米的地点，西面紧邻

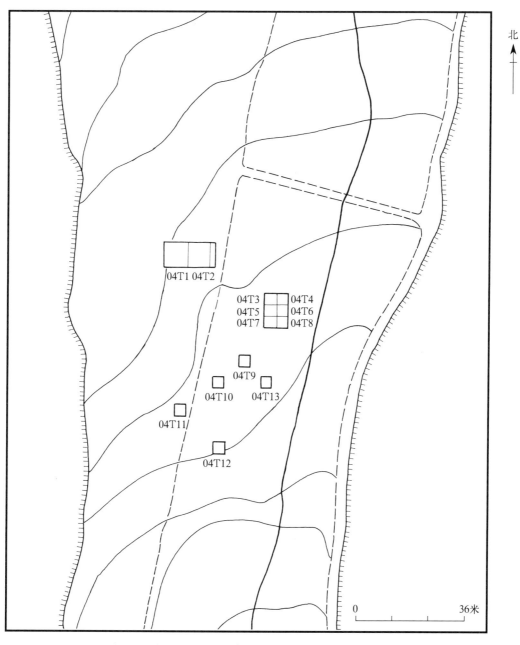

图6-1　2004年发掘探方分布图

03T30）布 5 米 ×5 米探方 6 个，方向为 0°，编号为 04T3 ～ T8（图 6-2；彩版二一〇～二一三），04T3、T5、T7 均留下 1 米宽的东隔梁，04T5、T6、T7、T8 均留下 1 米宽的北隔梁，04T3 西北角距离 04T2 东北角以东 25、以南 20 米。

　　第二轮发掘工作在 04T7 以西 5、以南 10 米处新开 5 米 ×5 米探方 04T9（图 6-3，1；彩版二一四），方向为 0°，不留隔梁，后来 04T9 向东扩方 2 米，以发掘灰坑；在 04T9 以南 5 米处新开 5 米 ×5 米探方 04T10（彩版二一五、二一六），方向为 0°，不留隔梁；在 04T10 以南 20 米处新开 5 米 ×5 米探方 04T12（图 6-3，3；彩版二一九），方向为 0°，留下东、北隔梁；在 04T10 以西 5、以南 5 米处新开 5 米 ×5 米探方 04T11（图 6-3，2；彩版二一七、二一八），方向为 0°；在 04T10 以东 15 米处新开 5 米 ×5 米探方 04T13（图 6-3，4；彩版二二〇、二二一），方向为 0°；还在遗址南部的葡萄园中新开 2.5 米 ×5 米探方 04T14，方向为 15°，已了解该地点的文化层堆积情况。

　　2004 年度共计发掘面积 600 平方米，并一共清理完整及残损石棺葬 42 座。

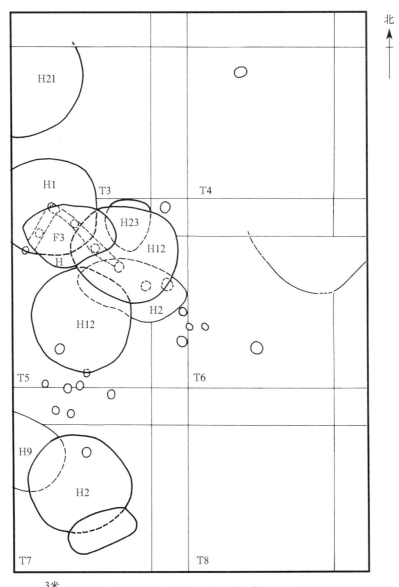

图6-2　04T3～T8遗迹分布平面图

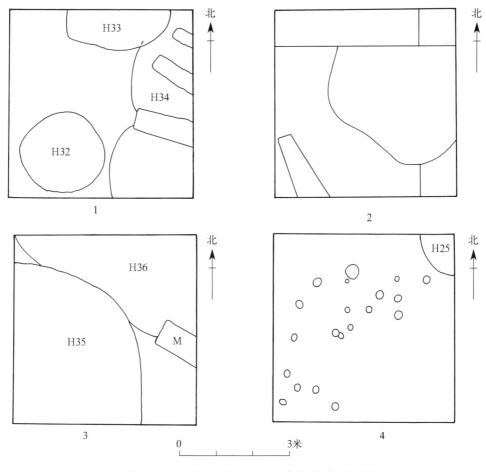

图6-3　04T9、T11～T13遗迹分布平面图

1～4. 04T9、T11～T13

第一节　地层堆积

1. 04T12北壁

第一地点以04T12为代表。

04T12位于T10南20米。布方规格5米×5米，发掘面积5米×4米。地层堆积以04T12北壁为例（图6-4），介绍如下。

第①层：深褐色现代农耕土层，结构疏松，呈颗粒状。厚0.10～0.20米。包含物有植物根茎、小石块及少量早期陶片。

第②层：灰褐色土，质地疏松，呈颗粒状，分布于探方北部。深0.10～0.20、厚0.15～0.63米。包含物有片页岩片及少量泥质灰陶残片。04M38开口于此层下。

本探方缺失第③层。

第④层：浅红褐色土夹较多黄色土，主要分布于探方北部，质地紧密，呈块状。深0.15～0.60、厚0.20～0.65米。包含物有大量的红烧土颗粒及少量早期陶片。04H28开口于此层下。

第⑤层：深红褐色，主要分布于探方的西北角，质地紧密纯净，呈块状。深0.60～0.95、厚0.08～0.30米。包含物有少量陶器和骨器。

第⑤层以下为生土。

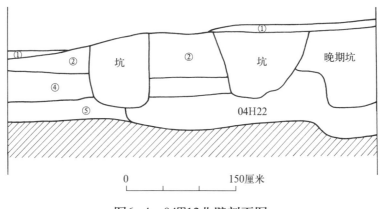

图6-4　04T12北壁剖面图

2. 04T1东壁

第二地点以04T1、T3～7为代表。

04T1位于营盘山遗址中部偏西。布方规格9米×10米，发掘面积9米×10米。地层堆积以04T1东壁为例，介绍如下（图6-5）。

第①层：浅灰色现代农耕土，结构疏松。厚0.05～0.20米。包含大量的植物根系、石子及少量早期陶片。

第②层：灰黄色土，结构疏松干燥。深0.05～0.20、厚0.05～0.25米。包含较多碎石子及少量早期陶片。04M11～M19开口于此层下。

第③层：浅黄色土，结构疏松干燥。深0.27～0.37、厚0.15～0.35米。包含有较多的早期陶片。04Y1、04H18、04Z1、04H24、04H27、04H19、04H20开口于此层下。

第④层：黄褐色土，分布于探方的东北部，质地较紧密。深0.52～0.70、厚0～0.35米。包含少量早期陶片。

第⑤层：红褐色土，结构较紧密，分布于探方东北部。深0.37～0.90、厚0～0.35米。包含物极少。

第⑤层以下为生土。

3. 04T3、T5西壁

04T3、T5位于发掘区的西北部，04T3位于04T4的西侧，04T5的北侧；04T5位于04T6的西侧，04T7的北侧。布方规格5米×5米×2米，发掘面积9米×4米。地层堆积以04T3、T5西壁为例，介绍如下（图6-6）。

第①层：深褐色农耕土层，结构疏松。深0.05～0.12米。包含物有大量植物根系、明清瓷片及少量早期陶片。

第②层：红褐色土，结构疏松，呈颗粒状。深0.05～0.12、厚0.05～0.36米。包含物有大量页岩残片及少量早期泥质、夹砂陶片、彩陶片，以泥质灰陶为主，可辨器物有高领罐、泥塑人面装饰等。04H1、04M25、04M26开口于此层下。

第③层：浅褐色土，质地紧密，呈细颗粒状。深0.35～0.45、厚0.20～0.35米。此层被晚期树坑、石棺残墓严重扰乱，仅存于04T3的西北角，04T5的西北角、中部、西南角等。包含物有少量

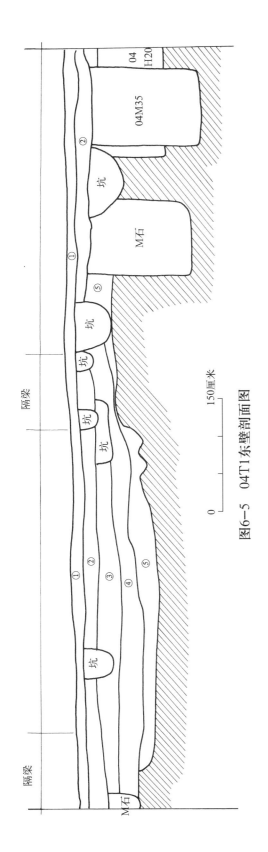

图6-5 04T1东壁剖面图

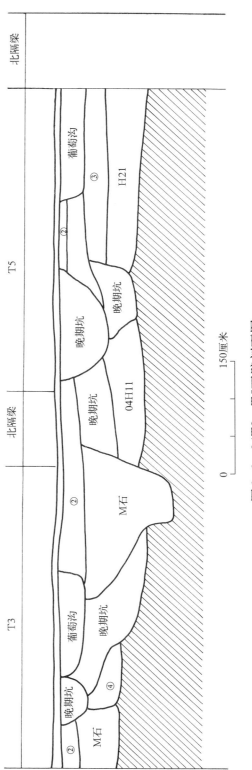

图6-6 04T3、T5西壁剖面图

的泥质褐陶罐残片，以及少量彩陶片。04H21、04H10、04F1、04H11、04H12开口于此层下。

第④层：浅红褐色土，内夹较多黄土，结构紧密，呈块状。深0.45、厚0.25～0.40米。包含物有少量泥质灰陶片及夹砂褐陶残片，以及大量的红烧土块。04F3、04H22、04H23开口于此层下。

第④层以下为生土。

本年度未在第三、第四地点进行发掘。

第二节　遗迹

一　房址

房址共5座（04F1～F5）。

1．04F1

位于04T4～T6内（图6-7），开口于③层下，打破第④层。04F1保存3个柱洞，三编号K1～K3，其中K1处于04T4北部偏西，K2处于04T5的关键柱内，K3处于04T6中部偏西南。柱洞均为直壁平底，直径0.30～0.36、深0.30～0.45米。柱洞均填灰褐颗粒土，有的底部有陶片。

2．04F3

位于04TT3、T5～T7内（图6-8；彩版二二二，1、2），开口于④层下且被04H22、04H23打破，直接打破生土。该房址保存有基槽、柱洞。柱洞和基槽连线后可围成一近似长方形，没有保存居住面，难以判断房门，方向。以残存基槽和柱洞看，呈西北—东南长，约5.20米，东北—西南宽，约4.20米。基槽宽约0.32、深0.26米。柱洞均为直壁平底，直径约

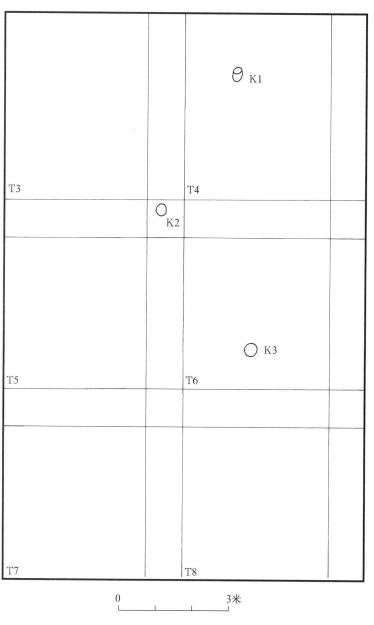

图6-7　04F1柱洞分布平面图

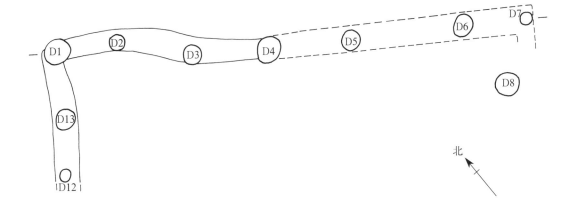

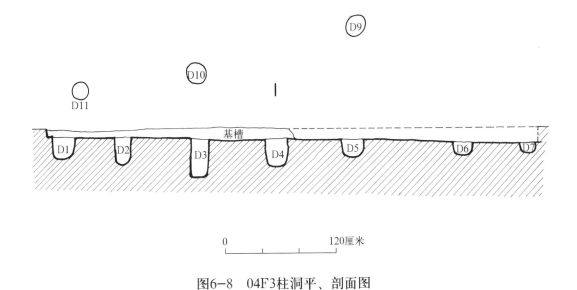

图6-8 04F3柱洞平、剖面图

0.30、深 0.20～0.45 米。柱洞内填土为灰黄土，土质紧密，均有础石，无其他包含物。

3. 04F4

位于 04T13 中部（图 6-9；彩版二二三，1、2），开口于③层下，打破 04F5。该房址保存有 7 个柱洞，西侧一组四个，北侧四个组成一近似直角，中间一洞为两组共有。受发掘面积局限，不能确定判断其房门和范围，没有保留居住面。柱洞直壁平底，直径约 0.30、深 0.25～0.40 米。柱洞内填深褐色黏土，较纯净，无包含物。

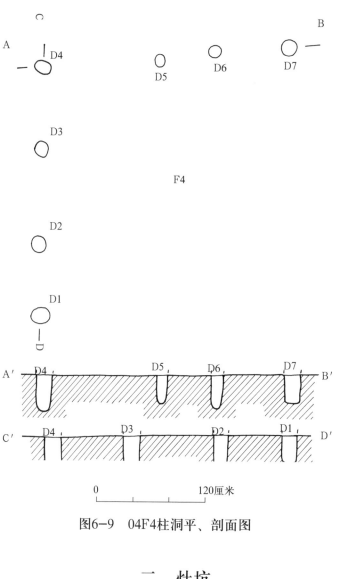

图6-9　04F4柱洞平、剖面图

二　灶坑

2座。

1. 04Z1

位于04T2中部偏南（图6-10，1；彩版二二四，1～3），开口于第②层下，直接打破生土，距地表深0.35米。平面呈椭圆形，长径0.33、宽径0.29、深0.27米。活门呈圆形，直径0.20、深0.35米。灶壁厚4.0、口壁厚6厘米。灶堂呈锅状，填土为浅黄褐色，无包含物。

2. 04Z2

位于04T1北部偏西（图6-10，2），开口于第③层下，打破H24，距地表深0.55米。灶已被晚期人为破坏，只剩下灶后半部分。表面为不规则形，长0.43、宽0.40、深0.31米。灶壁厚5厘米。灶内填土呈浅褐色，无包含物。

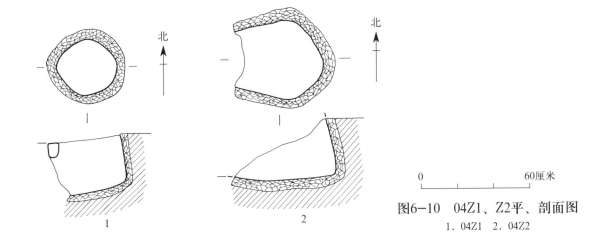

图6-10　04Z1、Z2平、剖面图
1. 04Z1　2. 04Z2

三　灰坑

35个。其中椭圆形2个（04H10、H22）；圆形或近圆形10个，04H2（彩版二二六，1）、H3（彩版二二五，1、2）、H5、H7、H9（彩版二二六，2）、H12、H13（彩版二二七，1）、H14（彩版二二七，2）、H16、H19、H23、H27（彩版二二八，1）、H32；扇形4个，04H4、H21、H25、H29；不规则形19个，04H1、H6（彩版二二九，1、2）、H8、H11、H15、H17、H18（彩版二二八，2）、H20、H24、H28、H30、H31、H33、H34、H35、H36。

1．04H22

位于04T5东北角（图6-11），开口于第④层下，打破04F3，距地表深1.28米。坑口平面近似椭圆形，斜壁，平底。长径3.08、短径1.35、深0.28米。坑内填土为灰黑色，结构紧密，内夹杂浅灰色土及黄色沙质土。包含物以泥质灰陶为主，有少量夹砂灰陶、燧石、兽骨等。

2．04H14

位于04T2中部偏北（图6-12），开口于第②层下，被开口于同层下的石棺葬04M4打破，并打破04H15。坑口平面呈圆形，直壁，平底。直径1.75、深0.60米。坑内填土为红褐色夹浅黄色土，质地疏松。包含物有泥质红陶、灰陶和夹砂灰陶等，纹饰多绳纹，器形主要为罐类；另有骨锥、细石器、砺石等。

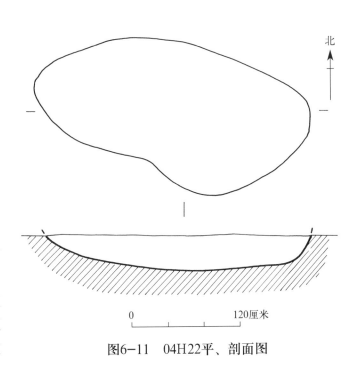

图6-11　04H22平、剖面图

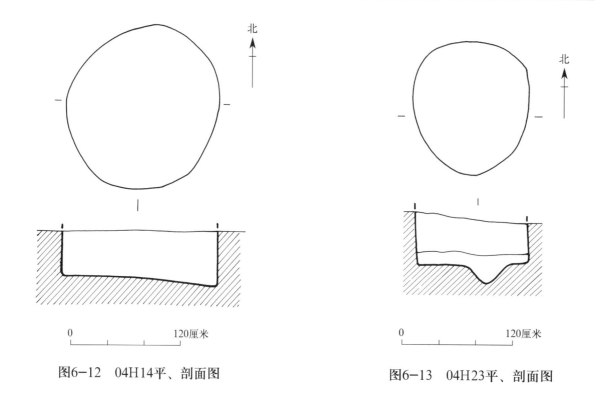

图6-12　04H14平、剖面图　　　　　图6-13　04H23平、剖面图

3. 04H23

位于04T5的西北角（图6-13），开口于第④层下，并打破04F3，仅揭露部分，其余部分压于北壁下，距地表深1.03米。坑口平面近似圆形，直壁、底较平，中部下凹。坑内填土可分两层：第一层为灰褐砂质土，内夹少许灰黑土、炭屑、红烧土颗粒，质地疏松，厚0.39～0.53米。包含物有较多泥质灰陶残片、泥质黄陶残片，器类以缸、罐为主。第二层为灰褐色土，结构紧密，内夹大量红烧土块、炭屑，厚0.16～0.25米，无其他包含物。

4. 04H32

位于04T9南部（图6-14），开口于第⑤层下，距地表深0.95米。坑口平面呈圆形，直壁，平底。直径2.07、深0.50米。坑内填土可分两层：第一层为盆黑色土，土质疏松，器物多出于此层，以泥质陶为主，有灰陶、褐陶，纹饰多绳纹，类主要为罐。第二层为浅黄色土，土质纯净，无包含物。

5. 04H5

位于04T2东北角（图6-15，1），开口于第②层下，并被开口于同层下的石棺葬04M1打破，部分压于北壁下，距地表深0.26米。坑平面呈圆形，直壁，平底。直径1.36、深0.65米。坑内填土为灰黑色夹红褐色土，土质疏松干燥。包含物以泥质灰陶为主，另有泥质褐陶和少量夹砂褐陶，器类有带耳罐、陶罐等，纹饰有绳纹、网格纹等。另出土有穿孔石刀、石球、砺石、兽骨等。

6. 04H8

位于04T2东南部（图6-15，2），开口于第②层下，并被开口于此层下的石棺葬04M6打破，距

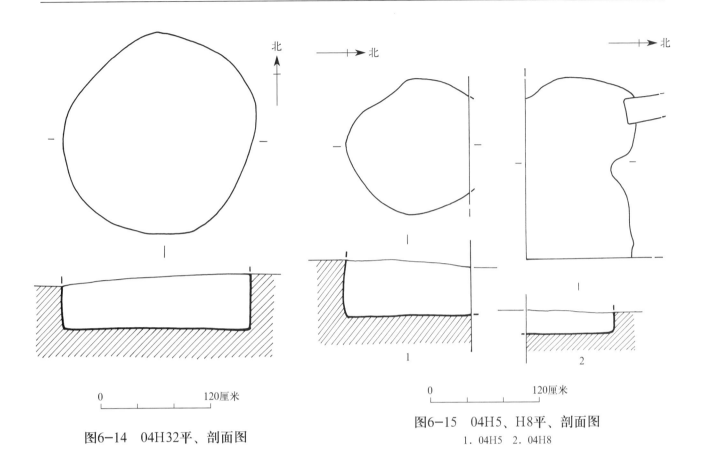

图6-14 04H32平、剖面图

图6-15 04H5、H8平、剖面图
1. 04H5 2. 04H8

地表深0.34米。坑口平面呈不规则形，直壁，平底。长4.80、宽3.00、深0.70米。坑内填土可分四层。第一层呈灰黑色，内含大量灰烬，分布于坑内的北部，质土疏松，多数陶片出于此层。陶片以夹砂砂陶为主，纹饰有绳纹、附加堆纹等，器形多罐；泥质陶较少，为褐陶钵残片。第二层呈红褐色，内夹少量浅黄色颗粒状土块，土质纯净，无包含物。第三层呈灰黄色，分布于坑内东南局部，质土纯净，无包含物。第四层呈红褐色，质土纯净，无包含物。

7. 04H17

位于04T2西北部(图6-16)，开口于第③层下，距地表深0.34米。坑口平面呈不规则形，直壁，平底。长2.50、宽2.40、深0.80米。坑内填土可分两层。第一层呈灰黑色，内夹大量灰烬，器物多出此层，有泥质、夹砂陶，纹饰以绳纹为主，器型多罐，另有骨针、石器、骨器等。第二层呈黄褐色，质地疏松，纯净干燥，无包含物。

8. 04H19

位于04T1西北部(图6-17)，开口于第③层下，距地表深0.40米。坑口平面呈不规则形，直壁，平底。长2.10、宽1.80、深0.45米。坑内填土可分两层。第一层呈灰黑色，器物多出于此层，有泥质灰陶、红陶，夹砂灰陶、褐陶等，器型多罐，纹饰以绳纹为主，另有石核、骨笄、石锛、石凿、穿孔石刀、石璧等。第二层呈浅黄色内夹红褐色，质地疏松干燥，无包含物。

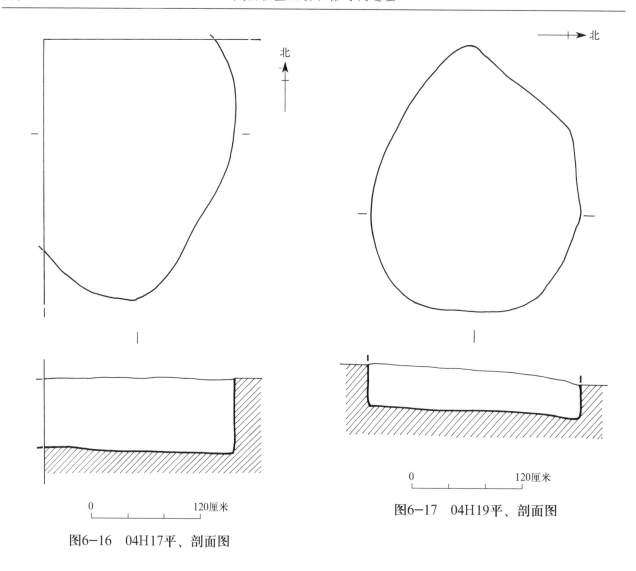

图6-16　04H17平、剖面图

图6-17　04H19平、剖面图

9．04H24

位于04T1西北角（图6-18），开口于第③层下，打破H27，距地表深0.65米。坑口平面呈不规则形，直壁，平底，长3.40、宽1.93、深0.60米。坑内填土可分两层。第一层为灰黑色夹少许浅黄色土，土质疏松干燥，器物均出于此层，有泥质灰陶、红陶，夹砂灰陶、褐陶等，纹饰多绳纹，器型多罐，另有少量兽骨。第二层为红褐色土土质纯净，无包含物。

四　窑址

窑址1座（04Y1）

04Y1

位于04T1东北部，开口于第③层下（彩版二三〇，1），打破04H18，距地表深0.34米，只剩底部较硬的烧结面。形状为不规则形，长2.80、宽1.70米。无包含物。

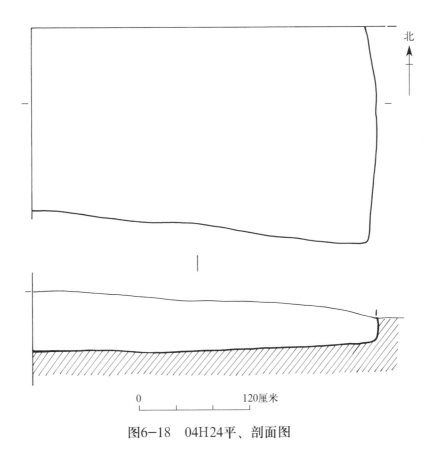

北

0   120厘米

图6-18 04H24平、剖面图

第三节 遗 物

本年度陶片的纹饰种类丰富，包括粗细绳纹（包括交错绳纹形成的网格纹）、附加堆纹、素面磨光、彩陶、绳纹花边口沿装饰、弦纹、乳丁纹、瓦棱纹、划纹、太阳纹、复合纹饰（绳纹与附加堆纹组合成的箍带形装饰、绳纹之上饰凹弦纹）、捏塑与刻划相结合的人面像等（图 6-19 ～ 23）。陶器以平底器和小平底器为主，有少量矮圈足器。彩陶均为黑彩绘制，图案题材有草卉纹、条带纹、变体鸟纹、弧线三角形纹、网格纹、蛙纹等彩陶，器类有瓶、罐、盆、钵等。泥质陶的器类有小口瓶、壶、矮领罐、高领罐、罐、瓮、缸、盆、带嘴锅、甑、钵、碗、环、纺轮、人面像、网坠、镯、球、杯、刀、器盖等。夹砂陶器类有侈口罐、罐、小罐、筒形罐、瓮、带嘴锅、甑、钵、盘、杯、碟、器盖、圈足等。

一 陶 器

（一）彩陶

1．彩陶瓶

A 型 I 式 3 件。侈口，平沿，圆唇。

标本 04H30 ：23，泥质砖红陶。颈部饰平行细条带纹。口径 10、残高 6.1 厘米（图 6-24，1）。

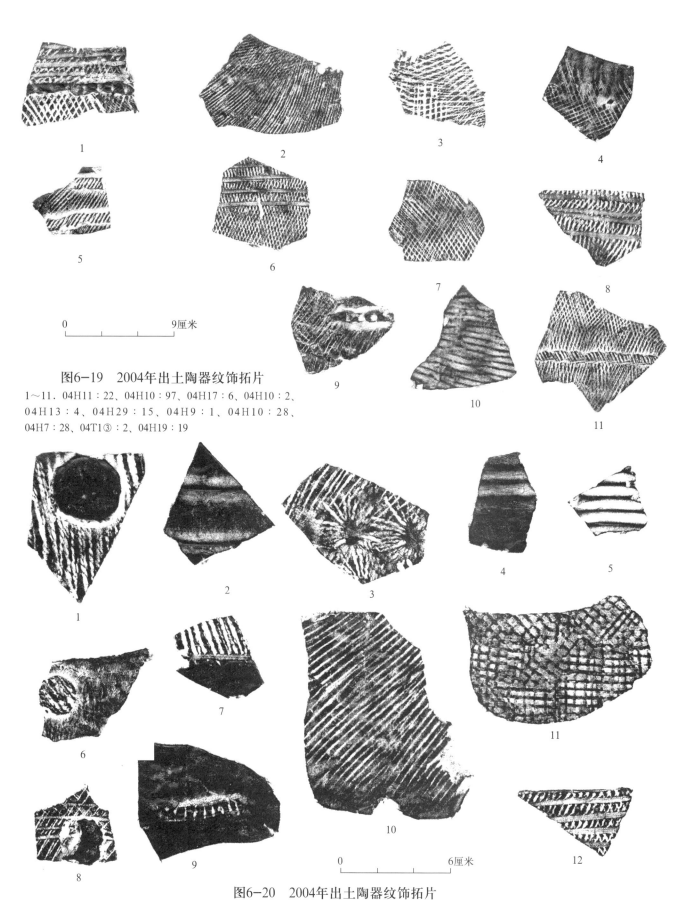

图6-19　2004年出土陶器纹饰拓片

1～11. 04H11：22、04H10：97、04H17：6、04H10：2、
04H13：4、04H29：15、04H9：1、04H10：28、
04H7：28、04T1③：2、04H19：19

图6-20　2004年出土陶器纹饰拓片

1～12. 04T10③：7、04T10③：9、04H2：23、04T10④：2、04T1③：28、04H17：24、04H17：67、04H9：81、04H17：68、
04T2③：1、04H5：12、04H6：13

标本04H30：19，泥质橙黄陶。颈部饰平行条带纹。口径7.8、残高6.2厘米（图6-24，2）。

标本04H21：21，泥质橙黄陶。颈部饰平行条带纹，沿面饰弧边三角纹。口径7.6、残高2.5厘米（图6-24，3）。

A型Ⅱ式 3件。侈口，平沿下折，圆唇或尖圆唇。

标本04T2③：12，泥质橙黄陶。颈部饰平行条带纹，沿面饰弧边三角纹。口径18.0、残高4.8厘米（图6-24，4）。

B型Ⅱ式 3件。喇叭口，卷沿外翻，尖圆唇。

标本04T1④：3，泥质橙黄陶。颈部饰平行条带纹，沿面饰弧边三角纹。口径6.8、残高5.3厘米（图6-24，5）。

标本04T5③：3，泥质砖红陶。颈部饰平行条带纹，沿面饰弧边三角纹。口径9.2、残高2.9厘

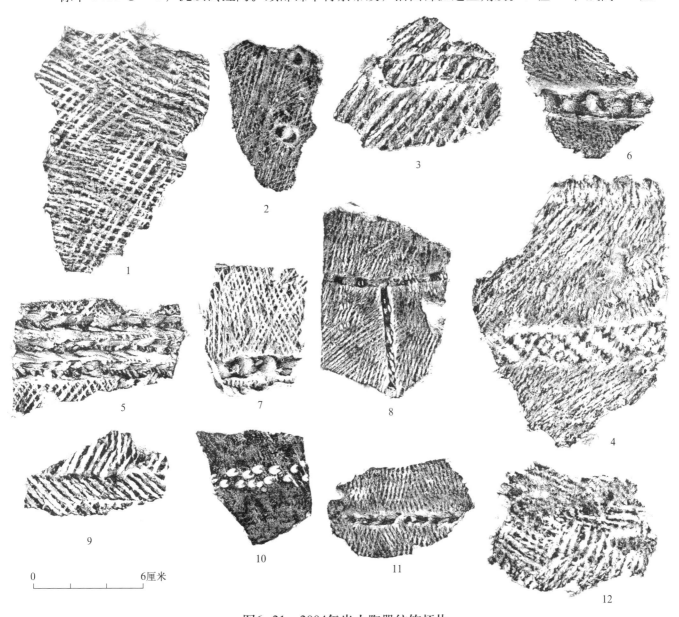

图6-21 2004年出土陶器纹饰拓片

1. 04H8：106、04H8：107、04T10④：75、04H8：22、04T10②：4、04H28：23、04H17：5、04H20：3、04H20：129、04T1④：97、04H19：30、04H10：20

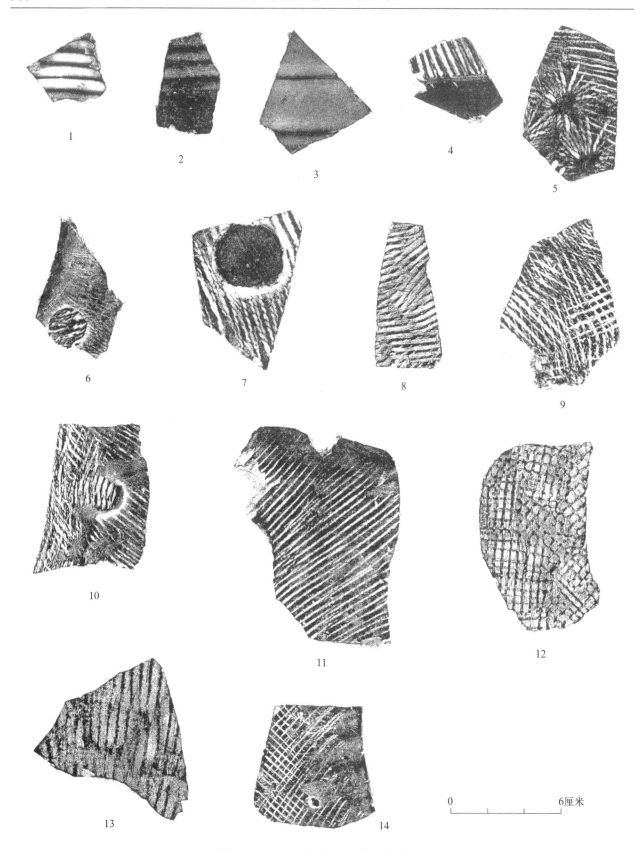

图6-22　2004年出土陶器纹饰拓片

1~14. 04T1②：28、04T10②：20、04T10②：19、04H17：07、04H7：23、04H7：24、04T10②：19、04H7：137、04T10③：185、04H36：22、04采：2、04H5：12、04T1③：2、04H10：26

图6-23 2004年出土陶器纹饰拓片

1~12. 04H19：19、04H47：28、04H17：68、04T6③：5、04H13：4、04H10：28、04H9：1、04T1①：6、04H112：48、04H11：22、04H29：15、04T3④：2

米（图6-24，6）。

C型Ⅰ式 5件。直口，仰折沿，圆唇或方圆唇。

标本04T1②：12，泥质砖红色陶。颈部饰平行条带纹。口残。残高7.4厘米（图6-24，7）。

标本04T1②：16，泥质砖红色陶。颈部饰平行条带纹，沿面饰弧边三角纹。口径14.0、残高1.8厘米（图6-24，8）。

标本04H7：96,泥质橙黄陶。颈部饰平行条带纹、圆点、椭圆形点纹,沿面饰椭圆形点纹。口径6.0、

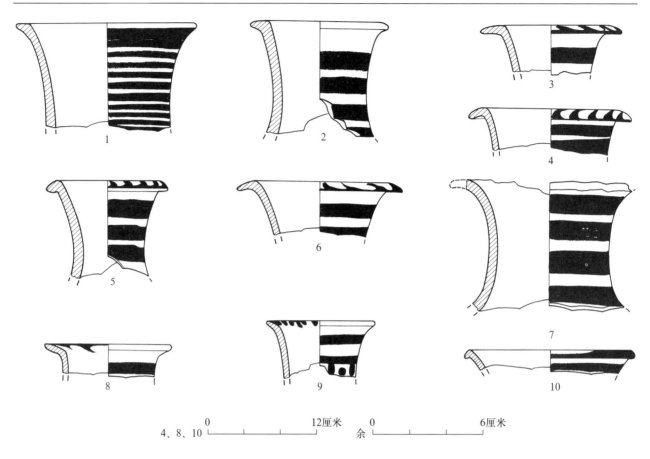

图6-24 2004年出土彩陶瓶

1～3. A型Ⅰ式04H30：23、04H30：19、04H21：21 4. A型Ⅱ式04T2③：12 5、6. B型Ⅱ式04T1④：3、04T5③：3 7～9. C型Ⅰ式04T1②：12、04T1②：16、04H7：96 10. D型04T8②：3

残高3.2厘米（图6-24，9）。

D型 1件。敞口，折沿，方唇，大口。

标本04T8②：3，泥质橙黄陶。颈部、沿面饰平行条带纹。口径19.0、残高2.4厘米（图6-24，10）。

彩陶瓶腹片 56件。

标本04H45：10，泥质橙黄陶。腹部饰平行条带纹、弧边三角纹、弧线条带纹、草叶纹黑彩和素鸡冠状耳（图6-25，1）。

标本04T12④：2，泥质橙黄陶。饰弧线条带纹（图6-25，2）。

标本04T12④：1，泥质橙黄陶。平行条带纹和草叶纹，耳部残（图6-25，3）。

标本04H30：6，泥质橙黄陶。腹部饰平行条带纹、草叶纹黑彩和素鸡冠状耳（图6-25，4）。

标本04H7：44，泥质橙黄陶。腹部饰平行条带纹、弧线条带纹黑彩，耳部残（图6-25，5）。

内、外彩陶片

标本04采：12，器内饰斜向平行条带纹，器表饰弧边三角纹、平行条带纹和草叶纹黑彩（图6-25，6）。

标本04H5：10，器内饰平行条带纹，器表饰草叶纹黑彩（图6-25，7）。

标本04H31：3，泥质橙黄陶。饰平行条带纹（彩版二三一，3）。

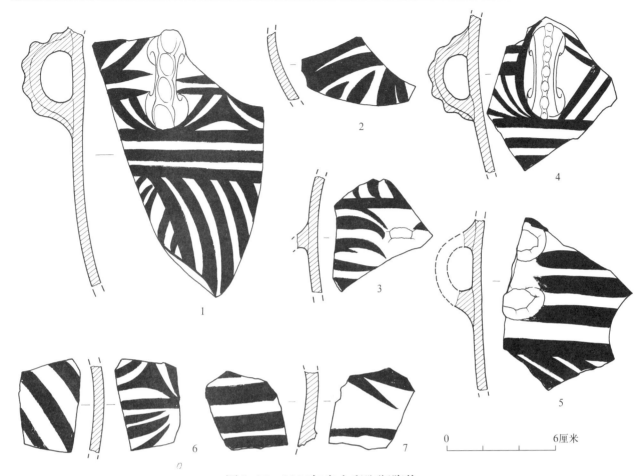

图6-25　2004年出土彩陶瓶腹片
1～7. 04H45：10、04T12④：2、04T12④：1、04H30：6、04H7：44、04采：12、04H5：10

2．彩陶罐

A型　1件。敛口，束颈，广肩，鼓腹。

标本04M35：148，尖圆唇，沿面饰网格纹，颈部饰条带纹，肩部饰水草纹和弧线条带纹。口径8.6、残高3.4厘米（图6-26，1）。

B型　1件。侈口，卷沿，束颈，弧腹。

标本04T1③：25，泥质橙红陶。圆唇。沿面饰条带纹和草叶纹，颈部饰条带纹。口径26.0、残高5.1厘米（图6-26，2）。

C型Ⅰ式　2件。直口，矮领，平折沿，尖唇。

标本04H35：40，泥质橙黄陶。沿面饰弧线条带纹，颈部饰平行条带纹，肩部饰弧线条带纹。口径15.6、残高5.8厘米（图6-26，3）。

标本04H35：49，泥质橙黄陶。沿面饰弧线条带纹，颈部、肩部饰平行条带纹。口径14.0、残高3.2厘米（图6-26，4）。

3．彩陶钵

Aa型　2件。敛口，尖圆唇，弧腹。

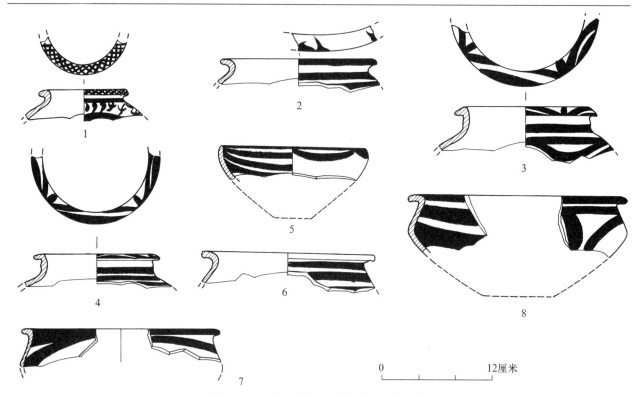

图6-26　2004年出土彩陶罐、钵、盆

1．A型罐04M35：148　2．B型罐04T1③：25　3、4．C型Ⅰ式罐04H35：40、04H35：49　5．A型钵04T1③：20　6．A型Ⅰ式盆 04H35：42　7、8．A型Ⅱ式盆04T13①：9、04H17：65

标本04T1③：20，泥质橙黄陶。唇部内外均饰条带纹一周，钵内饰弧线条带纹，上腹饰垂帐纹。口径16.6、残高1.7厘米（图6-26，5）。

标本04H16：2，泥质橙黄陶。口径15.2、底径5.2、高5.4厘米（彩版二三一，1、2）。

4．彩陶盆

A型Ⅰ式　1件。敛口，仰折沿，圆唇，折腹。

标本04H35：42，泥质橙黄陶。腹部饰平行条带纹。口径29.0、残高6.0厘米（图6-26，6）。

A型Ⅱ式　2件。敛口，平沿，圆唇，折腹。

标本04T13①：9，泥质橙黄陶。沿面饰弧线条带纹，盆内、器表均饰弧线条带纹。口径22.0、残高4.0厘米（图6-26，7）。

标本04H17：65，泥质橙黄陶。沿面饰条带纹一周，盆内饰弧线条带纹，器表饰条带纹一周及弧线条带纹。口径24.0、残高5.8厘米（图6-26，8）。

5．器底

18件。平底。

标本04采：3，泥质橙黄陶。下腹至器底外壁饰纵向条带纹。底径6.0、残高3.6厘米（图6-27，1）。

标本04H7：41，泥质橙黄陶。下腹至器底外壁饰纵向条带纹。底径8.8、残高5.0厘米（图6-27，2）。

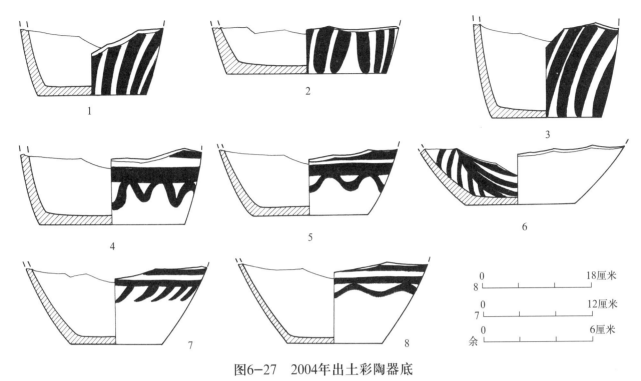

图6-27 2004年出土彩陶器底

1~8. 04采：3、04H7：41、04T2①：9、04H16：17、04H28：36、04T1③：65、04H18：24、04H7：55

标本04T2①：9，泥质橙黄陶。下腹至器底外壁饰纵向条带纹。底径6.0、残高5.0厘米（图6-27,3）。

标本04H16：17，泥质橙黄陶。下腹饰平行条带纹和水波纹。底径8.0、残高4.0厘米（图6-27,4）。

标本04H28：36，泥质橙黄陶。下腹饰平行条带纹和水波纹。底径6.4、残高3.5厘米（图6-27,5）。

标本04T1③：65，泥质橙黄陶。器内下腹饰弧线条带纹。底径6.0、残高3.0厘米（图6-27,6）。

标本04H18：24，泥质橙红陶。腹部饰平行条带纹和弧线条带纹。底径10.0、残高8.4厘米（图6-27,7）。

标本04H7：55,泥质橙黄陶。下腹饰平行条带纹和水波纹。底径15.8、残高12.6厘米（图6-27,8）。

6. 彩陶片

标本04H7：56，泥质红陶。饰变体鸟纹（图6-28,1）。

标本04H35：34，泥质橙黄陶。饰变体鸟纹及条带纹（图6-28,2）。

标本04H17：50，泥质橙黄陶。饰变体鸟纹及条带纹（图6-28,3）。

标本04H17：48，泥质橙黄陶。饰变体鸟纹及条带纹（图6-28,4）。

标本04T8③：2，泥质橙黄陶。饰变体鸟纹、草叶纹及条带纹（图6-28,5）。

标本04H8：35，泥质橙黄陶。饰变体鸟纹及条带纹（图6-28,6）。

标本04H10：12，泥质橙黄陶。饰变体鸟纹及条带纹（图6-28,7）。

标本04H7：68，泥质红陶。饰变体鸟纹（图6-28,8）。

标本04H17：46，泥质橙黄陶。饰变体鸟纹及平行条带纹（图6-29,1）。

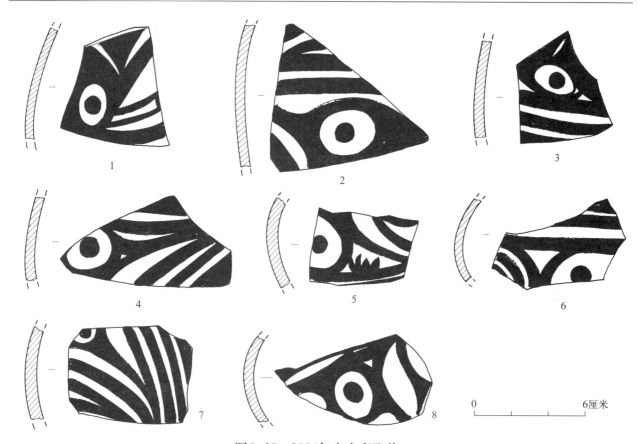

图6-28　2004年出土彩陶片

1~8. 变体鸟纹04H7：56、04H35：34、04H17：50、04H17：48、04T8③：2、04H8：35、04H10：12、04H7：68

标本 04T2 ③：5，泥质橙黄陶。饰变体鸟纹及条带纹（图6-29，2）。

标本 04H4 ：8，泥质红陶。饰变体鸟纹（图6-29，3）。

标本 04H10 ：36，泥质橙黄陶。饰变体鸟纹（图6-29，4）。

标本 04H8 ：55，泥质橙黄陶。饰变体鸟纹，（图6-29，5）。

标本 04H18 ：31，泥质橙黄陶。饰变体鸟纹、条带纹及圆点纹（图6-29，6）。

标本 04H32 ：5，泥质，褐陶。饰平行条带纹及圆点纹（图6-29，7）。

标本 04H21 ：37，泥质橙黄陶。饰变体鸟纹，（图6-29，8）。

标本 04H7 ：54，泥质橙黄陶。饰变体鸟纹，及草叶纹（图6-29，9）。

标本 04H11 ：51，泥质橙黄陶。饰变体鸟纹及弧边三角纹（图6-29，10）。

标本 04T2 ③：6，泥质橙黄陶。饰草叶纹及条带纹（图6-29，11）。

标本 04H35 ：32，泥质红陶。饰草卉纹、圆圈纹及条带纹（图6-30，1）。

标本 04H5 ：11，泥质橙黄陶。饰草卉纹、弧边三角纹及条带纹（图6-30，3）。

标本 04H7 ：64，泥质橙黄陶。饰草卉纹及条带纹（图6-30，4）。

标本 04H32 ：5，泥质橙黄陶。饰草卉纹及平行条带纹（图6-30，5）。

标本 04H7 ：43，泥质橙黄陶。饰草卉纹、圆圈纹及条带纹（图6-30，6）。

标本 04H8 ：54，泥质橙褐陶。饰草卉纹及条带纹（图6-30，7）。

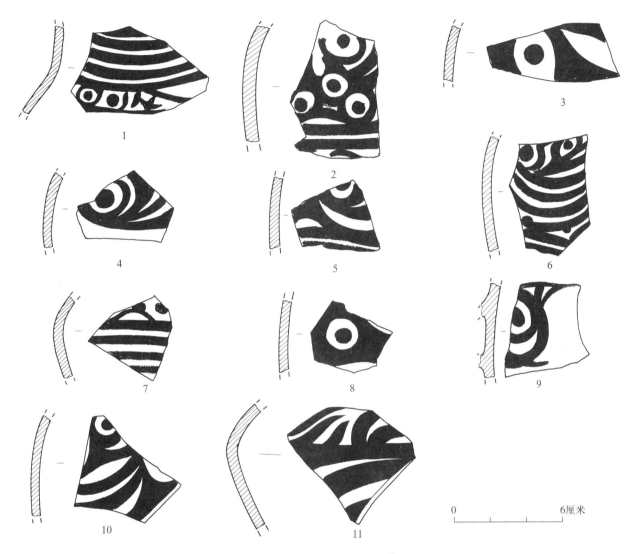

图6-29 2004年出土彩陶片

1～6、8～10. 变体鸟纹04H17：46、04T2③：5、04H4：8、04H10：36、04H8：55、04H18：31、04H21：37、04H7：54、04H11：51
7. 平行条带纹04H32：5 11. 草卉纹04T2③：6

标本04H7：95，泥质橙黄陶。饰草卉纹（图6-30，9）。

标本04H7：57，泥质红陶。饰草卉纹及条带纹（图6-30，10）。

标本04H36：40，泥质橙黄陶。饰蛙纹（图6-30，8）。

标本04H18：30，泥质红陶。饰平行条带纹（图6-31，1）。

标本04H17：62，泥质红陶。饰条带纹（图6-31，2）。

标本04H36：14，泥质橙黄陶。饰条带纹（图6-31，3）。

标本04H21：23，泥质红陶。饰条带纹及圆点纹（图6-31，4）。

标本04H35：48，泥质红陶。饰条带纹及弧边三角纹（图6-31，5）。

标本04H7：75，泥质橙黄陶。饰条带纹（图6-31，6）。

标本04H15：21，泥质橙黄陶。饰条带纹（图6-32，1）。

标本04H8：52，泥质橙黄陶。饰条带纹及圆圈纹（图6-32，2）。

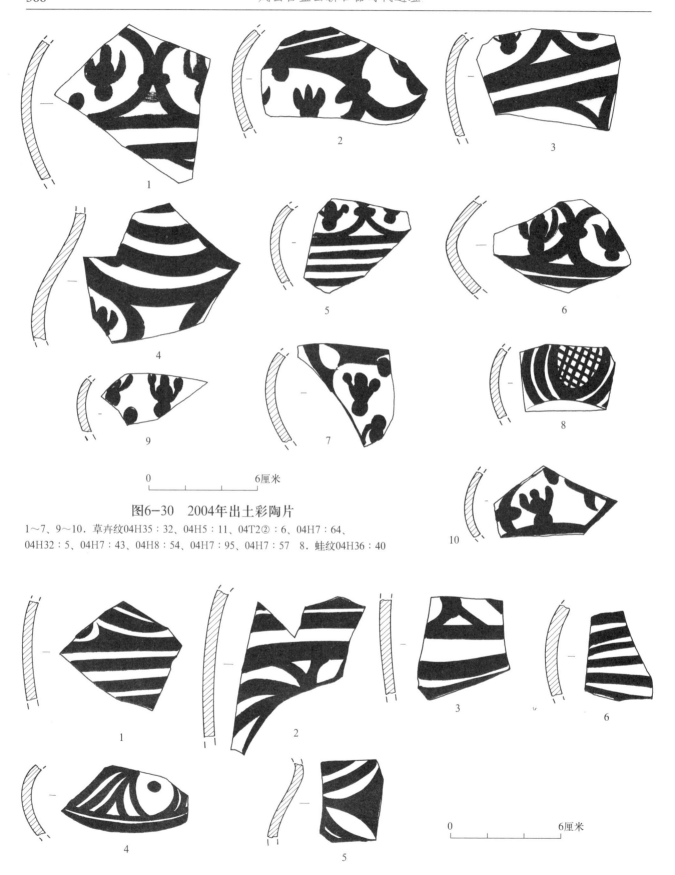

图6-30　2004年出土彩陶片

1～7、9～10. 草卉纹04H35：32、04H5：11、04T2②：6、04H7：64、
04H32：5、04H7：43、04H8：54、04H7：95、04H7：57　8. 蛙纹04H36：40

图6-31　2004年出土彩陶片

1～6. 条带纹04H18：30、04H17：62、04H36：14、04H21：23、04H35：48、04H7：75

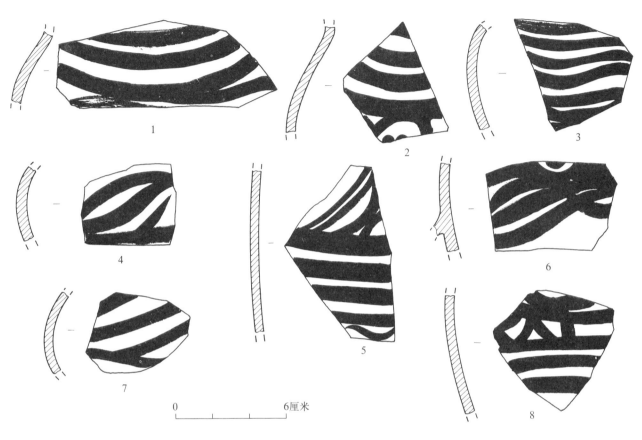

图6-32　2004年出土彩陶片

1~8. 条带纹04H15：21、04H8：52、04H17：51、04H5：10、04H7：76、04T2③：9、04H7：48、04H7：49

标本04H17：51，泥质橙红陶。饰条带纹（图6-32，3）。

标本04H5：10，泥质橙黄陶。饰条带纹及草叶纹（图6-32，4）。

标本04H7：76，泥质橙黄陶。饰平行条带纹（图6-32，5）。

标本04T2③：9，泥质橙褐陶。饰条带纹及圆点纹（图6-32，6）。

标本04H7：48，泥质橙黄陶。饰条带纹（图6-32，7）。

标本04H7：49，泥质橙黄陶。饰平行条带纹（图6-32，8）。

标本04T1②：4，泥质红陶。饰平行细线纹（图6-33，1）。

标本04T2③：10，饰平条带纹（图6-33，2）。

标本04T1②：6，泥质红陶。饰平行细线纹、条带纹及圆点纹（图6-33，3）。

标本04H17：42，泥质橙黄陶。饰平行条带纹（图6-33，4）。

标本04H35：47，泥质橙黄陶。饰条带纹（图6-33，5）。

标本04H7：45，泥质橙黄陶。饰平行条带纹（图6-33，6）。

标本04H11：21，泥质橙黄陶。饰条带纹（图6-34，1）。

标本04H22：3，泥质橙黄陶。饰条带纹及草叶纹（图6-34，2）。

标本04T1③：17，泥质橙黄陶。饰条带纹（图6-34，3）。

标本04T3④：3，泥质红陶。饰条带纹（图6-34，4）。

标本04H7：52，泥质橙黄陶。饰条带纹及草叶纹（图6-34，5）。

标本04T2③：8，泥质橙黄陶。饰条带纹及草叶纹（图6-34，6）。

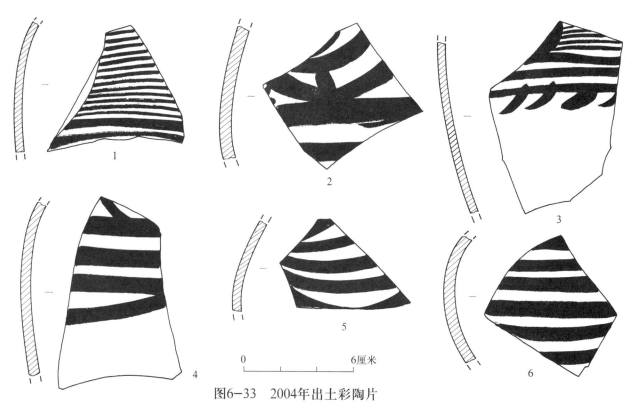

图6-33　2004年出土彩陶片

1～6．条带纹04T1②：4、04T2③：10、04T1②：6、04H17：42、04H35：47、04H7：45

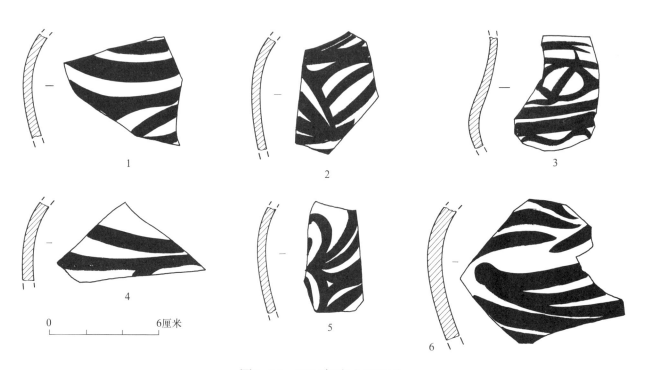

图6-34　2004年出土彩陶片

1～6．条带纹04H11：21、04H22：3、04T1③：17、04T3④：3、04H7：52、04T2③：8

（二）泥质陶

1．小口瓶

A 型 II 式 2 件。侈口，退化重唇。

标本 04H14：29，泥质黑陶。口径 10.0、残高 6.2 厘米（图 6-35，1）。

标本 04H14：19，泥质黑陶。口径 15.0、残高 7.6 厘米（图 6-35，2）。

标本 04T4②：10，泥质灰陶。口径 8.6、残高 6.4 厘米（图 6-35，3）。

A 型 III 式 4 件。敞口，退化重唇。

标本 04T2③：41，泥质黑陶。口径 13.0、残高 7.2 厘米（图 6-35，4）。

标本 04T2③：77，泥质灰陶。口径 14.2、残高 4.2 厘米（图 6-35，5）。

标本 04T2③：32，泥质黑陶。口径 12.6、残高 5.8 厘米（图 6-35，6）。

标本 04H28：37，泥质灰褐陶。口径 16.0、残高 7.6 厘米（图 6-35，7）。

B 型 I 式 3 件。直口，直领，侈沿或仰折沿，圆唇。

标本 04H7：64，泥质灰陶。口径 9.0、残高 2.8 厘米（图 6-35，8）。

标本 04H14：23，泥质灰陶。平底。口径 10.2、底径 9.6、通高 25.0 厘米，肩部以下饰纵向细绳纹（图

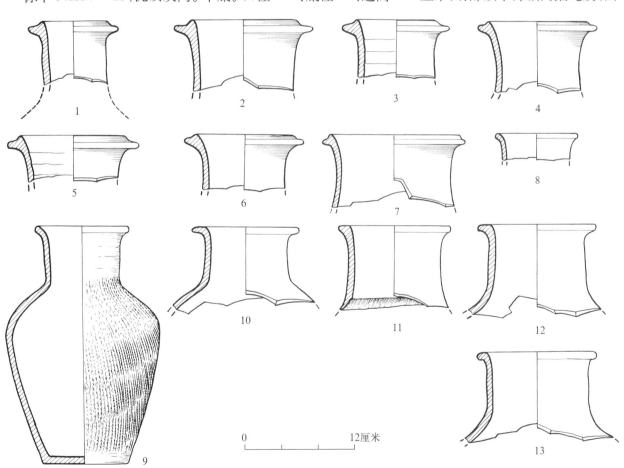

图6-35 2004年出土泥质陶小口瓶

1～3. A 型 II 式 04H14：29、04H14：19、04T4②：10 4～7. A 型 III 式 04T2③：41、04T2③：77、04T2③：32、04H28：37 8、9. B 型 I 式 04H7：64、04H14：23 10～13. B 型 III 式 04H24：10、04T10③：8、04H18：18、04T1③：4

6-35，9；彩版二三一，4）。

　　B型Ⅲ式　4件。直口，直领，平沿，圆唇。

　　标本04H24：10，泥质灰陶。口径11.8、残高9.4厘米（图6-35，10）。

　　标本04H18：18，泥质灰陶。口径13.0、残高9.8厘米（图6-35，12）。

　　标本04T10③：18，泥质黑陶。口径12.4、残高9.0厘米（图6-35，11）。

　　标本04T1③：4，泥质灰陶。口径13.2、残高9.6厘米（图6-35，13）。

　　C型Ⅰ式　4件。侈口，平沿，圆唇。

　　标本04H28：15，泥质灰陶。口径14.0、残高7.8厘米（图6-36，1）。

　　标本04H6：7，泥质灰陶。口径13.2、残高8.6厘米（图6-36，2）。

　　C型Ⅱ式　11件。侈口，平沿外卷，尖圆唇。

　　标本04H17：24，泥质橙黄陶。口径10.4、残高9.2厘米（图6-36，3）。

　　标本04T1③：9，泥质黑陶。口径11.4、残高8.2厘米（图6-36，4）。

　　标本04H16：20，泥质灰褐陶。口径12.9、残高7.2厘米（图6-36，5）。

　　标本04采：27，泥质灰褐陶。口径13.8、残高8.6厘米（图6-36，6）。

　　标本04H17：25，泥质灰陶。肩部饰斜向细绳纹。口径15.0、残高10.8厘米（图6-36，7）。

　　标本04H3：111，泥质灰陶。口径14.8、残高14.4厘米（图6-36，8）。

　　D型　侈口，卷沿。1件。

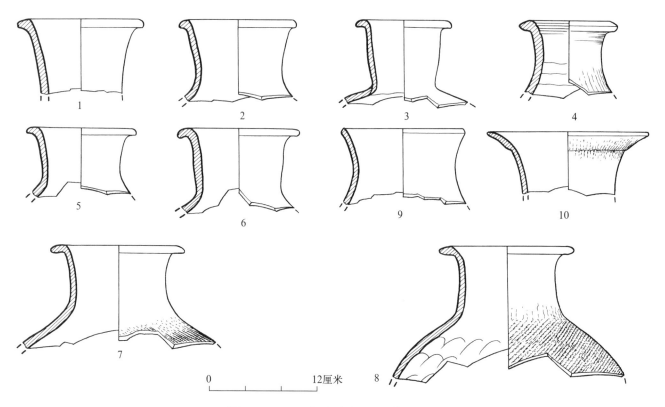

图6-36　2004年出土泥质陶小口瓶

1、2. C型Ⅰ式04H28：15、04H6：7　3～8. C型Ⅱ式04H17：24、04T1③：9、04H16：20、04采：27、04H17：25、04H3：111　9.
D型04T10③：9　10. Eb型04T1③：3

标本 04T10 ③：9，泥质橙黄陶。口径 13.6、残高 8.2 厘米（图 6-36，9）。

Eb 型　1 件。侈沿，尖圆唇。

标本 04T1 ③：3，泥质橙黄陶。口径 17.8、残高 7.0 厘米（图 6-36，10）。

2．矮领罐

B 型 I 式　1 件。直口，束颈，平沿，广肩，鼓腹。

标本 04H36：4，泥质灰陶。圆唇。口径 32.0、残高 8.5 厘米（图 6-37）。

图6-37　2004年出土B型 I 式泥质陶矮领罐04H36：4

3．高领罐

A 型 II 式　3 件。口微侈，平折沿，沿较窄，圆唇。

标本 04H16：13，泥质灰黑陶。肩部、腹部饰斜向细绳纹。口径 12.0、最大腹径 31.6、残高 24 厘米（图 6-38，1）。

B 型 I 式　5 件。喇叭口，卷沿，圆唇或尖圆唇。

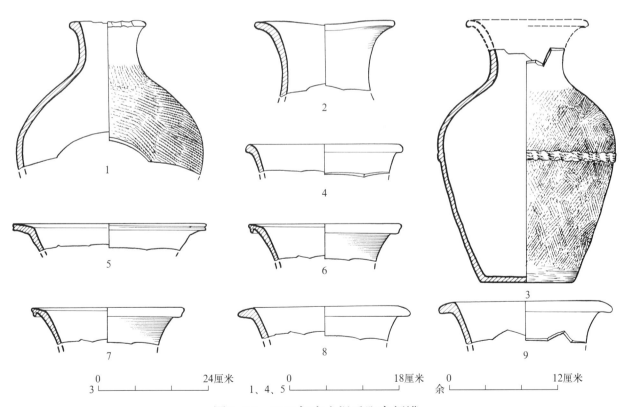

图6-38　2004年出土泥质陶高领罐

1．A型 II 式04H16：13　2、3．B型 I 式04H3：8、04H3：16　4．B型 II 式04T10③：16　5、6．C型 I 式04H6：5、04T10④：6　7、8．C型 II 式04T2③：18、04T2③：34

标本 04H3：8，泥质灰陶。口径 15.2、残高 7.6 厘米（图 6-38，2）。

标本 04H3：16，泥质灰陶。口部残，肩部、腹部饰斜向细绳纹，最大腹径 40.0、底径 20.4、残高 49.6 厘米（图 6-38，3；彩版二三一，5）。

B 型 II 式　2 件。喇叭口，口沿外卷较甚，束颈，圆唇。

标本 04T10③：16，泥质灰陶。口径 26.0、残高 4.1 厘米（图 6-38，4）。

C 型 I 式　4 件。喇叭口，平沿。

标本 04H6：5，泥质黄褐陶。方唇。口径 32.0、残高 3.9 厘米（图 6-38，5）。

标本 04T10④：6，泥质灰褐陶。口径 16.6、残高 4.0 厘米（图 6-38，6）。

C 型 II 式　5 件。喇叭口，平沿下折。

标本 04T2③：18，泥质灰陶。口径 19.6、残高 3.8 厘米（图 6-38，7）。

标本 04T2③：34，泥质灰褐陶。口径 19.6、残高 4.2 厘米（图 6-38，8）。

4．罐

Aa 型　3 件。侈口，折沿，方唇。

标本 04T1④：8，口径 22.2、残高 4.8 厘米（图 6-39，1）。

B 型 I 式　5 件。直口，束颈，平沿，广肩，鼓腹。

标本 04H18：25，泥质黄褐陶。尖圆唇。颈部饰附加泥条一周。口径 30.0、残高 6.5 厘米（图 6-39，2）。

标本 04H31：13，泥质灰褐陶。尖圆唇。口径 22.8、残高 3.2 厘米（图 6-39，3）。

C 型 I 式　5 件。侈口，卷沿，圆唇，短颈，鼓腹。

标本 04H28：19，泥质灰陶。口径 31.0、残高 8.5 厘米（图 6-39，4）。

标本 04H8：46，泥质灰陶。口径 32.0、残高 6.0 厘米（图 6-39，5）。

标本 04H24：16，泥质灰褐陶。口径 42.0、残高 8.8 厘米，肩部饰交错细绳纹（图 6-39，6）。

E 型　2 件。直口，卷沿，圆唇，垂腹。

标本 04H36：17，泥质黄褐陶。口径 23.0、残高 6.4 厘米（图 6-39，7）。

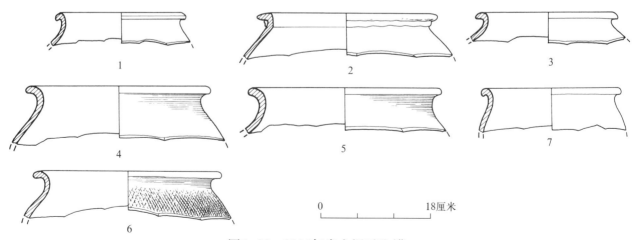

0　　　　　　　　18厘米

图6-39　2004年出土泥质陶罐

1. Aa型04T1④：8　2、3. B型 I 式04H18：25、04H31：13　4～6. C型 I 式04H28：19、04H8：46、04H24：16　7. E型04H36：17

5. 缸

A 型 I 式 6 件。侈口，沿略卷，尖圆唇。

标本 04H35：15，泥质灰陶。器表施黄褐色陶衣。口径 39.0、残高 6.0 厘米（图 6-40，1）。

标本 04H14：15，泥质灰陶。口径 30.0、残高 6.0 厘米（图 6-40，2）。

标本 04H36：50，泥质灰褐陶。口径 28.0、残高 4.8 厘米（图 6-40，3）。

A 型 II 式 4 件。卷沿较宽外翻，束颈。

标本 04H3：11，泥质黄褐陶。下腹饰斜向细绳纹，中部再饰附加泥条按捺纹一周。口径 35.6、底径 19.0、残高 41.2 厘米（图 6-40，4；彩版二三一，6）。

标本 04T2③：30，泥质灰陶。圆唇。口径 38.0、残高 6.3 厘米（图 6-40，5）。

B 型 I 式 2 件。仰折沿，方唇，束颈。

标本 04H30：22，泥质灰陶。口径 48.0、残高 6.4 厘米（图 6-40，6）。

B 型 II 式 4 件。平沿下折，窄沿，圆唇。

标本 04H35：17，泥质灰褐陶。口径 30.0、残高 7.9 厘米（图 6-41，1）。

标本 04H7：72，泥质灰褐陶。口径 36.0、残高 4.2 厘米（图 6-41，2）。

B 型 III 式 7 件。平沿下折，沿较宽。口内侧饰一或二道凹弦纹，圆唇。

标本 04H10：27，泥质灰陶。口径 32.0、残高 5.8 厘米（图 6-41，3）。

标本 04T10③：5，泥质灰褐陶。口径 31.0、残高 5.1 厘米（图 6-41，4）。

C 型 I 式 5 件。口微敛。

标本 04H28：41，泥质灰陶。圆唇。口径 41.0、残高 6.4 厘米（图 6-41，5）。

标本 04T1③：11，泥质灰陶。圆唇。口径 46.0、残高 6.0 厘米（图 6-41，6）。

标本 04T1⑤：3，泥质灰陶。圆唇。口径 46.0、残高 6.4 厘米（图 6-41，7）。

C 型 II 式 2 件。敛口，束颈。

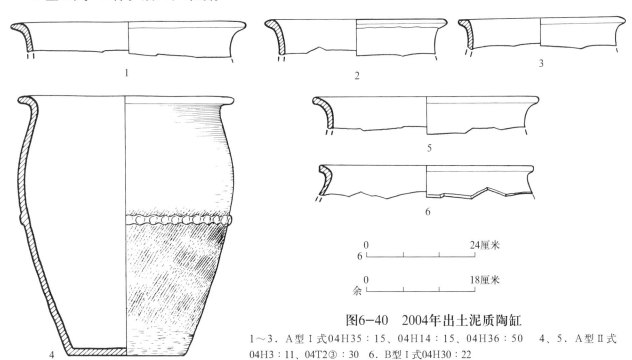

0 — 24厘米
6

0 — 18厘米
余

图6-40 2004年出土泥质陶缸

1～3. A型I式04H35：15、04H14：15、04H36：50 4、5. A型II式
04H3：11、04T2③：30 6. B型I式04H30：22

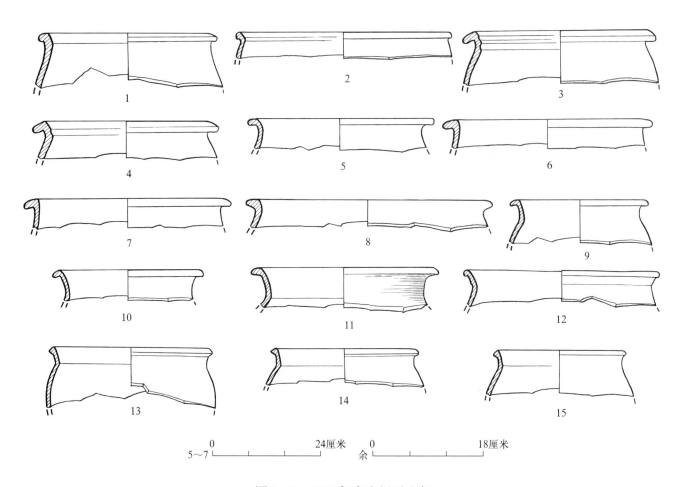

图6-41 2004年出土泥质陶缸

1、2. B型Ⅱ式04H35：17、04H7：72 3、4. B型Ⅲ式04H10：27、04T10③：5 5～7. C型Ⅰ式04H28：41、04T1③：11、04T1⑤：3 8. C型Ⅱ式04T11④：1 9、10、12. D型Ⅰ式04T1④：7、04T10③：10、04H33：7 11. D型Ⅱ式04T10③：4 13. E型Ⅰ式04H28：21 14、15. E型Ⅱ式04H18：22、04T12②：4

标本04T11 ④：1，泥质灰陶。尖圆唇。口径54.0、残高5.1厘米（图6-41，8）。

D型Ⅰ式 5件。卷沿，尖圆唇。

标本04T1 ④：7，泥质灰陶。口径22.8、残高6.9厘米（图6-41，9）。

标本04T10 ③：10，泥质灰褐陶。口径25.2、残高3.9厘米（图6-41，10）。

标本04H33：7，泥质灰陶。口径20.8、残高4.5厘米（图6-41，12）。

D型Ⅱ式 2件。折沿，圆唇。

标本04T10 ③：4，泥质灰褐陶。口径43.0、残高7.2厘米（图6-41，11）。

E型Ⅰ式 3件。敞口，折沿，弧腹。

标本04H28：21，泥质灰陶。口径27.0、残高8.4厘米（图6-41，13）。

E型Ⅱ式 4件。侈口，折沿，弧腹略鼓。

标本04H18：22，泥质灰陶。口径25.0、残高5.7厘米（图6-41，14）。

标本04T12 ②：4，泥质灰陶。口径22.0、残高6.6厘米（图6-41，15）。

6．瓮

B 型　3 件。侈口，圆唇，折肩，弧腹。

标本 04H3：13，泥质灰陶。口径 25.0、残高 15.8 厘米（图 6-42，1）。

标本 04H19：16，泥质灰褐陶。口径 27.6、残高 4.5 厘米（图 6-42，2）。

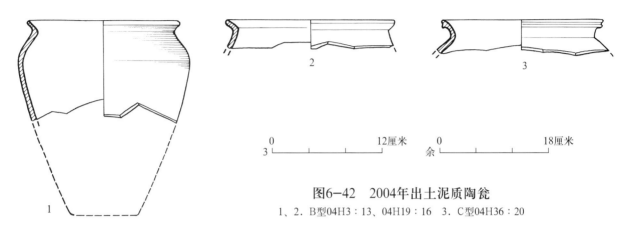

图6-42　2004年出土泥质陶瓮

1、2．B型04H3：13、04H19：16　3．C型04H36：20

C 型　1 件。敞口，方唇内凹，束颈，鼓腹。

标本 04H36：20，泥质灰褐陶。口径 18.0、残高 3.4 厘米（图 6-42，3）。

7．钵

Ca 型　4 件。敛口较甚。

标本 04T1 ③：7，泥质灰陶。尖圆唇，腹部带双錾。口径 21.0、残高 7.2 厘米（图 6-43，1）。

标本 04T10 ⑤：8，泥质灰陶。尖圆唇。口径 22.0、残高 6.4 厘米（图 6-43，2）。

Da 型 I 式　2 件。直口，折腹，圆唇，卷沿。

标本 04H30：12，泥质灰陶。腹部带双錾。口径 18.0、残高 5.4 厘米（图 6-43，3）。

E 型　2 件。直口，沿微卷，弧腹，圆唇。

标本 04H27：17，泥质灰陶。口径 17.0、残高 6.0 厘米（图 6-43，4）。

Ha 型　2 件。侈口，尖圆唇，弧腹。

标本 04H7：17，泥质橙黄陶。口径 18.6、底径 7.5、通高 7.0 厘米（图 6-43，5）。

Hb 型　4 件。敛口，弧腹。

标本 04H27：1，泥质橙黄陶。口径 19.0、底径 8.2、通高 7.4 厘米（图 6-43，6）。

I 型　5 件。侈口，弧腹，较深。

标本 04H7：66，泥质橙黄陶。圆唇。口径 17.4、底径 6.8、通高 8.0 厘米（图 6-43，7）。

标本 04H27：79，泥质橙黄陶。口径 18.0、残高 7.1 厘米（图 6-43，8）。

标本 04H7：41，泥质橙黄陶。尖唇。口径 16.8、底径 7.3、通高 8.0 厘米，底部有阴刻"十"字纹（图 6-43，9；彩版二三二，1）。

8．盆

Aa 型 I 式　2 件。口微敛，圆唇，弧腹较深。

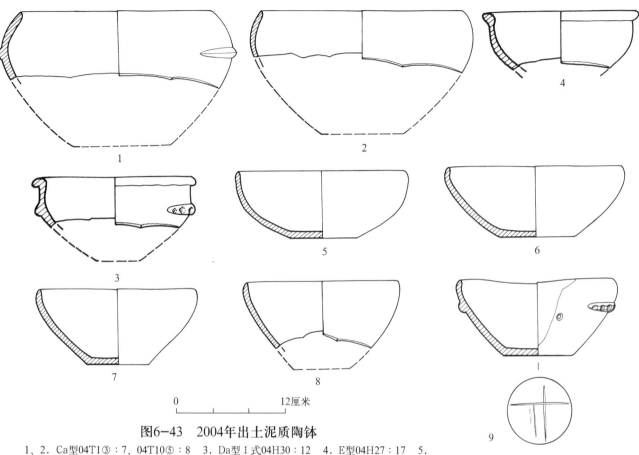

图6-43　2004年出土泥质陶钵

1、2. Ca型04T1③：7、04T10⑤：8　3. Da型Ⅰ式04H30：12　4. E型04H27：17　5.
Ha型04H7：17　6. Hb型04H27：1　7～9. Ⅰ型04H7：66、04H27：79、04H7：41

　　标本04H7：27，泥质灰陶。口径28.2、残高7.8厘米（图6-44，1）。

　　Aa型Ⅱ式　1件。敛口较甚，圆唇。

　　标本04H12：10，泥质灰陶。口径30.0、残高7.8厘米（图6-44，2）。

　　Ab型Ⅰ式　2件。弧腹较深。

　　标本04H36：8，泥质黄褐陶。口径28.0、残高10.0厘米（图6-44，3）。

　　Ba型Ⅰ式　5件。直口，仰折沿，圆唇，折腹。

　　标本04H36：18，泥质灰陶。口径34.2、残高6.9厘米（图6-44，4）。

　　标本04H36：16，泥质灰陶。口径34.0、残高9.6厘米（图6-44，5）。

　　标本04H7：65，泥质灰褐陶。口径22.0、残高6.0厘米（图6-44，6）。

　　Ba型Ⅱ式　2件。直口，平折沿，沿较宽，圆唇或尖圆唇。

　　标本04H35：44，泥质灰陶。尖圆唇。口径21.0、残高3.9厘米（图6-44，7）。

　　Bb型Ⅰ式　5件。仰折沿，圆唇。

　　标本04H7：21，泥质灰陶。口径36.0、残高6.3厘米（图6-44，8）。

　　标本04H15：15，泥质黄褐陶。口径32.0、残高6.3厘米（图6-44，9）。

　　标本04H8：39，泥质灰褐陶。口径32.0、残高10.8厘米（图6-44，10）。

　　Bb型Ⅱ式　1件。平折沿，圆唇。

　　标本04T14②：4，泥质灰陶。口径35.0、残高5.4厘米（图6-44，11）。

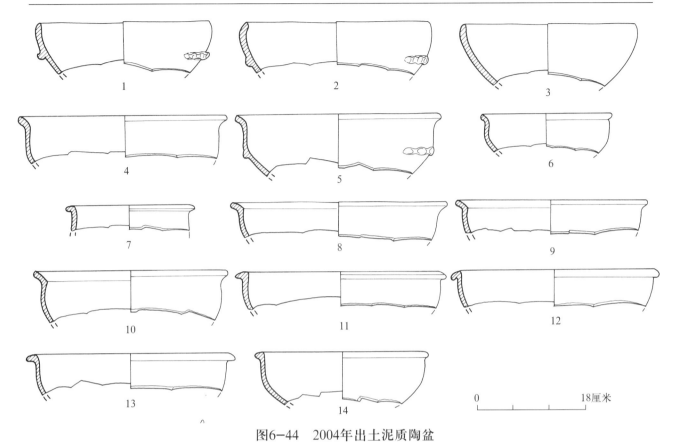

图6-44　2004年出土泥质陶盆

1. Aa型Ⅰ式04H7：27　2. Aa型Ⅱ式04H12：10　3. Ab型Ⅰ式04H36：8　4～6. Ba型Ⅰ式04H36：18、04H36：16、04H7：65　7. Ba型Ⅱ式04H35：44　8～10. Bb型Ⅰ式04H7：21、04H15：15、04H8：39　11. Bb型Ⅱ式04T14②：4　12～14. Bc型Ⅱ式04T3③：4、04H25：27、04采：20

　　Bc型Ⅱ式　5件。卷沿，尖唇。

　　标本04T3③：4，泥质灰陶。口径35.0、残高5.4厘米（图6-44，12）。

　　标本04H25：27，泥质灰褐陶。口径35.0、残高6.0厘米（图6-44，13）。

　　标本04采：20，泥质灰褐陶。腹部有2个从外至内的单向圆形穿孔。口径28.5、残高9.6厘米（图6-44，14）。

　　Ca型Ⅱ式　5件。平折沿，圆唇。

　　标本04H35：25，泥质黄褐陶。口径24.0、残高4.5厘米（图6-45，1）。

　　标本04T2③：44，泥质黄褐陶。腹部有对称鸡冠状双鋬。口径35.0、残高6.0厘米（图6-45，2）。

　　标本04H36：13，泥质灰褐陶。口径38.0、残高7.5厘米（图6-45，3）。

　　Cb型　2件。敛口，折沿，弧腹。

　　标本04H35：89，泥质黄褐陶。平折沿，尖圆唇。口径37.0、残高4.8厘米（图6-45，4）。

　　Cc型Ⅰ式　5件。口微敛，斜沿，尖唇。

　　标本04H34：2，泥质黄褐陶。残高5.1厘米（图6-45，5）。

　　标本04H31：7，泥质灰陶。口径28.0、残高4.8厘米（图6-45，6）。

　　标本04T1⑤：5，泥质灰褐陶。口径28.0、残高4.8厘米（图6-45，7）。

　　Cc型Ⅱ式　6件。敛口，平沿，尖唇或圆唇，弧腹。

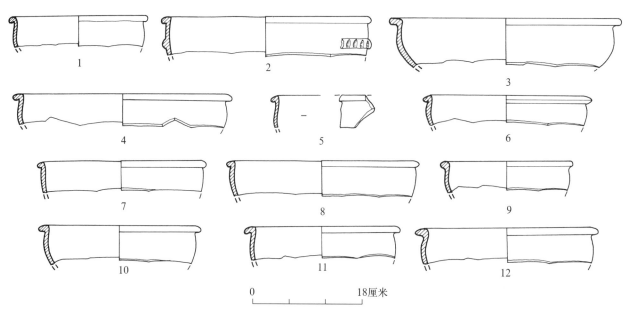

0 ⌐————————————┐ 18厘米

图6-45　2004年出土泥质陶盆

1~3. Ca型Ⅱ式04H35：25、04T2③：44、04H36：13　4. Cb型04H35：89　5~7. Cc型Ⅰ式04H34：2、04H31：7、04T1⑤：5
8~12. Cc型Ⅱ式04T5③：9、04H47：76、04H7：55、04H7：69、04H7：67

标本 04T5 ③：9，泥质灰褐陶。尖唇。口径 32.0、残高 5.4 厘米（图 6-45，8）。

标本 04H47：76，泥质黄褐陶。口径 22.0、残高 4.5 厘米（图 6-45，9）。

标本 04H7：55，泥质灰陶。尖圆唇。口径 27.0、残高 6.0 厘米（图 6-45，10）。

标本 04H7：69，泥质灰褐陶。口径 26.0、残高 6.3 厘米（图 6-45，11）。

标本 04H7：67，泥质黄褐陶。尖唇。口径 28.0、残高 5.7 厘米（图 6-45，12）。

Da 型 Ⅰ 式　2 件。侈口微敞，卷沿，圆唇。

标本 04T2 ④：40，泥质灰陶。口径 35.2、残高 8.4 厘米（图 6-46，1）。

Da 型 Ⅱ 式　5 件。侈口，卷沿，圆唇。

标本 04H11：9，泥质灰陶。口径 34.0、残高 9.6 厘米（图 6-46，2）。

标本 04H11：8，泥质灰褐陶。口径 34.0、残高 7.8 厘米（图 6-46，3）。

标本 04T1 ④：16，泥质磨光黑皮陶。口径 27.0、残高 5.4 厘米（图 6-46，4）。

标本 04T1 ②：3，泥质灰褐陶。腹部饰斜向细绳纹。口径 29.8、残高 6.2 厘米（图 6-46，5）。

标本 04H35：24，泥质黄褐陶。口径 23.0、残高 4.2 厘米（图 6-46，6）。

Db 型 Ⅰ 式　1 件。敛口，圆唇。

标本 04H11：10，泥质黄褐陶。口径 39.0、残高 10.5 厘米（图 6-46，7）。

Dc 型 Ⅰ 式　4 件。沿外卷较甚。

标本 04H6：3，泥质黄褐陶。口径 27.0、残高 13.2 厘米（图 6-46，8）。

标本 04T10 ⑤：7，泥质灰陶。口径 26.0、残高 6.0 厘米（图 6-46，9）。

Dc 型 Ⅱ 式　9 件。沿微卷。

标本 04T10 ④：3，泥质灰褐陶。口径 34.0、残高 6.0 厘米（图 6-46，10）。

标本 04H17：35，泥质黄褐陶。口径 28.0、残高 6.0 厘米（图 6-46，11）。

标本 04T2 ③：22，泥质黄褐陶。口径 30.0、残高 7.8 厘米（图 6-46，12）。

标本 04T2 ③：24，泥质黄褐陶。口径 32.0、残高 6.6 厘米（图 6-46，13）。

标本 04T2 ②：5，泥质黄褐陶。口径 25.0、残高 6.6 厘米（图 6-46，14）。

Ec 型　1件。大口，圆唇或尖唇，弧腹。

标本 04 采：17，泥质黄褐陶。圆唇。口径 28.2、残高 6.0 厘米（图 6-46，15）。

Ed 型　3件。大口，方唇。

标本 04H6：10，泥质灰陶。口径 26.0、残高 10.2 厘米（图 6-46，16）。

标本 04H11：15，泥质黄褐陶。口径 32.0、残高 6.3 厘米（图 6-46，17）。

标本 04H6：28，泥质灰陶。口径 26.0、残高 7.8 厘米（图 6-46，18）。

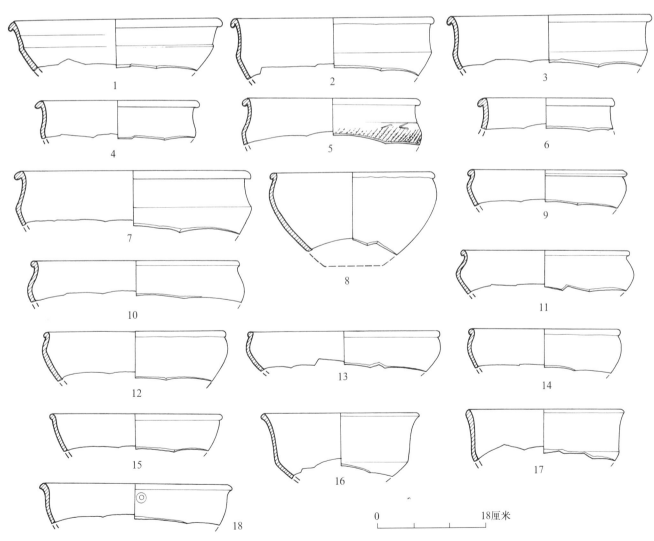

图6-46　2004年出土泥质陶盆

1. Da型Ⅰ式04T2④：40　2～6. Da型Ⅱ式04H11：9、04H11：8、04T1④：16、04T1②：3、04H35：24　7. Db型Ⅰ式04H11：10
8、9. Dc型Ⅰ式04H6：3、04T10⑤：7　10～14. Dc型Ⅱ式04T10④：3、04H17：35、04T2③：22、04T2③：24、04T2②：5　15. Ec
型04采：17　16～18. Ed型04H6：10、04H11：15、04H6：28

9. 带嘴锅

A 型 I 式　5 件。敛口较甚，圆唇或尖圆唇。

标本 04H32：2，泥质灰褐陶。尖圆唇。上腹饰交错细绳纹和附加泥条按捺纹二周。口径 40.0、残高 16.0 厘米（图 6-47，1）。

标本 04H8：10，泥质灰陶。尖圆唇。腹部饰斜向细绳纹和附加泥条按捺纹一周。口径 36.0、残高 7.5 厘米（图 6-47，2）。

标本 04 采：19，泥质黄褐陶。腹部饰斜向细绳纹和附加堆纹一周。口径 33.6、残高 8.4 厘米（图 6-47，3）。

A 型 II 式　2 件。口微敛，圆唇或方圆唇。

标本 04T6③：7，泥质灰陶。方圆唇。腹部饰附加泥条按捺纹一周。残高 6.8 厘米（图 6-47，4）。

10. 甑

3 件。

标本 04H7：57，泥质灰陶。敞口、折沿、圆唇。口径 32.8、底径 13.8、通高 15.0 厘米（图 6-47，

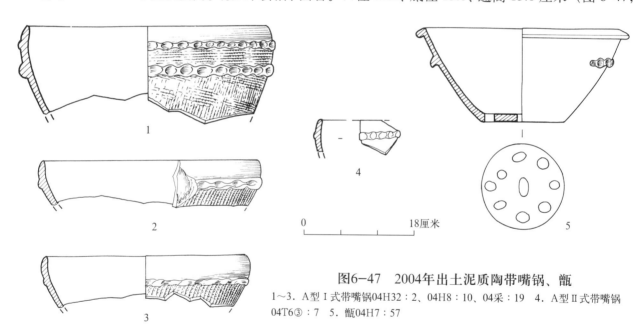

图 6-47　2004 年出土泥质陶带嘴锅、甑

1~3. A 型 I 式带嘴锅 04H32：2、04H8：10、04 采：19　4. A 型 II 式带嘴锅
04T6③：7　5. 甑 04H7：57

5）。

标本 04H8：11，泥质灰陶，带鋬。敞口、折沿、圆唇。口径 34.2、底径 16.4、通高 16.2 厘米（彩版二三二，2、3）。

11. 碗

Aa 型 I 式　43 件。浅弧腹。

标本 04H11：60，泥质橙黄陶。口径 13.0、底径 6.2、通高 4.9 厘米（图 6-48，1）。

标本 04H10：20，泥质橙黄陶。口径 13.2、底径 4.5、通高 5.6 厘米（图 6-48，2）。

标本 04H10：22，泥质橙黄陶。口径 13.5、底径 4.5、通高 5.6 厘米（图 6-48，3）。

标本04H11：5，泥质橙黄陶。口径13.2、底径6.4、通高4.5厘米（图6-48，4）。

标本04H21：30，泥质橙黄陶。口径13.4、底径5.4、通高4.3厘米（图6-48，5）。

标本04T10⑤：2，泥质橙黄陶。口径14.6、底径5.9、通高5.1厘米（图6-48，6）。

标本04T10⑤：18，泥质橙黄陶。口径14.0、底径5.2、通高4.7厘米（图6-48，7）。

标本04H7：18，泥质橙黄陶。口径13.0、底径4.0、通高5.0厘米（图6-48，8）。

标本04H11：12，泥质橙黄陶。口径13.0、底径5.9、通高4.6厘米（图6-48，9）。

标本04T10⑤：1，泥质橙黄陶。口径15.0、底径5.6、通高5.2厘米（图6-48，10）。

标本04H35：29，泥质橙黄陶。口径14.0、底径5.4、通高5.1厘米（图6-49，1）。

标本04H11：11，泥质橙黄陶。口径13.0、底径5.5、通高5.3厘米（图6-49，2）。

标本04H3：27，泥质橙黄陶。口径15.0、底径5.0、通高5.2厘米（图6-49，3）。

Aa型Ⅱ式 9件。侈口外敞，尖圆唇，呈双腹状。

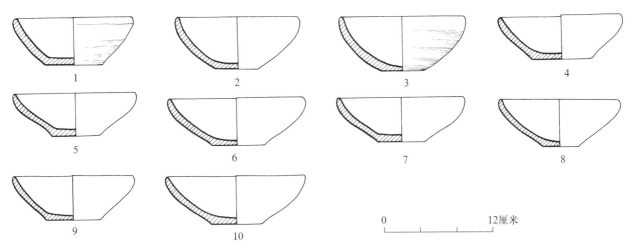

图6-48 2004年出土泥质陶碗

1～10. Aa型Ⅰ式04H11：60、04H10：20、04H10：22、04H11：5、04H21：30、04T10⑤：2、04T10⑤：18、04H7：18、04H11：12、04T10⑤：1

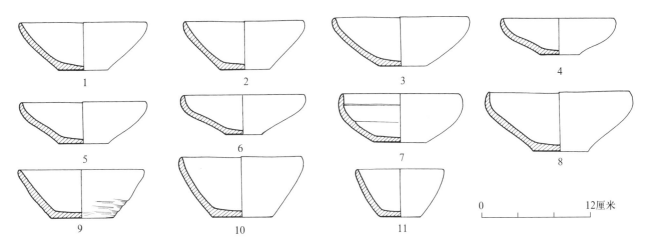

图6-49 2004年出土泥质陶碗

1～3. Aa型Ⅰ式04H35：29、04H11：11、04H3：27 4～6. Aa型Ⅱ式04H30：8、04H31：9、04H20：8 7. Ab型Ⅰ式04采：9 8. Ab型Ⅱ式04H27：10 9. Ac型04H35：37 10、11. Ba型Ⅰ式04H4：14、04H13：133

标本 04H30：8，泥质橙黄陶。口径 12.6、底径 4.4、通高 3.9 厘米（图 6-49，4）。

标本 04H31：9，泥质橙黄陶。口径 13.8、底径 5.4、通高 4.4 厘米（图 6-49，5）。

标本 04H20：8，泥质橙黄陶。口径 13.2、底径 4.0、通高 4.2 厘米（图 6-49，6）。

Ab 型 I 式　3 件。敛口，圆唇或尖圆唇，弧腹。

标本 04 采：9，泥质橙黄陶。尖圆唇。口径 13.2、底径 5.6、通高 5.2 厘米（图 6-49，7）。

Ab 型 II 式　5 件。敛口，圆唇或尖圆唇，弧腹内收较甚，呈双腹状。

标本 04H27：10，泥质橙黄陶。尖圆唇。口径 15.4、底径 6.3、通高 6.4 厘米（图 6-49，8）。

Ac 型　1 件。敞口，斜腹。

标本 04H35：37，泥质橙黄陶。口径 13.8、底径 7.0、通高 5.3 厘米（图 6-49，9）。

Ba 型 I 式　5 件。侈口，尖圆唇，弧腹。

标本 04H4：14，泥质灰陶。口径 9.6、底径 4.6、通高 5.0 厘米（图 6-49，10）。

标本 04H13：133，泥质橙黄陶。口径 13.4、底径 6.5、通高 6.2 厘米（图 6-49，11）。

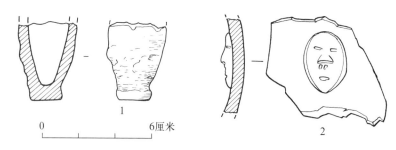

图6-50　2004年出土泥质陶杯、人面陶塑
1．C型杯04H25：11　2．人面陶塑04H8：101

12．杯

C 型　1 件。

标本 04H25：11，泥质黄褐陶。底径 2.0、残高 4.2 厘米（图 6-50，1）。

13．陶塑人面像

1 件。

标本 04H8：101，夹砂灰陶，个体小巧，为贴塑于陶高领罐颈部的装饰附件，夹砂灰陶，表面磨光，系椭圆形泥饼上刻划出双目、双鼻孔和嘴部，鼻为捏塑成，鼻梁下端还刻划出一道凹槽。头像长 3.2、宽 2.4 厘米（图 6-50，2；彩版二三二，4）。

14．纺轮

A 型　4 件。扁平圆形。

标本 04H18：4，泥质灰陶。直径 4.7、厚 0.7 厘米，中部为对钻圆孔，孔径 0.5～0.7 厘米（图 6-51，1）。

标本 04H15：28，泥质灰褐陶。直径 5.8、厚 1.4 厘米，中部为单面钻圆孔，孔径 0.7 厘米（图 6-51，2）。

标本 04H7：39，泥质灰陶。直径 4.8、厚 1.3 厘米，中部为对钻圆孔，孔径 0.7～0.9 厘米（图 6-51，3）。

B 型　7 件。鼓形。

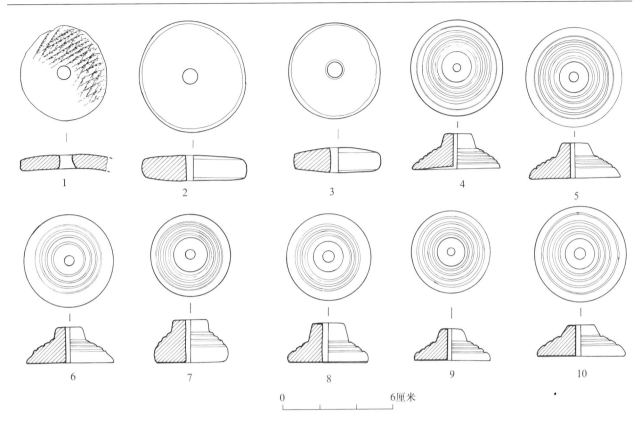

图6-51 2004年出土泥质陶纺轮

1～3. A型04H18：4、04H15：28、04H7：39 4～10. B型04M27：2、04T4②：4、04T5④：18、04T2②：7、04M33：2、04M33：1、04T2②：24

　　标本04M27：2，泥质灰陶。直径4.9、厚1.8厘米，中部为单面钻圆孔，孔径0.4厘米（图6-51，4）。

　　标本04T4②：4，泥质灰陶。直径5.0、厚1.9厘米，中部为单面钻圆孔，孔径0.4厘米（图6-51，5）。

　　标本04T5④：18，泥质灰陶。直径4.8、厚1.9厘米，中部为单面钻圆孔，孔径0.4厘米（图6-51，6）。

　　标本04T2②：7，泥质灰陶。直径4.0、厚2.3厘米，中部为单面钻圆孔，孔径0.4厘米（图6-51，7）。

　　标本04M33：2，泥质灰陶。直径4.4、厚2.1厘米，中部为单面钻圆孔，孔径0.6厘米（图6-51，8）。

　　标本04M33：1，泥质灰陶。直径4.2、厚1.6厘米，中部为单面钻圆孔，孔径0.4厘米（图6-51，9）。

　　标本04T2②：24，泥质灰陶。直径4.9、厚1.6厘米，中部为单面钻圆孔，孔径0.6厘米（图6-51，10）。

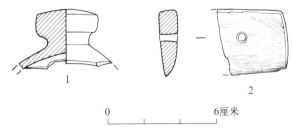

图6-52 2004年出土泥质陶器盖、陶刀

1. 器盖04H7：11 2. 陶刀04T2③：21

15. 器盖

1件。

标本04H7：11，泥质灰褐陶。圆形捉手。残高3.0厘米（图6-52，1）。

16. 陶刀

1件。

标本04T2③：21，泥质黄褐陶。呈长方形，单刃磨制而成，刃部锋利，刀身保留1个穿孔，系单面钻孔，孔径0.3～0.4厘米，刀身残长4.0、宽3.6、厚1.1厘米（图6-52，2）。

17. 陶球

A型　17件。实心，直径小于3.0厘米。

标本04H6：42，泥质橙黄陶。直径1.6厘米（图6-53，1）。

标本04H25：21，泥质橙黄陶。直径1.5厘米（图6-53，2）。

标本04H25：20，泥质橙黄陶。直径2.0厘米（图6-53，3）。

标本04H8：70，泥质灰陶。直径2.1厘米（图6-53，4）。

标本04H25：18，泥质橙黄陶。直径2.5厘米（图6-53，5）。

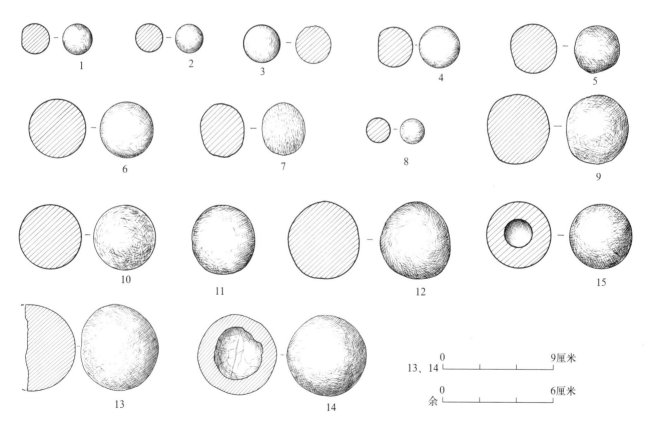

图6-53　2004年出土泥质陶球

1～8. A型04H6：42、04H25：21、04H25：20、04H8：70、04H25：18、04H11：3、04H25：14、04H8：60　9～12. B型04H11：59、04T12②：1、04T2②：23、04T8②：6　13. C型04H7：46　14、15. D型04H6：25、04H11：69

标本 04H11：3，泥质橙黄陶。直径 3.0 厘米（图 6-53，6）。

标本 04H25：14，泥质橙黄陶。直径 2.7 厘米（图 6-53，7）。

标本 04H8：60，泥质橙黄陶。直径 1.3 厘米（图 6-53，8）。

B 型　6 件。实心，直径 3.0～5.0 厘米。

标本 04H11：59，泥质橙黄陶。直径 3.5 厘米（图 6-53，9）。

标本 04T12 ②：1，泥质橙黄陶。直径 3.4 厘米（图 6-53，10）。

标本 04T2 ②：23，泥质橙黄陶。直径 3.5 厘米（图 6-53，11）。

标本 04T8 ②：6，泥质橙黄陶。直径 4.0 厘米（图 6-53，12）。

C 型　1 件。实心，直径大于 5.0 厘米。

标本 04H7：46，泥质橙黄陶。直径 6.8 厘米（图 6-53，13）。

D 型　2 件。空心球。

标本 04H6：25，泥质橙黄陶。直径 6.6 厘米（图 6-53，14）。

标本 04H11：69，泥质橙黄陶。直径 3.4 厘米（图 6-53，15）。

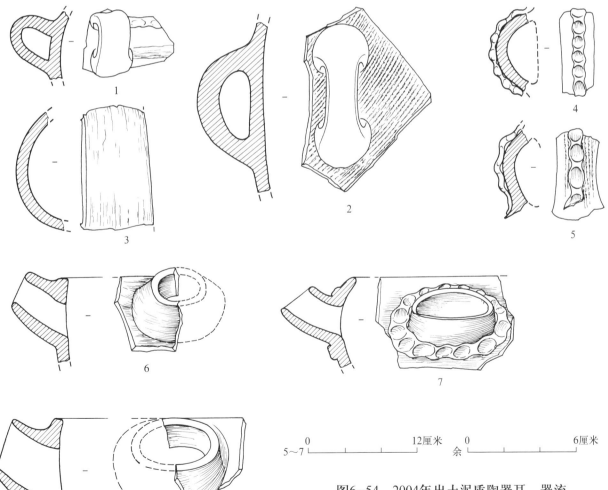

图6-54　2004年出土泥质陶器耳、器流

1～3. A型器耳04T10②：8、04H24：79、04H8：163　4、5. B型器耳
04H11：68、04H11：67　6～8. 器流04H24：5、04H24：8、04H16：18

18．器耳

A 型　桥形。

标本 04T10 ②：8，泥质灰陶。鼻耳（图6-54，1）。

标本 04H24：79，泥质灰陶。桥形耳（图6-54，2）。

标本 04H8：163，泥质灰陶。桥形耳（图6-54，3）。

B 型　鸡冠状，耳面正中加贴一纵向波浪式细泥条。

标本 04H11：68，泥质灰褐陶。桥形耳。耳外饰附加泥条按捺纹一周（图6-54，4）。

标本 04H11：67，泥质灰褐陶。桥形耳。耳外饰附加泥条按捺纹一周（图6-54，5）。

19．器流

3 件。

标本 04H24：5，泥质灰褐陶。管状流，流基部饰附加泥条按捺纹一周（图6-54，6）。

标本 04H24：8，泥质灰褐陶。管状流（图6-54，7）。

标本 04H16：18，泥质灰褐陶。管状流（图6-54，8）。

20．器底

35 件。均为平底。

标本 04H20：2，泥质灰褐陶。底径 9.0、残高 3.6 厘米（图6-55，1）。

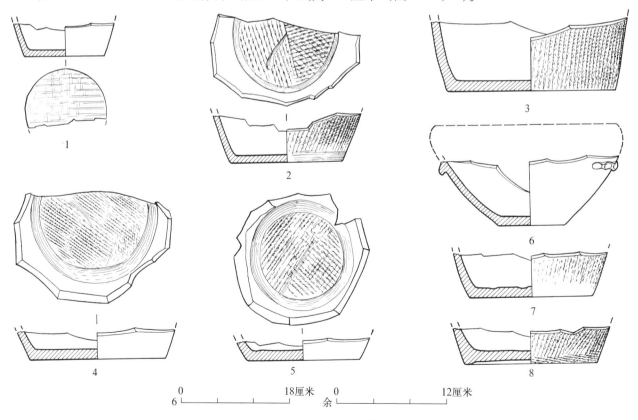

图6-55　2004年出土泥质陶器底

1～8. 04H20：2、04H4：10、04T1④：6、04H6：9、04H10：18、04H7：16、04H8：69、04H16：32

标本04H4：10，泥质黄褐陶。器底内部饰斜向细绳纹和交错细绳纹，下腹饰斜向细绳纹。底径12.5、残高5.2厘米（图6-55，2）。

标本04T1④：6，泥质灰陶。下腹饰纵向细绳纹。底径18.6、残高7.6厘米（图6-55，3）。

标本04H6：9，泥质黄褐陶。器底内部饰斜向细绳纹和交错细绳纹。底径15.0、残高2.4厘米（图6-55，4）。

标本04H10：18，泥质灰陶。器底内部饰斜向细绳纹和交错细绳纹。底径12.6、残高2.0厘米（图6-55，5）。

标本04H7：16，泥质灰陶。腹部有对称鸡冠状双鋬。底径11.2、残高7.0厘米（图6-55，6）。

标本04H8：69，泥质灰陶。下腹饰纵向细绳纹。底径13.6、残高4.6厘米（图6-55，7）。

标本04H16：32，泥质灰陶。下腹饰斜向细绳纹。底径14.5、残高3.8厘米（图6-55，8）。

（三）夹砂陶

1．侈口罐

Aa型I式 28件。束颈，腹径明显大于口径，弧腹略鼓。

标本04H21：26，夹砂灰陶。方唇。唇面、肩部以下饰斜向细绳纹，颈部饰附加泥条按捺纹一周。口径35.0、残高5.3厘米（图6-56，1）。

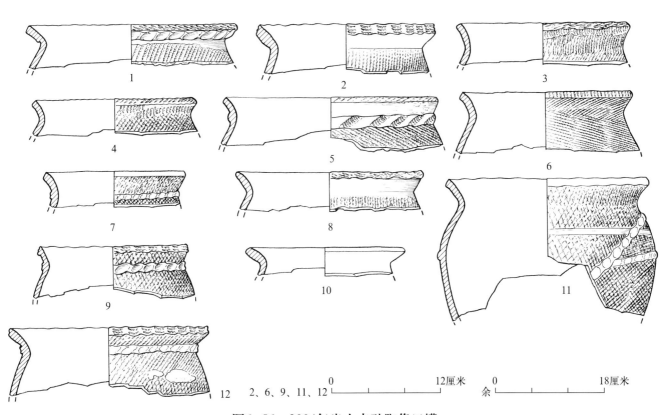

图6-56 2004年出土夹砂陶侈口罐

1～12．Aa型I式04H21：26、04H21：32、04H27：23、04H27：20、04H36：6、04H36：10、04H15：20、04H8：29、04H7：43、04H8：36、04H8：62、04H36：57

标本 04H21：32，夹砂灰褐陶。方唇。唇面饰三个一组的间断横向细绳纹，肩部以下饰纵向细绳纹。口径 20.0、残高 4.8 厘米（图 6-56，2）。

标本 04H27：23，夹砂灰陶。方唇。唇面、肩部饰斜向细绳纹，颈部饰纵向细绳纹。口径 29.0、残高 6.6 厘米（图 6-56，3）。

标本 04H27：20，夹砂褐陶。唇面饰斜向细绳纹，颈部饰纵向细绳纹，肩部饰交错细绳纹。口径 27.0、残高 4.6 厘米（图 6-56，4）。

标本 04H36：6，夹砂灰陶。方唇。唇面、肩部饰斜向细绳纹，颈部饰附加堆纹一周。口径 36.0、残高 7.5 厘米（图 6-56，5）。

标本 04H36：10，夹砂褐陶。方唇。唇面饰纵向细绳纹，颈部、肩部饰斜向细绳纹。口径 19.0、残高 6.0 厘米（图 6-56，6）。

标本 04H15：20，夹砂褐陶。方唇。颈部饰纵向细绳纹及附加堆纹一周，肩部饰交错细绳纹。口径 23.6、残高 6.5 厘米（图 6-56，7）。

标本 04H8：29，夹砂黄褐陶。圆唇。唇面饰斜向细绳纹，肩部饰纵向细绳纹。口径 31.0、残高 5.4 厘米（图 6-56，8）。

标本 04H7：43，夹砂褐陶。方唇。颈部、肩部、腹部均饰交错细绳纹，腹部另施斜向附加堆纹。口径 23.0、残高 15.0 厘米（图 6-56，9）。

标本 04H8：36，夹砂灰陶。方唇。唇面饰两个一组的间断横向细绳纹，颈部、肩部饰交错细绳纹，颈部另施附加泥条按捺纹一周（图 6-56，10）。

标本 04H8：62，夹砂褐陶。方唇。口径 18.0、残高 3.0 厘米（图 6-56，11）。

标本 04H36：57，夹砂褐陶。方唇。唇面饰三个一组的间断横向细绳纹，颈部、肩部、腹部饰斜向细绳纹，颈部再饰附加堆纹一周。口径 22.0、残高 7.2 厘米（图 6-56，12）。

Aa 型 II 式　31 件。口径与腹径基本等大，弧腹。

标本 04T21 ④ b：15，夹砂褐陶。方唇。颈部、肩部分饰纵向、斜向细绳纹，上腹饰交错细绳纹，下腹饰斜向细绳纹，颈部、腹部正中分饰附加堆纹一周，腹部另施多条斜向附加堆纹。口径 31.0、底径 14.0、复原高 45.0 厘米（图 6-57，1）。

标本 04H47：25，夹砂褐陶。方唇。唇面、颈部饰纵向细绳纹，肩部、腹部饰交错细绳纹，另腹部再饰横向、斜向附加堆纹。口径 25.6、底径 13.2、复原高 38.0 厘米（图 6-57，2）。

标本 04H28：30，夹砂灰陶。圆唇。颈部、肩部、腹部均饰交错细绳纹，颈部再施附加堆纹二周。口径 30.0、残高 9.0 厘米（图 6-57，3）。

标本 04H30：7，夹砂褐陶。方唇。唇面饰三个一组的间断横向细绳纹，颈部、肩部、腹部均饰交错细绳纹（图 6-57，4）。

标本 04H18：13，夹砂灰陶。方唇。唇面饰斜向细绳纹，颈部、肩部、腹部均饰交错细绳纹，颈部再饰附加堆纹一周，肩部、腹部再施斜向附加堆纹数条。口径 26.0、残高 11.0 厘米（图 6-57，5）。

标本 04T3 ③：38，夹砂褐陶。方唇。唇面饰三个一组的间断横向细绳纹，颈部、肩部、腹部均饰斜向细绳纹。口径 23.5、残高 8.4 厘米（图 6-57，6）。

标本 04H28：25，夹砂褐陶。方唇。唇面饰斜向细绳纹，颈部、肩部饰交错细绳纹。残高 6.4 厘米（图 6-57，7）。

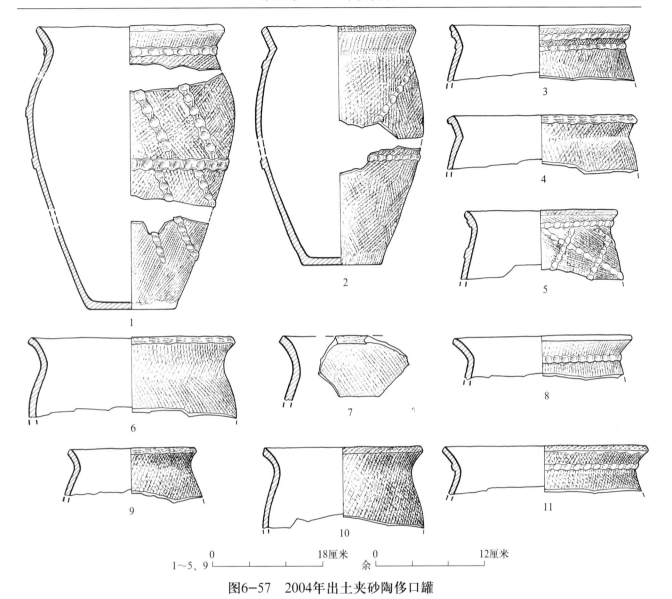

图6-57　2004年出土夹砂陶侈口罐

1～11. Aa型Ⅱ式04T21④b：15、04H47：25、04H28：30、04H30：7、04H18：13、04T3③：38、04H28：25、04H12：14、04H17：11、04H12：11、04H6：14

标本04H12：14，夹砂灰陶。方唇。颈部、肩部饰纵向细绳纹，颈部再施附加堆纹一周。口径20.0、残高4.2厘米（图6-57，8）。

标本04H17：11，夹砂褐陶。方唇。唇面饰横向细绳纹，颈部、肩部、腹部饰交错细绳纹。口径21.0、残高7.6厘米（图6-57，9）。

标本04H12：11，夹砂灰陶。方唇。唇面饰斜向细绳纹，颈部、肩部、腹部饰交错细绳纹。口径17.6、残高8.4厘米（图6-57，10）。

标本04H6：14，夹砂褐陶。方唇。唇面饰斜向细绳纹，颈部、肩部饰交错细绳纹，颈部另施附加泥条按捺纹一周。口径23.0、残高4.4厘米（图6-57，11）。

Aa型Ⅲ式　7件。侈口外敞。口径大于腹径。

标本04T10③：14，夹砂褐陶。方唇。唇面饰斜向细绳纹，肩部饰交错细绳纹。口径28.0、残高5.9厘米（图6-58，1）。

标本04H17：12，夹砂灰陶。方唇。唇面饰斜向细绳纹，颈部、肩部、腹部饰横向细绳纹。口径28.0、残高6.8厘米（图6-58，2）。

标本04H17：16，夹砂褐陶。圆唇。唇面、颈部、肩部饰斜向细绳纹。口径26.0、残高8.1厘米（图6-58，3）。

Ab型Ⅰ式　3件。束颈，腹略鼓。

标本04H27：19，夹砂褐陶。方圆唇。唇面、颈部、肩部饰斜向细绳纹，颈部另施附加堆纹一周。口径26.0、残高6.6厘米（图6-58，4）。

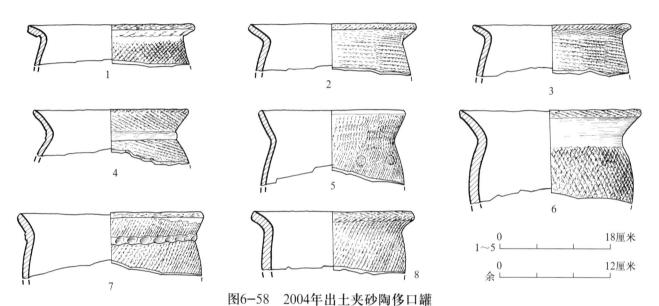

图6-58　2004年出土夹砂陶侈口罐

1~3．Aa型Ⅲ式04T10③：14、04H17：12、04H17：16　4．Ab型Ⅰ式04H27：19　5、6．Ab型Ⅱ式04T2③：39、04H8：41　7、8．Ab型Ⅲ式04H6：4、04H20：5

Ab型Ⅱ式　5件。弧腹。

标本04T2③：39，夹砂灰陶。方唇，颈部饰纵向细绳纹，肩部饰斜向细绳纹和圆心泥饼（图6-58，5）。

标本04H8：41，夹砂褐陶。方唇。唇面饰斜向细绳纹，肩部、腹部饰交错细绳纹。口径20.2、残高10.0厘米（图6-58，6）。

Ab型Ⅲ式　4件。弧腹较直。

标本04H6：4，夹砂褐陶。方唇。唇面、颈部、腹部饰斜向细绳纹，颈部另施附加泥条按捺纹一周。口径21.0、残高7.2厘米（图6-58，7）。

标本04H20：5，夹砂灰陶。圆唇。唇面饰交错细绳纹，颈部、腹部饰斜向细绳纹。口径18.0、残高6.0厘米（图6-58，8）。

Ba型Ⅰ式　21件。束颈、弧腹略鼓，腹部最大径在肩腹交接处。

标本04H3：14，夹砂褐陶。方唇。唇面饰三个一组的间断横向细绳纹，颈部、肩部、腹部通体饰斜向细绳纹，腹部中部另施附加泥条一周，附加泥条上饰四个一组的间断横向细绳纹。口径28.6、底径15.0、通高37.8厘米（图6-59，1）。

标本04H17：7，夹砂褐陶。方唇。唇面压印三个一组的间断横向细绳纹，呈波浪状，颈部饰

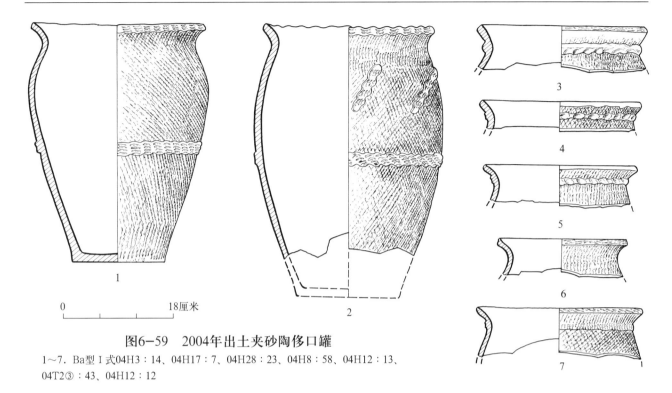

图6-59　2004年出土夹砂陶侈口罐

1～7. Ba型Ⅰ式04H3：14、04H17：7、04H28：23、04H8：58、04H12：13、04T2③：43、04H12：12

纵向细绳纹，肩部、腹部饰交错细绳纹，上腹另施平行斜向附加堆纹数条，腹中部施附加堆纹一周。口径28.0、残高35.4厘米（图6-59，2；彩版二三三，2）。

标本04H28：33，夹砂灰陶。方唇。唇面饰横向细绳纹，颈部、肩部饰纵向细绳纹，颈部另施附加堆纹一周。口径19.0、残高4.6厘米（图6-59，3）。

标本04H8：58，夹砂褐陶。圆唇。颈部饰交错细绳纹及附加泥条按捺纹一周。口径26.8、残高4.2厘米（图6-59，4）。

标本04H12：13，夹砂灰陶。圆唇。颈部饰斜向细绳纹及附加泥条按捺纹一周，肩部饰纵向细绳纹。口径26.0、残高5.3厘米（图6-59，5）。

标本04T2③：43，夹砂褐陶。方唇。唇面饰斜向细绳纹，颈部饰斜向、纵向细绳纹。口径21.6、残高5.1厘米（图6-59，6）。

标本04H12：12，夹砂褐陶。圆唇。唇面饰斜向细绳纹，颈部饰纵向细绳纹及附加堆纹一周，肩部、腹部饰交错细绳纹。口径28.0、残高7.5厘米（图6-59，7）。

Ba型Ⅱ式　17件。弧腹，腹部最大径下移至腹中部。

标本04H11：24，夹砂黄褐陶。方唇。唇面、颈部饰斜向细绳纹，颈部另施附加堆纹二周。口径38.0、残高7.8厘米（图6-60，1）。

标本04H7：54，夹砂褐陶。方唇。唇面饰三个一组的间断横向细绳纹，颈部饰纵向细绳纹。口径32.0、残高7.6厘米（图6-60，2）。

Ba型Ⅲ式　1件。垂腹。

标本04T2③：33，夹砂褐陶。方唇。唇面饰三个一组的间断横向细绳纹，颈部、腹部饰纵向细绳纹。口径24.0、残高9.4厘米（图6-60，3）。

Bb型Ⅰ式　5件。束颈、弧腹略鼓。

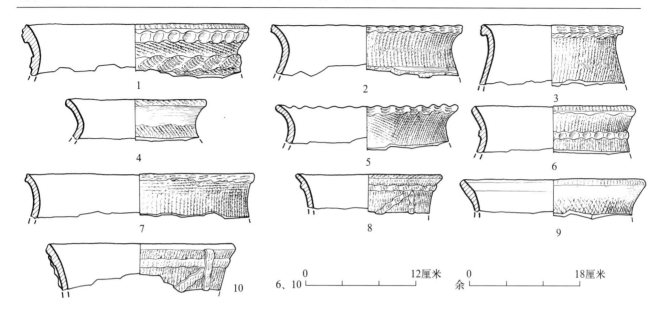

图6-60　2004年出土夹砂陶侈口罐

1、2. Ba型Ⅱ式04H11：24、04H7：54　3. Ba型Ⅲ式04T2③：33　4、5. Bb型Ⅰ式04H8：40、04H8：28　6、7. Bb型Ⅱ式04H16：20、04H7：58　8～10. Ca型Ⅰ式04M24：1、04T1②：20、04T1②：26

标本04H8：40，夹砂褐陶。方唇。唇面、肩部饰斜向细绳纹。口径23.0、残高5.5厘米（图6-60，4）。

标本04H8：28，夹砂褐陶。圆唇。唇面压印三个一组的间断横向细绳纹，呈波浪状，颈部饰斜向细绳纹。口径30.0、残高5.9厘米（图6-60，5）。

Bb型Ⅱ式　2件。弧腹。

标本04H16：20，夹砂褐陶。方唇。唇面、颈部饰纵向细绳纹，颈部另施附加泥条按捺纹一周。口径18.0、残高4.2厘米（图6-60，6）。

标本04H7：58，夹砂褐陶。方唇。唇面饰斜向细绳纹，颈部饰横向细绳纹及纵向细绳纹。口径38.0、残高6.7厘米（图6-60，7）。

Ca型Ⅰ式　11件。

标本04M24：1，夹砂褐陶。方唇。唇面饰斜向细绳纹。口部以下遍饰纵向细绳纹，在细绳纹基础上再施横向、纵向、斜向等不同方向的附加泥条，附加泥条上再饰细绳纹。口径24.0、残高5.3厘米（图6-60，8）。

标本04T1②：20，夹砂黄褐陶。方唇。唇面饰纵向细绳纹，腹部饰交错细绳纹。口径31.0、残高4.8厘米（图6-60，9）。

标本04T1②：26，夹砂黄褐陶。口部以下遍饰纵向细绳纹，在细绳纹基础上再施横向、纵向、斜向等不同方向的附加泥条，附加泥条上再饰细绳纹口径21.0、残高5.0厘米（图6-60，10）。

2．罐

A型Ⅱ式　2件。敞口，卷沿，束颈，弧腹。

标本04H7：56，夹砂灰陶。圆唇。唇面饰斜向细绳纹。口径17.0、残高3.6厘米（图6-61，1）。

标本04H8：27，夹砂褐陶。方唇。唇面饰三个一组的间断细绳纹，颈部饰纵向细绳纹，肩部、腹部饰斜向细绳纹。口径24.0、残高6.8厘米（图6-61，2）。

C型I式　2件。束颈，卷沿较短，腹略鼓。

标本04H28：24，夹砂褐陶。尖圆唇。唇面饰斜向细绳纹，颈部、腹部均饰交错细绳纹。口径15.8、残高6.0厘米（图6-61，3）。

C型II式　9件。颈微束，卷沿较长。

标本04H18：32，夹砂褐陶。圆唇。腹部饰交错细绳纹。口径17.0、残高4.8厘米（图6-61，4）。

标本04H19：40，夹砂褐陶。圆唇。颈部、腹部均饰交错细绳纹。口径10.2、残高4.0厘米（图6-61，5）。

标本04H19：34，夹砂褐陶。尖圆唇。颈部饰斜向细绳纹。口径23.0、残高5.4厘米（图6-61，6）。

标本04H19：37，夹砂褐陶。圆唇。颈部饰斜向细绳纹，肩部饰交错细绳纹。口径15.8、残高4.0

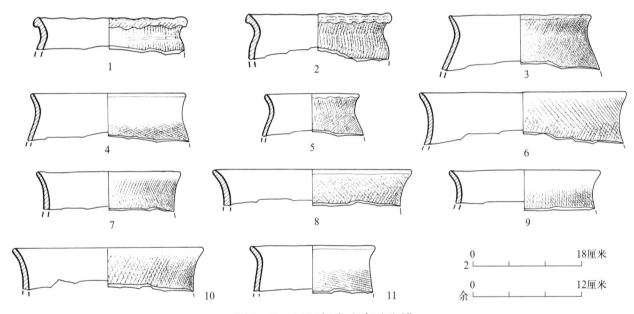

图6-61　2004年出土夹砂陶罐

1、2. A型II式04H7：56、04H8：27　3. C型I式04H28：24　4～10. C型II式04H18：32、04H19：40、04H19：34、04H19：37、04H19：38、04H19：36、04H19：33　11. C型III式04H18：29

厘米（图6-61，7）。

标本04H19：38，夹砂褐陶。圆唇。颈部饰斜向细绳纹。口径22.0、残高3.8厘米（图6-61，8）。

标本04H19：36，夹砂灰陶。圆唇。肩部饰交错细绳纹。口径16.8、残高3.2厘米（图6-61，9）。

标本04H19：33，夹砂褐陶。圆唇。肩部饰交错细绳纹。口径21.0、残高4.4厘米（图6-61，10）。

C型III式　1件。腹较直。口径大于腹径。

标本04H18：29，夹砂褐陶。圆唇。口径13.6、残高5.0厘米（图6-61，11）。

Da型　3件。卷沿较短，圆唇，束颈。

标本04H7：52，夹砂褐陶。圆唇。唇面压印纵向细绳纹，呈波浪状，颈部、肩部饰斜向细绳纹。口径22.0、残高4.0厘米（图6-62，1）。

Db型　7件。卷沿较短，方唇，颈微束。

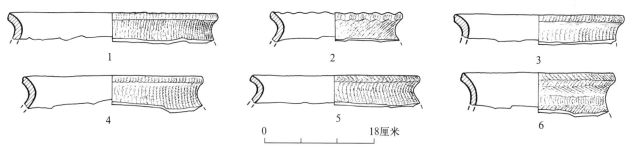

图6-62　2004年出土夹砂陶罐

1. Da型04H7：52　2~5. Db型04T2②：42、04H6：34、04H26：1、04H17：32　6. E型04H17：3

　　标本04T2②：42，夹砂灰陶。唇面、颈部饰纵向细绳纹。口径35.0、残高4.8厘米（图6-62，2）。

　　标本04H6：34，夹砂褐陶。唇面、颈部饰纵向细绳纹。口径28.0、残高3.5厘米（图6-62，3）。

　　标本04H26：1，夹砂褐陶。唇面、颈部饰纵向细绳纹。口径30.0、残高4.0厘米（图6-62，4）。

　　标本04H17：32，夹砂褐陶。唇面饰斜向细绳纹，颈部纵向细绳纹。口径28.0、残高4.5厘米（图6-62，5）。

　　E型　2件。卷沿较长，束颈较长，鼓腹。

　　标本04H17：3，夹砂褐陶。方唇。唇面饰斜向细绳纹，颈部饰斜向、纵向细绳纹，肩部饰斜向细绳纹。口径26.0、残高5.0厘米（图6-62，6）。

3．小罐

　　A型Ⅰ式　1件。侈口，领较高。

　　标本04H20：13，夹砂黄褐陶。方唇。残高6.0厘米（图6-63，1）。

　　B型　2件。侈口，有领，弧腹较直。

　　标本04H21：14，夹砂褐陶。唇面饰斜向细绳纹，腹部饰纵向细绳纹。口径11.0、残高4.0厘米（图

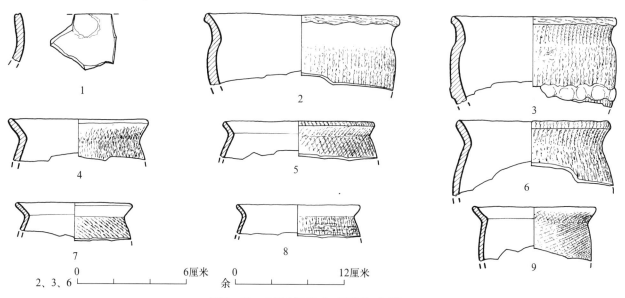

图6-63　2004年出土夹砂陶小罐

1. A型Ⅰ式04H20：13　2、3. B型04H21：14、04T8②：11　4~8. D型Ⅰ式04H28：14、04H28：38、04H21：35、04H15：16、04H19：45　9. D型Ⅱ式04T11③：5

6-63，2）。

标本04T8②：11，夹砂褐陶。唇面饰斜向细绳纹，颈部、肩部、腹部饰纵向细绳纹，腹部中部另施附加泥条按捺纹一周。口径9.0、残高4.7厘米（图6-63，3）。

D型Ⅰ式　8件。侈口，折沿，弧腹略鼓。口径小于腹径。

标本04H28：14，夹砂褐陶。圆唇。唇面饰斜向细绳纹，颈部、肩部、腹部饰纵向细绳纹。口径15.6、残高3.6厘米（图6-63，4）。

标本04H28：38，夹砂褐陶。方唇。唇部饰斜向细绳纹，肩部、腹部饰交错细绳纹。口径16.8、残高3.6厘米（图6-63，5）。

标本04H21：35，夹砂褐陶。唇面、颈部、肩部、腹部均饰纵向细绳纹。口径8.4、残高3.3厘米（图6-63，6）。

标本04H15：16，夹砂褐陶。方唇。肩部、腹部饰斜向细绳纹。口径13.0、残高4.0厘米（图6-63，7）。

标本04H19：45，夹砂褐陶。圆唇。肩部、腹部饰交错细绳纹。口径13.6、残高3.4厘米（图6-63，8）。

D型Ⅱ式　3件。侈口，折沿，弧腹较直。口径大于腹径。

标本04T11③：5，夹砂褐陶。方唇。颈部、肩部、腹部均饰交错细绳纹。口径13.8、残高5.6厘米（图6-63，9）。

E型Ⅰ式　1件。束颈、弧腹略鼓。

标本04H7：1，夹砂褐陶。圆唇。颈部、肩部饰交错细绳纹，颈部另贴饰圆形泥饼。口径17.0、残高3.9厘米（图6-64，1）。

E型Ⅱ式　2件。弧腹。口径大于腹径。

标本04H6：1，夹砂褐陶。方唇。唇面饰斜向细绳纹，颈部、腹部通饰交错细绳纹，颈部另施附加泥条按捺纹一周，腹径最大处贴饰圆形泥饼一周。口径15.2、残高11.8厘米（图6-64，2）。

标本04H6：7，夹砂褐陶。圆唇。唇面饰斜向细绳纹，颈部、腹部通饰纵向、斜向细绳纹。口

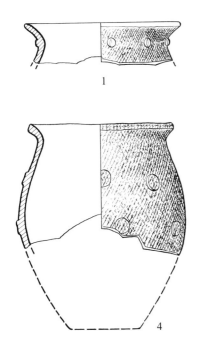
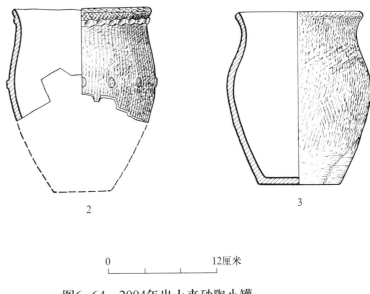

图6-64　2004年出土夹砂陶小罐

1. E型Ⅰ式04H7：1　2、3. E型Ⅱ式04H6：1、04H6：7　4. E型Ⅲ式04T10③：7

径 13.6、底径 8.9、通高 18.2 厘米（图 6-64，3）。

标本 04H6：2，夹砂灰陶，饰纵向绳纹。口径 13.4、底径 8.4、残高 17.6 厘米（彩版二三三，3）。

E 型Ⅲ式　1件。垂腹。

标本 04T10 ③：7，夹砂褐陶。方唇。唇面饰横向三个一组的间断细绳纹，颈部饰斜向细绳纹，腹部饰交错细绳纹及贴饰圆形泥饼。口径 15.6、残高 13.0 厘米（图 6-64，4）。

4．筒形罐

A 型Ⅰ式　1件。直口，方唇。

标本 04H30：18，夹砂褐陶。上腹饰纵向细绳纹，双鋬上也压印纵向细绳纹。口径 24.0、残高 6.3 厘米（图 6-65，1）。

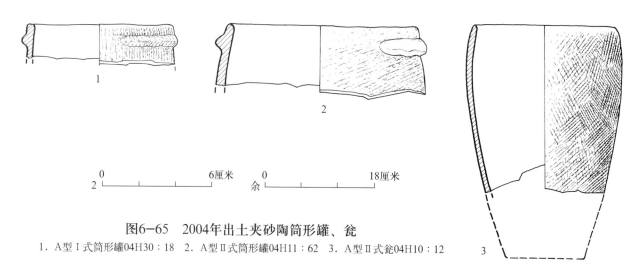

图6-65　2004年出土夹砂陶筒形罐、瓮
1. A型Ⅰ式筒形罐04H30:18　2. A型Ⅱ式筒形罐04H11:62　3. A型Ⅱ式瓮04H10:12

A 型Ⅱ式　1件。口微敛，圆唇。

标本 04H11：62，夹砂褐陶。上腹饰斜向细绳纹。口径 10.6、残高 3.7 厘米（图 6-65，2）。

5．瓮

A 型Ⅱ式　1件。口微敛，圆唇。

标本 04H10：12，夹砂褐陶。腹部通饰交错细绳纹。口径 23.0、残高 26.4 厘米（图 6-65，3）。

6．碟

1件。直口，直腹，平底。

标本 04T2 ③：29，夹砂黄褐陶。圆唇。口径 7.5、底径 6.0、通高 3.6 厘米（图 6-66，1）。

7．杯

A 型　侈口，弧腹较直。

标本 04H3：26，夹砂褐陶。圆唇。腹部通体饰纵向细绳纹。口径 6.9、底径 4.5、通高 8.0 厘米（图 6-66，2；彩版二三三，4）。

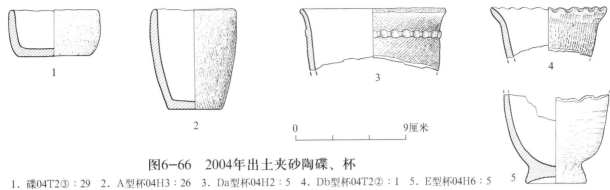

图6-66 2004年出土夹砂陶碟、杯

1. 碟04T2③：29 2. A型杯04H3：26 3. Da型杯04H2：5 4. Db型杯04T2②：1 5. E型杯04H6：5

Da 型 1件。敞口，圆唇，斜腹。

标本 04H2：5，夹砂褐陶。圆唇。唇面压印成波浪状花边，通体饰纵向细绳纹。口径9.6、残高3.9厘米（图6-66，4）。

Db 型 1件。敞口，方唇，弧腹。

标本 04T2②：1，夹砂褐陶。方唇。上腹施附加堆纹一周。口径12.2、残高5.0厘米（图6-66，3）。

E 型 浅圈足，弧腹较直。

标本 04H6：5，夹砂黄褐陶。足径5.0、残高7.0厘米（图6-66，5）。

杯底 5件。

标本 04H8：22，夹砂褐陶。平底。下腹饰斜向细绳纹和平行的附加泥条按捺纹数条。底径5.5、残高4.6厘米（图6-67，1）。

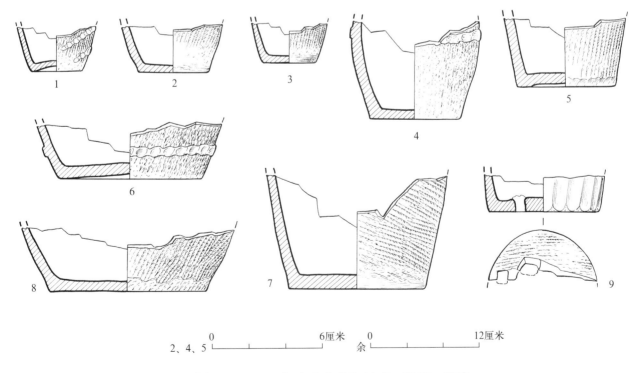

图6-67 2004年出土夹砂陶杯底、器底、甑底

1～5. 杯底04H8：22、04T2③：16、04T6②：3、04H27：13、04T2③：31 6～8. 器底04T10③：3、04H16：16、04H35：10 9. 甑底04H9：3

标本04T2③：16，夹砂褐陶。平底。下腹饰纵向细绳纹。底径3.8、残高2.3厘米（图6-67，2）。

标本04T6②：3，夹砂褐陶。平底。下腹饰纵向细绳纹。底径5.5、残高4.2厘米（图6-67，3）。

标本04H27：13，夹砂黄褐陶。平底。腹部通饰纵向细绳纹，腹中部另饰附加堆纹一周。底径5.0、残高5.3厘米（图6-67，4）。

标本04T2③：31，夹砂褐陶。平底内凹，呈假圈足。下腹饰纵向细绳纹。底径5.4、残高3.8厘米（图6-67，5）。

8．器盖

1件。

标本04H32：3，夹砂褐陶。呈覆碗状，方唇。通体饰斜向细绳纹。口径9.8、残高2.4厘米（图6-68，1）。

9．器底

29件。

标本04H16：16，夹砂褐陶。平底。下腹饰斜向细绳纹。底径15.0、残高12.0厘米（图6-67，7）。

标本04T10③：3，夹砂褐陶。平底略内凹。下腹饰纵向细绳纹及附加泥条按捺纹一周。底径15.6、残高5.8厘米（图6-67，6）。

标本04H35：10，夹砂褐陶。平底。下腹饰斜向细绳纹。底径17.0、残高6.6厘米（图6-67，8）。

10．甑底

1件。

标本04H9：3，夹砂黄褐陶。平底。底径12.4、残高3.8厘米，底部可见2残镂孔，孔径分别为1.2、1.8厘米（图6-67，9）。

11．圈足

A型　4件。足根外撇，呈覆碗状。

标本04采：13，夹砂褐陶。圈足外壁饰纵向细绳纹。残高4.4厘米（图6-68，2）。

标本04T6②：4，夹砂褐陶。圈足已脱落，可见采用"地包天"的方式粘接圈足的痕迹。下腹

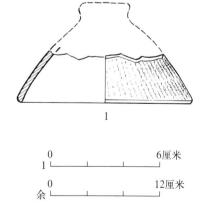
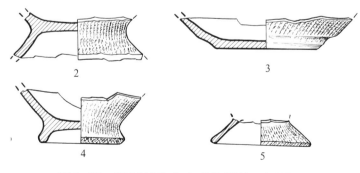

0　　　　　　6厘米
1

0　　　　　　12厘米
余

图6-68　2004年出土夹砂陶器盖、圈足

1．器盖04H32：3　2～5．A型圈足04采：13、04T6②：4、04T2③：40、04H19：23

饰斜向细绳纹。底径11.0、残高3.4厘米（图6-68，3）。

标本04T2 ③：40，夹砂褐陶。下腹、圈足外壁饰纵向细绳纹，足根饰交错细绳纹。足径9.0、残高4.4厘米（图6-68，4）。

标本04H19：23，夹砂褐陶。圈足外壁饰纵向细绳纹，足根饰斜向细绳纹。可能为火种罐底部。足径11.0、残高2.6厘米（图6-68，5）。

二　玉石器

石器可分为打制和磨制两类。打制石器分为直接打制和间接打制两种，其中直接打制石器、磨制石器的石料的岩性主要为变质岩、砂岩、粉砂岩等；间接打制石器全部为细石器，石料的岩性包括燧石、水晶和石英三种。打制石器的器类有两侧打缺石刀、砍砸器、切割器、尖状器、刮削器，另有石核、石片、断块等。细石器的器类有细石核、细石叶、琢背小刀等。磨制石器的器类有石斧、石锛、石刀、石凿、有肩石铲、镞、矛、石杵、人面像、砺石、研磨器、环、镯、璧形器、纺轮、球、磨制石片等。

（一）打制石器

1．尖状器

6件。

标本04H18：80，燧石。素材为三角形石片，使用锤击法在两侧边由破裂面向背面修理出尖刃，修理片疤细小连续均匀。长3.0、宽2.2、厚0.5厘米（图6-69，1）。

标本04H19：50，燧石。素材为近三角形石片，使用锤击法在石片两侧边远端由破裂面向背面修理出尖刃，修理片疤细小连续均匀。长6.5、宽2.8、厚0.7厘米（图6-69，2）。

标本04H25：2，粉砂岩。素材为近长方形石片，使用锤击法在石片远端由破裂面向背面修理出尖刃，修理片疤细小连续均匀。长9.1、宽3.2、厚0.7厘米（图6-69，3）。

2．砍砸器

A型　5件。盘状砍砸器。

标本04H17：43，片岩。两面均为石料节理面，周缘可见1个锤击修理片疤，复原直径约15.0、厚1.5厘米（图6-70，1）。

标本04H6：21，片岩。两面均为石料节理面，周缘可见多个连续均匀的锤击修理片疤，刃部较陡。直径约4.0、厚约1.9厘米（图6-70，2）。

标本04T1 ④：16，变质粉砂岩。一面为自然石皮，一面为节理面，周缘可见多个

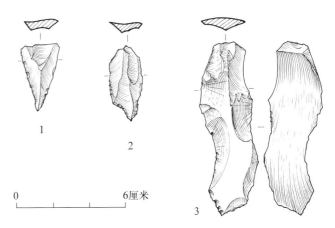

图6-69　2004年出土尖状器

1~3. 04H18∶80、04H19∶50、04H25∶2

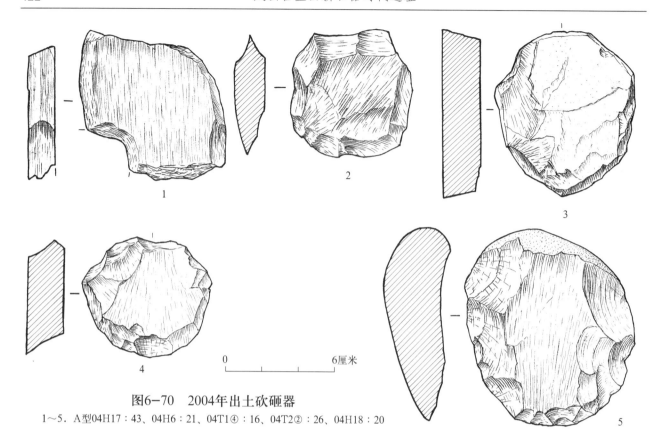

图6-70　2004年出土砍砸器
1～5. A型04H17：43、04H6：21、04T1④：16、04T2②：26、04H18：20

锤击修理片疤，刃部较陡，基本不见使用痕迹。直径约8.6、厚2.1厘米（图6-70，3）。

标本04T2②：26，片岩。两面均为节理面，周缘可见多个连续均匀的锤击修理片疤，片疤大小为1.0厘米左右。直径约7.2、厚2.0厘米（图6-70，4）。

标本04H18：20，石英砂岩。一面保留自然石皮，一面为破裂面，周缘见多个连续均匀的锤击修理片疤，局部见使用崩损痕迹。直径约10.4、厚3.2厘米（图6-70，5）。

B型　11件。

标本04H35：21，石英砂岩。素材为软圆形砾石，两面均保留自然石皮，一端用锤击法修理出刃口，刃部有使用崩损片疤。长13.4、宽5.8、厚4.5厘米（图6-71，1）。

标本04T1②：1，粉砂岩。素材为大石片，一面保留自然石皮，一面为破裂面，一端用锤击法修理出刃口，有修理片疤和使用崩损痕。长11.4、宽8.5、厚4.2厘米（图6-71，2）。

标本04H28：6，石英砂岩。两面均保留自然石皮，一端用锤击法修理出刃口，另一端和两侧均有破损片疤，当是在使用过程中形成的。长8.5、宽11.2、厚2.6厘米（图6-71，3）。

标本04H14：8，板岩。两面均保留自然石皮，一端用锤击法修理出刃口，另一端和两侧均有破损片疤。长10.8、宽13.7、厚5.0厘米（图6-71，4）。

标本04T10④：8，板岩。一面保留自然石皮，一面为破裂面，一端用锤击法修理出刃口，修理片疤较小，但连续均匀，可见清晰使用崩损痕。长13.4、宽5.6、厚1.6厘米（图6-71，5）。

D型　7件。

标本04T1③：28，板岩。素材为扁椭圆形砾石，两面均保留自然石皮，在一端和两侧用锤击法修理出刃口，修理片疤连续均匀。长11.8、宽7.0、厚3.4厘米（图6-72，2）。

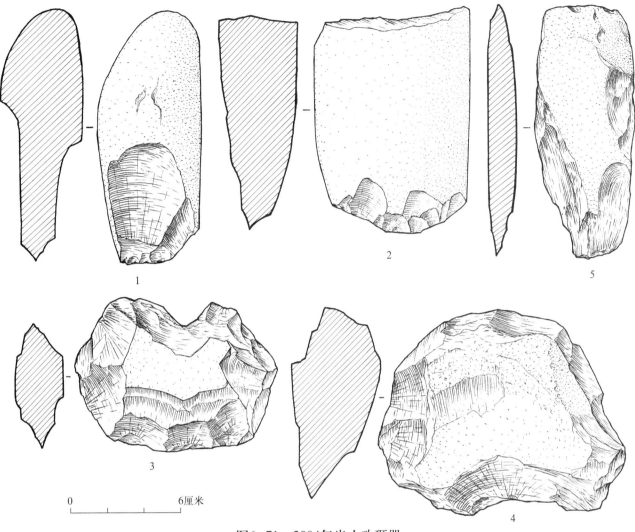

图6-71　2004年出土砍砸器

1～5. B型04H35：21、04T1②：1、04H28：6、04H14：8、04T10④：8

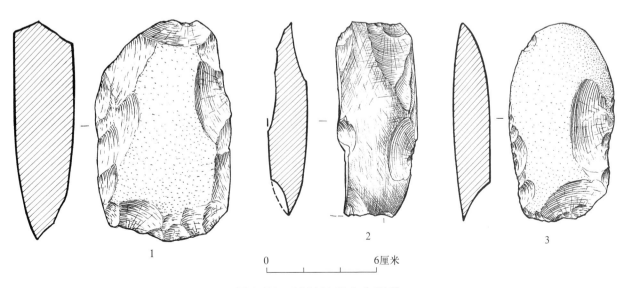

图6-72　2004年出土砍砸器

1～3. D型04H35：8、04T1③：28、04H7：51

标本04H35：8，千枚岩。一面保留自然石皮，一面为破裂面，一端和两侧用锤击法修理出刃口，修理片疤较小，但连续均匀，三个刃口均可见清晰使用崩损痕。长12.4、宽4.8、厚1.2厘米（图6-72，1）。

标本04H7：51，千枚岩。一面保留自然石皮，一面为破裂面，一端用锤击法修理出刃口，修理片疤较小，但连续均匀，可见清晰使用崩损痕。长10.6、宽5.8、厚2.1厘米（图6-72，3）。

3．刮削器

A型　8件。端刃刮削器。

标本04H18：8，燧石。素材为石片，使用锤击法在石片远端从破裂面向背面修理出凹刃，可见4个清晰的修理小片疤。长4.2、宽2.8、厚0.6厘米（图6-73，1）。

标本04H18：9，燧石。素材为石片，呈指甲盖状，使用锤击法在石片远端从破裂面向背面修理出凸刃。长2.1、宽3.6、厚0.9厘米（图6-73，2）。

标本04H4：22，燧石。素材为石片，使用锤击法在石片远端从破裂面向背面修理出凹刃，可见7个清晰的小片疤。长2.4、宽3.3、厚0.5厘米（图6-73，3）。

标本04H31：14，燧石。素材为磨制残石器裂片，使用锤击法在一端加工修理，可见7个修理片疤。长3.2、宽4.4、厚1.5厘米（图6-73，4）。

B型　3件。侧刃刮削器。

标本04H19：54，燧石。素材为近三角形石片，使用锤击法在石片左侧由背面向破裂面修理，可见6个清晰的修理小疤。长2.8、宽3.2、厚1.0厘米（图6-73，5）。

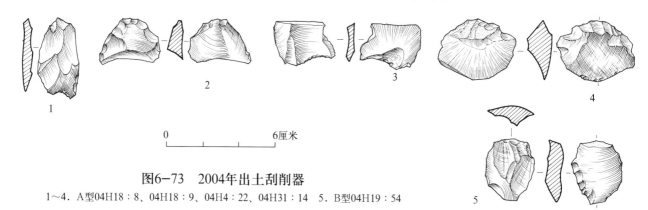

0　　　　　　6厘米

图6-73　2004年出土刮削器

1～4. A型04H18：8、04H18：9、04H4：22、04H31：14　5. B型04H19：54

4．切割器

A型　23件。一端刃。

标本04T2③：51，粉砂岩。素材为石片，一面保留自然石皮，一面为破裂面，一端用锤击法修理出连续均匀的小片疤，有少量使用崩损痕（图6-74，1）。

标本04T1⑤：6，粉砂岩。素材为石片，在一端使用锤击法修理出凸刃，可见修理片疤和使用崩损痕迹。长8.5、宽10.4、厚1.6厘米（图6-74，2）。

标本04H28：8，石英砂岩。素材为石片，一面保留自然石皮，一面为破裂面，一端用锤击法修理出连续均匀的片疤。长7.8、宽13.8、厚2.3厘米（图6-74，3）。

标本04H11：40，石英砂岩。素材为石片，一端可见少量锤击法修理出的小片疤。长3.4、宽7.5、厚1.0厘米（图6-74，4）。

标本04T2②：27，粉砂岩。素材为使用锐棱砸击法打下的零台面石片，一面保留自然石皮，一面为破裂面，一端可见清晰的锤击法修理出的连续均匀的小片疤，有少量使用崩损痕迹。长5.0、宽10.6、厚0.5厘米（图6-74，5）。

标本04H7：80，粉砂岩。素材为石片，一端可见少量锤击法修理出的小片疤。长5.2、宽4.8、厚1.0厘米（图6-74，6）。

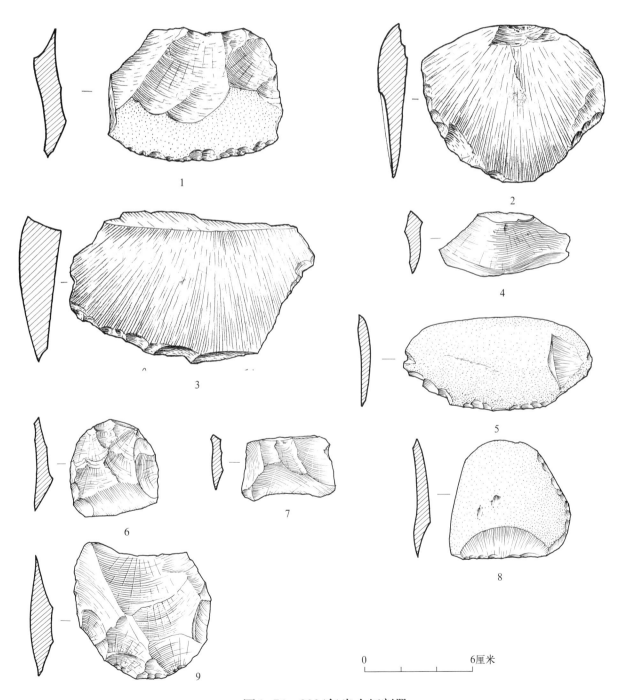

图6-74 2004年出土切割器

1~9. A型04T2③：51、04T1⑤：6、04H28：8、04H11：40、04T2②：27、04H7：80、04H18：6、04T1④：19、04H7：96

标本04H18：6，粉砂岩。素材为石片，在一端使用锤击法修理出凹刃，刃部锋利。长3.4、宽5.2、厚0.7厘米（图6-74，7）。

标本04T1④：19，粉砂岩。素材为使用锐棱砸击法打下的零台面石片，一面保留自然石皮，一面为破裂面，一端用锤击法修理出刃口，修理片疤连续均匀。长6.3、宽6.8、厚0.9厘米（图6-74，8）。

标本04H7：96，粉砂岩。素材为石片，一端用锤击法修理出刃部，刃口锋利。长7.5、宽7.4、厚1.3厘米（图6-74，9）。

B型　4件。两端刃。

标本04H6：27，石英砂岩。素材为使用锐棱砸击法打下的零台面石片，一面保留自然石皮，一面为破裂面，两端可见清晰的锤击法修理出的连续均匀的小片疤，有少量使用崩损痕。长4.0、宽7.5、厚0.7厘米（图6-75，1）。

标本04H10：45，粉砂岩。素材为石片，一端用锤击法修理出刃部，刃口锋利。长5.2、宽7.8、厚1.0厘米（图6-75，2）。

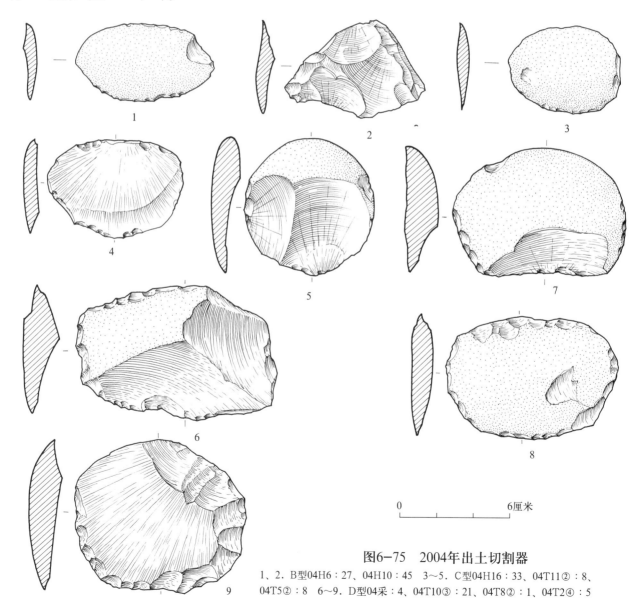

0　　　　　　　　6厘米

图6-75　2004年出土切割器

1、2. B型04H6：27、04H10：45　3~5. C型04H16：33、04T11②：8、04T5②：8　6~9. D型04采：4、04T10③：21、04T8②：1、04T2④：5

C 型 5 件。一端刃和一侧刃。

标本 04H16：33，石英砂岩。素材为使用锐棱砸击法打下的零台面石片，一面保留自然石皮，一面为破裂面，一端和一侧可见清晰的锤击法修理出的连续均匀的小片疤，有少量使用崩损痕。长4.8、宽6.2、厚0.6厘米（图6-75，3）。

标本 04T5 ②：8，石英砂岩。素材为卵圆形扁平砾石，用锤击法在一端和一侧修理出刃口。长7.3、宽7.2、厚1.7厘米（图6-75，5）。

标本 04T11 ②：8，粉砂岩。素材为石片，用锤击法在一端和一侧修理出刃口。长5.2、宽7.6、厚0.7厘米（图6-75，4）。

D 型 9 件。复刃。

标本 04 采：4，石英砂岩。素材为石片，一面保留自然石皮，一面为破裂面，两端和一侧可见清晰的锤击法修理出的连续均匀的小片疤。长7.0、宽11.2、厚2.1厘米（图6-75，6）。

标本 04T10 ③：21，石英砂岩。素材为石片，一面保留自然石皮，一面为破裂面，用锤击法在一端和两侧修理出连续均匀的小片疤。长6.8、宽9.6、厚1.9厘米（图6-75，7）。

标本 04T8 ②：1，石英砂岩。素材为石片，一面保留自然石皮，一面为破裂面，两端和两侧用锤击法修理出连续均匀的小片疤。长6.3、宽9.4、厚1.2厘米（图6-75，8）。

标本 04T2 ④：5，石英砂岩。素材为石片，一面保留自然石皮，一面为破裂面，两端和两侧用锤击法修理出连续均匀的小片疤。长8.1、宽9.4、厚1.8厘米（图6-75，9）。

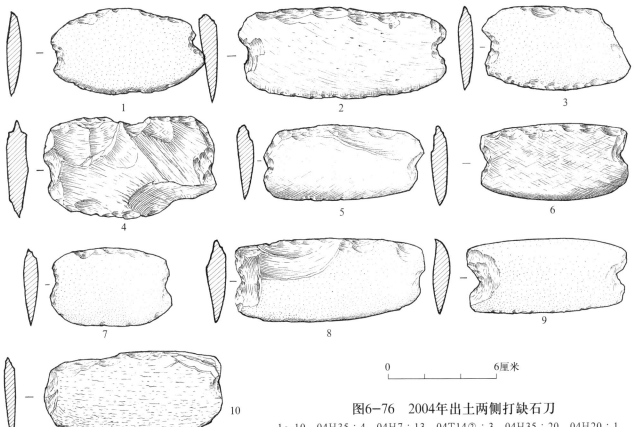

0   6厘米

图6-76 2004年出土两侧打缺石刀

1～10. 04H35：4、04H7：13、04T14②：3、04H35：20、04H20：1、04H8：3、04H21：3、04H7：71、04H16：3、04H24：2

5．两侧打缺石刀

10件。

标本04H35：4，石英岩砂。呈长方形，一面为破裂面，一面为砾石自然面，两端可见打缺片疤，两长边为刃部，一侧可见使用崩损痕迹。长8.5、宽4.5、厚0.78厘米（图6-76，1）。

标本04H7：13，燧石。呈长方形，一面为破裂面，一面局部磨光，两端打缺处呈凹刃状，两长边为刃部，两侧均有使用崩损痕。长11.6、宽4.8、厚0.9厘米（图6-76，2）。

标本04T14②：3，粉砂岩。呈长方形，一面为破裂面，一面为砾石自然面，一端断裂掉，两侧均有使用崩损痕。长8.3、宽4.5、厚0.8厘米（图6-76，3）。

标本04H35：20，燧石。呈长方形，一面为破裂面，一面为节理面，两端可见打缺片疤，两长边为刃部，一侧边刃部崩损过半。长9.5、宽5.2、厚1.1厘米（图6-76，4）。

标本04H20：1，粉砂岩。一面为破裂面，一面局部磨光，两端可见打缺片疤，两长边为刃部，一侧边为自然边，但可见使用痕迹。长8.8、宽4.0、厚0.9米（图6-76，5）。

标本04H8：3，粉砂岩。一面通体磨制，一面为破裂面，两端可见打缺片疤，刃部有少量使用崩损痕。长8.4、宽4.2、厚0.9厘米（图6-76，6）。

标本04H21：3，石英砂岩。一面为破裂面，一面为砾石自然面，两端可见打缺片疤，刃部有少量使用崩损痕。长6.8、宽4.1、厚0.9厘米（图6-76，7）。

标本04H7：71，石英砂岩。一面为破裂面，一面为砾石自然面，两端可见打缺片疤，刃部有少量使用崩损痕。长10.5、宽4.4、厚1.1厘米（图6-76，8）。

标本04H16：3，石英砂岩。一面为破裂面，一面为砾石自然面，两端可见打缺片疤，刃部有少量使用崩损痕。长9.0、宽3.9、厚1.0厘米（图6-76，9）。

标本04H24：2，石英砂岩。一面为破裂面，一面为砾石自然面，两端打缺痕迹不明显，刃部无使用崩损痕。长10.0、宽4.8、厚0.5厘米（图6-76，10）。

6．琢背小刀

4件。

标本04H36：42，黑色燧石。素材为石叶，横截面呈菱形，扇形自然台面，同心纹清楚，腹面平滑微鼓，背面为多个小石片疤，在一侧边由背面向腹面琢背加工修理，可见多个连续均匀的小疤。长3.1、宽1.3、厚0.6厘米（图6-77，1）。

标本04H35：13，黑色燧石。素材为石叶，横截面呈梯形，扇形素台面，同心纹清楚，腹面平滑微鼓，背面为2个长条形石片疤，在两侧边由腹面向背面琢背加工修理，可见多个连续均匀的小疤。长2.1、

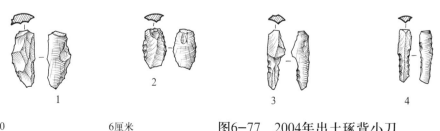

0　　　　　　　6厘米

图6-77　2004年出土琢背小刀

1～4．04H36：42、04H35：13、04H19：11、04H19：264

宽1.4、厚0.5厘米（图6-77，2）。

标本04H19：11，黑色燧石。素材为细石叶，横截面呈菱形，同心纹清楚，腹面平滑，两侧边远端由破裂面向背面琢背加工修理成工具。长3.1、宽0.9、厚0.5厘米（图6-77，3）。

标本04H19：264，黑色燧石。素材为细石叶近端断片，横截面呈三角形，同心纹清楚，腹面平滑，两侧边由破裂面向背面琢背加工修理成工具。长2.8、宽0.7、厚0.4厘米（图6-77，4）。

7．细石核

25件。

标本04H10：1，黑色燧石。柱状细石核。长方形修理台面，周缘有修理小疤，有效台面上有压制法修整的小片疤痕，石核远端呈刃状，可见多条规整的剥压细石叶片疤，片疤为长条形，多延伸至底端。长1.9、宽1.5、厚1.1厘米（图6-78，1）。

标本04H18：112，黑色燧石。柱状细石核。长方形修理台面，周缘有修理小疤，有效台面上有压制法修整的小片疤痕，石核远端呈刃状，可见多条规整的剥压细石叶片疤，片疤为长条形，均延伸至底端。长2.8、宽1.2、厚0.6厘米（图6-78，2）。

标本04H25：17，黑色燧石。柱状细石核，近长方形修理台面，周缘有修理小疤，有效台面上有压制法修整的小片疤痕，石核远端呈刃状，可见多条规整的剥压细石叶片疤，片疤为长条形，多延伸至底端。长3.0、宽2.8、厚2.0厘米（图6-78，3）。

标本04H6：8，黑色燧石。柱状细石核，梯形素台面，可见4条剥压细石叶片疤。长3.2、宽1.8、厚0.9厘米（图6-78，4）。

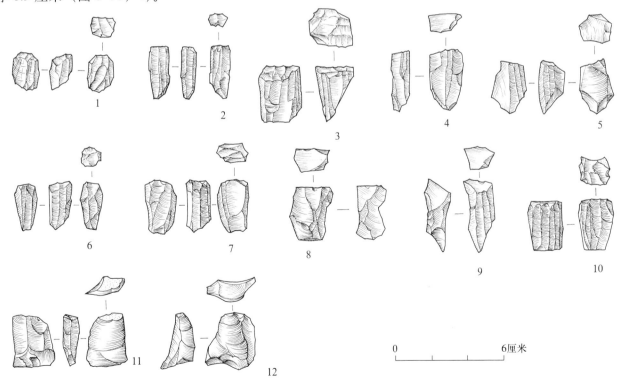

图6-78　2004年出土细石核

1～12. 04H10：1、04H18：112、04H25：17、04H6：8、04H18：74、04H10：10、04H4：21、04H35：6、04H10：15、04H19：1、04H4：23、04T18③：10

标本04H18：74，黑色燧石。棱柱状细石核，近梯形修理台面，可见多条规整的剥压细石叶片疤，片疤为长条形，均延伸至底端。长2.9、宽1.9、厚1.2厘米（图6-78，5）。

标本04H10：10，黑色燧石。柱状细石核，近方形修理台面，周缘有修理小疤，有效台面上有压制法修整的小片疤痕，远端呈刃状，有4条剥压细石叶片疤，均延伸至底端。长2.5、宽1.3、厚1.0厘米（图6-78，6）。

标本04H4：21，黑色燧石。棱柱状细石核，平行四边形修理台面，周缘有修理小疤，有效台面上有压制法修整的小片疤痕，多条规整的剥压细石叶片疤，片疤为长条形，均延伸至底端。长2.8、宽1.8、厚1.0厘米（图6-78，7）。

标本04H35：6，黑色燧石。柱状细石核。长方形素台面，仅见2条不成功的剥压细石叶疤痕。长2.8、宽2.3、厚1.2厘米（图6-78，8）。

标本04H10：15，黑色燧石。棱柱状细石核，近梯形修理台面，远端呈刃状，可见多条规整的剥压细石叶片疤，均延伸至底端。长4.0、宽1.7、厚1.2厘米（图6-78，9）。

标本04H19：1，黑色燧石。柱状细石核。长方形自然台面，可见多条规整的剥压细石叶片疤，均延伸至底端。长2.7、宽2.0、厚1.5厘米（图6-78，10）。

标本04H4：23，黑色燧石。柱状细石核，扇形自然台面，可见3个细石叶纵疤，均未延伸至底端。长2.8、宽2.3、厚1.0厘米（图6-78，11）。

标本04T18③：10，黑色燧石。棱柱状细石核，不规则素台面，远端呈刃状，未见细石叶疤痕。长3.0、宽2.8、厚1.3厘米（图6-78，12）。

8．石片

45件。

标本04H19：51，燧石。近长方形自然台面，打击点、半锥体、打击泡、同心纹、锥疤清楚，两侧边基本平行，在远端交汇呈尖刃状。长6.4、宽2.2、厚0.7厘米（图6-79，1）。

标本04H18：45，燧石。近端断片，线形台面，同心纹清楚。残长4.2、宽4.7、厚0.6厘米（图6-79，2）。

标本04T5③：1，燧石。近半圆形素台面，破裂面光滑，同心纹清晰可见，背面为两石片疤交汇呈脊状。长3.2、宽2.0、厚0.5厘米（图6-79，3）。

标本04H18：7，燧石。近端断片，自然台面，近三角形，破裂面光滑，打击点、同心纹、放射线清晰可见。残长2.8、宽3.3、厚0.8厘米（图6-79，4）。

标本04H6：21，燧石。近半圆形自然台面，破裂面光滑，打击点、同心纹、放射线清晰可见，两侧边较薄较直，远端呈薄刃状。长5.8、宽3.0、厚0.6厘米（图6-79，5）。

标本04H10：23，燧石。远端断片，破裂面光滑，远端可见同心纹及放射线。残长2.1、宽4.2、厚0.5厘米（图6-79，6）。

标本04H13：3，燧石。中间断片，两侧边基本平行。残长3.1、宽2.8、厚1.0厘米（图6-79，7）。

标本04H18：117，燧石。远端断片，呈长方形，两侧边平行，远端锐薄。残长1.8、宽2.0、厚0.6厘米（图6-79，8）。

标本04H18：46，燧石。线状台面，破裂面光滑，背面有3个石片疤，打击点、半锥体、锥疤、

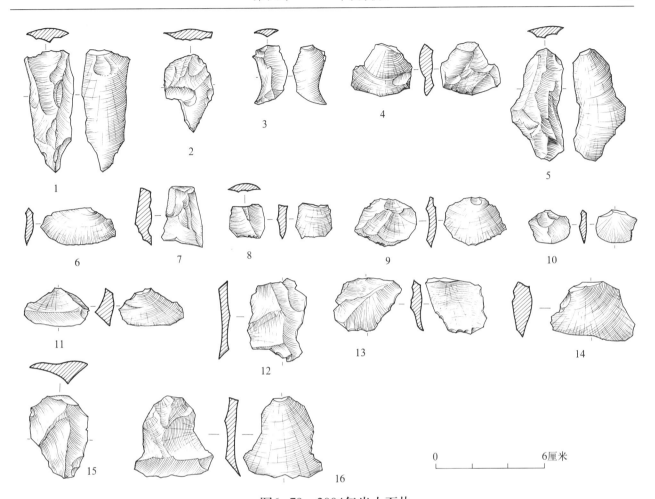

图6-79 2004年出土石片

1~16. 04H19：51、04H18：45、04T5③：1、04H18：7、04H6：21、04H10：23、04H13：3、04H18：117、04H18：46、04H10：1、04H19：12、04H19：55、04H19：57、04H12：1、04H19：53、04H19：56

同心纹、放射线清楚。长2.5、宽3.4、厚0.6厘米（图6-79，9）。

标本04H10：1，燧石。石片远端，两侧边平行，破裂面光滑，放射线清晰可见。残长1.8、宽2.2、厚0.5厘米（图6-79，10）。

标本04H19：12，燧石。石片远端，破裂面光滑，可见清晰同心纹。残长2.0、宽3.6、厚1.0厘米（图6-79，11）。

标本04H19：55，燧石。中间断片，呈长方形，两侧边平行，破裂面比较光滑。残长4.3、宽3.2、厚0.5厘米（图6-79，12）。

标本04H19：57，燧石。远端断片，破裂面光滑微鼓，可见放射线及同心纹。残长3.2、宽3.8、厚0.6厘米（图6-79，13）。

标本04H12：1，燧石。仅三角形素台面，打击点、放射线、同心纹清晰，破裂面光滑微鼓，远端薄锐。长3.2、宽4.7、厚1.2厘米（图6-79，14）。

标本04H19：53，燧石。石片远端。残长4.4、宽3.2、厚1.1厘米（图6-79，15）。

标本04H19：56，燧石。半圆形素台面，打击点、同心纹、放射线清晰，破裂面光滑。长4.5、宽4.4、厚1.2厘米（图6-79，16）。

9. 细石叶

48 件。

标本 04H19 ：52，燧石。远端断片，横截面呈三角形，两侧边平行，破裂面光滑微鼓，背面为两石片疤纵脊，当使用间接法打击而成。残长 3.2、宽 1.8、厚 0.5 厘米（图 6-80，1）。

标本 04H18 ：75，黑色燧石。石叶近端断片，整体较宽，横截面呈梯形，点状素台面，打击点、半锥体不明显，打击泡微弱，同心纹、放射线清楚，腹面平滑，两侧边锐薄呈刃状，基本平行。背面为 3 个长条形片疤，远端断裂。长 2.8、宽 1.3、厚 0.4 厘米（图 6-80，2）。

标本 04H18 ：76，黑色燧石。石叶近端断片，线状素台面，打击点、半锥体明显，打击泡微弱，同心纹、放射线清楚，腹面平滑，两侧边基本平行。背面 3 个石片疤形成 Y 嵴状，远端断裂。长 2.3、宽 1.6、厚 0.3 厘米（图 6-80，3）。

标本 04H18 ：77，黑色燧石。石叶近端断片，横截面呈三角形，点状素台面，打击点、半锥体明显，打击泡微弱，同心纹、放射线清楚，腹面平滑，两侧边锐薄呈刃状，基本平行。背面为 2 个长条形片疤，形成一纵嵴，远端断裂。长 2.4、宽 1.4、厚 0.5 厘米（图 6-80，4）。

标本 04H18 ：115，黑色燧石。石叶近端断片，横截面呈三角形，半圆形素台面，打击点、半锥体明显，打击泡微弱，同心纹、放射线清楚，腹面平滑，两侧边锐薄呈刃状，基本平行。长 2.8、宽 1.3、厚 0.4 厘米（图 6-80，5）。

标本 04H18 ：116，黑色燧石。石叶近端断片，横截面呈三角形，点状素台面，打击点、半锥体明显，打击泡微弱，同心纹、放射线清楚，腹面平滑，两侧边平行，锐薄呈刃状，远端断裂。长 3.0、宽 1.2、厚 0.4 厘米（图 6-80，6）。

标本 04M19 填土 ：62，黑色燧石。石叶近端断片，横截面呈三角形，不规则素台面，打击点、半锥体明显，打击泡微弱，同心纹、放射线清楚，腹面平滑，两侧边锐薄呈刃状，基本平行，远端断裂。长 2.5、宽 1.6、厚 0.4 厘米（图 6-80，7）。

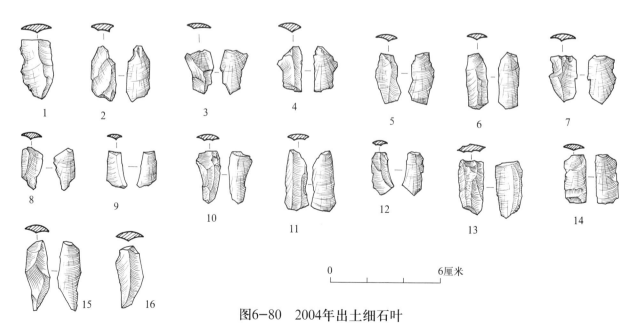

图6-80　2004年出土细石叶

1～16. 04H19：52、04H18：75、04H18：76、04H18：77、04H18：115、04H18：116、04M19填土：62、04H18：44、04H14：7、04H22：15、04H22：16、04H35：12、04H4：5、04H4：6、04H13：4、04H19：263

标本04H18：44，黑色燧石。石叶近端断片，横截面呈三角形，扇形素台面，打击点、半锥体明显，打击泡微弱，同心纹、放射线清楚，腹面平滑微鼓，背面为2个长条形石片疤，两侧边锐薄呈刃状，基本平行，远端断裂。长2.2、宽1.3、厚0.5厘米（图6-80，8）。

标本04H14：7，黑色燧石。石叶中间断片，横截面呈三角形，腹面平滑微鼓，两侧边基本平行。长2.0、宽1.2、厚0.4厘米（图6-80，9）。

标本04H22：15，黑色燧石。石叶，横截面呈梯形，扇形自然台面，打击点、半锥体不明显，同心纹清楚，腹面平滑略鼓，两侧边锐薄呈刃状，基本平行。长2.8、宽1.4、厚0.4厘米（图6-80，10）。

标本04H22：16，黑色燧石。石叶近端断片，横截面呈梯形，半圆形素台面，打击点、半锥体不明显，同心纹清楚，腹面平滑略鼓，两侧边平息，锐薄呈刃状，远端断裂。长3.2、宽1.5、厚0.4厘米（图6-80，11）。

标本04H35：12，黑色燧石。石叶近端断片，横截面呈梯形，点状素台面，打击点、半锥体不明显，同心纹、放射线清楚，腹面平滑略鼓，两侧边锐薄呈刃状，基本平行，远端断裂。长2.3、宽1.4、厚0.3厘米（图6-80，12）。

标本04H4：5，黑色燧石。石叶近端断片，横截面呈菱形，线状素台面，打击点、半锥体不明显，同心纹、清楚，腹面平滑，两侧边锐薄呈刃状，基本平行，远端断裂。长3.1、宽1.5、厚0.5厘米（图6-80，13）。

标本04H4：6，黑色燧石。石叶近端断片，横截面呈三角形，三角形素台面，打击点不明显，同心纹清楚，腹面平滑微鼓，可见3个细石叶小疤，两侧边平行，锐薄呈刃状，远端断裂。长2.6、宽1.2、厚0.3厘米（图6-80，14）。

标本04H13：4，黑色燧石。石叶远端断片，横截面呈三角形，同心纹清楚，腹面平滑，背面为6个石片疤，两侧边锐薄呈刃状，基本平行，远端断裂。长3.6、宽1.4、厚0.5厘米（图6-80，15）。

标本04H19：263，黑色燧石。石叶近端断片，横截面呈三角形，三角形素台面，打击点较明显，同心纹清楚，腹面平滑，背面2个长条形石片疤形成1条纵嵴，两侧边锐薄呈刃状，基本平行，远端断裂。长3.3、宽1.6、厚0.5厘米（图6-80，16）。

标本04H18：78，黑色燧石。细石叶近端断片，点状素台面，横截面呈三角形，打击点、半锥体不明显，打击泡微弱，同心纹清楚，腹面平滑，两侧边平行，锐薄呈刃状；背面为2个长条形片疤，形成一纵嵴，远端断裂。长1.8、宽0.7、厚0.3厘米（图6-81，1）。

标本04H18：79，黑色燧石。细石叶远端断片，横截面呈梯形，同心纹清楚，腹面平滑微鼓，背面为3个长条形石片疤，远端呈尖刃状。长1.9、宽0.8、厚0.3厘米（图6-81，2）。

标本04H18：113，黑色燧石。细石叶近端断片，横截面呈梯形，点状素台面，横截面呈梯形，同心纹清楚，腹面平滑微鼓，背面为2个长条形细石叶疤，远端断裂。长2.1、宽0.6、厚0.3厘米（图6-81，3）。

标本04H13：1，黑色燧石。细石叶，横截面呈三角形，点状素台面，同心纹清楚，腹面平滑微鼓，背面为3个长条形细石叶疤，远端稍有断损。长1.9、宽0.6、厚0.3厘米（图6-81，4）。

标本04H19：261，黑色燧石。细石叶近端，横截面呈梯形，线状素台面，同心纹清楚，腹面平滑微鼓，

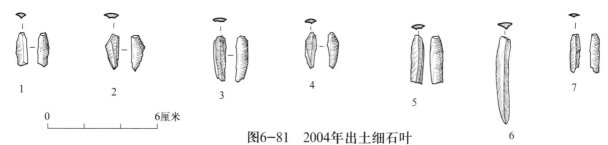

图6-81　2004年出土细石叶

1～7. 04H18：78、04H18：79、04H18：113、04H13：1、04H19：261、04H8：7、04H18：114

两侧边平行，背面为3个长条形细石叶疤，远端断损。长2.5、宽0.8、厚0.3厘米（图6-81，5）。

标本04H8：7，黑色燧石。细石叶，横截面呈三角形，同心纹清楚，腹面平滑，背面为2个长条形石片疤，两侧边平行，远端呈尖刃状。长4.7、宽0.7、厚0.4厘米（图6-81，6）。

标本04H18：114，黑色燧石。细石叶近端，横截面呈三角形。残长2.2、宽0.6、厚0.3厘米（图6-81，7）。

（二）磨制石器

1. 石斧

A型　5件。上窄下宽，呈梯形。

标本04H15：1，粉砂岩。通体磨制，弧刃，中锋，刃口锋利，有2个崩损小片疤，两侧及顶端有多个崩损石片疤。长7.8、宽6.6、厚1.7厘米（图6-82，1）。

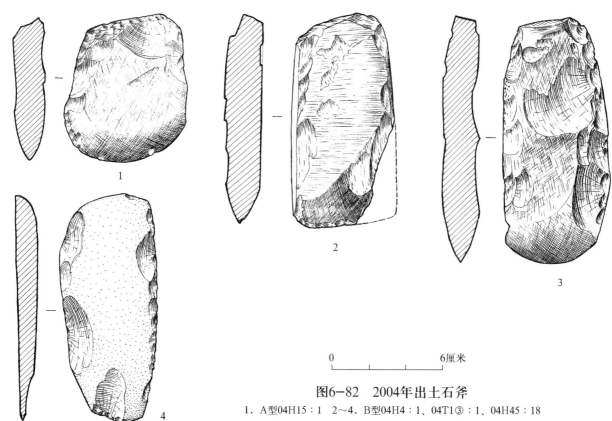

图6-82　2004年出土石斧

1. A型04H15：1　2～4. B型04H4：1、04T1③：1、04H45：18

B 型 4 件。长条形。

标本 04H4：1，粉砂岩。通体磨制，弧刃，中锋，刃口锋利，刃部有多个使用崩损小片疤，两侧及顶端均有多个崩损片疤。长 11.5、宽 5.7、厚 2.0 厘米（图 6-82，2）。

标本 04T1 ③：1，粉砂岩。通体磨制，弧刃，中锋，刃口锋利，两侧有多个崩损石片疤。长 12.8、宽 5.9、厚 2.0 厘米（图 6-82，3）。

标本 04H45：18，粉砂岩。通体磨制，刃口全部破损，两侧及顶端均有崩损片疤。残长 10.2、宽 4.5、厚 2.1 厘米（图 6-82，4）。

残石斧 18 件。

标本 04H7：12，片岩。仅剩刃部，刃口锋利。残长 6.0、宽 5.5、厚 0.8 厘米（图 6-83，1）。

标本 04T14 ②：2，粉砂岩。仅剩刃部，刃口锋利。残长 4.9、宽 6.0、厚 1.9 厘米（图 6-83，2）。

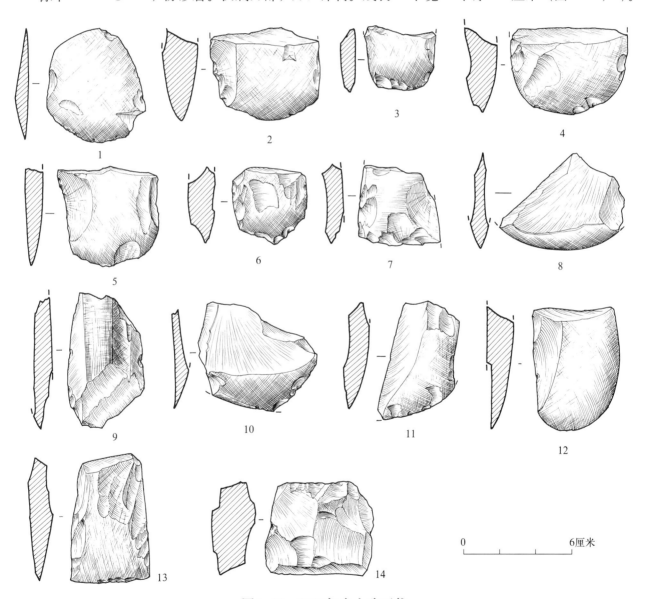

图6-83 2004年出土残石斧

1～14. 04H7：12、04T14②：2、04H27：2、04T6③：1、04H7：4、04H28：42、04H10：6、04采：7、04H27：4、04H10：9、04T5③：7、04H21：4、04H35：10、04M27填土：1

标本 04H27 ：2，石英岩。仅剩斧身远端，刃口全部破损，两侧也有多个崩损片疤。残长 3.4、宽 4.0、厚 0.8 厘米（图 6-83，3）。

标本 04T6 ③：1，粉砂岩。仅剩刃部，刃口锋利，刃口、斧身两侧均有崩损小片疤。长 4.6、宽 6.4、厚 1.8 厘米（图 6-83，4）。

标本 04H7 ：4，粉砂岩。仅剩刃部，刃口锋利。残长 5.3、宽 5.8、厚 1.0 厘米（图 6-83，5）。

标本 04H28 ：42，粉砂岩。仅剩斧身远端，刃口全部破损，两侧也有多个崩损片疤。残长 4.0、宽 4.2、厚 1.5 厘米（图 6-83，6）。

标本 04H10 ：6，粉砂岩。仅剩斧身远端，刃口全部破损，两侧也有多个崩损片疤。残长 4.4、宽 4.6、厚 1.2 厘米（图 6-83，7）。

标本 04 采：7，粉砂岩。仅剩刃部，刃口锋利。残长 5.2、宽 6.8、厚 1.1 厘米（图 6-83，8）。

标本 04H27 ：4，粉砂岩。仅剩斧身中部。残长 7.1、宽 4.3、厚 1.1 厘米（图 6-83，9）。

标本 04H10 ：9，粉砂岩。仅剩斧身远端，刃口有多个崩损片疤。残长 6.2、宽 4.4、厚 1.4 厘米（图 6-83，10）。

标本 04T5 ③：7，粉砂岩。仅剩斧身远端，刃口有多个崩损片疤。残长 6.8、宽 4.4、厚 1.3 厘米（图 6-83，11）。

标本 04H21 ：4，石英岩。仅剩斧身远端，刃口、斧身两侧均有多个崩损片疤。残长 5.5、宽 6.5、厚 0.7 厘米（图 6-83，12）。

标本 04H35 ：10，石英岩。仅剩斧身远端，刃口有多个崩损片疤。长 6.4、宽 5.9、厚 1.4 厘米（图

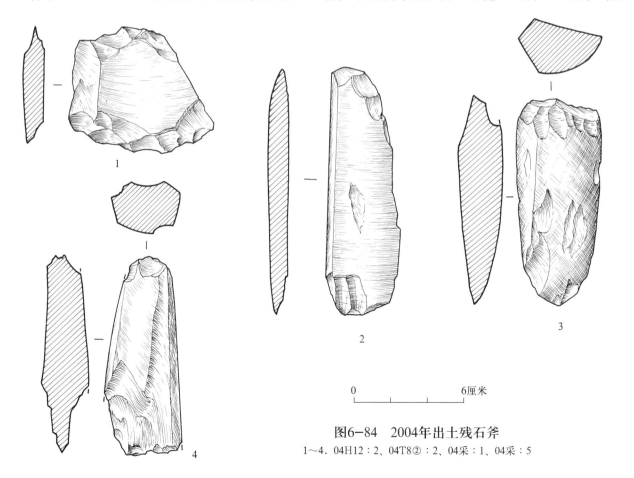

0　　　　　　　　　　6厘米

图6-84　2004年出土残石斧
1～4. 04H12：2、04T8②：2、04采：1、04采：5

6-83，13）。

标本04M27填土：1，石英岩。仅剩斧身中部，破损严重。残长4.6、宽6.0、厚2.0厘米（图6-83，14）。

标本04H12 ：2，石英岩。仅剩斧身中部，破损严重。残长6.5、宽8.2、厚1.2厘米（图6-84，1）。

标本04T8 ② ：2，粉砂岩。通体磨制，刃部有5个崩损片疤。残长13.2、宽4.1、厚1.2厘米（图6-84，2）。

标本04 采：1，粉砂岩。通体磨制，顶端断裂，刃部有3个崩损片疤。残长11.2、宽4.7、厚2.5厘米（图6-84，3）。

标本04 采：5，石英砂岩。仅残留斧身中部。残长10.6、宽4.5、厚2.6厘米（图6-84，4）。

2．石锛

A 型   5件。

标本04H28 ：1，粉砂岩。呈梯形，通体磨制，弧刃，偏锋，刃口有6个崩损小片疤。长7.8、宽3.4、厚0.9厘米（图6-85，1）。

标本04H19 ：3，粉砂岩。呈梯形，通体磨制，弧刃，偏锋，刃部有3个使用崩损小片疤。长6.6、宽3.1、厚1.2厘米（图6-85，2）。

标本04H7 ：5，粉砂岩。通体磨制。残长10.0、宽3.1、厚0.6厘米（图6-85，3）。

标本04H7 ：26，粉砂岩。通体磨制，呈梯形，直刃，刃部锋利，顶端残损。残长11.8、宽8.1、厚0.6厘米（图6-85，4）。

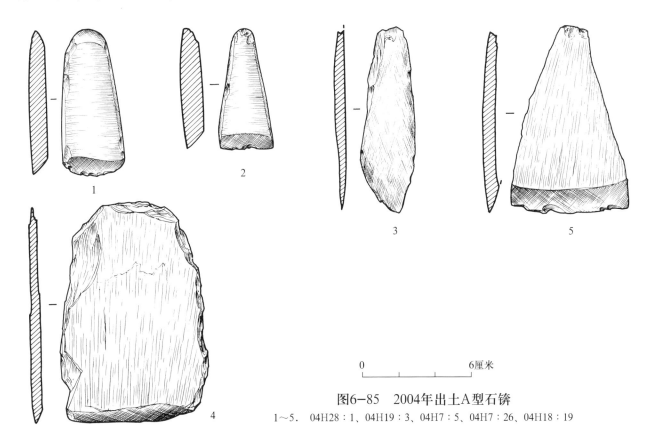

0   6厘米

图6-85 2004年出土A型石锛
1～5. 04H28：1、04H19：3、04H7：5、04H7：26、04H18：19

标本04H18：19,粉砂岩。呈梯形,通体磨制,弧刃,偏锋,刃部有4个大崩损片疤。残长10.0、宽6.8、厚0.8厘米（图6-85,5）。

3. 石凿

2件。

标本04H19：6,粉砂岩。呈长条形,局部磨制,直刃,偏锋,刃部有破损。长8.7、宽1.8、厚1.6厘米（图6-86,1）。

标本04H30：2,粉砂岩。呈长条形,局部磨制,中锋,刃部破损。残长12.5、宽2.9、厚1.1厘米（图6-86,2）。

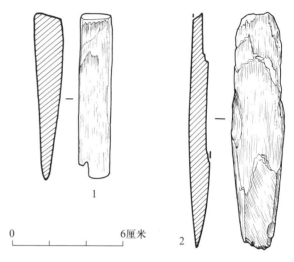

图6-86　2004年出土石凿

1、2. 04H19：6、04H30：2

4. 石刀

B型6件。

标本04T4②：2,燧石。呈长方形,通体磨制,刀身保留1个圆形钻孔,系对钻所成,孔径0.4～0.7厘米,刀身残长5.9、宽3.6、厚0.4厘米（图6-87,1）。

标本04H4：2,千枚岩。通体磨制,刀身保留1个圆形钻孔,系对钻所成,孔径0.3～0.5厘米,刀身残长4.6、宽2.5、厚0.4厘米（图6-87,2）。

标本04H8：9,千枚岩。通体磨制,刀身保留半个圆形钻孔,系对钻所成,孔径0.5～0.9厘米,刀身残长4.9、宽4.0、厚0.6厘米（图6-87,3）。

标本04Y1：9,千枚岩。局部磨制,刀身保留1个圆形钻孔,系单面钻孔,孔径0.3～0.4厘米,刀身残长4.5、宽2.5、厚0.3厘米（图6-87,4）。

标本04H25：5,千枚岩。两面均为岩石节理面,刀身有2个穿孔,均系对钻而成,孔径0.4～0.8厘米,刀身长8.9、宽4.3、厚0.8厘米（图6-87,5）。

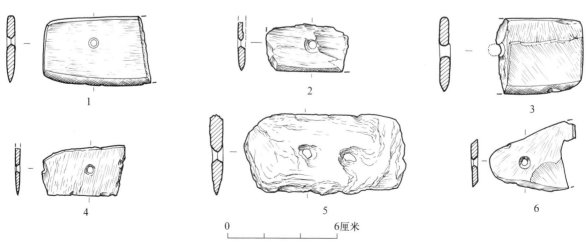

图6-87　2004年出土B型磨制石刀

1～6. B型04T4②：2、04H4：2、04H8：9、04Y1：9、04H25：5、04H8：1

标本04H8：1，粉砂岩。通体磨制，刀身保留1圆形孔钻，系对钻而成，孔径0.4～0.5厘米，刀身残长4.8、宽3.6、厚0.3厘米（图6-87，6）。

5. 有肩石铲

1件。

标本04H16：1，粉砂岩。整体呈凸字形，通体磨制，直刃，中锋。残长7.3、复原宽9.5、厚2.4厘米（图6-88，1；彩版二三四，1、2）。

6. 石矛

1件。

标本04H11：30，粉砂岩。通体磨制，矛身、铤部皆横截面呈卵圆形，铤部残长3.7厘米，矛锋断损，矛脊残长4.7、直径约3.2厘米（图6-88，2）。

7. 磨制石片

2件。

标本04H31：2，粉砂岩。呈橄榄形。长5.2、宽3.5、厚0.35厘米（图6-88，3）。

标本04H21：43，石英砂岩，整体呈馒头状，一面平整磨光，一面保持砺石自然弧形石皮。长5.4、宽3.6、厚2.1厘米（图6-88，4）。

8. 砺石

18件。

标本04H5：1，砂岩。不规则形，周缘有锤击法加工修理片疤痕，砺石有清晰的磨痕，中部呈凹弧状。残长17.8、宽13.4、厚5.3～6.3厘米（图6-89，1）。

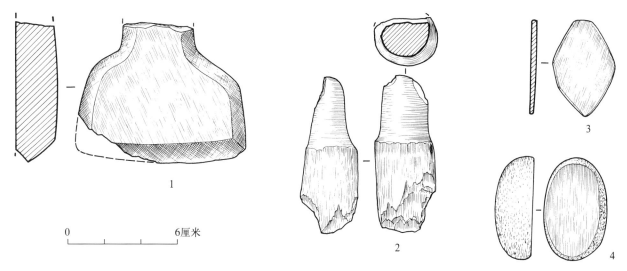

图6-88 2004年出土有肩石铲、石矛、磨制石片

1. 有肩石铲04H16：1　2. 石矛04H11：30　3、4. 磨制石片04H31：2、04H21：43

　　标本04H18：16，砂岩。呈圭形，周缘有锤击法修理片疤和磨痕，砺石两面均有磨痕，呈凹弧状。残长11.8、宽8.8、厚1.2～2.2厘米（图6-89，2）。

　　标本04T10③：26，砂岩。大致呈梯形，周缘有磨痕，砺石一面有清晰的磨痕，中部呈凹弧状。残长8.8、宽7.4、厚1.7～2.3厘米（图6-89，3）。

　　标本04H14：4，砂岩。大致呈梯形，不见磨痕，为砾石的周缘部分。残长7.5、宽5.8、厚3.0厘米（图6-89，4）。

　　标本04H24：3，砂岩。不规则形，周缘有锤击法加工修理片疤痕，砺石有清晰的磨痕，中部

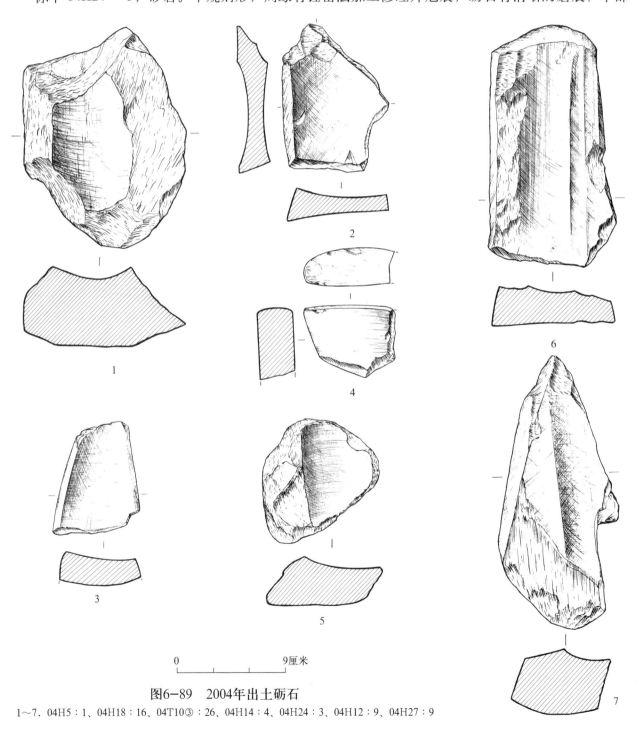

图6-89　2004年出土砺石

1～7. 04H5：1、04H18：16、04T10③：26、04H14：4、04H24：3、04H12：9、04H27：9

呈凹弧状。残长10.2、宽9.7、厚2.8～3.9厘米（图6-89，5）。

标本04H12：9，砂岩。长方形，周缘有磨痕，砺石中部有清晰的磨痕，呈凹弧状。长19.4、宽10.6、厚1.8～3.2厘米（图6-89，6）。

标本04H27：9，砂岩。大致呈三角形，周缘有磨痕，砺石中部有清晰的磨痕，呈凹弧状。长22.0、宽10.2、厚4～5.2厘米（图6-89，7）。

9．石环

4件。

标本04H36：1，千枚岩。通体磨光。直径6.5、中间孔径5.0、壁厚0.75、石镯宽1.3厘米（图6-90，1）。

标本04H7：6，粉砂岩。通体磨光。直径6.6、中间孔径5.4、壁厚0.6、石镯宽1.1厘米（图6-90，2）。

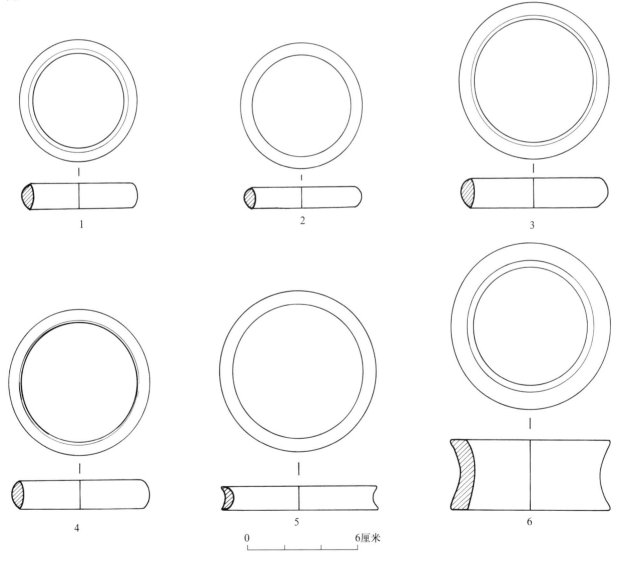

0   6厘米

图6-90　2004年出土石环、石镯

1～4．石环04H36：1、04H7：6、04T2①：2、04H15：97　5、6．A型石镯04H29：3、04M38填土：1

标本04T2①：2，粉砂岩。通体磨光。直径8.2、中间孔径6.6、壁厚0.7、石镯宽1.6厘米（图6-90，3）。

标本04H15：97，粉砂岩。通体磨光。直径7.6、中间孔径6.3、壁厚0.65、石镯宽1.5厘米（图6-90，4）。

10．石镯

A型2件。

标本04H29：3，粉砂岩。通体磨光。直径8.6、中间孔径7.2、镯壁厚0.7、石镯宽1.3厘米（图6-90，5）。

标本04M38填土：1，大理石。通体磨光。直径8.8、中间孔径6.4、镯壁厚0.6、石镯宽3.2厘米（图6-90，6；彩版二三四，3）。

11．穿孔形器

21件。

标本04H28：5，千枚岩。大致呈长方形，周缘均已破损，可见残留4个穿孔，孔径2.2～3.1厘米，器长14.8、宽12.0、厚0.8厘米（图6-91，1）。

标本04H8：59，千枚岩。残留2个圆形单面钻孔，孔径1.3～2.6厘米。残长10.2、宽6.6、厚0.8厘米（图6-91，2）。

标本04H15：11，千枚岩。复原当为圆形。直径10.4、厚1.0厘米，中部有圆形穿孔，为对钻所成，孔径1.5～2.2厘米（图6-91，3）。

标本04H29：5，千枚岩。复原当为圆形，中部有圆形穿孔，厚0.4厘米（图6-92，1）。

标本04H19：9，片麻岩。复原当为圆形。直径4.2、厚0.3厘米，中部有1个近圆形穿孔，孔径0.9～1.2厘米（图6-92，2）。

标本04T3④：1，千枚岩。复原当为圆形。直径约8.6、厚0.8厘米，中部有1个近圆形穿孔，孔径3.3～4.7厘米（图6-92，3）。

标本04H19：7，千枚岩。复原当为圆形。直径约5.4、厚0.3厘米，中部有1个近圆形穿孔，

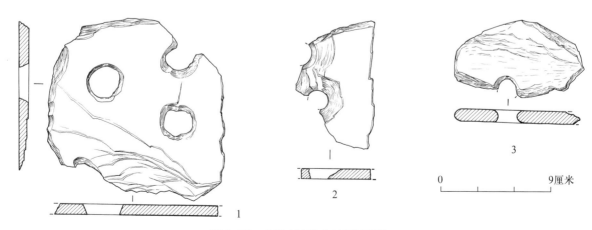

图6-91　2004年出土穿孔石器
1～3．04H28：5、04H8：59、04H15：11

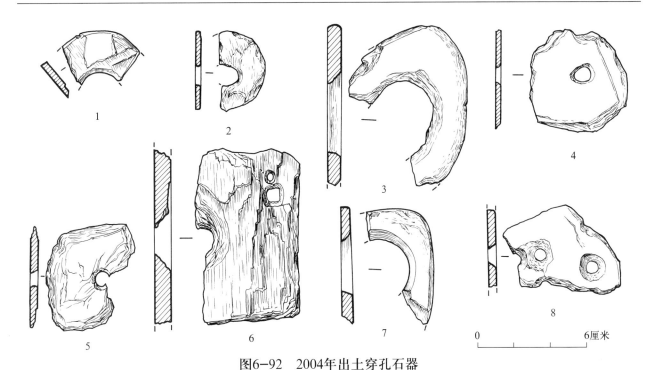

图6-92 2004年出土穿孔石器

1～8. 04H29：5、04H19：9、04T3④：1、04H19：7、04H7：10、04T6②：9、04H25：22、04H7：1

孔径0.8～1.0厘米（图6-92，4）。

标本04H7：10，片岩。复原当为圆形。直径5.5、厚0.5厘米，中部有1个近圆形穿孔，孔径0.7厘米（图6-92，5）。

标本04T6②：9，千枚岩。呈长方形。残长9.4、宽5.7、厚1.0厘米，有3个穿孔，均系单面钻孔，大的孔径约3.2厘米，另2个孔径分别为0.8～1.0、0.5～0.7厘米（图6-92，6）。

标本04H25：22，片麻岩。呈长方形。残长6.1、宽3.2、厚0.6厘米，中部有1个较大的圆形单面钻孔，孔径2～3.4厘米（图6-92，7）。

标本04H7：1，千枚岩。有3个穿孔，均为单面钻孔，孔径0.7～1.3厘米。残长6.8、宽4.6、厚0.4厘米（图6-92，8）。

12．研磨器

6件。

标本04H30：29，砂岩。复原后当呈圆饼形，周缘有用锤击法加工修理的片疤痕。直径约10.6、厚3.8厘米，中部呈圆凹状，可见明显的研磨痕。直径约6.4、深约0.6厘米（图6-93，1）。

标本04T2②：2，砂岩。复原后当呈圆饼形，周缘有用锤击法加工修理的片疤痕。直径约9.8、厚1.7厘米，中部两面均呈圆凹状，已磨穿成圆孔，孔径3.6厘米（图6-93，2）。

标本04H7：81，砂岩。复原后当呈圆饼形，周缘有用锤击法加工修理的片疤痕，复原直径约11.6、厚1.9厘米，中部呈圆凹状，可见明显的研磨痕，深约0.3厘米（图6-93，3）。

标本04H17：30，砂岩。复原后当呈圆饼形，周缘有用锤击法加工修理的片疤痕。直径约6.4、厚2.6厘米，中部两面均呈圆凹状，可见明显的研磨痕。直径约3.4、两面深约1.2厘米（图6-93，5）。

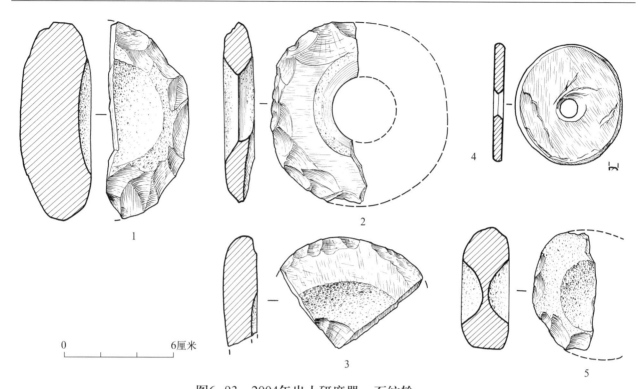

0   6厘米

图6-93　2004年出土研磨器、石纺轮

1～3、5. 研磨器04H30：29、04T2②：2、04H7：81、04H17：30　4. 石纺轮04T2①：1

13．石纺轮

1件。

标本04T2 ①：1，千枚岩。扁圆形，两面磨光，周缘磨制光滑。直径6.4、厚0.6厘米，中间有两面对钻的穿孔，中间孔径1 ～ 1.6厘米（图6-93，4）。

14．石球

Aa型　13件。圆形。

标本04T2 ②：31，闪长岩。直径2.5厘米（图6-94，1）。

标本04H10：11，石英砂岩。直径2.8厘米（图6-94，2）。

标本04T2 ②：30，石英砂岩。直径4.0厘米（图6-94，3）。

标本04T7 ④：21，闪长岩。直径4.4厘米（图6-94，4）。

标本04T3 ③：47，闪长岩。直径3.4厘米（图6-94，5）。

标本04H25：11，闪长岩。直径5.5厘米（图6-94，6）。

标本04H35：55，石英砂岩。直径6.5厘米（图6-94，7）。

标本04H27：7，石英砂岩。有一面局部磨平。直径7.5厘米（图6-94，8）。

Ab型　8件。椭圆形。

标本04H27：8，闪长岩。长径5.2、短径3.7厘米（图6-94，9）。

标本04H35：99，闪长岩。长径5.8、短径4.6厘米（图6-94，10）。

标本04H8：71，闪长岩。长径6.5、短径5.4厘米（图6-94，11）。

标本04H28：10，石英砂岩。长径7.2、短径5.8厘米（图6-94，12）。

标本04H35：59，闪长岩。长径9.0、短径7.3厘米（图6-94，13）。

标本04H35：52，石英砂岩。长径9.8、短径8.2厘米（图6-94，14）。

标本04H5：16，闪长岩。长径5.4、短径4.3厘米（图6-94，15）。

Ac型 12件。扁圆形。

标本04T5④：1，石英砂岩。直径5.5、厚1.7厘米（图6-95，1）。

标本04H25：9，石英砂岩。直径8.3、厚4.7厘米（图6-95，2）。

标本04H7：82，闪长岩。直径7.8、厚3.4厘米（图6-95，3）。

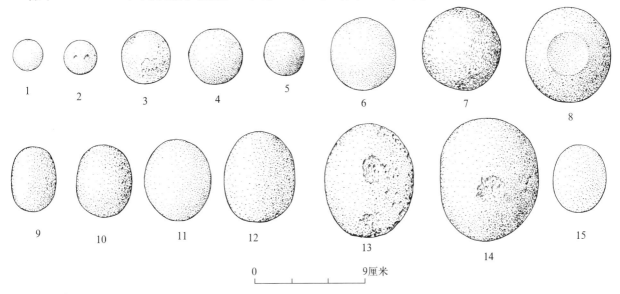

图6-94 2004年出土石球

1～8. Aa型04T2②：31、04H10：11、04T2②：30、04T7④：21、04T3③：47、04H25：11、04H35：55、04H27：7 9～15. Ab型
04H27：8、04H35：99、04H8：71、04H28：10、04H35：59、04H35：52、04H5：16

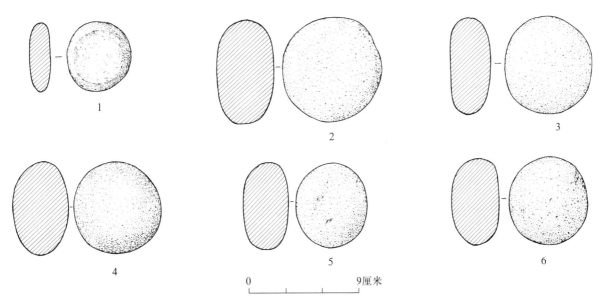

图6-95 2004年出土石球

1～6. Ac型04T5④：1、04H25：9、04H7：82、04T2③：52、04H28：12、04H24：4

标本 04T2 ③：52，闪长岩。直径 7.5、厚 4.6 厘米（图 6-95，4）。

标本 04H28：12，闪长岩。长径 6.8、短径 5.9、厚 3.6 厘米（图 6-95，5）。

标本 04H24：4，闪长岩。直径 6.9、厚 4.0 厘米（图 6-95，6）。

15．石杵

3 件。

标本 04H3：3，石英砂岩。呈卵圆柱状，通体保留自然石皮，两端有明显的使用崩损小片疤。长 23.5、直径约 4.2～5.4 厘米（图 6-96，1）。

标本 04H3：1，千枚岩。呈扁圆柱状，两端有明显的使用崩损小片疤。长 23.0、宽 2.8、厚 1.6 厘米（图 6-96，2）。

标本 04T10 ③：28，石英砂岩。呈扁圆柱状，一端有大量使用崩损石片疤。残长 13.0、宽 4.5、厚 2.4 厘米（图 6-96，3）。

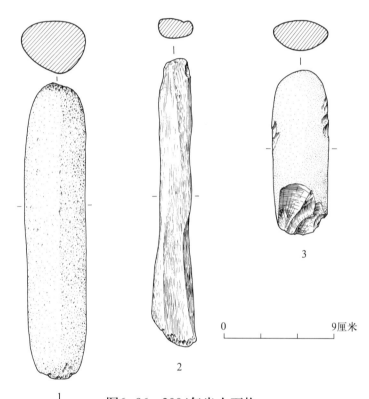

图6-96　2004年出土石杵
1～3. 04H3：3、04H3：1、04T10③：28

16．石刻人面像

3 件。

标本 04H8：4，原料为扁卵圆形粉砂岩砾石。将一面磨平抛光，在光滑平整的一面雕刻眼、鼻、嘴等器官，栩栩如生。长 5.5、宽 4.5、厚 0.8 厘米（图 6-97）。

标本 04H7：100，据加工的痕迹分析，是在一块扁状的卵石表面采用简练的手法琢击出双目、鼻和嘴，使用的工具应是质地更为坚硬的燧石类尖状工具，笔法古朴，但形象生动传神。高约 5.0、

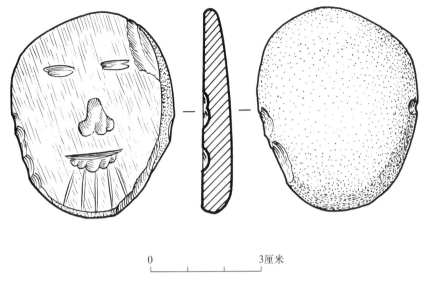

图6-97　2004年出土石刻人面像04H8：4

宽约3.0、厚0.5厘米（彩版二三四，4）。

标本04H8：100，系在椭圆形淡绿色石片表面磨光，周边磨平，再于其上刻划出双目、鼻和嘴部。高约4.5、宽约3.5、厚0.5厘米（彩版二三四，5）。

三　骨角器

1．骨锥

3件。

标本04H8：2，扁锥形，横截面呈长方形，尖刃，通体磨制。残长4.0、宽1.3、厚0.4厘米（图6-98，1；彩版二三五，1）。

标本04H10：8，扁圆锥形，横截面为圆角长方形，通体磨制，刃部残。残长4.8、宽0.7、厚0.5厘米（图6-98，2）。

标本04H10：18，呈棱柱状，横截面为五边形，通体磨制。残长3.0、宽0.8、厚0.5厘米（图6-98，3）。

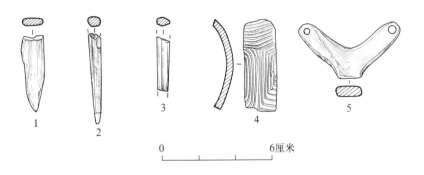

图6-98　2004年出土骨器

1～3．骨锥04H8：2、04H10：8、04H10：18　4．龟背甲04H8：61　5．骨坠饰04T6④：1

2．骨坠饰

1件。

标本04T6④：1，呈 Y 字型，两端由小穿孔。长3.0、宽5.8、厚0.5厘米（图6-98，5）。

3．龟背甲

标本04H8：61，残长4.9、宽1.7、厚0.3厘米（图6-98，4）。

4．穿孔蚌

标本04T1④：2，淡水蚌，为装饰品（彩版二三五，2、3）。

标本04H16：6，淡水蚌，为装饰品（彩版二三五，4、5中）。

5．海贝

标本04采：101，背部呈褐色，壳缝较宽（彩版二三五，4、5右、6）。

6．卷织物

标本04H8：102。已碳化，原材料不明（彩版二三五，7、8）。

第七章　2006年度发掘

2006 年 10 月 25 日至 11 月 22 日，进行第三次正式发掘（图 7-1）。

发掘的地点位于遗址的中部偏西及北部地点，共布 5 米 × 5 米探方 8 个，并对个别探方进行了扩方。

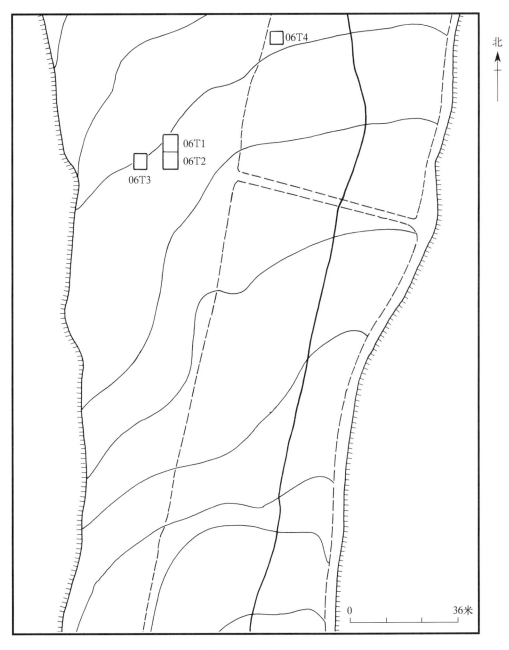

图7-1　2006年发掘探方分布图

首先在遗址的中部偏西地点,即2003年及2004年集中发掘地点的北侧布5米×5米探方06T1、T2(彩版二三六~二三八),方向均为0°,南北相连,不留隔梁,06T3方向为0°(图7-2;彩版二三九,1),与东侧T1相隔5米;接着在遗址中部布5米×5米探方06T4(图7-3;彩版二三九,2),方向为0°;又在遗址北端偏中的地带布5米×5米探方06T5~T8(彩版二四〇,1、2),方向均为0°。共计发掘面积近300平方米,并清理完整及残损石棺葬19座。

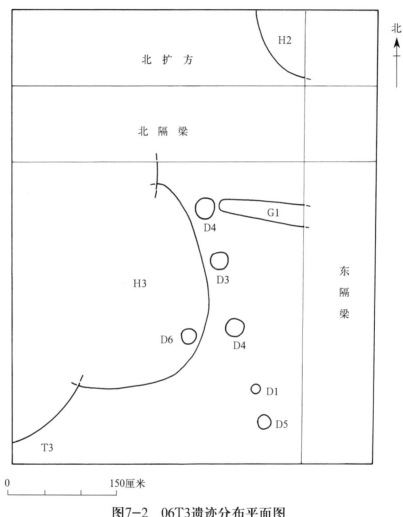

图7-2　06T3遗迹分布平面图

第一节　地层堆积

1.06T3东壁

第二地点本年度发掘3个探方(图7-4),即06T1~T3(彩版二三七,1、2)。该地点地层堆积以06T3东壁为例,介绍如下。

第①层:农耕土,灰褐色,土质疏松。厚0.15~0.30米。包含较多植物根须、泥质、夹砂陶片、碎石块。

第②层:浅褐色土,土质较紧密。深0.15~0.30、厚0~0.15米。包含物有较多夹砂褐陶、泥质灰陶等陶片。

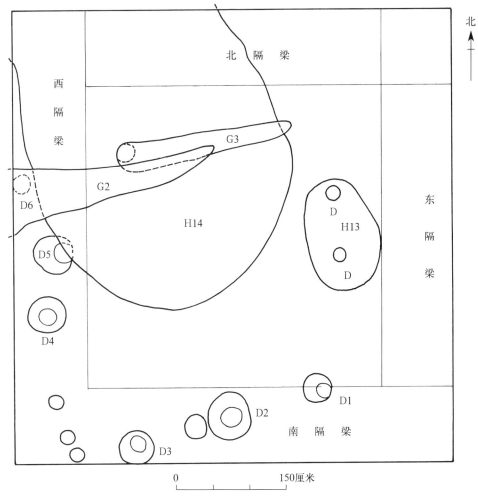

图7-3 06T4遗迹分布平面图

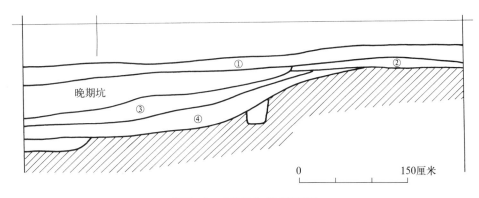

图7-4 06T3东壁剖面图

第③层：黄褐土黏土，土质紧密。深 0.25～0.70、厚 0～0.27 米。包含物有少量的夹砂褐陶与泥质灰陶残片，可辨器形以罐为主。

第④层：黄色黏土，土质紧密。该层顺地形主要分布于06T3东北部，深 0.30～0.78、厚 0～0.30米。06F1、06HG1、06H2、06H3开口于此层下，打破生土。层内包含少量夹砂陶片与泥质陶片。

第④层以下为生土。

2．06T4南壁

第三地点仅发掘一个探方（图 7-5），即 06T4。地层堆积以 06T4 南壁为例，介绍如下。

第①层：农耕土，灰褐色，土质疏松。厚 0.17～0.30 米。包含较多植物根须、泥质、夹砂陶片、碎石块。

第②层：浅褐色土，土质较紧密。深 0.17～0.30、厚 0.05～0.15 米。包含较多夹砂褐陶、泥质灰陶等陶片。

第③层：灰黑色土，土质较紧密。深 0.40～0.42、厚 0.20～0.42 米。包含物有较多绳纹、线纹、附加堆纹夹砂褐陶，少量泥质灰陶、少许彩陶等残片，可辨器形以罐为主。

第④层：黄色黏性土，土质致密。深 0.57～0.70、厚 0.05～0.15 米。包含物较少。

第⑤层：灰褐色土，土质较疏松。深 0.62～0.85、厚 0～0.25 米。包含物有较多小颗粒碎石子、泥质灰陶、夹砂褐陶残片，少许泥质红陶片，可辨器形有罐、碗等，另有少量兽骨。

第⑥层：黄褐色黏土，土质致密。深 0.75～0.80、厚 0.10～0.16 米。包含少量夹砂褐陶、泥质灰陶，可辨器类主要有罐类。06H7 开口于此层下。

第⑦层：灰褐色黏土，土质较疏松，含较多碎石颗粒和红烧土。深 1.02～1.05、厚 0～0.17 米。包含物有少量夹砂灰陶、褐陶和泥质陶残片。06F2、06HG2、06HG3、06H13、06H14 开口于此层下。

第⑦层以下为生土。

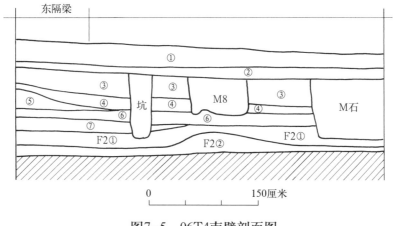

图7-5　06T4南壁剖面图

3．06T7东壁

第四地点布探方 4 个（图 7-6），即 06T5～T8 以 06T7 为代表。地层堆积以 06T7 东壁剖面为例，介绍如下。

第①层：农耕土，灰褐色，土质疏松。厚 0.18～0.40 米。包含较多植物根须、泥质、夹砂陶片、碎石块。

第②层：浅褐色土，土致较紧密。距地表 0.18～0.40、厚 0～0.25 米。包含较多夹砂褐陶、泥质灰陶等陶片。06H12 开口于此层下，直接打破生土。

第③层：黄褐色黏土，土质紧密。仅探方南部残存。深 0.25～0.40、厚 0～0.20 米。包含物有夹砂褐陶与泥质灰陶残片，可辨器形以罐为主。

第③层以下为生土。

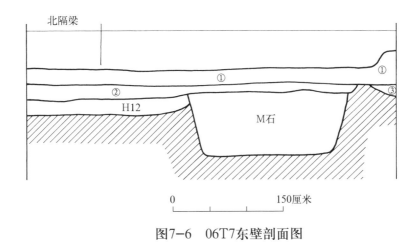

图7-6 06T7东壁剖面图

第二节 遗迹

一 房址

房址有 3 座（06F1～F3）。

1．06F1

位于 06T3 东南部（图 7-7；彩版二四一，1、2），开口于④层下，被④层下灰坑 06H3、06HG1 等打破，且直接打破生土。因晚期破坏较为严重，仅存一组呈"丁"字形的柱洞 6 个，编号为 D1～D6（彩版二四二，1～6），其中 D1～D5 基本在一条直线上，较均匀间距排开，方向为北偏西 23°。从柱洞的空间分布看，可分为南北两间。D1～D6 的柱洞口径在 0.11～0.23 米之间，残存洞深在 0.12～0.27 米之间。洞内基本填灰黑或灰褐色较疏松的灰土混合填土，洞壁直，底较平，其中 D4 底部有一 18 厘米 ×16 厘米 ×8 厘米的础石。

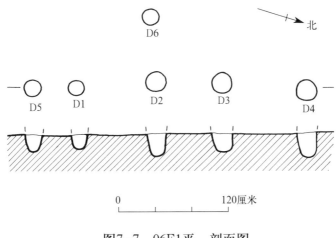

图7-7 06F1平、剖面图

2. 06F2

位于06T4西南部（图7-8；彩版二四三，1、2），开口于⑦层下，并被⑦层下的06G2、06G3、06H14打破。该房保存相对较好，有两层垫土和7个柱洞（彩版二四三，3）。从柱洞的空间分布看，此房为一长方形建筑，均为先挖一立柱的大洞，再立柱，然后以黏性黄土填实夯紧。大洞直径在0.36～0.52米之间，深在0.36～0.73米之间，小柱洞内均填较疏松的灰黑或深褐色稍黏的混合土。第一层垫土为黄黏土，土质致密，呈块状，在06T4全探方均匀分布，并向发掘区外延伸，距地表0.70～1.20、厚0.10～0.45米。第二层垫土也为黄色黏土，土质紧密，呈块状，但含有较多的红烧土，距地表0.90～1.05、厚0.10～0.40米。以垫土分布的范围来看，此房面积较大或周边区还有供先民活动平整过的场地。

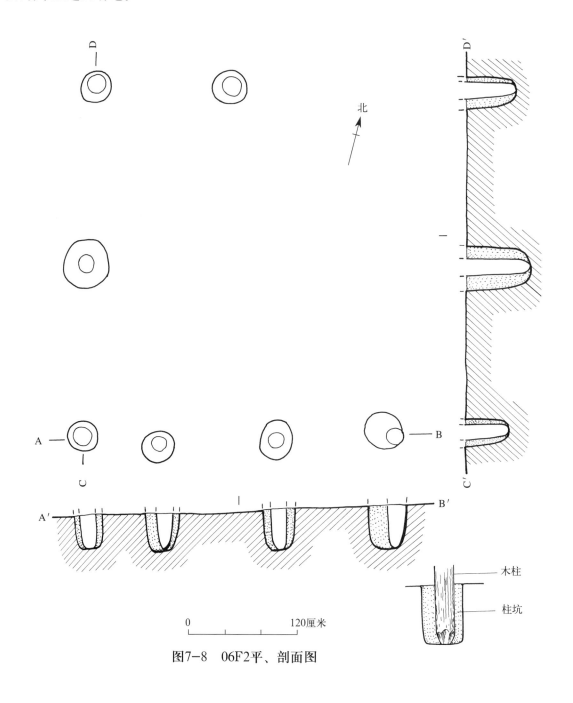

图7-8　06F2平、剖面图

3．06F3

位于06T6的中部（图7-9；彩版二四四,1），开口于第③层下，被晚期坑、墓葬等打破，仅在06T6的西侧残存,一组4个柱洞,分别编号为D1～D4（彩版二四四,2～4）,四个柱洞连线组成"丁"字形结构。另外保存局部房屋活动面,土质坚硬,地表较光滑,可能为门道,距地表0.80、厚0.20米。从柱洞的空间分布可将房分为东西两间,均为方形,柱洞直径0.14～0.30、残深0.14～0.18米。该房残存活动面垫土内含较多的夹砂褐陶、泥质灰陶残块,可辨器型以罐类为主。

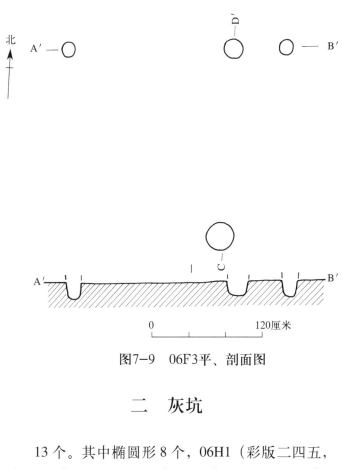

图7-9　06F3平、剖面图

二　灰坑

13个。其中椭圆形8个,06H1（彩版二四五,1）、H3（彩版二四五,2）、H6（彩版二四六,1）、H7（彩版二四六,2）、H9（彩版二四七,1）、H11（彩版二四七,2）、H13（彩版二四八,1）、H14（彩版二四八,2）;圆形或近圆形3个,06H4、H10（彩版二四九,1、2）、H12;扇形1个,06H2（彩版二五○,1）;不规则形1个,06H8（彩版二五○,2）。

1．06H7

位于06T4中部稍偏北（图7-10）,开口于第⑥层下,打破第⑦层,距地表深1.00～1.20米。平面呈近似椭圆,东北、西南两侧被晚期坑打破,直壁

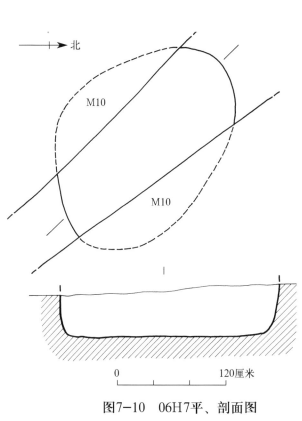

图7-10　06H7平、剖面图

平底。口径 0.88～1.20、深 0.23～0.29 米。坑内填灰黑色土，局部有较大块烧土、黄黏土块，质地较紧密，含较多碎石粒。包含物有少量泥质陶（含彩陶）、夹砂陶片，可辨器类以罐类为主，另有少量兽骨残块。

2. 06H14

位于 06T4 西北角（图 7-11），开口于第⑦层下，打破 06F2，距地表深 0.23～0.30 米，平面呈近似椭圆形，斜壁，底部较平，有小的凹凸起伏，西北部被 06M19 和其他墓坑打破，并继续向方外延伸。口径 2.80～3.50 米左右，坑深 0.25 米。坑内填黑色、灰褐混合土，土质紧密，黏性强，呈块状，局部混含坚硬块状黄土和少量红烧颗粒土，局部地方夹灰白细颗粒土。包含物有较多泥质灰陶、泥质红褐陶、黑皮陶，夹砂褐陶以及较多兽骨，可辨器类主要为罐。

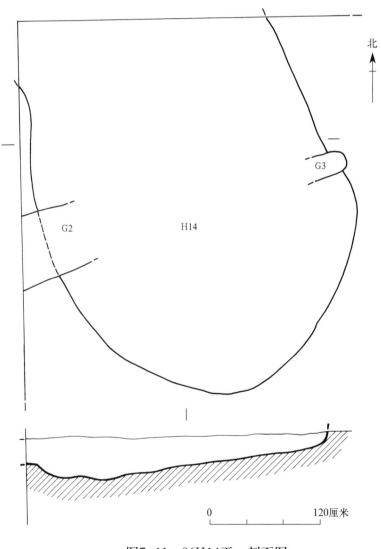

图7-11　06H14平、剖面图

3. 06H4

位于 06T1 中部（图 7-12），向北壁延伸，东南分别被②层下的石棺葬 06M1、M3 打破，且打破生土。

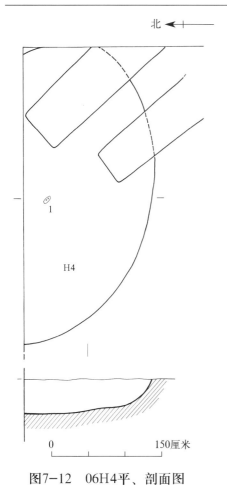

北 ←

图7-12 06H4平、剖面图

坑东西长为 3.70、南北约 1.70、深 0.45 米。弧壁,底部凹凸不平,呈弧形。包含物有泥质陶、夹砂陶残片,另出土一件穿孔石刀。

4. 06H12

位于 06T7 东北角(图 7-13),往东北延伸,南面被晚期石棺葬打破。平面近圆形,斜壁,底部呈弧形。南北长约 1.20、东西宽约 0.41、深 0.23 米。坑内填黑灰色土,土质较紧密,填土中夹杂有少量生活器具残片,还有一些石器。包含物以泥质陶为主,器形有平底罐、瓶、盆等,另有石锛、陶球等。

5. 06H8

位于 06T5 西北角(图 7-14),开口于③层下,西南侧被晚坑打破,打破生土,深 0.50 ~ 0.55 米。平面形状不规则,直壁,平底,最大径 0.22、坑深 0.60 ~ 0.70 米。坑内填土呈灰色,土质疏松,含少量红烧土。包含物以陶器为主,有较多泥质灰、褐陶、红陶,夹砂褐陶,可辨器形以罐、碗为主。

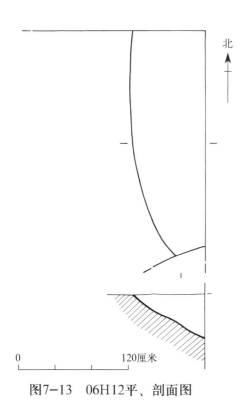

图7-13 06H12平、剖面图

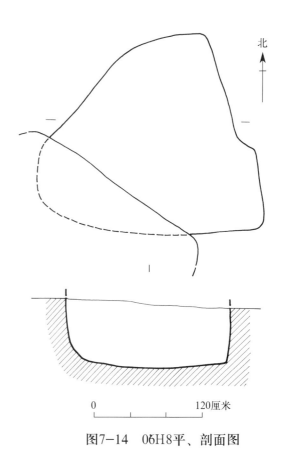

图7-14 06H8平、剖面图

三　灰沟

灰沟有 3 条（06HG1～HG3）。

1. 06HG1

位于 06T3 东侧中部（图 7-15；彩版二五一，1），开口于第④层下，打破 06F1，距地表深 0.48～0.55 米。东西向，平面近似梯形，东深（低）西浅（高），斜壁，长 1.02、宽 0.20～0.30、深 0.05～0.22 米。沟内填土灰褐土，含少许烧土，土质疏松，颗粒细小。包含物有泥质红陶碗，夹砂陶罐等。

2. 06HG2

位于 06T4 西北部（图 7-16；彩版二五一，2），开口于第⑦层下，打破 06HG3，距地表深 0.34～0.45 米。东西向，西高（浅）东低（深），斜壁。长 1.80、宽 0.12～0.40、沟深 0.12～0.16 米。沟内填

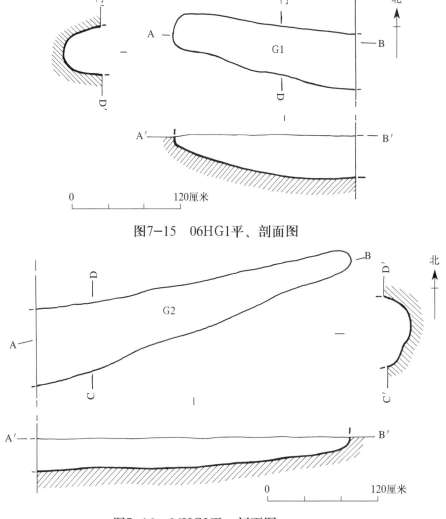

图7-15　06HG1平、剖面图

图7-16　06HG2平、剖面图

灰褐土，土质疏松，呈颗粒状。包含物有少许泥质陶片、夹砂陶片和石器等。

3．06HG3

位于06T4西北部（图7-17），开口于第⑦层下，被06HG2打破，同时又打破06F2，距地深表0.50～0.60米。东西向，沟口呈不规则条状，西高东低走势，斜壁，弧底。沟内填黄褐、灰褐色黏土，土质致密，黏性强，呈块状。包含物有极少彩陶、夹砂陶和石器，可辨器类有罐、穿孔石刀等。

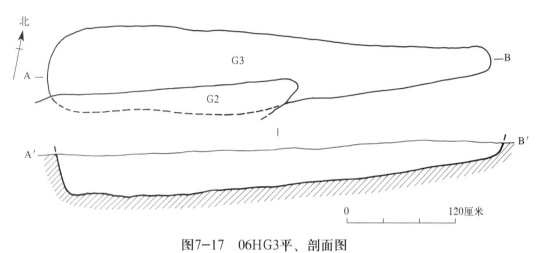

图7-17　06HG3平、剖面图

四　窑址

窑址有2座（06Y1、Y2）。

1．06Y1

位于06T1东南角（图7-18；彩版二五二，1），开口于第②层下，打破第③层。窑址由火膛、窑室、工作面构成，窑址的火膛和工作面分别被晚期石棺葬06M1、M2打破。窑址总长1.55、宽0.60米。火膛长0.75、宽0.60、残高0.14米，底部呈锅底。火膛部位的烧结面相对较厚，约4.0厘米，后壁较薄，无烟道残痕。窑口位置已变形，宽约0.18、残高0.07米，窑壁已变形并坍塌于窑内，窑内堆积有红烧土和陶片。工作面底部长约0.80、宽约0.57米，底部堆积有较多灰烬和陶片，堆积相对紧密。

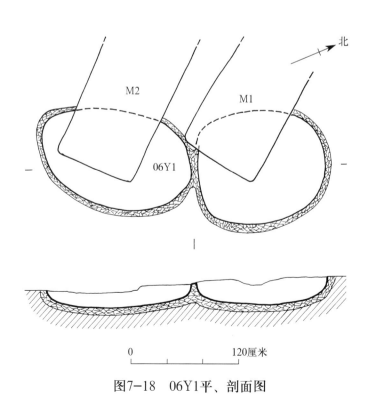

图7-18　06Y1平、剖面图

2．06Y2

位于06T8西南角（图7-19；彩版二五二，2），开口于第②层下，打破第③层。窑址呈馒头形状，由火膛、窑室、工作面组合构成，火膛部分往探方西南角延伸，工作面被①层下的石棺葬打破。窑址残长1.25、宽约0.66、残高0.21米。火膛长0.78、宽0.66米。底部呈斜坡状，烧结面厚4～5、残高14厘米。窑口已残，宽约0.26、残高0.13米。工作面残长0.50、宽0.50～0.80、残高0.18～0.21米。火膛和工作面均用灰土填充，并包含杂石器及少量生活器具残片等物。

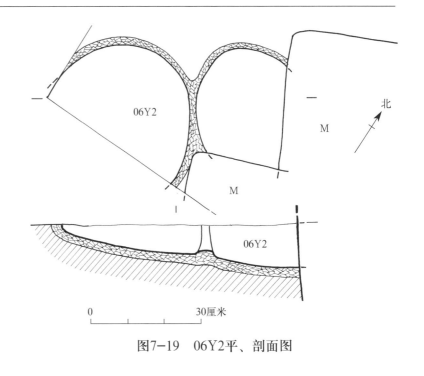

图7-19　06Y2平、剖面图

第三节　遗物

本年度陶片的纹饰种类丰富，包括粗细绳纹（包括交错绳纹形成的网格纹）、附加堆纹、彩陶、绳纹花边口沿装饰、素面、弦纹、瓦棱纹、划纹、复合纹饰（绳纹与附加堆纹组合成的箍带形装饰、绳纹之上饰凹弦纹）等（图7-20～22）。彩陶均为黑彩绘制，图案题材有草卉纹、条带纹、变体鸟纹、弧线三角形纹、网格纹、蛙纹等，彩陶器类有瓶、罐、盆、钵等。泥质陶的器类有小口瓶、矮领罐、高领罐、罐、火种罐、缸、盆、带嘴锅、钵、碗、纺轮、网坠、球、杯、刀、器盖、陶祖、穿孔器构件等。夹砂陶器类有侈口罐、罐、小罐、瓮、盆、带嘴锅、杯、器盖等。

一　陶器

（一）彩陶

1．彩陶瓶

A型I式　8件。平沿，圆唇。

标本06F2②：27，泥质橙黄陶。颈部饰平行的黑彩条带纹。口径12.2、残高5.2厘米（图7-23，1）。

标本06H7：2，泥质橙黄陶。颈部饰4道平行的黑彩条带纹，肩腹部饰2道粗线条纹和草绘纹，腹部饰素面桥形鸡冠耳1对。口径8.8、残高16.4厘米（图7-23，2）。

标本06H10：39，泥质橙黄陶。口部、颈部残，腹部饰平行的黑彩条带纹和草绘纹。残高10.2厘米（图7-23，3）。

C型I式　直口，直领，仰折沿或侈沿，圆唇。

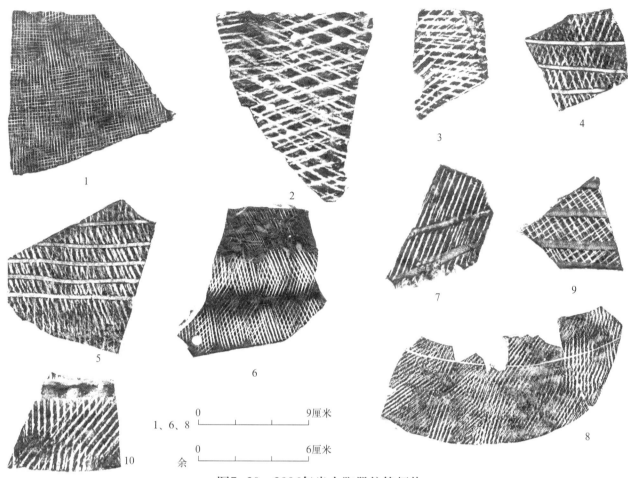

图7-20 2006年出土陶器纹饰拓片

1～10. 06F3：29、06T4⑤：1、06H6：20、06T6③：13、06H9：16、06T6③：1、06T8③：3、06H6：7、06H11：11、06H6：21

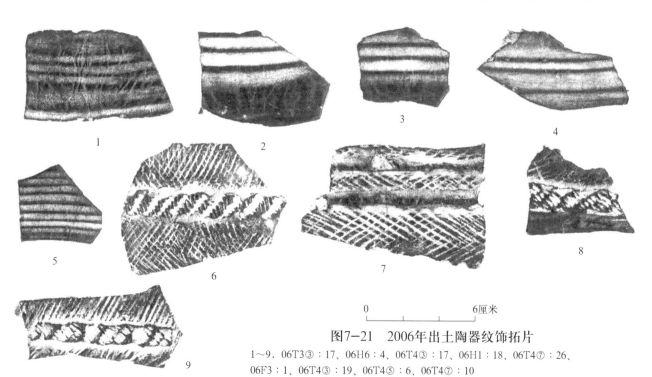

图7-21 2006年出土陶器纹饰拓片

1～9. 06T3③：17、06H6：4、06T4③：17、06H1：18、06T4⑦：26、06F3：1、06T4③：19、06T4⑤：6、06T4⑦：10

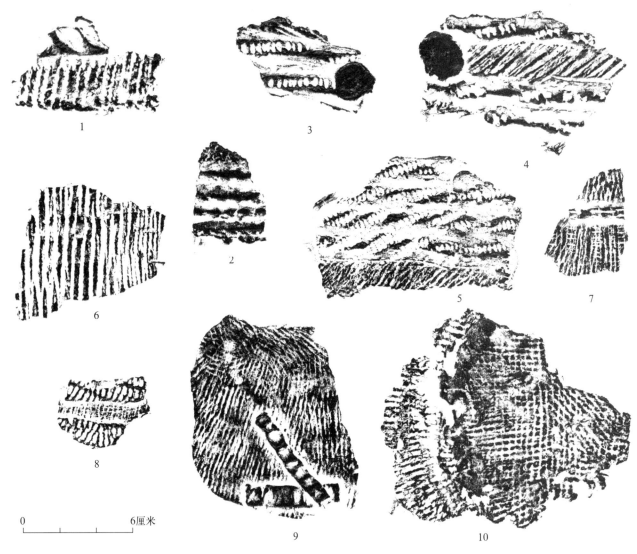

图7-22　2006年出土陶器纹饰拓片
1～10. 06T1③：8、06T4③：3、06F3：6、06H14：15、06H11：8、06T4④：4、06T4③：2、06T4③：10、06T4③：12、06T3③：1

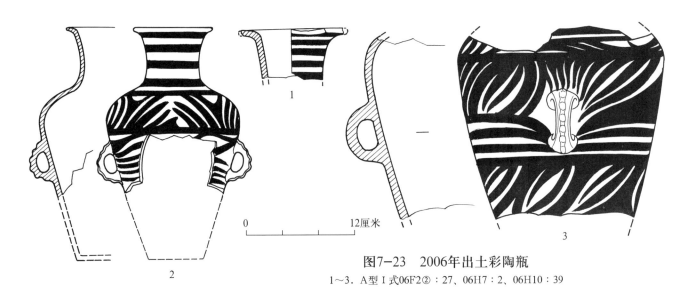

图7-23　2006年出土彩陶瓶
1～3. A型Ⅰ式06F2②：27、06H7：2、06H10：39

标本06T6③：6，泥质橙黄陶。圆唇。颈部饰平行的黑彩条带纹，沿内面饰黑彩三角形锯齿纹。口径15.2、残高4.2厘米（图7-24，1）。

标本06H11：14，泥质橙黄陶。圆唇。颈部饰平行的黑彩条带纹，沿内面饰黑彩三角形锯齿纹。口径16.0、残高4.6厘米（图7-24，2）。

标本06M6填土：采1，泥质橙黄陶。圆唇。颈部饰6道平行的黑彩条带纹，沿内面饰新月纹。口径9.5、残高7.2厘米（图7-24，3）。

标本06M4填土：采8，泥质橙黄陶。颈部饰平行的黑彩条带纹。残高6.7厘米（图7-24，4）。

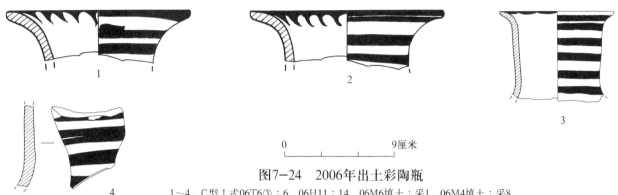

图7-24 2006年出土彩陶瓶

1～4．C型Ⅰ式06T6③：6、06H11：14、06M6填土：采1、06M4填土：采8

2．彩陶罐

C型Ⅱ式 1件。

标本06T7①：2，泥质橙黄陶。直口，平折沿，圆唇，短颈。沿面及肩部饰黑彩平行条带纹。口径19.0、残高3.0厘米（图7-25，1）。

3．彩陶钵

Aa型 1件。

标本06T6③：14，敛口，尖圆唇，弧腹。上腹外侧亦饰黑彩弧线条带纹，器内饰黑彩弧线条带纹。口径15.2、残高3.5厘米（图7-25，2）。

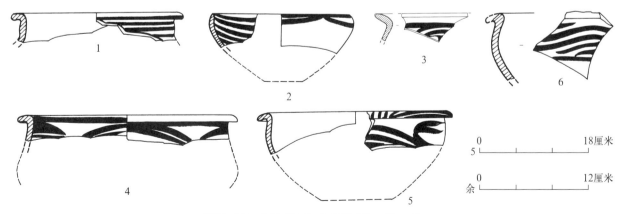

图7-25 2006年出土彩陶罐、钵、盆

1．C型Ⅱ式罐06T7①：2 2．Aa型钵06T6③：14 3．A型Ⅰ式盆06H10：12 4．A型Ⅱ式盆06T2③：22 5．Ba型Ⅱ式盆06H1：7 6．Bb型盆06T6③：8

4．彩陶盆

A 型 I 式　1 件。敛口，仰折沿，圆唇，折腹。

标本 06H10：12，泥质橙黄陶。上腹饰黑彩条带纹及草绘纹。残高 3.2 厘米（图 7-25，3）。

A 型 II 式　2 件。敛口，平沿，圆唇，折腹。

标本 06T2 ③：22，泥质橙黄陶。腹部饰黑彩条带纹及弧边三角纹。口径 24、残高 3.2 厘米（图 7-25，4）。

Ba 型 II 式　1 件。直口，平沿下折，圆唇，弧腹。

标本 06H1：7，泥质橙黄陶。沿面饰黑彩椭圆形点状纹及粗弧线纹，腹部饰草卉纹。口径 32.0、残高 5.8 厘米（图 7-25，5）。

Bb 型　1 件。敛口。

标本 06T6 ③：8，泥质橙黄陶。腹部饰水草纹，沿面饰椭圆形点状纹。残高 3.6 厘米（图 7-25，6）。

5．器底

5 件。

标本 06F2 ②：18，泥质橙黄陶。平底。腹部由上及下饰黑彩竖线纹、条带纹和水波纹。底径 4.0、残高 3.4 厘米（图 7-26，1）。

标本 06F2 ②：14，泥质橙黄陶。平底。下腹饰黑彩纵向粗条带纹。底径 8.8、残高 4.8 厘米（图 7-26，2）。

标本 06H7：3，泥质橙黄陶。平底。下腹饰黑彩弧线条带纹。底径 7.0、残高 2.8 厘米（图 7-26，3）。

标本 06T4 ③：14，泥质橙黄陶。平底。腹部由上及下饰黑彩，弧线条带纹、4 道平行条带纹和水波纹。底径 6.5、残高 6.2 厘米（图 7-26，4）。

标本 06T1 ①：5，泥质橙红陶。器下腹饰二道平行条带纹，二平行条带纹之间饰纵向弧线条带纹。底径 8.5、残高 4.2 厘米（图 7-26，5）。

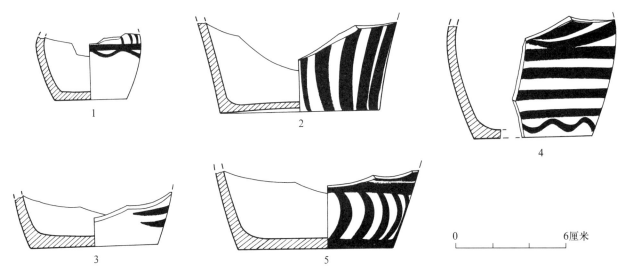

图 7-26　2006 年出土彩陶彩陶器底
1～5．06F2②：18、06F2②：14、06H7：3、06T4③：14、06T1①：5

6．彩陶片

123 件。

标本 06T8 ②：2，泥质橙黄陶。腹片，饰黑彩草卉纹、椭圆点状纹、弧线条带纹和平行线纹（图7-27，1）。

标本 06H8 ：23，泥质橙黄陶。腹片，饰黑彩草卉纹、椭圆点状纹、弧线条带纹和平行线纹（图7-27，2）。

标本 06T5 ①：4，泥质橙黄陶。饰变体鸟纹、弧边三角纹和草卉纹（图7-27，3）。

标本 06T7 ①：1，泥质橙黄陶。腹片，饰黑彩细网格纹、竖线纹和平行线纹（图7-27，4）。

标本 06T6 ②：19，泥质橙黄陶。饰黑彩平行条带纹和椭圆形点状纹（图7-27，5）。

标本 06M4 填土：13，泥质橙黄陶。饰变体鸟纹和草叶纹（图7-27，6）。

标本 06H10 ：14，泥质橙黄陶。器内饰变体鸟纹、弧边三角纹、条带纹（图7-27，7）。

标本 06H10 ：38，泥质橙黄陶。饰草卉纹、弧线纹和弦纹（图7-27，8）。

标本 06H8 ：8，泥质橙黄陶。腹片，饰黑彩草卉纹、椭圆点状纹和弧线条带纹（图7-28，1）。

标本 06G3 ：2，泥质橙黄陶。饰黑彩蛙纹和弧形条带纹（图7-28，2）。

标本 06T4 ②：33，泥质橙黄陶。饰粗条带纹和弧形条带纹（图7-28，3）。

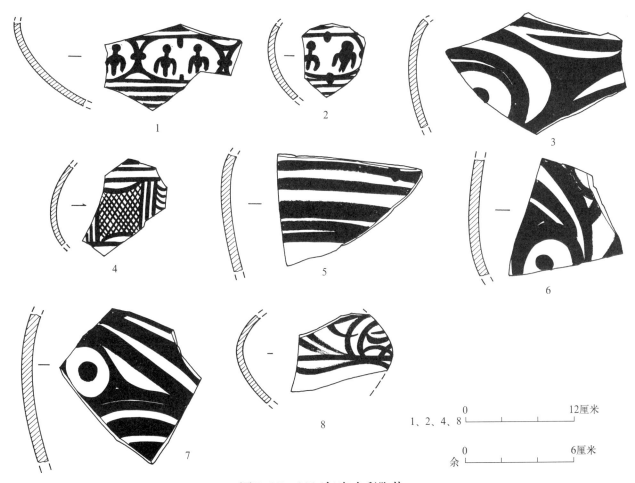

图7-27 2006年出土彩陶片

1～8．06T8②：2、06H8：23、06T5①：4、06T7①：1、06T6②：19、06M4填土：13、06H10：14、06H10：38

标本 06F2 ②：26，泥质砖红色陶。饰弧边三角纹和弧形条带纹（图 7-28，4）。

标本 06H10：19，泥质橙黄陶。饰网格纹、蛙纹及平行弦纹（图 7-28，5）。

标本 06T4 ②：25，泥质橙黄陶。饰弧形条带纹和三角形纹，在三角形内有 3 道平行弦纹（图 7-28，6）。

标本 06T4 ②：9，泥质橙黄陶，饰平行条带纹、细线纹、波浪纹（图 7-28，7；彩版二五三，1、2）。

标本 06H9：25，泥质褐陶，饰变体鸟纹（彩版二五三，3、4）。

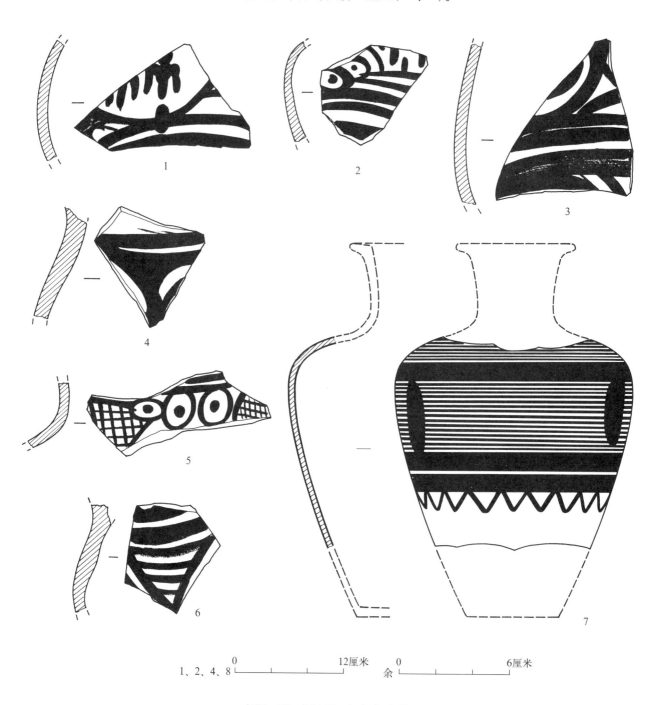

图 7-28　2006 年出土彩陶片

1～7. 06H8：8、06G3：2、06T4②：33、06F2②：26、06H10：19、06T4②：25、06T4②：9

（二）泥质陶

1. 小口瓶

A 型 I 式　1件。小口内敛，退化重唇。

标本 06F3：22，泥质灰黑陶。仅残留口部和颈部。口径 11.3、残高 9.0 厘米（图 7-29，1）。

A 型 II 式　2件。侈口，退化重唇。

标本 06H14：11，泥质灰陶。口径 11.8、残高 10.0 厘米（图 7-29，2）。

标本 06T3②：23，泥质灰陶。口径 13.2、残高 6.0 厘米（图 7-29，3）。

A 型 III 式　1件。敞口，退化重唇。

标本 06T7③：8，泥质灰陶。口径 14.6、残高 5.0 厘米（图 7-29，4）。

B 型 I 式　5件。直口，侈沿，方唇，长颈。

标本 06H11：4，泥质灰褐陶。口径 14.6、残高 9.6 厘米（图 7-29，5）。

标本 06F3：8，口径 12.0、残高 6.8 厘米（图 7-29，6）。

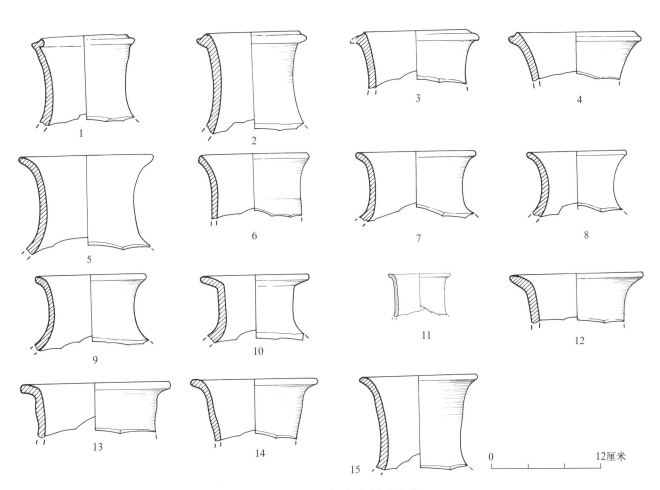

图7-29　2006年出土泥质陶瓶

1、A 型 I 式06F3：22　2、3. A 型 II 式06H14：11、06T3②：23　4. A 型 III 式06T7③：8　5~9. B 型 I 式瓶06H11：4、06F3：8、06H10：36、06T8①：1、06M18：1　10~13. B 型 II 式06H9：26、06T4③：44、06H1：17、06T3②：13　14、15. C 型 II 式06T3②：6、06T1②：18

　　标本06H10：36，泥质灰陶。口径13.0、残高6.9厘米（图7-29，7）。

　　标本06T8①：1，泥质灰陶。口径11.0、残高6.3厘米（图7-29，8）。

　　标本06M18：1，泥质灰陶。口径12.0、残高7.0厘米（图7-29，9）。

　　B型Ⅱ式　4件。直口，仰折沿，沿较宽，圆唇，长颈。

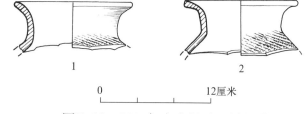

图7-30　2006年出土泥质陶矮领罐
1. A型Ⅰ式06T7③：3　2. A型Ⅱ式06H9：29

　　标本06H9：26，泥质灰黑陶。口径11.8、残高6.6厘米（图7-29，10）。

　　标本06T4③：44，泥质灰陶。口径6.8、残高4.6厘米（图7-29，11）。

　　标本06H1：17，泥质灰陶。圆唇。口径14.6、残高5.0厘米（图7-29，12）。

　　标本06T3②：13，泥质灰陶。口径16.2、残高5.4厘米（图7-29，13）。

　　C型Ⅱ式　2件。侈口，领部较高，尖圆唇。

　　标本06T3②：6，泥质灰陶。口径13.8、残高6.1厘米（图7-29，14）。

　　标本06T1②：18，泥质橙黄陶。口径13.0、残高9.8厘米（图7-29，15）

2．矮领罐

　　A型Ⅰ式　1件。方唇。

　　标本06T7③：3，泥质橙红陶。肩部饰斜向细绳纹。口径12.8、残高4.6厘米（图7-30，1）。

　　A型Ⅱ式　1件。圆唇。

　　标本06H9：29，泥质橙红陶。肩部饰斜向细绳纹。口径12.4、残高5.8厘米（图7-30，2）。

3．高领罐

　　A型Ⅰ式　7件。直口，宽平沿，圆唇或尖圆唇。

　　标本06F2②：8，泥质灰陶。圆唇。口径16.0、残高5.8厘米（图7-31，1）。

　　标本06T4②：16，泥质灰陶。尖圆唇。口径12.8、残高3.0厘米（图7-31，2）。

　　标本06M6填土：5，泥质灰陶。圆唇。口径13.6、残高2.9厘米（图7-31，3）。

　　A型Ⅱ式　4件。直口微侈，平折沿，沿较窄，圆唇。

　　标本06T3②：24，泥质灰陶。口径7.8、残高2.1厘米（图7-31，4）。

　　标本06T4①：12，泥质灰陶。口径12.6、残高4.2厘米（图7-31，5）。

　　B型Ⅰ式　4件。喇叭口，卷沿，圆唇或尖圆唇。

　　标本06F2②：16，泥质灰陶。圆唇。口径22.5、残高3.2厘米（图7-31，6）。

　　标本06T4⑦：9，泥质灰陶。圆唇。口径18.0、残高5.0厘米（图7-31，7）。

　　标本06M1填土：1，泥质灰陶。尖圆唇。口径15.2、残高5.2厘米（图7-31，8）。

　　B型Ⅱ式　1件。喇叭口。口沿外卷，圆唇。

　　标本06T1②：22，泥质灰陶。口径16.0、残高6.2厘米（图7-31，9）。

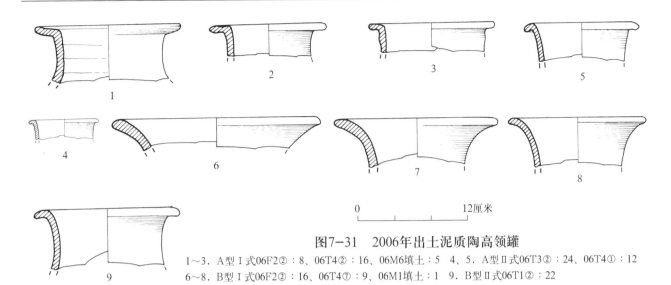

图7-31　2006年出土泥质陶高领罐

1～3. A型Ⅰ式06F2②：8、06T4②：16、06M6填土：5　4、5. A型Ⅱ式06T3②：24、06T4①：12
6～8. B型Ⅰ式06F2②：16、06T4⑦：9、06M1填土：1　9. B型Ⅱ式06T1②：22

4. 罐

Aa型　6件。敛口，束颈，平沿下折，方唇。

标本06H6：11，泥质黄褐陶。方唇。口径27.0、残高4.9厘米（图7-32，1）。

标本06H6：9，泥质灰陶。方唇。口径35.0、残高10.5厘米（图7-32，2）。

标本06T3②：14，泥质灰陶。方唇。口径36.0、残高3.7厘米（图7-32，3）。

标本06M14填土：8，泥质灰陶。圆唇。口径38.0、残高3.8厘米（图7-32，4）。

B型Ⅱ式　2件。敛口，卷沿，圆唇，垂腹。

标本06H6：24，泥质橙黄陶。圆唇。口径18.0、残高3.4厘米（图7-32，6）。

标本06T4②：24，泥质灰陶。圆唇。口径42.0、残高4.9厘米（图7-32，5）。

C型Ⅰ式　1件。

标本06T3②：20，泥质黑皮陶。圆唇。口径30.0、残高5.4厘米（图7-32，7）。

5. 火种罐

1件。

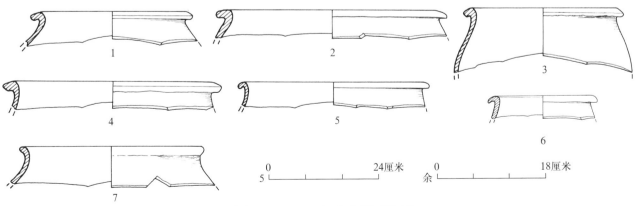

图7-32　2006年出土泥质陶罐

1～4. Aa型06H6：11、06H6：9、06T3②：14、06M14填土：8　5、6. B型Ⅱ式06T4②：24、06H6：24　7. C型Ⅰ式06T3②：20

标本06H14：12，泥质灰陶。仅剩下腹与底部，呈筒状，腹部有圆形和几何形镂空，推测为火种罐。底径9.0、残高8.4厘米（图7-33，1；彩版二五三，5）。

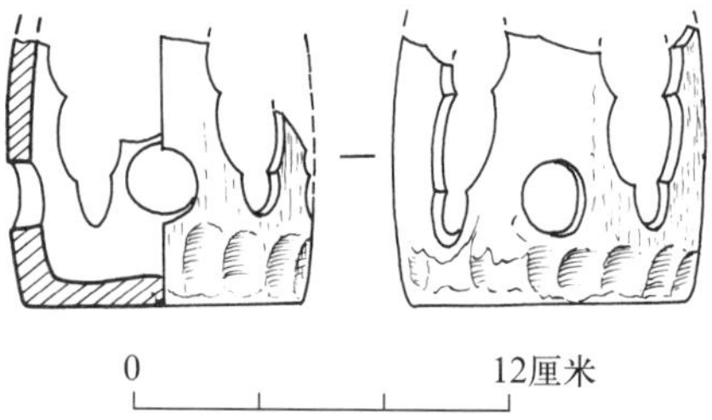

6. 缸

A型Ⅰ式　9件。侈口，沿略卷，尖圆唇。

标本06T4③：1，泥质灰陶。圆唇。口径34.0、残高5.0厘米（图7-34，1）。

标本06H14：19，泥质灰陶。圆唇。口径36.0、残高4.2厘米（图7-34，2）。

标本06H14：36，泥质灰陶。圆唇。口径34.0、残高3.8厘米（图7-34，3）。

标本06F3：24，泥质灰陶。尖圆唇。口径34.0、残高4.5厘米（图7-34，4）。

标本06F2②：7，泥质橙黄陶。口径39.8、残高7.8厘米（图7-34，5）。

A型Ⅱ式　5件。卷沿较宽外翻，束颈，圆唇。

标本06T4③：22，泥质灰陶。圆唇。口径35.0、残高11.6厘米（图7-34，6）。

标本06T1①：8，泥质黄褐陶。圆唇。肩、腹部饰斜向细绳纹和纵向细绳纹，肩部饰4道凹陷纹将绳纹抹去。口径37.2、残高11.0厘米（图7-34，7）。

标本06H14：26，泥质黑皮陶。口径40.0、残高3.4厘米（图7-34，8）。

B型Ⅰ式　4件。侈口，仰折沿，方唇，束颈。

标本06H14：14，泥质灰陶。口径56.0、残高4.5厘米（图7-35，1）。

标本06T6②：1，泥质灰陶。圆唇。口径32.0、残高5.1厘米（图7-35，2）。

B型Ⅱ式　10件。沿微卷，圆唇或尖唇。

标本06T3①：4，泥质灰陶。口径24.0、残高2.8厘米（图7-35，3）。

标本06H10：17，泥质灰陶。圆唇。口径37.0、残高4.4厘米（图7-35，4）。

标本06M2：1，泥质灰陶。尖唇。口径38.0、残高6.8厘米（图7-35，5）。

图7-33　2006年出土泥质陶火种罐06H14：12

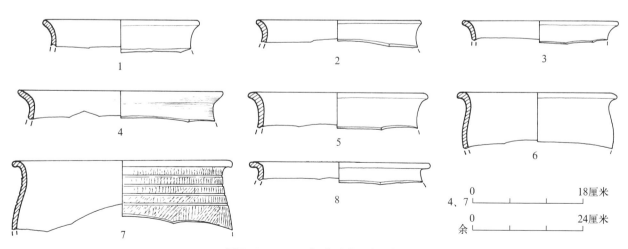

图7-34　2006年出土泥质陶缸

1～5. A型Ⅰ式06T4③：1、06H14：19、06H14：36、06F3：24、06F2②：7　6～8. A型Ⅱ式06T4③：22、06T1①：8、06H14：26

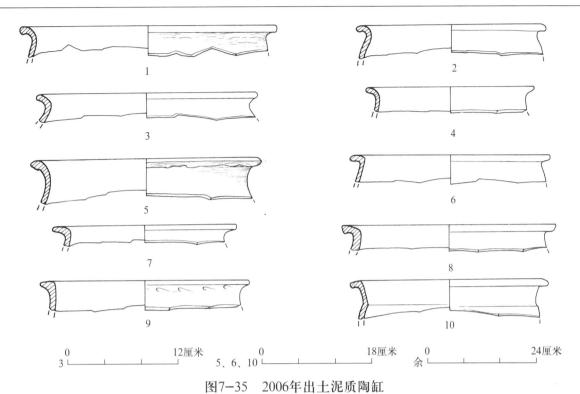

图7-35 2006年出土泥质陶缸

1、2. B型Ⅰ式06H14：14、06T6②：1 3～5. B型Ⅱ式06T3①：4、06H10：17、06M2：1 6～8. C型Ⅰ式06T7③：17、06T8②：30、06T3②：10 9. C型Ⅱ式06H10：31 10. D型Ⅱ式06F3：28

C型Ⅰ式 3件。口微敛，平沿，圆唇。

标本06T7③：17，泥质黑皮陶。平沿，圆唇。口径33.0、残高4.4厘米（图7-35，6）。

标本06T8②：30，泥质黄褐陶。圆唇。口径30.0、残高2.2厘米（图7-35，7）。

标本06T3②：10，泥质灰陶。圆唇。口径47.1、残高4.9厘米（图7-35，8）。

C型Ⅱ式 3件。敛口，平沿，尖圆唇。

标本06H10：31，泥质灰陶。尖圆唇。口径46.0、残高4.8厘米（图7-35，9）。

D型Ⅱ式 1件。敞口，束颈，折沿，圆唇。

标本06F3：28，泥质灰陶。口径33.0、残高5.8厘米（图7-35，10）。

7. 钵

A型Ⅰ式 3件。侈口，尖圆唇或圆唇，折腹。

标本06H14：23，泥质灰陶。尖圆唇。口径12.0、残高4.4厘米（图7-36，1）。

标本06Y1：7，泥质黑皮陶。圆唇。口径23.6、残高4.8厘米（图7-36，2）。

标本06T3②：12，泥质橙黄陶。圆唇。口径28.0、残高5.0厘米（图7-36，3）。

A型Ⅱ式 5件。侈口，方唇，腹较A型Ⅰ式浅。

标本06T4③：19，泥质灰陶。口径21.0、残高7.5厘米（图7-36，4）。

标本06T4③：45，泥质灰陶。口径26.5、残高4.6厘米（图7-36，5）。

标本06T4②：15，泥质灰陶。方唇。口径19.4、残高4.5厘米（图7-36，6）。

标本06T4①：1，泥质灰陶。方唇。口径16.4、残高4.3厘米（图7-36，7）。

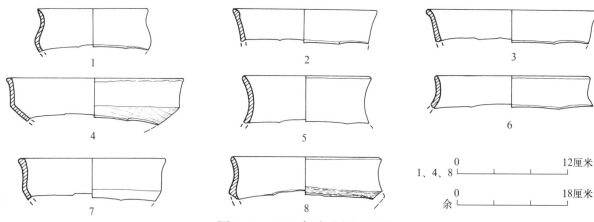

图7-36　2006年出土泥质陶钵

1~3. A型Ⅰ式06H14：23、06Y1：7、06T3②：12　4~8. A型Ⅱ式06T4③：19、06T4③：45、06T4②：15、06T4①：1、06T1②：16

标本06T1②：16，泥质黑皮陶。口径24.0、残高5.6厘米（图7-36，8）。

Ba型Ⅱ式　3件。

标本06T3②：2，泥质灰陶。圆唇。口径16.8、残高8.4厘米（图7-37，1）。

标本06T3②：16，泥质灰陶。圆唇。口径12.0、残高4.7厘米（图7-37，2）。

标本06T2①：10，泥质灰陶。口径8.4、残高4.0厘米（图7-37，4）。

Bb型　1件。

标本06T3①：1，泥质灰陶。口径12.0、残高6.0厘米（图7-37，3）。

Ca型　1件。敛口较甚，弧腹。

标本06T4⑤：8，泥质灰陶。圆唇。口径7.6、残高3.2厘米（图7-37，5）。

标本06T3②：3，泥质褐陶。口径12.2、底径6.0、高4.8厘米（彩版二五三，6）。

Cb型　1件。口微敛，卷沿，弧腹。

标本06Y1：1，泥质灰陶。圆唇。口径16.0、残高5.0厘米（图7-37，6）。

8. 盆

Aa型Ⅰ式　1件。口微敛，圆唇，弧腹较深。

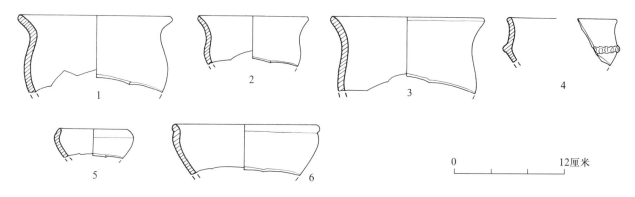

图7-37　2006年出土泥质陶钵

1、2、4. Ba型Ⅱ式06T3②：2、06T3②：16、06T2①：10　3. Bb型06T3①：1　5. Ca型06T4⑤：8　6. Cb型Y1：1

标本 06H10∶30，泥质黑皮陶。口径 20.0、残高 7.0 厘米（图 7-38，1）。

Aa 型Ⅱ式　5 件。敛口较甚，圆唇。

标本 06H1∶3，泥质灰陶。腹部饰斜向细绳纹。口径 37.5、残高 7.0 厘米（图 7-38，2）。

标本 06H10∶33，泥质灰陶。口径 29.0、残高 6.9 厘米（图 7-38，3）。

标本 06H10∶34，泥质灰陶。口径 25.0、残高 6.6 厘米（图 7-38，4）。

Aa 型Ⅲ式　1 件。敛口，弧腹内折，方圆唇。

标本 06T1 ③∶24，泥质灰陶。口径 31.0、残高 5.6 厘米（图 7-38，5）。

Ab 型Ⅰ式　3 件。弧腹较深。

标本 06H1∶5，泥质橙黄陶。尖圆唇。口径 28.6、残高 9.6 厘米（图 7-38，6）。

标本 06F2 ②∶2，泥质灰褐陶。口径 28.0、残高 11.0 厘米（图 7-38，7）。

Ab 型Ⅱ式　4 件。

标本 06H8∶9，泥质灰陶。口径 37.0、残高 8.5 厘米（图 7-38，8）。

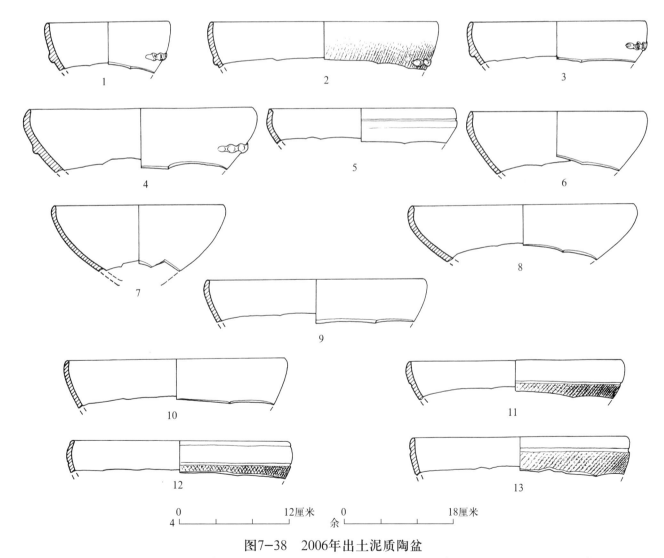

图7-38　2006年出土泥质陶盆

1. Aa型Ⅰ式06H10∶30　2~4. Aa型Ⅱ式06H1∶3、06H10∶33、06H10∶34　5. Aa型Ⅲ式06T1③∶24　6、7. Ab型Ⅰ式06H1∶5、
06F2②∶12　8~10. Ab型Ⅱ式06H8∶9、06F2②∶4、06F2②∶2　11~13. Ac型06H8∶14、06H8∶13、06H8∶12

标本 06F2 ②：4，泥质黑皮陶。口径 36.0、残高 7.0 厘米（图 7-38，9）。

标本 06F2 ②：2，泥质灰陶。口径 36.0、残高 8.0 厘米（图 7-38，10）。

Ac 型　3 件。口微敛，弧腹较深，上腹饰凹弦纹，下腹饰斜向细绳纹或交错细绳纹。

标本 06H8：14，泥质灰陶。下腹饰交错细绳纹。口径 36.0、残高 5.6 厘米（图 7-38，11）。

标本 06H8：13，泥质橙黄陶。下腹饰交错细绳纹。口径 36.0、残高 5.6 厘米（图 7-38，12）。

标本 06H8：12，泥质灰陶。下腹饰斜向细绳纹。口径 36.0、残高 5.2 厘米（图 7-38，13）。

Ba 型 I 式　2 件。仰折沿，圆唇，折腹。

标本 06H14：31，泥质灰陶。口径 19.8、残高 6.8 厘米（图 7-39，1）。

标本 06T1 ①：6，泥质灰陶。圆唇。口径 18.0、残高 5.2 厘米（图 7-39，2）。

Ba 型 II 式　3 件。平折沿，沿较宽，圆唇或尖圆唇。

标本 06T4 ⑤：7，泥质灰陶。尖圆唇。口径 22.0、残高 4.0 厘米（图 7-39，3）。

标本 06H11：6，泥质灰陶。圆唇。口径 31.6、残高 3.4 厘米（图 7-39，4）。

Bb 型 I 式　5 件。仰折沿，圆唇。

标本 06F2 ②：1，泥质灰陶。方唇。口径 34.0、残高 6.0 厘米（图 7-39，5）。

标本 06F2 ②：108，泥质灰陶。口径 26.4、残高 4.4 厘米（图 7-39，6）。

标本 06H9：11，泥质灰陶。口径 32.0、残高 4.8 厘米（图 7-39，7）。

Bb 型 II 式　1 件。平折沿，圆唇。

标本 06F3：21，泥质灰陶。口径 31.0、残高 3.6 厘米（图 7-39，8）。

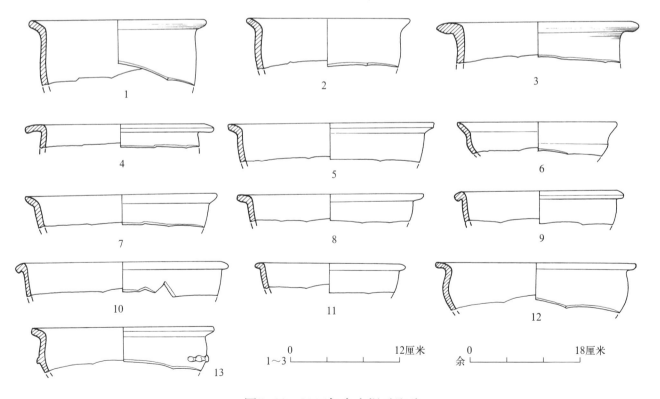

图7-39　2006年出土泥质陶盆

1、2. Ba型I式06H14：31、06T1①：6　3、4. Ba型II式06T4⑤：7、06H11：6　5～7. Bb型I式06F2②：1、06F2②：108、06H9：11
8. Bb型II式06F3：21　9、10. Bc型I式06H8：18、06H8：16　11. Bc型II式06H1：22　12、13. Ca型I式06H9：13、06T6③：4

Bc 型 I 式 2 件。圆唇。

标本 06H8：18，泥质黑皮陶。口径 28.0、残高 4.6 厘米（图 7-39，9）。

标本 06H8：16，泥质黑皮陶。口径 35.0、残高 5.6 厘米（图 7-39，10）。

Bc 型 II 式 1 件。尖唇。

标本 06H1：22，泥质灰褐陶。口径 25.0、残高 4.8 厘米（图 7-39，11）。

Ca 型 I 式 6 件。仰折沿，圆唇。

标本 06H9：13，泥质黑皮陶。口径 33.0、残高 7.8 厘米（图 7-39，12）。

标本 06T6③：4，泥质灰陶。腹部带鸡冠状双錾。口径 30.0、残高 6.6 厘米（图 7-39，13）。

标本 06H9：23，泥质黄褐陶。口径 25.2、残高 11.6 厘米（彩版二五四，3）。

标本 06M14 填土：1，泥质灰黄陶。口径 32.0、残高 11.8 厘米（彩版二五四，4）。

Ca 型 II 式 3 件。平折沿，圆唇。

标本 06T1③：1，泥质灰陶。口径 34.0、残高 4.1 厘米（图 7-40，1）。

标本 06M14 填土：5，泥质黑皮陶。口径 24.0、残高 8.0 厘米（图 7-40，2）。

标本 06T3①：11，泥质灰陶。口径 29.0、残高 4.6 厘米（图 7-40，3）。

Cb 型 4 件。敛口，折沿，弧腹。

标本 06H2：4，泥质黑皮陶。口径 24.0、残高 2.2 厘米（图 7-40，4）。

标本 06G1：2，泥质橙红陶。口径 19.6、残高 2.1 厘米（图 7-40，5）。

标本 06T4③：13，泥质灰陶。口径 29.0、残高 3.9 厘米（图 7-40，6）。

标本 06T4①：15，泥质灰陶。口径 24.0、残高 1.9 厘米（图 7-40，7）。

Cc 型 II 式 2 件。敛口，平沿，尖唇或尖圆唇，弧腹。

标本 06T6②：10，泥质黑皮陶。口径 20.0、残高 4.2 厘米（图 7-40，8）。

标本 06T1③：4，泥质灰陶。口径 23.0、残高 5.0 厘米（图 7-40，9）。

Da 型 I 式 3 件。侈口微敞，卷沿，圆唇。

标本 06H14：20，泥质灰陶。口径 28.6、残高 5.6 厘米（图 7-41，1）。

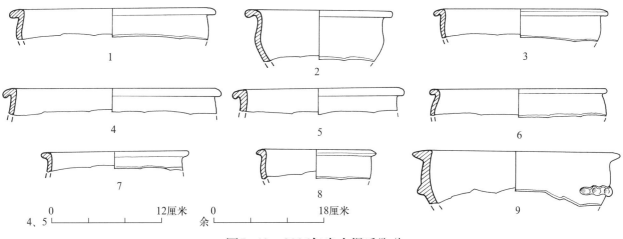

图7-40 2006年出土泥质陶盆

1~3. Ca型II式06T1③：1、06M14填土：5、06T3①：11 4~7. Cb型06H2：4、06G1：2、06T4③：13、06T4①：15 8、9. Cc型II式06T6②：10、06T1③：4

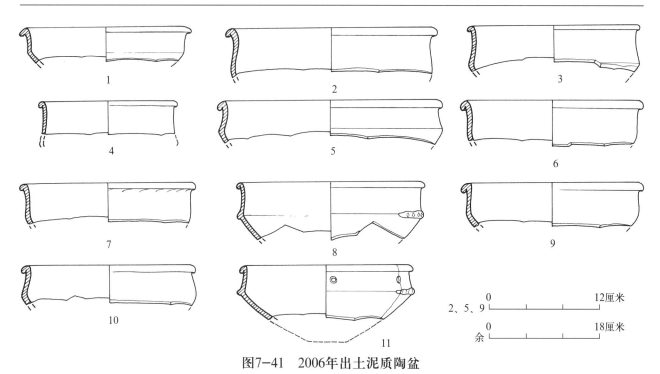

图7-41　2006年出土泥质陶盆

1、2. Da型Ⅰ式06H14：20、06H11：20、3～9. Da型Ⅱ式06T4③：20、06F2②：11、06T8①：10、06H2：1、06M2填土：7、06T4④：1、06T1②：28　10. Db型Ⅰ式06H14：27　11. Db型Ⅱ式06H13：5

标本06H11：20，泥质灰陶。口径23.2、残高5.0厘米（图7-41，2）。

Da型Ⅱ式　8件。侈口。

标本06T4③：20，泥质黑皮陶。口径28.0、残高5.8厘米（图7-41，3）。

标本06F2②：11，泥质灰陶。口径23.0、残高5.0厘米（图7-41，4）。

标本06T8①：10，泥质灰陶。口径25.0、残高3.8厘米（图7-41，5）。

标本06H2：1，泥质黑皮陶。口径29.0、残高5.6厘米（图7-41，6）。

标本06M2填土：7，泥质灰陶。口径30.0、残高5.4厘米（图7-41，7）。

标本06T4④：1，泥质灰陶。口径31.0、残高9.2厘米（图7-41，8）。

标本06T1②：28，泥质灰陶。口径20.0、残高4.3厘米（图7-41，9）。

Db型Ⅰ式　1件。敛口，圆唇，折腹。

标本06H14：27，泥质灰陶。口径29.0、残高5.8厘米（图7-41，10）。

Db型Ⅱ式　1件。口微敛，圆唇，折腹。

标本06H13：5，泥质灰陶。口径28.5、残高8.4厘米（图7-41，11；彩版二五四，1、2）。

Dc型Ⅰ式　4件。敛口，沿外卷较甚，弧腹。

标本06H12：4，泥质灰陶。残高6.0厘米（图7-42，1）。

标本06T5②：11，泥质灰陶。口径18.6、残高4.2厘米（图7-42，2）。

标本06T1②：10，泥质灰陶。口径23.0、残高4.0厘米（图7-42，3）。

标本06M2填土：6，泥质灰陶。口径24.0、残高5.2厘米（图7-42，4）。

Dd型　2件。敛口，卷沿，折腹较浅。

标本06T8①：7，泥质灰陶。残高6.0厘米（图7-42，5）。

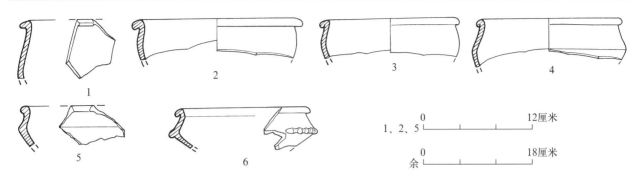

图7-42 2006年出土泥质陶盆

1~4. Dc型 I 式06H12：4、06T5②：11、06T1②：10、06M2填土：6　5、6. Dd型06T8①：7、06T1①：4

标本06T1①：4，泥质橙黄陶。口径22.0、残高5.6厘米（图7-42，6）。

Ea 型　1件。

标本06H11：9，泥质橙黄陶。方唇，斜腹。周身饰斜向细绳纹（图7-43，1）。

Eb 型　1件。

标本06T4⑤：2，泥质灰陶。圆唇，斜腹。口径25.8、残高4.1厘米（图7-43，2）。

Ee 型 II 式　1件。

标本06M14填土：4，泥质橙红陶。尖圆唇，弧腹。口径28.0、残高8.4厘米（图7-43，3）。

9. 带嘴锅

A 型 I 式　9件。敛口较甚，圆唇或尖圆唇。

标本06H14：6，泥质灰陶。流外侧饰附加泥条按捺纹一周。残高6.4厘米（图7-44，1；彩版二五四，5、6）。

标本06H14：21，泥质灰陶。圆唇。上腹饰交错细绳纹及附加泥条按捺纹一周。口径32.0、残高7.6厘米（图7-44，2；彩版二五五，1）。

标本06H14：5，泥质灰陶。尖圆唇。下腹饰纵向细绳纹、附加堆纹和交错细绳纹。残高8.6厘米（图7-44，3）。

标本06T3②：22，泥质灰陶。残高4.6厘米（图7-44，4）。

标本06T3②：21，泥质灰陶。下腹饰纵向细绳纹。残高5.8厘米（图7-44，5）。

A 型 II 式　4件。口微敛，方唇或方圆唇。

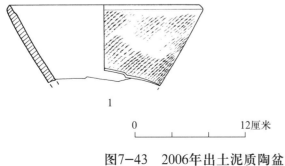

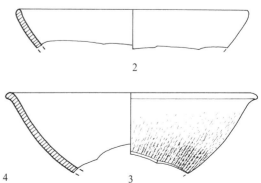

图7-43 2006年出土泥质陶盆

1. Ea型06H11：9　2. Eb型06T4⑤：2　3. Ee型 II 式06M14填土：4

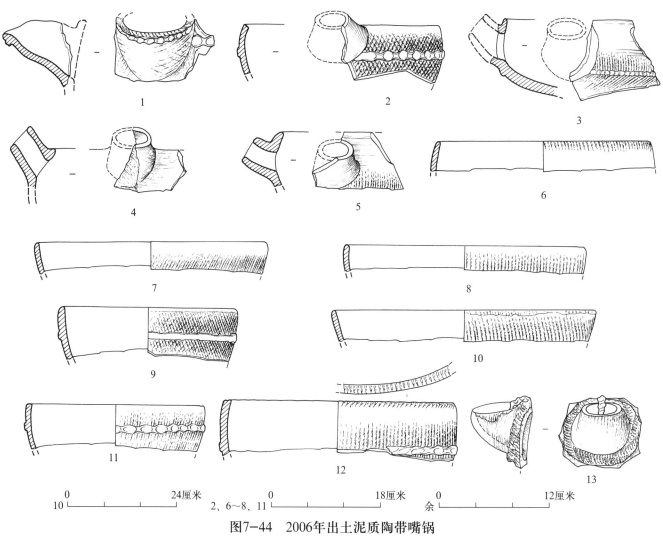

图7-44　2006年出土泥质陶带嘴锅

1～5. A型Ⅰ式06H14：6、06H14：21、06H14：5、06T3②：22、06T3②：21　6. A型Ⅱ式06M4填土：2　7～11. B型06T4⑦：12、06T4⑦：8、06T4②：40、06T4②：34、06T3②：8　12. C型06H8：7　13. 流06H1：20

标本06M4填土：2，泥质灰陶。方圆唇。口部外侧饰纵向细绳纹。口径35.0、残高4.3厘米（图7-44，6）。

B型　6件。侈口。

标本06T4⑦：12，泥质橙黄陶。尖圆唇。上腹饰斜向细绳纹。口径38.0、残高3.8厘米（图7-44，7）。

标本06T4⑦：8，泥质灰陶。圆唇。上腹饰纵向细绳纹。口径40.0、残高4.0厘米（图7-44，8）。

标本06T4②：40，泥质灰陶。圆唇。腹部饰交错细绳纹和附加泥条一周。口径20.0、残高5.8厘米（图7-44，9）。

标本06T4②：34，泥质灰陶。尖圆唇。上腹饰斜向细绳纹。口径58.0、残高6.0厘米（图7-44，10）。

标本06T3②：8，泥质灰陶。方唇。腹部饰纵向细绳纹和附加泥条按捺纹一周。口径30.0、残高7.0厘米（图7-44，11）。

C型　1件。直口，弧腹略折。

标本06H8：7，泥质灰陶。方唇。唇上式细绳纹。口径26.0、残高5.2厘米（图7-44，12）。

带嘴锅流　1件。

标本06H1：20，泥质灰陶。仅剩流部，流与腹部交接处饰附加泥条戳印绳纹一周（图7-44，13；彩版二五五，2）。

10. 碗

Aa型Ⅰ式　3件。弧腹。

标本06F2②：13，泥质橙黄陶。口径14.5、底径7.0、通高5.4厘米（图7-45，1）。

Aa型Ⅱ式　4件。侈口外敞，尖圆唇，呈双腹状。

标本06H1：21，泥质橙红陶。尖圆唇。口径13.0、底径5.3、通高4.0厘米（图7-45，8）。

标本06T3②：7，泥质橙黄陶。口径16.0、残高4.3厘米（图7-45，3）。

标本06T3②：15，泥质黑皮陶。口径15.0、残高3.6厘米（图7-45，2）。

标本06T3②：19，泥质橙黄陶。口径13.0、底径5.6、通高5.2厘米（图7-45，4）。

Ab型Ⅰ式　4件。弧腹。

标本06H1：1，泥质橙红陶。尖圆唇。口径15.2、底径6.0、通高5.0厘米（图7-45，5）。

标本06T8②：1，泥质橙黄陶。圆唇。口径16.2、底径5.6、通高6.0厘米（图7-45，6）。

标本06T4②：44，泥质橙黄陶。圆唇。口径14.8、底径6.3、通高4.8厘米（图7-45，7）。

Ba型Ⅰ式　1件。弧腹。

标本06T1②：19，泥质橙黄陶。圆唇。口径14.8、残高7.0厘米（图7-45，9）。

Ba型Ⅱ式　1件。侈口外敞，尖圆唇，呈双腹状。

标本06T4⑥：10，泥质橙黄陶。尖唇。口径12.6、底径4.6、通高7.0厘米（图7-45，10）。

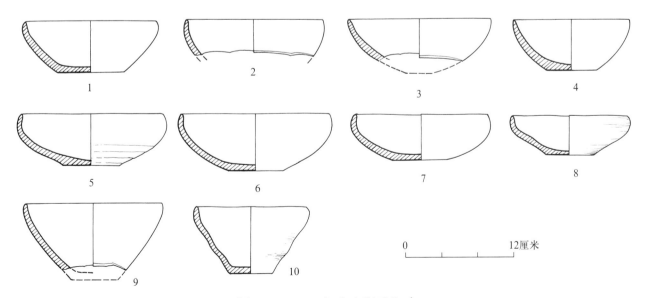

图7-45 2006年出土泥质陶碗

1. Aa型Ⅰ式06F2②：13　2～4、8. Aa型Ⅱ式06T3②：15、06T3②：7、06T3②：19、06H1：21　5～7. Ab型Ⅰ式06H1：1、06T8②：1、06T4②：44　9. Ba型Ⅰ式06T1②：19　10. Ba型Ⅱ式06T4⑥：10

Bc 型 1 件。敞口，斜腹。

标本 06T3 ②：1，泥质红陶，外底排印交错线纹。口径 9.6、底径 4.0、高 4.4 厘米（彩版二五五，3）。

11．杯

Aa 型 1 件。直口，鼓腹。

标本 06H9：39，泥质灰陶。口径 3.1、底径 2.3、通高 3.8 厘米（图 7-46，1）。

B 型 2 件。弧腹，圜底。

标本 06H9：38，泥质灰陶。侈口，圆唇。口径 5.0、通高 3.2 厘米（图 7-46，2）。

标本 06T3 ②：6，泥质灰陶。直口，尖圆唇。口径 3.3、底径 3.0 厘米（图 7-46，3）。

C 型 3 件。直腹，平底。

标本 06H9：40，泥质灰陶。口部残。底径 2.2、残高 3.3 厘米（图 7-46，4）。

标本 06H11：12，泥质灰陶。口部残。底径 2.8、残高 2.8 厘米（图 7-46，5）。

标本 06T4 ④：2，泥质灰陶。口部残。底径 1.8、残高 4.8 厘米（图 7-46，6）。

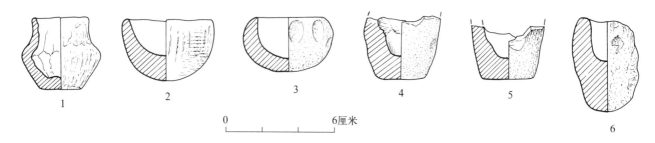

0   6厘米

图7-46 2006年出土泥质陶杯
1. Aa型06H9：39 2、3. B型06H9：38、06T3②：6 4～6. C型06H9：40、06H11：12、06T4④：2

12．纺轮

A 型 5 件。扁圆形，中间有一圆形穿孔。

标本 06T4 ③：14，泥质灰陶。一面饰平行细绳纹，双面钻孔。直径 8.6、穿孔直径 1.0～1.2 厘米（图 7-47，1）。

标本 06T1 ①：2，泥质灰陶。单面钻孔。直径 6.4、穿孔直径 0.9～1.1 厘米（图 7-47，2）。

标本 06T1 ②：1，泥质灰陶。一面饰细绳纹，单面钻孔。直径 6.2、穿孔直径 0.8～1.2 厘米（图 7-47，3）。

标本 06T4 ②：39，泥质灰陶。为半成品。直径约 5.2 厘米（图 7-47，4）。

标本 06F2 ②：84，泥质灰陶。为半成品。直径约 6.0 厘米（图 7-47，5）。

B 型 1 件。鼓状，纵剖面呈梯形。

标本 06F2 ②：33，泥质灰褐陶。直径 4.8、穿孔直径 0.25 厘米（图 7-47，6）。

13．器盖

1 件。

标本 06M14 填土：4，泥质砖红陶。残高 8.4 厘米（彩版二五五，5）。

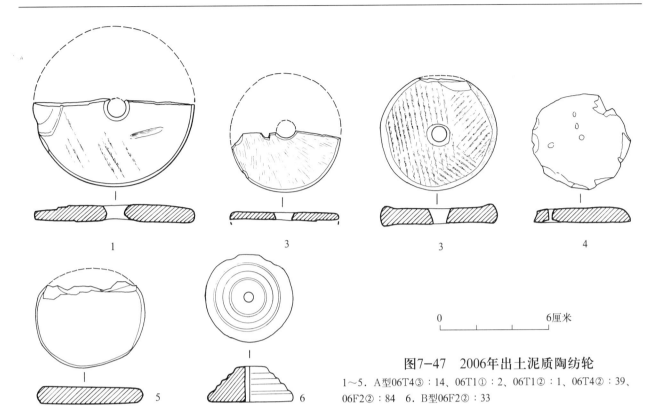

图7-47　2006年出土泥质陶纺轮

1～5.A型06T4③：14、06T1①：2、06T1②：1、06T4②：39、06F2②：84　6.B型06F2②：33

14.网坠

1件。

标本06T2①：3，泥质黄褐陶。呈亚腰状。长4.4、宽2.0～3.0厘米（图7-48，1）。

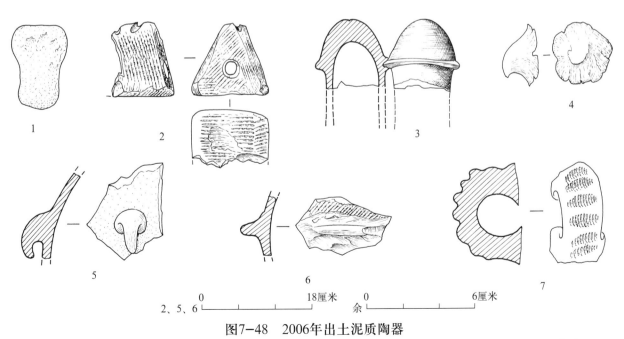

图7-48　2006年出土泥质陶器

1.网坠06T2①：3　2.穿孔器构件06T4③：11　3.陶祖06T4③：46　4～6.器鋬06F3：15、06H6：12、06H7：4　7.器耳06H8：27

15．穿孔器构件

1 件。

标本 06T4 ③：11，夹砂灰陶。呈三角棱状，每面均饰细绳纹，有一圆形穿孔（图7-48，2；彩版二五六，1～5）。

16．陶祖

1 件。

标本 06T4 ③：46，泥质灰陶。直径4.3、残长3.3厘米（图7-48，3）。

17．陶球

A 型　17 件。实心，表面磨光，直径小于3.0厘米。

标本 06T4 ③：21，泥质灰褐陶。直径2.8厘米（图7-49，1）。

标本 06T4 ③：41，泥质黄褐陶。直径2.7厘米（图7-49，2）。

标本 06T3 ②：30，泥质黄褐陶。直径2.3厘米（图7-49，3）。

标本 06H1：32，泥质黄褐陶。直径2.5厘米（图7-49，4）。

标本 06H12：12，泥质灰褐陶。直径1.8厘米（图7-49，5）。

标本 06H12：11，泥质黄褐陶。直径2.5厘米（图7-49，6）。

标本 06H12：13，泥质黄褐陶。直径1.4厘米（图7-49，7）。

标本 06H1：33，泥质黄褐陶。直径2.9厘米（图7-49，8）。

标本 06H1：14，泥质黄褐陶。直径3.2厘米（图7-49，9）。

标本 06H12：10，泥质灰褐陶。直径2.8厘米（图7-49，10）。

B 型　8 件。实心，表面磨光，直径3.0～5.0厘米。

标本 06F3：19，泥质黄褐陶。直径4.3～4.6厘米（图7-50，1）。

标本 06H9：41，泥质灰褐陶。直径3.3～3.8厘米（图7-50，2）。

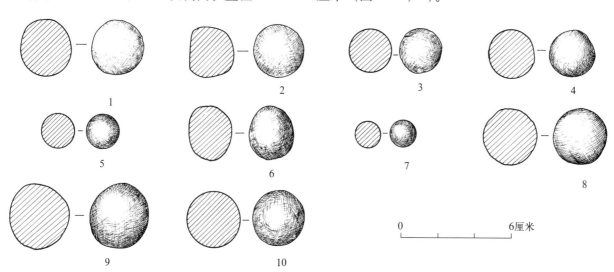

图7-49　2006年出土泥质陶球

1～10. A型06T4③：21、06T4③：41、06T3②：30、06H1：32、06H12：12、06H12：11、06H12：13、06H1：33、06H1：14、06H12：10

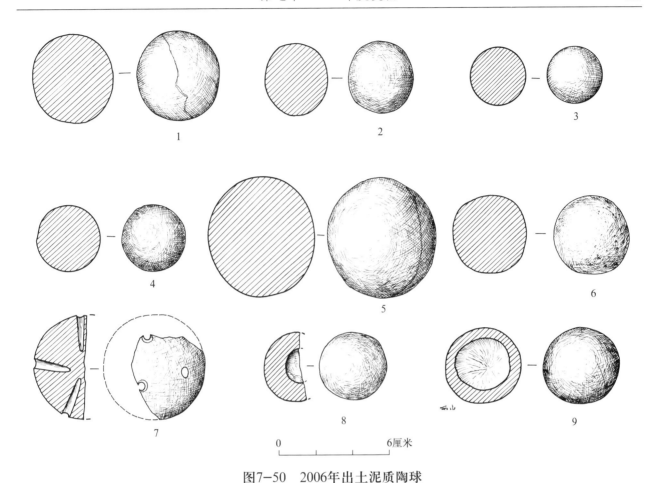

图7-50 2006年出土泥质陶球

1～4、6. B型06F3：19、06H9：41、06H12：9、06F3：2、06T6③：25 5. C型06T4③：25 7. D型06T4③：40 8、9. E型 06T4③：55、06T4②：6

标本06H12：9，泥质黄褐陶。直径3.0厘米（图7-50，3）。

标本06F3：2，泥质黄褐陶。直径3.6厘米（图7-50，4）。

标本06T6③：25，泥质橙黄陶。直径4.0厘米（图7-50，6）。

C型 1件。实心，表面磨光，直径大于5.0厘米。

标本06T4③：25，泥质黄褐陶。直径6～6.3厘米（图7-50，5）。

D型 1件。实心，表面磨光。

标本06T4③：40，泥质黄褐陶。球表有多个向心的圆锥状钻孔，但均未钻穿，入口处孔径 0.4～0.5、直径4.8厘米（图7-50，7）。

E型 2件。空心，表面磨光。

标本06T4③：55，泥质黄褐陶。直径3.6、陶球壁厚1.2厘米（图7-50，8）。

标本06T4②：6，泥质灰褐陶。直径4.1～4.3、陶球壁厚0.5～0.8厘米（图7-50，9）。

18．小口瓶、高领罐腹片

标本06采：4，泥质灰陶。高领，口部残，肩部饰交错细绳纹（图7-51，1）。

标本06Y2：10，泥质灰陶。为平底瓶腹部，腹部饰对称桥形鸡冠耳（图7-51，2；彩版二五五，6）。

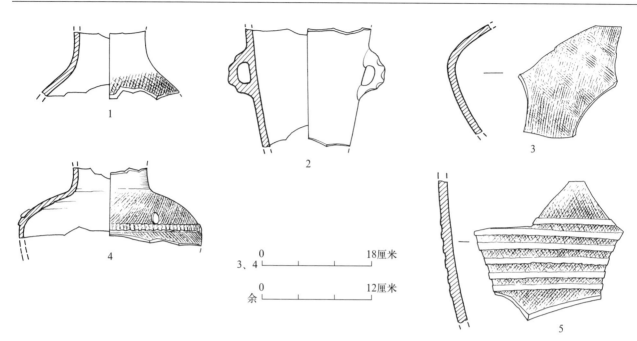

图7-51　2006年出土泥质陶小口瓶、高领罐陶片
1～5. 06采：4、06Y2：10、06T8③：1、06H7：11、06F3：30

标本06T8③：1，泥质灰陶。为高领罐腹部残片，饰斜向细绳纹和纵向细绳纹（图7-51，3）。

标本06H7：11，泥质灰陶。口部残，高领，折肩，弧腹，肩部饰斜向细绳纹、泥饼、附加泥条戳印纹，腹部饰斜向细绳纹（图7-51，4）。

标本06F3：30，泥质灰陶。器物腹片，饰交错细绳纹，在交错细绳纹上又饰平行的附加泥条6道（图7-51，5）。

19．器鋬

3件，器鋬（纽）。

标本06F3：15，泥质灰陶。呈鸟喙状（图7-48，4）。

标本06H6：12，泥质灰陶。呈鸟喙状（图7-48，5）。

标本06H7：4，泥质灰陶。横安长条形器鋬（图7-48，6）。

20．器耳

B型1件。

标本06H8：27，泥质橙黄陶。桥形鸡冠状。长5.2、宽3.6厘米（图7-48，7）。

21．器底

21件。

标本06H9：12，泥质橙红陶。下腹饰斜向细绳纹，底部为素面。底径14.0、残高6.5厘米（图7-52，1）。

标本06T7③：2，泥质灰陶。下腹饰斜向细绳纹，底素面。底径1.3、残高6.0厘米（图7-52，2）。

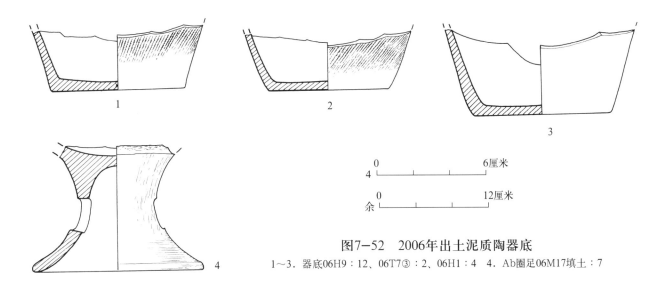

图7-52　2006年出土泥质陶器底
1～3. 器底06H9：12、06T7③：2、06H1：4　4. Ab圈足06M17填土：7

标本06H1：4，泥质灰陶。底部为素面。底径15.0、残高9.0厘米（图7-52，3）。

22．圈足

Ab型　1件。

标本06M17填土：7，泥质橙黄陶。喇叭形圈足，圈足上有对称方形镂空。足径9.4、残高6.0厘米（图7-52，4）。

（三）夹砂陶

1．侈口罐

Aa型Ⅰ式　17件。束颈，腹径明显大于口径，弧腹略鼓。

标本06H11：7，夹砂灰陶。唇部饰斜向细绳纹，颈部饰纵向细绳纹。口径25.0、残高4.0厘米（图7-53，1）。

标本06T4③：4，夹砂褐陶。唇部饰斜向细绳纹，颈部饰附加泥条戳印细绳纹，腹部饰纵向细绳纹。口径19.6、残高8.0厘米（图7-53，2）。

标本06M15填土：1，夹砂灰陶。颈部、肩部饰纵向细绳纹。口径26.0、残高5.8厘米（图7-53，3）。

Aa型Ⅱ式　28件。口径与腹径基本等大，弧腹。

标本06H1：12，夹砂灰褐陶。唇部饰横向细绳纹，颈部饰斜向细绳纹，间、腹部饰交错细绳纹。口径22.6、残高8.8厘米（图7-53，4）。

标本06H11：22，夹砂褐陶。唇部饰斜向细绳纹，颈部、肩部饰纵向细绳纹。口径22.0、残高5.3厘米（图7-53，5）。

标本06H14：17，夹砂黄褐陶。唇部饰斜向细绳纹，颈部饰纵向细绳纹，肩、腹部饰交错细绳纹。口径31.0、残高7.4厘米（图7-53，6）。

标本06H1：26，夹砂灰陶。唇部饰斜向细绳纹，颈部、肩部饰交错细绳纹。口径24.0、残高4.4

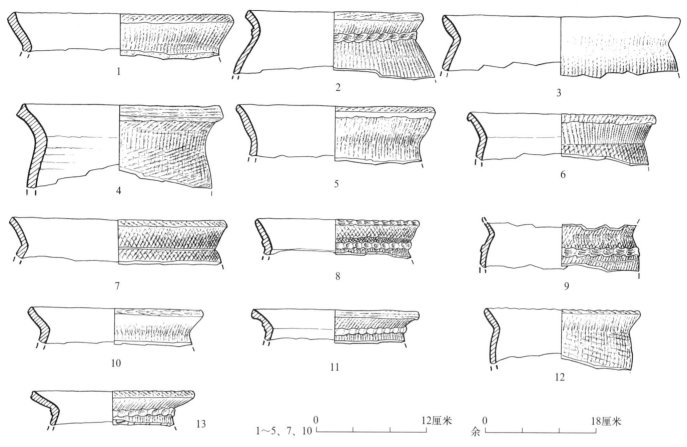

图7-53　2006年出土夹砂陶侈口罐

1~3. Aa型Ⅰ式06H11：7、06T4③：4、06M15填土：1　　4~9. Aa型Ⅱ式06H1：12、06H11：22、06H14：17、06H1：26、
06T4④：5、06H1：13　　10~12. Aa型Ⅲ式06T7③：10、06T4③：35、06T5③：1　13. Ab型Ⅰ式06H14：4

厘米（图7-53，7）。

　　标本06T4④：5，夹砂黄褐陶。唇部饰横向细绳纹，颈部饰交错细绳纹和附加泥条按捺纹一周，肩部饰交错细绳纹。口径27.0、残高4.5厘米（图7-53，8）。

　　标本06H1：13，夹砂褐陶。颈部饰交错细绳纹，肩部饰交错细绳纹和附加泥条戳印绳纹一周，腹部饰斜向细绳纹。残高7.5厘米（图7-53，9）。

　　Aa型Ⅲ式　3件。侈口外敞，口径大于腹径。

　　标本06T7③：10，夹砂黄褐陶。唇部饰斜向细绳纹，颈、肩部饰纵向细绳纹。口径19.6、残高3.6厘米（图7-53，10）。

　　标本06T4③：35，夹砂黄褐陶。唇部饰横向细绳纹，颈部饰斜向细绳纹和附加泥条按捺纹一周，肩部饰纵向细绳纹。口径28.0、残高4.5厘米（图7-53，11）。

　　标本06T5③：1，夹砂黄褐陶。唇部饰斜向细绳纹，颈部饰纵向细绳纹，肩、腹部饰交错细绳纹。口径25.6、残高9.1厘米（图7-53，12）。

　　Ab型Ⅰ式　2件。束颈，腹略鼓。

　　标本06H14：4，夹砂黄褐陶。唇部饰斜向细绳纹，颈部饰交错细绳纹和附加泥条按捺纹一周，肩部饰交错细绳纹。口径27.0、残高5.1厘米（图7-53，13）。

　　Ba型Ⅰ式　8件。束颈、弧腹略鼓，腹部最大径在肩腹交接处。

标本06H9：18，夹砂黄褐陶。唇部饰纵向细绳纹。口径32.0、残高3.8厘米（图7-54，1）。

标本06F3：9，夹砂灰陶。唇部饰斜向细绳纹，颈部饰交错细绳纹。口径22.0、残高3.1厘米（图7-54，2）。

Ba型Ⅱ式　15件。弧腹，腹部最大径下移至腹中部。

标本06T4⑦：24，夹砂黄褐陶。唇部略呈波浪状并饰横向细绳纹，颈部饰纵向细绳纹。口径31.0、残高5.0厘米（图7-54，3）。

标本06F3：35，夹砂黄褐陶。唇部压印成波浪状并饰横向细绳纹，颈部饰交错细绳纹。口径26.0、残高3.7厘米（图7-54，4）。

标本06H8：25，夹砂灰褐陶。唇部压印成波浪状并饰横向细绳纹，颈部饰交错细绳纹。口径25.0、残高5.8厘米（图7-54，5）。

标本06H1：11，夹砂黄褐陶。唇部压印成波浪状并饰横向细绳纹，颈部饰纵向细绳纹。口径30.0、残高6.2厘米（图7-54，6）。

标本06F3：20，夹砂灰陶。唇部压印成波浪状并饰横向细绳纹，颈部饰纵向细绳纹。口径28.0、残高4.8厘米（图7-54，7）。

标本06T4②：30，夹砂黄褐陶。方圆唇，唇部饰斜向细绳纹，颈部饰纵向细绳纹。口径28.0、残高5.2厘米（图7-54，8）。

标本06T4②：13，夹砂灰陶。方圆唇，唇部饰纵向细绳纹，颈部饰斜向细绳纹及附加泥条戳印细绳纹一周，腹部饰纵向细绳纹。口径32.6、残高5.5厘米（图7-54，9）。

Bb型Ⅰ式　4件。束颈、弧腹略鼓。

标本06H14：9，夹砂黄褐陶。圆唇。颈部饰交错细绳纹及附加泥条按捺纹二周。口径26.0、残高8.6

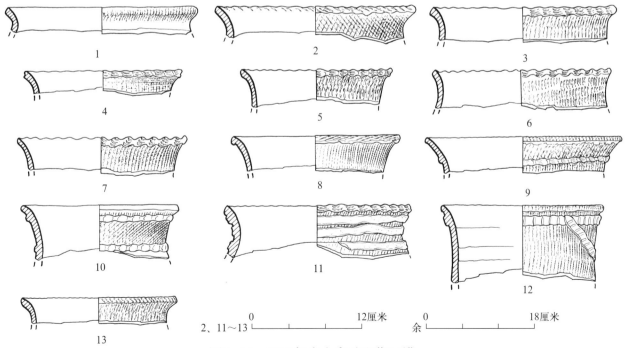

图7-54　2006年出土夹砂陶侈口罐

1、2. Ba型Ⅰ式06H9：18、06F3：9　3～9. Ba型Ⅱ式06T4⑦：24、06F3：35、06H8：25、06H1：11、06F3：20、06T4②：30、06T4②：13　10、11. Bb型Ⅰ式06H14：9、06F2②：25　12、13. Ca型Ⅰ式06H11：3、06T4③：29

厘米（图7-54，10）。

标本06F2②：25，夹砂灰陶。唇部饰横向细绳纹，颈部饰斜向细绳纹及附加泥条三周。口径21.0、残高4.8厘米（图7-54，11）。

Ca型I式　13件。

标本06H11：3，夹砂红褐陶。圆唇。唇部饰纵向细绳纹，颈部饰纵向细绳纹、附加泥条戳印纹一周，腹部饰纵向细绳纹及斜向附加泥条戳印纹。口径18.0、残高8.0厘米（图7-54，12）。

标本06T4③：29，夹砂灰陶。圆唇。唇部饰斜向细绳纹，颈部饰纵向细绳纹。口径17.0、残高2.9厘米（图7-54，13）。

标本06T1②：14，夹砂灰陶。圆唇。颈部、腹部饰交错细绳纹。口径15.6、残高4.5厘米（图7-55，1）。

标本06T8②：18，夹砂黄褐陶。方唇。唇部、颈部、腹部均饰纵向细绳纹。口径15.8、残高5.0厘米（图7-55，2）。

标本06T3②：27，夹砂灰陶。方唇。颈部、腹部饰交错细绳纹。口径15.6、残高4.2厘米（图7-55，3）。

标本06T2①：9，夹砂灰陶。口径14.0、残高3.2厘米（图7-55，4）。

Cb型I式　10件。

标本06H14：1，夹砂黄褐陶。方圆唇。唇部饰纵向细绳纹，颈部饰纵向细绳纹及附加泥条戳印细绳纹一周，腹部饰纵向细绳纹。口径33.0、残高5.4厘米（图7-55，5）。

标本06T4②：32，夹砂灰陶。方唇。唇部压印呈波浪状并饰横向细绳纹，颈部饰纵向细绳纹口径37.0、残高5.1厘米（图7-55，6）。

标本06H14：7，夹砂灰陶。方圆唇。唇部饰纵向细绳纹，颈部饰斜向细绳纹及附加泥条戳印细绳纹一周，腹部饰纵向细绳纹。口径34.0、残高6.2厘米（图7-55，7）。

标本06H14：8，夹砂红褐陶。方圆唇。唇部饰纵向细绳纹，颈部、腹部饰交错细绳纹。口径33.0、残高8.6厘米（图7-55，8）。

D型II式　5件。

标本06T4②：22，夹砂灰陶。圆唇。唇部饰横向细绳纹，颈部饰交错细绳纹，腹部饰交错细绳纹和附加泥条戳印纹。口径18.8、残高5.8厘米（图7-55，9）。

标本06H1：9，夹砂黄褐陶。圆唇。唇部饰斜向细绳纹，颈部饰纵向细绳纹，腹部饰斜向和交错细绳纹。口径20.0、残高8.5厘米（图7-55，10）。

E型　2件。侈口，斜沿，方唇。

标本06T1②：13，夹砂灰陶。唇部饰横向细绳纹、颈部、腹部饰交错细绳纹。口径18.6、残高4.2厘米（图7-55，11）。

标本06T1②：10，夹砂灰陶。颈部、腹部饰斜向细绳纹。口径18.0、残高4.6厘米（图7-55，12）。

F型　1件。侈口外敞，卷沿，弧腹内收。

标本06H9：22，夹砂灰陶。方唇。唇部压印呈波浪状并饰横向细绳纹，颈部饰斜向细绳纹，腹部饰纵向细绳纹。口径22.0、残高6.2厘米（图7-55，13）。

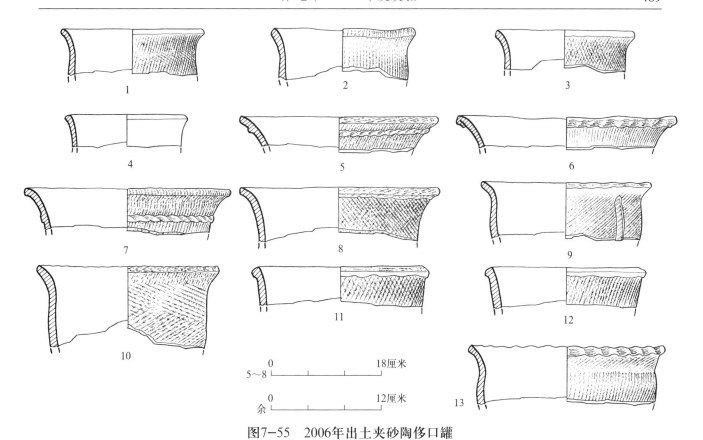

图7-55 2006年出土夹砂陶侈口罐

1～4. Ca型Ⅰ式06T1②：14、06T8②：18、06T3②：27、06T2①：9 5～8. Cb型Ⅰ式06H14：1、06T4②：32、06H14：7、06H14：8 9、10. D型Ⅱ式06T4②：22、06H1：9 11、12. E型06T1②：13、06T1②：10 13. F型06H9：22

2．罐

A型Ⅰ式 1件。腹较直。口径与腹径基本相同。

标本06H1：24，夹砂黄褐陶。方唇。唇部饰斜向细绳纹，颈部饰纵向细绳纹，腹部饰斜向细绳纹。口径20.0、残高4.6厘米（图7-56，1）。

A型Ⅱ式 3件。口径大于腹径，弧腹。

标本06T4⑥：1，夹砂灰陶。方唇。唇部饰斜向细绳纹，颈部饰纵向细绳纹，腹部饰斜向细绳纹。口径17.6、残高15.8厘米（图7-56，2）。

标本06T2②：17，夹砂褐陶。方唇。唇部、颈部、腹部均饰纵向细绳纹。口径15.8、残高4.8厘米（图7-56，3）。

B型 3件。直口，领较高，卷沿，圆唇，鼓腹。

标本06H14：13，夹砂灰褐陶。唇部、颈部饰斜向细绳纹，肩部饰交错细绳纹。口径25.0、残高6.4厘米（图7-56，4）。

标本06H14：52，夹砂灰陶。颈部饰纵向细绳纹，肩部饰纵细绳纹及附加泥条戳印纹一周。口径11.2、残高8.0厘米（图7-56，5）。

C型Ⅰ式 1件。束颈，沿较短，腹略鼓。

标本06M6填土：6，夹砂灰陶。圆唇。颈部及肩部饰斜向细绳纹。口径16.0、残高3.1厘米（图7-56，6）。

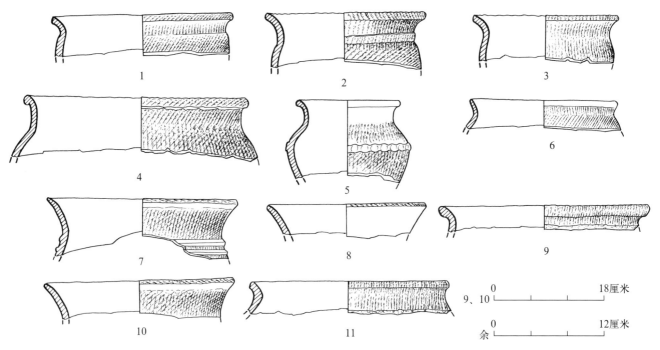

图7-56　2006年出土夹砂陶罐

1. A型 I 式06H1：24　2、3. A型 II 式06T4⑥：1、06T2②：17　4、5. B型06H14：13、06H14：52　6. C型 I 式06M6填土：6　7~9.
C型 II 式06T4⑦：18、06T3①：18、06T4⑦：19　10. Da型06T4⑦：14　11. Db型06T4①：6

C 型 II 式　3件。颈微束，沿较长。

标本 06T4 ⑦：18，夹砂黄褐陶。唇部饰斜向细绳纹，颈部饰附加堆纹和交错细绳纹。口径
21.0、残高5.8厘米（图7-56，7）。

标本 06T3 ①：18，夹砂灰陶。圆唇。唇部饰斜向细绳纹。口径17.6、残高3.2厘米（图7-56,8）。

标本 06T4 ⑦：19，夹砂黄褐陶。唇部饰斜向细绳纹，颈部饰交错细绳纹。口径21.0、残高4.0
厘米（图7-56，10）。

Da 型　1件。圆唇。

标本 06T4 ⑦：14，夹砂褐陶。唇部、颈部饰纵向细绳纹。口径35.0、残高3.6厘米（图
7-56，9）。

Db 型　1件。方唇。

标本 06T4 ①：6，夹砂黄褐陶。唇部、颈部、肩部饰纵向细绳纹。口径33.0、残高5.0厘米（图
7-56，11）。

3. 小罐

A 型 I 式　1件。侈口，领较高。

标本 06H6：8，夹砂灰褐陶。圆唇。口径10.2、残高6.8厘米（图7-57，1）。

A 型 II 式　6件。侈口，领较矮。

标本 06T3 ②：26，夹砂灰陶。方唇。唇部饰横向细绳纹，颈部饰斜向细绳纹及附加泥条一周。
口径15.0、残高5.2厘米（图7-57，2）。

标本 06T3 ②：5，夹砂灰陶。圆唇。颈部饰交错细绳纹及斜向附加泥条戳印绳纹三道。口径

11.0、残高 5.0 厘米（图 7-57，3）。

标本 06T1 ②：9，夹砂黄褐陶。方圆唇。唇部饰横向细绳纹，颈部饰纵向细绳纹及附加泥条戳印绳纹一周，肩部、腹部饰纵向细绳纹。口径 16.0、残高 11.8 厘米（图 7-57，4）。

标本 06T8 ②：7，夹砂黄褐陶。圆唇。颈部有多道刮抹痕迹。口径 14.0、残高 4.5 厘米（图 7-57，5）。

A 型Ⅲ式　2 件。

标本 06T3 ②：28，夹砂红褐陶。唇部饰横向细绳纹，颈部饰斜向细绳纹及附加泥条按捺纹一周，肩部饰纵向细绳纹。口径 12.6、残高 3.7 厘米（图 7-57，6）。

标本 06T3 ②：25，夹砂灰陶。唇部饰斜向细绳纹，颈部饰斜向细绳纹，肩部饰纵向细绳纹。口径 13.0、残高 4.2 厘米（图 7-57，7）。

B 型　2 件。侈口，有领，弧腹较直。

标本 06T1 ②：12，夹砂灰褐陶。肩部、腹部饰纵向细绳纹。口径 8.5、残高 4.0 厘米（图 7-57，8）。

D 型Ⅰ式　4 件。弧腹略鼓。口径小于腹径。

标本 06F3：31，夹砂红褐陶。唇部压印成波浪状并饰横向细绳纹，肩部饰交错细绳纹，腹部饰斜向细绳纹及附加泥条戳印绳纹 2 周。口径 14.0、残高 6.8 厘米（图 7-57，9）。

D 型Ⅱ式　1 件。弧腹。

标本 06H8：6，唇部饰斜向细绳纹，颈部饰纵向细绳纹，肩部饰斜向细绳纹，腹部饰斜向细绳纹及附加泥条戳印绳纹一周。口径 10.0、残高 6.8 厘米（图 7-57，10）。

E 型Ⅰ式　1 件。束颈、弧腹略鼓。

标本 06T3 ①：15，夹砂灰陶。颈部饰纵向细绳纹，肩部饰交错细绳纹。口径 12.6、残高 2.2 厘

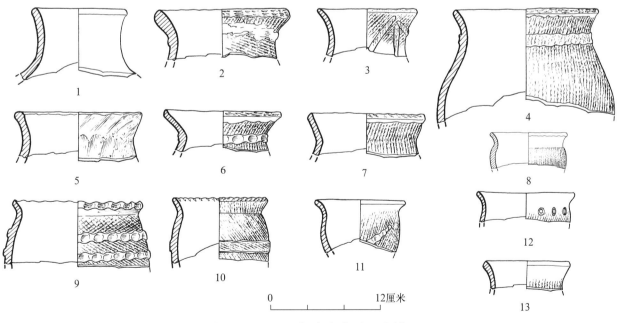

图7-57　2006年出土夹砂陶小罐

1．A型Ⅰ式06H6：8　2～5．A型Ⅱ式06T3②：26、06T3②：5、06T1②：9、06T8②：7　6、7．A型Ⅲ式06T3②：28、06T3②：25　8．B型06T1②：12　9．D型Ⅰ式06F3：31　10．D型Ⅱ式06H8：6　11．E型Ⅰ式06T3①：15　12．E型Ⅱ式06M4填土：15　13．E型Ⅲ式06T1①：15

米（图7-57，11）。

E型Ⅱ式　2件。弧腹，口径大于腹径。

标本06M4填土：15,夹砂黄褐陶。肩部饰斜向细绳纹及戳印圆圈纹。口径10.8、残高3.0厘米(图7-57，12)。

E型Ⅲ式　1件。垂腹。

标本06T1①：15,夹砂灰褐陶。肩部饰纵向细绳纹。口径9.6、残高2.9厘米（图7-57，13）。

4．瓮

A型Ⅱ式　2件。圆唇或尖圆唇，弧腹。

标本06T3④：2,泥质灰陶。尖圆唇。上腹饰斜向细绳纹。口径17.0、残高2.8厘米(图7-58,1)。

标本06M4填土：9, 泥质灰陶。圆唇。唇下饰斜向细绳纹，肩部饰附加泥条一周，腹部饰交错细绳纹。口径30.0、残高7.8厘米（图7-58，2）。

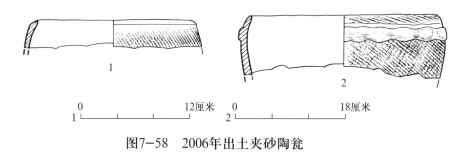

图7-58　2006年出土夹砂陶瓮
1、2．A型Ⅱ式06T3④：2、06M4填土：9

5．杯

A型　1件。侈口，尖圆唇，弧腹。

标本06F2②：21,夹砂灰陶。腹部饰纵向细绳纹。口径12.6、残高6.0厘米（图7-59，1）。

B型　1件。敞口，方唇，斜腹。

标本06T4②：29,夹砂灰褐陶。口径7.6、底径2.5、通高4.6厘米（图7-59，2）。

Ca型　2件。敞口，尖圆唇、弧腹较直，分为2式。

标本06T1②：11,夹砂灰褐陶。腹部饰纵向细绳纹。口径7.6、残高4.7厘米（图7-59，3）。

标本06T1①：14,夹砂黄褐陶。腹部饰纵向细绳纹。口径7.2、残高6.4厘米（图7-59，4）。

标本06M1填土：1,直腹，平底。口径10.2、高14.6厘米（图7-59，10；彩版二五五，4）。

6．器盖

1件。

标本06H11：10,夹砂褐陶。通体饰细绳纹。直径14.6、残高2.5厘米（图7-59，5）。

7．器底

27件。

标本06H14：2,夹砂红褐陶。腹部饰斜向蓝纹。底径10.5、残高12.6厘米（图7-59，6；彩

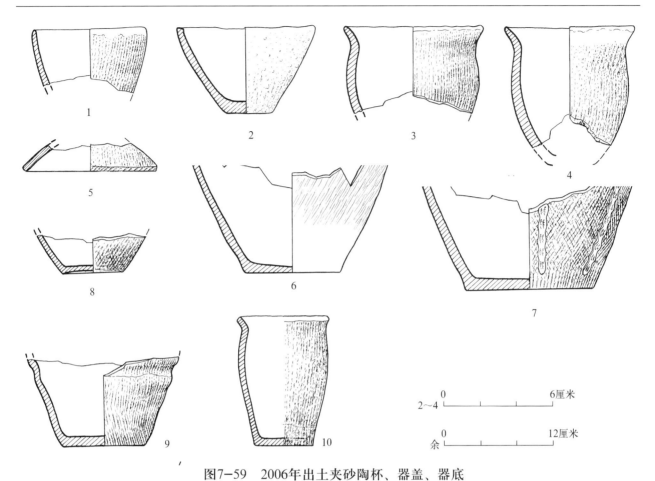

图7-59　2006年出土夹砂陶杯、器盖、器底

1. A型杯06F2②：21　2. B型杯06T4②：29　3、4、10. Ca型杯06T1②：11、06T1①：14、06M1填土：1　5. 器盖06H11：10　6~9. 器底06H14：2、06T3②：2、06H6：15、06T7③：2

版二五六，6）。

标本06T3②：2，夹砂褐陶。腹部饰交错细绳纹及附加泥条戳印绳纹，腹底交界处饰纵向细绳纹，底部为素面。底径14.0、残高12.0厘米（图7-59，7）。

标本06H6：15，夹砂灰陶。腹部饰交错细绳纹，底部为素面。底径6.4、残高4.2厘米（图7-59，8）。

标本06T7③：2，夹砂灰陶。腹部饰斜向细绳纹，腹底交界处饰纵向细绳纹，底部为素面。底径8.9、残高9.2厘米（图7-59，9）。

二　石器

石器可分为打制和磨制两类。打制石器分为直接打制和间接打制两种，其中直接打制石器、磨制石器的石料的岩性主要为变质岩、砂岩、粉砂岩等；间接打制石器全部为细石器，石料的岩性包括燧石、水晶和石英三种。打制石器的器类有两侧打缺石刀、砍砸器、切割器，另有石核、石片等。细石器的器类仅有细石叶。磨制石器的器类有斧、锛、石刀、凿、矛、砺石、环、纺轮、球、杵等。

（一）打制石器

1．砍砸器

A 型　5 件。

标本 06T4 ③：20，片岩。一面保留石料节理面，可见 1 个锤击修理片疤，使用较少。直径约 6.8、厚 0.4 厘米（图 7-60，1）。

标本 06H7：7，片岩。一面为石片破裂面，一面为节理面，周身有多个锤击修理石片疤，也可见使用所形成的石片疤。直径 6.3～6.6、厚 0.5 厘米（图 7-60，2）。

标本 06T4 ②：7，粉砂岩。一面保留石皮，一面为破裂面，周身有多个很深的锤击修理片疤。直径 7.8～9.5、厚 1.5 厘米（图 7-60，3）。

标本 06T4 ②：14，千枚岩。一面保留石皮，一面为节理面，局部可见修理锤击片疤。直径 6.6～7.0、厚 1.0 厘米（图 7-60，4）。

标本 06Y2：11，片岩。两面均为节理面，周身有少量修理和使用片疤。直径 7.5～8.0、厚 1.2 厘米（图 7-60，5）。

B 型　14 件。

标本 06F3：3，粉砂岩。一面保留石皮，一面为石片破裂面，可见清晰放射线，弧刃，刃部可见多处崩损片疤。长 10.8、宽 12.0、厚 2.2 厘米（图 7-61，1）。

标本 06T6 ③：25，石英砂岩。石核砍砸器，一面保留石皮，大致呈梯形，刃部锋利，有少量使用崩损片疤。长 14.6、宽 10.3、厚 4.2 厘米（图 7-61，2）。

标本 06H1：29，石英砂岩，呈卵圆形，一面为石片破裂面，一面保留石皮，直刃，刃部锋利，可见少量小的崩损片疤。长 10.3、宽 13.2、厚 1.3 厘米（图 7-61，3）。

标本 06F3：4，石英砂岩。大致呈梯形，一面为石片破裂面，一面保留石皮，直刃，刃部锋利，可见少量小的崩损片疤。长 6.1、宽 13.7、厚 2.1 厘米（图 7-61，4）。

标本 06T4 ⑦：3，粉砂岩。呈亚字形，弧刃，刃部使用锤击法由背面向破裂面加工，可见连续匀称的修理片疤。长 12.8、宽 10.4、厚 2.3 厘米（图 7-61，5）。

标本 06H7：6，粉砂岩。呈卵圆形，刃部可见 4 个由背面向破裂面锤击修理的片疤 5 个。长 9.6、

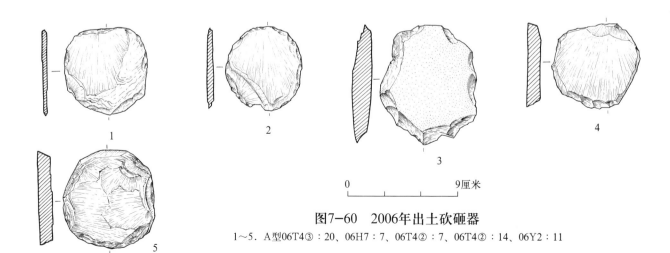

图 7-60　2006年出土砍砸器

1～5. A型06T4③：20、06H7：7、06T4②：7、06T4②：14、06Y2：11

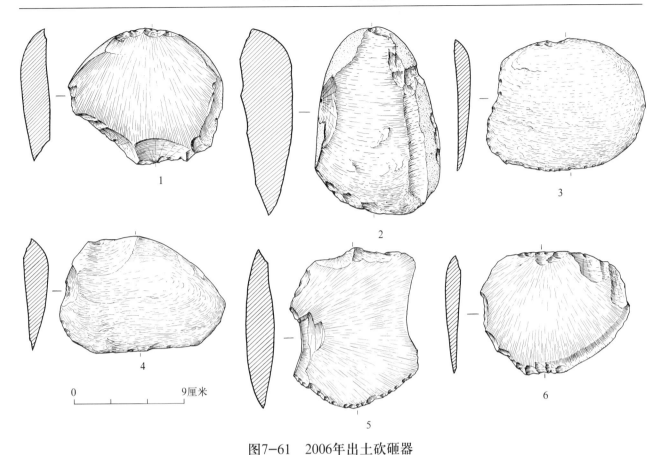

图7-61　2006年出土砍砸器

1～6. B型砍砸器06F3：3、06T6③：25、06H1：29、06F3：4、06T4⑦：3、06H7：6

宽12.4、厚1.2厘米（图7-61，6）。

标本06T4⑦：4，粉砂岩。呈卵圆形，一面为石片破裂面，一面保持自然石皮，弧刃，使用锤击法由破裂面向背面修理，可见连续匀称的修理小片疤。长8.6、宽11.6、厚1.2厘米（图7-62，1）。

标本06T4⑦：6，粉砂岩。呈长方形，一面为破裂面，一面保持自然石皮，两端均有使用锤击法由背面向破裂面修理留下的连续匀称小片疤。长9.8、宽7.4、厚2.1厘米（图7-62，2）。

标本06T1②：6，灰岩。呈梯形，一面为节理面，一面为破裂面，使用锤击法由背面向破裂面修理，两端均有连续匀称的小片疤。长5.0、宽6.4、厚1.2厘米（图7-62，3）。

C型　4件。

标本06T4⑦：7，粉砂岩。呈长方形，一面为破裂面，一面为石核破片留下的2个大石片疤，局部保留自然石皮，一端和一侧有刃口，均为直刃，均可见使用锤击法由破裂面向背面修理留下的小片疤。长13.4、宽6.6、厚1.4厘米（图7-62，4）。

标本06T4⑦：5，粉砂岩。大致呈梯形，一面保留自然石皮，一面为石片破裂面，使用锤击法由破裂面向背面修理，可见少量修理小片疤。长9.1、宽8.6、厚1.5厘米（图7-62，5）。

2. 切割器

A型　12件。

标本06T4②：35，粉砂岩。呈卵圆形，一面为石片破裂面，背面有一石片疤，大部保留自然石皮，

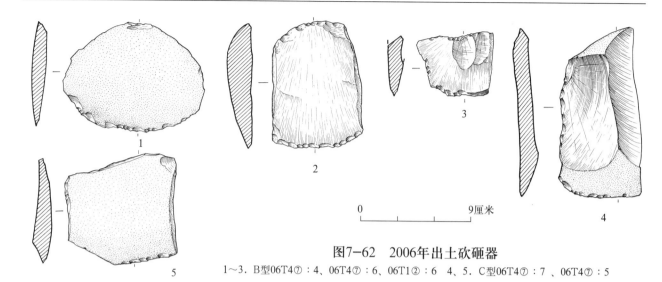

图7-62　2006年出土砍砸器

1～3. B型06T4⑦：4、06T4⑦：6、06T1②：6　4、5. C型06T4⑦：7、06T4⑦：5

直刃，使用锤击法由破裂面向背面修理，刃部可见修理和使用留下的片疤。长5.9、宽8.4、厚0.8厘米（图7-63，1）。

标本06H14：42，粉砂岩。呈梨形，弧刃，不见修理痕迹，系石片直接用于切割，刃部可见使用崩损小片疤。长7.2、宽6.8、厚0.9厘米（图7-63，2）。

标本06T4②：38，粉砂岩。呈卵圆形，一面为石片破裂面，背面为自然石皮面，弧刃，使用锤击法由破裂面向背面修理，刃部可见修理留下的连续匀称小片疤。长6.0、宽7.6、厚1.3厘米（图7-63，3）。

标本06H10：28，粉砂岩。呈卵圆形，不见修理痕迹，系石片直接用于切割，刃部可见使用崩损小片疤。长5.4、宽6.8、厚0.9厘米（图7-63，4）。

标本06H1：19，粉砂岩。近长方形，背面为自然石皮，使用锤击法由破裂面向背面加工修理，

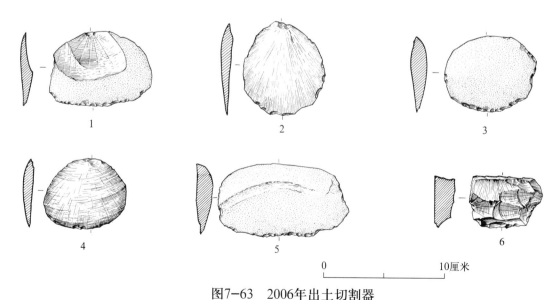

图7-63　2006年出土切割器

1～6. A型06T4②：35、06H14：42、06T4②：38、06H10：28、06H1：19、06采：3

有少量小而浅的修理片疤。长10.6、宽5.8、厚1.3厘米（图7-63，5）。

标本06采：3，片岩。呈长方形，燧石结合，一面为节理面，一面又多个剥片片疤，刃口无加工修理痕迹，但刃部锋利，系直接使用石片来做为切割器。长6.0、宽3.8、厚1.8厘米（图7-63，6）。

标本06T4⑤：11，粉砂岩。呈卵圆形，一面保留自然石皮，弧刃，使用锤击法由背面向破裂面加工修理，刃部有连续匀称的修理小片疤。长9.4、宽7.8、厚1.2厘米（图7-64，1）。

标本06T4③：38，片岩。呈半月形，系石片远端，弧刃，不见加工修理痕迹，刃部有3个使用崩损片疤。长7.8、宽3.0、厚0.6厘米（图7-64，2）。

B型　6件。

标本06H14：34，粉砂岩。呈梨形，一面为石片破裂面，背面为自然石皮，使用锤击法由破裂面向背面修理加工，两端均可见连续匀称的修理小片疤。长7.1、宽8.2、厚0.8厘米（图7-64，3）。

标本06F3：36，片岩。一面为节理面，一面为破裂面，一端有使用片疤，另一端磨制，不见使用痕迹。长8.5、宽5.2、厚0.5厘米（图7-64，4）。

C型　5件。一端刃和一侧刃。

标本06T4⑤：10，粉砂岩。双刃均使用锤击法由破裂面向背面加工修理，均有修理小片疤，端刃部还可见使用崩损的片疤。长6.2、宽5.7、厚0.8厘米（图7-64，6）。

标本06H9：20，粉砂岩。石片背面为自然石皮，在一端和一侧使用锤击法由破裂面向背面加工修理，可见连续匀称的修理片疤，同时也可见使用过程中的崩损痕迹。长8.5、宽3.9、厚0.8厘米（图7-64，5）。

标本06T4③：33，粉砂岩。椭圆形，背面为自然石皮，在一端和一侧使用锤击法由破裂面向背面加工修理，均可见修理小片疤，其中侧刃可见使用崩损的片疤。长10.6、宽6.8、厚0.85厘米（图7-64，7）。

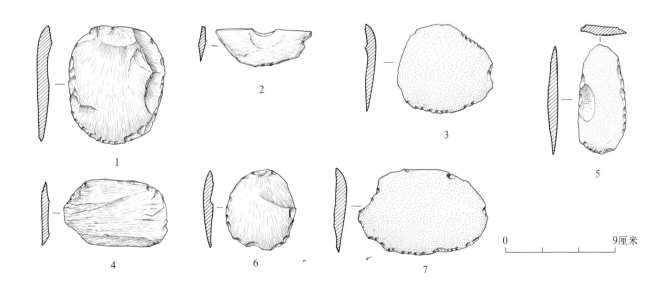

图7-64　2006年出土石器

1、2. A型06T4⑤：11、06T4③：38　3、4. B型06H14：34、06F3：36　5～7. C型06H9：20、06T4⑤：10、06T4③：33

3．两侧打缺石刀

A 型　5 件。

标本 06Y2：13，燧石。呈长方形，通体磨制，质地细腻有光泽，两端可见打缺片疤，石刀中部有一对琢形成的长条形孔，两长边为刃部，不见使用崩损痕迹。长 10.8、宽 3.8、厚 0.5 厘米（图 7-65，1；彩版二五七，1、2）。

标本 06T4 ③：15，粉砂岩。刀身局部保留石皮，两端可见多个打缺片疤，两长边为刃部，一边有 2 个大的崩损片疤，另一边可见多个细小片疤，当为使用崩损所致。长 8.3、宽 4.1、厚 0.7 厘米（图 7-65，2）。

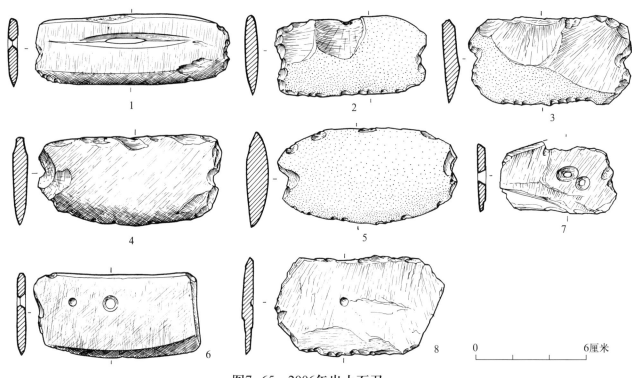

图7-65　2006年出土石刀

1～5．两侧打缺石刀06Y2：13、06T4③：15、06T4①：19、06采：1、06T4②：51　　6～8．B型磨制石刀06G3：1、06H13：6、06H14：33

标本 06T4 ①：9，千枚岩。刀身局部保留石皮，两端可见多个打缺片疤，一长边为刃部，可见多个细小片疤，当为使用崩损所致。长 8.3、宽 4.1、厚 0.7 厘米（图 7-65，3）。

标本 06 采：1，粉砂岩。刀身一面磨制，一面保留石皮，两端可见多个打缺片疤，一长边为刃部，不见使用形成德崩损片疤。长 10.2、宽 4.6、厚 0.8 厘米（图 7-65，4）。

标本 06T4 ②：51，石英岩。一面保留石皮，两端可见多个打缺片疤，一长边为刃部，刃口锋利，可见多个细小片疤，当为使用崩损所致。长 9.8、宽 5.2、厚 1.2 厘米（图 7-65，5）。

4．石核

1 件。

标本 06F2 ②：29，大理岩。核体有多个剥片片疤。长 7.4、宽 5.2、厚 2.1 厘米（图 7-66）。

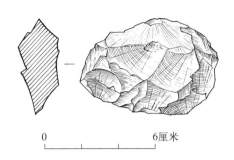

图7-66　2006年出土石核06F2②：29

5. 石片

28件。

标本06T4③：108，燧石。石片近端，三角形台面，打击点、半椎体不明显，但放射线、同心纹清晰，背面有4个剥片片疤，其中一个为细石叶疤痕，远端断裂。长2.1、宽1.9、厚0.4厘米（图7-67，1）。

标本06T4③：109，燧石。石片近端，刃状台面，打击点、半椎体不明显，但放射线、同心纹清晰，背面有2个小片疤，远端断裂。长1.5、宽1.8、厚0.4厘米（图7-67，2）。

标本06T4③：110，燧石。石片近端，点状台面，打击点、半椎体不明显，但同心纹清晰，背面有1个剥片片疤，远端断裂。长1.0、宽1.3、厚0.3厘米（图7-67，3）。

标本06T4③：111，燧石。石片中间段片，同心纹清晰，背面有4个剥片片疤，近端、远端断裂。长1.6、宽1.9、厚0.4厘米（图7-67，4）。

标本06T4③：112，燧石。石片中间段片，同心纹清晰，背面有4个剥片片疤，近端、远端断裂。长1.6、宽1.5、厚0.4厘米（图7-67，5）。

标本06T4③：113，燧石。石片远端段片，同心纹清晰，近端断裂，呈三角形。长1.6、宽1.3、厚0.6厘米（图7-67，6）。

标本06T4③：114，燧石。石片远端段片，同心纹清晰，近端断裂，呈三角形。长1.6、宽1.3、厚0.4厘米（图7-67，7）。

标本06T4③：115，燧石。石片远端段片，背面为2个石片疤相交形成的纵脊，近端断裂，横截面呈三角形。长1.8、宽0.9、厚0.6厘米（图7-67，8）。

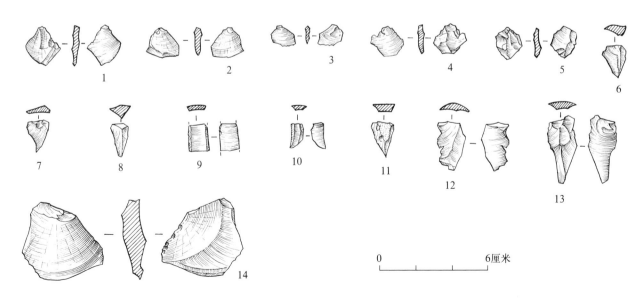

图7-67　2006年出土石片、细石叶

1～8、11～14. 石片06T4③：108、06T4③：109、06T4③：110、06T4③：111、06T4③：112、06T4③：113、06T4③：114、06T4③：115、06T4③：120、06T4③：39、06T4③：116、06T4③：117　9、10. 细石叶06T4③：119、06T4③：118

标本 06T4 ③：120，燧石。石片近端段片，打击点明显，同心纹清晰，背面由 6 个石片疤组成，远端断裂。长 3.5、宽 1.6、厚 0.4 厘米（图 7-67，11）。

标本 06T4 ③：39，燧石。石片中间断片，同心纹、放射线清晰，近端、远端断裂，右侧边有 5 个使用崩损小片疤。长 4.2、宽 4.6、厚 1.2 厘米（图 7-67，12）。

标本 06T4 ③：116，燧石。中间断片，同心纹清晰，横截面呈梯形。长 1.4、宽 1.1、厚 0.3 厘米（图 7-67，13）。

标本 06T4 ③：117，燧石。远端断片，同心纹清晰，近端断裂，远端呈尖刃状，横截面为梯形。长 1.3、宽 0.7、厚 0.3 厘米（图 7-67，14）。

6．细石叶

2 件。

标本 06T4 ③：119，燧石。细石叶中间段片，同心纹清晰，背面为两个石片疤形成的纵脊，近端、远端断裂。长 1.5、宽 1.6、厚 0.4 厘米（图 7-67，9）。

标本 06T4 ③：118，燧石。细石叶远端段片，背面为自然石皮，横截面呈梯形。长 1.9、宽 1.3、厚 0.4 厘米（图 7-67，10）。

（二）磨制石器

1．石斧

A 型　5 件。上窄下宽，呈梯形。

标本 06T4 ③：52，燧石。通体磨制，近端、远端均断裂。长 6.4、宽 6.7、厚 2.3 厘米（图 7-68，1）。

标本 06Y2：14，变质砂岩。通体磨制，弧刃，中锋，刃部有多个使用崩损小片疤，两侧及顶部也有多个崩损石片疤。长 9.1、宽 6.4、厚 1.7 厘米（图 7-68，2）。

标本 06T2 ②：40，粉砂岩。通体磨制，弧刃，中锋，顶部及一侧断裂，刃部锋利，不见使用崩损痕迹。长 4.9、宽 4.1、厚 1.5 厘米（图 7-68，3）。

标本 06T4 ③：32，粉砂岩。通体磨制，近端断损，弧刃，中锋，刃口锋利，有少量使用崩损小片疤。长 3.8、宽 4.5、厚 0.9 厘米（图 7-68，4）。

标本 06H9：1，粉砂岩。器坯，局部磨制，近端断裂，弧刃，中锋，刃口锋利，刃部无使用崩损片疤。长 7.3、宽 7.4、厚 4.7 厘米（图 7-68，5）。

B 型　1 件。长条形。

标本 06Y2：12，燧石。通体磨制，近端断损，弧刃，中锋，刃部有使用崩损小片疤。长 8.2、宽 5.1、厚 0.8 厘米（图 7-68，6）。

2．石锛

A 型　4 件。

标本 06H8：3，片岩。呈梯形，直刃，偏锋，刃部磨制，刃口有使用崩损小片疤。长 9.8、宽 4.4、厚 0.5 厘米（图 7-69，1）。

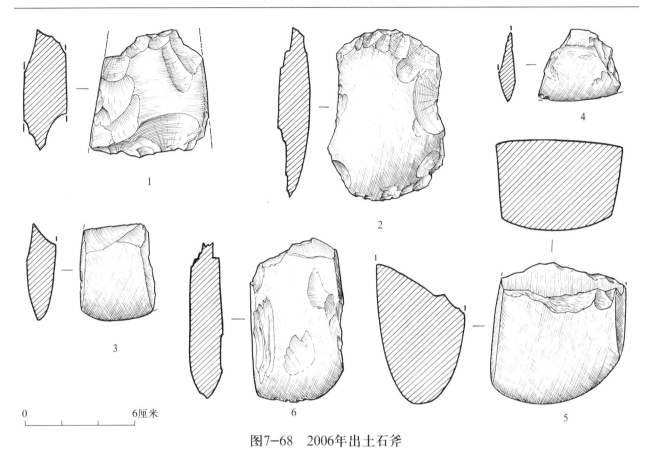

0　　　　　　　　　6厘米

图7-68　2006年出土石斧

1～5. A型06T4③：52、06Y2：14、06T2②：40、06T4③：32、06H9：1　6. B型06Y2：12

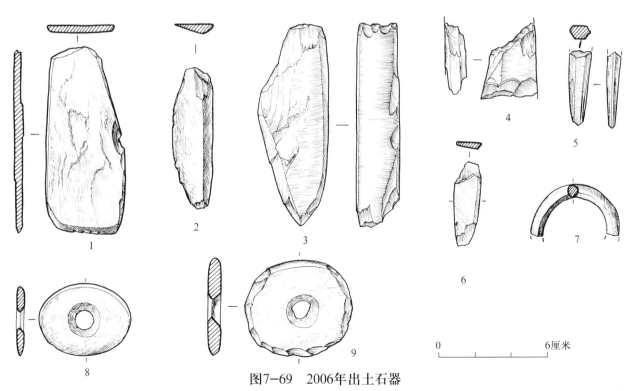

0　　　　　　　　　6厘米

图7-69　2006年出土石器

1～4. 石锛06H8：3、06H1：39、06M17填土：1、06H12：8　5、6. 石凿06M6填土：10、06H1：38　7. 石环06H9：44　8、9. 纺轮06H8：1、06T2②：41

标本06H1：39，千枚岩。残器，通体磨制。长7.5、宽2.2、厚0.6厘米（图7-69，2）。

标本06M17填土：1，硅质灰岩。残器，通体磨制。长10.7、宽3.9、厚2.5厘米（图7-69，3）。

标本06H12：8，粉砂岩。近端、远端断损，通体磨制。长3.8、宽3.2、厚1.2厘米（图7-69，4）。

3．石凿

2件。

标本06M6填土：10，燧石。长条形，通体磨制，横截面呈六棱形。长4.0、宽1.2、厚0.7厘米（图7-69，5）。

标本06H1：38，千枚岩。长条形，通体磨制，横截面呈长方形。长4.4、宽1.4、厚0.3厘米（图7-69，6）。

4．石刀

B型　4件

标本06H4：10，燧石。通体磨光，中部有两个穿孔。长3.8、宽10.2、厚0.4厘米（彩版二五七，5）。

标本06G3：1，燧石。呈长方形，通体磨制，刀身中部有2圆形钻孔，其中一个未钻穿，另一个系对钻所成，孔径0.35～0.8厘米，刀身长9.0、宽4.4、厚0.5厘米（图7-65，6；彩版二五七，3、4）。

标本06H13：6，千枚岩。刀身保留石材的节理面，中部可见1个圆形和1个椭圆形单面钻孔，孔径0.6～1.2厘米，刀身残长6.4、宽3.6、厚0.45厘米（图7-65，7）。

标本06H14：33，千枚岩。刀身一面为石皮，一面为节理面，打制粗糙，中部有1未穿透的圆形钻孔。长9.4、宽5.2、厚0.6厘米（图7-65，8）。

5．石环

1件。

标本06H9：44，硅质灰岩。通体磨制，横截面呈圆形。直径4.9、厚0.7厘米（图7-69，7；彩版二五七，6）。

6．纺轮

2件。

标本06H8：1，千枚岩。扁椭圆形，两面磨光，周缘局部磨制，大部还没有加工完毕，中间有两面对钻的穿孔。直径4.8～5.1厘米，中间孔径0.9～1.4、厚0.4厘米（图7-69，8）。

标本06T2②：41，千枚岩。扁圆形，两面磨光，周缘局部磨制，大部还没有加工完毕，中间有两面对钻的穿孔。直径5.1～5.9厘米，中间孔径1～1.8、厚0.8厘米（图7-69，9）。

7．石球

Ab型　9件。椭圆形。

标本06H11：1，闪长岩。呈椭圆形，短轴2.8、长轴4.2厘米（图7-70，1）。

标本06H14：43，石英砂岩。呈椭圆形，短轴4.2、长轴5.0厘米（图7-70，2）。

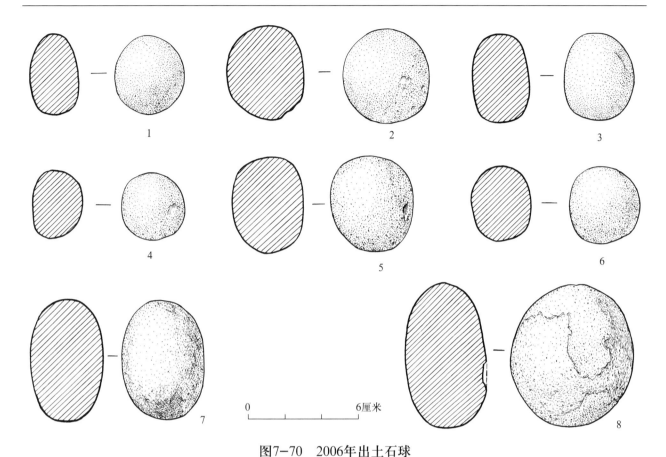

图7-70 2006年出土石球

1~6. Ab型06H11：1、06H14：43、06H9：37、06H14：46、06H10：24、06G2：10 7、8. B型06H9：36、06H9：3

标本06H9：37，闪长岩。呈椭圆形，短轴3.2、长轴4.7厘米（图7-70，3）。

标本06H14：46，石英砂岩。呈椭圆形，短轴2.7、长轴3.6厘米（图7-70，4）。

标本06H10：24，石英砂岩。呈椭圆形，短轴3.9、长轴5.1厘米（图7-70，5）。

标本06G2：10，石英砂岩。呈椭圆形，短轴3.3、长轴4.0厘米（图7-70，6）。

B型 2件。通体磨光。

标本06H9：36，石英砂岩。呈椭圆形，短轴4.1、长轴6.4厘米（图7-70，7）。

标本06H9：3，石英砂岩。呈椭圆形，短轴4.4、长轴7.7厘米（图7-70，8）。

8．石杵

3件。

标本06H9：6，变质砂岩。柱状，横截面呈椭圆形，通体保留自然石皮，一端有使用崩损痕迹。长12.1、宽3.7、厚2.3厘米（图7-71，1）。

标本06H9：2,石英砂岩。柱状，横截面呈卵圆形，通体保留自然石皮，一端有少量使用崩损痕迹。长15.1、宽4.8、厚4.5厘米（图7-71，2）。

标本06采：4，变质砂岩。柱状，横截面呈椭圆形，通体保留自然石皮，两端有使用崩损痕迹。长11.8、宽2.5、厚0.9厘米（图7-71，3）。

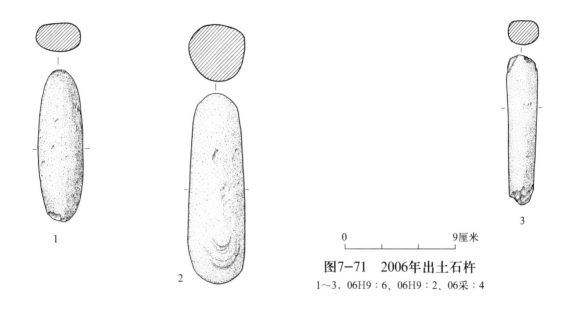

图7-71　2006年出土石杵
1～3. 06H9：6、06H9：2、06采：4

三　骨器

1．骨锥

2件。

标本06H11：28，呈长条形锥状，横截面大致呈三角形，尖刃。长6.7、宽0.9、厚0.7厘米）。

标本06F2①：100，呈长条圆锥状，横截面卵圆形，尖刃。长6.6、直径0.7～1.0厘米。

2．骨镞

1件。

标本06H1：37，呈圆锥状，横截面为圆形，用动物肢骨做原料，刃部锋利。直径0.6、长5.6厘米，铤部呈圆锥形，长约1.0厘米。

第八章　分期与年代

一　地层分组

根据遗址的地貌特征，我们将营盘山遗址的发掘区域分为四个地点。其中第一地点在2000、2002、2003、2004年度进行了发掘，第二地点2000、2002、2003、2004、2006年五个年度均进行了发掘，第三地点2000、2002、2006年进行了发掘，第四地点只有2002、2006年进行了小面积发掘。根据土质、土色相近原则，我们将各个地点不同年份发掘的相邻探方的地层进行了统一比对，四个地点的地层对应情况分别如下。

第一～四地点各年度的新石器时代文化遗存的层位关系如表8-1～4：

表8-1　第一地点2000、2002、2003、2004年度地层对应表

第一地点地层对应表	2000年	2002年	2003年	2004年
	③	④	④a	③
	④	⑤、⑥、⑦	④b	④
	⑤	⑧	⑤	
		⑨、⑩	⑥、⑦	⑤

表8-2　第二地点2000、2002、2003、2004、2006年度地层对应表

第二地点地层对应表	2000年	2002年	2003年	2004年	2006年
	③	③	④a	③	
	④	④	④b	④	③
	⑤				④
	⑥	⑤			

表8-3　第三地点2000、2002、2006年度地层对应表

第三地点地层对应表	2000年	2002年	2006年
	③	③	③～⑥
	④		⑦
	⑤	④	

表8-4　第四地点2002、2006年度地层对应表

第四地点地层对应表	2002年	2006年
	④	③

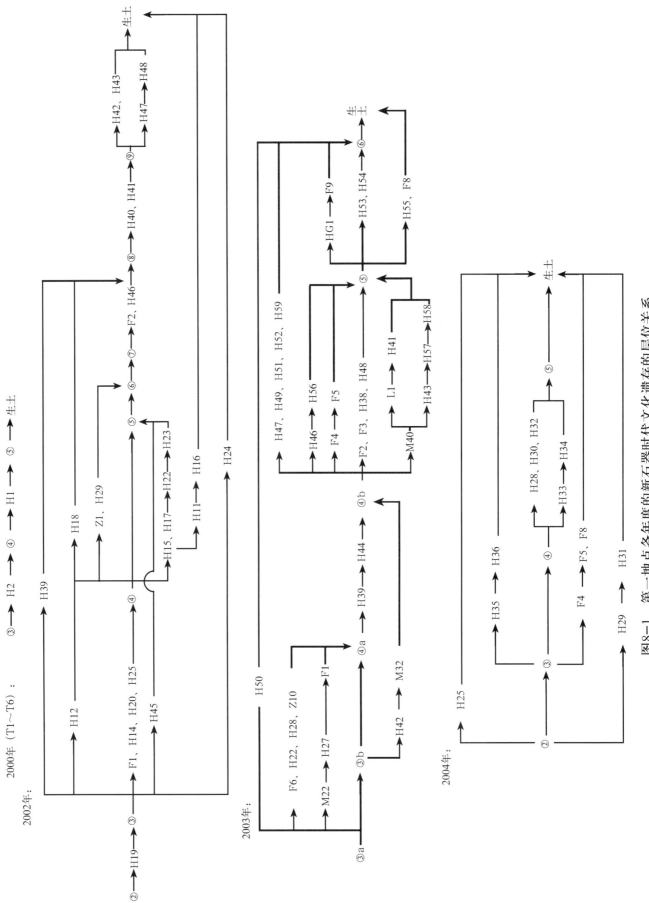

图8-1　第一地点各年度的新石器时代文化遗存的层位关系

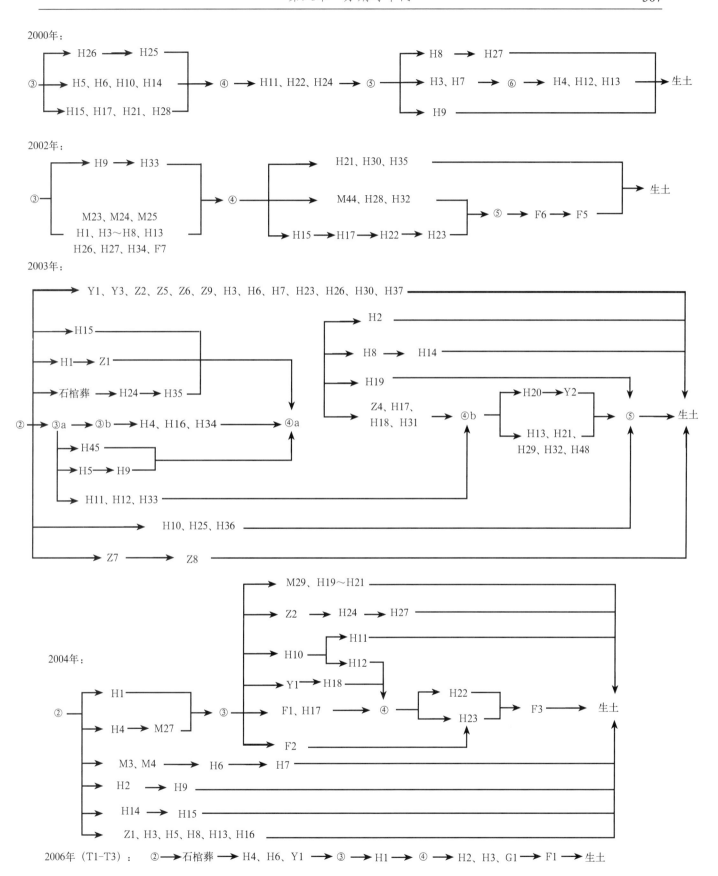

图8-2 第二地点各年度的新石器时代文化遗存的层位关系

2000年（T13、T16）：

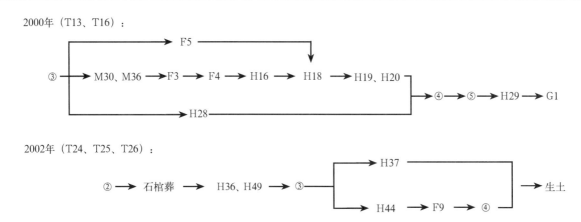

2002年（T24、T25、T26）：

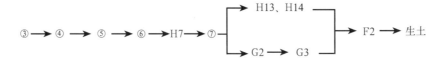

2006年（T4）：

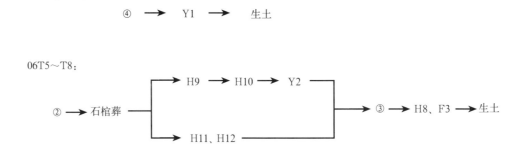

图8-3　第三地点各年度的新石器时代文化遗存的层位关系

02T27、T28：

④　→　Y1　→　生土

06T5～T8：

② → 石棺葬 → H9 → H10 → Y2 ③ → H8、F3 → 生土
H11、H12

图8-4　第四地点各年度的新石器时代文化遗存的层位关系

二　器物组合

在发掘面积最大、地层堆积最好的2003年度出土的器物分类排序的基础上，结合其他四个年度的器物分类结果，我们将营盘山遗址史前文化遗存的出土器物特别是陶器的类型式演变特许总结如下。

一期早段出土器物：

彩陶：AⅠ、CⅠ式瓶。

泥质陶器：AⅠ式小口瓶，BⅠ、CⅠ式高领罐，AⅠ、AⅡ式矮领罐，Ab、BⅠ式罐，AⅠ、CⅠ、DⅠ式缸，AbⅡ、BbⅠ、BcⅠ、CbⅠ、CcⅠ、DaⅠ式盆，Ca、E、Hb型钵，AⅠ式带嘴锅，AaⅠ、AbⅡ、Ac、BaⅠ式碗，C型杯，A型纺轮，A、B型陶球等。

夹砂陶器：AaⅠ、BaⅠ、CaⅠ、AaⅡ式侈口罐，CⅠ、DbⅠ、JⅠ式罐，B、CⅠ、DⅠ、

ＥⅠ、ＥⅡ、Ｆa 型小罐，ＣⅠ式杯、豆、器盖、器纽等。

石器：两侧打缺石刀，Ａ型石斧，Ｂ型切割器，Ｂa、Ａb 型石球，Ａ型镯，穿孔石器，细石叶。

骨器：很少成形的。

一期晚段出土器物：

彩陶：ＡⅠ、ＢⅠ、ＢⅡ、ＣⅠ式瓶，ＣⅠ式罐，瓮，ＡⅡ、ＢaⅡ、Ｂc 型盆，Ａb 型钵。

泥质陶器：ＡⅠ、ＡⅡ、ＡⅢ、ＢⅠ、ＢⅡ、ＣⅠ、ＣⅡ、Ｅa、Ｅb 型小口瓶，ＡⅠ、ＡⅡ、ＢⅠ、ＢⅡ、ＣⅠ、Ｄ型高领罐，ＢⅠ、ＢⅡ式矮领罐，ＢⅠ、ＣⅠ、Ｅ型罐，ＡⅠ、ＡⅡ、ＢⅠ、ＢⅡ、ＣⅠ、ＣⅡ、ＤⅡ、ＥⅠ式缸，ＡⅡ、Ｂ、Ｃ型瓮，ＡaⅠ、ＡaⅡ、ＡbⅠ、ＡbⅡ、ＢaⅠ、ＢaⅡ、ＢbⅠ、ＢbⅡ、ＢcⅡ、ＣaⅠ、ＣaⅡ、ＣbⅠ、ＣcⅠ、ＣcⅡ、ＤaⅠ、ＤaⅡ、ＤbⅠ、ＤbⅡ、ＤcⅡ、ＥeⅠ、ＥeⅡ、Ｅd 型盆，ＡaⅠ、Ａb、ＢaⅡ、Ｃa、ＤaⅠ、ＤaⅡ、Ｄb、Ｄc、Ｈa、Ｈb、Ⅰ型钵，ＡⅠ、ＡⅡ、ＢⅠ式带嘴锅，ＡaⅠ、ＡaⅡ、ＡbⅠ、Ａc、Ａd、ＢaⅠ、ＢaⅡ、Ｂb、Ｂd 型碗，Ｂ、Ｃ型杯，火种罐，Ａ型纺轮，Ａ、Ｂ、Ｃ型陶球，Ｂ型耳，镯，角形器，空心器，环，甑等。

夹砂陶器：ＡaⅠ、ＡaⅡ、ＡaⅢ、ＡbⅠ、ＡbⅡ、ＡbⅢ、ＢaⅠ、ＢaⅡ、ＢbⅠ、ＢbⅡ、ＣaⅠ、ＣaⅡ、ＣbⅠ、ＤⅠ、ＤⅡ、Ｆ型侈口罐，ＡⅡ、Ｂ、ＣⅠ、ＣⅡ、Ｄa、Ｄb、ＪⅡ式罐，ＡⅡ、ＣⅠ、ＤⅠ、ＤⅡ、ＥⅠ、Ｆa、Ｆb、Ｇ型小罐，ＢⅠ、ＣⅠ式缸，ＡⅠ式筒形罐，ＡⅠ式盆，Ａ、Ｂ型钵，ＡⅠ、ＢⅠ、Ｃ型带嘴锅，Ａ、Ｄa 型杯，Ａ型圈足，盘，器盖，Ａ、Ｂ型流等。

石器：两侧打缺石刀、Ｂ型磨制石刀，Ａ、Ｂ型石斧，Ａ、Ｂ型锛，凿，Ａ、Ｂ、Ｄ型砍砸器，Ａ、Ｂ型切割器，Ａa、Ａb、Ａc 型石球，Ａ型镯，环，研磨器，砺石，杵，磨制石片，穿孔石器，细石叶，琢背小刀，Ａ、Ｂ型刮削器，尖状器等。

骨器：环、锥、簪、镞。

二期早段出土器物：

彩陶：ＡⅠ、ＢⅠ、ＣⅡ式瓶，Ｂ型罐，ＡⅡ、ＢaⅠ、Ｃ型盆，Ｃb 型钵。

泥质陶器：ＡⅡ、ＡⅢ、ＢⅡ、ＣⅡ、Ｄ、Ｅa 型小口瓶，ＢⅠ、ＣⅠ式高领罐，ＢⅠ、ＣⅠ、ＣⅡ、Ｅ型罐，ＡⅠ、ＡⅡ、ＢⅢ、ＣⅠ、ＥⅡ式缸，Ｂ型瓮，ＡaⅡ、ＡbⅡ、Ａc、ＢaⅠ、ＢaⅡ、ＢaⅢ、ＢbⅠ、ＢbⅡ、ＢcⅠ、ＣaⅡ、ＣbⅡ、ＣcⅡ、ＤbⅠ、ＤcⅠ、ＤcⅡ、Ｅc、Ｅd、ＥeⅠ式盆，ＢaⅠ、Ｃa、ＤaⅡ、Ｄb、Ｆ、Ｇ、Ｈb 型钵，Ｂ、Ｃ型带嘴锅，ＡaⅠ、ＡaⅡ、ＡbⅡ、Ａc、Ａd、ＢaⅠ、Ｂb、Ｂc、Ｂd 型碗，Ｃ型杯，Ａ型纺轮，Ａ、Ｂ、Ｄ型陶球，Ａ、Ｂ型圈足，甑，环，镯，人面像。

夹砂陶器：ＡaⅠ、ＡaⅡ、ＡaⅢ、ＡbⅠ、ＡbⅡ、ＡbⅢ、ＢaⅠ、ＢaⅡ、ＢaⅢ、ＢbⅠ、ＢbⅡ、ＣaⅡ、ＣbⅠ、ＤⅠ、ＤⅡ式侈口罐，Ｂ、ＣⅡ、ＣⅢ、Ｄa、Ｄb、Ｅ、ＪⅡ式罐，ＡⅠ、ＣⅠ、ＣⅡ、ＤⅠ、ＤⅡ、ＤⅢ、ＥⅠ、ＥⅡ式小罐，ＡⅡ式筒形罐，ＡⅡ、ＢⅡ式瓮，Ａ型钵，ＡⅡ、ＢⅡ、Ｃ型带嘴锅，Ａ型杯，Ａ、Ｂ型圈足，盘，器盖等。

石器：两侧打缺石刀、Ｂ型磨制石刀、Ａ、Ｂ型石斧，Ａ、Ｂ型锛，凿，Ａ、Ｂ、Ｃ、Ｄ型砍砸器，Ａ、Ｂ型切割器，Ａ、Ｂ型刮削器，Ａa、Ａc 型石球，Ａ型镯，环，饼形器，研磨器，纺轮，砺石，细石核，细石叶，尖状器，石片。

骨器：环、锥、簪、镞。

二期晚段出土器物：

彩陶：AⅠ、CⅠ式瓶，AⅠ、BaⅡ、Bb 型盆，Aa 钵等。

泥质陶器：AⅡ、AⅢ、BⅠ、BⅡ、CⅠ、D、Eb 型小口瓶，AⅡ、BⅠ、BⅡ、CⅠ、CⅡ式高领罐，AⅡ、BⅢ式矮领罐，Aa、Ab、BⅡ、CⅠ、CⅡ、D、E 型罐，B、C 型壶，AⅠ式瓮，AⅠ、AⅡ、CⅠ、CⅡ式缸，AaⅠ、AaⅡ、AbⅡ、Ac、BaⅠ、BaⅡ、BaⅢ、BbⅠ、CaⅠ、CaⅡ、CbⅡ、CcⅠ、DaⅠ、DaⅡ、DbⅠ、DcⅠ、Ea、Eb、Ec、EeⅡ式盆，AⅠ、AⅡ、BaⅡ、Ca、Cb、DaⅠ、DaⅡ、Db、Dd、F、G、Ja 型钵，AⅠ、AⅡ、C 型带嘴锅，AaⅠ、AaⅡ、Ac、Ad、BaⅠ、BaⅡ、Bb、Bc、Bd 碗，Aa、Ab、B、C 型杯，A 型纺轮，A、B、C、D、E、F 型陶球，A、B 型器耳，环，器盖，角形器，人面像，陶祖等。

夹砂陶器：AaⅠ、AaⅡ、AaⅢ、AbⅠ、AbⅡ、AbⅢ、BaⅠ、BaⅡ、BaⅢ、BbⅠ、BbⅡ、CaⅠ、CaⅡ、CbⅡ、DⅠ、DⅡ、E 型侈口罐，AⅡ、B、CⅠ、CⅡ、Db、Dc、E、H、I、K、JⅡ式罐，AⅠ、CⅠ、CⅡ、DⅠ、DⅡ、EⅠ、EⅡ、EⅢ、FⅡ、FⅡ式小罐，BⅠ、BⅡ、CⅠ式缸，A、B 型钵，AⅡ、BⅠ、C 型带嘴锅，A 型圈足，器盖等。

石器：两侧打缺石刀、A、B 型磨制石刀，A、B 型石刀，A、B 型石斧，A、B 型锛，凿，A、B、C、D 型砍砸器，A、B、C、D 型切割器，A、B 型刮削器，Aa、Ab、Ba、Bb 型石球，纺轮，环，杵，矛，镞，砺石，琢背小刀，穿孔器，细石核，细石叶，尖状器，石片。

骨器：锥，簪，削，镞，磨制骨片。

三　文化分期与年代

根据层位关系和出土器物的类型学分析，结合器物的组合及形式变化规律，我们将营盘山遗址四个地点的史前文化遗存均分为二期 4 段，具体情况如下（表8-5 ～ 8）。

表8-5　第一地点分期表

地层单位 期段	2000年	2002年	2003年	2004年
二期晚段	③	H12、H14、H20、H24、H25、H39、H45、F1、④	③b、④a、H42	③
二期早段	H2、④	H11、H15、H16、H17、H18、H22、H23、H29、Z1、⑤、⑥、⑦	H39、H44、M32、④b	④
一期晚段	H1、⑤	F2、H46、H40、H41、⑧	H46、H47、H49、H52、H56、F2、F3、F4、F5、⑤	F4、F5、H25、H28、H29、H30、H31、H35、H36
一期早段	——	⑨、⑩、H42、H43、H47、H48	H50、H51、H59、⑥、⑦	⑤、H32、H33、H34

表8-6　第二地点分期表

期段＼地层单位	2000年	2002年	2003年	2004年	2006年
二期晚段	③、H5、H6、H10、H14、H15、H17、H25、H26	③、M23～25、F7、H1、H3～H9、H13、H26、H27、H33、H34	③b、④a、Z1、H1、H5、H9、H15、H24、H35、H45	③、H1、H4、M27	H4、H6、Y1
二期早段	④、H11、H22、H24	④、H15、H17	④b、H10～H12、H17、H18、H31、H33	④、F1、F2、Z2、M34、M29、H6、H10、H12、H17、H18、H20、H24	③
一期晚段	⑤、H3、H7、H8、H9、H27	H22、H23、H28、H30、H32、M44	H2、H7、H8、H14、H19、H25、H26、H30、H36、H37	H2、H3、H5、H7、H8、H11、H14、H16、H19	④、H1～H3、HG1
一期早段	⑥、H4、H12、H13	⑤、H21、H35、F5、F6	Y1、Y3、Z2、Z5～Z9、H3、H6、H23	F3、H9、H13、H15、H21～H23、H27	F1

表8-7　第三地点分期表

期段＼地层单位	2000年	2002年	2006年
二期晚段	③、F3～F5、M30、M36、H16、H18～20、H28	H36、H49、③	③～⑥
二期早段	④	H37、H44、F9	H7、⑦
一期晚段	⑤	④	G2、G3、H13、H14
一期早段	H29、G1	——	F2

表8-8　第四地点分期表

期段＼地层单位	2002年	2006年
二期晚段	④	③、Y2、H9～H12
二期早段	Y1	H8
一期晚段	——	F3
一期早段	——	——

　　四个地点的分期均可分别对应，即整个遗址的史前文化遗存分为二期4段，分别包含四个地点的一期早段、一期晚段、二期早段、二期晚段，四个阶段是一个连续发展的过程，中间无间断。

　　营盘山遗址2000年试掘时曾采集木炭标本送北京大学考古文博学院加速器质谱实验室进行测试，有2个碳-14测年数据，BA03280（00T10H8）：4390±60a B.P.；BA03281（00T12⑥）：4170±60a B.P.[1]，

　　[1]　陈剑：《波西、营盘山及沙乌都——浅析岷江上游新石器文化演变的阶段性》，《考古与文物》2007年第5期。

营盘山遗址 2003 年发掘采集的木炭标本经中国社会科学院考古研究所测出了 3 个碳 -14 测年数据：4416±31、4274±31、4419±32a B.P.，经树轮校正后大体为 4881 ～ 3100a B.P.[1]。

其中 2000 年营盘山遗址 H8 出土的陶器主要有彩陶瓮、彩陶盆，泥质陶高领罐、缸、盆、钵、碗、带嘴锅，夹砂陶侈口罐、直腹罐，矮领罐等，属于遗址的一期晚段。H8 树轮校正后取 68.2% 的数据为 3100BC（68.2%）2910BC，取 95.4% 的数据则为 3330BC（15.6%）3210BC、3190BC（2.7%）3150BC、3130BC（77.0%）2890BC，其绝对年代约为距今 5100 ～ 4900 年。因此，营盘山遗址史前遗存的年代上限当要早于 2000 年 H8 的年代，或能到 5300 B.P.，下限则约当 4800 ～ 4700 B.P.。

四　文化性质与文化因素分析

营盘山史前文化遗存是近年四川地区特别是川西北地区学术意义十分重大的考古发现，其与同处岷江上游的姜维城遗址、大渡河源头区的马尔康哈休遗址当属于同一种考古学文化，川西北地区已调查发现但尚未进行过发掘的遗址或地点则更多。就营盘山遗址史前遗存的文化因素组成来看，大致可分为三组，即 A 组马家窑类型文化因素，B 组仰韶晚期遗存文化因素及 C 组本土文化因素。

营盘山遗址出土的彩陶器主要是 A 组马家窑类型的典型器物。彩陶均为黑彩，仅装饰于泥质陶中，纹饰主要有平行条带纹、弧边三角纹、圆点纹、网格纹、水波纹、草卉纹等。彩陶器中具有分期意义的仅有罐、瓶和盆三类。罐均为敛口鼓腹罐，分卷沿和折沿两种；瓶多为直口或侈口，多颈部饰平行条带黑彩；盆则多饰网格纹、弧边三角纹和草卉纹，均为马家窑类型常见器类，其风格与兰州雁儿湾较接近[2]。另外，泥质陶中的侈口罐目前仅见于大李家坪遗址第三期[3]，槽状流带嘴锅、夹砂陶薄胎小罐、细石器、骨梗刀一类则主要出现在马家窑类型文化中。

陶器中的泥质陶小口尖底瓶、缸、各种型式的盆、钵、碗、杯，夹砂陶侈口罐，石器中的刀、斧、锛、环、镯、球、砺石，骨器中的椎、镞、簪和杵等，它们承庙底沟类型而来，延续的时间较长，多见于仰韶晚期遗存和马家窑文化中，即在 A 组、B 组文化因素中均常见。造成甘青地区这一时期遗址的文化性质归属争议的主要原因也是对这些同见于马家窑类型、仰韶晚期遗存器物的认同问题，如对大李家坪第三期、姜维城遗址文化性质的争议就是最好的例证，因此对大李家坪遗址第三期文化性质的归属也关乎川西北营盘山、姜维城等遗址的文化属性。笔者认为这部分器物虽然是继承了仰韶文化庙底沟类型的文化因素，但已经成为马家窑类型、仰韶晚期遗存文化因素中的不可分割的有机组成部分，应视为同源。

B 组仰韶晚期遗存独特的文化因素主要包括带鸟喙双錾的泥质陶敛口瓮、折腹钵，泥质陶缸以及夹砂圈足器也多见于仰韶晚期遗存中。

[1] 中国社会科学院考古研究所考古科技实验研究中心碳十四实验室测试数据，《考古》2005 年第 7 期。

[2] 严文明、张万仓：《雁儿湾与西坡呱》，苏秉琦主编：《考古学文化论集》第三辑，北京：文物出版社，1993 年，第 12 ～ 31 页。

[3] 北京大学考古系、甘肃省文物考古研究所：《甘肃武都县大李家坪新石器时代遗址发掘报告》，《考古学集刊》第 13 集，北京：科学出版社，2001 年，第 1 ～ 40 页。

C 组文化因素主要包括夹砂陶 C、D 型侈口罐、薄胎小罐，磨光黑皮陶盆、钵以及瓦棱纹装饰。夹砂陶 C、D 型侈口罐主要见于以营盘山、姜维城遗址为代表的岷江上游地区和以哈休遗址为代表的大渡河源头区，当为川西北的本土文化因素，其他区域则少见。如在师赵村第五期亦可见少量（T101 ④ ：41）[1]，商县紫荆第四期出土有类似器物，如 H124 ：22，腹部饰斜向绳纹及附加堆纹，同一灰坑还出有唇部压印锯齿花边，腹部饰斜向蓝纹及附加堆纹体形相同的器物（H124 ：21）[2]，但该单位属于庙底沟二期文化[3] 或要晚于福临堡三期[4]。其他如宝鸡福临堡三期的 I 型深腹罐与之有类似之处，但多短折沿，且口沿下两侧多有鸡冠状鋬手，而腹部饰多道平行的附加堆纹[5]。而磨光黑皮陶盆、钵以及瓦棱纹装饰目前仅见于川西北地区以营盘山遗址为代表的岷江上游地区和以哈休遗址为代表的大渡河源头区，并被龙山时代岷江上游的沙乌都遗存[6] 和成都平原的宝墩文化[7] 所继承。

近年，四川省的文物工作者在川西北地区做了大量的田野考古工作，特别是岷江上游地区的史前文化序列最为清楚[8]，其中尤以营盘山遗址面积大，历经 5 次发掘，文化面貌清晰，最能体现岷江上游地区的距今 5000 年左右的史前文化特征。在对营盘山遗址史前文化进行调查和试掘之后，我们相继将其命名为"营盘山遗存"[9]、"营盘山文化"[10]。学界对此有不同的认识，一种认为营盘山新石器时代遗存应归入马家窑文化，岷江上游应属于马家窑文化的分布区[11]，姜维城的发掘者也认为与相邻的营盘山遗址相比，二者同属马家窑文化类型是确信无疑的[12]；一种认为其是仰韶文化晚期类型，并与甘肃白龙江流域的新石器时代文化有着必然的联系，可能是后者南迁的结果[13]；还有一种认为相对仰韶晚期遗存来说，营盘山新石器时代文化的地位和大李家坪三期遗存相差不大[14]。在系统整理营盘山遗址历年发掘材料的基础上，通过各期、段出土器物的种类和数量统计，综合各组文化因素所占

[1] 中国社会科学院考古研究所编著：《师赵村与西山坪》，北京：中国大百科全书出版社，1999年，第97～98页。

[2] 商县图书馆、西安半坡博物馆、商洛地区图书馆：《陕西商县紫荆遗址发掘简报》，《考古与文物》1981年第3期。

[3] 梁星彭、陈超：《商县紫荆第四期文化遗存试析》，《考古与文物》1984年第3期。

[4] 许永杰：《黄土高原仰韶晚期遗存的谱系》，北京：科学出版社，2007年，第25～28页。

[5] 宝鸡市考古工作队、陕西省考古研究所宝鸡工作站：《宝鸡福临堡》，北京：文物出版社，1993年，第116～117页。

[6] 成都文物考古研究所、阿坝藏族羌族自治州文物保管所、茂县羌族博物馆：《四川茂县沙乌都遗址调查简报》，《成都考古发现2004》，北京：科学出版社，2006年，第13～19页。

[7] 成都市文物考古工作队、四川联合大学考古教研室、新津文管所：《四川新津宝墩遗址调查与试掘》，《考古》1997年第1期；中日联合考古调查队：《四川新津宝墩遗址1996年发掘简报》，《考古》1998年第1期。王毅、孙华：《宝墩村文化的初步认识》，《考古》1999年第8期。

[8] 陈剑：《波西、营盘山及沙乌都——浅析岷江上游新石器文化演变的阶段性》，《考古与文物》2007年第5期。

[9] 蒋成、陈剑：《岷江上游考古新发现述析》，《中华文化论坛》2001年第3期。

[10] 成都文物考古研究所、阿坝藏族羌族自治州文管所、茂县博物馆：《四川茂县营盘山遗址试掘报告》，《成都考古发现2000》，北京：科学出版社，2002年，第1～77页。

[11] 江章华：《岷江上游新石器时代遗存新发现的几点思考》，《四川文物》2004年第3期。何锟宇：《甘肃东乡林家遗址分期的再认识——兼论营盘山遗址的分期、年代与文化属性》，《四川文物》2011年第3期。

[12] 四川省文物考古研究所、阿坝州文物管理所、汶川县文物管理所：《四川汶川县姜维城新石器时代遗址发掘报告》，《四川文物》2004年增刊。

[13] 陈卫东、王天佑：《浅议岷江上游新石器时代文化》，《四川文物》2004年第3期。

[14] 丁见祥：《马家窑文化的分期、分布、来源及其与周边文化关系》，北京大学中国考古学研究中心、北京大学震旦古代文明研究中心编，《古代文明》第8卷，北京：文物出版社，2010年，第36～87页。

比重来考察，从始至终均以 A 组文化因素为主，C 组次之，B 组最少。因此，我们认为营盘山遗址史前遗存当归属包含一定仰韶晚期遗存和本土文化因素的马家窑类型文化，是马家窑类型发展扩张至川西北高原的一支区域性考古学文化，可称为"营盘山遗存"。

第九章　出土标本测试与分析

第一节　碳-14测试数据与分析

一　北京大学加速器质谱（AMS）碳-14测试报告

送样单位：成都文物考古研究所

送　样　人：江章华、陈剑

测定日期：2003 年 12 月

实验室编号	样品	样品原编号	碳-14年代（BP）	误差
BA03280	碳	2000SMYT10H8	4390	60
BA03281	碳	2000SMYT12⑥	4170	60

说明：计算年代采用的碳-14半衰期为5568年。树轮校正曲线采用Intlcal98，程序采用OxCal V3.5 Bronk Ramsey (2000)。

树轮校正后年代：

BA03280：4390±60 BP

　　68.2% 置信度

　　3100 BC（68.2%）2910 BC

　　95.4% 置信度

　　3100 BC（151.1%）3210 BC

　　3190 BC（2.7%）3150 BC

　　3130 BC（77.6%）2880 BC

BA03281：4170±60 BP

　　68.2% 置信度

　　2880 BC（13.2%）2840 BC

　　2820 BC（55.0%）2660 BC

　　95.4% 置信度

　　2890 BC（95.4%）2570 BC

北京大学加速器质谱实验室

第四纪年代测定实验室

2004 年 1 月 15 日

二　放射性碳素测定年代报告

中国社会科学院考古研究所考古科技实验研究中心碳十四实验室

本报告发表的是中国社会科学院考古研究所考古科技中心碳十四实验室在 2003 年 10 月至 2004 年 12 月测定的 44 个考古数据。数据表示方式同前所发报告。为方便应用另做如下几点说明[1]。

1. 碳 -14 年代半衰期为 5568。

2. 校正年代所用程序为 OxCal，校正曲线为 1998 年公布版本。

3. 与以往相同所给年代误差范围均为 ±16，年代范围的概率分布为 68.2%。

4. 由于树轮年代校正曲线各区段形状不同，校正后年代范围可能形成几组，总合概率为 68.2%（与过去报告中总合概率表示为 100% 相同）。

5. 校正均按单一样品方式处理。

成都文物考古研究所提供：

茂县营盘山遗址（北纬 31°38′、东经 103°49′）采集品。

ZK-3208　　　　　　　　茂县　营盘山

4416±31　　　　　　　　公元前

公元前 2466　　　　　　　3100～3010（46.5%）

　　　　　　　　　　　　2990～2920（21.7%）

木炭，2003 年采集。原编号：2003SMYY1。

ZK-3210　　　　　　　　茂县　营盘山

4274±31　　　　　　　　公元前

公元前 2324　　　　　　　2907～2881（68.2%）

木炭，2003 年采集。原编号：2003SMYH58。

ZK-3211　　　　　　　　茂县　营盘山

4419±32　　　　　　　　公元前

公元前 2469　　　　　　　3100～3010（47.5%）

　　　　　　　　　　　　2990～2920（20.7%）

木炭，2003 年采集。原编号：2003SMYH26。

第二节　红色颜料测试与分析报告

国家教育部、四川大学分析测试中心检测报告

报告编号：02-2003-142

检测类别：委托

---

[1] 原载《考古》2005年第7期。

样品名称：红色颜料、烧结物

送样单位：成都文物考古研究所

报告发送单位（公章）：

报告发送日期：2003 年 5 月 16 日

注意事项：

本报告正本由本中心留存。副本发委托检测方。正、副本及报告复印件需加盖本中心公章方能生效。

报告不得涂改、增删、复制，否则一律无效。

对本报告有异议者，应于报告收到之日起，十五日内向本中心提出，逾期不予受理。特殊样品书面约定。

本中心不对委托测试的样品来源负责，只对测试数据负责。

本报告附页加盖骑缝章有效。

未经同意，本报告不得作为商品广告使用。

国家教育部四川大学分析测试中心

地址：四川省成都市一环路南一段 24 号

邮编：610065

电话：（028）85405823、85412849、85501269

传真：（028）85400465、85412847

本报告共6页（其中图4页；表0页；照片2张）

样品数量	2件	样品状况	固体	样品编号	025MYH40 025MYH44	环境	温度	25℃
							湿度	69%
主要检测设备	JSM-5900LV 扫描电镜 V4105 EDS X'Pert，MRD				检测依据		JY/T010-1996 多晶物相分析通则	
检测项目及要求	成分分析、物相定量分析							

检测结论：

送检红色颜料成分见图谱及数据025MYH40，主要为汞的氧化物。

石块烧结物成分见图谱及数据025MYH44，应为Si、Al、Ca、Fe、K、Na、Mg、Ti的氧化物。

石块烧结物 XRD定量相分析：

SiO_2	14%
$Ca_{0.90}Mg_{0.71}Fe_{0.25}Si_2O_6$	19%
钠钾长石	32%
钠长石	34%

技术负责人：

主要图像和分析视图

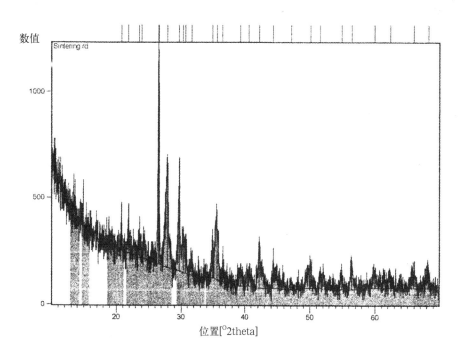

峰列表

位置[°2th]	峰高[Cts]	半宽高	晶体间距	峰高的相对强度
20.7936	22.26	0.1574	4.27197	15.00
21.9049	25.97	0.1574	4.05769	17.51
23.6080	12.98	0.2755	3.76868	8.75
23.9920	6.23	0.6298	3.70922	4.20
26.5744	129.77	0.0960	3.35158	87.46
26.6542	148.37	0.0590	3.34448	100.00
27.8886	74.30	0.2755	3.19920	50.08
29.6983	64.98	0.2755	3.00824	43.80
30.2968	27.27	0.2362	2.95017	18.38
30.7023	20.65	0.2362	2.91212	13.92
31.6138	10.20	0.2362	2.83020	6.87
34.8657	28.74	0.1574	2.57333	19.37
35.5388	44.47	0.3149	2.52612	29.97
36.4775	12.07	0.2362	2.46323	8.13
39.2495	9.42	0.6298	2.29542	6.35
40.6076	8.22	0.7872	2.22174	5.54
42.2210	28.10	0.2362	2.14049	18.94
44.3341	13.50	0.2362	2.04326	9.10
47.0918	4.76	0.4723	1.92983	3.21
50.0657	17.30	0.2362	1.82195	11.66
51.5542	7.52	0.2362	1.77279	5.07
54.8300	9.16	0.2362	1.67438	6.17
56.4075	17.93	0.3936	1.63124	12.09
59.9022	11.24	0.3936	1.54416	7.58
62.3179	6.22	0.4723	1.48998	4.19
65.8789	7.44	0.9446	1.41781	5.02
68.2110	10.67	0.7680	1.37377	7.19

模式表

可见物	参考编号	质量比	成分	位移	比例因子	化学式
*	83-0539	14	石英	0.000	0.782	SiO_2
*	83-2015	19	钙 镁 硅酸铁	0.000	0.408	$Ca0.90$ $Mg0.71$ $Fe0.25 Si_2 O_6$
*	86-0683	32	透长生产 自德国艾福尔 福尔克 斯质尔德	0.000	0.3 1	$(K0.831$ $Na0.169)($ $Al Si_3 O_8)$
*	71-1152	34	高温钠长石	0.000	0.394	$Na(Al Si_3 O_8)$

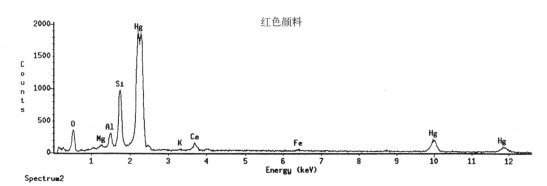

红色颜料

Spectrum2

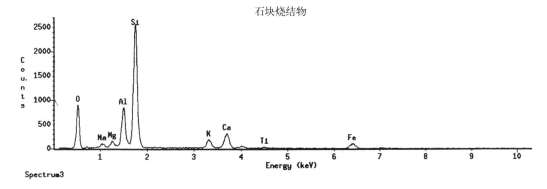

石块烧结物

Spectrum3

红色颜料 元素	K线性能量 (calc.)	型号	原子比	元素质量比 Wt %		石块烧结物	K线性能量 (calc.)	型号	原子比	元素质量比 Wt %
C -K	0.0000	4.054	0.04	0.01		C -K	0.0009	7.434	1.12	0.65
O -K	0.0528	4.582	68.25	24.18		O -K	0.1437	3.509	65.42	50.43
Mg-K	0.0022	2.136	0.86	0.46		Na-K	0.0052	2.968	1.39	1.54
Al-K	0.0099	1.716	2.84	1.70		Mg-K	0.0061	2.073	1.09	1.27
Si-K	0.0472	1.391	10.56	6.56		Al-K	0.0463	1.684	5.99	7.79
K -K	0.0015	1.492	0.25	0.22		Si-K	0.1692	1.540	19.25	26.05
Ca-K	0.0150	1.324	2.24	1.99		K -K	0.0202	1.231	1.32	2.49
Fe-K	0.0059	1.007	0.48	0.60		Ca-K	0.0438	1.180	2.68	5.17
Hg-M	0.5335	1.205	14.47	64.28		Ti-K	0.0024	1.252	0.13	0.30
Total			100.00	100.00		Fe-K	0.0355	1.215	1.60	4.31
						Total			100.00	100.00

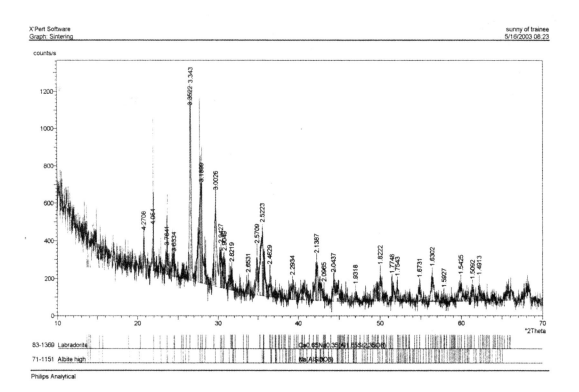

第一〇章　祭祀坑出土人骨研究

第一节　营盘山遗址出土人骨鉴定*

营盘山遗址位于四川省阿坝藏族羌族自治州茂县凤仪镇所在的河谷冲积扇平原，地处岷江东南岸三级台地上，地理位置为北纬31°41′，东经103°51′。平面约呈梯形，东西宽120～200、南北长约1000米，总面积近15万平方米。遗址东面临深谷阳午沟，东北面、北面、西面均为岷江所环绕，东距茂县县城约2.5千米，海拔高度1650～1710米，高出岷江河谷约160米，表面地势略呈缓坡状。成都文物考古研究所、阿坝州文管所、茂县羌族博物馆于2000年调查发现，2000、2002年进行试掘，2003、2004、2006年进行了正式发掘。该遗址发现的新石器时代遗迹有房屋基址、墓葬、人殉坑、灰坑、灰沟、窑址以及灶坑等，出土的陶器、玉器、石器、细石器、骨器、蚌器等各类遗物总计近万件，是岷江地区新石器时代最重要的中心聚落遗址之一，也是该地区目前已经发现的面积最大的新石器时代文化遗址，同时也是迄今为止岷江上游地区考古工作规模最大，发现遗迹最为丰富的遗址，鉴于其独特的文化特性，学者将其命名为"营盘山文化"[1]。并进一步阐释为是一种具有自身特色的本土文化因素为主体成分，同时吸收了多种外来文化因素的地方文化类型[2]。也有学者提出不同的看法[3]。营盘山遗址经北京大学考古文博学院加速器质谱实验室碳-14年代测定，BA03280（2000SMYT10H8）测年为4390±60 B.P.，BA03281（2000T12⑥）测年为4170±60 B.P.。经中国社会科学院考古研究所碳-14测年，数据分别为4416±31，4274±31，4419±32 a B.P.，树轮校正后的年代范围约为距今5300～4600年[4]。营盘山遗址是西南地区重要的史前遗址。在史前以及历史时期，营盘山遗址所处的岷江上游地区一直是黄河流域与长江流域一条非常重要的人群流动、文化交流互动的走廊和通道。

在该遗址的发掘中，还出土了保存较好的古代人骨。2013年9月，笔者前往茂县，对保存于茂县羌族博物馆的营盘山遗址新石器时代祭祀坑人骨进行了初步鉴定和提取，并将人骨标本运至四川大学考古学实验教学示范中心人类学实验室，在室内对其进行了人类学的观察与鉴定。报告如下。

* 原海兵：四川大学考古学实验教学中心；陈剑、何锟宇：成都文物考古研究院。原载于《华夏文明》2018年第6期。

[1] 成都文物考古研究所、阿坝藏族羌族自治州文管所、茂县博物馆：《四川茂县营盘山遗址试掘报告》，《成都考古发现（2000）》，科学出版社，2002年。陈剑、陈学志、范永刚：《岷江上游新石器时代文化遗址调查及营盘山考古试掘综述》，《阿坝师范高等专科学校学报》2004年第4期，第25～28页。

[2] 陈剑、陈学志、范永刚、蔡清：《营盘山遗址——藏彝走廊史前区域文化中心》，《阿坝师范高等专科学校学报》2005年第1期，第1～3页。

[3] 江章华：《岷江上游新石器时代遗存新发现的几点思考》，《四川文物》2004年第3期，第10～14页。陈卫东、王天佑：《浅议岷江上游新石器时代文化》，《四川文物》2004年第3期，第15～21页。

[4] 中国社会科学院考古研究所考古科技实验研究中心碳十四实验室：《放射性碳素测定年代报告（三一）》，《考古》2005年第7期，第57～61页。陈剑、陈学志、范永刚、蔡清：《营盘山遗址——藏彝走廊史前区域文化中心》，《阿坝师范高等专科学校学报》2005年第1期，第1～3页。

一　保存状况及观察标准

1．保存状况

营盘山祭祀坑出土人骨标本整体保存相对较好，但由于受埋藏环境以及保存状态影响（见图10-1、2），现在骨骼大部分酥脆残损。如颅骨骨骼大部分保留，但均不同程度碎裂分化；长骨大部分保留，但两端骨骼大多残损；其肩胛骨、肋骨、椎骨、手骨、足骨等其他体骨也存在不同程度的分化残损，为测量研究带来一定困难。

2．观察标准

对古人骨标本性别及年龄的观察与鉴定主要依据吴汝康等在《人体测量方法》[1]、邵象清在《人体测量手册》[2]中提出的相关参照标准。性别鉴定主要依据骨盆及颅骨的性别特征；年龄鉴定主要依据耻骨联合面形态、骨化点的出现与骨骺的愈合、颅骨骨缝的愈合以及牙齿的萌出与磨耗等情况综合判定。此外，笔者还采用肉眼与放大镜、显微镜观察相结合的方式对标本进行了病理、创伤和异常形态的检查。并用测骨盘对其长骨进行了测量。

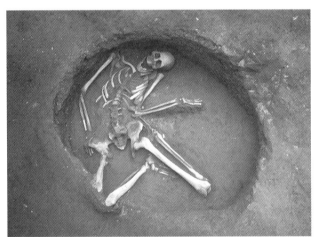

图10-1　03M32（人祭坑M32-5）　　　　　　图10-2　03M40（人祭坑M40-2）

二　性别与年龄

1．03M32

根据该个体骨盆整体形态低宽、两侧髂骨坐骨大切迹外张以及颅骨枕外隆突发育较弱、眉弓发育纤弱等综合判定其应当为男性个体。另根据其牙齿萌出与磨耗的整体情况，如两侧上下颌第一臼齿牙齿磨耗已达三级，两侧上下颌第二臼齿牙齿磨耗已达二级的情况，综合判定其死亡年龄大致在30～35岁。

---

[1] 吴汝康、吴新智、张振标：《人体测量方法》，科学出版社，1984年。

[2] 邵象清：《人体测量手册》，上海辞书出版社，1985年。

2．03M40

根据该个体两侧髋骨的坐骨大切迹内收形态、颅骨枕外隆突发育粗壮、眉弓明显发育、股骨发育粗壮以及其他骨骼的发育情况综合判定该个体当为男性。另外从该个体的牙齿萌出与磨耗来看，臼齿已经全部萌出，其上下颌两侧的第一臼齿磨耗均达三级，左侧下颌第二臼齿磨耗偏重已达四级，右侧上颌第二臼齿磨耗三级，右侧下颌第二臼齿磨耗相对较轻为二级，综合判定其死亡年龄大致在35～40岁。

三　颅骨观察及形态特征

营盘山两例祭祀坑人颅骨均不同程度残损，但经过拼对、粘接还是可以看出其基本特征，经过初步观察可见其颅骨形态特征主要表现为颅型偏长，高颅型和偏狭的颅型，中等的面宽，较高的面型，中等的眶型以及狭鼻型等特点。这种体质特征多见于亚洲蒙古人种，且与现代东亚蒙古人种中的华北类型最为接近。与邻近的西北地区的古代人群相比较，如青海乐都柳湾墓地的半山文化、马厂文化和齐家文化人群，青海民和阳山墓地的半山文化人群，甘肃玉门火烧沟墓地、酒泉干骨崖墓地和民乐东灰山墓地的早期青铜时代人群，青海民和核桃庄墓地的辛店文化人群，循化阿哈特拉山墓地的卡约文化人群、西宁陶家寨汉代人群[1]等表现出较强的一致性，应当属于同一个人群类型，即"古西北类型"。该类型的先秦时期人群主要分布在黄河流域上游的甘青地区，向北可扩展到内蒙古额济纳旗的居延地区，向东渗透进陕西省的关中平原及其邻近地区[2]。从营盘山祭祀坑颅骨反映的情况来看，早在新石器时代中期，该类型人群就已经存在于我国西南山地的岷江上游地区，并与当地人群交流互动，对横断山区藏彝走廊的古文化产生了重要的影响。

四　古病理观察

03M40存在于该个体骨骼上的病理改变主要有左侧肱骨外科颈周边的发育异常（见图10-3）。主要表现为左侧肱骨头外侧向内侧扭转，并导致其左侧肱骨整体外侧向内侧扭转，扭转变形主要集中于外科颈周边，这种骨骼变形可能引发左侧上肢外观及行为改变；病变部位完全愈合，并未明显

图10-3　03M40左侧肱骨外科颈周围发育异常

[1] 张敬雷：《青海省西宁市陶家寨汉晋时期墓地人骨研究》，吉林大学博士学位论文，2008年。
[2] 朱泓：《中国西北地区的古代种族》，《考古与文物》2006年第5期，第60～65页。

影响正常生活；病变原因不详，可能与病变部位的微骨折损伤相关，但观察不到骨折裂痕和愈合痕迹，也可能是先天的骨骼畸形。

五　长骨测量及身高推算

根据营盘山遗址祭祀坑人骨的实际保存情况，依据人体测量学方法，用测骨盘测量了其股骨、胫骨的最大长，左、右侧分别测量。采用莫世泰[1] 男性股骨、胫骨最大长推算身高的一元回归方程来计算，然后再平均两侧身高值来得出其最终身高。结果如下：

男性推算公式为："身高 = 1.85 × 股骨最大长 + 81.58 ± 3.74 厘米"

"身高 = 2.10 × 胫骨最大长 + 86.53 ± 3.82 厘米"

经测量 03M40 男性个体的左侧股骨最大长约为 45.70 厘米，其推算身高值大致为 166.13 厘米；03M32 男性个体的左侧股骨最大长约为 48.30 厘米，其推算身高值大致为 177.40 厘米，而其左侧胫骨最大长约为 39.80 厘米，其推算身高值大致为 170.11 厘米，03M32 平均身高约为 170.53 厘米。总之，营盘山新石器时代男性人群平均身高约为 168.33 厘米。

六　小结

通过观察和鉴定，营盘山新石器时代遗址祭祀坑出土两例人类骨骼标本，大体有如下认识：

第一，03M32 应当为男性个体，其死亡年龄大致在 30 ～ 35 岁；03M40 也应当为男性，其死亡年龄大致在 35 ～ 40 岁。

第二，营盘山两例祭祀坑出土人颅骨形态特征主要表现为颅型偏长，高颅型和偏狭的颅型，中等的面宽，较高的面型，中等的眶型以及狭鼻型等特点。这些特征与先秦时期广泛分布于甘青地区的"古西北类型"人群的颅面形态最为相似。从本文颅骨反映的情况来看，或许暗示出早在营盘山文化所处的新石器时代，该类型人群就已经存在于我国西南山地的岷江上游地区。

第三，本文所见骨骼病理改变主要有存在于 03M40 左侧肱骨外科颈周边的发育异常，导致该个体左侧肱骨整体外侧向内侧扭转，病变部位完全愈合，病变原因可能与病变部位的微骨折损伤有关，也可能是先天的骨骼畸形。

第四，经测量和推算，营盘山遗址 03M40 男性个体的身高值大致为 166.13 厘米；而 03M32 男性个体平均身高值大致为 170.53 厘米，营盘山新石器时代男性人群平均身高约为 168.33 厘米。

本课题得到国家哲学社会科学基金重大项目（11 & ZD182）；国家社会科学基金项目（12CKG005）；四川大学中央高校基本科研业务费哲学社会科学研究专项（skqy201353）资助。此外，在本文标本提取过程中还得到茂县羌族博物馆蔡清等同志的协助，在此一并致谢！

[1] 莫世泰：《华南地区男性成年人由长骨长度推算身长的回归方程》，《人类学学报》1983年第1期，第80～85页。莫世泰：《〈华南地区男性成年人由长骨长度推算身长的回归方程〉一文的更正》，《人类学学报》1984年第3期，第295～296页。

第二节　茂县营盘山遗址两个人类个体之食谱结构：
牙本质胶原序列样本及骨胶原之碳、氮同位素分析*

一　前言

先民对于环境变化或社会变迁的适应可表现在许多方面，其一即为维生策略的选择。因此，解析先民的食谱结构可反映其维生策略，且有助于我们理解背后的环境或社会因素。除藉由动植物遗留所提供的证据来解析古食谱，骨骼同位素分析已被证实是另一项有效的技术[1]。此技术已行之数十年，多位专家学者也做了相关的细节讨论[2]。

简言之，人体中的各种元素是由食物和饮水所提供，故人体组织可留存其食谱讯息。骨骼（骨头和牙齿）通常是考古遗址中最常见的人类遗留，其中又以骨胶原（bone collagen）以及牙本质胶原（dentinal collagen）的碳、氮同位素分析为古食性研究中最被广泛使用的技术。碳同位素可反映食谱结构中 C_3 类和 C_4 类食物的相对贡献量；也可用以区分 C_3 类陆地食物和海洋食物[3]。氮同位素则可用以指示消费者的食阶位置（trophic level），进而推估食谱结构中的鱼类／陆地肉类／植物类的比例[4]，或解析个体和族群的哺乳／断乳行为[5]。

由于骨头会不断更替，可记录个体死亡前数年至数十年的平均食谱信息[6]；相比之下，牙齿组织一旦生成就不会被取代，能保留个体幼年某时段的食谱信息[7]。因此，藉由比较骨头和牙齿同位素组成，

　　* 李政益：台北台湾大学人类学系；林圭侦：台北中研院史语所；陈剑：成都文物考古研究院；李政益、Andrea Czermak：Research Laboratory for Archaeology and the History of Art, University of Oxford；原海兵：四川大学考古学实验教学中心。

　　[1] a. Craig, O.E., Biazzo, M., O'Connell, T.C., Garnsey, P., Martinez-Labarga, C., Roberta Lelli, R., Salvadei, L., Tartaglia, G., Nava, A., Renò, L., Fiammenghi, A., Rickards, O., Bondioli, L. Stable isotopic evidence for diet at the imperial roman coastal site of Velia (1st and 2nd centuries AD) in southern Italy. *American Journal of Physical Anthropology*, 2009, 139: 572-583.　b. Müldner, G., Richards, M.P. Stable isotope evidence for 1500 years of human diet at the city of York, UK. *American Journal of Physical Anthropology*, 2007, 133: 682-697.　c. Richards, M.P., Hedges, R.E.M., Molleson, T.I., Vogel, J.C. Stable isotope analysis reveals variations in human diet atthe Poundbury Camp Cemetery site. *Journal of Archaeological Science*, 1998, 25: 1247-1252.

　　[2] a. 蔡莲珍、仇士华：《碳十三测定和古代食谱研究》，《考古》1984年第10期。　b. 胡耀武、王昌燧：《中国若干考古遗址的古食谱分析》，《农业考古》2005年第3期。　c. Katzenberg, M.A. Stable isotope analysis: a tool for studying pastdiet, demography, and life history. In: Saunders, S.R., Katzenberg, M.A. (Eds.) *Biological anthropology of the human skeleton*. New Jersey: Wiley-Liss, 2008, 413-441.　d. Lee-Thorp, J.A., On isotopes and old bones . Archaeometry, 2008, 50: 925-950.

　　[3] a. Ambrose, S.H., Norr, L. Experimental evidence for the relationship of the carbon isotope ratios of whole diet and dietary protein to those of bone collagen and carbonate. In: Lambert, J.B., Grupe, G. (Eds.), *Prehistoric Human Bone: Archaeology at the Molecular Level*. New York: Springer-Verlag, 1993, 1-37.　b. Chisholm, B.S., Nelson, D.E. Schwarcz, H., Stable carbon isotope ratios as a measure of marine versus terrestrial protein in ancient diets.Science, 1982, 216: 1131-1132.　c. Schoeninger, M.J., DeNiro, M.J., Tauber, H. Stable nitrogen isotope ratios of bone collagen reflect marine and terrestrial components of prehistoric human diet. *Science*, 1983, 220:1381-1383.　d. van der Merwe, N.J. Carbon isotopes, photosynthesis, and archaeology:Different pathways of photosynthesis cause characteristic changes in carbon isotope ratios that make possible the study of prehistoric human diets. *American Scientist*, 1982, 70: 596-606.

　　[4] a. Dürrwächter, C., Craig, O.E., Collins, M.J., Burger, J., Alt, K.W. Beyond the grave: variability in Neolithic diets in Southern Germany?. *Journal of Archaeological Science*, 2006, 33: 39-48.　b. Hedges, R.E.M., Reynard, L.M. Nitrogen isotopes and the trophic level of humans in archaeology. *Journal of Archaeological Science*, 2007, 34: 1240-1251.

　　[5] Tsutaya, T., Yoneda, M. Reconstruction of breastfeeding and weaning practices using stable isotope and trace element analyses: areview. *Yearbook of Physical Anthropology*, 2015, 156: 2-21.

　　[6] Hedges, R.E.M., Clement, J.G., Thomas, C.D.L., O'Connell, T.C. Collagen turnover in the adult femoral mid-shaft: modeled from anthropogenic radiocarbon tracer measurements. *American Journal of Physical Anthropology*, 2007, 133: 808-816.

　　[7] Hillson S. *Teeth*. New York: Cambridge University Press, 2005.

或者比较在不同年纪所生成牙齿的同位素组成，可揭示一个体在生命中不同阶段的食谱结构，进而探讨使其发生转变的可能原因[1]。不过此一分析技术的分辨率并不高[2]。

近来，单一齿样的牙本质胶原"序列样本"同位素分析日渐受到重视[3]。所依据的原理是牙本质（dentine）乃由牙冠至牙根渐次增长的组织，过程中会形成多条生长纹（incremental lines），各片段皆保留了其生成当时的食谱讯息。因此牙本质胶原序列样本的同位素分析可细致地（可达年分辨率或以下）重建出个体于幼年期各阶段的食谱特征，并藉以了解其生命史[4]。此一技术已被成功应用于动物牙齿样本，藉以探讨史前人对于家畜的饲养方式，例如家畜的出生季节以及饲料供应的季节变化等[5]。

二　研究

本研究选择营盘山遗址出土的两具人骨采集骨样和齿样，并萃取其牙本质胶原和骨胶原以进行碳、氮同位素分析。由于牙本质胶原序列采样属于新兴技术，在中国考古学也属于首度尝试，因此对此两个骨暂只选取各一颗牙齿作为分析目标。除了测试此技术在个体食谱历史重建的可行性外，也尝试探讨影响个体择取食物的可能因素。

1. 营盘山遗址考古背景

营盘山遗址（北纬 31°41′，东经 103°51′）隶属四川省茂县凤仪镇，位于岷江河谷东南岸冲积扇平原上的第三级河阶，距成都约 115 千米（图 10-4、5）。海拔高度

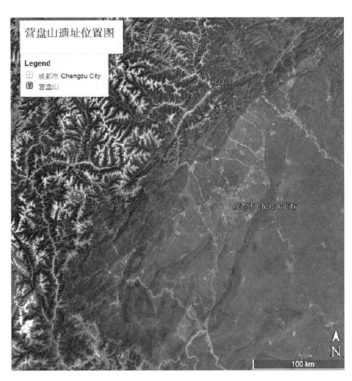

图10-4　营盘山遗址地理位置图

[1] a. Lamb, A.L., Evans, J.E., Buckley, R., Appleby, J. Multi-isotope analysis demonstrates significant lifestyle changesin King Richard III. *Journal of Archaeological Science*, 2014, 50: 559-565. b. Schroeder, H., O'Connell, T.C., Evans, J.A., Shuler, K.A., Hedges, R.E.M. Trans-Atlantic Slavery: isotopic evidence for forced migration to Barbados. *American Journal of Physical Anthropology*, 2009, 139: 547-557.

[2] Sandberg, P.A., Sponheimer, M., Lee-Thorp, J., van Gerven, D. Intra-tooth stable isotope analysis of dentine: a step toward addressing selective mortality in the reconstruction of life history in the archaeological record. *American Journal of Physical Anthropology*, 2014, 155: 281-293.

[3] a. Beaumont, J., Gledhill, A., Lee-Thorp, J., Montgomery, J. Childhood diet: a closer examination of the evidence fromdental tissues using stable isotope analysis of incrementalhuman dentine. *Archaeometry*, 2012: 55:277-295. b. Eerkens, J.W., Berget, A.G., Bartelink, E.J. Estimating weaning and early childhood diet from serial micro-samples of dentin collagen. *Journal of Archaeological Science*, 2011, 38:3101-3111. c. Henderson, R.C., Lee-Thorp, J., Loe, L. Early life histories ofthe London poor using d13C and d15N stable isotope incremental dentine sampling. *American Journal of Physical Anthropology*, 2014, 154:585-593. d. Sandberg, P.A., Sponheimer, M., Lee-Thorp, J., van Gerven, D. Intra-tooth stable isotope analysis of dentine: a step toward addressing selective mortality in the reconstruction of life history in the archaeological record. *American Journal of Physical Anthropology*, 2014, 155: 281-293.

[4] a. Henderson, R.C., Lee-Thorp, J., Loe, L. Early life histories ofthe London poor using d13C and d15N stable isotope incremental dentine sampling. *American Journal of Physical Anthropology*, 2014, 154:585-593. b. Sandberg, P.A., Sponheimer, M., Lee-Thorp, J., van Gerven, D. Intra-tooth stable isotope analysis of dentine: a step toward addressing selective mortality in the reconstruction of life history in the archaeological record. *American Journal of Physical Anthropology*, 2014, 155: 281-293.

[5] Makarewicz, C.A. Winter pasturing practices and variable fodder provisioningdetected in nitrogen ($\delta^{15}N$) and carbon ($\delta^{13}C$) isotopes in sheep dentinalcollagen. *Journal of Archaeological Science*, 2014, 41: 502-510.

图10-5　营盘山遗址及其周边环境地貌（由南往北）

1650～1710米，比岷江河谷高约160米；遗址面积约为15万平方米[1]。营盘山遗址具有六层文化层，其中第③至第⑥层属于新石器时代[2]；根据五个木炭定年（分别为4390±60、4170±60、4416±31、4274±31、4419±3214C yr BP）校正后得5300～4600 cal. BP[3]。

　　该遗址新石器文化层中共出土房基约11座，灰坑120余个，窑址4座，灶坑13座；此外还有疑似广场遗迹的发现[4]。出土遗物含陶器、玉器、石器、细石器、骨器、蚌器等类近数万件[5]。营盘山应属于岷江上游地区的大型中心聚落遗址之一，附近分布数十处时代相近的中小型聚落遗址，共同构成大型遗址群[6]。遗址内涵包括居住区、公共活动场所以及手工业作坊区[7]。

　　生态遗留包含各种贝壳、鱼类、爬行类、鸟类和哺乳动物。其中哺乳动物计有猴、狗、熊、猪、鹿、牛、羚、兔、獾、鼠等[8]；此外，九个灰坑的土壤浮选分析指出植物遗留以小米为主（含粟和黍）；杂草类植物则属于秋熟旱作农田中的种类。两证据都指向北方旱作农业。此一农业型态也适合营盘山的所在环境，即黄土沉积以及河阶地[9]。

[1] 何锟宇、蒋成、陈剑：《浅谈动物考古学中两种肉类估算方法——以营盘山遗址出土的动物骨骼为例》，《考古与文物》2009年第5期。

[2] 赵志军、陈剑：《四川茂县营盘山遗址浮选结果及分析》，《南方文物》2011年第3期。

[3] 何锟宇、蒋成、陈剑：《浅谈动物考古学中两种肉类估算方法——以营盘山遗址出土的动物骨骼为例》，《考古与文物》2009年第5期。

[4] a. 陈剑：《波西，营盘山及沙乌都——浅析岷江上游新石器文化演变的阶段性》，《考古与文物》2007年第5期。 b. 赵志军、陈剑：《四川茂县营盘山遗址浮选结果及分析》，《南方文物》2011年第3期。

[5] a. 陈剑：《波西，营盘山及沙乌都——浅析岷江上游新石器文化演变的阶段性》，《考古与文物》2007年第5期。 b. 赵志军、陈剑：《四川茂县营盘山遗址浮选结果及分析》，《南方文物》2011年第3期。

[6] 陈剑：《波西，营盘山及沙乌都——浅析岷江上游新石器文化演变的阶段性》，《考古与文物》2007年第5期。

[7] 赵志军、陈剑：《四川茂县营盘山遗址浮选结果及分析》，《南方文物》2011年第3期。

[8] 何锟宇、蒋成、陈剑：《浅谈动物考古学中两种肉类估算方法——以营盘山遗址出土的动物骨骼为例》，《考古与文物》2009年第5期。

[9] 赵志军、陈剑：《四川茂县营盘山遗址浮选结果及分析》，《南方文物》2011年第3期。

新石器文化层之上另有青铜器时代的石棺葬遗迹[1]，其时代横跨西周至战国中晚期，但目前尚无定年数据，只能根据随葬陶器推估大致的时代。

营盘山遗址的发掘工作中发现了 10 余座"人祭坑"，出土多具人骨。其中 2003M32 和 2003M40 保存较好（以下简称 M32、M40）（图 10-6），经鉴定，此两个体均为成年男性，M32 死亡年龄大致在 30～35 岁，而 M40 大致在 35～40 岁死亡（表 10-1）。此两个体即为本研究的取样和分析对象。

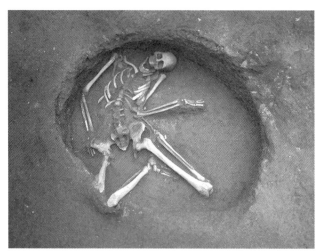

图10-6　营盘山人祭坑出土两个体 M32（左）、M40（右）

表10-1　两具墓葬的背景信息

墓号	性别	年龄	墓葬信息	样本
M32	男性	30～35	人祭坑	右股骨皮质部1.62克
				右下第二臼齿1.71克
M40	男性	35～40	人祭坑	左股骨皮质部2.04克
				右下第一臼齿1.71克

2．材料与方法

（1）样本选择及预处理

本研究所使用的骨样采自两个人骨的股骨皮质部（cortical bone of femur）。齿样则依据可取得性，分别选取 M40 右侧下颌第一臼齿以及 M32 右侧下颌第二臼齿（表 10-1）。进一步将骨样分成两部分，一部分进行 ^{14}C 定年，其余骨样连同齿样进行稳定同位素分析。

骨胶原萃取流程包括样本表面清理、脱钙（0.5M 稀盐酸）、明胶化（pH3 热水溶液）、过滤以及冷冻干燥[2]。萃取完成后立刻进行秤重以计算骨胶原产率。齿样置于以 50：50 熟石膏和水调配成的

[1] 成都文物考古研究所等编：《茂县营盘山石棺葬墓地》，文物出版社，2013年。

[2] Pollard, A.M., Ditchfield, P., McCullagh, J.S.O., Allen, T.G., Gibson, M., Boston, C., Clough, S., Marquez-Grant, N., Nicholson, R.A. "These boots were made for walking"：The isotopic analysis of a C4 Roman inhumation from Gravesend, Kent, UK. American Journal of Physical Anthropology, 2011, 146: 446-456.

混合物中并置放过夜。待齿样固定后，将石膏连同齿样以慢速精密切割机将齿样切半。剥除石膏后，取一半齿样进行牙本质胶原萃取。

牙本质胶原的萃取流程依据 Julia Beaumont 及 Rowena Henderson 等人所提出准则[1]，步骤包括样

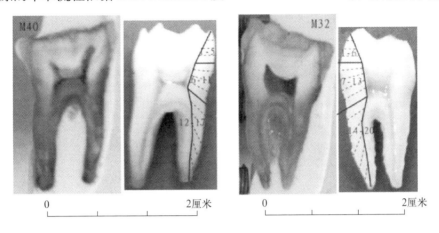

图10-7　齿样剖面及序列采样示意图

本表面清理以及脱钙。待脱钙完成，将牙本质胶原以去离子水淋洗数次后，浸泡于去离子水中置放三日。将样本取出后，以可弃式解剖刀和放大镜进行牙本质胶原序列采样，采样策略系依据牙本质生长纹的生长方向[2]。牙本质生长纹的生长方向在牙冠部大略垂直于牙根轴，因此牙冠部的样本采集垂直于此一轴线；越接近牙根部的生长纹方向与牙根轴的交角越小，因此这部分的取样与牙根轴斜交（图10-7）。M32牙本质胶原由牙冠至牙根处共采集 20 个样本；M40牙本质胶原共采集 17 个样本。将样本依序放入试管中并进行冷冻干燥。

（2）同位素测定

秤量约 1.0mg 骨胶原及 0.4 ~ 1.0mg 牙本质胶原包入锡箔小杯（tin capsule）内，并依序置放于自动进样器中。同位素测定仪器为元素分析仪装载连续流质谱仪（SerCon Europa EA plus 20-22 IRMS）。分析所得的碳、氮同位素组成分别相对于内部标准品进行校正（丙胺酸，其 $\delta^{13}C$ 和 $\delta^{15}N$ 值分别为 -27.11‰ 和 -1.56‰）。分析期间标准品之 $\delta^{13}C$ 和 $\delta^{15}N$ 值分别为 -27.14‰ ±0.12‰ 和 -1.63±0.17‰（n=13）。碳同位素的分析结果以相对 VPDB 的 $\delta^{13}C$ 值表示；氮同位素的分析结果则以相对 $N_{2(air)}$ 的 $\delta^{15}N$ 值表示。

（3）同位素基础值的搜集

为了理解人类碳、氮同位素组成所反映的食谱结构或者量化食谱中各类食物的相对贡献量，通常需要同遗址中与人骨同年代/同文化层的动植物同位素值做为比较基础[3]。虽然营盘山遗址中不乏兽骨和植物遗留[4]，但目前尚无其同位素组成的分析资料可供参考。因此本研究暂引其他遗址的数据

[1] Beaumont, J., Gledhill, A., Lee-Thorp, J., Montgomery, J. Childhood diet: a closer examination of the evidence fromdental tissues using stable isotope analysis of incrementalhuman dentine. *Archaeometry*, 2012: 55:277-295.

[2] Eerkens, J.W., Berget, A.G., Bartelink, E.J. Estimating weaning and early childhood diet from serial micro-samples of dentin collagen. *Journal of Archaeological Science*, 2011, 38:3101-3111.

[3] a. Cheung, C., Schroeder, H., Hedges, R.E.M. Diet, social differentiation and cultural change in RomanBritain: new isotopic evidence from Gloucestershire . *Archaeological and Anthropology Science*, 2012, 4: 61-73. b. Goude, G., Fontugne, M. Carbon and nitrogen isotopic variability in bone collagen during theNeolithic period: Influence of environmental factors and diet . *Journal of Archaeological Science*, 2016, 70:117-131.

[4] a. 何锟宇、蒋成、陈剑：《浅谈动物考古学中两种肉类估算方法——以营盘山遗址出土的动物骨骼为例》，《考古与文物》2009年第5期。　b. 赵志军、陈剑：《四川茂县营盘山遗址浮选结果及分析》，《南方文物》2011年第3期。

做为营盘山遗址的同位素基础值（baseline）。需注意的是，由于不同遗址之间的环境以及年代差异，引用它遗址的数据作为基础值可能会有些微差距，因此将来还需针对遗址现存兽骨补充取样。

距离营盘山遗址最近且已有兽骨同位素数据发表的遗址为重庆中坝遗址[1]。该遗址的兽骨来自地层中的⑰～㉘层。根据兽骨和木头的[14]C定年，可将这些地层区分为新石器晚期、夏商、西周、春秋战国乃至秦汉等时期。中坝遗址出土的兽骨种类繁多，包括哺乳动物、鱼类、鸟类、两栖类和爬行类。其中牛、猪、鹿三种动物已经过骨胶原同位素分析；本研究采用这些数据做为营盘山陆地动物同位素值的代表。

另一方面，由于营盘山邻近岷江，淡水资源应属于先民的可能食物之一。因此我们也搜集中国和日本的史前淡水鱼类的骨胶原同位素值作为此类食物资源的参考值。这些数据来自山东省月庄遗址（6060～5750 cal BC）[2]、内蒙古兴隆沟遗址（6200～5400 cal BC）[3]、以及日本 Awazu 贝冢（5000 cal BC）[4]。

最后，小米和稻米农业在四川的史前时代亦占有重要地位，故也必须加以考虑。目前已有许多中国现代和史前小米粒的碳、氮同位素报导值[5]，稻米的数据则相对缺乏。由于四川自然植被主要由C3植物所组成[6]，因此本研究使用日本现代C3植物的同位素值来代表稻米以及C3植被[7]；同时也参考已发表的中国小米粒同位素值以及日本现代C4植物同位素值[8]。

（4）牙本质生长模型

本研究所使用的牙本质生长模型系参考 AlQahtani 等学者的文章[9]。以人类第一臼齿而言，牙冠处（crown）的牙本质形成于约一岁半时。牙冠与石灰质（cement）交界处的牙本质约当三岁，此即牙冠完全长成时的年纪。根叉（bifurcation area）出现时所生成牙本质约在四岁半。待牙根端处的牙本质完全长成则为七岁半左右。对第二臼齿来说，其相应年纪分别为四岁半、七岁半、九岁半以及十三岁半。必须注意的是，虽然关于牙齿发育的大致状况是已知的，但由于个体差异以及牙本质生长纹的生长方向不具一致性[10]，加上采样技术和样本分析需求量的限制，因此根据牙本质生长模型所

[1] 田晓四、朱诚、孙智彬、水涛、黄蕴平、Flad Rowan K、李玉梅：《长江三峡库区中坝遗址哺乳动物骨骼化石C和N稳定同位素分析》，《科学通报》2010年第34期。

[2] Hu, Y.W., Wang, S.G., Luan, F.S., Wang, C.S., Richards, M.P. Stable isotope analysis of humans from Xiaojingshan site: implications forunderstanding the origin of millet agriculture in China . *Journal of Archaeological Science*, 2008, 35:2960-2965.

[3] Liu, X.Y. Food webs, subsistence and changing culture: the development of early farming communities in the Chifeng Region, North China. PhD dissertation, University of Cambridge, 2009.

[4] Yoneda, M., Suzuki, R., Shibata, Y., Morita, M., Sukegawa, T., Shigehara, N., Akazawa, T. Isotopic evidence of inland-water fishing by a Jomon population excavated from the Boji site, Hagano, Japan. *Journal of Archaeological Science*, 2004, 31: 97-107.

[5] a. 蔡莲珍、仇士华：《碳十三测定和古代食谱研究》，《考古》1984年第10期。 b. An, C.B., Dong, W.M., Li, H., Zhang, P.Y., Zhao, Y.T., Zhao, X.Y., Yu, S.Y. Variability of the stable carbon isotope ratio in modern andarchaeological millets: evidence from northern China. *Journal of Archaeological Science*, 2015, 53: 316-322. c. Pechenkina, E.A., Ambrose, S.H., Ma, X., Benfer Jr., R.A. Reconstructing northernChinese Neolithic subsistence practices by isotopic analysis. *Journal of Archaeological Science*, 2005, 32:1176-1189.

[6] Wang, R.Z., Ma, L. Climate-driven C₄ plant distributions in China: divergence in C₄ taxa. *Scientific Reports*, 2016, 6(27977): 1-8.

[7] Yoneda, M., Suzuki, R., Shibata, Y., Morita, M., Sukegawa, T., Shigehara, N., Akazawa, T. Isotopic evidence of inland-water fishing by a Jomon population excavated from the Boji site, Hagano, Japan. *Journal of Archaeological Science*, 2004, 31: 97-107.

[8] Yoneda, M., Suzuki, R., Shibata, Y., Morita, M., Sukegawa, T., Shigehara, N., Akazawa, T. Isotopic evidence of inland-water fishing by a Jomon population excavated from the Boji site, Hagano, Japan. *Journal of Archaeological Science*, 2004, 31: 97-107.

[9] AlQahtani, S.J., Hector, M.P., Liversidge, H.M. Brief communication: the London atlas of human tooth development and eruption. *American Journal of Physical Anthropology*, 2010, 142: 481-490.

[10] Eerkens, J.W., Berget, A.G., Bartelink, E.J. Estimating weaning and early childhood diet from serial micro-samples of dentin collagen. *Journal of Archaeological Science*, 2011, 38:3101-3111.

做的年纪估计可能会略有误差[1]。

（5）数据处理

为了比较个体自身的骨胶原同位素值和牙本质胶原序列样本所产生的同位素平均值之间的差异程度，本研究使用单一样本t检定法（one sample t-test）来评估此差异的显著性。另使用独立样本t检定法（independent t-test）来检视两个体的牙本质胶原同位素平均值的差异性。所使用的统计软件为SPSS-21的Windows版本。

三 结果

1．样本污染鉴别

各样本的基本信息、骨胶原产率、碳氮含量以及碳氮同位素组成呈现于表10-2和图10-8。现代骨头的胶原含量一般可达20%～25%[2]，但M32和M40的骨胶原产率并不高，分别仅为1.8%和1.3%（表10-2）。低产率说明这些人骨在长期埋藏中曾受到成岩作用的影响，致使部分骨胶原流失。然而，就考古材料而言，只要骨胶原产率高于1%即可被视为保存良好[3]。此外，M32骨胶原的碳、氮含量，以及碳/氮摩尔比值分别为41.4% C、14.4% N、3.3；M40则为42.5% C、15.1% N、3.3；M32牙本质胶原的平均值为43.5%±0.3% C、15.8%±0.1% N、3.2%±0.0%（n=20）；M40牙本质胶原的平均值为44.0%±0.6% C、15.9%±0.3% N、3.2%±0.0%（n=17）。这些样本皆吻合新鲜骨头的鉴定标准（27%～47%C；11%～17%N；molar C/N:2.9～3.6）[4]，表明其骨胶原和牙本质胶原留存了原本的食谱同位素讯号，适合用以探讨其食谱结构。

2．骨胶原和牙本质胶原的同位素组成

这两具人骨的骨胶原碳、氮同位素值相当类似，M32的骨胶原 $\delta^{13}C$ 和 $\delta^{15}N$ 值分别为-16.8‰和9.2‰；而M40则为-17.1‰和9.0‰（表10-2）。

M32牙本质胶原 $\delta^{13}C$ 和 $\delta^{15}N$ 值分别介于-19.2‰至-16.3‰和9.4‰至10.4‰之间，其 $\delta^{13}C$ 和 $\delta^{15}N$ 平均值分别为-18.1‰±0.7‰和9.9‰±0.3‰（n=19，排除掉第13个样本，其表现为 $\delta^{13}C$ 值偏离趋势而突增）。与其骨胶原相比，两同位素值皆呈现显著差异（二者p值均小于0.001）。M32牙本质胶原第一个样本的 $\delta^{13}C$ 值最高（-16.3‰，图10-8左下），之后持续下降，于第九个样本降至最低（-19.2‰），之后 $\delta^{13}C$ 值开始增高至-18.0‰±0.4‰（最后六个样本的平均值）。相比之下，M32牙本质胶原的 $\delta^{15}N$ 值变化较小，大致在1‰的范围内起伏（图10-8左上）。

[1] Henderson, R.C., Lee-Thorp, J., Loe, L. Early life histories ofthe London poor using d13C and d15N stable isotope incremental dentine sampling. *American Journal of Physical Anthropology*, 2014, 154:585-593.

[2] Pollard, A.M., Ditchfield, P., McCullagh, J.S.O., Allen, T.G., Gibson, M., Boston, C., Clough, S., Marquez-Grant, N., Nicholson, R.A. "These boots were made for walking": The isotopic analysis of a C_4 Roman inhumation from Gravesend, Kent, UK. *American Journal of Physical Anthropology*, 2011, 146: 446-456.

[3] DeNiro, M.J., Weiner, S. Chemical, enzymatic and spectroscopic characterization of "collagen" and other organic fractions from prehistoric bones. Geochimica et CosmochimicaActa, 1988, 52:2197-2206.

[4] a. Ambrose, S.H. Preparation and characterization of bone and tooth collagen for isotopic analysis. *Journal of Archaeological Science*, 1990, 17: 431-451. b. DeNiro, M.J., Postmortem preservation and alteration of in vivo bone collagen isotope ratios in relation to palaeodietary reconstruction. Nature, 1985, 317: 806-809. c. van Klinken, G.J. Bone collagen quality indicators for palaeodietary and radiocarbon measurements. *Journal of Archaeological Science*, 1999, 26: 687-695.

表10-2　骨胶原和牙本质胶原序列样本的胶原产率、碳含量、氮含量、C/N摩尔比值、δ¹³C值、δ¹⁵N值

墓号	取样位置	样本编号	骨胶原产率	N含量 (%)	C含量 (%)	C/N 摩尔比	相对VPDB的 δ¹³C值 （‰）	相对AIR的 δ¹⁵N 值（‰）
M32	右股骨	M32F	1.8	14.4	41.4	3.3	-16.8	9.2
	右下第二白齿	M32T-1	-	15.9	43.7	3.2	-16.3	10.2
		M32T-2	-	16.0	43.8	3.2	-17.2	10.4
		M32T-3	-	15.9	43.6	3.2	-17.0	10.4
		M32T-4	-	15.5	42.5	3.2	-18.1	9.4
		M32T-5	-	15.8	43.4	3.2	-17.6	9.9
		M32T-6	-	15.7	43.4	3.2	-18.4	9.6
		M32T-7	-	15.8	43.5	3.2	-18.2	9.9
		M32T-8	-	15.9	43.7	3.2	-18.9	10.3
		M32T-9	-	15.8	43.6	3.2	-19.2	10.2
		M32T-10	-	15.8	43.7	3.2	-19.0	9.9
		M32T-11	-	15.8	43.7	3.2	-18.5	9.6
		M32T-12	-	15.8	43.5	3.2	-18.6	9.9
		M32T-13	-	15.6	43.2	3.2	-17.1*	9.6*
		M32T-14	-	15.8	43.6	3.2	-18.6	9.6
		M32T-15	-	15.6	43.6	3.3	-18.1	9.7
		M32T-16	-	15.7	43.5	3.2	-18.1	9.5
		M32T-17	-	15.9	43.6	3.2	-17.9	9.8
		M32T-18	-	15.9	43.4	3.2	-18.6	10.1
		M32T-19	-	16.1	44.1	3.2	-17.5	9.9
		M32T-20	-	15.8	43.3	3.2	-18.0	10.0
	牙本质平均值			15.8±0.1	43.5± 0.3	3.2± 0.0	-18.1±0.7	9.9±0.3
M40	左股骨	M40F	1.3	15.1	42.5	3.3	-17.1	9.0
	右下第一白齿	M40T-1	-	16.7	45.6	3.2	-16.4*	12.7*
		M40T-2	-	16.1	44.4	3.2	-16.5*	12.7*
		M40T-3	-	16.5	45.1	3.2	-16.7*	10.8*
		M40T-4	-	16.0	44.1	3.2	-17.1*	10.0*
		M40T-5	-	15.9	44.1	3.2	-18.1	9.2
		M40T-6	-	15.9	43.9	3.2	-13.9*	9.1*
		M40T-7	-	15.8	43.6	3.2	-17.7	9.0
		M40T-8	-	15.8	43.7	3.2	-16.9	9.6
		M40T-9	-	15.7	43.3	3.2	-17.4	8.9
		M40T-10	-	15.9	44.1	3.2	-15.6	8.8

				15.6	43.4	3.2	−15.7	8.7
M40	右下第一臼齿	M40T-11	−	15.6	43.4	3.2	−15.7	8.7
		M40T-12	−	15.9	43.8	3.2	−15.7	9.6
		M40T-13	−	15.8	43.8	3.2	−15.5	9.3
		M40T-14	−	15.9	43.9	3.2	−15.5	9.4
		M40T-15	−	15.9	44.2	3.2	−15.7	9.3
		M40T-16	−	15.8	43.7	3.2	−16.2	9.6
		M40T-17	−	15.6	43.6	3.3	−16.3	9.4
	牙本质平均值			15.9±0.3	44.0±0.6	3.2±0.0	−16.4±0.9	9.2±0.3

注：牙本质样本由牙冠开始依序往牙根编号，T-1 代表最接近牙冠的样本。样本标号 * 的数据并未计入牙本质平均值内。

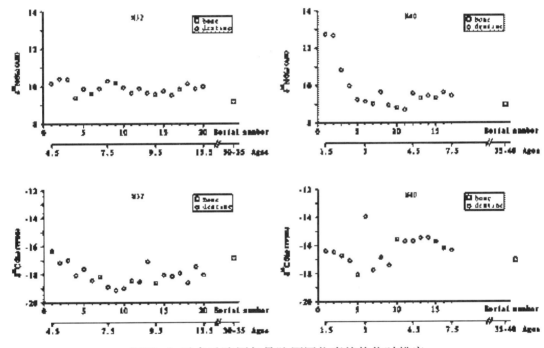

图10-8 牙本质胶原与骨胶原同位素值的依时排序

排除掉第六个样本后（$\delta^{13}C$值偏离趋势而突增[1]），M40牙本质胶原 $\delta^{13}C$ 和 $\delta^{15}N$ 值分别介于 −18.1‰ 至 −15.5‰和8.7‰至12.7‰之间；其平均值则分别是 −16.4‰ ±0.8‰和9.8‰ ±1.2‰（n=16）。M40的 牙本质胶原 $\delta^{15}N$ 值最高者落在最早形成的两个样本（皆约12.7‰，图10-8右上）。接下来的两个样本 $\delta^{15}N$ 值呈现急降趋势，之后的12个样本则基本上持恒（8.7‰～9.6‰，变化范围在0.9‰内）。M40前 四个牙本质胶原样本的 $\delta^{13}C$ 值呈现缓降趋势（图10-8右下），至第五个样本出现最低值（−18.1‰）， 之后第七至第九个样本的 $\delta^{13}C$ 值增高，并于第十至第十五个样本进一步增高并维持在 −15.6‰ ±0.1‰ （n=6）。最后两个样本的 $\delta^{13}C$ 值有略往骨胶原同位素值递减的趋势。排除掉前四个样本后（哺乳效应， 详见讨论），M40牙本质胶原 $\delta^{13}C$ 和 $\delta^{15}N$ 平均值成为 −16.4‰ ±0.9‰以及9.2‰ ±0.3‰（n=12），且

[1] 两个体的牙本质胶原样本中，各有一个样本的 $\delta^{13}C$值突然增高，其发生位置都在交界处（M40落在牙冠和根叉交界处；M32落在 牙根起始处），原因不明，或许与生理因素有关。

皆与其骨胶原的同位素值呈现显著差异（$\delta^{15}N$ 值，p=0.027；$\delta^{13}C$ 值，p=0.019）。

将两个体的牙本质胶原同位素平均值进行比较，可发现 M32 的牙本质胶原 $\delta^{13}C$ 值显著低于 M40（p<0.001）；而 M32 的 $\delta^{15}N$ 值显著高于 M40（p<0.001）。

3. 人类食谱同位素值与各类食物同位素值的建立

由于骨胶原或牙本质胶原同位素值，$\delta X_{(collagen)}$ 与人类食谱的整体同位素值，$\delta X_{(diet)}$ 之间会产生分化作用，因此需将分析所得的骨胶原或牙本质胶原同位素值扣除此一分化量后才能获得食谱同位素值。此一分化量在碳同位素约为 5‰；在氮同位素约为 3‰ [1]。换言之，$\delta^{13}C_{(diet)} = \delta^{13}C_{(collagen)} - 5$；$\delta^{15}N_{(diet)} = \delta^{15}N_{(collagen)} - 3$。

各类食物同位素值则主要根据搜集的动植物数据，并配合必要的校正而取得。排除掉保存不佳的样本后，中坝遗址猪骨胶原 $\delta^{13}C$ 和 $\delta^{15}N$ 值分别为 -17.1‰ ±4.5‰ 和 5.5‰ ±1.1‰（n=31）；鹿为 -23.2‰ ±1.2‰ 和 4.8‰ ±0.9‰（n=38）；牛为 -19.7‰ ±2.6‰ 和 5.4‰ ±1.2‰（n=8）[2]。搜集自中国和日本的史前淡水鱼骨胶原 $\delta^{13}C$ 和 $\delta^{15}N$ 平均值为 -21.0‰ ±1.8‰ 和 8.3‰ ±1.8‰（n=10）[3]。对这些动物资源而言，由于人类所食用的部位通常为肌肉。因此在与人类食谱同位素值比较之前，需要将动物骨胶原同位素值转换成肌肉同位素值。在碳同位素方面，陆地动物肌肉 $\delta^{13}C$ 值通常比动物骨胶原 $\delta^{13}C$ 值低约 1.5‰；而鱼类肌肉 $\delta^{13}C$ 值则比鱼骨胶原 $\delta^{13}C$ 值低约 4‰ [4]。换言之，$\delta^{13}C_{(muscle)} = \delta^{13}C_{(collagen)} - 1.5$ 或 4。至于氮同位素，不论是陆地动物或鱼类，其肌肉 $\delta^{15}N$ 值通常会等同于骨胶原 $\delta^{15}N$ 值 [5]。

植物资源方面，现代小米 $\delta^{13}C$ 值经过 Suess 效应的校正后（+1.5‰），结合史前小米粒的分析数据，可得小米的 $\delta^{13}C$ 和 $\delta^{15}N$ 值分别为 -10.9‰（n=142）和 2.6（n=3）[6]。此外，日本现代 C_3 植物的 $\delta^{13}C$ 和 $\delta^{15}N$ 值经过 Suess 效应的校正后分别为 -25.4‰ ±1.6‰ 和 1.2‰ ±2.4‰（n=16）；现代

[1] a. 赵志军、陈剑：《四川茂县营盘山遗址浮选结果及分析》，《南方文物》2011年第3期。 b. Tieszen, L.L., Fagre, T. Effect of diet quality and composition on the isotopic composition of respiratory CO_2, bone collagen, bioapatite, and soft tissues. In: Lambert, J.B., Grupe, G. (Eds.) *Prehistoric human bone - archaeology at the molecular level*. Berlin: Springer-Verlag, 1993, 121-155.

[2] 田晓四、朱诚、孙智彬、水涛、黄蕴平、Flad Rowan K、李玉梅：《长江三峡库区中坝遗址哺乳动物骨骼化石C和N稳定同位素分析》，《科学通报》2010年第34期。

[3] a. Hu, Y.W., Wang, S.G., Luan, F.S., Wang, C.S., Richards, M.P. Stable isotope analysis of humans from Xiaojingshan site: implications forunderstanding the origin of millet agriculture in China . *Journal of Archaeological Science*, 2008, 35:2960-2965. b. Liu, X.Y. Food webs, subsistence and changing culture: the development of early farming communities in the Chifeng Region, North China. PhD dissertation, University of Cambridge, 2009. c. Yoneda, M., Suzuki, R., Shibata, Y., Morita, M., Sukegawa, T., Shigehara, N., Akazawa, T. Isotopic evidence of inland-water fishing by a Jomon population excavated from the Boji site, Hagano, Japan. *Journal of Archaeological Science*, 2004, 31: 97-107.

[4] a.Ambrose, S.H., Norr, L. Experimental evidence for the relationship of the carbon isotope ratios of whole diet and dietary protein to those of bone collagen and carbonate. In: Lambert, J.B., Grupe, G. (Eds.), *Prehistoric Human Bone: Archaeol ogy at the Molecular Level*. New York: Springer-Verlag, 1993, 1-37. b. Beavan-Athfleld, N., Green, R.C., Craig, J., McFadgen, B., Bickler, S. Influence of marine sources on ^{14}C ages: isotopic data from Watom Island, Papua New Guinea inhumations and pig teeth in light of new dietary standards. *Journal of the Royal Society of New Zealand*, 2008, 38: 1-23.

[5] a.Ambrose, S.H., Norr, L. Experimental evidence for the relationship of the carbon isotope ratios of whole diet and dietary protein to those of bone collagen and carbonate. In: Lambert, J.B., Grupe, G. (Eds.), *Prehistoric Human Bone: Archaeology at the Molecular Level*. New York: Springer-Verlag, 1993, 1-37. b. Kinaston, R.L., Buckley, H.R., Gray, A., Shaw, B., Mandui, H. Exploring subsistence and cultural complexes on the south coast of Papua New Guinea using palaeodietary analyses. *Journal of Archaeological Science*, 2013, 40: 904-913.

[6] a. 蔡莲珍、仇士华：《碳十三测定和古代食谱研究》，《考古》1984年第10期。b. An, C.B., Dong, W.M., Li, H., Zhang, P.Y., Zhao, Y.T., Zhao, X.Y., Yu, S.Y. Variability of the stable carbon isotope ratio in modern andarchaeological millets: evidence from northern China. *Journal of Archaeological Science*, 2015, 53: 316-322. c. Pechenkina, E.A., Ambrose, S.H., Ma, X., Benfer Jr., R.A. Reconstructing northernChinese Neolithic subsistence practices by isotopic analysis. *Journal of Archaeological Science*, 2005, 32:1176-1189.

C_4 植物则为 -10.0‰ ±0.5‰ 和 1.0‰ ±1.9‰ （n=5） [1]。

根据上述校正所得的人类食谱同位素值以及各类食物同位素值的比较呈现于表 10-3 及图 10-9。

表10-3　食物资源同位素组成

食物资源	$\delta^{13}C$ 平均数	校正后 $\delta^{13}C$ 值	$\delta^{15}N$ 平均数	校正后 $\delta^{15}N$值
现代陆生C₃植物（数量=16）[4]	-25.4±1.6 1	–	1.2±2.4	–
现代陆生C₄植物（数量=5）[5]	-10.0±0.5 1	–	1.0±1.9	–
现代和遗址出土粟（数量=142）[6]	-10.9 1	–	2.6	–
遗址出土淡水鱼类　（数量=10）[7]	-21.0±1.8	-25.0±1.8 3	8.3±1.8	8.3±1.8 4
牛（数量=8）[8]	-19.7±2.6	-21.2±2.6 2	5.4±1.2	5.4±1.2 4
猪（数量=31）[9]	-17.1±4.5	-18.6±4.5 2	5.5±1.1	5.5±1.1 4
鹿（数量=38）[10]	-23.2±1.2	-24.7±1.2 2	4.8±0.9	4.8±0.9 4

本报告中数值均经过Suess效应校正。陆地动物肌肉 $\delta^{13}C$值=动物骨胶原 $\delta^{13}C$值-1.5‰[11]。　鱼类肌肉 $\delta^{13}C$值= 鱼骨胶原 $\delta^{13}C$值-4‰[12]。
陆地动物和鱼类软组织 $\delta^{15}N$ = 动物／鱼骨胶原 $\delta^{15}N$[13].

[1] Yoneda, M., Suzuki, R., Shibata, Y., Morita, M., Sukegawa, T., Shigehara, N., Akazawa, T. Isotopic evidence of inland-water fishing by a Jomon population excavated from the Boji site, Hagano, Japan. *Journal of Archaeological Science*, 2004, 31: 97-107.

[4] Yoneda, M., Suzuki, R., Shibata, Y., Morita, M., Sukegawa, T., Shigehara, N., Akazawa, T. Isotopic evidence of inland-water fishing by a Jomon population excavated from the Boji site, Hagano, Japan. *Journal of Archaeological Science*, 2004, 31: 97-107.

[5] Yoneda, M., Suzuki, R., Shibata, Y., Morita, M., Sukegawa, T., Shigehara, N., Akazawa, T. Isotopic evidence of inland-water fishing by a Jomon population excavated from the Boji site, Hagano, Japan. *Journal of Archaeological Science*, 2004, 31: 97-107.

[6] a. 蔡莲珍、仇士华：《碳十三测定和古代食谱研究》，《考古》1984年第10期。 b. An, C.B., Dong, W.M., Li, H., Zhang, P.Y., Zhao, Y.T., Zhao, X.Y., Yu, S.Y. Variability of the stable carbon isotope ratio in modern andarchaeological millets: evidence from northern China. *Journal of Archaeological Science*, 2015, 53: 316-322. c. Pechenkina, E.A., Ambrose, S.H., Ma, X., Benfer Jr., R.A. Reconstructing northernChinese Neolithic subsistence practices by isotopic analysis. *Journal of Archaeological Science*, 2005, 32:1176-1189.

[7] a. Yoneda, M., Suzuki, R., Shibata, Y., Morita, M., Sukegawa, T., Shigehara, N., Akazawa, T. Isotopic evidence of inland-water fishing by a Jomon population excavated from the Boji site, Hagano, Japan. *Journal of Archaeological Science*, 2004, 31: 97-107. b. Hu, Y.W., Wang, S.G., Luan, F.S., Wang, C.S., Richards, M.P. Stable isotope analysis of humans from Xiaojingshan site: implications forunderstanding the origin of millet agriculture in China . *Journal of Archaeological Science*, 2008, 35:2960-2965. c. Liu, X.Y. Food webs, subsistence and changing culture: the development of early farming communities in the Chifeng Region, North China. PhD dissertation, University of Cambridge, 2009.

[8] 田晓四、朱诚、孙智彬、水涛、黄蕴平、Flad Rowan K、李玉梅：《长江三峡库区中坝遗址哺乳动物骨骼化石C和N稳定同位素分析》，《科学通报》2010年第34期。

[9] 田晓四、朱诚、孙智彬、水涛、黄蕴平、Flad Rowan K、李玉梅：《长江三峡库区中坝遗址哺乳动物骨骼化石C和N稳定同位素分析》，《科学通报》2010年第34期。

[10] 田晓四、朱诚、孙智彬、水涛、黄蕴平、Flad Rowan K、李玉梅：《长江三峡库区中坝遗址哺乳动物骨骼化石C和N稳定同位素分析》，《科学通报》2010年第34期。

[11] Kinaston, R.L., Buckley, H.R., Gray, A., Shaw, B., Mandui, H. Exploring subsistence and cultural complexes on the south coast of Papua New Guinea using palaeodietary analyses. *Journal of Archaeological Science*, 2013, 40: 904-913.

[12] a. Ambrose, S.H., Norr, L. Experimental evidence for the relationship of the carbon isotope ratios of whole diet and dietary protein to those of bone collagen and carbonate. In: Lambert, J.B., Grupe, G. (Eds.), *Prehistoric Human Bone: Archaeology at the Molecular Level*. New York: Springer-Verlag, 1993, 1-37. b. Beavan-Athfield, N., Green, R.C., Craig, J., McFadgen, B., Bickler, S. Influence of marine sources on ¹⁴C ages: isotopic data from Watom Island, Papua New Guinea inhumations and pig teeth in light of new dietary standards. *Journal of the Royal Society of New Zealand*, 2008, 38: 1-23.

[13] Ambrose, S.H., Norr, L. Experimental evidence for the relationship of the carbon isotope ratios of whole diet and dietary protein to those of bone collagen and carbonate. In: Lambert, J.B., Grupe, G. (Eds.), *Prehistoric Human Bone: Archaeology at the Molecular Level*. New York: Springer-Verlag, 1993, 1-37.

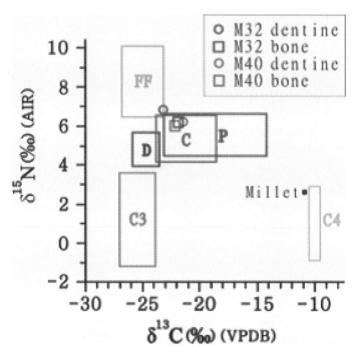

图10-9　由牙本质胶原和骨胶原同位素值推估所得之人类饮食同位素值与各类食物
（动物肌肉和植物）同位素值的比较

（FF：淡水鱼、D：鹿、C：牛、P：猪、C_3：C_3类植物、C_4：C_4类食物）

四　讨论

1. 成年食谱分析

营盘山两个体的骨胶原同位素值彼此相当接近，说明两个体在死亡前数十年内的食谱结构基本类似。与各类食物的同位素值做比较，可知此两个体成年时的蛋白质来源可能为猪和牛，而淡水鱼和鹿的贡献量相对较低（图10-9）。营盘山遗址的动物遗存也支持家猪为重要食物[1]。植物类食物的贡献量乍看之下不如肉类，但这很可能是因为骨胶原和牙本质胶原主要反映食物中的蛋白质，因此容易低估植物类食物（蛋白质含量较低）的贡献量所致[2]。

单就 δ^{13}C 值来看，此两个体的成年食谱结构为C_3和C_4类食物的混合，但C_3类食物的贡献较大（图10-9），显示稻米在其食谱中的比例较小米为重。植物考古证据指出小米农业于 5300～4600 cal. BP 就已存在于营盘山遗址[3]；而稻米农业引入四川的年代则在桂圆桥二期[4]。虽然营盘山遗址的环境较适

[1] d'Alpoim Guedes, J.Rethinking the spread of agriculture to the Tibetan Plateau. *The Holocene*, 2015, 25: 1498-1510.

[2] Ambrose, S.H., Norr, L. Experimental evidence for the relationship of the carbon isotope ratios of whole diet and dietary protein to those of bone collagen and carbonate. In: Lambert, J.B., Grupe, G. (Eds.), *Prehistoric Human Bone: Archaeology at the Molecular Level*. New York: Springer-Verlag, 1993, 1-37.

[3] a. 赵志军、陈剑：《四川茂县营盘山遗址浮选结果及分析》，《南方文物》2011年第3期。 b. d'Alpoim Guedes, J. Millets, rice, social complexity, and the spread of agriculture to the Chengdu Plain and Southwest China . *Rice*, 2011, 4: 104-113.

[4] a. 万娇、雷雨：《桂圆桥遗址与成都平原新石器文化发展脉络》，《文物》2013年第9期。 b. 玭玉、万娇：《四川什邡市桂圆桥遗址浮选结果与分析》，《四川文物》2015年第5期。 c. 于孟洲、夏微：《四川盆地先秦时期农业考古研究述论》，《西华大学学报（哲学社会科学版）》2015年第34期。

合小米的生长，但当时的先民很可能实行轮种农业型态，以增加食物的来源和多样性。这方面还有待更多的年代判定和环境资料来说明。

2．幼年食谱分析

M40 的齿样采自第一臼齿，其部分样本的同位素值可能会受到哺乳效应的影响，故在探讨其食谱前，需先将这些样本排除掉。哺乳对于 $\delta^{15}N$ 值的影响较显著，可使幼儿与母亲的 $\delta^{15}N$ 值之间达到一个营养级的差异（$\delta^{15}N=2‰\sim6‰$）[1]，因此通常以 $\delta^{15}N$ 值作为哺乳效应的主要判断依据[2]。M40 的牙本质胶原 $\delta^{15}N$ 值最高者落在前两个样本（12.7‰），比起骨胶原 $\delta^{15}N$ 值（9.0‰）和后续 12 个牙本质胶原的平均 $\delta^{15}N$ 值（9.2‰ ±0.3‰）高约 3.5‰～3.7‰，恰好符合一个营养级的差异量。由此可知此一 $\delta^{15}N$ 值差异应为哺乳所造成。M40 前四个牙本质胶原样本的 $\delta^{13}C$ 值也如 $\delta^{15}N$ 值呈现出递减趋势。将第一个样本与其骨胶原 $\delta^{13}C$ 值进行比较，发现差异为 0.7‰，亦吻合一个营养级差异量（$\delta^{13}C=0‰\sim2‰$）[3]。基于上述理由，这四个样本应是 M40 于哺乳至完全断乳期间所形成者，使它们的同位素值受到了哺乳的影响。依据牙本质的生长模型[4]，可推估 M40 在一岁半左右仍接受哺乳，两岁左右开始断乳，使其牙本质胶原 $\delta^{15}N$ 值显著下降。完全断乳的年纪约落在两岁半至三岁之间。

排除掉受到哺乳效应所影响的样本后，M40 牙本质胶原的 $\delta^{15}N$ 平均值为 9.2‰ ±0.3‰，而 $\delta^{13}C$ 平均值为 -16.4‰ ±0.9‰（n=12），由此一平均值所估算出的食谱同位素值落在猪和牛两类食物资源的同位素值范围内（图 10-9）。配合牙本质生长模型，可知 M40 于完全断乳后至七岁半之间的蛋白质来源应为猪和牛。

另一方面，M32 的齿样属于第二臼齿，因此应当不会受到哺乳 / 断乳的影响。其牙本质胶原 $\delta^{13}C$ 和 $\delta^{15}N$ 平均值分别为 -18.1‰ ±0.7‰（n=19）和 9.9‰ ±0.3‰（n=19）。据此平均值而估计出的食谱同位素值落在淡水鱼类此资源的范围内（图 10-9），说明 M32 于四岁半至十三岁半之间多摄取淡水鱼类。

3．食谱转变史

将自身的牙本质胶原同位素平均值与骨胶原同位素值进行比较，可看出该个体的饮食变化（图 10-8）。与骨胶原同位素值相比（-17.1‰ ±9.0‰），M40 牙本质胶原的 $\delta^{13}C$ 平均值略高（-16.4‰ ±0.9‰，n=12），且属于有意义的差异。牙本质胶原 $\delta^{15}N$ 平均值（9.2‰ ±0.3‰）虽也与骨胶原 $\delta^{15}N$ 值呈现显著差异，但考虑仪器对于氮同位素值的分析存在 ±0.17‰ 的误差，此 -0.2‰ 的差异可能不代表实际的食谱变化。综合而论，比较 M40 牙本质胶原与骨胶原的同位素组成，发现此

[1] a. DeNiro, M.J., Epstein, S. Influence of diet on the distribution of nitrogen isotopes in animals. *Geochimica et Cosmochimica Acta*, 1981, 45:341-351. b. O'Connell, T.C., Kneale, C.J., Tasevska, N., Kuhnle, G.G.C. The diet-body offsetin human nitrogen isotopic values: a controlled dietary study. *American Journal of Physical Anthropology*, 2012, 149: 426-434.

[2] Tsutaya, T., Yoneda, M. Reconstruction of breastfeeding and weaning practices using stable isotope and trace element analyses: a review. *Yearbook of Physical Anthropology*, 2015, 156: 2-21.

[3] a. Bocherens, H., Drucker, D. Trophic level isotopic enrichment of carbon and nitrogen in bone collagen: case studies from recent and ancient terrestrial ecosystems. *International Journal of Osteoarchaeology*, 2003, 13: 46-53. b. Lee-Thorp, J.A., On isotopes and old bones. *Archaeometry*, 2008, 50: 925-950.

[4] AlQahtani, S.J., Hector, M.P., Liversidge, H.M. Brief communication: the London atlas of human tooth development and eruption. *American Journal of Physical Anthropology*, 2010, 142: 481-490.

个体于三岁至七岁半间，所食用的肉类种类和摄取量与成年时期差不多；但食谱中的 C_4 讯号在此一时期略高于成年期，表明所摄取的小米量可能稍多。

至于 M32，与骨胶原同位素值比较后，可发现其于四岁半至十三岁半所摄取的淡水鱼较其成年时多（图 10-8、9）。虽然以淡水鱼和肉类的相对摄取量已可充分解释 M32 的牙本质胶原与骨胶原之间的同位素组成差异，但其牙本质胶原 $\delta^{13}C$ 值较低可能也说明 M32 于这个阶段所摄取的稻米多于成年期。

除了比较骨胶原和牙本质胶原，使用牙本质胶原序列样本的同位素值结合牙本质生长模型，还可显示更详细的食谱历史（图 10-7、8）。扣除掉哺乳效应后，M40 牙本质胶原 $\delta^{15}N$ 值基本上维持恒值，变化范围在 0.9‰以内。若仅考虑食谱变化的影响，则此一变异或许代表肉类种类摄取量的变化，例如淡水鱼相对猪 / 牛肉类，或肉类相对植物类的摄取量随时间而有些微变化。相比之下，其牙本质胶原 $\delta^{13}C$ 值的变化较大。在断乳后，$\delta^{13}C$ 值于三岁左右降至最低（-18.1‰，第五个样本），之后开始渐渐增加，使得接下来三个样本平均 $\delta^{13}C$ 值（-17.3‰ ±0.4‰，第七～九个样本）接近于骨胶原 $\delta^{13}C$ 值。此趋势表明 M40 于三至四岁间开始接受与成年期相似的食物。不过，接下来的八个样本 $\delta^{13}C$ 平均值增高至 -15.8‰ ±0.3‰。这代表在约四岁时，M40 的食物中开始出现较多的小米并维持到七岁半左右；这也是为何其牙本质胶原的 $\delta^{13}C$ 平均值会高于骨胶原 $\delta^{13}C$ 值的原因。由于所采集的齿样为第一臼齿，因此只能提供 M40 在七岁半前的食谱记录。根据体质鉴定，M40 大致在 35～40 岁死亡，而骨胶原同位素讯号通常反映个体死亡前数十年的食谱平均值；因此，M40 于七岁半至约十五到二十岁的食谱讯息是缺失的。此一空白期可望将来由第二或第三臼齿的牙本质胶原序列样本来补充。

M32 牙本质胶原 $\delta^{15}N$ 值的起伏程度也不大，大致落在 1‰的范围内。若将此变异归因于食谱转变，则代表其在四岁半至十三岁半之间虽以淡水鱼类做为蛋白质来源，但食谱中淡水鱼类和肉类的摄取比例仍偶有变化。此个体的牙本质胶原 $\delta^{13}C$ 值的变化幅度与 M40 一样均较为剧烈。$\delta^{13}C$ 值于四岁半（第一个样本）呈现最高值（-16.3‰），此后持续下降，于八岁左右（第九个样本）降至最低（-19.2‰）；之后牙本质胶原 $\delta^{13}C$ 值开始缓增至 -18.0‰ ±0.4‰左右（最后六个样本）且逐渐接近骨胶原 $\delta^{13}C$ 值。由于牙本质胶原 $\delta^{13}C$ 值的变化趋势较 $\delta^{15}N$ 值大（图 10-8），因此除了淡水鱼类和肉类的摄取比例对 $\delta^{13}C$ 值产生影响外，稻米和小米的相对摄取量应该也影响着牙本质胶原 $\delta^{13}C$ 值的变化。换言之，M32 可能于四岁半至八岁左右渐渐增加稻米的摄取量；但于八岁后转而增加食谱中的小米比重。由于 M32 只采集第二臼齿，因此缺乏关于其哺乳 / 断乳行为以及早期的食谱结构（四岁半以前）等信息。这些讯息可由第一臼齿的牙本质胶原序列样本来填补。

对于两个体幼年期食谱中的稻米 / 小米比例或者淡水鱼类 / 肉类比例因何变换，仍需更多资料来协助解答。可能与该类食物在某些季节或年份较易取得有关，或者与家庭考虑幼儿健康而做出的食物选择有关。

4．幼年食谱的个体差异

由于两个体的齿样分别来自第一和第二臼齿，其所代表的年纪范围并不一致，因此不适合直接比较其同位素组成来理解此两个体的幼年食谱差异。不过由于两个体的 $\delta^{15}N$ 值变异范围皆落在 1‰以内，因此可假设他们各自于整个幼年期所摄取的肉类种类和比例大致不变。在此前提下，可发现 M32 于幼年时摄取较多的淡水鱼；而 M40 的蛋白质来源则以猪和牛为主（图 10-8、9）。由于两个体的骨胶原同位素值指示其成年后皆以猪和牛为主要的蛋白质来源，因此 M32 于幼年时期得以食用淡水鱼类可能具有某种意义。

若营盘山的社会中，淡水鱼类取得性取决于家庭状况，则可能 M32 的家庭较为富裕或者地位较特殊。不过由于两个体的骨胶原同位素组成相当接近。且四川虽然因农业传入使得社会结构变得复杂，但其墓葬似乎并未表现出显著的社会阶级现象 [1]。因此另一个可能性是两者的家庭状况相差不大，但 M32 的家庭对于幼儿的照顾较好，愿意提供较有养分的食物（例如鱼类）以利幼儿成长，因此 M32 的幼年食谱同位素值落在了淡水鱼资源的范围；但成年后（至少十三岁以后），其食谱结构便渐渐趋同于其他成人。最后，M32 也可能在幼年时期曾生活在别的地区，之后才搬迁至营盘山并接受当地饮食。结合"人祭坑"的埋藏现象来看，若非同族中本来生活条件不错，但后来沦为罪犯，便可能是幼年曾生活于他地的异族战俘。其结果值得我们进一步做有意义的探讨。

本研究首度应用牙本质胶原序列样本同位素分析于中国的史前人类齿样，并成功建立个体生命历史。其结果不但对先民食谱结构提供了细致的讯息，也使我们有机会思考新的考古学议题。未来若能将此技术应用于其他遗址的材料，或可使我们对先民的社会、生业型态及哺乳行为等有更深入的认识。

五　结论

M32 和 M40 成年期以猪和牛为主要的蛋白质来源，食谱中的植物种类则同时包括小米和稻米，且稻米所占比例似乎不低。M32 幼年食谱中的淡水鱼类比例较其成年时高；相比之下，M40 幼年食谱主要即由猪和牛所构成。M32 于幼年时能取得淡水鱼类可能具有某种社会意义。此外，牙本质胶原序列样本的同位素分析显示此两个体的幼年食谱转变史，主要表现为淡水鱼类和陆地肉类以及稻米和小米的比例变化，但尚不清楚致使其取食发生转变的原因，必须结合其他环境、社会的观察。

本研究所使用的同位素基础值引自其他遗址。由于不同遗址之间的环境同位素值存有时空差异，因此在人类食谱的解释上可能会产生误差。未来需针对营盘山遗址的动植物遗存进行分析以补足此一缺失。此外，两个体在幼年期某些时段的食谱讯息是缺失的，这些讯息也可藉由其他齿样来填补。

致谢：本研究之考古材料由成都文物考古研究院提供，四川大学考古学系协助取样。过程中成都文物考古研究院江章华先生、周志清先生均提供咨询建议，在此一并申谢。此外要感谢牛津大学考古学暨艺术史研究所 Teresa Fernández-Crespo 博士在数据解释方面所提供的宝贵意见；以及 Peter Ditchfield 博士在实验程序和样本分析上的尽力指导。最后要感谢审查者和编辑的耐心与斧正。

[1] d'Alpoim Guedes, J. Millets, rice, social complexity, and the spread of agriculture to the Chengdu Plain and Southwest China. *Rice*, 2011, 4: 104-113.

第一一章　动物遗存研究

第一节　动物骨骼鉴定*

一　种属鉴定

营盘山遗址出土的动物遗存保存状况较差，共 3551 件，其中哺乳纲动物骨骼 3489 件，鸟纲 43 件、鱼纲 3 件、爬行纲 6 件、腹足纲 1 件和半鳃纲 9 件。哺乳动物骨骼中可鉴定标本（NISP）1129 件，包括鉴定到了属种的头骨、上颌骨、下颌骨、肢骨、肋骨和脊椎骨等，碎骨 2361 件，代表动物最小个体数（MNI）107 个。哺乳动物的种类有兔子（*Lepus* sp.）、竹鼠（*Rhizomys* sp.）、斑羚（*Naemorhedus caudatus*）、黄牛（*Bos taurus*）、水鹿（*Cervus unicolor*）、斑鹿（*Cervus nippon*）、麂（*Muntiacus* sp.）、家猪（*Sus domestica*）、黑熊（*Selenarctos thibetanus*）、狗（*Canis familiaris*）、猪獾（*Arctonyx collaris*）和藏酋猴（*Macaca thibetana*）共 12 种（附表一）。鸟的种类有石鸡（*Alectoris chukar*）、环颈雉（*Phasianus colchicus*）和大鵟（*Buteo hemilasius*）。腹足纲的种类有货贝（*Monetaria moneta*）。鱼纲、爬行纲和瓣鳃纲的材料太少，且标本残破，不能鉴定属种。分类如下（彩版二五八～二六二）。

（一）哺乳纲（MAMMALIA）

1．兔形目（Lagomorpha）

　A．兔科（Leporidae）

　　兔属（*Leporidae Linnaeus*）

　　　兔（*Lepus* sp.）

仅发现 2 件可鉴定标本，代表了至少 1 个个体。1 件为右侧股骨近端残块。

标本 04H28：6[1]，远端发掘中缺损，股骨头和大转子表面都有一定破损，残长 40.9、近端长 8.6、宽 11.7 毫米，重 1 克。

另一件为髋骨残块。

2．啮齿目（Rodentia）

　A．竹鼠科（Rhizomyidae）

---

　*　何锟宇：成都文物考古研究院。原载于《营盘山遗址出土动物骨骼研究》，北京大学硕士学位论文，2000年。

　[1]　04H28：6为（骨）04SMYH28：6简写，04代表2004年发掘的，"骨"表示骨质标本，"SMY"代表四川省茂县硬盘山遗址，为了叙述方便，文中营盘山遗址的骨骼标本号均如04H28：6简写。

竹鼠属（*Rhizomys Gray*）

　　竹鼠（*Rhizomys* sp.）

可鉴定标本 14 件，其中上门齿 8 件，左右各 4 件；下门齿 4 件，上、下颌各 1 件，代表最小个体数 4 个。

标本 03H58：3，左侧下颌，保存从下颌联合面至髁突，带 M_2-M_3，髁突稍残，下颌角残破，I_1 和 M_1 脱落，残长 54.3 毫米，重 5 克。

3．偶蹄目（Artiodactyla）

　A．牛科（Bovidae）

　　I．羊亚科（Gaprinae）

　　　斑羚属（*Naemorhedus H.Smith*）

　　　　斑羚（*Naemorhedus caudatus*）

可鉴定标本 11 件，代表 3 个个体。

标本 04H27：1，角一对，角基部保存完整，角尖稍残，角较直，重 42 克。基部前 - 后径 18.2、内 - 外侧径 18.9、左右两角间相距 25.2 毫米。

标本 04T2 ②：2，左侧角，保存角基部以上，角尖部发掘中残破，残长 71.8、角心基部前 - 后径 27.8、内 - 外侧径 19.4 毫米，重 35 克。

另外 2 件角因被烧过，破坏较严重，左右各 1 件。

下颌　2 件。

标本 04H16：1，左侧下颌，下颌联合面至下颌角，下颌角稍残，长 149.2 毫米，牙齿保存 dm_3-M_2，P_4 正替换 dm_3，M_3 已出一半，P_2-M_2 长 59.0 毫米，P_2-P_3 下方无颏孔，P_2-P_4 长 32.7、M_1-M_2 长 26.6 毫米；P_2 前下颌骨高 16.3、M_1 前高 21.3 毫米；下颌骨厚（M_2 与 M_3 之间）13.0、M_1 前厚 10.9 毫米。

标本 03H48：25，左下颌，下颌支残损严重，保存 M_1-M_2，M_3 未出，下颌联合至 P_4 残，M_1-M_2 长 28.1、M_1 前厚 12.9 毫米，重 19 克。

跖骨　1 件。

标本 04H10：2，左侧跖骨远端，滋养孔以上残，远端关节保存完整，长 20.5、宽 32.8 毫米，重 11 克。

上臼齿　3 颗。

标本 04H17：6，左上 M^1 或 M^2，长 16.1、厚 13.4 毫米。

　　II．牛亚科（Boridae）

　　　牛属（*Bos Linnaeus*）

　　　　黄牛（*Bos taurus*）

可鉴定标本 18 件，代表最小个体数 3 个。

标本 04H17：10，右侧桡骨，保存远端，残长 105.3 毫米，远端关节外侧稍残，远端长 58.3、宽 73.0 毫米，重 152 克。

炮骨　4 件，掌骨跖骨各 2 件，均为远端，其中 2 件仅保留远端关节，可能是截取制作骨器的坯料后所剩。

标本03H42：6，远端关节保存完整，关节愈合，另一端断口处有多处砍痕，是下料砸击所致，残长91.3毫米，重109克；远端长32.3、宽68.7毫米。

另外1件掌骨未愈合，3件愈合的标本远端平均长31.7、宽62.1毫米（表11-1），依炮骨形态大小可判定代表最小个体数3个。

表11-1　黄牛炮骨远端测量数据　　　　　　　　（单位：毫米）

标本号	远端长	远端宽
03H42：6掌	32.3	68.7
04H10：15跖	29.6	59.1
04H28：3跖	33.1	58.5
平均值	31.7	62.1

距骨　2件。

标本02H44：35，左侧距骨，保存完整，外侧长57.7、内侧长53.4、前侧宽39.0、后侧宽41.4、厚33.0毫米，重62克。

第一节趾（指）骨　1件。

标本03H41：12，长57.4、近端长34.6、宽33.5、远端长23.6、宽28.6毫米，重37克。

第二节趾（指）骨　4件。

其中3件保存完整。

标本03H41：14，长46.1、近端长31.0、宽28.6、远端长30.2、宽24.0毫米，重21克。

3件保存完整的标本平均长44.8、近端平均长30.1、宽28.9、远端平均长30.7、宽25.4毫米，平均重20克（表11-2）。

表11-2　黄牛第二节趾（指）骨测量数据　　　　　　　（单位：毫米）

标本号	长	近端长	近端宽	远端长	远端宽
03H42：6	41.9	28.2	27.4	28.8	27.0
03H41：15	46.2	31.3	30.6	33.3	25.1
03H41：14	46.1	31.0	28.6	30.2	24.0
平均值	44.8	30.2	28.9	30.7	25.4

B．鹿科（Cervidae）

　I．鹿亚科（Cervinae）

　　鹿属（*Cervus Linnaeus*）

水鹿（*Cervus unicolor*）

可鉴定标本 141 件，代表最小个体 6 个，重 3150 克。

鹿角残块 32 件。

标本 03H42：24，右侧角，从角环处自然脱落，长 102.6 毫米，重 202 克，在眉枝上有锯切痕迹。

头骨残块 1 件。

标本 04T10 ④：2，左侧额部残块，带有角柄，重 160 克。

肩胛骨 9 件。

标本 03H41：3，左侧肩胛骨，关节窝保存完整，肩胛岗高立，骨板后缘破损，重 39 克，关节窝长 26.3、宽 22.3 毫米。

肱骨 8 件。

标本 02H38：20，右侧肱骨远端，关节愈合，残长 77.6 毫米，重 57 克，肱骨远端长 43.0、宽 54.3 毫米。

距骨 5 件。

其中 4 件保存完整，重 37～49 克，外侧平均长 58.5、内侧平均长 54.6、前宽 37.0、后宽 36.6、厚 30.9 毫米（表 11-3）。

表11-3 水鹿距骨测量数据 （单位：毫米）

标本号	左	右	外侧长	内侧长	前宽	后宽	厚
02H25：5	左		55.1	53.7	33.1	32.2	31.5
03H42：15	左		59.7	56.8	36.0	35.8	30.3
03T30 ⑤：1		右	58.6	54.0	41.6	40.3	31.6
04H19：5		右	60.7	54.1	37.4	38.1	30.0
平均值			58.5	54.6	37.0	36.6	30.9

桡骨 8 件。

标本 02H44：16，左侧桡骨远端，残长 99.9 毫米，重 75 克，远端长 36.9、宽 48.7 毫米，断口处有砍痕。

胫骨 4 件。

标本 04H17：14，右侧胫骨近端，残长 112.1 毫米，重 39 克，关节保存完整，未愈合，近端长 34.6、宽 46.3 毫米。

跟骨 5 件。

其中 3 件保存较完整，2 件跟骨结节愈合，平均长 110.8、平均宽 36.1、平均高 44.7 毫米，重 56.5 克（表 11-4）。

表11-4　水鹿跟骨测量数据　　　　　　　（单位：毫米）

标本号	左	右	长	宽	高	重量（克）
03H25：1	左		117.8	35.1	42.1	49
03H42：22		右	102.8	37.0	47.4	64
平均值			110.8	36.1	44.7	56.5

第一节趾（指）骨　5件。

3件保存完整，重16～22克，平均长59.2、近端平均长27.0、平均宽20.8、远端平均长18.4、平均宽19.0毫米（表11-5）。

表11-5　水鹿第一节趾（指）骨测量数据　　　　　　　（单位：毫米）

标本号	近端长	近端宽	远端长	远端宽	全长
03H42：36	30.7	22.2	18.2	19.9	63.7
03H42：37	23.5	18.1	16.9	17.5	54.8
03H43：3	27.5	22.0	20.2	19.7	59.0
平均值	27.2	20.8	18.4	19.0	59.2

第二节趾（指）骨　5件。

3件保存完整，重10～14克，平均长46.0、近端平均长28.1、平均宽20.8、远端平均长23.0、平均宽16.3毫米（表11-6）。

表11-6　水鹿第二节趾（指）骨测量数据　　　　　　　（单位：毫米）

标本号	近端长	近端宽	远端长	远端宽	全长
03H42：38	30.8	20.4	22.0	16.1	46.3
04H18：4	27.1	20.4	22.1	15.8	42.9
04H6：2	26.6	21.6	24.8	16.9	48.8
平均值	28.1	20.8	23.0	16.3	46.0

第三趾（指）骨　7件。

其中4件保存完整，重10～13克，平均长56.7、平均宽18.0、平均高31.2毫米（表11-7）。

表11-7 水鹿第三节趾（指）骨测量数据 （单位：毫米）

标本号	长	宽	高
03H42：39	58.3	16.6	29.8
03H42：40	55.9	17.7	31.0
04H17：1	58.2	19.9	32.4
04H19：1	54.2	17.8	31.7
平均值	56.7	18.0	31.2

斑鹿（*Cervus nippon*）

可鉴定标本65件，代表最小个体7个，重1082克。

肩胛骨 13件。

其中左侧7件，右侧5件，1件不能辨别左右。

标本03H30：1，重17克，关节窝保存完整，肩胛岗残，关节窝长26.8、宽23.5毫米。

肱骨 7件。

其中左侧4件，右侧3件，均为远端。5件远端关节保存完整，远端平均长为28.2、平均宽为34.9毫米（表11-8）。

表11-8 斑鹿肱骨远端测量数据 （单位：毫米）

标本号	左	右	长	宽
03H43：2		右	25.9	30.8
03H42：7	左		30.8	38.7
04T2 ③：1	左		27.4	33.1
03H42：17		右	28.2	36.3
04H8：11	左		28.6	35.5
平均值			28.2	34.9

桡骨 9件。

其中左侧3件，右侧6件，多为近端部分。7件近端关节保存完整的标本，近端平均长17.9、平均宽为34.4毫米（表11-9）。

表11-9　斑鹿桡骨近端测量数据　　　　　　　（单位：毫米）

标本号	左	右	长	宽
03H42：20		右	18.1	33.6
03H41：11	左		18.8	38.9
02H44：1		右	17.6	30.7
03H58：4		右	19.0	39.9
03H42：13	左		16.2	29.8
02H26：5		右	17.5	35.2
03H39：5		右	18.1	32.3
平均值			17.9	34.4

炮骨　3件。

标本03H42：43，炮骨远端，残长56.7毫米，重24克，远端关节保存完整，远端长26.1、宽39.5毫米。

胫骨　3件。

标本04H10：4，左侧胫骨远端，残长71.8毫米，重18克，远端关节愈合保存完整，远端长23.1、宽28.9毫米。

跟骨　4件。

其中3件完整，跟结节愈合。跟骨平均长68.1、平均宽21.0、平均高25.8毫米（表11-10）。

表11-10　斑鹿跟骨测量数据　　　　　　　（单位：毫米）

标本号	左	右	长	宽	高
02H44：30		右	65.1	19.6	23.4
03H41：13		右	67.1	21.2	25.1
02H44：32	左		72.0	22.3	28.8
平均值			68.1	21.0	25.8

关于遗址中发现的斑鹿是野生的还是被驯化的问题，周本雄先生在分析宝鸡北首岭的动物骨骼时认为这类动物在仰韶时期很可能已被驯化或已处于半野生状况[1]，但可惜缺少动物学和考古学方面

---

[1] 周本雄：《宝鸡北首岭新石器时代遗址中的动物群》，《宝鸡北首岭》，文物出版社，1983年，第145～153页。

的证据。祁国琴先生在《姜寨新石器时代遗址动物群的分析》一文中指出姜寨遗址中梅花鹿（斑鹿）下颌牙齿萌发和磨蚀的情况观测,总的看来他们的个体年龄是偏小的。和家猪的情况有些相似,确实也存在着一个比例较高（40%）的年龄（二岁半至三岁）类群,很可能已经开始驯化[1]。营盘山遗址中发现的斑鹿数量在鹿科中所占的比例不大,比水鹿和麂都少；而且保存状况也不好,我们没有办法统计其年龄结构,也无法对骨骼进行系统测量,找不到其被驯化的证据,所以认为其是野生的。

Ⅱ．麂亚科（Muntiainae）

麂属（*Muntiacus Rafinesque*）

麂（*Muntiacus* sp.）

可鉴定标本97件,代表最小个体10个,重602克。

下颌　6件。

其中左侧2件,右侧3件,1件不能辨别左右。

标本03H59：1,右侧下颌,保存联合面到M_3后,残长82.4毫米,重7克。P_2-M_3长45.5、P_2-P_4长16.5、M_1-M_3长29.0毫米；P_2前下颌骨高10.7、厚4.8毫米,M_1前下颌骨高12.8、厚7.0毫米,M_3后下颌骨高16.9、厚5.7毫米。

肱骨　14件。

其中左侧3件,右侧10件,1件不能辨别左右；仅1件为肱骨近端,其他为肱骨远端。6件保存远端关节的标本远端平均长为18.2、平均宽为22.1毫米（表11-11）。

表11-11　麂肱骨远端测量数据　　　　（单位：毫米）

标本号	左	右	下端长	下端宽
04T1 ④：1		右	17.1	20.7
03H14：20		右	24.7	28.4
04H18：2	左		16.6	20.4
04H6：3		右	17.4	21.1
02H44：57		右	16.8	21.2
03H42：19	左		16.3	20.6
平均值			18.2	22.1

桡骨　9件。

其中左侧3件,右侧2件,不能辨别左右4件。

[1] 祁国琴：《姜寨新石器时代遗址动物群的分析》,《姜寨——新石器时代遗址发掘报告》,文物出版社,1988年,第504～538页。

标本03H57：7，右侧远端，残长76.2毫米，重8克，远端长13.2毫米，宽18.3毫米。

股骨　9件。

其中左侧6件，右侧3件，多为远端。

标本02H44：5，左侧远端，烧，残长66.5毫米，重12克，远端关节愈合保存完整，远端长34.0、宽29.4毫米。

胫骨　14件。

其中左侧5件，右侧7件，不能辨别左右的2件，多为胫骨远端。

标本03H11：2，右侧远端，残长90.6毫米，重6克，远端关节愈合，保存完整，远端长13.9、宽20.8毫米。

掌骨　3件，跖骨1件。

标本03H2：1，掌骨远端，残长64.5毫米，重15克，远端关节愈合，保存完整，远端长17.7、宽24.5毫米。

距骨　8件。

其中左侧2件，右侧4件，不能辨别左右的2件。

标本02H44：37，右侧，保存完整，重9克，外侧长35.8、内侧长32.7、前宽21.6、后宽21.6、厚17.6毫米。

标本03H41：8，外侧长34.7、内侧长33、前宽22.1、后宽22、厚19.5毫米。

跟骨　4件。

左右各2件。3件完整的标本，平均长44.3、宽13.1、厚17.6毫米（表11-12）。

表11-12　麂跟骨测量数据　　　　　（单位：毫米）

标本号	左	右	长	宽	高
04H5：6		右	45.9	12.8	17.9
03M40：1	左		45.9	13.2	17.9
03H20：3	左		41.2	13.4	17.0
平均值			44.3	13.1	17.6

C．猪科（Suidae）

　　猪属（*Sus* Linnaeus）

　　　家猪（*Sus domestica*）

可鉴定标本725件，重9257克，代表最小个体63个。

头骨　均保存不好，均为残片。

标本03H14：1，保存颅后部分，眶后突间距96.7、顶骨最小宽28.9、枕骨最大宽66.1毫米。

颌骨　55件。

其中左侧 25 件，右侧 23 件，不能辨别左右的 7 件。虽然可鉴定标本较多，但保存状况很差，齿列均不完整。

标本 04H27：2，左侧上颌，保存 dm^1-dm^3，3 月龄左右。

标本 04T1 ②：3，左侧上颌，dm^2-M^1，M^1 刚出未磨，6～7 月龄。

标本 03H42：2，右侧上颌，dm^1-M^2，M^2 刚出未磨，1 岁左右，M^1-M^2 长 35.5 毫米。

标本 03H14：8，右侧上颌，保存 P^1-M^2，M^3 未出，约 14～16 月龄左右，P^1-P^4 长 47.0、M^1-M^2 长 38.9 毫米。

标本 04H36：5，右侧上颌，保存 P^3-M^3，牙齿完全萌出，大约 2 岁左右，为成年猪，M^3 稍残，M^1-M^3 长 68.8 毫米，M^1 长 16.4、宽 15.4 毫米，M^3 长 24.7、宽 18.4 毫米。

标本 04H15：1，左侧上颌，保存 P^3-M^3，长 81.9 毫米，M^3 稍磨，2.5～3 岁左右，M^1-M^3 长 65.0 毫米，M^1 长 17.3、宽 14.2 毫米，M^3 长 31.3、宽 18.9 毫米。

下颌骨 最多，可鉴定标本 125 件，其中左侧 60 件，右侧 41 件，下颌联合 14 件，不能辨别左右的 10 件。

标本 04H27：5，下颌，联合部尚未愈合，左侧带 dm_1-dm_2，右侧带 dm_1-dm_3，M_1 正萌出，估计年龄在 5 个月左右，dm_1-dm_3 长 38.2 毫米，dm_3 长 19.5、宽 8.4 毫米。

标本 02H7：2，右侧下颌和下颌联合部，带 dm_2-M_1，M_1 稍磨，M_2 未出，年龄约 7～8 月。dm_3 长 19.3、宽 8.3 毫米，M_1 长 16.5、宽 10.2 毫米；M_1 前下颌骨高 31.9、厚 18.4 毫米。

标本 03T18 ⑤：1，左侧下颌，牙齿仅保存 dm_3，dm_3 长 19.6、宽 8.8 毫米，M_1 已出，M_2 未出，小于 1 岁，M_1 前下颌骨高 24.3、宽 14.4 毫米。

标本 04H27：4，左下颌，仅保存 M_2 至下颌角，1 岁左右，下颌支高 96.4、宽 71.7 毫米。

标本 03T33 ④ b：1，下颌骨，右侧保存至 P_2 段，断口处有砍痕，左侧保存至 M_2。M_1 和 M_2 磨得不重，估计 M_3 未出，约 16～17 月，P_2-P_4 长 49.3、M_1-M_2 长 34.2 毫米。

标本 03H39：1，保存门齿到左右 M_1，M_1 磨得不重，P_4 出，M_3 可能出，大约 2 岁，P_2 前下颌高 43.9、厚 22.0 毫米，下颌联合部长 42.8、宽 25.4 毫米。

肩胛骨 42 件。

其中左侧 19 件，右侧 16 件，不能辨别左右的 7 件。

肱骨 45 件。

其中左侧 18 件，右侧 22 件，不能辨别左右的 5 件，多为肱骨远端。其中保存较好的 6 件肱骨远端平均长 39.5、宽 40.9 毫米（表 11-13）。

表11-13 猪肱骨远端测量数据 （单位：毫米）

标本号	左	右	远端长	远端宽
03H42：2		右	48.6	53.8
03H14：37		右	40.2	41.5
03H58：1		右	37.0	37.0

03H43：1	左		35.4	35.3
04T10 ④：3	左		——	42.7
04H20：1	左		36.4	34.9
平均值			39.5	40.9

桡骨　23 件。

其中左侧 8 件，右侧 10 件，不能辨别左右的 5 件，多为近端部分。

标本 03T33 ④ b：3，右侧近端，残长 89.4 毫米，重 18 克，断口处有砍痕，近端长 19.1、宽 24.3 毫米。

股骨　21 件。

其中左侧 10 件，右侧 7 件，不能辨别左右的 4 件。

标本 02H8：2，右侧股骨近端，残长 87.9 毫米，重 35 克，大转子和股骨头正愈合，约 3.5 岁左右。近端长 40.7、宽 45.5 毫米。

胫骨　31 件。

其中左侧 8 件，右侧 13 件，不能辨别左右的 10 件，多为胫骨远端，关节愈合的少。标本 03H42：3，胫骨远端，远端长 24.6、宽 27.3 毫米。

跟骨　19 件。

其中左侧 6，右侧 8 件，不能辨别左右 5 件。

距骨　12 件。

其中左侧 3 件，右侧 7 件，不能辨别左右的 2 件。3 件保存较完整的标本外侧平均长 41.2、内侧平均长 38.2、前宽平均 23.5、后宽平均 19.3、厚 21.9 毫米（表 11-14）。

表11-14　猪距骨测量数据　　　　　　　　　（单位：毫米）

标本号	左	右	外侧长	内侧长	前宽	后宽	厚
03H14：23		右	39.3	35.3	24.1	18.0	19.8
03T10 ④ a：1		右	44.4	42.5	24.8	21.8	25.0
03T33 ④ b：2	左		39.9	36.9	21.6	18.2	20.8
平均值			41.2	38.2	23.5	19.3	21.9

另外有第一节趾（指）骨 4 件、第二节趾（指）骨 8 件、第三节趾（指）骨 11 件。

关于猪的死亡年龄是根据上、下颌骨恒齿的萌出来估计的。恒齿的萌出时间是参照 Gail Bull 和 Sebastian 关于家猪牙齿萌出时间的研究，即恒齿替换乳齿的时间和顺序是，M1P1，4～5 月龄，I3C，10～12 月龄，M2，12～14 月龄，I1、P2、P3、P4，14～16 月，I2，18～20 月，M3，21～24 月龄 [1]。营盘山遗址家猪的死亡年龄结构如下（表 11-15）。

---

[1] Gail Bull and Sebastian Payne, Tooth Eruption and Epiphysial Fusion in Pigs and Wild Boar,Ageing and Sexing Animal Bones from Archaeological sites, pp.55-71,B A R British Series 109,1982.

表11-15 营盘山遗址家猪的死亡年龄统计表（MNI：最小个体数）

月龄	1～4（乳齿）	5～9（M1、P1萌出）	10～14（I3、C、M2萌出）	14～16（P2、P4、P3、I1萌出）	18～20（I2萌出）	21～24（M3萌出）	大于24	小计
个体数	2	32	12	7	1	4	5	63
百分比%	3.18	50.79	19.04	11.11	1.59	6.35	7.94	100

关于如何确定考古遗址中的家畜动物，祁国琴先生认为一般从两方面入手：一方面是寻找骨骼学的证据，另一方面要看遗址动物群中是否有一定年龄类群的存在；除此之外，还要注意文化和环境以及艺术品形象的证据[1]。袁靖先生近年在前人研究的基础上又总结了关于如何判别家猪的五项标准[2]。在驯养早期，由于野猪和人工饲养的家猪在骨骼形态上很难区别，因而在考古研究中经常根据动物死亡年龄组合的特征来判定遗址中出土的猪骨是捕获的野猪还是饲养的。如李有恒、韩德芬先生早在《半坡新石器时代遗址中之兽类骨骼》中就指出"在我们看来，在幼仔青少年时死亡，不是野生猪的自然现象。"[3]但近来有研究者指出：过去我们认为，如果一批动物骨骼遗存中有大量未成年的或幼年的动物，就能说明有人类活动的介入，因为它们与想象中的"正常"野生群体有根本上的差别；但是现在我们得知野生动物群中的动物性别比例或成年与幼体的百分比也存在很大差别；再有，所有的捕食动物（不仅是人类）都是有选择性地捕猎，它们集中捕杀那些防御性较差的个体，因此，高比例的未成熟动物本身不足以证明驯化的发生。[4]但我们认为，在早期遗址判别家畜中，年龄结构和该种动物的数量（如可鉴定标本数、最小个体数等）所占的比例仍然具有重要参考意义，下面我们以家猪的判别为例进行简单阐述。其一，虽然现在的家猪和野猪相比，两者在外形上的区别是明显的，如家猪头长和身长的比例数值要比野猪小的多，而野猪的四肢比家猪的粗壮[5]，但早期驯化的家畜与其野生类型在骨骼形态方面的差异可能并非十分明显的。就骨骼学方面的比较来看，常用的数据主要来自猪犬齿、第三臼齿、头骨的形态大小等方面，但要在遗址中找到一定量的保存完整的可测量标本往往是比较困难的，从前面的标本描述我们就可看到营盘山遗址出土的猪骨骼和牙齿能为我们提供这方面数据的就很少；且骨骼和牙齿的形态大小受驯化程度、食物结构和气候环境等方面的影响我们暂时不能估量的，所以单个或少量的标本在我们看来仅具参考意义。其二，早期遗址中出土的动物骨骼所能代表的性别结构是难以判断的，因为遗址中出的骨骼一般都很破碎，对猪的性别判断一般多以犬齿的大小来区分，其他骨骼则很困难，但遗址中出土的上、下颌骨带有完整的犬齿的则少之又少，而零落的犬齿对整个遗址出土动物性别结构的判断则用处不大。其三，仿生艺术品和遗址中用牲祭祀的文化现象常也被看做是该种动物被驯化的重要依据，但仿生艺术品本身就意味着其原形可能来自遗址内的家畜，也有可能是遗址周围狩猎所获的野生动物；另外仿生艺术品有可能不是对动物本身完全如实的反映，且早在旧石器时代晚期就已经出现。用牲祭祀的文化现象在早期遗址中有用家畜，如在大地湾一期即有发现用猪下颌骨随葬的现象[6]，也有用野生动物

[1] 祁国琴：《动物考古学所要研究和解决的问题》，《人类学学报》1983年第2卷第3期，第293～300页。
[2] 袁靖：《古代家猪的判断标准》，《中国文物报》2003年8月1日第7版。
[3] 李有恒、韩德芬：《半坡新石器时代遗址中之兽类骨骼》，《西安半坡》，文物出版社，1963年，第255～269页。
[4] 科林•伦福儒、保罗•巴恩著，中国社会科学院考古所译：《考古学——理论、方法与实践》，文物出版社，2004年，第297页。
[5] 郭郛、（英）李约瑟、成庆泰著：《中国古代动物学史》，科学出版社，1999年，第371页。
[6] 甘肃省博物馆秦安县文化馆大地湾发掘小组：《甘肃秦安大地湾新石器时代早期遗存》，《文物》1981年第4期，第1～8页。

的，如用鱼随葬的[1]，也有用大熊猫下颌骨等野生动物随葬的[2]，这两方面的证据经常要与前面的年龄结构、骨骼形态和数量比例相结合才可行。基于以上三点，我们认为判别早期遗址出土动物是否已经驯养最切实可行的还是要以动物年龄结构和动物所占的比例为基础，当然，要是能找到骨骼学、性别结构、艺术品和考古学文化方面的证据那最好不过了。

由于营盘山遗址猪骨骼很残破，所以没有办法对头骨和犬齿进行系统的测量，也没有办法对性别结构进行统计，仅对个别标本保存较好的进行了测量。吻部缩短是家猪的特征之一，可惜我们只有 1 件标本可以进行测量，标本 03H39：1，从牙齿萌出来看，M_3 可能已出，大约 2 岁左右，下颌联合部长 42.78、宽 34.32 毫米，宽长指数（宽 / 长 ×100）80．23，比殷墟的肿面猪的长宽指数大（73.3）[3]，与朱开沟遗址的相当（79.6）[4]，说明营盘山遗址的这件下颌联合部宽短。从表 11–15 可知，营盘山遗址出土的猪死亡年龄以 M_3 未萌出的青少年猪为主，占 85.71%。；另外，猪的可鉴定标本数占可鉴定标本总数的 64.27%，最小个体数占总数的 54.08%。从营盘山遗址猪的死亡年龄结构、下颌骨形态和在出土动物骨骼中所占的比例来观察，营盘山遗址的猪是驯养的。

4．食肉目（Carnivora）

A．熊科（Ursidae）

黑熊属（*Selenarctos Heude*）

黑熊（*Selenarctos thibetanus*）

可鉴定标本 11 件，代表最小个体 2 个。

左侧尺骨　2 件。

标本 02H44：10，尺骨近端，近端关节残，半月切迹保存完整，长 110.3 毫米，重 35 克，骨体上有敲击痕迹。

桡骨　1 件。

标本 04H5：7，右侧桡骨，保存近端关节，残长 41.01 毫米，关节稍残，近端长 24.1、宽 35.7 毫米，被烧过，重 12 克。

股骨　3 件。

均为股骨上端，其中右侧 2 件，左侧 1 件。

标本 03H41：1，左侧股骨近端，发掘中残破，残长 119.5 毫米，重 60 克；股骨头内侧稍残，大、小转子保存完好，近端宽 94.2 毫米，股骨头上有砍痕和咬痕，还有烧过的痕迹。

左侧髋骨　1 件。

标本 03H42：11，耻骨部分残，坐骨保存较完整，长 217.4 毫米，重 176 克；髋臼保存完好，髋臼宽，髋臼边缘有切割痕迹。

第一节趾骨　1 件。

标本 02H38：21，长 37.0、近端长 15.5、宽 18.5、远端长 9.6、宽 15.1 毫米，重 5 克。

[1] 周本雄：《宝鸡北首岭新石器时代遗址中的动物骨骼》，《宝鸡北首岭》，文物出版社，1983年，第145～153页。

[2] 武仙竹、周国平：《湖北官庄坪遗址动物遗骸研究报告》，《人类学学报》2005年第24卷第3期，第232～248页。

[3] 杨钟健等：《安阳殷墟之哺乳动物群》，《中国古生物志》丙种第12号第1册23页，1936年。

[4] 黄蕴平：《内蒙古朱开口沟遗址兽骨的鉴定与研究》，《考古学报》1996年第4期，第515～536页。

第二节趾骨　2 件。

标本 02H38：22，长 28.2、近端长 13.8、宽 15.6、远端长 10.7、宽 14.5 毫米，重 3 克。

标本 02H38：23，长 28.2、近端长 14.6、宽 14.9、远端长 11.0、宽 12.7 毫米，重 3 克。

另外有右侧肩胛骨 1 件，但破损严重。

　　B．犬科（Canidae）

　　　　犬属（Canis Linnaeus）

　　　　　狗（Canis familiaris）

可鉴定标本 39 件，代表最小个体 3 个。

上颌　2 件。

左右各 1，均出土于 03H30，应为同一个体。

标本 03H30：7，左上颌残块，带 P^4 和 M^1，长 73.8 毫米，重 9 克。P^4 长 16.6、宽 9.2 毫米，M^1 长 11.1、宽 14.1 毫米，M^1-M^2（齿槽）长 18.6 毫米，P^4 小于 M^1 和 M^2 长度之和。

下颌　3 件。

其中左侧 2 件，右侧 1 件。

标本 03H30：3 和 03H30：2 分别为 M_3 正萌出的左、右侧下颌骨，可能为同一个体，死亡年龄约半岁左右。

标本 03H30：3，左侧下颌：P_2-P_4 长 26.4 毫米，M_1-M_3 长 30.2 毫米，M_1 长 18.3、宽 7.5 毫米，P_1 前方下颌高 15.9 毫米，M_1 后方下颌高 22.1、M_1 处下颌骨厚 9.4 毫米。

标本 3H30：2，右侧下颌：P_2-P_4 长 26.5 毫米，M_1-M_3 长 30.0 毫米，M_1 长 18.4、宽 7.5 毫米，P_1 前方下颌高 15.8 毫米，M_1 后方下颌高 19.4、M_1 处下颌骨厚 9.5 毫米。

尺骨　6 件。

左、右各 3 件。

标本 02H44：6，左侧尺骨近端，长 99.4 毫米，重 12 克；近端关节部分保存完好，尺骨头和半月切迹都保存完整，已经愈合。

桡骨　1 件。

标本 03H15：5，右侧桡骨近端，残长 91.4 毫米，重 7 克，近端关节保存完整，未完全愈合，近端长 9.4、宽 14.1 毫米。

股骨　2 件。

左、右各 1 件。

标本 04H10：9，右侧股骨近端，残长 40.6 毫米，重 6 克，烧骨。股骨头和小转子保存完整，大转子上半部分残，近端长 18.7、宽 30.6 毫米。

胫骨　1 件。

标本 03H11：1，右侧胫骨，保存完整，近端关节未愈合，远端关节基本愈合，长 172.9 毫米，重 26 克，近端长 25.8、宽 28.6、中部长 14.2、宽 11.4、远端长 17.7 毫米，宽 20.2 毫米。

髋骨　3 件。

左侧 2 件，右侧 1 件。

标本 02H37：4，右侧髋骨，残长 109.2 毫米，重 20 克。

跟骨　2件。

左右各 1 件。

标本 03H47：2，左侧跟骨，跟结节愈合，保存较完整，重 5 克，长 48.7、宽 14.7 毫米（残），高 21.4 毫米。

标本 04H18：10，右侧跟骨，保存完整，跟结节未愈合，重 2 克，长 36.0、宽 13.8、高 15.6 毫米。

另外有寰椎 2 件、枢椎 1 件、腰椎 2 件、腓骨 1 件、掌骨和跖骨 7 件、头骨残片 1 件和零散的牙齿 5 颗。

　　C．鼬科（Mustelidae）

　　　I．獾亚科（Melinae）

　　　　猪獾（*Arctonyx collaris*）

可鉴定标本 1 件，代表 1 个个体。

标本 03H15：5，为獾左侧尺骨，尺骨头稍残破，长 49.1 毫米。

　　5．灵长目（Primates）

　　　A．猴科（Cercopithecidae）

　　　　猕猴属（*Macaca Lacepede*）

　　　　　藏酋猴（*Macaca thibetana*）

可鉴定标本 4 件，代表最小个体数 3 个。

肱骨　3件。

其中 2 件为右侧，1 件为左侧，3 件个体差异较大，代表 3 个个体。

标本 03H39：3，左侧肱骨，肱骨近端残，远端稍残，保存有鹰嘴窝，残长 158.7 毫米。

标本 04H36：7，右侧肱骨，仅保留远端关节处，关节愈合，残长 49.7、远端长 23.0、宽 36.4 毫米。

股骨　1件。

标本 03H57：63，左侧股骨近端，但近端关节残破，残长 60.9 毫米。

　　（二）鸟纲（AVES）

由于没有对土样进行浮选，所获鸟类骨骼并不多，共出土鸟类的骨骼 43 件，由于骨骼破碎给鉴定带来很大的困难，主要包括两个目，即鸡形目和隼形目。

　　1．鸡形目（Galliformes）

　　　A．雉科（Phasianidae）

　　　　I．雉亚科（Phasianinae）

　　　　　石鸡属（*Alectoris* Kaup）

　　　　　　石鸡（*Alectoris chukar*）

荐椎　1件。

已经愈合，出自 03H14：44。石鸡属现在国内有 2 个种，七个亚种，均为留鸟，石鸡主要分布在西北地区，在四川北部也有少量分布[1]。常栖于低山区干燥的山岩、丘陵地区的岩坡、砂坡等地，集

[1] 鲁长虎、费荣梅编：《鸟类分类与识别》，东北林业大学出版社，2003年，第92页。

群活动；主要以植物的嫩叶、枝、芽、浆果和种子为食，也食部分苔藓、地衣和昆虫[1]。

雉属（*Phasianus Linnaeus*）

环颈雉（*Phasianus colchicus*）

左侧股骨 1件。

标本04H18：13，两端关节稍残；另左侧肩胛骨各1件。现在我国仅一种19各亚种，分布于全国各地，均为留鸟[2]，栖息于山区灌丛、小竹簇、草丛、山谷草甸及林缘等。

雉科中还有1件右股骨。

2．隼形目（Falconiformes）

A．鹰科（Accipitridae）

鵟属（*Buteo Lacepede*）

大鵟（*Buteo hemilasius*）

标本03H53：2，保存较好。大鵟又叫老鹰、花豹等，是大型猛禽，大鵟没有亚种分化，大多为留鸟，部分有迁徙行为；性凶猛，主要以鼠类为食，也捕食小兔、蛙、蜥蜴、小鸟和昆虫[3]。大鵟栖息于山地、山脚平原和草原等地区，也出现在高山林缘和开阔的山地草原与荒漠地带，垂直分布高度可以达到4000米以上的高原和山区[4]。

鹰科中另有喙骨和胫跗骨各2件，股骨、肱骨、肩胛骨各1件，均出自04H14。

其他的鸟纲骨骼均太碎，难以做更进一步的鉴定，骨骼部位有股骨、肱骨、肩胛骨、尺骨、跗蹠骨和胫跗骨等。

（三）鱼纲（PISCES）

仅发现5件鱼骨，均出于03H42，均为头骨残片，其中1件为腮盖骨，由于保存很差，难以辨别属种。2006年我们在发掘中浮选了2件脊椎骨。

（四）爬行纲（REPTILIA）

龟鳖目（Testudines）

龟腹甲6件，未做属种鉴定。

（五）腹足纲（GASTROPODA）

中腹足目（Mesogastropoda）

A．宝贝科（Cypraeidae）

[1] 刘明玉、解玉浩、季达明主编：《中国脊椎动物大全》，辽宁大学出版社，2000年，第589页。

[2] 鲁长虎、费荣梅编：《鸟类分类与识别》，东北林业大学出版社，2003年，第100页。

[3] 刘明玉、解玉浩、季达明主编：《中国脊椎动物大全》，辽宁大学出版社，2000年，第581页。

[4] 赵正阶编著：《中国鸟类志》（上卷，非雀形目），吉林科学技术出版社，2001年，第252、253页。

货贝属（*Monetaria*）

货贝（*Monetaria moneta*）

1件。

标本04M27：5，长19.4、宽12.8毫米，背部呈褐色，壳缝较宽。

（六）瓣鳃纲（LAMELLIBRANCHIA）

蚌　10件，有些有穿孔现象，如标本04H16：6。

二　骨角牙蚌器制作工艺

营盘山遗址出土的骨、角、蚌器数量较多，器形规范，加工精致。器物种类有锥、簪、镞、（骨）梗刀、磨光肋骨等，另有一些制作骨器的坯料和废料，对于全面复原制作骨、角器的工艺流程有重要意义。这些工具主要用鹿角、鹿和牛的肋骨、长骨作为原料，经过截料、制坯、琢磨、挖槽、钻孔、雕刻纹饰等工序制成，另有少量有染色（彩版二六三～二六七）。

（一）骨角料截取方法

1．鹿角料截取方法

用石斧先砍下鹿角的分枝，并将主枝砍成长度适当的小段，然后利用锋利的石片蘸水顺着鹿角的长轴纵向锯切开槽取下鹿角片。

标本03H42：33，鹿角料，残长85.0毫米，一端保留有砍痕，两侧可以清晰看到纵向锯切的沟槽，沟槽很平整。

也有横向锯切角料的方式。

标本00H8：92，外壁面内弧，内壁面略外弧，已残，上下端磨平，外径50.0、厚3.0、高13.0毫米。另外出土1件坯料。

标本03H48：20，残长14.18毫米，两端可见明显的锯痕，角环大部分残，呈浅弧形，角环壁厚5～10毫米。

2．肢骨取料方法

鹿和牛的长骨是制作骨器的好原料。在残骨中，鹿和牛的长骨多是保留有关节端的残块，断口处留有砍痕，中间骨体却很少见，有很大部分应该是用来作骨料了。从长骨上取料的方法，包括锯切开槽取料法和直接砸击法两种。

锯切开槽取料法是用锋利的石片蘸水在长骨上顺长轴纵向往返锯切，随着锯切的加深，两侧的沟槽也逐渐变宽，锯切到一定深度，顺着沟槽敲击，即能断开，取下骨片。这种方法比较费工，但取下的骨片一般都较规整，制作坯料时较方便。骨料主要为鹿的胫骨和炮骨，可以分为两种情况，一种是保留上关节部分，另一种是先锯切掉两端关节部分，仅用中间骨体取料，其中以后一种占多数，可能与加工不同类型的工具有关。

标本 03H58：7，鹿跖骨裂片，残长 90.5 毫米，上端保留关节面，仅一侧可见从上关节面至骨体中间的下料锯切痕迹。

标本 02T1 ④：1，水鹿炮骨近端部分，带有近端关节面，残长 118.2 毫米，有两道下料锯切痕迹，远端因砸击而呈尖锥状，可能是用来加工骨锥的坯料。

标本 03H36：3 是不保留两端关节的原料，可见与骨骼长轴平行的两刻槽。在距近端关节和远端关节一定距离的骨体先横向锯切一条沟槽，深度一般为骨壁厚度的一半，然后将其放在石砧上砸击下来，仅用骨体中间部分加工工具。

在骨料或骨坯中未见保留远端关节的现象，这与远端关节不适应于加工工具有关，所以很多长骨远端是取下骨料后的残留物。

标本 03H42：12，水鹿右侧胫骨下端，残长 87.9 毫米，胫骨的两侧可以见到平行锯切痕迹，锯切深度大概为骨壁厚度的一半，骨体上端有断口，可能为锯切到一半时即将胫骨放在石砧上砸击。

直接砸击法是将骨料置于石砧上，用石器直接将骨骼的两端关节砸下，留骨体中间部分用于加工骨器。

标本 03H42：6，水鹿跖骨远端关节，关节面保存完整，残长 29.6 毫米，断口处可见清晰砸痕，而不见锯切痕迹。

（二）骨角器制作工艺

1．骨锥

形制多样，依据外形分为三型。

A 型　用鹿的炮骨制成，其加工方法是将炮骨骨体的外侧面或内侧面贴在石砧上，随后沿骨体长轴纵向砸击，取下带有近端关节的长骨片做毛坯，再琢磨成器，利用炮骨近端的滋养孔系绳。

标本 03H43：4，用鹿跖骨后侧骨片制成，保存完整，呈长条形，长 111.3、宽 16.5、厚 4.5 毫米，两侧可见下料的锯切痕迹，刃部尖锥状，磨制光滑锋利。

B 型　用鹿的炮骨作坯料，保留近端关节，下料的方法与 A 型同，不同之处是取下的骨片较 A 型细长，通体磨光大致呈近扁圆柱状或三棱柱状，且不象 A 型那样利用炮骨上方的滋养孔系绳。依据骨锥的长短分为两式。

B 型 I 式　较长。

标本 03L1：1，保存完整，呈扁圆柱状，长 172 毫米，通体磨制，刃部呈细尖状，很锋利。

B 型 II 式　较短。

标本 03H42：32，保存完整，上部保留的近端关节呈帽状，整体为长条形，长 66.4、宽 9.1、厚 5.8 毫米，再在末端磨出一扁尖。

C 型　用其他残破工具改制的锥。

标本 03H42：1，呈长条形，残长 68.1、宽 16.1、厚 8 毫米左右，两端均残破呈三角形，其中一端在三角尖的基础上磨制成钝尖，系用其他规整的长条形工具废弃后改制而成的骨锥。

锥的用料、形制多样，尖部制作比较规范且刃角钝锐不一，应该是为了适于不同的用途而有意制作的，在此我们不作具体推测分析。

2．角锥

依据形态特征和加工方式分成两型。

A 型　是用鹿角或麋角作成，锥的刃部均较钝，先将鹿角锯切到一定深度然后砸断，再利用鹿角和麋角的自然形态，在一端或两端磨制成尖锥状即成，可分为两式。

A 型 I 式　两端均为尖刃的。

标本 03H42：30，长 129.2 毫米，用水鹿角作坯料，先将鹿角截取下来，由于是先锯切到一定深度，然后在石砧上砸击，所以断口不平，破成尖状，在此基础上稍加磨制即成一钝尖；另一端利用角尖的自然形态磨成一钝尖锥状。

A 型 II 式　仅一端有尖，截取鹿角的方法与 I 式同，利用角尖稍稍磨制加工而成。

标本 02H42：2，斑鹿角，另一端残破，残长 94.8 毫米，角尖处磨成尖锥状。

B 型　用鹿角片作坯料，先从鹿角分枝上取下长条形鹿角片，鹿角片一般较宽，基本是将鹿角半剖后作为坯料，然后利用较细的角尖部分磨成尖锥刃，从外形上看很象 A 型 II 式的一半。

标本 03H48：19，刃部保存完整，另一端残，长 142.8、宽 35.8、厚 25.5 毫米，鹿角片两侧有琢痕和磨痕，故明显不是 A 型 II 式对半破裂的结果。

3．簪

李济先生将小屯、侯家庄等地遗址和墓葬出土的骨笄（簪）依据笄（簪）的顶部类型划分为八大类，即朴状顶、划纹顶、盖状顶、牌状顶、"羊"字形顶、几何形顶、鸟形顶和其他动物形顶，并探讨了各类笄（簪）的形制演变和相互关系[1]。营盘山遗址出土的骨器中簪是最多的一种，依据骨骼坯料和借鉴李济先生的划分标准，将营盘山遗址的骨簪分为四型。

A 型　顶部残，系用动物肋骨制成，这一型无保存完整的，多已从中间折断。

标本 02H43：1，保存带尖的下半部分，尖稍残，器身细圆柱状，通体磨光，可见细磨痕，残长 62.1、直径 4.3 毫米。

B 型　朴状顶，用肢骨片制成，器身圆柱状，系先从鹿（牛）肢骨上锯切下长条形的骨条，再通体磨制而成。

标本 03T26 ③ a：1，保存完整，长 152.2 毫米，上端茎部稍扁，顶端保持骨料的原始状态，可见长骨的近端关节面。在营盘山遗址中发现的簪多数仅保存有茎下端至刃部，应该划归为此型。

C 型　盖状顶类中的活帽型，此型顶盖与簪茎分开制造，顶盖一面的中心钻有榫口，茎上端亦制成榫头状，各件制成后，再套装组合。该型多用鹿（牛）肢骨制成，通体磨光呈圆柱状，尖部锋利，这种簪制作精致。

标本 03T33 ④ b：5，器身圆柱状，尖部残，上部保存完整，残长 73.4、茎部直径 6 毫米左右，榫头呈圆柱形，长 3.5、直径 2.8 毫米。

另外发现两件用于装饰 C 型骨簪的簪帽，呈圆饼状，可见榫口，用于插置 C 型骨簪的榫头。

标本 03T10 ④ a：1，管状部分稍残，厚 9.1 毫米，帽盖呈圆形，直径 22.2、榫口外壁直径 7.2、榫口直径 5 毫米，孔壁很薄，足见当时的钻孔技术已经有较高的水准。

---

[1] 李济：《笄形八类及其文饰之演变》，《李济考古学论文选集》，文物出版社，1990年，第454～518页。

营盘山遗址出土的 C 型的制作工艺是比较复杂的，与李济先生划分的活帽插干型属于同一型，李济先生认为"活动顶盖的出现可能较晚"，[1] 其他研究者也认为干字形、锥顶形和活帽插干形习见于殷墟晚期文化层，可能是比较晚起的形式[2]。除在营盘山遗址发现有此型的簪外，在东乡林家遗址亦可见[3]，说明营盘山先民的骨、角器制作工艺已经很发达了，且有较高的审美水平。

D 型　顶部较器身稍大呈帽状，帽下有一圈浅刻痕，系用鹿或牛的肢骨片制成，器身细圆柱状，刃部锋利呈尖锥状，制作精美，通体磨光。

标本 03H20：4，保存完整，长 62.1、器身直径 5 毫米左右。

4．骨梗刀

骨梗刀的梗部，用水鹿或牛的肢骨制成，均为扁平梗，呈长条形，一侧稍外弧，均为在稍外弧的一侧锯切槽用于装置石叶，没有两侧刻槽的，器身通体磨光但不均匀。

标本 03H42：31，残长 94、宽 20.1～13.4、厚 4.9～2.4 毫米，通体磨光但不均匀，两面均可见与长轴成约 45 度夹角的细磨痕。

标本 04H10：1，残长 56.9、宽 17.1～14.5、厚 5.7～4.6 毫米，两面均可见与长轴成 45 度夹角的细磨痕，废弃后被烧过。

5．镞

4 件，3 件为鹿角制成，1 件为鹿或牛的肢骨片制成，依据其外形，可分为三型。

A 型　刃部圆锥形，器身呈梭形，用鹿角作原料，虽然废弃后被烧，但依然可见较明显的铤部。

标本 03H20：1，残长 50.9 毫米，其中铤部残长 17.1 毫米，铤部有些细小的浅刻痕，不知是否为后期破坏所致还是制作时有意刻划以便于捆绑。

B 型　刃部大致呈三棱状，用鹿角制成，可见细磨痕。

标本 03H42：18，残长 47.0、刃部至少 26.6 毫米，刃部之后残破严重又被烧过，不清楚铤部的情况。

C 型

标本 03H55：1，刃部呈柳叶形，扁平，锋部稍残，铤部后部分也折断，残长 57.5、其中铤部残长 18.3 毫米，该标本形制周正，系用鹿或牛的肢骨片制成，两面磨制光滑，器表可见细磨痕，磨痕多与长轴成 45 度夹角。

6．珠

用肢骨作原料。

标本 04H18：15，略呈鼓形，中间大，两端稍小，厚 6.0、外侧直径 9.2、内侧直径 4.7、珠壁厚 2.6 毫米，通体打磨光滑。

[1] 李济：《笄形八类及其文饰之演变》，《李济考古学论文选集》，文物出版社，1990年，第454～518页。

[2] 中国社会科学院考古研究所编著：《殷墟的发现与研究》，科学出版社，1994年，第393页。

[3] 甘肃省文物工作队等：《甘肃东乡林家遗址发掘报告》，《考古学集刊（第4集）》，中国社会科学出版社，1984年，第111～161页。

7．磨光肋骨

标本 03H42：3，残长 70.3 毫米，两端残断，用肋骨制成，系先将肋骨立放砸击，使肋骨两侧缘半剖，然后将分开的密质骨片两面通体磨光。骨体可见沿长轴的细磨痕，两侧可见与长轴成大约 45 度的细磨痕。

8．匕

以鹿角作为原料，先从鹿角上取下较规整的长条形鹿角片，然后再磨制加工，前部为中锋，依据外形和侧刃可分为两型。

A 型 利用鹿角分叉处的自然形态，使匕外形保持"L"形。

标本 03H43：9，保存完整，短的一侧宽 16.2、长 42.6、厚 7.3 毫米；长的一侧宽 21.5、长 112.5、厚 8.8 毫米，中锋，两侧刃均磨制锋利。这种形状的匕以前也有称鹿角靴形器的，多为男性墓葬的随葬品，推测其可能是一种渔猎工具[1]。

B 型 从鹿角取下长条形的鹿角片后加工磨制而成，扁锋，仅在一侧磨制刃口。

标本 03T10 ④：1，保存完整，长 104.6、宽 17.5、厚 7.8 毫米。

9．其他残骨角牙器

含坯料等半成品。

标本 02H20：1，牙质，呈三棱柱状，横切面近等腰三角形，残长 29.7 毫米，两侧均为釉质层，两端可见横向锯切痕迹，大概锯切到一半的深度即砸击取下坯料，在工具成品中没有与其形状相近者。

标本 03H20：4，呈长条形，残长 37.4、宽 6.8、厚 5.2 毫米，通体磨光，两端均残破，但值得注意的是其中一面呈紫红色。该标本出土于灰坑中，其土色为灰褐色，遗址地层的土色也与骨器表面的颜色不同，故该骨器表面的颜色不是在埋藏过程中被浸染的，且在遗址中发现有朱砂[2]，因而我们认为骨器表面的紫红色可能是用朱砂等颜料染色所致。

标本 04H16：7，角坯料，近端可见剧切痕迹，稍磨，远端磨平，通体磨光，可能为坯料。

10．蚌刀

1 件。

标本 04T1 ④：2，略呈长方形，穿有 5 孔，我们将其放在显微镜下进行了观察，两侧不见使用痕迹，可能是保存不完整的缘故，但可清晰观察到 5 个孔均为单面钻孔，呈同心圆状。关于新石器时代蚌刀的使用王仁湘先生做过很好的研究，认为这种长方形形蚌刀系收获工具，蚌刀上的穿孔，用于系绳套在手上，方便使用[3]，营盘山遗址出土的蚌刀也应该是一种收获工具。

通过上面的分析研究，可以初步了解营盘山先民制作骨、角、牙器的大概情况，先是选择鹿角

---

[1] 王仁湘：《黄河流域新石器时代的骨制生产工具》，《中国考古学论丛》，科学出版社，1993年，第142～161页。

[2] 蒋成、陈剑：《2002年岷江上游考古的收获与探索》，《中华文化论坛》2003年第4期，第8～12页。

[3] 王仁湘：《论我国新石器时代的蚌制生产工具》，《农业考古》1987年第1期，第145～155页。

和大型偶蹄动物的长骨作为坯料，其中以胫骨和炮骨为首选，然后经过截料、制坯、琢磨、挖槽、钻孔、甚至染色等工序加工成器。出土的骨、角器依据功能可以分为生产工具（如骨梗刀、锥、镞、匕等）和日常生活装饰用品（如骨簪、骨珠等）两大类。

三　几件骨骼的病理学观察

在整理营盘山遗址出土的骨骼时我们发现 1 件骨骼有病理现象，标本 04H7：6，麂股骨，两端关节均残，保存骨体中间部分，长 67.3、直径 12.6 毫米，重 5 克。在标本中部有一明显突起的瘤状，瘤状骨质长 23.4、高 5.8、宽 33.56 毫米。

值得注意的是，虽然营盘山遗址只发现 1 件，但在岷江上游新石器时代晚期遗址中并非孤例。在距离营盘山遗址不远的而时代稍早的波西遗址也出土 1 件，标本 03SMBH6：4，为水鹿肢骨片，两端关节均残，肢骨片长 109.9、宽 32.4 毫米，重 42 克，在一侧有明显的瘤状突起，大致呈扁等腰三角形附在肢骨上，长边 49.0 毫米，另两边分别为 28.2 毫米和 25.9 毫米，与营盘山遗址的症状很相似，只是瘤状突起更大些。另外在川西高原西缘的麻家山地点也发现 1 件，标本 01SHMM1：1，麂股骨，两端关节均残，保留骨体中间部分，长 55.6、直径 13.7 毫米，重 6 克，肢骨一侧附有一小瘤状突起，瘤状突起稍残，但很明显。

为了深入了解 3 件标本的瘤状突起的病理现象，我们请四川省人民医院的专家帮助做了鉴定，四川省人民医院病理科的主任医生徐钢先生认为做切片观察可能达不到研究的目的，由于遗址的时代距今近 5000 年，在埋藏过程中骨骼中的微量元素已经与埋藏土壤中的元素发生了交换，在不断进行石化作用，将动物骨骼切片脱钙观察很困难，建议我们请骨科专家做形态学方面的研究。在放射科做了 X 光数字化摄影后我们请四川省人民医院骨科主治医师魏丹先生做形态学观察。魏丹先生认为从形态上观察该瘤状突起与人类较常见的软骨瘤（Chondroma）中的单发性内生软骨瘤（Solitary enchondroma）的病理表现相似，多发于软骨内化骨的骨骼，长骨上较少见，是较为常见的良性骨肿瘤。目前由于材料太少，对其病因的探讨还为时过早，但这几件标本为以后动物考古研究中的古病理研究提供了很好的材料。

四　讨论

1. 营盘山遗址周围的自然环境和动物资源

茂汶羌族自治县地处川西高原向川西平原过渡的高山峡谷地带，境内北有岷山，东南有龙门山脉由东北向西南延伸，西部有邛崃山脉，境内高山耸峙，河谷深邃，江河纵横，森林茂密。营盘山遗址位于县城凤仪镇附近，由于龙门山脉挡住了从太平洋吹来的湿润东南风，加以谷地开阔，吸收太阳辐射热较差[1]，使营盘山遗址附近的气温低于附近的其他河谷。在（四川）西部地区特殊的地貌条件下，动物区系的种类组成具有复杂和古老的特殊点外，善于奔驰跳跃或登崖履险的有蹄类多，也和东部地区形成鲜明对照[2]。总的看来，地表起伏比较大，从而导致气候、植被类型的多样化和垂

---

[1]《茂汶羌族自治县概况》编写组：《茂汶羌族自治县概况》，四川民族出版社，1985年，第1～4页。

[2]《四川资源动物志》编辑委员会主编：《四川资源动物志》（第一卷）总论，四川人民出版社，1982年，第15、16页。

直分布明显，对于资源动物的种属构成、数量和分布地域影响很大。在营盘山遗址发现的哺乳动物中猪、狗是家畜，可能还有黄牛，其余的都是捕获的野生动物，这更有利于观察当时遗址周围的动物分布状况，以复原当时的自然环境。

从野生动物的栖息环境可以推测遗址周围的气候环境和植被状况，营盘山遗址鹿科动物发现较多，其中水鹿群栖息于针阔混交林、阔叶林、稀林草原等生境；麂栖息于常绿阔叶林和针阔混交林，灌丛和河谷灌丛；斑鹿栖息于针阔混交林的林间和林缘草地以及山丘草丛。黑熊属于林栖动物，主要栖息于阔叶林和针阔混交林中，野兔主要栖息于河道两岸的灌丛、草丛、山坡灌丛及林缘地带。这些动物的存在说明遗址周围的植被有较多的阔叶林、针阔混交林，浓郁的灌丛和草丛，体现出垂直分布差异的特点。而斑羚栖息于高山林带和峭壁裸岩，独栖或成队晨昏在山坡、林中草地、溪边取食灌、乔木的嫩枝、叶和青草等，斑羚的存在也反映了遗址周围地貌起伏大的特征。竹鼠则主要栖息于海拔1000～2500米的山间竹林中，主要以竹及竹笋为食物，竹鼠的出现说明周围分布有竹林。几种鸟类均为留鸟，其生境也与前面哺乳动物所反映的环境相似。另外，蚌、鱼、龟、鳖的发现说明当时附近有宽广的水域，这也与遗址三面环水的独特地理位置吻合。总的看来，营盘山遗址出土的动物骨骼呈现出当时动物种属的多样性，说明营盘山人生活在一个山清水秀、林草茂密的自然环境中，也有一定的灌丛和草丛，反映出该地区处于从高原向平原过渡的地貌特征，植被垂直变化也较明显。

2. 动物骨骼表面痕迹分析

营盘山遗址发现的动物骨骼比较破碎，通过仔细观察，骨骼表面有食肉类咬痕、烧痕、人类肢解动物和加工骨器留下的痕迹。

食肉动物的咬痕仅见于在少数骨骼表面，鉴于遗址中发现有狗的遗骸，这些骨骼上的咬痕可能是狗所为。

烧骨大部分出自灰坑，共384件，占所有标本的10.81%，所代表的动物种属有家猪和各种鹿科动物。碎骨和骨角器也有少量被烧过。其中有的骨骼烧得比较厉害，通体呈黑色或灰白色，也有的标本只是在表面有轻微的烧痕，有些骨器也被烧过，应该是废弃之后烧的。关于这些烧痕我们认为与当时的居民烹煮肉食的方式无关，即这些烧痕不是烤肉造成的，因为很多骨骼碳化的程度很高，烧焦的肉是不能食用的。烧骨多与其他未烧过的骨骼一起出土，说明烧骨是经过移动的后再与其他的残骨埋藏在一起。

最值得关注的是骨骼表面留下的两种人工痕迹，一种是肢解动物时留下的，另一种是加工骨器过程中留下的。肢解动物的痕迹可分为砍痕、砸击痕和切割痕，其中以砍痕为主。绝大多数砍痕主要集中在猪的骨骼上，牛、水鹿、斑鹿和狗的骨骼上各仅有1件；从砍痕所在的骨骼部位来看，多集中于肱骨下端、髋骨、腰椎、尺骨、肩胛骨等部位（附表四）。路易斯．宾福德根据北美和非洲的民族学调查资料，认为人们肢解动物的步骤大体分为四步：第一，先从头后部和环椎之间下刀，把头割下；第二，把脖子和脊椎部分分开；第三，割下四肢（盆骨有时连在后肢上，有时残留在脊椎一侧）；第四，处理肋骨和脊椎的方式很多[1]。黄蕴平先生在对赵宝沟遗址的动物骨骼研究中，通过对

---

[1] Binford, L.R.,1981.Bones: Ancient Men and Morden Myths. New York, Academic Press,p.91，转引自袁靖：《关于动物考古学研究的几个问题》，《考古》1994年第10期，第919～928页。

肢骨断裂位置和砍痕分布的状况分析，总结了当时人类肢解动物常用的方法，是先从颈部将头砍下，然后在肩部（肩胛骨颈部）和臀部（髋骨髋臼处）将四肢卸下，分别在前肢的上臂骨（肱骨中部）和前臂骨（尺—桡骨中部）以及后肢的大腿（股骨中部）和小腿（胫骨中部）将四肢各砍成三节[1]。其实，不管是使用金属工具或石质等其他工具，从古至今人们肢解动物的方式基本是一致的，多是从关节处下手，这样是最省时省力的，也不易损耗屠宰肢解工具。除了食用动物的肉外，动物的筋、腱也是很重要的部分，故在近关节处常留有肢解动物的砍痕和为剔割筋腱而留下的切割痕迹。

锯切痕迹主要是在制作骨、角器下料制坯时留下的，前面我们在介绍骨器制作工艺时已做了详细记述，不在赘述。

3. 从动物遗存看营盘山先民的生业方式

从出土的动物骨骼，我们可以管窥营盘山先民在食物结构和生业方式等方面的一些特点。营盘山遗址发现的动物群以家养动物为主，野生动物数量较少，按最小个体数统计家养动物占总数的65.09%（含黄牛），野生动物占34.81%。家养动物的种类有猪、狗，可能还有黄牛，其中猪占主导地位，这些都与农业定居社会驯养动物的特征相似。另外，从我们收集的骨骼状况来看，营盘山遗址的骨骼分布相对密集，破碎程度也高，骨骼上保留有不少的砍切痕迹，而且还发现了很多的骨坯和制作骨器剩余的废料。这些特征都说明营盘山遗址是一个定居的聚落。

从营盘山遗址出土的陶器来看，发现较多夹砂厚胎的炊器，遗址内还发现有用于贮藏粮食或其他物品的圆形袋状窖穴，说明当时农产品的数量已较为丰富。从石器方面来看，营盘山遗址出土少量的石斧、石锛和石凿等砍伐农具；各种石刀和切割器可能是用于农业收割或采集活动的；另有石杵等加工农具。遗址浮选的标本出有少量黑麦[2]，这也给我们提供了农业定居的信息。但是，由于营盘山遗址所处的地理位置以及受当时气候环境变化的影响，我们认为营盘山的农业经济可能并不是很发达。

营盘山遗址地处茂汶地区，气候复杂多样，具有干燥多风、冬季寒冷、夏季凉爽、昼夜温差大和地区差异大的特点。县城平均气温为11℃，最低气温为-12℃，最高气温为32℃，无霜期220天，年平均降雨量仅490毫米，主要集中在五~十月，年平均蒸发量1305毫米，为年雨量的近三倍[3]，现代的气候环境指标应该说不适合发展农业生产。由于营盘山遗址的孢粉分析结果还未发表，我们可借鉴地貌相似纬度稍北的渭水流域全新世环境变化的研究结果做初步分析，据张宏彦先生对渭水流域全新世环境的变化的研究认为，孢粉组合（5000 ~ 4400 a B.P.）特征以案板Ⅳ带、西山坪第2号样品、师赵村第1、2号样品为代表，显示草本花粉较前一时期有所上升，木本花粉略有下降，其中栎、鹅耳枥、胡桃等阔叶树仍常见，以松为主的针叶树稍有增加，反映出植被为针阔叶混交林和草原，气温和湿度均较前一时期有所下降[4]。营盘山遗址所处川西北的地貌环境，其位于中国的农牧交错带地区，一般认为生态过渡带对于环境变化的反应比较敏感[5]，因而当时气候环境的变化可能比较

[1] 黄蕴平：《动物骨骼概述》，《敖汉赵宝沟》，中国大百科全书出版社，1997年，第180~200页。

[2] 成都文物考古研究所陈剑先生面告。

[3] 《茂汶羌族自治县概况》编写组：《茂汶羌族自治县概况》，四川民族出版社，1985年，第3页。

[4] 张宏彦：《渭水流域全新世环境变化的初步研究》，《环境考古研究（第二辑）》，科学出版社，2000年，第145~151页。

[5] 宋豫秦：《生态过渡带之人地关系刍议》，《环境考古研究（第二辑）》，科学出版社，2000年，第13~16页。

大，而且营盘山遗址附近的气温低于附近的其他河谷地区，因此我们认为由于营盘山遗址所处的地理位置，在降温的大背景下农业生产可能并不是很发达的。

诚然，营盘山遗址是农业定居聚落，但在营盘山遗址周围有丰富的动物资源和植被条件，可以为先民提供广阔的食物资源。遗址位于岷江边缘的台地上，且三面环水，虽然我们没有进行浮选，但已经发现了少量的鱼骨，遗址出土遗物中也有网坠发现，说明岷江及其支流丰富的鱼资源也是食物的重要来源之一。另外，遗址出土有数量丰富的狩猎所用的石球、磨制精细的石质和骨质箭镞等遗物以及数量众多的细石叶、细石核及小石片石器。总之，从遗址所处的地理环境、出土动物骨骼、骨器加工和浮选的植物标本来看，营盘山遗址可能以农业经济为主，同时，狩猎、采集和捕捞业也是营盘山居民经济生活中不可或缺的补充内容，反映出营盘山先民很好地利用了区域地理内的资源为生活服务。营盘山遗址虽地处川西北，先民们除了充分利用当地的动植物资源外，在遗址中发现有少量海贝，说明当时地处高原边缘的营盘山先民并不封闭，至少与周边地区存在交流。

五　结语

营盘山遗址出土的动物种类比较丰富，有猪、狗、黄牛、羊、水鹿、斑鹿、麂、斑羚、黑熊、兔子、竹鼠、龟鳖类、蚌类、鱼类和鸟类等，说明当时遗址周围植被浓郁，水域宽广，动物资源丰富，为先民提供了良好的生境。通过对可鉴定标本数、最小个体数、家畜年龄结构、骨骼重量及肉量估算等统计分析，我们认为猪是人们饲养的稳定的肉食来源，年龄都相对较小，反映当时人们食用猪肉的状况；狗的数量少，应该不是以食肉为畜养目的的，而很可能是作为狩猎的伴侣；黄牛数量很少，判断家养或野生有一定的困难。野生动物中以哺乳动物为主，而哺乳动物中有偶蹄目、食肉目、灵长目、兔形目和啮齿目，其中偶蹄目占绝大多数，它们是当时聚落遗址先民的重要肉食来源，另外少量爬行动物和淡水鱼类也是食物结构的重要组成部分。从骨、角质工具来看，主要是以骨锥为主，另有箭镞、骨梗刀、骨匕、骨针等生产和狩猎工具；骨簪、骨镯等妆饰品制作精细，表现较高的审美情趣，总体看来骨、角器工艺比较发达。总之，动物骨骼资料反映出该遗址无疑是定居农业社会，以农业为主但并不是十分发达，平时畜养猪作为稳定的肉食来源，同时采集、狩猎和捕鱼也是获取食物的重要方式。

第二节　浅论动物考古学中两种肉量估算方法——以营盘山遗址为例*

动物考古学是用动物学的相关知识来研究考古遗址中出土动物遗骸的一门学科，其研究范畴包括复原古代的生态环境、探讨动物与人的关系，分析人类的生产活动、生活行为、社会结构和文化面貌等方面的问题。动物考古学开展较早，关于欧美的动物考古学简史已有学者进行过总结[1]，随着研究的深入，近年又有新的进展[2]。中国学者在20世纪20年代以来就注意收集动物化石或骨骼的资

---

* 何锟宇、蒋成、陈剑：成都文物考古研究院。原载于《浅论动物考古学中两种肉量估算方法——以营盘山遗址出土的动物骨骼为例》，《考古与文物》2009年第5期。

[1] 祁国琴、袁靖：《欧美动物考古学简史》，《华夏考古》1997年第3期。

[2] 松井章文、袁靖、秦小丽译：《动物考古学研究的进展》，《考古与文物》1994年第1期。袁靖：《动物考古学研究的新发现与新进展》，《考古》2004年第7期。

料，并开展了相关方面的有益研究。近年，中国的动物考古开展较多，也取得了巨大的进展或有新观点提出，主要表现在可鉴定标本数、最小个体数、动物群性别和年龄结构[1]，大型食肉类动物啃咬骨骼和敲骨吸髓破碎骨片的特征[2]，骨角器加工工艺复原[3]，肢解动物、肉量估算和狩猎季节推断研究[4]，家畜的起源[5]，获取肉食资源的模式[6]等几个方面。肉量估算方面，较常用的有怀特（White, T.E.）[7]和李德（Reed,C.A.）[8]两个学者提出的方法，下面我们以四川省阿坝藏族羌族自治州茂县（原茂汶羌族自治县）营盘山遗址出土的哺乳动物骨骼为例对这两种方法在应用中一些问题进行讨论。

营盘山遗址位于茂县凤仪镇所在的河谷冲积扇平原，地处岷江东南岸三级台地上，地理位置为北纬31°41，东经103°51′。平面约呈梯形，东西宽120～200、南北长约1000米，总面积近15万平方米。遗址东面临深谷阳午沟，东北面、北面、西面均为岷江所环绕，东距茂县县城约2.5千米，海拔高度1650～1710米，高出岷江河谷约160米，表面地势略呈缓坡状。成都文物考古研究所、阿坝州文管所、茂县羌族博物馆于2000年调查发现，2000、2002年进行试掘，2003、2004、2006年进行了正式发掘。

营盘山遗址出土的陶器大致可分为A、B、C三组：A组包括双唇口瓶、弧边三角纹及变体鸟纹彩陶器、细泥红陶碗、绳纹细泥红陶深腹钵、尖底瓶、带流盆、泥质陶大口深腹盆、夹砂陶箍带纹瘦腹侈口罐等，同甘肃秦安大地湾遗址第四期文化、武都大李家坪第二期文化、陕西宝鸡福临堡遗址第三期前段文化等仰韶晚期遗存的陶器特征比较相近，属于仰韶晚期文化系统。B组包括线条纹及垂帐纹彩陶瓶、彩陶盆、彩陶钵、带錾盆、甗、侈口深腹罐、泥质陶敞口碗、钵等。同师赵村第五期遗存、东乡林家遗址主体遗存等马家窑文化马家窑类型遗存，宝鸡福临堡遗址第三期后段文化、武都大李家坪第三期文化的陶器特征相近。C组以各类夹砂陶侈口花边罐、敛口罐、侈口及敛口小罐、直口罐、宽沿罐、泥质灰陶大口罐、喇叭口高领罐、高领壶形器、矮圈足陶器、假圈足器、泥质磨光陶瓦棱纹盆、戳印纹鼓腹罐等内容为代表，应属土著文化因素。与四川盆地北缘、东缘三峡地区同期的新石器时代遗存的陶器有较多相似之处。三组文化因素在早、中、晚期共存，但各期所占比例略有变化，早期A组遗存的比例略高，中期B组的比例略高，晚期C组遗存的比例升高。总体上看，C组文化因素所占比例较高，B组次之，再次为A组。

以营盘山遗址为代表的岷江上游新石器时代文化遗存，是一种新发现的以具有自身特色的本土

[1] 李有恒、韩德芬：《半坡新石器时代遗址中之兽类骨骼》，《西安半坡》，文物出版社，1963年，第255～269页。周本雄：《河北武安磁山遗址的动物骨骸》，《考古学报》1981年第3期。祁国琴：《动物考古学所要研究和解决的问题》，《人类学学报》第2卷3期，1983年。袁靖：《关于动物考古学研究的几个问题》，《考古》1994年第10期。

[2] 吕遵谔、黄蕴平：《大型食肉类动物啃咬骨骼和敲骨取髓破碎骨片的特征》，《纪念北京大学考古专业三十周年论文集》，文物出版社，1990年。

[3] 黄蕴平：《内蒙古朱开口沟遗址兽骨的鉴定与研究》，《考古学报》1996年第4期。

[4] 黄蕴平：《动物骨骼概述》，《敖汉赵宝沟》，中国大百科全书出版社，1997年，第180～200页。

[5] 周本雄：《中国新石器时代的家畜》，《新中国的考古发现与研究》，文物出版社，1984年，194～198页。袁靖：《中国新石器时代家畜起源的问题》，《文物》2001年第5期。

[6] 袁靖：《论中国新石器时代居民获取肉食资源的方式》，《考古学报》1999年第1期。

[7] Elizabeth J. Reitz and Elizabeth S.Wing , Zooarchaeology, P223–P225, Cambridge University Press, 1999.

[8] Elizabeth J. Reitz and Elizabeth S.Wing , Zooarchaeology, P223–P225, Cambridge University Press, 1999.

文化因素为主体成分，同时吸收了仰韶晚期文化、马家窑类型文化等多种外来文化因素的地方文化类型[1]，此类遗存命名为"营盘山文化"符合营盘山遗址的地位和文化内涵。

营盘山遗址 2000 年试掘时曾采集木炭标本送北京大学考古文博学院加速器质谱实验室进行测试，有 2 个碳 -14 年代测试数据，BA03280（2000SMYT10H8）：4390±60 B.P.；BA03281（2000T12 ⑥）：4170±60 B.P.。2003 年发掘采集的木炭标本经中国社会科学院考古研究所测出了 3 个碳 -14 测年数据：4416±31，4274±31，4419±32a B.P.，经树轮校正后大体为 4881～3100a B.P.[2]。5 个数据树轮校正后的年代范围约为距今 5300～4600 年。将营盘山遗址出土陶器与周围地区，尤其是渭河上游地区、白龙江中下游地区年代清楚、序列明确的新石器时代遗存的陶器进行对比，所得出的相对年代结果与上述数据范围相似。上限同马家窑文化石岭下类型、以大地湾遗址第四期文化为代表的仰韶晚期阶段遗存的年代相近，下限和马家窑文化马家窑类型的晚段相似。

营盘山遗址 2000、2002～2004 年发掘出土的动物骨骼共 3551 件，包括腹足纲 1 件、半鳃纲 9 件、鱼纲 3 件、爬行纲 6 件、鸟纲 43 件和哺乳纲动物骨骼 3489 件。腹足纲的种类有货贝（*Monetaria moneta*）；鱼纲、爬行纲和瓣鳃纲的材料太少，且标本残破，不能鉴定属种。鸟的纲种类有石鸡（*Alectoris chukar*）、环颈雉（*Phasianus colchicus*）和大鵟（*Buteo hemilasius*）。哺乳动物骨骼中可鉴定标本（NISP）1128 件，包括鉴定到了属种的头骨、上颌骨、下颌骨、肢骨、肋骨和脊椎骨等，碎骨 2361 件，代表动物最小个体数（MNI）106 个。哺乳动物的种类有藏酋猴（*Macaca thibetana*）、狗（*Canis familiaris*）、黑熊（*Selenarctos thibetanus*）、猪獾（*Arctonyx collaris*）、家猪（*Sus domestica*）、小麂（*Muntiacus reevesi*）、水鹿（*Cervus unicolor*）、斑鹿（*Cervus nippon*）、黄牛（*Bos taurus*）、斑羚（*Naemorhedus caudatus*）、兔子（*Lepus* sp.）和竹鼠（*Rhizomys* sp.）等 12 种[3]。由于发掘过程中我们并没有筛选，对鸟纲、鱼纲、爬行纲和瓣鳃纲等小型动物的骨骼收集并不充分，所以下面我们只对哺乳动物的骨骼所代表的肉量进行估算。

营盘山遗址动物骨骼的保存状况不好，破碎的多，另外，一些很小的指骨 / 趾骨、跗骨在遗址内均有发现，说明这些动物是在聚落遗址内屠宰和消费的，这便于我们解释肉量估算的问题。下面根据怀特和李德两个学者的方法，我们对遗址发现的动物骨骼所能提供的肉量进行估算，动物个体重量的数据主要来源于《中国鹿类动物》[4]、《中国脊椎动物大全》[5]、《中国黄牛》[6] 和《中国猪种》[7] 等。肉量估计结果分别见表 11-18 和表 11-19，从 2 个表中可看到两位学者提供的估算肉量的方法得出的结论差距甚远，达 60～62 倍之多，这不得不让我们思考这两种方法的可行性或可信度，下面我们结合遗址的具体情况做一具体分析。

---

[1] 成都文物考古研究所等：《四川茂县营盘山遗址试掘报告》，《成都考古发现（2000）》，科学出版社，2002 年。

[2] 资料现存成都文物考古研究所；中国社会科学院考古研究所考古科技实验研究中心碳十四实验室测试数据，《考古》2005 年第 7 期。

[3] 何锟宇：《营盘山遗址出土动物骨骼研究》，北京大学硕士研究生学位论文，2006 年 6 月。

[4] 鹿科动物的体重指数来自盛和林等著：《中国鹿类动物》，华东师范大学出版社，1992 年。麂的成年体重为 10～15 千克（第 126 页），成年雄性水鹿约 180 千克，雌鹿 150 千克（第 175 页），成年雄性斑鹿约 150 千克，雌鹿 100～120 千克（第 202 页）。

[5] 黑熊、斑羚的肉量指数来自刘明玉等编：《中国脊椎动物大全》，辽宁大学出版社，2000 年。

[6] 黄牛的平均体重来自邱怀主编：《中国黄牛》，农业出版社，1992 年。

[7] 《中国猪种》编写组：《中国猪种（一）》上海人民出版社，1976 年，第 116～125 页。现分布于四川地区较多的一种家猪"内江猪"成年平均重量为：母猪 179 .2 千克，公猪 175.2 千克；而现生野猪的重量一般在 140～200 千克，结合四川地区现生的野猪和家猪的成年平均重量，我们在计算肉量时取 170 千克。

表11-16 主要哺乳动物提供肉量统计表（依照李德方法计算）*

动物种属	骨骼重量（千克）	骨骼重量与活体重量比值（%）	遗址活体重量（千克）	可食用肉量（千克）
水鹿	3.15	7.5%	42.0000	21.0000
斑鹿	1.082	7.5%	14.4267	7.21335
麂	0.602	7.5%	8.0267	4.01335
牛	0.776	7.5%	10.3467	5.17335
猪	9.257	7.5%	123.4267	61.71335
斑羚	0.22	7.5%	2.9333	1.46665
熊	0.431	7.5%	5.7467	2.87335
狗	0.234	7.5%	3.1200	1.56000
碎骨	6.862	7.5%	91.4933	45.74665
骨器	0.845	7.5%	11.2667	5.63333
总计				156.39338

* 李德的计算方法：遗址出土的大型哺乳动物骨骼标本重量与活体重量的比值约为7.5%，而可食用肉量占活体重量的50%[1]。

先看李德的方法（表11-16），需要说明的是，在计算时我们把肋骨和脊椎骨等也计算在内，另外把提供肉食少的头骨、指骨/趾骨也包含了在内。这种方法估算肉量在很大程度上取决于骨骼的收集方法，因为各种动物骨骼的重量与其体重的比值差异并不大，据周本雄先生介绍，"根据实验估计，动物骨骼重量，约占其体重的百分之七到七点七。各种动物骨骼与体重的比例稍有不同：猪骨骼的重量占体重的百分之七；牛的占百分之七点三；绵羊的占百分之七点七。因此，已知骨骼重量，即可算出动物的体重总量。而动物的纯肉量，约占其体重的百分之五十，如鹿、绵羊等。猪、熊等动物的这一比例稍高些，肉量为体重的百分之七十五。"[2] 我们在计算时完全依据李德采用的7.5%，该方法的优点在于考虑了遗址内所出土的全部动物骨骼（主要为哺乳动物），因为动物骨骼的重量与其体重的比值都采用7.5%，这样就不管是否为可鉴定标本均可纳入计算，但却忽略了各种动物提供肉量的差异，基于这个原因，我们在计算时还是尽量将各种动物提供的肉量单独计算，碎骨和骨器所代表的肉量也单独计算，这样便于后文与采用怀特的方法估算的结果进行对比。

在采用李德的方法的情况下，当收集的手段越严密（如采取筛选）时，骨骼标本自然能收集得越多，进而估算出来的肉量也越多。但是骨骼在遗址的保存受到多方面因素的影响，其保存下来的机率偶然性很大，不可预测因素太多，即我们很难计算出我们收集的骨骼所代表的肉量占当时聚落内消费的总肉量的百分比。沃尔特斯（Walters）曾经在澳大利亚中部做过一个实验，将用餐后的骨头丢到帐篷外，6个月后仅有2%的骨骼保存下来，他将这些骨头的减少归于家狗的啃食，其他的学

[1] Elizabeth J. Reitz and Elizabeth S. Wing , Zooarchaeology, P223–P225, Cambridge University Press, 1999.

[2] 周本雄：《兽骨鉴定》，《考古工作手册》，文物出版社，1982年，第397页。

者也做过类似的实验，也将骨骼的大量减少归于家养狗和猪的啃食；而韦恩和奎特麦尔（Wing and Quitmyer）在一个没有家养狗等动物的岛上做了一个实验，将一些软体动物和鱼抛在该岛上，6 个月后发现所有软体动物和四分之三的鱼骨保存了下来，而鱼骨的损耗很大程度上取决于怎样烹煮。[1] 关于动物骨骼在遗址的保存状况国内尚未有人作过相似的实验研究，但营盘山遗址有狗等家畜的发现，骨角器工艺也比较发达，另外骨骼中有很大一部分是烧过的，这些因素无疑对骨骼的保存有重大的影响，故采用这种方法计算出来的肉量可能会与实际肉量相差很远。从表 11-16 可知，依此方法估算出营盘山先民总共消费的肉量仅约 156 千克，肉量偏小是不言而喻的，这一方法很难如实反映农业定居遗址的实际肉量消费，影响其准确度最致命的因素是遗址动物骨骼的保存率，即我们暂时没有办法计算出现有收集动物骨骼占当时聚落内消耗肉量后所剩骨骼的百分比。

表11-17　主要哺乳动物提供肉量统计表（依照怀特方法计算）*

动物种属	个体重量（千克）	最小个体数（个）	活体总重量（千克）	提供的肉量（千克）
水鹿	150～180	6	900～1080	450～540
斑鹿	100～150	7	700～1050	350～525
麂	10～15	10	100～150	50～75
黄牛	500	3	1500	750
家猪	170	63	10710	7497
斑羚	20～30	3	60～90	30～45
黑熊	150	2	300	210
狗	30	3	90	45
总计				9382～9687

* 怀特的计算方法：长腿哺乳动物可食用肉量=活体重量×50%×最小个体数；鸟类和短腿哺乳动物可实用肉量=活体重量×70%×最小个体数。

再看怀特的计算方法（表 11-17），该方法是依据最小个体数来计算的，这种方法的优点在于照顾了大型动物提供肉量的重要性，不会因为单纯依赖最小个体数而被贬低，比较适合于聚落遗址肉量的估算（假定所有被屠宰的动物都在聚落内消费）。但这种简单的肉量估计有其不足之处，特别是它不考虑每个物种个体的性别、年龄或死亡季节[2]。鉴于上述缺陷，我们在计算时尽量考虑了同种动物不同性别间体重的差异，以水鹿为例，水鹿：150～180 千克即表示水鹿成年雌性个体的平均体重约 150 千克，雄性约 180 千克；若未查找到不同性别体重差异具体数据的，我们多采用该种动物的平均体重，以家猪为例，170 千克即表示现代成年猪的平均体重。但不同年龄或季节死亡的差异等因素我们暂时无法解决，如营盘山遗址的猪多是未成年的（表 11-18），但我们在计算时未按每个月龄段分别计算，因为我们没有找到各月龄段家猪的体重，所以依据现有猪的个体数提供的肉量应该比

[1] Elizabeth J. Reitz and Elizabeth S. Wing , Zooarchaeology, P115, Cambridge University Press, 1999.

[2] 汤卓炜编著：《环境考古学》，科学出版社，2004年，第198页。

实际的偏大。加工骨器的坯料多来自鹿科和牛科动物,其势必影响这两类动物骨骼的破碎度,而骨器表面多磨制光滑,在鉴定中很难鉴定到骨骼的具体部位和左右侧,进而影响可鉴定标本数和最小个体数。除上述缺陷外,这种方法很大程度上也受骨骼破碎度(如火烧等人为因素、食腐动物的啃咬和叼运等)和鉴定者的水平的影响,这种方法要依赖最小个体数,而最小个体数的计算必须以可鉴定标本数为基础,以营盘山遗址为例,共出土的3489件哺乳动物骨骼,碎骨就占2361件,可鉴定标本数只占1128件,仅为总标本数的三分之一。从前述分析中,我们可以看到影响怀特的计算方法的因素很多,其中有两方面的,一方面是影响可鉴定标本数和最小个体数进而影响到肉量的,这些因素多使最小个体数偏小,从而实际消费肉量也偏小;另一方面是动物的性别、年龄、死亡季节,甚至不同地域等造成的动物个体肉量的差异,这方面的影响因素比较复杂,很多时候均是造成肉量偏大和偏小的因素同时存在,目前没有找到较好的办法来校正这种方法造成的误差。

表11-18　营盘山遗址家猪的死亡月龄统计表(MNI:最小个体数)

月龄	1～4 (乳齿)	5～9 (M1、P1萌出)	10～14 (I3、C、M2萌出)	14～16 (P2、P4、P3、I1萌出)	18～20 (I2萌出)	21～24 (M3萌出)	大于24	小计
个体数	2	32	12	7	1	4	5	63
百分比%	3.18	50.79	19.04	11.11	1.59	6.35	7.94	100

注:恒齿的萌出时间是参照Gail Bull和Sebastian关于家猪牙齿萌出时间的研究,即恒齿替换乳齿的时间和顺序是,M1P1,4～5月龄,I3C,10～12月龄,M2,12～14月龄,I1、P2、P3、P4,14～16月,I2,18～20月,M3,21～24月龄[1]。

　　相比两种方法,就营盘山遗址这种聚落遗址的实际情况来看,依怀特的方法计算出的肉量较李德的方法计算的更切合实际,因为早期聚落多是自给自足的自然经济,聚落消费的肉量主要来自聚落内部的自主生产,但影响准确度的可变因素还是很多。通过上面两种估算结果的比较,我们认为这两种方法在应用时候需要谨慎对待,针对不同性质的遗址应该选择不同的方法,这样估算的肉量才会更有意义。

　　对于聚落遗址,依怀特的方法估算的结果更切合实际,其原因是我们假定聚落内的动物骨骼均均是居民在遗址周围狩猎和饲养所获,没有与外界的交换发生,即自给自足。在这种情况下,骨骼的保存率、可鉴定标本数和最小个体数统计的准确度在很大程度上决定了肉量的估算;另外,前面谈到的物种的性别、年龄不同,重量也不同,同一性别和年龄的动物在不同季节其肉量也有一定的差异。其他的影响因素,我们在前面营盘山遗址的讨论中多有提到,在此不予赘述。

　　而对于功能性质比较单一的遗址,如墓地、作坊或加工场等,肉量是来自外地输入,在这种情况下,我们认为李德的方法计算的肉量可能更合适些。以墓地为例,中国考古中发现的墓葬自新石器时代起就有随葬肉食的习俗,随葬的动物有全牲、半牲或动物的某一部分等三种形式,在这种情况下,虽然三者的可鉴定标本数有很大的差别,但最小个体数却是一致的。所以,如果随葬的是全牲,以怀特和李德的方法估算的结果应该基本是一致的;但很多墓中的随葬动物实际上很多都不是全牲而

---

[1] Gail Bull and Sebastian Payne, Tooth Eruption and Epiphysial Fusion in Pigs and Wild Boar, Ageing and Sexing Animal Bones from Archaeological sites, pp.55–71, B A R British Series 109, 1982.

仅是身体的一小部分，如新石器时代的很多墓中均有随葬猪下颌的习俗，在这种情况下，如果用怀特的方法来估算，就难免"以部分代替整体"，估算出的肉量将比实际肉量大出很多。故我们认为在计算墓地的随葬肉量时，李德的方法更切合实际。作坊或加工场出土肉量的估算用李德的方法更合适，前提我们也是基于这样的考虑，即作坊或加工场的肉食甚至所有食物都是外来输入的。在这种情况下，外面的肉食在输入时多有选择性，如外地屠宰的动物肉食全部输入，则两种方法计算的结果应该是一致的；如果输入的仅是动物的一部分，依怀特估算的肉量将偏重。如广西壮族自治区百色市革新桥新石器时代遗址是一石器制造场 [1]，宋艳波对该遗址的动物骨骼进行了研究 [2]。那么，问题的关键在于我们怎么知道输入的是所屠宰动物的全部肉食？这个问题不象墓中随葬的动物如果是全牲就一目了然的可以判断，暂时还没有找到好的方法解决。李德的方法优点在于我们可以把遗址出土的所有动物骨骼（不管是可鉴定或不可鉴定标本）纳入计算，但也存在不少缺陷，如动物的不同部位提供的肉量是不一样的，当我们收集的骨骼中有明显的部位分化（如某一部位的骨骼特别多）时，我们在估算肉量时应予以适当考虑的。另外，李德对动物骨骼重量与动物体重均采用 7.5% 的比值，实际上影响骨骼重量的因素很多，例如埋藏骨头的地层地质条件，土壤性质不同，都会影响重量 [3]。除此外，遗址中的骨头经常可见到很多被烧过的现象，另外埋藏时间的长短对骨骼石化作用的影响都会影响到骨骼的重量。

上面我们对两种方法适用范围进行了简略的讨论，两种方法都是对遗址内出土的全部骨骼所代表的肉量进行的估算，而在实际研究中，我们可能更注或更愿意重关注聚落内动物骨骼（肉食资源）分配的差异、墓地内不同墓葬随葬动物的种类和数量等方面差异的问题，因为这对观察聚落内部结构和阶层分化，墓主身份等级的高低和丧葬文化习俗等方面具有更直观的意义。通过前面的论述可以看到，纵然我们在计算肉量时对这些影响因素可以尽最大努力减少误差，但遗址骨骼的保存率问题受很多因素制约，缺乏实验，也难以把握；但有一点就是提醒我们在收集骨骼材料时要更加细致。总之，由于遗址的性质、骨骼的保存状况和动物考古本身的局限性，我们认为对遗址内肉量消费的估算不可能很精确，但作为经济结构中的一个参考数据，相信对了解当时遗址内的牲畜饲养、狩猎规模，日常食物结构特别是肉食结构或动物随葬习俗等方面无疑将有一定的帮助。

[1] 广西壮族自治区文物工作队：《广西百色市革新桥新石器时代遗址》，《考古》2003年第12期。

[2] 宋艳波：《广西革新桥新石器遗址动物骨骼分析》，北京大学硕士研究生学位论文，2005年6月。

[3] 周本雄：《兽骨鉴定》，《考古工作手册》，文物出版社，1982年，第397页。

第一二章　植物遗存研究

第一节　营盘山遗址浮选结果及分析*

一　研究背景

营盘山遗址位于川西北岷江上游地区的茂县县城附近。岷江上游是典型的高山峡谷地区，或崇山峻岭，或峭壁深壑，但茂县的县城处在一片冲积平原上，地势相对比较平坦，适于人类居住和活动。因此在这一地区分布着许多古代遗址，营盘山是其中一处比较重要的史前时代居住遗址（图12-1）。

营盘山遗址先后经过两次试掘和一次正式发掘，共发现并清理了20余座房址，百余个灰坑，以及祭祀坑、窑址等各种遗迹现象；出土了一大批陶器、石器、骨器等重要遗物。根据对遗迹遗物的分析，营盘山应该是一处岷江上游地区的史前中心聚落遗址，碳-14测定年代的校正结果在距今5300～4600年间[1]。

图12-1　茂县盆地地貌

* 赵志军：中国社会科学院考古研究所；陈剑：成都文物考古研究院。原载于《南方文物》2011年第3期。

[1] 成都文物考古研究所、阿坝藏族羌族自治州文管所、茂县博物馆：《四川茂县营盘山遗址试掘报告》，《成都考古发现（2000）》，科学出版社，2002年，第1～77页。成都文物考古研究所、阿坝藏族羌族自治州文管所、茂县博物馆：《四川茂县营盘山遗址2002年的发掘》，待刊。

　　营盘山遗址位于茂县凤仪镇所在的河谷冲积扇平原，地处岷江东南岸三级台地上，地理位置为北纬31°41，东经103°51′。平面约呈梯形，东西宽120～200、南北长约1000米，总面积近15万平方米。遗址东面临深谷阳午沟，东北面、北面、西面均为岷江所环绕，东距茂县县城约2.5千米，海拔高度1650～1710米，高出岷江河谷约160米，表面地势略呈缓坡状。成都文物考古研究所、阿坝州文管所、茂县羌族博物馆于2000年调查发现，2000年、2002年进行试掘，2003、2004、2006年进行了正式发掘。

　　营盘山遗址出土的陶器大致可分为A、B、C三组：A组包括双唇口瓶、弧边三角纹及变体鸟纹彩陶器、细泥红陶碗、绳纹细泥红陶深腹钵、尖底瓶、带流盆、泥质陶大口深腹盆、夹砂陶箍带纹瘦腹侈口罐等，同甘肃秦安大地湾遗址第四期文化、武都大李家坪第二期文化、陕西宝鸡福临堡遗址第三期前段文化等仰韶晚期遗存的陶器特征比较相近，属于仰韶晚期文化系统。B组包括线条纹及垂帐纹彩陶瓶、彩陶盆、彩陶钵、带　盆、甑、侈口深腹罐、泥质陶敞口碗、钵等。同师赵村第五期遗存、东乡林家遗址主体遗存等马家窑文化马家窑类型遗存，宝鸡福临堡遗址第三期后段文化、武都大李家坪第三期文化的陶器特征相近。C组以各类夹砂陶侈口花边罐、敛口罐、侈口及敛口小罐、直口罐、宽沿罐、泥质灰陶大口罐、喇叭口高领罐、高领壶形器、矮圈足陶器、假圈足器、泥质磨光陶瓦棱纹盆、戳印纹鼓腹罐等内容为代表，应属土著文化因素。与四川盆地北缘、东缘三峡地区同期的新石器时代遗存的陶器有较多相似之处。三组文化因素在早、中、晚期共存，但各期所占比例略有变化，早期A组遗存的比例略高，中期B组的比例略高，晚期C组遗存的比例升高。总体上看，C组文化因素所占比例较高，B组次之，再次为A组。

　　以营盘山遗址为代表的岷江上游新石器时代文化遗存，是一种新发现的以具有自身特色的本土文化因素为主体成分，同时吸收了仰韶晚期文化、马家窑类型文化等多种外来文化因素的地方文化类型[1]，此类遗存命名为"营盘山文化"符合营盘山遗址的地位和文化内涵。

　　营盘山遗址2000年试掘时曾采集木炭标本送北京大学考古文博学院加速器质谱实验室进行测试，有2个碳-14年代测试数据，BA03280（2000SMYT10H8）：4390±60 B.P.；BA03281（2000T12⑥）：4170±60 B.P.。2003年发掘采集的木炭标本经中国社会科学院考古研究所测出了3个碳-14测年数据：4416±31，4274±31，4419±32a B.P.，经树轮校正后大体为4881～3100a B.P.[2]，树轮校正后的年代范围约为距今5300～4600年。将营盘山遗址出土陶器与周围地区，尤其是渭河上游地区、白龙江中下游地区年代清楚、序列明确的新石器时代遗存的陶器进行对比，所得出的相对年代结果与上述数据范围相似。上限同马家窑文化石岭下类型、以大地湾遗址第四期文化为代表的仰韶晚期阶段遗存的年代相近，下限和马家窑文化马家窑类型的晚段相似。

　　在2003年的正式发掘过程中，开展了尝试性的浮选工作，先后选择了9个灰坑采集浮选土样，每份样品的土量为一小袋，约相当5升土，总计浮选土量约45升。

　　浮选是在发掘现场进行的，采用的是水桶浮选方法。

　　浮选结果在当地阴干后被送交中国社会科学院考古研究所植物考古实验室进行分类、鉴定和分析。

　　[1] 成都文物考古研究所等：《四川茂县营盘山遗址试掘报告》，《成都考古发现（2000）》，科学出版社，2002年。
　　[2] 资料现存成都文物考古研究所；中国社会科学院考古研究所考古科技实验研究中心碳十四实验室测试数据，《考古》2005年第7期。

二 浮选结果

通过实验室的整理发现，从营盘山遗址 10 份样品中浮选出土了十分丰富的炭化植物遗存，大体可分为炭化木屑、核果果核和植物种子三大类。

（一）炭化木屑

炭化木屑是指经过燃烧的木头的残存，其主要来源应该是未燃尽的燃料，或遭到焚烧的建筑木材以及其他用途的木料等。从营盘山遗址浮选出土的炭化木屑大多十分细碎，但也有少量较大的碎块，可送交专家进行树种的鉴定。我们使用 18 目（网孔径 1 毫米）分样筛，将每份样品浮选出土的大于 1 毫米的炭化木屑筛分出来，然后使用电子天平进行称重。结果显示，营盘山遗址 10 份浮选样品所含的炭化木屑总重为 266.4 克，平均每份样品炭化木屑的含量为 29.6 克 /5 升土样。与其他考古遗址的浮选结果相比较，营盘山遗址浮选样品中的炭化木屑含量非常丰富。

由于营盘山遗址浮选样品都是采自灰坑，采样背景相同，因此没有对各浮选样品的炭化木屑含量开展进一步的比较和分析。

（二）核果果核

核果（drupe）是肉果（fleshy fruits）的一种，其种子被三层果皮所包裹，外果皮很薄仍被称之为"果皮"，中果皮异常发达成为可食用的"果肉"，内果皮木质化变成了坚硬的"果核"。核果大多属于水果类，例如桃、李、杏、梅、枣、橄榄等都是人类喜爱的果品；核果的果核十分坚硬，容易长期保存，因此，在考古遗址的发掘过程中经常可以发现炭化的或未被炭化的核果的果核遗存。

在营盘山遗址浮选结果中发现的核果果核的数量很多，但都已经破碎成为残块，有大有小，合计共 311 块，经称重，总计 13.64 克。

根据鉴定特征对这些果核残块进行了植物种属鉴定，结果发现，在营盘山遗址出土的果核残块中，绝大多数都属于蔷薇科（Rosaceae）的李属（Prunus），总计 259 块。剩余的 52 块果核残块因破碎过甚或特征不明显，暂时无法鉴定到属种（表 12-1）。

根据细微特征，例如果核表面上的纹样，在 259 块李属果核的残块中又进一步地识别出了桃、梅和杏三个果树品种。

桃（*Prunus persica*）

在桃、李、杏、梅这四种核果中，桃的鉴定特征最明显，不仅果实的形状特殊，果核的特点也很突出。桃核大而厚，表面布满不规则的深沟纹，因此，桃核即便是碎块，也很容易识别。营盘山遗址浮选出土的桃核残块数量很多，总计多达 220 块，占出土核果果核总数的 70.7%（图 12-2）。桃核的出土概率也较高，9 份样品中有 7 份出土了桃核残块。估计营盘山先民当时经常采集山桃食用。

梅（*Prunus mume*）

梅、杏、李三种核果的果实形状都很相似，例如现今市场销售的"话梅"大多数实际上是用杏制作的，但梅的果核的特征却非常明显，表面密布细槽纹，很容易鉴定。营盘山遗址浮选出土的梅核残块数量较少，共发现了 5 块（图 12-3）。

杏（*Prunus armeniaca*）

表12-1　营盘山遗址出土果核初步鉴定和统计结果

浮选号	遗迹	炭屑（克）	粟	黍	黍亚科	黑麦	朴属	野葡萄	紫苏	猪屎豆	芸苔属	土荆芥	豆科	藜科	苋科	蓼科	莎草科	未知种子	核桃壳	杏壳	梅壳	其他硬果壳	其他炭化残块
1	H11	75.626	260	352	88							1	1	265	31			45	8				52
2	H25	20.554	549	578	100	2						1		102				14	3				25
3	H32	18.448	198	126	284									979	65	1	1	35	79	10			5
4	H31	10.475	310	352	43									403	3			16	27	25	3		14
5	H20	0.58	15	27	4									172				1				2	
6	H20	16.487	168	243	16		1				1		1	143	27			102		8			
7	H12	65.29	56	159	25		1	2		1				132	6			104	42			66	7
8	H2	29.114	71	101	53				2	3	1			39				64	6				4
9	H29	22.364	77	50	13								20	55	1			14	40	2			
10	H23	7.443	15	42	2									21									

在营盘山遗址浮选结果中仅鉴定出了一块杏核残块（图12-4）。但实际上，杏核可能不止这一例。杏与李不仅在果实的形状上很相似，而且在果核的形状特征也非常相似，都为扁圆形，表面光滑，细微的差别是杏核的缘棱比较尖锐突出。因此，当杏核和李核破碎较甚，核缘保存不明显时，二者就很难区分了。所以，在33块未鉴定出种的李属植物的果核遗存中，很可能有许多实际是杏核的残块，但由于无法确定，只好暂归李属未知种。

（三）植物种子

植物种子是营盘山遗址浮选工作的最大收获，在10份浮选样品中共清理出了7992粒各种炭化植物种子。经鉴定，这些炭化植物种子分别属于19个不同的植物种类，其中有些可以准确地鉴定到种（species）或属（genus），有些仅能鉴定到科（family）；另外还有极少数的出土植物种子由于形态特征不明显，或由于炭化过甚而失去了特征部位，无法进行种属鉴定（表12-2）。鉴定出的植物种子可分为农作物、杂草类植物和其他植物三大类，下面择要分别给予介绍。

1. 农作物

营盘山遗址出土的农作物包括粟、黍和黑麦三个品种。

粟（*Setaria italica*）

营盘山遗址共浮选出土了2350粒炭化粟粒，占出土植物种子总数的29.4%。这些炭化粟粒均呈圆球状，直径在1.2毫米左右，粟粒的表面较光滑，胚部因烧烤而爆裂呈深沟状（图12-5）。

黍（*Panicum miliaceum*）

营盘山遗址出土的炭化黍粒的数量与粟粒的相差无几，共计2161粒，占出土植物种子总数的27%。这些炭化黍粒的形状也是圆球状，但个体较大，直径近2毫米，表面较粗糙，胚部爆裂呈张开的凹口状（图12-6）。

黑麦（*Secale cereale*）

黑麦是一种麦类谷物，籽粒的形状介于小麦粒和燕麦粒之间，细长，背部隆起，有腹沟，颜色较深。在营盘山遗址浮选结果中发现了3粒疑似黑麦粒，粒长在4.5～5.0毫米之间，粒宽约2毫米（图12-10）。这3粒黑麦粒从形态特征上看，应该没有问题，但之所以称之为"疑似"，主要是因为这是首次在中国的考古遗址中出土黑麦遗存，而且出土数量较少，因此需要谨慎对待。黑麦是一种耐寒谷物，现今主要种植在北欧和东欧的广大区域，在我国西北地区也有少量种植。一般认为，黑麦起源于土耳其的东南部一带，何时传入中国尚不清楚。

表12-2　营盘山遗址出土植物种子统计表

植物名称	数量	数量百分比
农作物		
粟　*Setaria italica*	2350	29.4%
黍　*Panicum miliaceum*	2161	27.0%
杂草类		
藜属　*Chenopodium* spp.	2405	30.1%
狗尾草属　*Setaria* ssp	548	6.9%
黍属　*Panicum* ssp.	79	1.0%
马唐属　*Digitaria* ssp.	6	<1%
鸭跖草　*Commelina communis*	8	<1%
其他		
紫苏　*Perilla frutescens*	95	1.2%
沙棘　*Hippophae rhamnoides*	110	1.4%
红豆杉　*Taxus chinensis*	16	<1%
盐肤木　*Rhus chinensis*	4	<1%
葡萄属　*Vitis* sp.	6	<1%
朴属　*Celtis* sp.	1	<1%
蓼科　Polygonaceae	43	<1%
忍冬科　Caprifoliaceae	18	<1%
旋花科　Convolvulaceae	44	<1%
未知	72	<1%

2．杂草类植物

藜属植物种子（*Chenopodium*）

在营盘山遗址浮选出土的植物种子中，数量最多的是藜属植物种子，总计达 2405 粒，占出土植物种子总数的 30.1%。这些出土的藜属植物种子尺寸都很小，扁圆形，胚根显著，直径约 1 毫米（图12-7）。

藜属植物包括有 250 余个种，分布在中国的约有 20 个种，其中的大多数种是属于杂草类植物（weed），例如，俗称"灰菜"的藜（*C. album*）就是现今中国北方地区麦田中危害较大的一种田间杂草。此次在营盘山遗址出土的藜属植物种子数量异常地多，但如何判断这些出土藜属植物还需要进一步分析。

禾本科植物种子（*Poaceae*）

禾本科在植物界是个大科，辖数百个属，其中就包括在营盘山遗址出土的狗尾草属（*Setaria*）、黍属（*Panicum*）和马唐属（*Digitaria*）。这些禾本科植的物属中都包含有对农田危害严重的田间杂草，例如，狗尾草属中的狗尾草（*S. viridis*）和金色狗尾草（*S. glauca*），黍属中的铺地黍（*P. repens*）和糠稷（*P. bisulcatum*），马唐属中的马唐（*D. sanguinalis*）和毛马唐（*D. ciliaris*），等等。这些禾本科的杂草植物的种子形态在属一级差异较显著，但到种一级相似性较强，鉴定有一定难度，因此对营盘山遗址出土的禾本科杂草植物仅鉴定到属一级。

狗尾草属植物种子的出土数量较多，共发现 548 粒，均呈扁椭圆形，背部略鼓，腹部扁平，胚区较长，尺寸较小（图12-8）。黍属植物种子有 79 粒，也呈扁椭圆形，胚区较宽大。马唐属植物种子数量较少，仅发现 6 粒，形态略显细长，长度在 1 毫米以下，胚部较短小。

鸭跖草（*Commelina communis*）

鸭跖草的种子形态很特殊，略显方形，胚芽部位成凹口状。在营盘山遗址浮选结果中发现了 8 粒鸭跖草种子，粒长在 2～2.5 毫米之间，粒宽在 2 毫米左右（图12-9）。鸭跖草是一年生草本植物，属于鸭跖草科（Commelinacea），是现今秋熟旱地农田中很常见的杂草。

3．其他植物种子

野大豆（*Glycine soja*）

营盘山遗址浮选出土了 23 粒野大豆，其中完整的仅有 8 粒，豆粒呈长椭圆形，背部圆鼓，腹部微凹，豆脐呈窄长形，位于腹部偏上部（图12-11）。经测量，这 8 粒完整的野大豆的豆粒长度、宽度和厚度的平均值分别是 3.56、2.20、1.90 毫米，明显小于栽培大豆，与现生野大豆的尺寸相近。

紫苏（*Perilla frutescens*）

在营盘山遗址浮选结果中发现 95 粒炭化紫苏种子，占出土植物种子总数的 1.2%。紫苏种子特征十分明显，呈卵圆形，外皮有六边形的褶皱纹（图12-12）。紫苏是一年生草本植物，属于唇形科（Labiatae）的紫苏属。紫苏的叶、梗和籽均能食用，在古代可能被作为食物，在现代是一种常见的中草药。

沙棘（*Hippophae rhamnoides*）

营盘山遗址浮选出土了 110 粒炭化沙棘种子，占出土植物种子总数的 1.4%。沙棘的种子为长圆形，一端较尖，长约 2.5、宽在 1 毫米左右（图12-13）。沙棘是一种干旱地区常见的灌木，属于胡颓

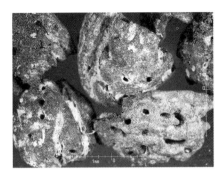

图12-2　桃核残块
Prunus persica

图12-3　梅核残块
Prunus mume

图12-4　杏核残块
Prunus armeniaca

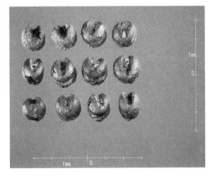

图12-5　炭化粟粒
Setaria italica

图12-6　炭化黍粒
Panicum miliaceum

图12-7　藜属植物种子
Chenopodium

图12-8　狗尾草属植物种子
Setaria

图12-9　鸭跖草种子
Commelina communis

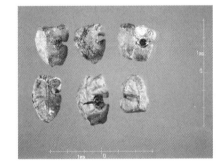

图12-10　疑似黑麦
Secale cereale？

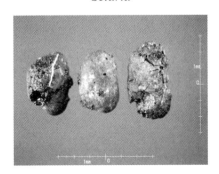

图12-11　野大豆豆粒
Glycine soja

图12-12　紫苏种子
Perilla

图12-13　沙棘种子
Hippophae rhamnoides

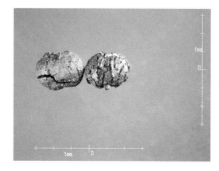

图12-14　红豆杉种子 *Taxus chinensis*　　　图12-15　盐肤木种子 *Rhus chinensis*

子科（Elaeagnaceae）的沙棘属。沙棘是一种落叶性灌木，其特性是耐旱，抗风沙，也可以在盐碱化土地上生存。沙棘的根、茎、叶、花、果含有丰富的营养物质，都可以食用。

红豆杉（*Taxus chinensis*）

在营盘山遗址浮选结果中发现了16粒红豆杉树的种子，扁卵圆形，直径在3～3.5毫米之间（图12-14）。红豆杉是一种珍稀树种，属于红豆杉科（Taxaceae）的红豆杉属，主要分布在横断山区和四川盆地周边山地，多见于1500～3000米的山地落叶阔叶林中。红豆杉的果实成熟后为红色，故名红豆杉。

盐肤木（*Rhus chinensis*）

在营盘山遗址浮选结果中还发现了4粒盐肤木种子，扁圆形，高约1.8、宽约2.5毫米（图12-15）。盐肤木是一种小乔木，俗称五倍子树，属于漆树科（Anacardiaceae），

另外，在营盘山遗址浮选结果中发现的其他可鉴定植物种子还有，葡萄属（*Vitis*）、朴属（*Celtis*）、蓼科（Polygonaceae）、忍冬科（Caprifoliaceae）和旋花科（Convolvulaceae）等。这些植物种子或因出土数量少，或因只鉴定到科一级，分析意义不大，所以就不再一一细述。

三　分析讨论

营盘山遗址浮选的样品虽少，但浮选结果异常丰富，出土了数量可观的果核残块和大量的炭化植物种子，平均每份浮选样品出土植物种子880余粒，如此丰富的炭化植物遗存为探讨营盘山先民与植物之间的关系提供了多方面的信息。下面择要进行分析。

1. 农作物和杂草与营盘山遗址生业问题

从表二可以清楚地看出，在营盘山遗址浮选出土的炭化植物种子中，农作物和杂草类的数量最为突出，二者合计约占出土植物种子总数的95%。杂草是伴随着人类的出现而形成的、依附于人类的生产和生活而存在于某种人工生态环境的一类特殊植物。田间的杂草之所以被人类视为危害，是因为它们的生长环境属于人类耕种的农田，与人类所种植的农作物相伴而生。据此，在考古遗址浮选出土的田间杂草类植物遗存所反映的实际是当时的农耕生产情况。前面已经提及，营盘山遗址出土的杂草类植物种子都应该属于田间杂草。所以从总体上讲，营盘山遗址浮选结果所表现的是当时的农业生产以及农产品加工和消费的信息，毫无疑问，营盘山遗址的生业形态已经进入到农业阶段，

农业生产应该是营盘山先民物质生活资料的主要来源。

　　营盘山遗址浮选出土的农作物包括粟、黍和疑似黑麦三个谷物品种。粟也称谷子，黍也称糜子，这两种谷物常被统称为"小米"或"粟类作物"，是中国古代北方旱作农业的主体农作物品种[1]。黑麦起源于西亚，后传入中国，有关黑麦传入中国的时间和途径尚不清楚。但黑麦也是一种旱地作物，抗旱耐寒。营盘山遗址浮选出土的杂草类植物遗存，如狗尾草属、黍属和马唐属，以及鸭跖草，都是秋熟旱作农田中常见的杂草类型[2]，而谷子和糜子恰恰都是秋熟旱地作物。综合以上因素判断，营盘山遗址浮选结果所反映的农业应该属于典型的北方旱作农业生产特点。

　　营盘山遗址是岷江上游地区一处重要的新石器时代遗址，其重要性不仅表现在所处的关键的地理位置，而且还在于其特殊的文化性质。例如，从营盘山遗址出土的彩陶不论在器形上还是在彩陶纹饰上都属于典型的马家窑风格，碳 -14 测定的年代也落在了马家窑文化的年代范围内，因此，有学者认为营盘山遗址的文化属性属于"马家窑文化"，岷江上游地区应该划归于马家窑文化的分布范围内[3]。但也有学者持不同观点，认为营盘山遗址的文化遗存虽然与甘青地区马家窑文化有相似之处，但差异还是很明显的，例如房屋建筑的特点、某些陶器纹饰的特征等，因此，营盘山遗址的文化属性应该是受到马家窑文化影响的岷江上游地区本土文化[4]。然而，不论是持哪一种观点，有一点是不容置疑的，那就是岷江上游地区的营盘山遗址文化遗存与甘青地区的马家窑文化存在着非常密切的关系（图 12-16）。

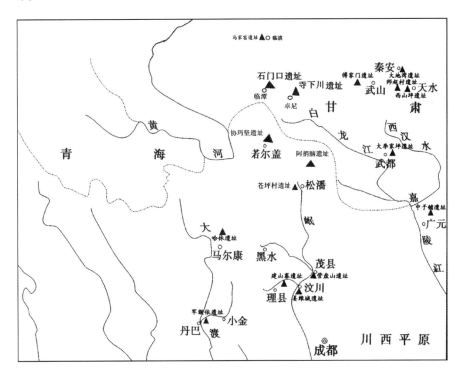

图12-16　川西甘肃史前遗址分布图

　　[1] 赵志军：《有关中国农业起源的新资料和新思考》，《新世纪的中国考古学》，科学出版社，2005年，第86～101页。
　　[2] 强胜主编：《杂草学》，中国农业出版社，2001年，第58～77页。
　　[3] 江章华：《岷江上游新石器时代遗址新发现的几点思考》，《四川文物》2004年第3期；《成都考古研究（一）》，科学出版社，2009年，第159～166页。
　　[4] 陈剑：《波西、营盘山及沙乌都——浅析岷江上游新石器文化演变的阶段性》，《考古与文物》2007年第5期；《成都考古研究（一）》，科学出版社，2009年，第146～158页。

马家窑文化分布的核心区域是甘肃中南部地区，该地区是中国古代北方旱作农业的主要分布区域之一。秦安大地湾一期文化出土的黍和粟是目前在我国发现的最早的小米遗存实物证据之一；在仰韶文化早中期，当地的旱作农业不断发展；到了马家窑文化时期，以粟和黍为代表性农作物的旱作农业系统在甘肃中南部地区已经完全建立。前面提到，通过对浮选出土植物遗存的分析，营盘山遗址的生业形态已经进入到农业生产阶段，其特点属于典型的北方旱作农业传统。由此推论，营盘山遗址浮选结果所表现出的典型北方旱作农业生产特点应该是源自马家窑文化分布的核心区域，姑且不论营盘山遗址的文化属性究竟是应该直接归属马家窑文化还是间接受到马家窑文化影响。

2．果核与果树的问题

在营盘山遗址浮选结果中发现的果核残块多达 300 余块，从中鉴定出了桃、梅和杏三种果树品种，可能还包括有李树。根据以往经验，出土如此丰富的果树的遗存在其他考古遗址浮选结果中还是不常见的。这可能与营盘山遗址所处的山区地理环境有关。桃树、梅树、杏树和李树都是乔木，在野生状态下主要分布在山区[1]。营盘山遗址位于山间冲积平原上，海拔高度约 1600 米，面向水流湍急的岷江，背靠丛林茂密的九顶山，这种自然条件为营盘山先民提供了丰富的果树资源和便利的采摘条件，因此，营盘山遗址出土有数量异常丰富的果核残块就不足为奇，正所谓"靠山吃山"。顺便提一句，营盘山遗址所在地点原是某军区的果品基地，这与地下埋藏的 5000 年前的果树遗存似乎应该没有什么关联，但却说明了遗址所在地区的生态环境确实十分适合果树的生长。

桃、李、杏、梅是中国常见的四种果树，也是最早见于中国古代文献的四种水果品种。例如，《诗经·大雅》中就有名句"投我以桃，报之以李"；《山海经·中山经》中记载"又东北三百里曰灵山。其上多金玉，其下多青雘，其木多桃、李、梅、杏"。据此，有学者推测这四种果树应该是起源于中国，但其被栽培的时间和栽培过程仍不清楚。如果科学地探讨某种或某几种栽培作物的起源，需要依靠出土地点明确的、年代可靠的、植物种属鉴定准确的考古实物证据。

考古出土的果树的遗存主要包括炭化木材和果核两大类，但是如何根据木材的细胞特征和果核的形态特征判别栽培果树与其野生祖本仍然在探索中。因此，营盘山遗址出土的四种果树品种究竟是野生的还是栽培的，目前还无法确定。即便如此，营盘山遗址浮选出土的果树遗存仍然非常重要，不仅反映了当地古代先民的食物品种，也为今后深入探讨果树栽培历史提供了珍贵的资料。

3．其他植物种子的问题

营盘山遗址浮选结果中值得关注的是出土了大量的藜属植物种子，绝对数量甚至超过了农作物粟和黍。藜属植物所属的藜科（Chenopodiaceae）也是一个大科，辖 100 余个属 1400 余个种，其中包括两种栽培作物，一是蔬菜类的菠菜（*Spinacia oleracea*），二是经济作物的甜菜（*Beta vulagris*），但都不属于藜属。事实上，藜属植物曾经也包含过一种栽培作物，学名是 *C. berlandieri Moq. ssp. jonessianum*。这种栽培藜起源于北美洲，大约在距今 3500 年前后，成为美国中西部地区和东南部地区印第安人种植的主要谷物类农作物品种之一。但是，随着玉米从中美洲传入北美洲后，栽培藜逐

---

[1] 贾敬贤、贾定贤、任庆棉主编：《中国作物及其野生近缘植物——果树卷》，中国农业出版社，2006年，第213页。

渐退出了当地的农业生产。目前只有在墨西哥的少数地区仍然继续种植这种栽培藜,但不是作为谷物,而是蔬菜。作为一种被放弃的栽培作物,藜属植物在北美洲的辉煌历史是否在中国也曾出现过,这是一个需要认真考虑和深入研究的学术问题。从这个意义上讲,营盘山遗址出土的异常丰富的藜属植物种子值得进一步的分析和研究。

营盘山遗址出土的植物种子中值得关注还有沙棘的种子。顾名思义,沙棘应该是一种适于干旱地区生长的植物种类,但实际上,沙棘的耐逆性极强,除了耐干旱,抗风沙,而且还耐盐碱,抗高寒,不仅可以生长在沙漠地区,也能在高寒山区生存。例如,岷江上游地区就盛产沙棘。沙棘的经济价值很高,根、茎、叶、花、果实都富含营养物质和生物活性物质,即可以食用,也可以药用。据最新报道,茂县所属的阿坝州规划建设 10 万亩沙棘基地,由此可见沙棘的重要性。此次在营盘山遗址浮选出土了沙棘种子,而且数量较多,这说明,早在距今 5000 年前岷江上游地区古代先民就已经认识到了沙棘的价值,同时也揭示了岷江上游地区作为沙棘的主要生产地区具有悠久的历史。

四　结语

营盘山遗址是川西北岷江上游地区的一处重要的史前中心聚落遗址,年代在距今 5300～4600年。在 2003 年的发掘过程中开展了浮选工作,采集并浮选土样 9 份,从中浮选出土了丰富的炭化植物遗存,其中包括近 8000 粒炭化植物种子,300 余块果核残块。在营盘山遗址浮选出土的炭化植物种子中,以农作物籽粒和田间杂草种子的数量占绝对优势,说明农业生产应该是营盘山遗址古代先民的物质生活资料的主要来源。经鉴定,浮选出土的农作物籽粒经鉴定有粟和黍,这两种谷物都属于旱地作物;浮选出土的杂草植物种子包括狗尾草属、黍属、马唐属、鸭跖草等,这些都属于秋熟旱作农田中常见的杂草类型。由此判断,营盘山遗址当时的农业生产特点属于中国北方旱作农业。学术界普遍认为,岷江上游地区的营盘山遗址文化遗存与甘青地区的仰韶文化晚期和马家窑文化遗存之间存在着非常密切的关系。由此判断,营盘山遗址的北方旱作农业生产特点应该是源自甘青地区仰韶文化晚期和马家窑文化的分布区域,即渭河中上游以及洮河和大夏河流域,因为这一地区是中国古代北方旱作农业的主要分布区域之一。除了文化因素之外,营盘山遗址的北方旱作农业生产特点与当地的黄土沉积环境特点也有一定的关系。营盘山遗址浮选结果的一个显著特点是出土了大量的果核残块,从中鉴定出了桃、梅、杏、李等不同的果树品种,由于在先秦文献中早有记载,有学者推测桃、梅、杏、李这四种果树应该是起源于中国。营盘山遗址的发现为今后探讨这些果树的栽培历史提供了珍贵的资料。在营盘山遗址浮选出土的植物种子中,值得关注的还有藜属、沙棘和红豆杉的遗存。藜属植物中包含有一个失传的栽培品种,起源于北美洲,曾经是当地古印第安人种植的主要谷物之一,但随着玉米的传入,栽培藜被放弃了。栽培藜的被栽培又被放弃的这段历史是否在中国也曾出现过,这是一个需要认真考虑和深入研究的学术问题。岷江上游地区盛产沙棘和红豆杉,沙棘的经济价值很高。红豆杉也是一种具有很高经济价值的植物种类,根据营盘山遗址的发现,岷江上游地区古代先民有可能早在距今 5000 年前就已经认识到了沙棘和红豆杉的食用价值或者是药用价值。

第二节　植物硅酸体鉴定报告

一　实验过程

60 度下烘干样品 24 小时。

称取 1 克样品放入 150 毫升烧杯中。

加入 10 毫升 10% 的双氧水去除有机质，视反应情况适量增加双氧水至于反应完全。

加入 10 毫升 10% 的盐酸充分反应后，水浴加热 10 分钟。

加满去离子水静置 12 小时抽掉清液，再加入去离子，反复洗至中性。

将样品移至 15 毫升的离心管，加满去离子水后放入离心机，3000 转 / 分钟离心 5 分钟。

倒出清液，加入样品体积 2 倍的比重为 2.35 的溴化锌重液，充分搅拌后放入离心机，3000 转 / 分钟离心 15 分钟。

将离心管上面的重液移至具有相同编号的另一空的离心管中，加入去离子水，搅拌均匀，3000 转 / 分钟离心 5 分钟，倒出清液，反复两次，再加入酒精离心一次，倒出酒精。

制片，编号放入镜片盒自然晾干，待生物显微镜下鉴定。

二　鉴定结果

本次实验共分析了四川省茂县营盘山遗址地层剖面、灰坑 19 个植物硅酸体样品，提取出了较多的植硅体（表 12-3、4）。大多数样品植物硅酸体统计数目超过 50 粒，最多达 190 粒，个别样品植硅体较少（19 粒），平均每个样品统计 87 粒。植硅体的浓度较低，变化较大，最大为 8813 粒 / 克，最低为 348 粒 / 克，平均浓度达到 3796 粒 / 克。19 个片子共鉴定出 1479 粒植硅体。

共统计出的植硅体类形有：无突起扇形、方形、长方形、棒形、尖形、齿形、帽形、哑铃形、短鞍形、长鞍形、导管形、团粒形、多边形、树皮形、Y 形、三棱形、骨架形、碎屑形共 18 种。样品以棒形 + 树皮形 +Y 形 + 尖形 + 齿形 + 帽形 + 哑铃形 + 短鞍形组合为主，含有少量的扇形、方形、长方形、团粒形等。树皮形和 Y 形是木植物的特有形态，树皮形主要对应于裸子植物，松属是其主要来源。Y 形主要产于阔叶类木本植物。扇形是禾本科的特有形态，无突起扇形起源于禾本科的黍亚科、画眉草亚科、芦苇亚科和少量竹亚科种属。齿形和帽形是早熟禾亚科特有形态。短中鞍形对应画眉草亚科、芦竹亚科。亚铃形主要对应的植物种属为黍亚科。尖形、棒形主要对应于禾本科和莎草科。长鞍形是竹亚科的特有形态。三棱柱形对应蕨类植。

2006 年发掘了第二、三、四地点，包括第二地点包括 06T1、T2、T3 三个探方，第三地点为 06T4，第四地点包括 06T5 ～ T8。

为叙述方便，将三个地点收集的植物硅酸体按照时代分为 3 组：

第一组：为现代至明清地层。

第二组：为战国晚期至汉代地层。

第三组：为新石器时代晚期地层。

需要说明的是，由于营盘山的晚期地层（第①、②层）在整个遗址都有分布，所以这两层区的土样较少，第①层仅取了06T8探方一个样品，年代为明清至现代，第②层仅取了06T3、T6两个探方的样品，年代为战国晚期至汉代。

1．第一组（明清至现代）

气候干冷的森森草原环境。

样号：06SMYT8 ①

统计个数176粒，植硅体浓度为6485粒/克，类形一般，主要以棒形、尖形、齿形、帽形、Y形为主，含有少量的无突起扇形、短鞍形。反映组合类形为气候干冷的森森草原环境。

2．第二组（战国晚期至汉代）

偏干冷的早熟禾亚科为主的森林草原环境。

样号：06SMYT3 ②

统计个数17粒，植硅体浓度为734粒/克，类形较少，以棒形、尖形为主。含有少量的齿形和扇形。植硅体数量较少，不能全面反映植被组合特征，推测为气候比较干凉森林草原环境。

样号：06SMYT6 ②

统计个数190粒，植硅体浓度为7193粒/克，类形较丰富，以棒形、齿形、Y形、哑铃形为主。含有少量的无突起扇形、方形、尖形、帽形、树皮形。反映的是以偏干冷的早熟禾亚科为主的森林草原环境。

3．第三组（新石器时代晚期）

第二地点：06T1～T3。

06T1层位关系：②→06H4、Y1→③→生土。

06T2层位关系：②→06H6→③→生土。

06T3层位关系：③→06H1→④→06H2、H3、G1→06F1→生土。

06T1样品分析：

样号：06SMYH4

统计个数69粒，植硅体浓度为2230粒/克，类形较少，以棒形、尖形为主。含有少量的无突起扇形、方型、Y形和树皮形。反映的是以禾本科为主的森林草原环境。

样号：06SMYT1 ③

统计个数145粒，植硅体浓度为6262粒/克，类形数量一般，以棒形、尖形、Y形、短鞍形为主。含有少量的扇形、尖形和齿形。反映了气候略干凉的森林草原环境。

06T2样品分析：

样号：06SMYT2 ③

统计个数55粒，植硅体浓度为1900粒/克，类形数量一般，以棒形、尖形、Y形为主，含有少量的哑铃形、短鞍形。反映的是以阔叶树为主的森林草原环境。

06T3样品分析：

样号：06SMYT3 ③

统计个数 35 粒，植硅体浓度为 1089 粒 / 克，类形较少，不同类型植硅体数目较平均，主要为扇形、长方形、棒形、团粒形、Y 形和树皮形。反映的仍是森林草原的环境。

第三地点：06T4（为完整剖面，第③～⑦层均为新石器时代晚期堆积）。

06T4 层位关系：③→④→⑤→⑥→ H7 →⑦→ G2、G3 → H14 → F2 →生土。

样号：06SMYT4 ③

统计个数 48 粒，植硅体浓度为 2210 粒 / 克，类形较少，以棒形、齿形、哑铃形为主。含有少量的树皮形、团粒形和帽形。反映的是以偏干冷的黍亚科为主的森林草原环境，松属植硅体的含量增多，可能反映气候转冷。

样号：06SMYT4 ④

统计个数 85 粒，植硅体浓度为 4606 粒 / 克，类形不多，以棒形、短鞍形和 Y 形为主。含有少量的齿形和树皮形。反映的是以偏干凉森形草原环境。

样号：06SMYT4 ⑤

统计个数 34 粒，植硅体浓度为 443 粒 / 克，类形较少，以棒形、尖形、Y 形为主。含有少量的齿形、哑铃形和帽形。反映的是以阔叶树为主要组合特征的植被类形。

样号：06SMYT4 ⑥邮寄过程中遗失。

样号：06SMYT4 ⑦

样号：06SMYH14

统计个数 19 粒，植硅体浓度为 1050 粒 / 克，类形较少，以树皮形为主。植硅体含量太少，不能反映植被组合面貌。

样号：06SMYF2

统计个数 73 粒，植硅体浓度为 2460 粒 / 克，类形数量一般，以棒形、尖形和 Y 形为主。含有少量的有突起扇形、帽形、短鞍形、树皮形。反映为气候较干凉的森林草原环境。

统计个数 172 粒，植硅体浓度为 9507 粒 / 克，类形一般，以棒形、齿形、Y 形、树皮形为主。含有少量的尖形、帽形、哑铃形。反映的是气候较冷的森林草原植被组合类型。

第四地点：06T5 ～ T8。

06T5 层位关系：③→ 06H8 →生土。

06T6 层位关系：③→ 06F3 →生土。

06T7 层位关系：②→ 06H1、H12 →③→生土。

06T8 层位关系：②→ 06H9、H10、Y2 →③→生土。

06T5 样品分析：

样号：06SMYT5 ③

统计个数 24 粒，植硅体浓度为 260 粒 / 克，类形较少，以 Y 形为主。植硅体含量太低，但总体能反映是阔叶树为主的组合特征。

样号：06SMYH8

统计个数 85 粒，植硅体浓度为 5220 粒 / 克，类形较少，以齿形、尖形、哑铃形、Y 形、树皮形为主。含有少量的帽形、短鞍形和团粒形。反映的是以偏干冷的早熟禾亚科为主的森林草原环境。

06T6 样品分析：

样号：06SMYT6 ③

统计个数 169 粒，植硅体浓度为 8813 粒 / 克，类形数量一般，以棒形、尖形、齿形、Y 形、树皮形为主。含有少量的无突起扇形、方形和帽形。含有较多木本植物硅酸体，为气候比较干凉森林草原环境。

样号：06SMYF3

统计个数 66 粒，植硅体浓度为 3569 粒 / 克，类形较少，以棒形、短鞍形为主。含有少量的树皮形尖形和齿形。反映的是以偏干冷森林草原环境。

06T8 样品分析：

样号：06SMYH9

统计个数 66 粒，植硅体浓度为 4449 粒 / 克，类形较少，以棒形、Y 形、树皮状为主。含有少量的无突起扇形、尖形、齿形、帽形、哑铃形。说明植被组合是以针阔叶林为主，含有一定量反映气候冷干的早熟禾亚科，反映的是以偏干凉的针阔叶林环境。

样号：06SMYT8 ③

统计个数 34 粒，植硅体浓度为 348 粒 / 克，类形较少，以棒形、Y 形为主。含有少量的扇形和尖形。有一定数量的阔叶类植硅体，但总体数量偏少，不宜反映植皮被组合特征。

三　结论

部分样品来自于遗址灰坑，土样的植硅体组合特征仅反映了所测样品的植被组合情况，不能严格代表当时的气候植被环境特征。人类在遗址区生活可能人为的带来些遗址附近生长的其他植被，如植硅体分析发现的松和阔叶类乔木，个别样品含量较高。但这不能说明遗址就在森林的环境里，从我们的考古发掘情况也可以发现，人类很少在森林里长期居住的。居住环境还是比较开阔，阳光比较充足的地方。本样品组合发现有较多反映气候较冷的齿形、帽形植硅体。推测样品不是在成都平原之上，更像在海拔 1000 米左右的中低山丘陵之上的植被组合特征。

第三节　孢粉分析鉴定报告

成都文物考古所送来孢粉样品共 19 块。

这些样品在实验室里经过分析流程是：取样重量 50 克，采用常规的盐酸、氢氟酸处理（酸处理均洗至中性）和 6μ 筛网筛选。均发现了孢粉化石。

化石较丰富，科属类型较多。一共鉴定了 1791 粒植物花粉，平均每个样品鉴定了 94 粒；这些花粉分属于 50 个科属类型。

木本植物花粉有罗汉松属 Podocarpus，松科的松属 Pinus、油杉 Keteleeria、铁杉属 Tsuga、云杉 Picea、冷杉 Abies、桦科的桦属 Betula、桤木属 Alnus，山毛榉科的山毛榉属 Fagus、栎属 Quercus、栲属 Castanopsis、榆属 Ulmus、胡桃属 Juglans、枫香属 Liquidambar、忍冬科 Caprifoliaceae、桑科 Moraceae、木犀科 Oleaceae、大戟科 Euphorbiaceae 等。

草本植物花粉有麻黄属 Ephedra、菊科 Compositae、蒿属 Artemisia、藜科 Chenopodiaceae、十字

花科 Cruciferae、蓼属 Polygonum、旋花科 Convolvulaceae、川续断科 Dipsaceae、禾本科 Gramineae、石竹科 Caryophyllaceae、木兰科 Magnoliaceae 等，湿生水生草本植物花粉有眼子菜属 Potamogeton、莎草属 Typha、天南星科 Araceae；蕨类植物孢子有石松属 Lycopodium、卷柏属 Selaginella、凤尾蕨属 Pteris、水龙骨科 Polypodiaceae、水龙骨属 Polypodium、里白属 Hieriopteris、海金沙科 Lygodiaceae、蹄盖蕨科 Athyriaceae、膜蕨科 Hymenophyllaceae、鳞盖蕨属 Microlpia。

上述孢粉化石均属于热带亚热带常见的植物化石。请详见孢粉含量统计表（表 12-3）。

剖面上孢粉植物化石的科属类型以及数量的变化较大。

样品编号为 06SMYT3 ②（深度为 0.3 米）和 06SMT6 ②（深度为 0.3 米），该组合特点是木本植物花粉占优势，其含量占 53.9% ～ 67.9%，草本植物花粉含量占 16.4% ～ 25%，蕨类植物孢子占 7.1% ～ 29.7%；木本花粉以松属为主，其次是栎属、铁杉属、油杉属、冷杉属、漆属、榆属、枫香属、胡桃属、山毛榉属、栲属、木犀科等；草本植物花粉是以藜科为主，还有少量的蓼属、十字花科、木兰属、禾本科、麻黄属等；蕨类植物孢子有水龙骨属、水龙骨科、凤尾蕨属、石松属、卷柏属等。依据上述的孢粉组合木本是以针叶树种和阔叶树种组成，草本花粉主要是藜科，反映了当时当地植被类型为针阔叶混交林草原植被景观，气候温暖潮湿。

样品编号为 06SMYT4 ③、06SMYT4 ④、06SMYT4 ⑤、和 06SMYT4 ⑥（深度为 0.4 ～ 0.7 米），本组合特点是木本植物花粉中针叶树种占绝对优势，草本植物花粉和蕨类植物孢子少量。木本植物花粉含量占 73.5% ～ 95.7%，木本花粉以松属为主，最高含量占 79.5%，其次是冷杉、铁杉属、罗汉松属、云杉属，落叶阔叶树种少量，仅见有栎属和桦属；草本花粉含量占 2.7% ～ 7.4%，花粉有藜科、蒿属、蓼属、石竹科等；蕨类植物孢子含量占 3.7% ～ 20.6%，蕨类孢子有水龙骨属、水龙骨科、石松属、凤尾蕨属、蹄盖蕨科等。此组合主要以喜凉针叶树种为主，说明气候偏凉，此时此地植被类型为针叶林植被景观。

样品编号为 06SMYT4 ⑦（深度为 0.8 米），该点特点是木本植物花粉有所下降，草本植物花粉和蕨类植物孢子增加。木本植物花粉占 57.7%，草本植物花粉占 26%，蕨类植物孢子占 16.35%。木本花粉中落叶阔叶成分明显增加，花粉以松属为主，其次是栎属、榆属、铁杉属、山毛榉属、桦属、忍冬科、木犀科、大戟科等；草本花粉有藜科、蓼属、蒿属、十字花科、禾本科、夹竹桃科、木兰科等，湿生草本仅见有天南星科；蕨类植物孢子有水龙骨属、石松属、凤尾蕨属、卷柏属、水龙骨科等。本组合喜温暖的落叶阔叶成分明显增加，喜冷的针叶树中云杉冷杉不见了，说明了当时当地气候温暖潮湿，植被类型为针阔叶混交林草原植被景观。依据以上两个孢粉组合类型，气候变化由下（深度为 0.8 米）向上（深度为 0.4 ～ 0.7 米）由温暖向温凉转变的过程。

样品编号为 06SMYT1 ③、06SMYT2 ③和 06SMYT8 ③，这三个样品的孢粉组合的特点基本一致。孢粉组合木本植物花粉和蕨类植物孢子相接近，其含量分别占 33% ～ 54.5% 和 41.7% ～ 58.8%，草本植物花粉少量，仅占 2.5% ～ 8.2%。木本花粉以松为主，其次是冷杉属、铁杉属、云杉属、罗汉松属、栎属、桦属、榆属、木犀科等；草本植物花粉有藜科、蒿属、茜草科等；蕨类植物孢子以水龙骨属为主，其次是凤尾蕨属、水龙骨科、石松属、蹄盖蕨科、海金沙属等。此组合特点是以木本植物中针叶树种为建群种，蕨类植物孢子也占有一定数量，反映当时当地植被为疏林草原植被景观，林下有茂盛蕨类生长，气候偏凉。

样品编号为 06SMYT5 ③和 06SMYT6 ③，该样品孢粉组合木本植物花粉占优势，含量占 58.6%

和 33.9%，草本植物花粉占 18.4% 和 33.9%，蕨类植物孢子占 23% 和 32.2%。木本花粉以松为主，其次是栎属、铁杉属、桦属、榆属、山毛榉属、枫香属、桦属、木犀科等；草本植物花粉以藜科为主，其次是蓼属、蒿属、石竹科、木兰科、茜草科、豆科、麻黄属、川续断科等。06SMYT5 ③样品见有湿生草本有天南星科和莎草属；蕨类植物孢子以水龙骨属为主，其次是水龙骨科、凤尾蕨属、石松属等。此组合特点是针叶和阔叶树种为建群种，蕨类植物孢子也占有一定数量，反映当时当地植被为针阔叶混交林草原植被景观，气候温暖潮湿。

样品编号为 06SMYT1 ④、06SMYH4 和 06SMYF3，此组合特点是针叶树种占绝对优势，草本植物花粉和蕨类植物孢子少量。木本植物花粉含量占 76.8% ～ 93.8%，木本花粉以松属为主，其次是冷杉、铁杉属、云杉属、罗汉松属，落叶阔叶树种有栎属、桦属、榆属、忍冬科等；草本花粉含量占 1.6% ～ 9.5%，花粉有藜科、蒿属、蓼属、菊科、十字花科等，湿生水生草本花粉有莎草属和眼子菜属；蕨类植物孢子含量占 3.6% ～ 20.3%，蕨类孢子有水龙骨属、水龙骨科、蹄盖蕨科。此组合主要以喜凉针叶树种为主，说明气候偏凉偏湿，此时此地植被类型为针叶林植被景观。

样品编号为 06SMYT3 ③和 06SMYH9，特点是蕨类植物孢子较多，木本花粉和草本花粉少量。木本植物花粉有松属、铁杉属、榆属、栎属等；草本花粉有藜科、茜草科、蓼属等；蕨类孢子有水龙骨属、凤尾蕨属、水龙骨科、卷柏属等；06SMYH9 号样品木本花粉和草本花粉含量低，分别占 24.3% 和 5.9%，蕨类孢子含量高，占 69.7%，说明当时当地植被稀少，蕨类孢子旺盛。总之该两个样植被类型为荒漠草原的植被景观，气候冷干。

以上的孢粉组合所反映的气候冷暖变化明显，植被特征是以针叶树种和阔叶树种为建群种，草本花粉以藜常见，这些植被类型应为该区第四纪沉积。

鉴定人：范淑贤

2007 年 11 月 6 日

表12-3　营盘山遗址植硅体统计表

样号	06SMY F3	06SMY T3②	06SMY T6②	06SMY T4③	06SMY T4④	06SMY T4⑤	06SMY T4⑦	06SMY T8①	06SMY H4	06SMY T3③
深度(自)										
深度(至)										
植硅体浓度(粒/克)	3569.554	734.108	7193.192	2210.96	4606.167	443.235	9507.128	6485.483	2230.354	1089.296
扇形(无突起)			3				2	3	5	2
方形	2		6		1			3	5	
长方形	1							1		4
棒形	24	4	38	16	27	14	80	58	32	5
尖形	8	5	6		1	4	10	16	11	
齿形	6	2	49	8	4	1	32	28	1	1
帽形	3		9	2	1	1	3	22	1	1
哑铃形	2	1	17	10	12	1	3	3	1	3
短鞍形	13		10		2		2	5		
长鞍形										
团粒形			21	4	2		1	12	1	6
Y形			15		28	9	16	16	6	6
树皮状	4	1	6	4	6	1	15	2	4	4
导管形		1					1	2		
碎屑形	3	2	8	3		3	3	3	2	3
骨架形			2							
多边形		1		1	1		3	2		
三棱形							1			
植硅体总数	66	17	190	48	85	34	172	176	69	35
石松孢子	511.00	640.00	730	600	510	2120	500	750	855	888
浓度系数	0.02	0.02	0.03	0.02	0.02	0.08	0.02	0.03	0.03	0.03
孢子总数	27637.00	27637.00	27637	27637	27637	27637	27637	27637	27637	27637
样品干重(克)	1.00	1.00	1	1	1	1	1	1	1	1

06SMY H9	06SMY H8	06SMY F2	06SMY H14	06SMY T5③	06SMY T1③	06SMY T2③	06SMY T8③	06SMY T6③	平均含量
4448.883	5220.322	2460.367	1050.206	260.113	6261.508	1900.044	348.021	8812.553	3622.710
5		4			6		2	3	3.5
1		2			4	1	1	4	2.727
	1				3		2	2	2
21		14	3	3	20	10	18	60	24.833
5	25	16	2		8	12	2	14	9.063
3	11	3	1		5	2		10	9.824
3	3	7	2		17	1		5	5.063
2	10	2			17	6		1	5.688
1	3	5			20	4	1	1	5.583
	1				1				1
3	8	1						1	5.455
14	14	13	2	17	38	16	8	34	15.75
5	8	4	9	1	1	2		29	5.889
	1						1	1	1.167
3				3	5			4	3.462
									2
		2							1.667
									1
66	85	73	19	24	145	55	34	169	82.211
410	450	820	500	2550	640	800	2700	530	921.263
0.01	0.02	0.03	0.02	0.09	0.02	0.03	0.10	0.02	
27637	27637	27637	27637	27637	27637	27637	27637	27637	
1	1	1	1	1	1	1	1	1	

样号	06SMY F3	06SMY T3②	06SMY T6②	06SMY T4③	06SMY T4④	06SMY T4⑤	06SMY T4⑦	06SMY T8①	06SMY H4	06SMY T3③
深度(自)										
深度(至)										
植硅体浓度(粒／克)	3569.55	734.11	7193.19	2210.96	4606.17	443.23	9507.13	6485.48	2230.35	1089.30
扇形(无突起)	0.00	0.00	1.58	0.00	0.00	0.00	1.16	1.70	7.25	5.71
方形	3.03	0.00	3.16	0.00	1.18	0.00	0.00	1.70	7.25	0.00
长方形	1.52	0.00	0.00	0.00	0.00	0.00	0.00	0.57	0.00	11.43
棒形	36.36	23.53	20.00	33.33	31.76	41.18	46.51	32.95	46.38	14.29
尖形	12.12	29.41	3.16	0.00	1.18	11.76	5.81	9.09	15.94	0.00
齿形	9.09	11.76	25.79	16.67	4.71	2.94	18.60	15.91	1.45	2.86
帽形	4.55	0.00	4.74	4.17	1.18	2.94	1.74	12.50	1.45	2.86
哑铃形	3.03	5.88	8.95	20.83	14.12	2.94	1.74	1.70	1.45	8.57
短鞍形	19.70	0.00	5.26	0.00	2.35	0.00	1.16	2.84	0.00	0.00
长鞍形	0.00	0.00	0.00	0.00	0.00	0.00	0.00	0.00	0.00	0.00
团粒形	0.00	0.00	11.05	8.33	2.35	0.00	0.58	6.82	1.45	17.14
Y形	0.00	0.00	7.89	0.00	32.94	26.47	9.30	9.09	8.70	17.14
树皮状	6.06	5.88	3.16	8.33	7.06	2.94	8.72	1.14	5.80	11.43
导管形	0.00	5.88	0.00	0.00	0.00	0.00	0.58	1.14	0.00	0.00
碎屑形	4.55	11.76	4.21	6.25	0.00	8.82	1.74	1.70	2.90	8.57
骨架形	0.00	0.00	1.05	0.00	0.00	0.00	0.00	0.00	0.00	0.00
多边形	0.00	5.88	0.00	2.08	1.18	0.00	1.74	1.14	0.00	0.00
三棱形	0.00	0.00	0.00	0.00	0.00	0.00	0.58	0.00	0.00	0.00

06SMY H9	06SMY H8	06SMY F2	06SMY H14	06SMY T5③	06SMY T1③	06SMY T2③	06SMY T8③	06SMY T6③
4448.88	5220.32	2460.37	1050.21	260.11	6261.51	1900.04	348.02	8812.55
7.58	0.00	5.48	0.00	0.00	4.14	0.00	5.88	1.78
1.52	0.00	2.74	0.00	0.00	2.76	1.82	2.94	2.37
0.00	1.18	0.00	0.00	0.00	2.07	0.00	5.88	1.18
31.82	0.00	19.18	15.79	12.50	13.79	18.18	52.94	35.50
7.58	29.41	21.92	10.53	0.00	5.52	21.82	5.88	8.28
4.55	12.94	4.11	5.26	0.00	3.45	3.64	0.00	5.92
4.55	3.53	9.59	10.53	0.00	11.72	1.82	0.00	2.96
3.03	11.76	2.74	0.00	0.00	11.72	10.91	0.00	0.59
1.52	3.53	6.85	0.00	0.00	13.79	7.27	2.94	0.59
0.00	1.18	0.00	0.00	0.00	0.69	0.00	0.00	0.00
4.55	9.41	1.37	0.00	0.00	0.00	0.00	0.00	0.59
21.21	16.47	17.81	10.53	70.83	26.21	29.09	23.53	20.12
7.58	9.41	5.48	47.37	4.17	0.69	3.64	0.00	17.16
0.00	1.18	0.00	0.00	0.00	0.00	1.82	0.00	0.59
4.55	0.00	0.00	0.00	12.50	3.45	0.00	0.00	2.37
0.00	0.00	0.00	0.00	0.00	0.00	0.00	0.00	0.00
0.00	0.00	2.74	0.00	0.00	0.00	0.00	0.00	0.00
0.00	0.00	0.00	0.00	0.00	0.00	0.00	0.00	0.00

第一三章　陶器分析研究

第一节　茂县新石器遗址陶器成分分析及来源初探[*]

自 20 世纪 20 年代开始, 川西北岷江上游地区发现了大量的新石器时代中晚期遗址。2000 年以来, 由成都文物考古研究所、阿坝藏族羌族自治州文物保管所及茂县羌族博物馆等单位合作进行的考古工作, 发现了营盘山、波西、哈休、沙乌都等重要的新石器中晚期遗址, 出土了大量的文化遗物[1]。

营盘山和波西遗址位于岷江上游茂县凤仪镇, 主要遗存经过碳 -14 年代测定, 距今 5300 ~ 4600 年, 属于新石器时代晚期, 和我国西北地区的马家窑文化同时。营盘山遗址面积近 15 万平方米, 为该地区目前已经发现的面积最大的新石器时代文化遗址, 出土遗物丰富[2]。2002 年的考古工作确定了营盘山遗址在岷江上游新石器晚期大型聚落遗址群的中心地位[3]。波西遗址相距营盘山遗址约 1500 米, 面积近 3 万平方米[4]。两处遗址出土遗物中发现了大量具有马家窑文化因素的彩陶器。这些彩陶器的发现为研究新石器中晚期我国西北同西南地区文化贸易交流情况提供了极其重要的实物资料。

为了理清陶片的产地, 特别是确定不同风格彩陶的确切烧造地点, 北京大学考古文博学院和成都市考古研究院等单位合作, 取得了部分营盘山遗址和波西遗址发掘所获得的彩陶和素面陶残片样品, 进行了化学成分分析。

1. 样品描述

此次实验共分析陶片 37 片, 其中营盘山 29 片, 波西 8 片, 陶质包括彩陶, 细泥红陶, 黑陶, 夹砂陶等。

2. 分析方法

我们使用激光剥蚀电感耦合等离子体发射光谱仪 (LA-ICP-AES)[5] 对这些陶器进行分析。共分析了 Ba、Ce、Co、Cr、Cu、La、Mn、Nd、Ni、Pb、Sc、Sr、V、Y、Zn、Zr、Na、Mg、Ca、Fe、Al、P、K、Ti 等 24 种元素, 其中 Na、Mg、Ca、Fe、Al、P、K、Ti 等主、次量元素以氧化物表示。

---

[*] 崔剑锋、吴小红、杨颖亮: 北京大学考古文博学院。原载于《文物》2011 年第 2 期。

[1] 蒋成、陈剑:《岷江上游考古新发现述析》,《中华文化论坛》2001 年第 3 期。蒋成、陈剑:《2002 年岷江上游考古的发现与探索》,《中华文化论坛》2003 年第 4 期。

[2] 陈剑:《川西彩陶的发现与初步研究》,《古代文明·第五卷》, 文物出版社, 2007 年。

[3] 陈剑、陈志学、范永刚、蔡清:《营盘山遗址——藏彝走廊史前区域文化中心》,《阿坝师范高等专科学校学报》2005 年第 3 期。

[4] 成都文物考古研究所等:《四川茂县波西遗址 2002 年的试掘》,《2004 年成都考古发现》, 科学出版社, 2006 年。

[5] 崔剑锋、吴小红、唐俊杰:《杭州老虎洞窑址出土"修内司窑"铭款荡箍的化学成分分析》,《文物》2009 年第 12 期。

以前学者[1]以及我们最近的研究结果表明,类似校正方法的精确度特别是微量元素以及含量低于10%的主量元素完全可以和溶液法的分析精确度相比较。

3. 分析结果

主量元素以氧化物表示,微量元素以单质表示。

为了更清晰的判断样品之间的差别,我们对样品根据遗址及陶质对每个元素都求了平均值,结果参见下表。

主成分分析(PCA)是目前应用较广泛的对多元变量数据进行统计学处理的数学方法。本文使用统计学软件SPSS1115中的主成分分析功能对陶器的全部元素进行了数据处理并应用其前三个主成分绘制了散点图[2](图13-2)。

从图13-2可以看出,彩陶和素面陶的化学成分完全不同。素面细泥红陶(图13-1,B1)[3]化学成分和其他素面陶一致,而和彩陶的差异显著。而两个遗址的素面陶陶片的数据点混杂在一起,说明两个遗址的陶片化学成分近似,而和营盘山彩陶的化学成分不同。

图13-1　营盘山遗址出土陶片

1.彩陶片　2.细泥红陶片

由于不同地域黏土的地球化学成因不同,导致黏土的化学组成不同,因此可以使用化学成分来判断黏土的来源[4]。茂县出土的陶器成分分析结果显示,制作彩陶和素面陶的黏土来源完全不同。

根据对各元素平均含量的统计分析,营盘山彩陶和其他两组陶器的Ba、Co、Nd、Ni、Pb、Sr、P、Zr等微量元素以及Na、Mg、Ca、Fe、K、Ti等主量元素的含量都存在统计学意义上的显著差异,而波西和营盘山遗址素面陶的元素统计差别不明显。

彩陶和素面陶成分的差异在主量元素Ca、Na的含量上体现得更加明显,结果参见图13-3,彩陶的CaO含量相对很高而Na_2O含量则非常低,素面陶则恰恰相反。这两种元素的差别显示了烧制两种陶器使用了不同种类的黏土。根据李家治先生对新石器中晚期陶器成分分析结果,甘青地区马

[1] R.E1Russo, et1al1/ Laser Ablationin Analyt-icalChe) A Review 01 Talanta 57，2002:pp425-4511.

[2] 前三个主成分可以解释所有变量总方差的56.16%。

[3] 图中椭圆无统计意义,仅表示数据分布范围。

[4] Pollard.M, A1, C1Heron, Archaeological Chemistry, The Royal Society of Chemistry, 19961.

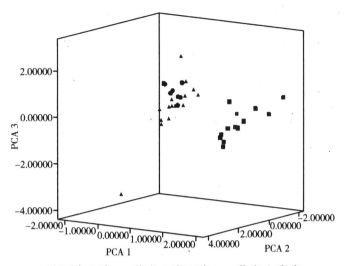

图13-2　陶片化学成分的主成分三维散点

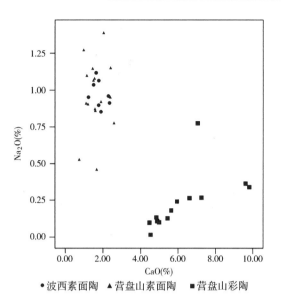

图13-3　CaO-Na₂O含量散点图

家窑文化的彩陶以及其他陶器的 CaO 含量皆高于 5%[1]。马清林先生分析甘肃地区各新石器文化的彩陶，CaO 含量亦相当高[2]。营盘山遗址出土的马家窑彩陶完全符合以上两位对于马家窑腹地彩陶化学成分的总结。而马家窑彩陶高钙的这个特点和西北地区黄土的成分特征正相吻合。对黄土的元素地球化学研究结果显示黄土中富含钙、镁的碳酸盐[3]。图13-3 所示彩陶器的 Na₂O 含量普遍低于 0.5%，而素面陶的 Na₂O 含量则高于 1.0%。根据地球化学研究，Na₂O 的相对贫乏也是西北黄土区别于南方黏土的特征之一[4]。据此表明,营盘山遗址出土的马家窑彩陶烧造所用原料和甘青地区马家窑文化彩陶的原料相似，有可能来自黄土高原地区。而素面陶的分析结果显示，烧造素面陶时，陶工使用了相对贫钙富钠的黏土，这有别于黄土高原黏土的特征，而更符合西南地区黏土的地球化学特征，由此表明素面陶使用了本地的黏土。

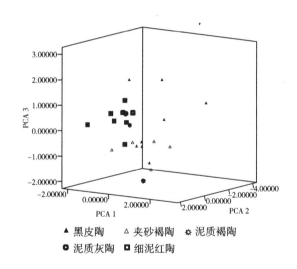

图13-4　素面陶片化学成分的主成分三维散点图

　　上述分析表明，彩陶的烧制选择了与素面陶完全不同的陶土。不同风格的彩陶化学组成却非常近似，且有别于与之同出的本地特色的素面陶器，而更接近于同时代甘青地区马家窑文化陶器的成分。因此，可能并非如发掘者最初所考虑的仅有少数彩陶是从西北地区输入的，而是所有彩陶都有直接

[1] 李家治：《中国科学技术史·陶瓷卷》，科学出版社，1998年。
[2] 马清林：《陶器》，《中国文物分析鉴别与科学保护》，科学出版社，2001年。
[3] 刘东生：《黄土与环境》，科学出版社，1985年。
[4] 文启忠：《中国黄土地球化学》，科学出版社，1989年。

从甘青地区输入的可能。

综上所述，具有马家窑文化因素的彩陶，其制陶原料很可能来自甘青地区。但是成分分析结果表明，两遗址都已能烧制细泥红陶，说明当地并不缺乏烧造彩陶的黏土原料，故而输入原料后在当地烧造的可能性微乎其微，彩陶只能是陶器的直接输入，即依靠贸易从马家窑文化腹地得来。

我们对本地陶器主成分数据进行了处理（图13-4）[1]。

从图13-4可以看到，两遗址的陶片都混在一起，显示两遗址素面陶黏土来源是相同的。不同质地的陶片并没有区分开来，这说明烧制陶器所使用黏土的地球化学特征类似。特别是对于夹砂陶，由于在使用 LA-ICP-AES 过程中通过激光器外接放大倍率达到 100 倍显微 CCD 选择，因此避开了所加掺和料，而只分析黏土，最终结果为烧造夹砂陶使用黏土的化学成分。故而烧制本地夹砂陶所选黏土和烧制细泥陶应当是一样的。此外，分析结果还表明成分对陶色的差别并不明显[2]，这表明两处遗址烧造陶器所选黏土种类都比较固定。

综上所述，四川茂县营盘山及波西新石器晚期遗址出土陶器残片的化学成分分析结果显示：彩陶的化学成分更接近黄土高原马家窑文化腹地出土彩陶器物的化学成分，而本地素面陶的化学特征则显示出本地黏土的特征，说明素面陶都为本地自产。这一分析结果证实新石器时代晚期，川西岷江上游地区和马家窑文化腹地长时间存在着彩陶的长程贸易。而关于这些彩陶究竟是从甘青地区哪处遗址或者哪几处输入岷江上游的，目前我们正在进行更深入广泛的研究，并已有了初步的结论，成分分析的结果表明以马家窑遗址等为中心区域的甘肃马家窑文化腹地正是这些彩陶真正的源头[3]。

附记：北京大学考古文博学院李水城教授、美国华盛顿大学圣路易分校洪玲玉博士、成都博物院陈剑副研究员以及甘肃省文物考古研究所王辉研究员等在本文写作过程中提出了宝贵意见；成都文物考古研究所、阿坝藏族羌族自治州文物保管所以及茂县羌族博物馆等单位提供陶片样品，在此深表谢忱！

第二节　川西马家窑类型彩陶产源分析与探讨*

彩陶是新石器中晚期黄河流域中上游的代表性文化因素之一，而长江上游川西高原境内所发现的彩陶向来则被认为是源自黄河流域的影响。然而，这种所谓的影响到底是经由何种途径产生的？是风格传播、彩陶贸易、或者人群迁移？本研究选取了甘肃临洮马家窑、东乡林家、武都大李家坪、临潭石门口、卓尼寺下川和四川马尔康哈休、茂县波西及营盘山等八个遗址所出土的170件陶片标本进行化学元素分析，结果显示川西彩陶标本的化学成分明显与当地所出土的非彩陶标本不同，但

[1] 前三个主成分可以解释所有变量总方差的53.16%。

[2] 对黑陶的分析，显示出令人感兴趣的结果，四件和其他陶器混杂一起的样品，分析的是胎体，而四件和其他陶器都分离开来的样品，则分析的是其外表面，其和胎体的差别显示出外表面可能经过特殊的处理，这将另文讨论。

[3] HungLingyu, Cui Jianfeng, et1al1, Painted Po-ttery and Long Distance Trade in Late Neolithic Northwestern China, paperpresented to SEAA, Beijing, 20081.

*　洪玲玉：圣路易斯华盛顿大学；崔剑锋：北京大学考古文博学院科技考古实验室；王辉：甘肃省文物考古研究所；陈剑：成都文物考古研究院。原载于《南方民族考古》第七辑，科学出版社，2011年5月，第1~58页。

与以高钙、高镁黏土制作的甘肃彩陶及非彩陶标本相似。此一差异表明川西地区所出土的马家窑风格彩陶可能不是产于当地，而是在人群迁移的同时，持续地从北方输送进来，可能存在一定组织的彩陶贸易网络。此一研究结果为探讨该区域新石器晚期考古遗存的文化归属、其社会经济组织、以及与周围考古学文化的区域互动途径等议题提供了重要讯息。

一　前言

　　青藏高原东南区域的地形是一系列大体呈西北东南走向的山脉和河流，数千年来这些处于高山之间的南北向河谷是南北文化交流、人群移动的重要通道。地理学上将此一区域称为"横断山脉地区"或"六江流域"。而民族学者则将这一区域称为"藏彝走廊"，用来概括该区域的族群分布格局以及族群交流和移动的频繁，其基本范围包括川西、滇西及西藏东部 [1]。目前这一区域的考古文化资料仍较有限，但近来霍巍利用考古材料就该区域先秦两汉时期的南北文化交流与互动进行了详细论述 [2]。本文所关注的焦点是在此一"民族走廊"的川西地区所出土的新石器时代晚期彩陶的传入途径。通过对陶片的化学成分进行分析，我们对川西所出土的马家窑风格彩陶的产源展开探讨，提供研究该区域史前文化互动途径的一个新视角（图13-5）。

　　陶器不仅是考古学者进行考古学文化区系类型分析的一个主要媒介，同时也是探讨器物背后所代表的社会、政治、经济组织等面向的一种重要物质遗存。然而，在进行这些与人的行为有关的推论之前，需要先厘清作为推论基础的陶器究竟是本地所产或是外地进口而来。就纹饰风格和器类而言，大部分川西地区所出土的彩陶与其北边的马家窑类型彩陶极为相似，有的则可能早到石岭下类型（或仰韶文化晚期类型）和庙底沟类型 [3]。就空间分布而言，这些出土自长江水系的川西彩陶是处于仰韶彩陶和马家窑彩陶分布的极边陲地区。彩陶在此区域的出现向来被视为是仰韶文化和马家窑文化"南进" [4] 的重要证据。然而，这个新石器晚期北方黄河文化的南进究竟是经由哪些途径形成的呢？目前的研究认为这个过程涉及一定程度的人群南迁 [5]，以及彩陶制作技术和知识的本土化建立 [6]。这些看法主要是基于一些直观的证据。

　　本研究透过陶片化学成分的分析来探讨川西彩陶是否为本地所生产，以此检验上述前人所提出的观点。详言之，如果人群迁移或技术、风格传播是彩陶传入川西地区的主要途径，亦即川西彩陶

　　[1] 石硕：《"藏彝走廊"：一个独具价值的民族区域——谈费孝通先生提出的"藏彝走廊"概念与区域》，《藏彝走廊：历史与文化》，四川人民出版社，2005年，第13~31页。

　　[2] 霍巍：《论横断山脉地带先秦两汉时期考古学文化的交流与互动》，《藏彝走廊：历史与文化》，四川人民出版社，2005年，第272~299页。

　　[3] 陈剑：《川西彩陶的发现与初步研究》，《古代文明·第5卷》，文物出版社，2006年，第17~30页。

　　[4] 不同学者以"南迁"、"南传"或"南移"来描述这个新石器晚期由北往南的文化势力，其中"南迁"和"南移"似乎隐含有人群移动的意思，而"南传"则比较像是不涉及大规模人群迁移的文化传播。在目前尚不清楚这种典型黄河上游马家窑类型的文化因素出现在长江上游区域的途径为何的情况下，本文以"南进"来描述此一文化现象，旨在避免隐涉任何单一的途径。

　　[5] 石兴邦：《有关马家窑文化的一些问题》，《考古》1962年第6期，第318、329页。徐学书：《岷江上游新石器时代文化的初步研究》，《考古》1995年第5期，第415~426页。张强禄：《试论白龙江流域新石器文化与川北川西地区新石器文化的关系》，《四川大学考古专业创建三十五周年纪念文集》，四川大学出版社，1998年，第70~75页。陈卫东、王天佑：《浅议岷江上游新石器时代文化》，《四川文物》2004年第3期，第5~21页。

　　[6] 陈剑：《川西彩陶的发现与初步研究》，《古代文明·第5卷》，文物出版社，2006年，第17~30页。

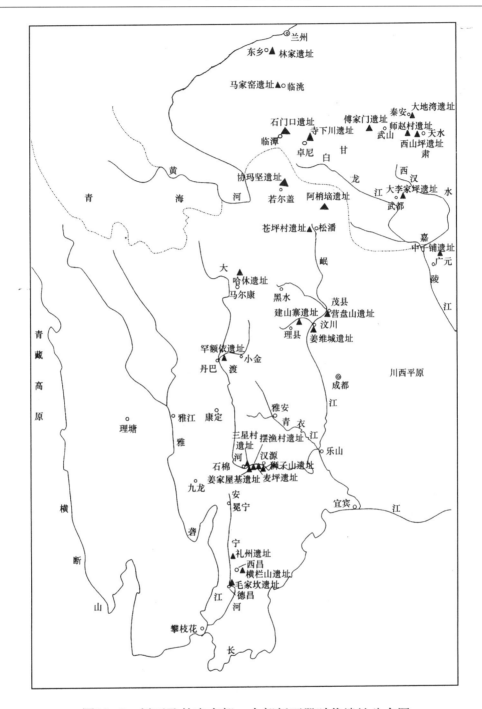

图13-5　川西及甘肃南部、中部新石器时代遗址分布图

为本地所生产，那么川西彩陶的化学组成特征很可能与共出的非彩陶相似，而明显不同于同一时期
甘青地区彩陶的化学组成；但是，如果川西彩陶是由北边甘肃一带彩陶的腹地进口而来，那么其化
学组成应与同时出土的非彩陶具有一定程度的差异，而与甘青彩陶的化学组成相似。当然，这个假
设的基本前提是建立在一个目前考古学家所共同接受的看法之上——那就是绝大部分与彩陶同时出
土的川西非彩陶是本地所产。此研究的重要性在于：假若川西彩陶主要是进口而来，那么该区域史
前人群交流与互动途径的多样性、复杂性将远超过我们当前的直观认识。例如，人群南移之后可能
仍和北方维持一定的联系。

　　本文的研究材料包括了170件分别出土自甘肃临洮马家窑、东乡林家、武都大李家坪、临潭石门口、卓尼寺下川和四川马尔康哈休、茂县波西以及营盘山等八个遗址的彩陶和非彩陶标本。通过比较这些标本的化学组成元素，我们探讨不同遗址、不同区域之间的陶片成分是否存在差异，还有同一遗址所出土的彩陶和非彩陶有无化学组成特征上的差异，关注的重点是川西彩陶的产源问题。此一研究将有助于我们认识川西地区以营盘山遗址为代表的一类遗存的文化属性，以及其社会结构、经济组织、与周围人群交流互动的途径等议题。

二　川西彩陶的时空分布与来源问题

　　目前彩陶在长江水系的川西高原一带主要发现在岷江上游和大渡河上游，嘉陵江上游支流白水江流域的九寨沟县阿捎脑遗址也采集有彩陶片[1]，最南到达大渡河中游的汉源狮子山遗址[2]，而成都平原地区则尚未有类似发现。若尔盖县协玛坚遗址、达扎寺遗址也出土过彩陶片[3]，该区域属于黄河水系中的上游支流黑河流域（图13-6）。川西彩陶的年代上下限约在距今6000年前至4700年前，最早可以推到仰韶文化的庙底沟阶段，但目前已发现的主要材料是相当于马家窑文化马家窑阶段的一类遗存[4]，经过发掘的主要遗址包括茂县营盘山[5]、汶川县姜维城[6]、马尔康县哈休[7]、理县箭山寨遗址等[8]。

　　对于川西地区以营盘山遗址为代表的一类新石器中晚期遗存的文化属性，目前存在着三种不同的看法。有的学者认为其与甘青马家窑类型具有较多的共性，应属马家窑类型[9]；也有学者认为这是仰韶晚期遗存，但受到马家窑类型的强烈影响[10]；营盘山遗址的发掘者则认为其有较强的地方特性，建议将其命名为"营盘山遗存"，或考虑进而命名为"营盘山文化"[11]。然而，持不同意见的学者基本上都同意川西遗址所出土的彩陶和素面细泥红陶钵是源自黄河流域的典型文化因素，而且大多数彩陶属于马家窑类型风格。那么，源自黄河流域的陶器传统究竟是经由什么样的途径抵达川西的呢？是风格传播、彩陶贸易、或者涉及一定程度的人群迁移？

[1] 高大伦：《充分发挥专业院所作用，积极做好三普督导工作》（会议汇报材料）。陈剑：《三代同堂　学术迎新——四川省历史学会迎新学术交流会侧记》，《四川社科界》2009年第6期，第25～29页。《巴蜀文化研究通讯》2010年第1期（总64期），第2～6页。

[2] 马继贤：《汉源县狮子山新石器时代遗址》，《中国考古学年鉴·1991》，文物出版社，1992年。

[3] 高大伦：《充分发挥专业院所作用，积极做好三普督导工作》（会议汇报材料）。陈剑：《三代同堂　学术迎新——四川省历史学会迎新学术交流会侧记》，《四川社科界》2009年第6期，第25～29页。《巴蜀文化研究通讯》2010年第1期（总64期）第2～6页。

[4] 陈剑：《川西彩陶的发现与初步研究》，《古代文明·第5卷》，文物出版社，2006年，第17～30页。

[5] 成都文物考古研究所等：《四川茂县营盘山遗址试掘报告》，《成都考古发现（2000）》，科学出版社，2002年，第1～77页。

[6] 黄家祥：《汶川姜维城遗址发掘的初步收获》，《四川文物》2004年第3期，第6～9页。四川省文物考古研究所等：《四川汶川县姜维城新石器时代遗址发掘报告》，《四川文物》2004年增刊，第63～91页。四川省文物考古研究所等：《四川汶川县姜维城新石器时代遗址发掘简报》，《考古》2006年第11期，第3～14页。

[7] 阿坝藏族羌族自治州文物管理所等：《四川马尔康县哈休遗址调查简报》，《四川文物》2007年第4期，第8～15页。阿坝藏族羌族自治州文物管理所等：《四川马尔康县哈休遗址2006年的试掘》，《南方民族考古（第6辑）》，科学出版社，2010年，第295～374页。

[8] 四川大学历史系考古教研组：《四川理县汶川县考古调查简报》，《考古》1965年第12期，第614～618页。四川省文物考古研究院（黄家祥）：《2006年四川省文物考古研究院考古调查勘探试掘取得新成果》，《四川文物》2007年第1期，第15～23页。

[9] 江章华：《岷江上游新石器时代遗存新发现的几点思考》，《四川文物》2004年第3期，第10～14页。辛中华：《岷江上游新石器时代遗存及相关问题探讨》，《四川文物》2005年第1期，第9～14、39页。

[10] 陈卫东、王天佑：《浅议岷江上游新石器时代文化》，《四川文物》2004年第3期，第15～21页。

[11] 蒋成、陈剑：《岷江上游考古新发现述析》，《中华文化论坛》2001年第3期，第27～31页。蒋成、陈剑：《2002年岷江上游考古的发现与探索》，《中华文化论坛》2003年第4期，第8～12页。成都文物考古研究所等：《四川茂县营盘山遗址试掘报告》，《成都考古发现（2000）》，科学出版社，2002年，第1～77页。

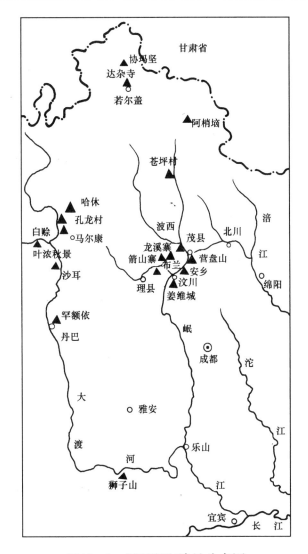

图13-6 川西彩陶遗址分布图

许多学者认为人群迁移是一个主要途径[1]。在对陶器与石器的纹饰、形制及风格进行比较的基础上，张强禄认为川西这种明显具有马家窑类型因素的新石器文化是来自白龙江流域的移民与四川当地土著文化融合的产物[2]。辛中华在对大李家坪、营盘山和姜维城等遗址出土的陶、石遗存进行比较后，也将马家窑风格陶器在四川地区的传入源头指向陇南的白龙江流域[3]。

如果人群迁移是黄河流域新石器晚期考古学文化传入川西地区的主要途径，那么彩陶这种高度发达的工艺传统是否随着移民在川西地区生根，并进一步发展出一定的地方特色呢？陈剑在对陶胎质地、陶色、纹饰和掺和料等特征进行肉眼观察的基础上，结合遗址所发现的陶窑形制和结构等讯息，提出川西彩陶以本地生产为主，少量彩陶不排除是从黄河上游输入的看法，并认为彩陶在川西的发

[1] 石兴邦：《有关马家窑文化的一些问题》，《考古》1962年第6期，第318~329页。徐学书：《岷江上游新石器时代文化的初步研究》，《考古》1995年第5期，第415~426页。

[2] 张强禄：《试论白龙江流域新石器文化与川北川西地区新石器文化的关系》，《四川大学考古专业创建三十五周年纪念文集》，四川大学出版社，1998年，第70~75页。

[3] 辛中华：《岷江上游新石器时代遗存及相关问题探讨》，《四川文物》2005年第1期，第9~14、39页。

展过程中有一本土化的过程[1]。

　　然而，同样基于直观的证据，也有学者认为远距离彩陶贸易可能在这个时期已经出现。就地理位置而言，青海同德宗日与各川西遗址同样位处马家窑风格彩陶分布的边陲地区，发掘者之一的陈洪海认为这里所出土的马家窑彩陶可能与贸易和入驻者中的马家窑陶工有关[2]。此外，基于彩陶型态和纹饰所呈现的差异，张弛也曾指出青海民和阳山和乐都柳湾等墓地所出土的半山类型彩陶中有少量非本地特征的"舶来品"[3]。这一看法已为陶片中子活化分析的结果所验证[4]，可惜所分析的陶片标本数量较少。值得注意的是，兰州白道沟坪曾发现大规模属于马家窑文化马厂阶段的窑场；这个窑场同时出土颜料、彩绘用的色盘和高比例（94%以上）的彩陶片、细泥红陶片。严文明即曾指出这样规模的窑场除了提供社群内部的需求之外，有相当一部分当与社群之间的交换有关[5]。

　　显然，川西地区所出土的马家窑风格彩陶可能是产于当地，但我们也不能完全排除其透过交换或随人群迁移而输入的可能，或是有一个从输入品到当地制作的本土化过程，其或是某些器类为本地制品而某些器类始终为输入品的可能。检视这些不同可能性的一个初步且有效的方法，就是通过陶片化学元素分析或岩相分析的手段对川西彩陶、同时出土的非彩陶，以及甘青地区同时期的彩陶和非彩陶进行比较。由于一般马家窑类型彩陶的质地都相当细致，化学元素分析显然较岩相分析更为理想。因此，我们选择使用陶片化学元素分析的手段，以此检视川西地区出土的彩陶产源，探讨上述各种可能性。

三　甘青马家窑文化陶器的化学成分特征及其陶土资源

　　在进行实验分析之前，我们注意到已分析的石岭下、马家窑、半山和马厂类型马家窑文化彩陶普遍具高 CaO 高 MgO 含量的特征。其 CaO 含量常常高于 5%，高者可达 15% 左右，一般位居其化学组成的第三位，明显高于其他地区陶片标本的 CaO 含量。其 MgO 含量一般稳定的分布在 2%～4% 之间。在 20 世纪 60 年代，Sundis 就注意到其所分析的有限标本之中，甘肃地区所出土的黄褐色彩陶比河南仰韶村出土的红色彩陶具有较高的 CaO 含量[6]。同一时期，在周仁等所分析的黄河流域新石器和商周时期陶片中，唯一一件甘肃彩陶片标本的高 CaO 含量特征也明显不同于黄河流域中下游所出土的仰韶陶片[7]。此外，在《中国陶瓷史》一书中所纪录的中国新石器时代陶器的化学组成中，属于甘青马家窑文化的六件陶片标本普遍具有高 CaO 和 MgO 含量的特征，其他地区的新石器陶片虽个别也有相对较高的 CaO 含量，但并不形成普遍区域特征[8]。有趣的是，在马清林所分析的甘肃新石

[1] 陈剑：《川西彩陶的发现与初步研究》，《古代文明（第5卷）》，文物出版社，2006年，第17～30页。陈剑：《波西、营盘山及沙乌都——浅析岷江上游新石器文化演变的阶段性》，《考古与文物》2007年第5期，第65～70页。蒋成、陈剑：《岷江上游考古新发现述析》，《中华文化论坛》2001年第3期，第27～31页。

[2] 陈洪海：《宗日遗存研究中的几点思考》，《西部考古（第一辑）》，三秦出版社，2006年，第106～113页。

[3] 张弛：《半山式文化遗存分析》，《考古学研究（二）》，北京大学出版社，1994年，第33～77页。

[4] 陈铁梅、成志忠、莫友芳：《阳山墓地和徐家山遗址部分陶片的中子活化分析》，《民和阳山》，文物出版社，1990年，附录三，第177～180页。

[5] 严文明：《马家窑文化》，《史前考古论集》，科学出版社，1998年，第172～179页。

[6] Nils Sundius: Some aspects of the technical development in the manufacture of the Chinese pottery wares of pre-Ming age. Bulletin of the museum of far eastern antiquity, Vol.33（1961）, pp.103-124.

[7] 周仁、张福康、郑永圃：《我国黄河流域新石器时代和殷周时代制陶工艺的科学总结》，《考古学报》1964年第1期，第1～28页。

[8] 中国硅酸盐学会主编：《中国陶瓷史》，《第一章　新石器时代的陶器》，文物出版社，1997年，第1～46页。

器和青铜时代陶片中，十件分属石岭下至马厂阶段的陶片中，八件彩陶标本的 CaO 含量都相对较高，只有二件非彩陶标本的 CaO 含量偏低 [1]。

甘青地区马家窑文化陶片所呈现的这种化学组成特征，与该地区黄土和第三纪红黏土（Tertiary Red Clay）[2] 的化学组成特征相似。地球化学研究显示，黄土高原的第三纪红黏土与其上的黄土层一样，普遍同属风成堆积；两者化学组成大致相似，但气候变迁造成黄土堆积普遍由较粗的风尘颗粒组成 [3]。由于富含碳酸盐，两者化学组成中的 CaO 含量往往仅次于 SiO_2 和 Al_2O_3。因为碳酸盐易于向下淋溶迁移，居于下层的红黏土又往往比其上的黄土含有相对较高的 CaO 和 MgO 含量。然而，碳酸盐向下淋溶迁移，也使得黄土层中的古土壤层 CaO 含量明显偏低 [4]。因此，古土壤层的 CaO 含量特征与大部分已分析的马家窑文化陶片并不相同。

在甘肃和青海东部，黄土虽然是一种非常容易取得的制陶原料，但目前的实验与研究多认为马兰黄土含钙量高、可塑性差，不适于直接用来制陶 [5]。至于马兰黄土下的离石与午城黄土，则还没有任何研究显示它们是否适于用来制陶。然而，钙含量同样相对较高的第三纪红黏土却是理想的制陶原料。许多现代甘肃陶匠用来制陶的主要原料就是一种堆积在黄土层下的红色黏土，一般称为"红土"、"红胶土"或"红黏土" [6]。笔者之一在实际调查几个位于甘肃临洮、临夏和兰州红古区的现代彩陶工艺厂时，即发现现代陶匠普遍以这种红黏土为制作彩陶的主要原料，并加入一定比例的少量黄土 [7]。从各种特征看来，这种现代陶匠所使用的红色黏土应该就是地质学上的"第三纪红黏土"或称做"三趾马红土"。

值得注意的是，川西地区也有含丰富碳酸钙的高钙、高镁黏土堆积。根据对青藏高原一带进行过多次调查的地貌学者王富葆先生所提供的讯息，我们知道这种高碳酸钙的红色黏土一般出现在青藏高原的干热河谷地区，当地称"阿嘎土"。在川西河谷地的黄土堆积下或高阶地上常可见这层红色黏土堆积，如马尔康及金川附近的大渡河谷中以及甘孜附近的雅砻江谷地中。需要说明的是，青藏高原河谷中的这层红黏土堆积与其北边黄土高原的第三纪红黏土的来源和成因都不同。虽然目前缺乏相关的地质学文献可供对比，但这两个区域红黏土的具体地球化学特征很可能存在差异。因此，使用两种区域性黏土所制成的陶片也应具有一定程度的差异。

在目前已发表的考古陶片化学组成资料中，马家窑文化陶片 CaO 和 MgO 含量皆偏高的特征并

[1] 马清林、李现：《甘肃古代各文化时期制陶工艺研究》，《考古》1991年第3期，第263～272页。

[2] 第三纪红黏土为午城黄土层下的红色粉砂质黏土堆积。

[3] 丁仲礼、孙继敏、朱日祥、郭斌：《黄土高原红黏土成因及上新世北方干旱化问题》，《第四纪研究》1997年第2期，第147～157页。刘秀铭、安芷生、强小科、鹿化煜、周杰、蔡演军：《甘肃第三系红黏土磁学性质初步研究及古气候意义》，《中国科学D辑》2001年31卷2期，第192～205页。

[4] 刘东生主编：《黄土与环境》，科学出版社，1985年。文启忠等：《中国黄土地球化学》，科学出版社，1989年。陈旸、陈骏、刘连文：《甘肃西峰晚第三纪红黏土的化学组成及化学风化特征》，《地质力学学报》2001年7卷2期，第167～175页。刁桂仪、文启忠：《黄土风化成土过程中主要元素迁移序列》，《地质地球化学》1999年27卷1期，第21～26页。孙玉兵、陈天虎、谢巧勤：《西峰剖面碳酸盐含量的变化及其古气候恢复》，《矿物岩石地球化学通报》，2007年26卷21期，第213～217页。

[5] 周仁、张福康、郑永圃：《我国黄河流域新石器时代和殷周时代制陶工艺的科学总结》，《考古学报》1964年第1期，第1～28页。李文杰：《宁夏南部新石器时代的制陶工艺》，《中国古代制陶工艺研究》，科学出版社，1996年，第39～68页。李新燕：《甘肃彩陶制作工艺实验与探索》，《考古与文物》2005年第6期，第85～89页。

[6] 郎树德、贾建威：《彩陶》，敦煌文艺出版社，2004年，第15、16页。

[7] 笔者之一（洪玲玉）所拜访的几个甘肃彩陶工厂都以红黏土为主要制陶原料，但陶匠同时会在红黏土中加入一定比例的黄土，或者直接采取混了些许黄土的红黏土做陶土，以减低窑烧时的破损率。不管是黄土或红黏土，含砂量相对较低是这些现代陶匠决定取土地点时的一个考量重点。

不见于周围其他区域所出土的陶片。然而，已分析并发表数据的马家窑类型陶片标本数量仍然相当有限，总共大约不到十件。所采用的分析方法也不尽相同。若要了解川西所出土的马家窑风格彩陶的产源，则还需要在统一的分析方法下，对出土自甘青一带的陶片标本和川西的陶片标本进行系统分析。

（一）标本描述

就地理位置而言，我们所分析的170件陶片分别源自不同的地理区，可以使用的陶土资源大致存在差异。临洮马家窑和东乡林家位处陇中六盘山以西的陇中黄土高原地区。临潭石门口和卓尼寺下川则是在属于青藏高原东缘的甘南高原东北部和陇中黄土高原的交汇地带。同样地，陇南的武都大李家坪地处黄土高原、秦巴山区和青藏高原三大地形的交汇地带。四川茂县营盘山、波西及马尔康县哈休等三个遗址则位于青藏高原的东缘，属川西高原黄土分布区。根据目前的地学研究，川西黄土是冰缘风成黄土，其风尘物质主要来自青藏高原，不同于秦岭以北黄土高原的堆积来源[1]。

所有170件标本的实验室编号、出土单位、纹饰、质地、陶色、器类、烧成气氛等描述及描述标准记载于表13-1。在此我们以遗址为单位，对各遗址的标本做简单摘要和归纳。

1. 甘肃临洮县马家窑遗址（GLM）

马家窑遗址陶片标本共16件，均为采集自遗址地表的陶片，包括细泥／泥质彩陶片9件，非彩陶7件（图13-7）。透过显微镜观察可以发现大部分彩陶片和素面细泥陶标本的胎体质地都相当纯净，应该都经过一定程度的淘洗；个别彩陶可以看到较多的掺杂物，归类为泥质陶；夹砂陶则普遍夹杂有白色透明的石英岩颗粒（图13-8）。彩陶的烧成气氛多是完全氧化，显示相当稳定、成熟的烧制气氛控制。

2. 甘肃东乡林家遗址（GDL）

林家遗址陶片标本共23件，除2件为地表采集的陶片外，其余均为遗址发掘所出土的马家窑类型陶片标本。23件标本包括细泥彩陶8件、饰绳纹的夹砂彩陶钵1件、非彩陶14件。就彩陶和细泥／泥质红陶而言，这些标本的陶胎质地同样都相当纯净，烧成气氛也都是完全氧化。一致的陶器质地和烧制气氛掌控代表着成熟、稳定的生产工艺。此外，林家遗址的夹砂陶与马家窑遗址的夹砂

图13-7　甘肃临洮县马家窑遗址所分析的16件标本

[1] Fang XM, The origin and provenance of Malan loess along eastern margin of Ainhai-Xizang （Tibetan） Plateau and its adjacent area. Science China (series B) 1995, 38:876-887. 王运生、李永昭、向芳：《川西高原甘孜黄土的成因》，《地质力学学报》2003年9(1)，第91～96页。刘维亮、李国新、谷曼：《川西高原可尔因地区黄土成因研究》，《地质与资源》2007年16(4)，第300～302页。

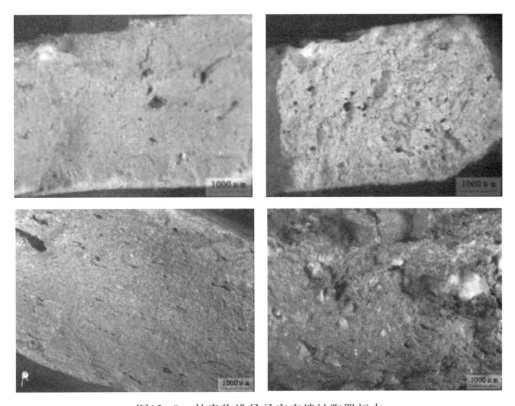

图13-8　甘肃临洮县马家窑遗址陶器标本

左上：GLM05细泥彩陶，右上：GLM06泥质彩陶，左下：GLM14灰色细泥陶，右下：GLM15夹砂绳纹红陶

陶相似，同样掺杂白色透明的石英岩颗粒。我们在林家所取得的标本还包括两件最大掺杂物粒径在2.0～4.0毫米左右的夹粗砂陶。发掘报告中所提到的掺杂物还有云母片。由于粒径较小的石英岩颗粒在一些泥质陶的胎体中也可以见到，我们无法推断这些掺杂物究竟是人为添加或天然存在于陶土中。个别灰色夹砂陶（GDL22）的烧制过程可能经历还原、氧化、还原的过程，在其灰色的表皮和陶胎之间有一红灰色薄层，烧制气氛在不同阶段可能有变化（图13-9）。

3．甘肃武都县大李家坪遗址（GWD）

由于标本取得的限制，所分析的大李家坪遗址标本属于遗址发掘所出土的仰韶晚期遗存，即报告中的大李家坪第二期（石岭下类型阶段）。这样的情况虽然不尽理想，但所分析的标本仍然可以反映该遗址陶器的化学组成特征。所分析的大李家坪遗址标本共29件，包括有细泥/泥质彩陶11件，其他非彩陶标本18件。整体而言，大李家坪遗址的细泥陶普遍含有粒径在0.25～0.5毫米的掺杂物（图13-10），属于我们分类中的B级细泥陶，像马家窑和林家遗址那样胎体相对纯净的标本在此较为少见。大部分彩陶标本也不如马家窑和林家遗址的彩陶标本胎体纯净。这种差异有可能是仰韶晚期彩陶和马家窑类型彩陶的区别，但也可能只是大李家坪本身彩陶的特点。此外，在氧化气氛下烧制而成的大李家坪红色类陶器之中，有些标本的胎体断面呈现两种颜色，如浅红和橙黄，这或许是由于器体内外燃烧温度的不同所造成。此类例子在马家窑和林家遗址较少见，后两处遗址所出土的在氧化气氛烧成的陶器标本，其断面颜色通常比较均匀。

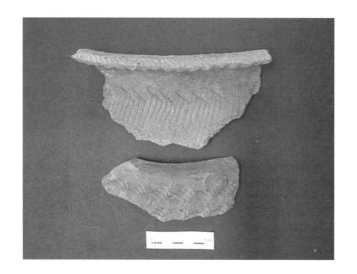

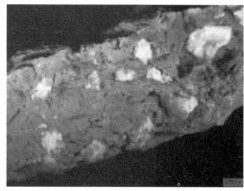

图13-9　甘肃东乡县林家标本

GDL21夹粗砂灰色侈口罐口沿，断面颜色显示还原或未氧化的烧制过程；　GDL22
夹砂灰色敛口罐口沿，断面颜色显示烧制过程可能有一还原、氧化、还原的变化

4．甘肃甘南卓尼县寺下川（GZS）

寺下川遗址陶片标本共22件，都是选自一个灰坑所出土的陶片，包括彩陶标本12件，非彩陶标本10件（图13-11）。寺下川的彩陶标本一般胎体纯净，和马家窑及林家的大部分彩陶标本相似。12件彩陶标本中有4件局部陶胎为红褐色或粉灰色，4件泥质/细泥灰陶也有3件断面呈现两种颜色，所有这些标本都暗示较不稳定的烧制气氛控制（图13-12）。寺下川的夹砂陶与马家窑和林家遗址的夹砂陶相似，掺杂白色透明的石英岩颗粒，个别还可看到细小的卵石。

5．甘肃甘南临潭县石门口（GLS）

石门口遗址陶片标本共18件，都是选自一个探方的一层地层堆积的标本，包括彩陶9件，非彩陶标本9件（图13-13）。石门口的彩陶标本胎体细致，与上述大部分遗址的彩陶标本相似。有一些彩陶和细泥红陶是在不完全氧化的气氛下烧制而成。石门口夹砂陶同样以掺杂白色透明的石英岩颗粒为主。

6．四川岷江上游茂县营盘山遗址（SMY）

营盘山遗址陶片标本共38件，均为遗址发掘所出土的标本，包括有细泥/泥质彩陶16件，非彩陶标本22件（图13-14～20）。所分析的16件营盘山遗址彩陶标本主要属于马家窑类型风格，其中三件绘有草卉纹，为本地特色彩陶。根据大李家坪发掘报告中所发表的陶片线图，其中一件彩陶片也绘有这种草卉纹（MT6⑦：59）[1]。彩陶标本中还有三件是石岭下类型风格彩陶。营盘山遗址彩陶

---

[1] 丁见祥：《马家窑文化的分期、类型、来源及其与周边文化关系》，北京大学考古文博学院硕士论文，2006年。

GWD09掺杂5%最大粒径在0.25～0.5毫米的细泥彩陶钵口沿，完全氧化，但断面呈现两种颜色

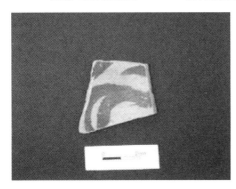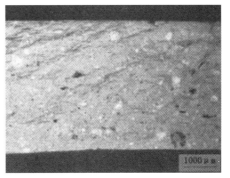

GWD13　掺杂10%最大粒径在0.25～0.5毫米的细泥彩陶，完全氧化

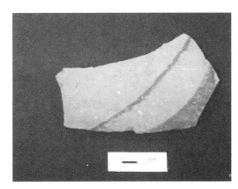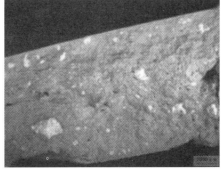

GWD01　掺杂5%粒径在0.5～1.0毫米的泥质彩陶，完全氧化

图13-10　三件甘肃武都大李家坪遗址的彩陶标本

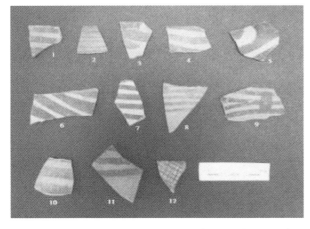

图13-11　甘肃卓尼县寺下川遗址出土彩陶及非彩陶标本

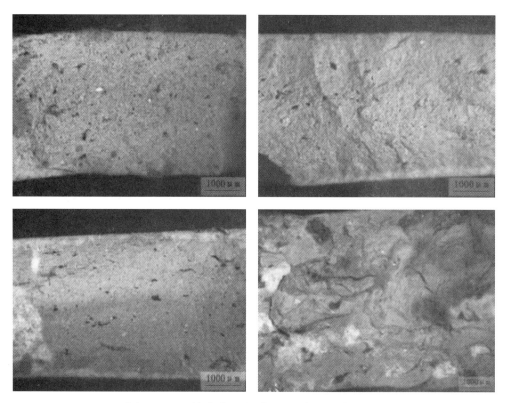

图13-12 甘肃卓尼县寺下川遗址标本断面

左上：GZS02掺杂5%最大粒径在0.25～0.5毫米的细泥彩陶钵口沿，陶制和化学成分皆与大部分寺下川的彩陶标本不同。

右上：GZS07胎体纯净的彩陶标本。左下：GZS15有一半陶胎为红褐色细泥灰陶标本。右下：GZS19夹粗砂素面红陶罐标本。

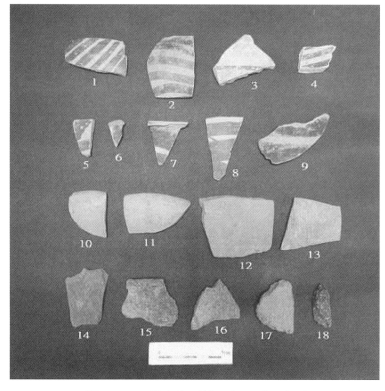

图13-13 甘肃临潭县石门口遗址标本

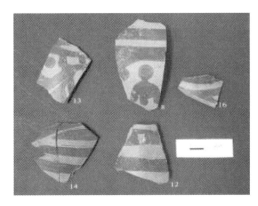

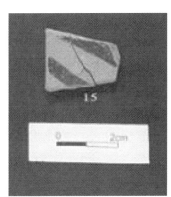

图13-14　四川茂县营盘山遗址部分彩陶标本

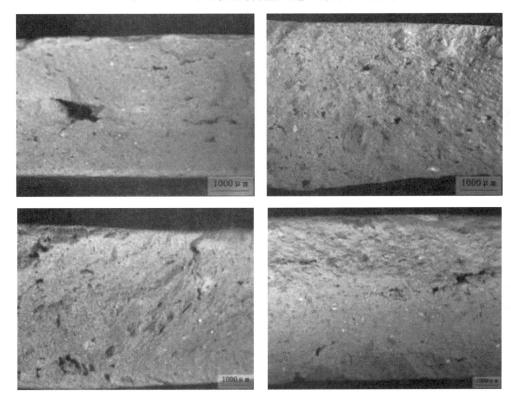

图13-15　营盘山遗址两组化学组成不同的彩陶在陶胎上的差异

左上：SMY15，左下：SMY09，右上：SMY13，右下：SMY08。左右两组彩陶的陶质和化学成分不同

图13-16　营盘山遗址细泥红陶标本

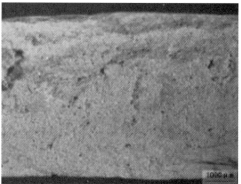

图13-17 两件营盘山遗址泥质红陶显微照片（SMY18、SMY20）

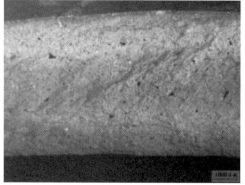

图13-18 营盘山遗址陶片标本SMY34和SMY36断面显微照片

图13-19 营盘山遗址出土
细泥灰陶和黑皮陶标本

图13-20 营盘山遗址陶片标本SMY37和SMY39断面显微照片

标本中，近半数标本的质地属于泥质陶，只有少数属于细泥陶，含有粒径在 0.25～0.5 毫米的掺杂物。就陶器质地而言，营盘山遗址的绝大部分彩陶普遍较上述五个甘肃遗址的彩陶为粗。就燃烧气氛而言，有相当比例的彩陶可能是在不完全氧化的环境下烧制而成，显示较不稳定、较不成熟的烧制气氛掌控。有趣的是，营盘山遗址的细泥红陶钵、细泥灰陶和黑皮陶标本，均普遍含有较彩陶标本纯净的胎体。此外，黑皮陶的深灰色器表应是经由渗碳作用所形成，这些黑皮陶的深灰色器表和灰色胎体之间通常含有薄薄一层褐色胎体，显示其烧制气氛可能经历还原、氧化、渗碳的过程。营盘山遗址的夹砂陶掺杂物颗粒较粗。甘肃遗址夹砂陶中常见的白色透明石英岩颗粒在此并非主要掺杂物，在此常见的多为深灰色的岩石颗粒，主要应是发掘报告中所记录的片岩。

7. 四川茂县波西遗址（SMB）

波西遗址陶片标本共 12 件，均选自 2002 年遗址试掘的探坑第④层（02SMBT1 ④），与营盘山遗址的主体遗存相似。由于波西遗址所出土的彩陶片极少，我们所分析的全是非彩陶标本。这些标本中，没有胎体相对纯净的 A 级细泥陶，主要为 B 级细泥陶和泥质陶。2 件夹砂陶的掺杂物粒径也相似于营盘山遗址的夹砂陶，掺和料的颗粒较大，主要掺杂物应该也是片岩。

8. 四川马尔康县哈休遗址（SMH）

哈休遗址陶片标本共 12 件（图 13-21），均为遗址 2006 年的发掘标本，主要选自 H3 和 H5 两个单位。标本中有陶胎纯净的细泥彩陶 3 件，其余为非彩陶。哈休遗址的 12 件标本中，只有 2 件是在完全氧化的条件下烧制而成，而且 3 件彩陶中，有 2 件断面为褐色，显示不成熟的烧制气氛掌控。此外，3 件彩陶的胎体都较纯净，不同于营盘山遗址的彩陶标本。哈休遗址的夹砂陶相似于营盘山和波西遗址的夹砂陶，掺和料的颗粒较大。

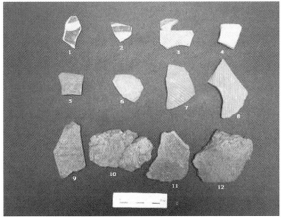

图13-21　四川马尔康县哈休遗址出土陶器标本

（二）分析方法

为取得陶片的化学组成，我们使用镭射剥蚀进样（Laser Ablation）配合电感耦合等离子发射光谱仪（ICP-AES）对所选取的陶片标本进行检测。所有标本的分析都在北京大学考古文博学院科技考古教研室 LA-ICP-AES 实验室进行。LA-ICP-AES 分析系统的优点是：

（1）无需制样，取样量小，可达到微损和近无损分析；

（2）检出限低，对于镭射进样系统，常见元素的检出限达到百万分率级（ppm）；

（3）精确性高，当元素含量大于100ppm时，相对标准偏差通常小于5%。

1. 实验仪器

电感耦合等离子发射光谱仪（ICP-AES），美国 Leeman 公司 Prodigy 型全谱直读发射光谱。

镭射剥蚀进样系统，美国 New Wave 公司 UP266 Macro 型 Nd:YAG 镭射器。

2. 实验条件

镭射器：激发模式 Q-Switch；能量输出100%；剥蚀光斑平面直径515微米；氦气流量1250ml/min。

ICP-AES：高频发生器功率1.1kW；氩气流量：1.4L/min，雾化器压力35psi，拍照时间30秒，每个样品读数三次。

3. 测量标准

选择美国国家标准局固体硅酸盐标准 NIST610、美国康宁博物馆自制玻璃标准 Corning B 和 Corning D，使用 Si 作为内标元素，测量标准，建立 ICP 标准工作曲线，分析样品。

本研究所有标本的检测部位都是分析者在实验室用钳子掰断标本所形成的新鲜断面。这一检测部位的统一是为了：

（1）避开陶器表面可能的污染或是陶衣等不能代表标本陶土成分的干扰。

（2）在透过 CCD 显微镜观察选择镭射剥蚀取样的路径时，可以尽可能避开任何天然或人为的掺杂物（inclusions），以使取得的化学成分能最理想地代表陶土，避免掺杂物的干扰。镭射剥蚀取样的路径可以采用直线或打点两种方式，本研究所有标本的分析都是采用直线剥蚀取样，Speakman 等人的实验证实此种取样方式所得的资料具有相对较高的稳定性和准确性[1]。

此外，每件标本的化学元素含量是对检测样品进行三次读取后所取得的平均值，相对标准偏差（RSD）通常小于5%。

四　分析结果

表13-2显示170件分析标本的 Na、Mg、Ca、Fe、Al、Si、P、K、Ti、Mn、Ba、Sr 等12种主量、次量及微量元素的含量[2]。其中 SiO_2 的含量是通过归一化得到，即用总量100%减掉其他所有元素的含量。由于我们并未测量陶器的烧失量，所得 SiO_2 含量与实际值尚有差异，统计分析中不考

[1] Robert J. Speakman and Hector Neff: The application of laser ablation-ICP-MS to the study of archaeological materials——an introduction. In Laser ablation-ICP-MS in archaeological research, pp.1-16, edited by Robert J. Speakman and Hector Neff, 2005.

[2] 主量、次量和微量元素的划分标准根据 Prudence M. Rice, Pottery analysis: A source book. Chicago: The university of Chicago press, 2005. See page 390. 主量元素的含量为大于或等于2%，次量元素的含量在2%至0.1%之间，微量元素的含量则低于0.1%。

虑此元素的含量。在绝大部分甘肃陶片标本和川西彩陶标本中，含量在 2% 以上的主量元素包括 Si、Al、Fe、Ca、Mg、K 等六种元素；但大部分川西非彩陶标本的 CaO 含量不到 2%，属于次量元素。分析结果显示川西彩陶和非彩陶的整体陶土化学特征显然不同，但与甘肃陶片相似。川西彩陶和绝大部分甘肃标本是用同一类陶土烧制而成，川西彩陶的产地或许在甘肃境内第三纪红黏土的分布范围，而川西非彩陶则是用另一类陶土烧制而成。

以所有 170 件标本的 Na、Mg、Ca、Fe、Al、K 六个元素的标准化数据进行主成分分析[1]（PCA，principal component analysis），其结果显示川西彩陶标本的数据点与绝大部分甘肃陶片的数据点聚集在一起，但与川西出土的所有细泥红陶、细泥灰陶、细泥黑皮陶以及夹砂陶等非彩陶标本的数据点分离（图 13-22）。所有 170 件标本大致可以分为两组，一组包括川西彩陶和绝大部分甘肃标本，另外一组以川西非彩陶为主，包括少量甘肃非彩陶和个别彩陶。其中主要受 Ca、Mg、Fe、Al 影响的第一主成分在两组标本之间尤其存在明显差异。

这两组标本的差异在 CaO 和 MgO 含量的变化上最为明显（图 13-23，1、2）。与前人的分析相同，在我们所分析的 50 件甘肃彩陶标本中，除了两件甘南卓尼寺下川（GZS02,09）的标本之外，其余标

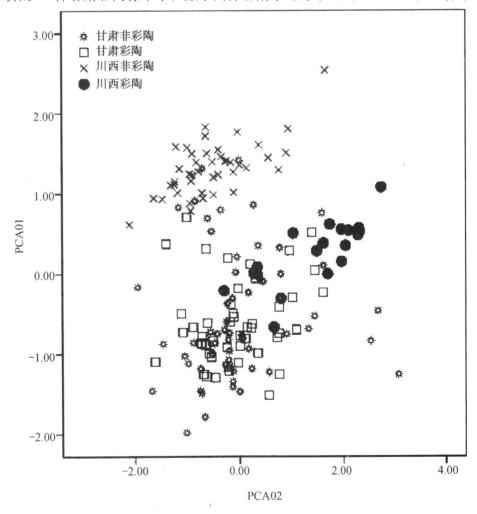

图13-22　170件分析标本的主成分分析(PCA)散点图

---

[1] 这两个主成分可以解释六个元素总方差的70.7%。

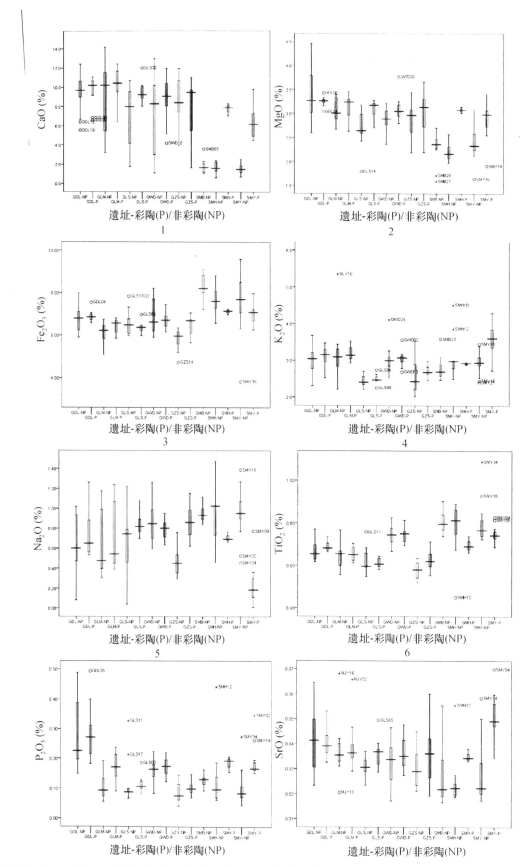

图13-23　170件标本的CaO、MgO、Fe₂O₃、K₂O、Na₂O、P₂O₅、SrO和TiO₂含量分布

本的 CaO 含量都在 4% 以上。58 件甘肃非彩陶标本也多具有 CaO 含量偏高的特征，只有四件 CaO 含量不到 2%（GWD21,28,30; GLS18）。在 62 件川西标本中，19 件彩陶标本的 CaO 含量都在 4% 以上，显示与甘肃彩陶一致的特征。然而，43 件川西非彩陶标本（包括素面细泥红陶）的 CaO 含量都在 4% 以下，大多低于 2%，与共出的彩陶特征明显不同。同样地，绝大部分甘肃标本和川西彩陶的 MgO 含量都相对较高，一般在 2.5% 以上。相较之下，以川西非彩陶为主体的一组 MgO 含量则稍微偏低。因此，就 CaO 和 MgO 含量来看，川西彩陶与绝大部分甘肃标本特征一致，显现我们所注意到的甘青马家窑文化彩陶高 CaO 和 MgO 含量的特征。相应于 CaO 和 MgO 含量的差异，两组陶片标本的差异还显现在下列几个化学元素的含量变化上。以川西非彩陶为主体的一组，其主量元素 Fe_2O_3 和次量元素 TiO_2 一般相对较高，微量元素 SrO 的含量则偏低（图 13-23，3、6、8）。[1]

在所分析的七个同时包含有彩陶和非彩陶标本的遗址中，只有两个川西遗址的彩陶和非彩陶在多个元素上都存在明显差异，没有任何一个甘肃遗址的彩陶和非彩陶之间呈现如此多元素差异的现象。如图 13-23 所示，单一川西遗址所出土的彩陶和非彩陶的差异不仅显示在上述主量元素 CaO、MgO、Fe_2O_3、次量元素 TiO_2 和微量元素 SrO 的含量上，也见于次量元素 Na_2O 和 P_2O_5 的含量上。此外，营盘山彩陶和非彩陶的 K_2O 含量也明显不同。这些差异都表明单一遗址的川西彩陶和非彩陶是用不同的陶土烧制而成，两者的产源极可能不同。

整体看来，三个川西遗址所出土的非彩陶标本具有相似的化学组成特征，不同遗址或是不同类别的陶器之间区别都不明显。虽然大渡河上游的马尔康哈休与岷江上游茂县波西、营盘山的直线距离相距约 200 千米，而波西和营盘山只相距约 1.5 千米，这三处遗址非彩陶标本的地球化学特征基本相似，不具明显差异。这说明就大范围而言，不同川西遗址的陶工使用特征基本相似的区域性黏土来制作各类非彩陶器。然而，19 件川西彩陶标本却可以进一步分为两组。由图三我们知道以营盘山为主体的一组彩陶，在主量元素 K_2O、次量元素 Na_2O 和微量元素 SrO 的含量上都不同于三件哈休标本和大部分甘肃彩陶。这组彩陶的 K_2O 含量一般较高，Na_2O 含量偏低，SrO 含量则偏高。因此，川西的彩陶或许至少有两个不同的产源。

在此，以 Na、Mg、Ca、Fe、Al、K 等六个元素的标准化数据对所有 69 件彩陶进行主成分分析[2]，以进一步比较两个川西遗址彩陶的产源问题。如图 13-24 所示，16 件营盘山的彩陶标本只有三件标本（SMY02,09,15）和哈休及大部分甘肃彩陶的数据点聚集在一起。就陶器的陶质、纹饰、器形、烧成气氛等属性而言，这三件标本与其他营盘山彩陶标本的明显差异在于它们的陶胎较为纯净（见附表一）。透过显微镜的观察，大部分营盘山彩陶含有 10% 左右粒径在 0.25 毫米至 1.0 毫米的掺杂物，但这三件彩陶则大多只有 5% 左右粒径在 0.50 毫米以下的掺杂物（图 13-25）。就化学组成和陶胎的细致度而言，这三件营盘山标本及三件哈休标本与我们所分析的大部分甘肃彩陶标本基本相似，其产源应该在北边第三纪红黏土分布的甘肃地区。

不同于这一组川西彩陶，大部分营盘山的彩陶标本在第一主成分（主要受 Na、Fe、Al、K 影响）的分布上和其他彩陶标本具有一定程度的差异。这组彩陶的胎体一般较不纯净，其纹饰则包含有典型的马家窑类型彩陶纹饰、三件绘有草卉纹的营盘山特色彩陶、三件石岭下类型风格的标本，并且

---

[1] 箱型图的箱子下界为第25个百分位数（Q1），上界为第75个百分位数（Q3），箱子中间的横线为中位数（Q2）。两端虚线的端点代表箱子上下界加（减）1.5倍箱子长度（IQR）的范围内所观测到的最大值和最小值。在这范围之外，在1.5倍和3倍箱子长度之间的"。"代表轻微偏离值；3倍箱子长度外的"*"代表极端偏离质。

[2] 这二个主成分可以解释六个元素总方差的75.17%。

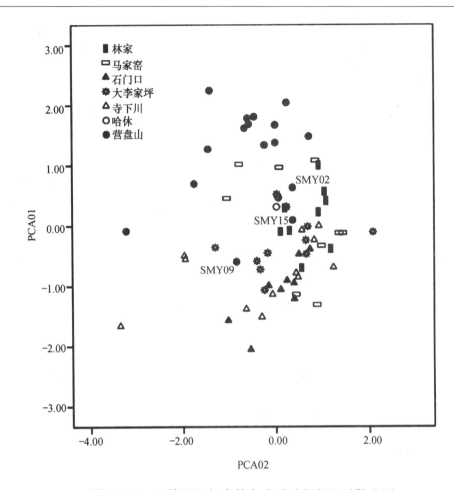

图13-24　69件彩陶标本的主成分分析(PCA)散点图

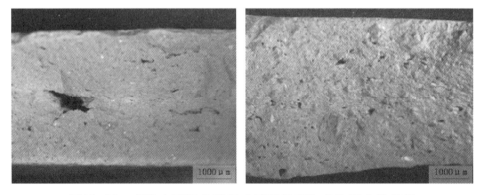

图13-25　营盘山两组化学组成不同的彩陶在陶胎上的差异
左SMY15　右SMY13

有钵、盆、瓶、罐等不同器形（见附表一）。它们的化学组成与该遗址包括细泥红陶在内的非彩陶差异十分明显，但与绝大部分甘肃遗址的彩陶标本也不完全一样。由于其主量元素的 CaO 和 MgO 与大部分甘肃标本是较为一致的，我们认为其具体产地还是比较可能在北边第三纪红黏土分布的甘肃地区，而不是产于营盘山本地。或许其产地的黏土具有特殊的区域性地球化学特征，也或许生产这些彩陶的陶工采用了独特的陶土配方，就如同他们所生产陶器的陶质与大部分其他陶匠的产品略有不同一样。

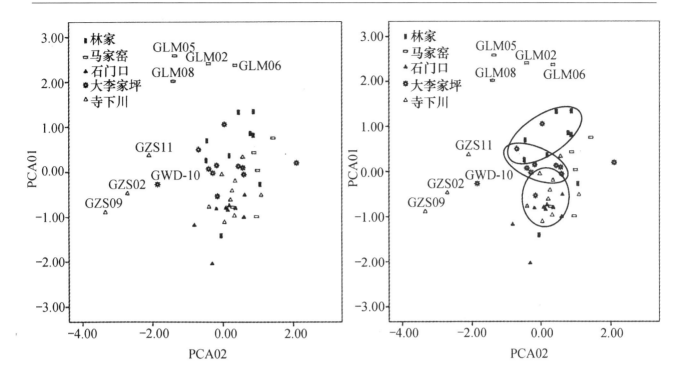

图13-26　营盘山两组化学组成不同的彩陶在陶胎上的差异
左，SMY15；右，SMY：13

　　至于五个甘肃遗址的彩陶标本，它们之间的化学组成特征也存在一定程度的区域性差异，说明它们的产源即可能不同。图 13-26 是以 Na、Mg、Ca、Al、K 等元素的标准化数据对 50 件甘肃彩陶标本进行主成分分析的散点图 [1]，显示不同甘肃遗址彩陶标本的数据点大多聚集在一起。但仔细来看，我们可以发现陇中东乡林家、陇南武都大李家坪、甘南临潭石门口以及卓尼寺下川等三个地理区的大多数标本在第一主成分（主要受 Na、Al、K 影响）的分布上存在一定程度的差异。由于三个地理区的陶土可能存在一定程度的化学差异，陶片化学特征的差异正反应它们的产地不同，即各区域的彩陶主要为使用当地陶土烧制而成。而临洮马家窑遗址的数据点较为分散，有四件标本因为第一主成分的差异，与绝大多数标本的数据点分离开来。武都大李家坪和卓尼寺下川则共有四件标本的第二主成分（主要受 Ca、Mg 影响）与其他标本存在一定程度的差异。这七件标本的彩绘纹饰和技法都属于典型马家窑类型彩陶，有的陶胎的掺杂物较多（如 GLM06、GZS02），但也有胎体纯净的标本。因此，这些标本只能作为个别在化学成分上具有非典型特征的例子，牵涉的可能是选土备料层面的差异。

　　甘肃不同遗址的彩陶多是当地（该遗址或该区域）所产的推论可以进一步从其共出的非彩陶标本得到佐证。由于临洮马家窑遗址彩陶和非彩陶标本的化学组成变化都较大，在此我们暂且不考虑这个遗址的标本。图 13-27 是以 Mg、Fe、Al、P、Ti、Mn、Sr 的标准化数据对陇中东乡林家、陇南武都大李家坪、甘南临潭石门口以及卓尼寺下川的 92 件彩陶和非彩陶标本进行主成分分析的散点图 [2]。该图显示三个地理区非彩陶标本数据点的分布存在一定程度的差异，同时每个遗址或区域的彩陶标本又多聚集在其非彩陶标本分布的范围内。其中，东乡林家彩陶和非彩陶标本聚集在一起的情

---

[1]　这二个主成分可以解释五个元素总方差的72.09%。

[2]　这二个主成分可以解释五个元素总方差的64.93%。

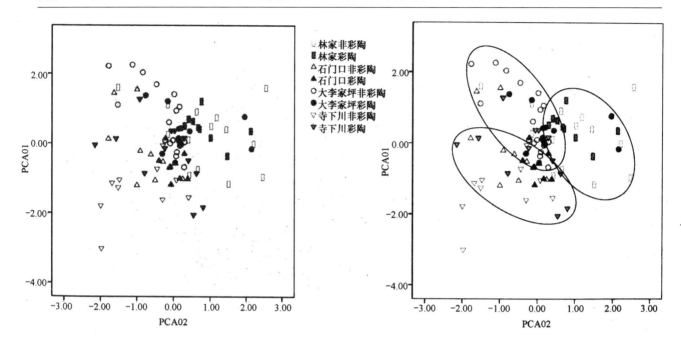

图13-27　92件甘肃彩陶和非彩陶标本主成分分析(PCA)散点图

况尤其明显。这个结果显示各遗址的彩陶和非彩陶应该都是产于当地。

　　进一步来看，图13-27的三个地理区彩陶标本数据点的分布较为集中，主要多在第一主成分（主要受 Mg、P、Mn、Sr 影响）和第二主成分（主要受 Fe、Al、Ti 影响）的中心。这一结果显示彩陶的选土备料有一定的要求，而不同区域的专业陶匠极可能都具备这样的知识和技术，可以准备"标准化"的陶土来制作彩陶。这一现象暗示频繁的区域互动以及长时间甚至是跨世代的经验积累和传承。当然，我们也不排除各个甘肃遗址或区域之间同时存在有彩陶交换的情况。

　　相对于彩陶，图13-27的三个地理区非彩陶标本的数据点则较明显的分散开来，不如彩陶集中，区域间的差异更加明显。显然，各类非彩陶大多是使用当地陶土烧制而成。图13-22所有标本的主成分分析散点图提供另一个层面的证据。此分析图中有五件陇南大李家坪（GWD21,26,28,30,31）和两件临潭石门口（GLS17,18）的非彩陶标本与川西非彩陶标本聚集在一起。这些标本包括一件饰线纹的泥质红陶、一件素面细泥灰陶和五件绳纹夹砂粗陶，并非属于特定器类的陶器。就大地理区而言，这两处遗址都位处青藏高原边缘，不是在典型黄土高原地区，当地可能具有和川西相似的黏土资源可供陶匠烧制各类陶器。这或许可以说明为何这两处遗址出土的少数标本和川西非彩陶的化学特征相似。

五　讨论

　　过去的研究认为钙、镁含量的增加会降低黏土的可塑性，但检验前人的分析资料，再加上本研究的分析，我们发现马家窑类型陶片普遍具有 CaO 含量偏高的特征，其含量普遍与黄土和第三纪红黏土的 CaO 含量相当。这一特征究竟在多大程度上受限于区域性的陶土化学特性，又在多大程度上反映了时代性的取土偏好或备料工序，则还需要更多的标本分析才能厘清。

马清林对甘肃秦安大地湾一至五期陶片的分析结果显示，大地湾陶片的 CaO 含量平均值有明显的时代性变化。马清林认为淘洗工序是造成大地湾第二期许多精美彩陶 CaO 含量偏低的主要原因。然而，检验其所分析的第二期陶片，CaO 含量的高低与彩陶和非彩陶的区别并没有明显联系。此外，这一看法也无法解释为什么在其所分析的大地湾第三期和第四期标本中，无论彩陶或非彩陶标本，其 CaO 含量均普遍偏高 [1]。大地湾遗址陶片标本所显示的这种时代性变化相当值得注意，反映的很可能不是淘洗工序所造成的影响，而是一种取土偏好或陶土配方的变化。过去周仁等人的实验曾指出普通黄土中的大量 CaO 不能通过淘洗而有所降低 [2]。我们所分析的现代陶工厂标本也普遍经过淘洗工序，但仍具有 CaO 含量偏高的特征。陶土的淘洗与否可能不是影响陶片 CaO 含量的主要原因。

值得注意的是，钙元素是一种可以影响陶器成色的着色剂，在燃烧温度到达约 800 度以上的条件下，钙与其他元素组成的化合物会使陶器呈现偏黄、偏白或橄榄绿的色调 [3]。在 Sundis 所分析的甘肃和河南仰韶陶片中，他发现甘肃仰韶（马家窑）陶片中有一种钙和铝组成的铝酸盐化合物（$CaO \cdot 2Al_2O_3$），并认为这是造成甘肃仰韶陶片陶色偏黄的原因。基于此发现，Sundis 认为当时的陶工已经知道高钙黏土和低钙黏土会造成陶器颜色的差异。我们分析的 170 件标本中，陶片的 CaO 含量和陶色之间的对应关系并不特别明显，有些陶色偏红的陶片仍较颜色偏黄的陶片含有较高的 CaO 含量。但是，更广泛的看来，马家窑类型陶器的陶色的确普遍比仰韶文化的陶器颜色偏黄。由于陶器的最终陶色还受到烧窑气氛、埋藏环境等因素的影响，这或许可以解释为何我们无法在同属 CaO 含量偏高的马家窑类型陶片中再做区分。总而言之，陶片 CaO 含量偏高或许反映了普遍甘青陶土的天然化学特性，但同时也可能反映了陶匠的取土偏好和备料程序等文化性选择。由于我们所分析的五个甘肃遗址的标本中，彩陶绝大部分具有 CaO 含量偏高的特征，只有部分非彩陶不具此特征，这一现象表明马家窑的陶匠或许偏好使用高钙黏土来制作彩陶，但制作非彩陶的陶土则较不受此限制。

上述各种化学元素的比较分析结果显示：

（1）川西彩陶标本的陶土化学组成明显不同于该地区非彩陶标本的陶土成分，但与甘肃地区同时期所出使用高钙高镁黏土烧制的陶片更为相似。

（2）川西素面细泥红陶的化学组成与彩陶差异较大，更相似于其他川西当地的非彩陶标本，都是使用一种相对低钙低镁的黏土烧制而成。

虽然一般认为川西彩陶和素面细泥红陶钵都是源自黄河流域的文化因素，分析结果却显示川西彩陶和素面细泥红陶有着明显不同的化学组成特征。前者与甘肃马家窑类型陶片相似，后者与其他川西非彩陶标本相似。因此，我们认为即便川西地区新石器晚期的居民使用当地陶土制作素面细泥红陶，川西彩陶极可能不是当地生产，而更像是从今天的甘青地区进口而来。基于陶胎和化学组成的细微差异，我们注意到川西彩陶可以进一步分为两组。其中以营盘山标本为主体的一组虽然与其他甘肃陶片同样具高钙高镁的特征，但其钠、钾、锶的含量与这些标本具有一定程度差异。虽然川西也有高钙高镁黏土的存在，但在没有任何一件当地非彩陶（包括细泥红陶）显示此一特征的情况下，我们认为这组彩陶的产地还是比较可能在普遍使用高钙高镁黏土制作马家窑类型陶器的甘肃地区。

一个值得进一步讨论的问题是，为何陶匠可以使用川西的陶土制作表面抛光的细泥红陶，但却

[1] 马清林：《甘肃新石器时代与青铜时代制陶工艺陶器颜料及陶器成分分类研究》，兰州大学博士学位论文，2000年。

[2] 周仁、张福康、郑永圃：《我国黄河流域新石器时代和殷周时代制陶工艺的科学总结》，《考古学报》1964年第1期，第1～28页。

[3] Prudence M. Rice, Pottery analysis: A source book. Chicago: The umiversity of Chicago press, 2005. See page 336.

不在细泥红陶上画彩以制作彩陶，而从外地输入呢？当然，人群迁移很可能是造成彩陶被带到川西的一个途径，但"陶器随着人群迁移而被输入"的说法并无法解释为何只有彩陶被输入——所有已分析的川西非彩陶都具有不同于彩陶的化学组成特征。目前在岷江上游以及大渡河上游的许多遗址都发现彩陶分布，尽管彩陶在整体陶器中所占的比例较低，其纹饰的发展和黄河上游地区基本是同步。人群迁移虽可能与彩陶的输入有关，但由于我们并无发现一个彩陶本土化生产的过程，持续而且具有一定规模的远距离彩陶贸易或许已经出现。

川西彩陶的远距离贸易还涉及到另一个问题，那就是川西当地是否无法生产彩陶？营盘山所发现陶窑的烧制温度可以达到1000℃以上[1]，许多泥质灰黑陶也都制作精美，显然当地已有相当成熟的制陶工艺。同时，川西细泥红陶与其他非彩陶的化学组成相似，显然当地并不缺乏合适的陶土来制作彩陶的载体——细泥红陶。至于彩绘的黑色颜料，目前的研究显示赤铁矿、磁铁矿、锰铁矿、黑锰矿和软锰矿等含锰和含铁矿物都可用作彩陶的黑彩颜料[2]。一般而言，这些天然矿物颜料的取得并不特别困难，而且就经济层面而言，颜料的运输远比陶器的运输容易而且可行。如果川西的彩陶输入是基于本地陶器生产无法供应的结果，那么原料和窑烧温度显然不是主因。其他社会或经济因素则可再进一步探究，例如当地是否缺乏一定专业化程度的陶匠来绘制和烧制精美的马家窑彩陶。当然，远距离的彩陶贸易也可能是为了维系社群关系或基于其他社会考量而发展出来的积极性、互惠性行为，并不见得是基于本地生产无法供应的结果。

就马家窑文化彩陶的生产与分布而言，这种从另外一个社群输入彩陶的模式或许不仅发生在川西。组织性的彩陶贸易行为很可能在马家窑文化发展的一千多年间持续存在，这种生产与分布模式对于了解彩陶的社会意涵和经济价值相当重要，值得进一步检视。在同属马家窑类型彩陶分布边陲区的宗日遗址，马家窑类型彩陶的制作工艺与精致程度远比同时出土的宗日类型陶器发达。我们的分析显示两种陶器具有完全不同的化学组成特征，彩陶贸易同样可能是造成马家窑类型彩陶在这一区域出现的主要原因[3]。至于湟水流域阳山和柳湾等墓地所出土的非本地特征的"舶来品"，其精致程度一般高于具有本地特征的彩陶。阳山报告中中子活化分析的结果显示在半山和马厂时期，彩陶的贸易发生在同样生产彩陶的聚落之间。这种交换大致是从专业化程度相对较高、工艺技术较为进步或产量较高的地区输出到其他区域。非本地特征彩陶的出现，或许不是基于偶然的人群迁移，而更有可能是与组织性的贸易行为有关。这是一个仍需要许多分析证据才能证实的观点，但目前已有的资料显现出这一值得注意的趋势。

通过对陶片和黏土的化学成分分析，我们的研究结果显示川西彩陶极可能不是产于当地，而更像是从甘青地区进口而来。目前马家窑文化彩陶的研究成果主要显现在对其区系类型、年代框架以及器形和纹饰变化的认识。对于彩陶生产与分布模式的讨论仍是相当有限。一般认为马家窑文化的彩陶是专业化生产，但这种看法多是基于彩陶纹饰和器形所展示的精美，所能肯定的也就是生产彩

---

[1] 陈剑：《川西彩陶的发现与初步研究》，《古代文明（第5卷）》，文物出版社，2006年，第17～30页。

[2] Zuo Jian, Xu Cunyi, Wang Changsui, and Zhang Yushi：Identification of the pigment in painted pottery from the Xishan site by Raman microscopy, Journal of Raman Spectroscopy,1999, 30:1053-1055. 马清林、胡之德、李最雄、梁宝鎏：《甘肃秦安大地湾遗址出土彩陶（彩绘陶）颜料以及块状颜料分析研究》，《文物》2001年第8期，第84～92页。马清林：《甘肃新石器时代与青铜时代制陶工艺陶器颜料及陶器成分分类研究》，兰州大学博士学位论文，2000年。 Wang, Q. and K. C. Andrews: Technological investigation of the decorative coatings on Yangshao pottery from Henan, China. Archaeometry 2002,44(2):241-250.

[3] 关于宗日遗址的分析结果，我们将另文讨论。

陶的工匠具有一定程度的专业化技巧。本研究显示通过系统的化学成分分析，我们可以获得另外一套讯息来理解这些彩陶的生产与分布。我们的分析结果显示川西地区所出土的彩陶极可能是从北边第三纪红黏土分布的马家窑文化核心地区进口而来，而非本地所产。这一结果揭示了一些有趣且值得注意的文化和社会现象，但许多问题仍有待进一步的研究方能做更深入的探讨。未来尤其需要对各区域的黏土和考古学陶器标本进行化学分析比较。

说明：

附表一记录了所有分析标本的实验室编号、出土单位、纹饰、质地、陶色、器类、烧成气氛。关于陶器质地、颜色和烧成气氛的描述标准在此稍作简要说明：

（1）陶器质地：对于一般所谓的细泥陶、泥质陶、夹砂陶等陶器质地的分类，我们将之建立在一个以掺杂物的最大粒径为依据的分类基础上（附表一），这些掺杂物可能是天然的或人为添加的。我们透过显微镜对所有标本的断面进行观察，在放大倍率7.1至25倍的情况下，发现所有标本的掺杂物百分比一般大约是5%或10%[1]。在以肉眼观察这些显微照片的条件下，掺杂物百分比的这种细微差异无法表现出陶器质地的变化。然而，掺杂物的最大粒径变化却能明显表现出陶器质地的变化。因此，我们以每件标本普遍掺杂物的最大粒径作为质地分类的依据。附表一掺杂物一栏的数字和代号表示其掺杂物的百分比和最大粒径，如细泥5B表示该标本的掺杂物百分比约5%，掺杂物的最大粒径在0.25～0.5毫米之间。

附表一　标本陶器质地分类的依据

陶胎质地	掺杂物的最大粒径	代号
细泥	<0.25毫米	A
细泥	0.25～0.5毫米	B
泥质	0.5～1.0毫米	C
夹砂	1.0～2.0毫米	D
夹粗砂	2.0～4.0毫米	E
夹极粗砂	>4.0毫米	F

（2）陶色：排除掉使用过程和埋藏环境的影响后，陶器的颜色主要取决于陶土的成分以及烧成气氛、温度和时间。我们对于陶色进行观察的主要目的在于以此作为推断陶器烧成气氛的依据，以及了解陶色在不同遗址之间是否具有明显差异。基于这样的目的，我们记录了每件标本器表以下（subsurface）到胎芯（core）部位的颜色变化，这两个部位或许最能说明原本陶器的烧成颜色及烧制气氛[2]。我们以1998年版的Munsell Soil Color Charts作为陶色描述的依据。每件标本的陶色描述包括有Munsell颜色代号和对应的Munsell颜色名称，前者较后者的精确度更高。

---

[1] 依照Cliver R. Orton, Paul Tyers, and Alan Vince: Pottery in archaeology, Cambridge manuals in archaeology, Cambridge: Cambridge University Press, 1991, Appendix Fig. A.4.

[2] 见Owen S. Rye: Pottery Technology: principles and reconstruction, Manuals on Archaeology 4, Wahington D.C.: Taraxacum, 1981, p. 119.

表13-1　标本陶片质地分类的依据

遗址	Lab. No.	出土单位	文化类型	纹饰	质地	掺杂物%和大小	陶色(器表以下到胎芯)
甘肃东乡林家	GDL01	T35⑥	马家窑	彩绘	细泥	5A	橙黄
甘肃东乡林家	GDL02	H80	马家窑	彩绘、绳纹	夹砂	5D	浅褐
甘肃东乡林家	GDL03	?	马家窑	彩绘	细泥	5A	橙黄
甘肃东乡林家	GDL04	T35⑥	马家窑	彩绘	细泥	5A	橙黄
甘肃东乡林家	GDL05	H45	马家窑	彩绘	细泥	5A	橙黄
甘肃东乡林家	GDL06	?	马家窑	彩绘	细泥	5B	橙黄
甘肃东乡林家	GDL07	S.C.	马家窑	素面	细泥	5B	灰
甘肃东乡林家	GDL08	?	马家窑	彩绘	细泥	5A	橙黄
甘肃东乡林家	GDL09	?	马家窑	彩绘	细泥	5A	橙黄
甘肃东乡林家	GDL10	T4⑥	马家窑	彩绘	细泥	5A	浅红-橙黄
甘肃东乡林家	GDL11	?	马家窑	素面	细泥	5A	橙黄
甘肃东乡林家	GDL12	?	马家窑	素面	细泥	5A	橙黄
甘肃东乡林家	GDL13	T23④：102	马家窑	素面	泥质	10C	橙黄
甘肃东乡林家	GDL14	T35⑤：105	马家窑	素面	细泥	5A	橙黄
甘肃东乡林家	GDL15	T24⑥	马家窑	素面	泥质	10C	灰
甘肃东乡林家	GDL16	?	马家窑	素面	泥质	10C	橙黄
甘肃东乡林家	GDL17	F24	马家窑	素面	夹砂	5D	浅红-橙黄
甘肃东乡林家	GDL18	H62	马家窑	绳纹	夹砂	10D	浅红
甘肃东乡林家	GDL19	T21⑤	马家窑	绳纹	夹砂	10D	红
甘肃东乡林家	GDL20	T4⑥	马家窑	绳纹	夹粗砂	10E	浅红褐
甘肃东乡林家	GDL21	T9⑥	马家窑	绳纹	夹粗砂	10E	灰
甘肃东乡林家	GDL22	H23	马家窑	绳纹	夹砂	5D	灰
甘肃东乡林家	GDL23	S.C.	马家窑	素面	细泥	5A	浅红

Munsell颜色	Munsell 颜色代号	器类及部位	外/内表面抛光与否	烧成气氛	备　注
Reddish yellow	5YR 7/6	瓶/壶颈部	Y/N	完全氧化	
Light brown	7.5YR 6/3	钵口沿	N/N	完全或不完全氧化	器身饰绳纹
Reddish yellow	5YR 7/6	瓶/壶肩部	Y/N	完全氧化	
Reddish yellow	7.5YR 7/6	盆口沿	Y/Y	完全氧化	陶器内外绘彩
Reddish yellow	7.5YR 7/6	盆口沿	Y/Y	完全氧化	陶器内外绘彩
Reddish yellow	5YR 7/6	彩陶片	N/N	完全氧化	白衣黑彩
Gray	2.5Y 6/1	敛口缸口沿	Y/N	还原或未氧化	
Reddish yellow	7.5YR 7/6	瓶/壶颈部	Y/N	完全氧化	
Reddish yellow	5YR 7/6	彩陶片	Y/N	完全氧化	局部黑彩镶白边
Light red– Reddish yellow	2.5YR 7/8 –7.5YR 7/8	盆口沿	Y/N	完全氧化	
Reddish yellow	5YR 7/6	陶片	Y/N	完全氧化	
Reddish yellow	5YR 7/6	陶片	N/N	完全氧化	
Reddish yellow	5YR 7/6	陶碗（小型陶钵）可复原	N/N	完全氧化	
Reddish yellow	5YR 7/6	陶环	N/N	完全氧化	
Gray	2.5YR 5/1	敛口缸口沿	Y/N	还原或未氧化	
Reddish yellow	5YR 7/6	陶片	N/N	完全氧化	带鸡冠耳
Light red– Reddish yellow	2.5YR 6/8 –5YR 6/8	器盖	N/N	完全氧化	
Light red	2.5YR 7/6	陶壶腹部		完全氧化	
Red	10R 5/8	侈口罐口沿		完全氧化	
Light reddish brown	5YR 6/4	侈口罐口沿		完全或不完全氧化	
Gray	2.5Y 5/1	侈口罐口沿		还原或未氧化	
Gray	Gley 1 5/N	侈口罐口沿		可能经历还原、氧化、还原的过程	灰色的表皮和陶胎之间有红灰色薄层，烧制气氛在不同阶段可能有变化。
Light red	2.5YR 7/6	陶钵口沿	N/N	完全氧化	

甘肃临洮马家窑	GLM01	S.C.	马家窑	彩绘	细泥	10A	红褐
甘肃临洮马家窑	GLM02	S.C.	马家窑	彩绘	细泥	5B	浅红
甘肃临洮马家窑	GLM03	S.C.	马家窑	彩绘	泥质	5C	橙黄
甘肃临洮马家窑	GLM04	S.C.	马家窑	彩绘	细泥	5A	浅红
甘肃临洮马家窑	GLM05	S.C.	马家窑	彩绘	细泥	5A	橙黄
甘肃临洮马家窑	GLM06	S.C.	马家窑	彩绘	泥质	10C	橙黄
甘肃临洮马家窑	GLM07	S.C.	马家窑	彩绘？	细泥	5A	橙黄
甘肃临洮马家窑	GLM08	S.C.	马家窑	彩绘？	细泥	5B	橙黄
甘肃临洮马家窑	GLM09	S.C.	马家窑	彩绘？	细泥	5A	橙黄
甘肃临洮马家窑	GLM10	S.C.	马家窑	素面	夹砂	10D	红－红灰
甘肃临洮马家窑	GLM11	S.C.	马家窑	素面	细泥	5A	橙黄
甘肃临洮马家窑	GLM12	S.C.	马家窑	素面	细泥	5B	灰
甘肃临洮马家窑	GLM13	S.C.	马家窑	素面	细泥	5B	灰
甘肃临洮马家窑	GLM14	S.C.	马家窑	素面	细泥	5B	灰
甘肃临洮马家窑	GLM15	S.C.	马家窑	绳纹	夹砂	10D	浅红
甘肃临洮马家窑	GLM16	S.C.	马家窑	绳纹	夹砂	10D	浅红
临潭石门口	GLS01	07LST13⑦	马家窑	彩绘	细泥	5A	橙黄
临潭石门口	GLS02	07LST13⑦	马家窑	彩绘	细泥	5A	橙黄－灰褐
临潭石门口	GLS03	07LST13⑦	马家窑	彩绘	细泥	5A	橙黄
临潭石门口	GLS04	07LST13⑦	马家窑	彩绘	细泥	5A	橙黄
临潭石门口	GLS05	07LST13⑦	马家窑	彩绘	细泥	5A	橙黄
临潭石门口	GLS06	07LST13⑦	马家窑	彩绘	细泥	5A	粉红－粉灰
临潭石门口	GLS07	07LST13⑦	马家窑	彩绘	细泥	10A	橙黄
临潭石门口	GLS08	07LST13⑦	马家窑	彩绘	细泥	10A	橙黄
临潭石门口	GLS09	07LST13⑦	马家窑	彩绘	细泥	5A	橙黄

Reddish brown	5YR 5/3	彩陶片	Y/N	完全或不完全氧化	陶色与陶胎结构和同遗址其它彩陶片具有差异
Light red	10R 6/8	彩陶片	Y/N	完全氧化	
Reddish yellow	5YR 6/8	彩陶片	Y/N	完全氧化	
Light red	10R 6/8	彩陶片	N/Y	完全氧化	内彩
Reddish yellow	5YR 7/6	彩陶片	Y/N	完全氧化	
Reddish yellow	7.5YR 7/8	彩陶片	Y/N	完全氧化	
Reddish yellow	7.5YR 7/8	陶片	Y/N	完全氧化	器表抛光，可能是彩陶器未上彩的部位
Reddish yellow	5YR 7/6	陶片	Y/N	完全氧化	器表抛光，可能是彩陶器未上彩的部位
Reddish yellow	7.5YR 7/8	陶片	Y/Y	完全氧化	器表抛光，可能是彩陶器未上彩的部位
Red–Reddish gray	10R 5/8 –10R 6/1	钵口沿	N/N	不完全氧化	断面有约20%的红灰色胎芯
Reddish yellow	5YR 6/8	陶片	N/N	完全氧化	
Gray	5Y 6/1	敛口缸口沿	N/N	还原或未氧化	
Gray	2.5Y 6/1	钵口沿	N/N	还原或未氧化	
Gray	5Y 6/1	钵口沿	N/N	还原或未氧化	
Light red	10R 6/6	陶片		完全氧化	
Light red	10R 6/6	陶片		完全氧化	
Reddish yellow	5YR 6/6	钵口沿	Y/N	完全氧化	
Reddish yellow– Grayish brown	5YR 6/6 –10YR 5/2	瓶/罐器身	Y/N	不完全氧化	近在近器表部位为橙黄色，整个陶胎基本为灰褐色
Reddish yellow	5YR 6/6	盆口沿	Y/Y	完全氧化	
Reddish yellow	5YR 6/6	盆/钵腹部	Y/Y	完全氧化	
Reddish yellow	5YR 6/6	瓶/罐器身	Y/N	完全氧化	
Pink–Pinkish gray	7.5YR 7/4 –7.5YR 6/2	罐器身	Y/N	不完全氧化	断面有约40%的灰色胎芯
Reddish yellow	5YR 6/6	盆口沿	Y/Y	完全氧化	
Reddish yellow	5YR 6/6	瓶/罐颈部	Y/N	完全氧化	
Reddish yellow	5YR 6/6	罐颈部	N/N	完全氧化	

临潭石门口	GLS10	07LST13⑦	马家窑	素面	细泥	5A	粉红-粉灰
临潭石门口	GLS11	07LST13⑦	马家窑	素面	细泥	5A	橙黄
临潭石门口	GLS12	07LST13⑦	马家窑	素面	细泥	5A	浅灰
临潭石门口	GLS13	07LST13⑦	马家窑	绳纹	细泥	5A	灰
临潭石门口	GLS14	07LST13⑦	马家窑	绳纹	细泥	5B	灰褐
临潭石门口	GLS15	07LST13⑦	马家窑	素面	夹砂	5D	灰
临潭石门口	GLS16	07LST13⑦	马家窑	绳纹	夹砂	5D	灰褐
临潭石门口	GLS17	07LST13⑦	马家窑	绳纹	夹砂	5D	浅褐
临潭石门口	GLS18	07LST13⑦	马家窑	绳纹?	夹砂	10D	灰褐-浅褐
甘肃武都大李家坪	GWD01	H27	仰韶晚(石岭下)	彩绘	泥质	5C	橙黄
甘肃武都大李家坪	GWD02	?	仰韶晚(石岭下)	彩绘	细泥	5B	橙黄
甘肃武都大李家坪	GWD03	?	仰韶晚(石岭下)	彩绘	细泥	5A	橙黄
甘肃武都大李家坪	GWD05	?	仰韶晚(石岭下)	彩绘	细泥	5B	浅红-橙黄
甘肃武都大李家坪	GWD06	H27	仰韶晚(石岭下)	彩绘	细泥	5B	橙黄
甘肃武都大李家坪	GWD07	?	仰韶晚(石岭下)	彩绘	细泥	5B	浅红-橙黄
甘肃武都大李家坪	GWD08	?	仰韶晚(石岭下)	彩绘	泥质	10C	浅红-浅灰褐
甘肃武都大李家坪	GWD09	?	仰韶晚(石岭下)	彩绘	泥质	5C	浅红-橙黄
甘肃武都大李家坪	GWD10	?	仰韶晚(石岭下)	彩绘	细泥	5B	橙黄
甘肃武都大李家坪	GWD12	?	仰韶晚(石岭下)	彩绘	细泥	5B	浅红-橙黄
甘肃武都大李家坪	GWD13	?	仰韶晚(石岭下)	彩绘	细泥	10B	粉红
甘肃武都大李家坪	GWD14	?	仰韶晚(石岭下)	素面	细泥	5B	浅红
甘肃武都大李家坪	GWD15	H27	仰韶晚(石岭下)	素面	泥质	5C	橙黄
甘肃武都大李家坪	GWD16	?	仰韶晚(石岭下)	素面	细泥	5B	浅红-粉红
甘肃武都大李家坪	GWD17	?	仰韶晚(石岭下)	素面	细泥	10B	橙黄
甘肃武都大李家坪	GWD18	H27	仰韶晚(石岭下)	素面	泥质	5C	淡褐

Pink—Pinkish gray	7.5YR 7/4 —7.5YR 6/2	钵口沿	N/N	不完全氧化	断面有约40%的灰色胎芯
Reddish yellow	5YR 6/6	钵口沿	N/N	完全氧化	
Light gray	5Y 7/2	瓶/罐器身	Y/Y	还原或未氧化	
Gray	5Y 6/1	罐器身		还原或未氧化	
Grayish brown	10YR 5/2	罐器身		还原或未氧化	
Gray	5Y 5/1	罐口沿		还原或未氧化	
Grayish brown	10YR 5/2	罐器身		还原或未氧化	
Light brown	7.5YR 6/4	罐器身		完全或不完全氧化	
Grayish brown—Light brown	10YR 5/2 —7.5YR 6/4	罐器身		还原或未氧化	
Reddish yellow	5YR 7/8	彩陶片	Y/N	完全氧化	
Reddish yellow	7.5YR 7/6	钵口沿	Y/N	完全氧化	
Reddish yellow	7.5YR 7/8	彩陶片	Y/N	完全氧化	
Light red—Reddish yellow	2.5YR 7/6 —5YR 7/8	彩陶片	Y/N	完全氧化	
Reddish yellow	5YR 7/8	盆口沿	Y/N	完全氧化	
Light red—Reddish yellow	2.5YR 7/6 —5YR 7/8	彩陶片	Y/N	完全氧化	
Light red—Light brownish gray	2.5YR 6/8 —10YR 6/2	钵口沿	Y/N	不完全氧化	近在器表部位烧红，整个陶胎基本为灰褐色
Light red—Reddish yellow	2.5YR 7/6 —5YR 7/8	钵口沿	Y/N	完全氧化	
Reddish yellow	5YR 7/6	彩陶片	Y/N	完全氧化	
Light red—Reddish yellow	2.5YR 7/6 —5YR 7/8	彩陶片	N/Y	完全氧化	
Pink	7.5YR 7/4	彩陶片	N/Y	完全氧化	
Light red	2.5YR 6/8	陶片	N/Y	完全氧化	
Reddish yellow	5YR 7/6	钵口沿	Y/N	完全氧化	
Light red—Pink	2.5YR 7/6 —7.5YR 7/4	钵口沿	Y/N	完全氧化	
Reddish yellow	5YR 7/8	钵口沿	Y/N	完全氧化	
Very pale brown	10YR 7/3	盆/钵器底	Y/Y	完全或不完全氧化	

甘肃武都大李家坪	GWD19	H27	仰韶晚(石岭下)	线纹	泥质	10C	浅红
甘肃武都大李家坪	GWD20	?	仰韶晚(石岭下)	线纹	泥质	5C	橙黄-粉红
甘肃武都大李家坪	GWD21	?	仰韶晚(石岭下)	线纹	细泥	5B	浅红-浅灰
甘肃武都大李家坪	GWD22	?	仰韶晚(石岭下)	线纹	细泥	5B	粉红
甘肃武都大李家坪	GWD23	H27	仰韶晚(石岭下)	线纹	泥质	5C	灰
甘肃武都大李家坪	GWD24	H27	仰韶晚(石岭下)	素面	泥质	5C	灰
甘肃武都大李家坪	GWD25	?	仰韶晚(石岭下)	素面	细泥	5B	灰
甘肃武都大李家坪	GWD26	?	仰韶晚(石岭下)	素面	细泥	5A	浅黄褐-深灰
甘肃武都大李家坪	GWD27	?	仰韶晚(石岭下)	素面	细泥	5B	灰
甘肃武都大李家坪	GWD28	?	仰韶晚(石岭下)	绳纹、附加堆纹	夹粗砂	5E	浅红
甘肃武都大李家坪	GWD29	?	仰韶晚(石岭下)	绳纹	夹粗砂	5E	橙黄-粉红
甘肃武都大李家坪	GWD30	?	仰韶晚(石岭下)	绳纹	夹粗砂	5E	橙黄
甘肃武都大李家坪	GWD31	H16?	仰韶晚(石岭下)	绳纹	夹粗砂	5E	淡褐
甘南卓尼寺下川	GZS01	2SIIIT0301：H3	马家窑	彩绘	细泥	5A	红-红褐
甘南卓尼寺下川	GZS02	2SIIIT0301：H3	马家窑	彩绘	泥质	5C	橙黄
甘南卓尼寺下川	GZS03	2SIIIT0301：H3	马家窑	彩绘	细泥	10A	橙黄
甘南卓尼寺下川	GZS04	2SIIIT0301：H3	马家窑	彩绘	细泥	10A	橙黄
甘南卓尼寺下川	GZS05	2SIIIT0301：H3	马家窑	彩绘	细泥	10A	橙黄-红褐
甘南卓尼寺下川	GZS06	2SIIIT0301：H3	马家窑	彩绘	细泥	5A	橙黄
甘南卓尼寺下川	GZS07	2SIIIT0301：H3	马家窑	彩绘	细泥	5A	粉红
甘南卓尼寺下川	GZS08	2SIIIT0301：H3	马家窑	彩绘	细泥	5A	红褐-橙黄
甘南卓尼寺下川	GZS09	2SIIIT0301：H3	马家窑	彩绘	细泥	5A	橙黄
甘南卓尼寺下川	GZS10	2SIIIT0301：H3	马家窑	彩绘	细泥	5B	粉红
甘南卓尼寺下川	GZS11	2SIIIT0301：H3	马家窑	彩绘	细泥	5A	橙黄-粉灰

Light red	2.5YR 7/6	壶腹部	N/N	完全氧化	
Reddish yellow-Pink	5YR 7/6 -7.5YR 7/4	壶腹部		完全氧化	
Light red-Light gray	2.5YR 7/6 -5YR 7/1	壶腹部		不完全氧化	内部器表下呈现浅灰色，其余部位都是浅红色
Pink	7.5YR 7/3	壶腹部		完全氧化	
Gray	2.5Y 6/1	壶腹部		还原或未氧化	
Gray	2.5Y 5/1	钵口沿	Y/N	还原或未氧化	
Gray	5Y 6/1	陶片	Y/N	还原或未氧化	
Light yellowish brown-Dark gray	10YR 6/4 -5Y4/1	陶片	Y/N	可能经历还原、氧化、还原的过程	灰色的器表和陶胎之间夹有一层黄褐色，可能为烧制气氛的变化所造成
Gray	2.5Y 5/1	盆/钵器底	Y/Y	还原或未氧化	
Light red	2.5YR 6/6	罐腹部		完全氧化	表面有烟熏痕迹
Reddish yellow-Pink	5YR 7/6 -7.5YR 7/4	罐腹部		完全氧化	
Reddish yellow	5YR 7/6	罐腹部		完全氧化	
Very pale brown	10YR 7/3	罐腹部		完全或不完全氧化	
Red-Reddish brown	2.5YR 5/8 -2.5YR 5/4	盆/钵腹部	Y/N	完全或不完全氧化	内彩；近在近器表部位为红色，整个陶胎基本为红褐色
Reddish yellow	5YR 7/6	钵口沿	N/N	完全氧化	
Reddish yellow	5YR 6/6	钵口沿	Y/N	完全氧化	
Reddish yellow	5YR 6/6	盆/钵腹部	Y/N	完全氧化	
Reddish yellow-Reddish brown	5YR 7/6 -5YR 5/3	罐腹部	Y/N	完全或不完全氧化	近在近外部器表部位有一层橙黄色红色，余为红褐色
Reddish yellow	5YR 6/6	罐腹部	Y/N	完全氧化	
Pink	7.5YR 7/4	瓶/罐腹部	Y/N	完全氧化	
Reddish brown-Reddish yellow	5YR 5/3 -5YR 7/6	瓶/罐腹部	Y/N	完全或不完全氧化	近外部器表部位为红褐色，余为橙黄色
Reddish yellow	5YR 6/6	瓶/罐腹部	Y/N	完全氧化	
Pink	7.5YR 7/4	瓶/罐腹部	Y/N	完全氧化	
Reddish yellow-Pinkish gray	5YR 6/6 -7.5YR 6/2	瓶/罐腹部	Y/N	不完全氧化	断面有约30%的粉灰色胎芯

甘南卓尼寺下川	GZS12	2SIIIT0301：H3	马家窑	彩绘	细泥	5A	粉红
甘南卓尼寺下川	GZS13	2SIIIT0301：H3	马家窑	素面	细泥	10A	深灰—红褐
甘南卓尼寺下川	GZS14	2SIIIT0301：H3	马家窑	素面	泥质	5C	灰
甘南卓尼寺下川	GZS15	2SIIIT0301：H3	马家窑	素面	细泥	5A	灰—红褐
甘南卓尼寺下川	GZS16	2SIIIT0301：H3	马家窑	素面	细泥	5A	灰—粉红
甘南卓尼寺下川	GZS17	2SIIIT0301：H3	马家窑	素面	细泥	5A	灰
甘南卓尼寺下川	GZS18	2SIIIT0301：H3	马家窑	绳纹	夹砂	5D	浅灰
甘南卓尼寺下川	GZS19	2SIIIT0301：H3	马家窑	素面	夹粗砂	10E	橙黄
甘南卓尼寺下川	GZS20	2SIIIT0301：H3	马家窑	绳纹	夹粗砂	10E	橙黄
甘南卓尼寺下川	GZS21	2SIIIT0301：H3	马家窑	绳纹	夹粗砂	10E	深灰
甘南卓尼寺下川	GZS22	2SIIIT0301：H3	马家窑	绳纹	夹粗砂	10E	褐
四川茂县波西	SMB03	T1④	马家窑/营盘山遗存	绳纹	泥质	5C	橙黄
四川茂县波西	SMB04	T1④	马家窑/营盘山遗存	绳纹	泥质	5C	橙黄
四川茂县波西	SMB06	T1④	马家窑/营盘山遗存	素面	泥质	5C	橙黄—灰
四川茂县波西	SMB07	T1④	马家窑/营盘山遗存	素面	泥质	5C	橙黄
四川茂县波西	SMB10	T1④	马家窑/营盘山遗存	线纹	细泥	5B	灰
四川茂县波西	SMB11	T1④	马家窑/营盘山遗存	绳纹	细泥	5B	灰
四川茂县波西	SMB12	T1④	马家窑/营盘山遗存	素面	细泥	5B	灰
四川茂县波西	SMB13	T1④	马家窑/营盘山遗存	线纹	泥质	5C	浅灰褐
四川茂县波西	SMB22	T1④	马家窑/营盘山遗存	绳纹	夹粗砂	10E	灰褐
四川茂县波西	SMB23	T1④	马家窑/营盘山遗存	素面	夹粗砂	10E	深灰
四川茂县波西	SMB27	T1④	马家窑/营盘山遗存	素面	泥质	5C	深灰
四川茂县波西	SMB28	T1④	马家窑/营盘山遗存	素面	泥质	5C	深灰
四川马尔康哈休	SMH01	H3：15	马家窑/营盘山遗存	彩绘	细泥	10A	橙黄
四川马尔康哈休	SMH02	H3：6	马家窑/营盘山遗存	彩绘	细泥	10A	褐—灰

Pink	7.5YR 7/4	瓶/罐腹部	Y/N	完全氧化	
Dark Gray–Reddish brown	10YR 4/1 –5YR 4/3	钵口沿	N/N	还原或未氧化	近在近器表部位为橙深灰色，整个陶胎基本为红褐色
Gray	5Y 6/1	瓶/罐腹部	N/N	还原或未氧化	
Gray–Reddish brown	7.5YR 6/6 –5YR 5/3	瓶/罐腹部	Y/N	还原或未氧化	有一半的陶胎为红褐色
Gray–Pink	7.5YR 6/1 –7.5YR 7/4	瓶/罐肩部	Y/N	还原或未氧化	近在近器表部位为灰色，整个陶胎基本为粉红色
Gray	5Y 6/1	盆/钵腹部	Y/Y	还原或未氧化	
Light gray	5Y 7/2	罐肩部		还原或未氧化	
Reddish yellow	5YR 6/6	罐肩部	N/N	完全氧化	
Reddish yellow	5YR 6/6	罐器身		完全氧化	
Dark gray	7.5YR 4/1	罐肩部		还原或未氧化	
Brown	7.5YR 4/2	罐器身		完全或不完全氧化	
Reddish yellow	7.5YR 6/6	陶片		完全氧化	
Reddish yellow	7.5YR 6/6	陶片		完全氧化	
Reddish yellow–Gray	5YR 6/8 –10YR 5/1	陶片	N/N	不完全氧化	
Reddish yellow	7.5YR 6/6	盆/钵器底	N/N	完全氧化	
Gray	2.5Y 6/1	陶片		还原或未氧化	可能属于仰韶晚期遗存
Gray	2.5Y 6/1	陶片		还原或未氧化	
Gray	2.5Y 6/1	罐肩部	N/N	还原或未氧化	
Light brownish gray	2.5Y 6/2	陶片	N/N	还原或未氧化	可能属于仰韶晚期遗存
Grayish brown	10YR 5/2	罐肩部		完全或不完全氧化	
Dark Gray	5Y 4/1	陶片		还原或未氧化	可能经历渗碳作用
Dark Gray	2.5Y 4/1	陶片	N/N	还原或未氧化	可能经历渗碳作用
Very dark Gray	2.5Y 3/1	陶片	Y/N	还原或未氧化	可能经历渗碳作用
Reddish yellow	5YR 6/6	罐器身	Y/N	完全氧化	
Brown–Gray	7.5YR 5/3 –7.5YR 5/1	盆/钵腹部	Y/Y	不完全氧化	

四川马尔康哈休	SMH03	H3：11	马家窑/营盘山遗存	彩绘	细泥	10A	褐
四川马尔康哈休	SMH04	H5：17	马家窑/营盘山遗存	素面	泥质	5C	橙黄
四川马尔康哈休	SMH05	H3：08	马家窑/营盘山遗存	素面	细泥	5B	褐
四川马尔康哈休	SMH06	H5：34	马家窑/营盘山遗存	素面	泥质	5C	浅灰褐-灰
四川马尔康哈休	SMH07	H3：53	马家窑/营盘山遗存	绳纹	细泥	5A	浅灰褐-灰
四川马尔康哈休	SMH08	？	马家窑/营盘山遗存	绳纹	细泥	5A	浅灰褐-灰
四川马尔康哈休	SMH09	H3：40	马家窑/营盘山遗存	绳纹	细泥	5A	灰
四川马尔康哈休	SMH10	？	马家窑/营盘山遗存	素面	夹粗砂	10E	灰
四川马尔康哈休	SMH11	？	马家窑/营盘山遗存	素面	泥质	5C	灰
四川马尔康哈休	SMH12	？	马家窑/营盘山遗存	绳纹	夹粗砂	10E	深灰褐
四川茂县营盘山	SMY01	H17：67	马家窑/营盘山遗存	彩绘	细泥	5B	橙黄-红褐
四川茂县营盘山	SMY02	T15⑤：48	马家窑/营盘山遗存	彩绘	细泥	5A	浅红
四川茂县营盘山	SMY03	T17②：10	马家窑/营盘山遗存	彩绘	泥质	10C	橙黄-灰
四川茂县营盘山	SMY04	T17③：14	马家窑/营盘山遗存	彩绘	细泥	10B	橙黄
四川茂县营盘山	SMY05	T8⑤：129	马家窑/营盘山遗存	彩绘	泥质	10C	橙黄
四川茂县营盘山	SMY06	SC：1200	马家窑/营盘山遗存	彩绘	细泥	10B	粉红
四川茂县营盘山	SMY07	H19：41	马家窑/营盘山遗存	彩绘	泥质	10C	粉红-浅红
四川茂县营盘山	SMY08	H44：215	马家窑/营盘山遗存	彩绘	细泥	10B	橙黄-浅灰
四川茂县营盘山	SMY09	T1③：25	马家窑/营盘山遗存	彩绘	细泥	5B	橙黄-浅灰
四川茂县营盘山	SMY10	SC：499	马家窑/营盘山遗存	彩绘	泥质	10C	橙黄-灰
四川茂县营盘山	SMY11	H8：1	马家窑/营盘山遗存	彩绘	细泥	10B	橙黄
四川茂县营盘山	SMY12	H44：194	马家窑/营盘山遗存	彩绘	泥质	10C	褐
四川茂县营盘山	SMY13	H44：213	马家窑/营盘山遗存	彩绘	泥质	10C	橙黄
四川茂县营盘山	SMY14	H44：232	马家窑/营盘山遗存	彩绘	泥质	10C	浅褐
四川茂县营盘山	SMY15	T10②	马家窑/营盘山遗存	彩绘	细泥	5B	橙黄

Brown	7.5YR 5/3	盆/钵腹部	Y/Y	完全或不完全氧化	
Reddish yellow	5YR 6/6	钵口沿	N/N	完全氧化	
Brown	7.5YR 5/3	钵口沿	N/N	完全或不完全氧化	
Light brownish gray—Gray	2.5Y 6/2 −2.5Y 6/1	钵口沿	Y/Y	还原或未氧化	
Light brownish gray—Gray	2.5Y 6/2−2.5Y 6/1	罐肩部		还原或未氧化	
Light brownish gray—Gray	2.5Y 6/2 −2.5Y 6/1	罐器身		还原或未氧化	
Gray	2.5Y5/1	罐器身		还原或未氧化	
Gray	2.5Y6/1	罐器身		还原或未氧化	
Gray	2.5Y5/1	罐肩部	N/N	还原或未氧化	
Dark grayish brown	10YR 4/2	罐肩部		完全或不完全氧化	
Reddish yellow— Reddish brown	5YR 6/6 −5YR 5/4	瓶/罐腹部	Y/N	完全或不完全氧化	
Light red	2.5YR 6/8	钵	N/Y	完全氧化	陶器内外绘彩
Reddish Yellow— Gray	5YR 6/8 −2.5Y 6/1	瓶肩部	N/N	不完全氧化	近在近器表部位为橙黄色，整个陶胎基本为灰色
Reddish yellow	5YR 6/8	瓶口沿	N/N	完全氧化	
Reddish yellow	7.5YR 7/6	瓶/罐腹部	N/N	完全氧化	
Pink	7.5YR 7/4	瓶肩部	Y/N	完全氧化	绘有草卉纹
Pink—Light red	7.5YR 7/4 −2.5YR 6/8	瓶/罐腹部	Y/N	完全氧化	仰韶晚(石岭下)风格
Reddish Yellow— Light gray	5YR 7/8 −7.5YR 7/1	罐腹部	Y/N	不完全氧化	绘有草卉纹，内部器表下呈现浅灰色，其余部位都是橙黄色
Reddish Yellow— Light gray	7.5YR 7/6 −2.5Y 7/2	彩陶片	N/N	不完全氧化	易掉彩，近在近器表部位为橙黄色，整个陶胎基本为浅灰色
Reddish Yellow— Gray	5YR 7/6 −2.5Y 6/1	盆肩部	Y/N	不完全氧化	近在近器表部位为橙黄色，整个陶胎基本为灰色
Reddish yellow	7.5YR 6/8	罐腹部	Y/N	完全氧化	绘有草卉纹
Brown	10YR 5/3	瓶颈部	Y/N	完全或不完全氧化	
Reddish yellow	5YR 6/8	瓶腹部	Y/N	完全氧化	仰韶晚(石岭下)风格
Light brown	7.5YR 6/3	钵	Y/Y	完全或不完全氧化	陶器内外绘彩
Reddish yellow	5YR 7/6	钵腹部	N/Y	完全氧化	内彩

四川茂县营盘山	SMY16	H44：229	马家窑/营盘山遗存	彩绘	泥质	10C	橙黄
四川茂县营盘山	SMY17	H27：10	马家窑/营盘山遗存	素面	细泥	5A	橙黄
四川茂县营盘山	SMY18	T11④：69	马家窑/营盘山遗存	素面	细泥	5A	橙黄
四川茂县营盘山	SMY19	H21：7	马家窑/营盘山遗存	素面	细泥	5A	橙黄
四川茂县营盘山	SMY20	H22：33	马家窑/营盘山遗存	素面	细泥	5B	橙黄
四川茂县营盘山	SMY21	T8④：46	马家窑/营盘山遗存	素面	细泥	5B	橙黄－灰
四川茂县营盘山	SMY22	T8④：43	马家窑/营盘山遗存	素面	细泥	5B	橙黄－灰
四川茂县营盘山	SMY24	T8④：69	马家窑/营盘山遗存	素面	细泥	5A	浅灰
四川茂县营盘山	SMY25	T12④：25	马家窑/营盘山遗存	素面	细泥	5A	浅灰
四川茂县营盘山	SMY26	T11④：62	马家窑/营盘山遗存	素面	细泥	5B	浅灰
四川茂县营盘山	SMY28	T14③：25	马家窑/营盘山遗存	绳纹	细泥	5A	灰
四川茂县营盘山	SMY29	H12：16	马家窑/营盘山遗存	素面	细泥	5A	灰
四川茂县营盘山	SMY30	H21：38	马家窑/营盘山遗存	素面	细泥	5A	浅灰褐
四川茂县营盘山	SMY32	T1④：32	马家窑/营盘山遗存	素面	细泥	10A	灰
四川茂县营盘山	SMY34	H1：6	马家窑/营盘山遗存	素面	细泥	5A	深灰－褐－灰
四川茂县营盘山	SMY35	H13：2	马家窑/营盘山遗存	素面	细泥	5B	深灰－淡褐－灰
四川茂县营盘山	SMY36	H22：11	马家窑/营盘山遗存	素面	细泥	5A	深灰－淡褐－灰
四川茂县营盘山	SMY37	T8④：62	马家窑/营盘山遗存	绳纹、附加堆纹	夹粗砂	10E	橙黄
四川茂县营盘山	SMY38	T8④：74	马家窑/营盘山遗存	绳纹、附加堆纹	夹极粗砂	5F	橙黄－灰
四川茂县营盘山	SMY39	T8④：88	马家窑/营盘山遗存	绳纹	夹极粗砂	10F	浅红褐－灰
四川茂县营盘山	SMY40	T8④：91	马家窑/营盘山遗存	绳纹	夹极粗砂	10F	粉红－深灰
四川茂县营盘山	SMY41	T12⑥：66	马家窑/营盘山遗存	绳纹、附加堆纹	夹极粗砂	10F	浅褐
四川茂县营盘山	SMY42	H27：16	马家窑/营盘山遗存	绳纹	夹极粗砂	10F	浅褐

Reddish yellow	7.YR 6/8	瓶颈部	Y/N	完全氧化	仰韶晚(石岭下)风格
Reddish yellow	5YR 7/6	钵口沿	N/N	完全氧化	
Reddish yellow	5YR 7/6	钵口沿	N/N	完全氧化	
Reddish yellow	5YR 7/6	钵腹部	Y/Y	完全氧化	
Reddish yellow	5YR 6/8	钵口沿	Y/Y	完全氧化	
Reddish yellow—Gray	5YR 7/6 −5Y 6/1	钵口沿	Y/Y	不完全氧化	断面有约30%的灰色胎芯
Reddish yellow—Gray	5YR 7/6 −5Y 6/1	钵口沿	Y/Y	不完全氧化	断面有约25%的灰色胎芯
Light gray	2.5Y 7/1	折腹钵口沿	Y/Y	还原或未氧化	
Light gray	2.5Y 7/1	深腹钵口沿	Y/?	还原或未氧化	
Light gray	2.5Y7/1	钵腹部	Y/Y	还原或未氧化	带鸡冠形錾
Gray	2.5Y 6/1	罐肩部		还原或未氧化	
Gray	2.5Y 6/1	钵口沿	Y/Y	还原或未氧化	带鸡冠形錾
Light brownish gray	2.5Y 6/2	钵口沿	Y/Y	还原或未氧化	
Gray	2.5Y 6/1	折腹钵口沿	Y/Y	还原或未氧化，深灰色器表应是渗碳作用所形成	黑皮陶
Dark Gray—Brown—Gray	5Y 4/1−10YR 5/3 −5Y 5/1	瓦棱纹瓮腹部	Y/N	可能经历还原、氧化、渗碳的过程	黑皮陶
Dark Gray—Pale brown—Gray	5Y 4/1−10YR 6/3 −5Y 6/1	折腹钵腹部	Y/Y	可能经历还原、氧化、渗碳的过程	黑皮陶
Dark Gray—Pale brown—Gray	5Y 4/1−10YR 6/3 −5Y 5/1	钵口沿	Y/Y	可能经历还原、氧化、渗碳的过程	黑皮陶
Reddish yellow	5YR 6/6	罐腹部		完全氧化	器表呈浅褐色(7.5YR 6/4)
Reddish yellow—Gray	5YR 6/6 −7.5YR 6/1	罐腹部		不完全氧化	近在近器表部位为橙黄色，整个陶胎基本为灰色
Light reddish brown—Gray	5YR 6/4−5Y 6/1	罐口沿		不完全氧化	局部有灰色胎芯
Pink—Dark gray	7.5YR 7/4 −Gley 1 4/N	罐口沿		不完全氧化	近在近器表部位为粉红色，整个陶胎基本为灰色
Light brown	7.5YR 6/4	罐口沿		完全或不完全氧化	外部器表熏黑
Light brown	7.5YR 6/4	罐腹部		完全或不完全氧化	外部器表熏黑

表13-2 170件分析标本的元素含量

标本ID	遗址	遗址/彩陶	彩陶(P)/非彩陶(NP)	Na$_2$O	MgO	CaO	Fe$_2$O$_3$
GDL01	甘肃东乡林家	林家/彩陶	P	0.650	3.040	9.803	6.863
GDL02	甘肃东乡林家	林家/彩陶	P	0.551	3.252	11.043	6.849
GDL03	甘肃东乡林家	林家/彩陶	P	0.881	3.294	6.552	6.864
GDL04	甘肃东乡林家	林家/彩陶	P	0.534	3.159	10.259	7.542
GDL05	甘肃东乡林家	林家/彩陶	P	0.602	3.339	10.171	6.993
GDL06	甘肃东乡林家	林家/彩陶	P	1.263	3.226	9.129	7.057
GDL07	甘肃东乡林家	林家/非彩陶	NP	0.612	3.199	9.507	6.109
GDL08	甘肃东乡林家	林家/彩陶	P	0.726	3.430	10.760	6.585
GDL09	甘肃东乡林家	林家/彩陶	P	0.942	3.276	6.796	6.634
GDL10	甘肃东乡林家	林家/彩陶	P	0.563	3.267	10.637	6.728
GDL11	甘肃东乡林家	林家/非彩陶	NP	0.981	3.245	6.634	6.331
GDL12	甘肃东乡林家	林家/非彩陶	NP	1.006	3.018	6.351	6.706
GDL13	甘肃东乡林家	林家/非彩陶	NP	0.802	3.406	12.030	6.228
GDL14	甘肃东乡林家	林家/非彩陶	NP	0.499	2.746	9.188	7.109
GDL15	甘肃东乡林家	林家/非彩陶	NP	0.495	3.006	10.630	5.902
GDL16	甘肃东乡林家	林家/非彩陶	NP	0.597	3.653	10.089	6.933
GDL17	甘肃东乡林家	林家/非彩陶	NP	0.470	3.786	9.840	7.000
GDL18	甘肃东乡林家	林家/非彩陶	NP	1.019	3.153	10.780	6.235
GDL19	甘肃东乡林家	林家/非彩陶	NP	0.087	2.590	5.509	7.691
GDL20	甘肃东乡林家	林家/非彩陶	NP	0.934	4.286	10.634	6.888
GDL21	甘肃东乡林家	林家/非彩陶	NP	0.127	4.238	9.090	7.991
GDL22	甘肃东乡林家	林家/非彩陶	NP	0.080	4.452	8.953	7.247
GDL23	甘肃东乡林家	林家/非彩陶	NP	0.608	3.296	12.407	6.052
GLS01	甘肃临潭石门口	石门口/彩陶	P	0.802	2.989	9.199	6.479
GLS02	甘肃临潭石门口	石门口/彩陶	P	0.766	3.023	11.962	6.269
GLS03	甘肃临潭石门口	石门口/彩陶	P	0.950	2.708	8.229	6.194
GLS04	甘肃临潭石门口	石门口/彩陶	P	0.738	3.221	10.152	6.970

Al_2O_3	SiO_2	P_2O_5	K_2O	TiO_2	MnO	SrO	BaO
15.045	60.232	0.311	3.054	0.705	0.135	0.037	0.125
15.600	57.913	0.399	3.473	0.665	0.112	0.033	0.112
16.869	61.228	0.222	3.158	0.683	0.112	0.043	0.095
16.028	57.827	0.296	3.351	0.715	0.142	0.036	0.109
15.029	59.091	0.493	3.292	0.668	0.160	0.045	0.116
15.444	60.181	0.182	2.531	0.737	0.133	0.036	0.081
14.167	62.611	0.165	2.678	0.629	0.121	0.041	0.159
14.738	59.798	0.216	2.757	0.672	0.141	0.053	0.123
16.778	61.501	0.184	2.959	0.682	0.117	0.039	0.093
15.382	58.985	0.272	3.193	0.677	0.137	0.043	0.118
16.387	62.362	0.149	2.998	0.674	0.117	0.031	0.092
16.504	61.913	0.280	3.168	0.769	0.120	0.044	0.123
14.126	59.174	0.408	2.837	0.640	0.137	0.065	0.146
16.008	60.436	0.235	2.779	0.716	0.147	0.025	0.111
14.258	61.376	0.409	2.974	0.622	0.115	0.034	0.179
16.153	58.243	0.196	3.128	0.696	0.140	0.051	0.120
16.709	57.799	0.216	3.209	0.644	0.126	0.041	0.161
15.130	60.085	0.387	2.312	0.677	0.119	0.026	0.076
17.950	61.812	0.150	3.377	0.648	0.082	0.023	0.081
15.424	57.522	0.237	3.092	0.661	0.150	0.050	0.123
17.060	56.315	0.488	3.676	0.697	0.137	0.046	0.135
17.233	57.559	0.207	3.405	0.618	0.123	0.033	0.090
14.319	59.373	0.202	2.716	0.625	0.134	0.060	0.206
14.832	62.265	0.108	2.476	0.597	0.120	0.031	0.102
14.193	60.356	0.124	2.448	0.583	0.128	0.040	0.107
13.986	64.233	0.187	2.629	0.609	0.148	0.029	0.098
14.179	60.963	0.129	2.741	0.633	0.132	0.037	0.104

GLS05	甘肃临潭石门口	石门口/彩陶	P	0.700	3.280	8.017	6.155
GLS06	甘肃临潭石门口	石门口/彩陶	P	0.820	3.180	9.161	6.467
GLS07	甘肃临潭石门口	石门口/彩陶	P	0.845	3.175	10.056	6.369
GLS08	甘肃临潭石门口	石门口/彩陶	P	1.078	2.884	9.417	5.979
GLS09	甘肃临潭石门口	石门口/彩陶	P	0.892	3.245	8.843	6.977
GLS10	甘肃临潭石门口	石门口/非彩陶	NP	0.645	3.045	8.840	6.554
GLS11	甘肃临潭石门口	石门口/非彩陶	NP	0.749	2.702	10.661	6.067
GLS12	甘肃临潭石门口	石门口/非彩陶	NP	1.221	2.646	4.162	6.484
GLS13	甘肃临潭石门口	石门口/非彩陶	NP	1.024	2.636	9.515	5.974
GLS14	甘肃临潭石门口	石门口/非彩陶	NP	0.042	1.797	5.802	6.774
GLS15	甘肃临潭石门口	石门口/非彩陶	NP	0.791	3.184	7.966	6.399
GLS16	甘肃临潭石门口	石门口/非彩陶	NP	0.744	2.989	10.237	6.085
GLS17	甘肃临潭石门口	石门口/非彩陶	NP	0.462	2.430	3.558	7.836
GLS18	甘肃临潭石门口	石门口/非彩陶	NP	0.079	2.592	1.793	7.325
GWD01	甘肃武都大李家坪	大李家坪/彩陶	P	0.845	3.252	5.141	7.458
GWD02	甘肃武都大李家坪	大李家坪/彩陶	P	0.684	3.183	7.742	6.824
GWD03	甘肃武都大李家坪	大李家坪/彩陶	P	0.879	2.931	8.879	6.704
GWD05	甘肃武都大李家坪	大李家坪/彩陶	P	0.802	3.049	11.532	6.794
GWD06	甘肃武都大李家坪	大李家坪/彩陶	P	0.745	3.179	10.074	7.008
GWD07	甘肃武都大李家坪	大李家坪/彩陶	P	0.868	3.190	10.702	6.468
GWD08	甘肃武都大李家坪	大李家坪/彩陶	P	0.643	3.767	11.915	6.378
GWD09	甘肃武都大李家坪	大李家坪/彩陶	P	0.790	2.844	9.045	6.512
GWD10	甘肃武都大李家坪	大李家坪/彩陶	P	0.952	2.793	4.197	7.138
GWD12	甘肃武都大李家坪	大李家坪/彩陶	P	0.637	3.012	8.352	6.158
GWD13	甘肃武都大李家坪	大李家坪/彩陶	P	0.816	2.967	9.379	6.175
GWD14	甘肃武都大李家坪	大李家坪/非彩陶	NP	0.897	3.078	6.612	6.528
GWD15	甘肃武都大李家坪	大李家坪/非彩陶	NP	0.594	2.883	5.764	6.750
GWD16	甘肃武都大李家坪	大李家坪/非彩陶	NP	0.648	2.896	9.251	6.236
GWD17	甘肃武都大李家坪	大李家坪/非彩陶	NP	0.809	2.883	9.871	6.094

14.396	63.938	0.107	2.467	0.634	0.100	0.050	0.155
14.855	62.098	0.082	2.463	0.607	0.127	0.038	0.100
14.684	61.352	0.098	2.568	0.593	0.127	0.033	0.099
13.689	63.681	0.112	2.256	0.606	0.130	0.037	0.131
15.308	61.247	0.102	2.490	0.645	0.117	0.032	0.103
15.199	62.206	0.089	2.571	0.583	0.113	0.037	0.118
13.716	62.508	0.328	2.419	0.594	0.114	0.037	0.106
14.331	67.865	0.089	2.302	0.655	0.129	0.023	0.092
14.211	63.421	0.088	2.357	0.550	0.105	0.029	0.091
15.268	66.709	0.083	2.591	0.658	0.091	0.033	0.152
15.707	62.328	0.068	2.708	0.597	0.107	0.029	0.116
13.920	62.601	0.098	2.480	0.593	0.111	0.031	0.111
15.559	66.534	0.214	2.412	0.758	0.105	0.025	0.108
18.497	66.464	0.101	2.219	0.685	0.052	0.033	0.158
16.004	62.996	0.151	3.169	0.750	0.116	0.030	0.088
15.091	61.641	0.145	3.564	0.758	0.119	0.045	0.204
14.894	61.421	0.190	3.130	0.705	0.124	0.038	0.105
14.796	58.639	0.219	3.131	0.771	0.108	0.039	0.120
15.042	59.609	0.175	3.012	0.764	0.241	0.044	0.106
14.832	59.688	0.203	3.097	0.712	0.120	0.032	0.086
14.249	58.613	0.222	3.078	0.745	0.187	0.048	0.155
15.018	61.506	0.179	3.053	0.751	0.152	0.032	0.120
16.033	64.922	0.124	2.789	0.814	0.113	0.027	0.097
14.812	62.922	0.170	2.937	0.717	0.150	0.031	0.103
14.837	62.051	0.153	2.694	0.695	0.101	0.035	0.097
15.278	63.386	0.178	3.014	0.789	0.117	0.031	0.092
15.724	63.779	0.159	3.214	0.801	0.141	0.035	0.155
14.751	62.041	0.164	3.014	0.712	0.116	0.041	0.130
14.784	61.378	0.165	2.988	0.755	0.125	0.034	0.114

GWD18	甘肃武都大李家坪	大李家坪/非彩陶	NP	1.023	2.987	9.752	6.223
GWD19	甘肃武都大李家坪	大李家坪/非彩陶	NP	0.802	3.044	11.089	6.147
GWD20	甘肃武都大李家坪	大李家坪/非彩陶	NP	0.701	2.845	10.390	6.243
GWD21	甘肃武都大李家坪	大李家坪/非彩陶	NP	0.969	2.369	1.130	7.099
GWD22	甘肃武都大李家坪	大李家坪/非彩陶	NP	0.766	3.070	12.619	5.899
GWD23	甘肃武都大李家坪	大李家坪/非彩陶	NP	0.959	3.217	12.921	6.018
GWD24	甘肃武都大李家坪	大李家坪/非彩陶	NP	0.889	3.084	10.160	6.202
GWD25	甘肃武都大李家坪	大李家坪/非彩陶	NP	0.685	2.900	9.658	6.710
GWD26	甘肃武都大李家坪	大李家坪/非彩陶	NP	1.034	2.772	2.960	8.146
GWD27	甘肃武都大李家坪	大李家坪/非彩陶	NP	0.610	3.055	3.938	7.714
GWD28	甘肃武都大李家坪	大李家坪/非彩陶	NP	0.783	2.377	1.393	8.196
GWD29	甘肃武都大李家坪	大李家坪/非彩陶	NP	0.987	2.731	7.291	7.421
GWD30	甘肃武都大李家坪	大李家坪/非彩陶	NP	1.265	2.431	1.888	8.210
GWD31	甘肃武都大李家坪	大李家坪/非彩陶	NP	1.053	2.887	3.013	7.930
GZS01	甘肃卓尼寺下川	寺下川/彩陶	P	0.752	3.264	10.963	6.709
GZS02	甘肃卓尼寺下川	寺下川/彩陶	P	1.155	2.683	2.273	7.057
GZS03	甘肃卓尼寺下川	寺下川/彩陶	P	0.958	3.345	9.664	6.705
GZS04	甘肃卓尼寺下川	寺下川/彩陶	P	0.874	3.289	8.743	6.872
GZS05	甘肃卓尼寺下川	寺下川/彩陶	P	1.056	3.203	9.368	6.758
GZS06	甘肃卓尼寺下川	寺下川/彩陶	P	0.817	3.663	9.523	6.130
GZS07	甘肃卓尼寺下川	寺下川/彩陶	P	0.980	3.075	10.970	6.672
GZS08	甘肃卓尼寺下川	寺下川/彩陶	P	0.850	2.777	9.606	6.071
GZS09	甘肃卓尼寺下川	寺下川/彩陶	P	0.994	2.199	1.663	6.318
GZS10	甘肃卓尼寺下川	寺下川/彩陶	P	0.656	2.992	9.783	5.655
GZS11	甘肃卓尼寺下川	寺下川/彩陶	P	0.624	2.538	4.162	6.739
GZS12	甘肃卓尼寺下川	寺下川/彩陶	P	0.727	3.327	6.888	5.841
GZS13	甘肃卓尼寺下川	寺下川/非彩陶	NP	0.356	2.706	11.313	5.197
GZS14	甘肃卓尼寺下川	寺下川/非彩陶	NP	0.357	2.190	3.995	4.731
GZS15	甘肃卓尼寺下川	寺下川/非彩陶	NP	0.760	3.078	8.079	6.115

14.932	60.866	0.191	3.021	0.742	0.121	0.033	0.107
14.498	60.253	0.213	2.913	0.776	0.103	0.039	0.123
14.790	60.794	0.172	3.089	0.667	0.126	0.039	0.144
16.347	68.469	0.110	2.569	0.694	0.120	0.017	0.107
14.337	59.236	0.224	2.919	0.694	0.107	0.034	0.095
14.228	58.985	0.180	2.548	0.685	0.110	0.039	0.110
14.550	61.198	0.167	2.740	0.746	0.151	0.031	0.083
14.382	61.654	0.175	2.856	0.730	0.103	0.036	0.109
16.951	64.393	0.143	2.577	0.745	0.115	0.026	0.138
15.965	64.392	0.100	3.098	0.826	0.102	0.047	0.155
17.382	65.603	0.085	3.159	0.752	0.091	0.023	0.157
15.605	60.577	0.197	4.107	0.744	0.140	0.038	0.162
16.533	65.211	0.124	3.266	0.797	0.124	0.024	0.127
16.195	64.842	0.141	2.883	0.744	0.136	0.025	0.150
16.346	58.083	0.083	2.866	0.677	0.126	0.037	0.094
16.876	66.143	0.118	2.728	0.713	0.134	0.021	0.099
16.167	59.357	0.098	2.805	0.634	0.141	0.036	0.089
16.704	59.860	0.102	2.671	0.627	0.119	0.036	0.104
15.389	60.831	0.096	2.472	0.593	0.130	0.029	0.074
15.039	61.225	0.110	2.623	0.600	0.123	0.041	0.107
14.762	59.913	0.138	2.625	0.608	0.133	0.043	0.080
14.411	62.685	0.099	2.681	0.615	0.097	0.032	0.075
14.859	70.349	0.079	2.697	0.682	0.075	0.019	0.065
13.746	63.592	0.070	2.667	0.555	0.107	0.060	0.115
15.592	66.513	0.101	2.911	0.630	0.082	0.024	0.084
13.291	65.955	0.149	2.982	0.558	0.120	0.049	0.113
14.433	63.272	0.042	2.028	0.522	0.054	0.021	0.056
10.010	75.654	0.064	2.251	0.603	0.064	0.022	0.059
14.576	63.763	0.129	2.672	0.613	0.107	0.030	0.078

GZS16	甘肃卓尼寺下川	寺下川/非彩陶	NP	0.748	3.450	8.331	5.945
GZS17	甘肃卓尼寺下川	寺下川/非彩陶	NP	0.537	2.618	7.063	5.590
GZS18	甘肃卓尼寺下川	寺下川/非彩陶	NP	0.295	3.271	7.423	6.348
GZS19	甘肃卓尼寺下川	寺下川/非彩陶	NP	0.418	2.902	10.676	5.934
GZS20	甘肃卓尼寺下川	寺下川/非彩陶	NP	0.528	3.075	8.434	6.158
GZS21	甘肃卓尼寺下川	寺下川/非彩陶	NP	0.486	2.302	10.591	5.979
GZS22	甘肃卓尼寺下川	寺下川/非彩陶	NP	0.346	3.029	11.908	6.235
MJY01	甘肃临洮马家窑	马家窑/彩陶	P	1.236	3.219	10.309	5.939
MJY02	甘肃临洮马家窑	马家窑/彩陶	P	0.390	2.967	9.496	6.719
MJY03	甘肃临洮马家窑	马家窑/彩陶	P	0.544	3.467	11.798	6.138
MJY04	甘肃临洮马家窑	马家窑/彩陶	P	1.240	3.245	12.379	5.852
MJY05	甘肃临洮马家窑	马家窑/彩陶	P	0.463	2.829	6.404	6.811
MJY06	甘肃临洮马家窑	马家窑/彩陶	P	0.451	3.245	10.377	6.688
MJY07	甘肃临洮马家窑	马家窑/彩陶	P	0.767	3.309	11.639	6.137
MJY08	甘肃临洮马家窑	马家窑/彩陶	P	0.452	2.635	7.695	6.586
MJY09	甘肃临洮马家窑	马家窑/彩陶	P	1.068	3.468	11.371	6.565
MJY10	甘肃临洮马家窑	马家窑/非彩陶	NP	0.466	3.008	5.783	6.243
MJY11	甘肃临洮马家窑	马家窑/非彩陶	NP	1.176	2.670	3.191	6.634
MJY12	甘肃临洮马家窑	马家窑/非彩陶	NP	0.328	2.811	10.177	6.753
MJY13	甘肃临洮马家窑	马家窑/非彩陶	NP	0.902	3.359	14.162	5.468
MJY14	甘肃临洮马家窑	马家窑/非彩陶	NP	1.079	3.396	10.388	6.214
MJY15	甘肃临洮马家窑	马家窑/非彩陶	NP	0.476	3.306	5.071	6.218
MJY16	甘肃临洮马家窑	马家窑/非彩陶	NP	0.303	2.961	12.677	5.100
SMB03	四川茂县波西	波西/非彩陶	NP	0.947	2.705	3.598	8.124
SMB04	四川茂县波西	波西/非彩陶	NP	0.912	2.641	2.332	8.986
SMB06	四川茂县波西	波西/非彩陶	NP	1.065	2.448	1.775	9.104
SMB07	四川茂县波西	波西/非彩陶	NP	0.952	2.455	1.225	8.671
SMB10	四川茂县波西	波西/非彩陶	NP	1.036	2.306	1.496	8.442
SMB11	四川茂县波西	波西/非彩陶	NP	0.960	2.253	2.280	8.275

13.956	63.787	0.115	2.903	0.525	0.131	0.037	0.073
14.787	66.085	0.076	2.531	0.544	0.086	0.023	0.060
15.869	62.255	0.147	3.535	0.635	0.109	0.029	0.085
14.934	62.024	0.054	2.345	0.561	0.066	0.026	0.059
14.218	63.637	0.094	2.996	0.621	0.108	0.045	0.086
14.604	63.052	0.073	2.208	0.580	0.054	0.036	0.035
12.106	63.325	0.078	2.172	0.583	0.119	0.032	0.067
15.455	59.996	0.091	2.939	0.617	0.082	0.029	0.088
18.573	57.300	0.143	3.347	0.697	0.094	0.066	0.209
15.208	58.619	0.214	3.133	0.625	0.071	0.035	0.148
14.490	58.696	0.172	3.020	0.613	0.112	0.038	0.143
18.723	60.048	0.238	3.532	0.704	0.084	0.034	0.131
18.189	56.445	0.141	3.477	0.626	0.126	0.047	0.187
15.926	58.082	0.189	3.051	0.658	0.098	0.036	0.109
18.280	59.991	0.215	3.237	0.686	0.074	0.036	0.114
16.024	57.300	0.137	3.146	0.652	0.111	0.040	0.119
17.589	62.950	0.068	3.102	0.582	0.074	0.035	0.099
18.056	64.068	0.093	3.184	0.766	0.046	0.021	0.095
18.694	56.649	0.193	3.441	0.677	0.084	0.038	0.155
13.802	59.142	0.097	2.213	0.661	0.096	0.035	0.062
15.207	59.421	0.169	3.064	0.656	0.138	0.042	0.224
18.117	63.339	0.056	2.619	0.620	0.072	0.031	0.075
14.008	57.934	0.080	5.345	0.557	0.062	0.068	0.904
17.279	62.880	0.164	3.099	0.758	0.142	0.039	0.263
18.313	62.965	0.134	2.657	0.811	0.095	0.020	0.134
18.566	63.125	0.096	2.718	0.843	0.100	0.023	0.137
17.348	65.367	0.114	2.786	0.801	0.134	0.019	0.129
17.990	65.003	0.139	2.541	0.791	0.105	0.019	0.132
17.455	64.885	0.150	2.681	0.779	0.134	0.024	0.124

SMB12	四川茂县波西	波西/非彩陶	NP	1.117	2.481	1.631	8.033
SMB13	四川茂县波西	波西/非彩陶	NP	0.852	2.344	1.890	8.137
SMB22	四川茂县波西	波西/非彩陶	NP	0.898	2.316	1.764	8.973
SMB23	四川茂县波西	波西/非彩陶	NP	0.893	2.386	1.076	7.981
SMB27	四川茂县波西	波西/非彩陶	NP	0.917	1.586	1.209	7.216
SMB28	四川茂县波西	波西/非彩陶	NP	0.841	1.710	1.141	7.276
SMH01	四川马尔康哈休	哈休/彩陶	P	0.694	3.149	7.019	7.142
SMH02	四川马尔康哈休	哈休/彩陶	P	0.667	3.013	8.284	7.255
SMH03	四川马尔康哈休	哈休/彩陶	P	0.766	3.075	7.890	6.978
SMH04	四川马尔康哈休	哈休/非彩陶	NP	1.473	2.572	1.735	7.602
SMH05	四川马尔康哈休	哈休/非彩陶	NP	1.031	1.981	2.417	6.559
SMH06	四川马尔康哈休	哈休/非彩陶	NP	0.647	2.150	1.621	8.016
SMH07	四川马尔康哈休	哈休/非彩陶	NP	1.014	2.073	1.259	7.282
SMH08	四川马尔康哈休	哈休/非彩陶	NP	1.026	2.039	1.335	7.285
SMH09	四川马尔康哈休	哈休/非彩陶	NP	0.463	2.163	2.266	8.805
SMH10	四川马尔康哈休	哈休/非彩陶	NP	1.029	2.314	0.651	8.072
SMH11	四川马尔康哈休	哈休/非彩陶	NP	1.373	2.395	1.621	7.074
SMH12	四川马尔康哈休	哈休/非彩陶	NP	0.735	2.245	2.422	8.668
SMY01	四川茂县营盘山	营盘山/彩陶	P	0.014	2.550	4.531	7.487
SMY02	四川茂县营盘山	营盘山/彩陶	P	0.365	3.044	9.595	7.192
SMY03	四川茂县营盘山	营盘山/彩陶	P	0.008	2.640	4.886	6.893
SMY04	四川茂县营盘山	营盘山/彩陶	P	0.241	3.171	5.943	7.977
SMY05	四川茂县营盘山	营盘山/彩陶	P	0.263	3.094	6.623	7.195
SMY06	四川茂县营盘山	营盘山/彩陶	P	0.340	3.023	7.244	7.407
SMY07	四川茂县营盘山	营盘山/彩陶	P	0.179	2.917	5.637	7.222
SMY08	四川茂县营盘山	营盘山/彩陶	P	0.194	2.954	7.506	6.920
SMY09	四川茂县营盘山	营盘山/彩陶	P	0.774	2.852	7.055	6.450
SMY10	四川茂县营盘山	营盘山/彩陶	P	0.100	2.571	4.992	6.424
SMY11	四川茂县营盘山	营盘山/彩陶	P	0.266	3.411	7.244	7.172

17.810	65.316	0.126	2.478	0.738	0.112	0.021	0.138
17.713	64.892	0.116	2.997	0.785	0.112	0.028	0.134
18.078	64.017	0.133	2.617	0.889	0.078	0.042	0.194
18.118	64.359	0.134	3.586	0.756	0.144	0.055	0.511
18.084	67.292	0.093	2.565	0.837	0.067	0.017	0.117
17.724	67.306	0.131	2.737	0.902	0.093	0.017	0.123
17.461	60.469	0.155	2.882	0.691	0.196	0.033	0.108
16.977	59.601	0.207	2.930	0.739	0.166	0.038	0.122
17.377	59.831	0.194	2.949	0.661	0.141	0.034	0.105
16.897	65.421	0.140	2.986	0.890	0.173	0.022	0.089
16.585	67.250	0.187	2.992	0.747	0.119	0.028	0.104
18.032	65.731	0.070	2.670	0.813	0.116	0.022	0.112
17.144	67.055	0.063	3.000	0.863	0.115	0.019	0.113
16.878	67.373	0.065	2.961	0.821	0.095	0.019	0.104
19.065	63.533	0.097	2.497	0.877	0.100	0.023	0.110
21.477	61.132	0.096	4.507	0.450	0.079	0.019	0.174
16.581	66.949	0.131	2.792	0.808	0.163	0.024	0.088
18.134	62.395	0.440	3.862	0.674	0.126	0.056	0.244
18.602	61.316	0.162	4.294	0.774	0.112	0.060	0.099
16.533	58.980	0.346	2.933	0.723	0.140	0.040	0.110
17.878	62.868	0.152	3.654	0.759	0.140	0.047	0.074
18.405	59.579	0.164	3.371	0.827	0.130	0.070	0.122
18.019	59.787	0.166	3.795	0.750	0.136	0.058	0.114
17.634	59.628	0.184	3.447	0.815	0.146	0.048	0.085
18.028	61.022	0.161	3.838	0.740	0.131	0.048	0.077
17.588	59.917	0.189	3.739	0.738	0.128	0.054	0.073
16.279	62.724	0.152	2.737	0.703	0.132	0.034	0.108
17.611	63.624	0.158	3.560	0.729	0.108	0.050	0.074
17.833	59.510	0.196	3.343	0.749	0.123	0.056	0.097

SMY12	四川茂县营盘山	营盘山/彩陶	P	0.180	2.828	6.405	6.962
SMY13	四川茂县营盘山	营盘山/彩陶	P	0.097	3.041	4.484	7.051
SMY14	四川茂县营盘山	营盘山/彩陶	P	0.133	1.911	4.848	6.258
SMY15	四川茂县营盘山	营盘山/彩陶	P	0.339	3.154	9.799	6.480
SMY16	四川茂县营盘山	营盘山/彩陶	P	0.125	3.006	5.439	7.106
SMY17	四川茂县营盘山	营盘山/非彩陶	NP	1.271	2.128	0.979	6.948
SMY18	四川茂县营盘山	营盘山/非彩陶	NP	1.387	2.152	2.017	6.310
SMY19	四川茂县营盘山	营盘山/非彩陶	NP	0.909	2.295	1.096	7.660
SMY20	四川茂县营盘山	营盘山/非彩陶	NP	0.902	2.129	1.190	6.619
SMY21	四川茂县营盘山	营盘山/非彩陶	NP	1.143	2.275	1.438	7.412
SMY22	四川茂县营盘山	营盘山/非彩陶	NP	0.868	2.488	1.570	8.019
SMY24	四川茂县营盘山	营盘山/非彩陶	NP	1.062	2.172	1.517	7.092
SMY25	四川茂县营盘山	营盘山/非彩陶	NP	1.019	2.307	1.223	6.804
SMY26	四川茂县营盘山	营盘山/非彩陶	NP	0.901	2.364	1.961	7.229
SMY28	四川茂县营盘山	营盘山/非彩陶	NP	0.919	2.500	1.879	8.057
SMY29	四川茂县营盘山	营盘山/非彩陶	NP	1.009	2.373	1.229	7.422
SMY30	四川茂县营盘山	营盘山/非彩陶	NP	0.953	2.298	1.241	7.070
SMY32	四川茂县营盘山	营盘山/非彩陶	NP	1.095	2.699	1.147	7.965
SMY34	四川茂县营盘山	营盘山/非彩陶	NP	0.456	3.017	1.662	9.569
SMY35	四川茂县营盘山	营盘山/非彩陶	NP	0.526	1.638	0.730	3.821
SMY36	四川茂县营盘山	营盘山/非彩陶	NP	1.063	2.285	1.488	7.765
SMY37	四川茂县营盘山	营盘山/非彩陶	NP	0.856	3.080	1.586	9.155
SMY38	四川茂县营盘山	营盘山/非彩陶	NP	0.952	2.352	2.369	8.518
SMY39	四川茂县营盘山	营盘山/非彩陶	NP	1.074	2.243	1.544	7.724
SMY40	四川茂县营盘山	营盘山/非彩陶	NP	0.773	2.876	2.574	8.742
SMY41	四川茂县营盘山	营盘山/非彩陶	NP	0.898	2.748	1.817	8.685
SMY42	四川茂县营盘山	营盘山/非彩陶	NP	1.149	2.579	2.386	8.493

18.126	60.319	0.185	4.027	0.728	0.121	0.047	0.071
18.362	61.940	0.167	3.852	0.764	0.114	0.050	0.079
16.575	65.506	0.262	3.531	0.731	0.117	0.048	0.079
16.477	59.863	0.162	2.765	0.688	0.128	0.036	0.110
18.325	60.906	0.187	3.895	0.744	0.123	0.057	0.086
16.802	67.792	0.072	2.984	0.766	0.129	0.019	0.111
16.017	68.627	0.076	2.452	0.737	0.104	0.023	0.097
17.477	66.946	0.044	2.533	0.783	0.122	0.017	0.118
16.045	69.071	0.061	2.875	0.814	0.140	0.032	0.123
16.255	67.989	0.059	2.408	0.727	0.098	0.033	0.165
17.298	65.796	0.099	2.883	0.724	0.116	0.019	0.119
16.712	67.587	0.101	2.715	0.763	0.140	0.022	0.118
16.807	67.669	0.082	3.048	0.744	0.145	0.020	0.131
17.061	66.329	0.133	2.960	0.806	0.111	0.022	0.124
18.028	64.362	0.081	3.049	0.786	0.106	0.020	0.212
17.316	66.330	0.105	3.084	0.830	0.143	0.021	0.138
16.876	67.589	0.077	2.924	0.738	0.099	0.020	0.115
17.199	65.296	0.086	3.397	0.846	0.131	0.022	0.117
17.912	62.515	0.274	3.094	1.087	0.154	0.058	0.202
21.929	66.723	0.048	3.450	0.928	0.037	0.019	0.152
16.443	66.926	0.092	2.906	0.755	0.114	0.028	0.136
17.719	62.951	0.083	3.356	0.831	0.131	0.050	0.201
17.142	64.468	0.128	2.928	0.766	0.173	0.040	0.164
16.459	67.345	0.070	2.576	0.730	0.096	0.021	0.117
18.242	62.731	0.109	2.869	0.765	0.147	0.024	0.149
17.400	64.058	0.113	3.123	0.813	0.129	0.045	0.171
17.285	63.629	0.163	3.303	0.727	0.110	0.025	0.152

（3）烧成气氛：一般而言，红色、黄色和橙色的陶器是在完全氧化的条件下所烧制而成，褐色可能是在完全氧化或不完全氧化的条件下烧制而成，浅灰色的陶器则多是在还原或未氧化的气氛下烧制形成，深灰或黑色陶器则可能是经历过渗碳作用（smudged）[1]。在氧化不完全的情况下，陶器中比较厚的部位，如颈部、底部、把手等部位常见灰黑色胎芯。我们对于烧成气氛的推断主要根据Rye所提供的规则[2]。这样的推断虽无法达到完全精确的程度，但提供我们对于不同遗址、不同陶器的烧制工艺一个大略认识。

第三节　川西彩陶的发现与初步研究*

　　川西彩陶的发现主要集中在岷江上游、大渡河上游和中游地区，根据图案题材的内容及其与黄河上游地区彩陶的类比，可分成A组、BⅠ组、BⅡ组、C组，A组彩陶的年代上限可达仰韶文化庙底沟类型晚期，下限与仰韶文化晚期类型（马家窑文化石岭下类型）相当，B组、C组彩陶的年代则相当于马家窑文化马家窑类型。A组彩陶的年代应早于B组、C组彩陶。A组和BⅠ组彩陶为川西地区外来文化因素的具体表现，C组和BⅡ组彩陶则具有浓郁的地域特色。陶泥和烧制方法等特征表明这些彩陶器多是川西地区本地生产的产品，川西彩陶已成为川西地区新石器文化内涵的组成部分。岷江上游干流及其支流的彩陶出土地点分布密集，大渡河中游的汉源县狮子山遗址为四川地区出土彩陶的最西南地点，四川盆地及其北缘地带迄今均未发现彩陶实物。岷江上游及其北面的白龙江下游、西汉水流域和渭河上游地区的彩陶文化，因地处文化交汇地带，分别受到了仰韶晚期文化和马家窑文化马家窑类型的影响。大渡河上游及其北面的白龙江上游和甘南高原的彩陶文化，来自河湟地区马家窑类型的影响更为明显。

　　彩陶的加工与制作是中国新石器时代最杰出的成就之一，黄河中、上游地区不仅是中国彩陶的诞生地，而且是彩陶最为发达的地区，大地湾文化、仰韶文化和马家窑文化的彩陶在中国彩陶发展史上占有极其重要的地位。四川西部地区本无制作彩陶的渊源和传统，川西彩陶是受外来文化因素影响的产物，能够较为敏感地体现周边文化尤其是黄河上游地区史前文化对四川西部同期文化的辐射影响力度。石兴邦、邓少琴、严文明、谢端琚、张朋川等前辈学者对早期发现的川西彩陶的文化属性及其历史内涵进行了相关研究[3]。笔者拟对川西地区历年来所发掘出土和采集的彩陶资料尽可能予以全面收集，并采用题材分类、文化因素分析等方法进行初步梳理，从而对川西彩陶的年代、文化属性、时空分布特征以及仰韶文化、马家窑文化的南传等问题得出粗浅的认识，希望得到方家的不吝赐教。

---

　　* 陈剑：成都文物考古研究院。原载于《古代文明》第5卷，文物出版社，2006年，第11～30页。

　　[1] 见Anna O. Shepard: Ceramic analysis: the interrelations of methods: The relations of analysts and archaeologists. Science and Archaeology, Fourth Symposium on Archaeological Chemistry, Atlantic City. Cambridge, Mass.: MIT Press, 1968, p.105.

　　[2] 见Owen S. Rye: Pottery Technology: principles and reconstruction, Manuals on Archaeology 4, Wahington D.C.: Taraxacum, 1981, p. 116, Fig. 104.

　　[3] 石兴邦：《有关马家窑文化的一些问题》，《考古》1962年第6期。邓少琴遗稿：《古代巴蜀与中原黄河流域彩陶南流的有关问题》，《中华文化论坛》1999年第2期。严文明：《甘肃彩陶的源流》，《文物》1978年第10期。张朋川：《中国彩陶图谱》，文物出版社，1990年。谢端琚、叶万松：《简论我国中西部地区彩陶》，《考古与文物》1998年第1期。

一　川西彩陶的发现

1. 岷江上游地区

该地区彩陶的发现时间较早、且数量较为丰富。早在20世纪20年代及30年代，法国地质学家叶长青牧师、华西大学林铭钧就已在汶川县威州镇发现了彩陶[1]。

1964年，四川大学考古系在理县箭山寨遗址进行了调查和小规模试掘，并调查了汶川县姜维城遗址，均采集和出土了彩陶[2]（图13-28）。

1979年秋，西南师范学院历史系唐昌朴在汶川县龙溪沟内的布兰村采集到彩陶碎片若干件[3]。

阿坝州文管所等地方文博单位的陆续调查，在汶川县姜维城遗址等采集有彩陶[4]。

2000年以来，岷江上游地区的彩陶有较多发现，尤其是获得了大批经过科学发掘的实物资料。

波西遗址　位于茂县凤仪镇平头村波西组，地处岷江西岸二级台地之上，高出岷江河床约100米，西距沙乌都遗址约500、西南与营盘山遗址相距约1500米，东与县城隔江相望。该遗址于2000年7月由成都文物考古研究所调查发现，遗址表面为不规则形，地势略呈西高东低状，东西宽约100、南北长约300米，总面积近30000平方米，中部一条东西流向

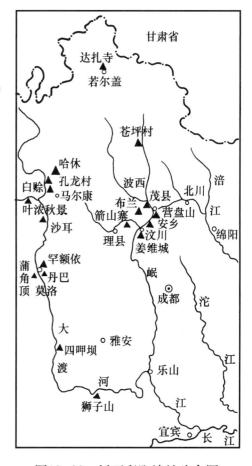

图13-28　川西彩陶遗址分布图

的自然冲沟将遗址分为南北两部分（调查时分别命名为波西槽南和波西槽北遗址）。地表常年种植苹果、梨等果树及玉米、小麦、蔬菜等作物，表土沙性较重。2002年9月和2003年10月，成都文物考古研究所、阿坝藏族羌族自治州文物保管所、茂县羌族博物馆联合开展了进一步的调查并选点进行了两次试掘。遗址下层的灰沟内出土遗物包括细泥红陶双唇式小口瓶、弧边三角纹彩陶钵、泥质灰陶斜向线纹及绳纹陶片、细泥红陶敛口钵、细泥红陶斜向线纹及绳纹陶片、夹砂褐陶斜向绳纹陶片、磨制石锛、石环、打制石网坠等。[5]

营盘山遗址　位于茂县凤仪镇所在的河谷冲积扇平原，地处岷江东南岸三级台地上，平面约呈梯形，东西宽120～200、南北长约1000米，总面积近15万平方米。遗址东面临深谷阳午沟，东北面、

[1] 林铭均：《威州彩陶发现记》，《说文月刊·巴蜀专号》四卷，1944年。郑德坤：《四川石器时代文化》，秦学圣译，四川省文物管理委员会编印《四川石器时代译文资料》，1983年。

[2] 四川大学历史系考古教研组：《四川理县汶川县考古调查简报》，《考古》1965年第12期。阿坝藏族羌族自治州文管所编《阿坝文物览胜》，四川民族出版社，2002年。

[3] 邓少琴：《巴蜀之先旧称人皇为氏族部落之君》，《邓少琴西南民族史地论集》，巴蜀书社，2001年。唐昌朴：《从龙溪考古调查看石棺葬文化的兴起与羌族的关系》，转引自邓少琴：《巴蜀之先旧称人皇为氏族部落之君》，《邓少琴西南民族史地论集》，巴蜀书社，2001年。

[4] 阿坝藏族羌族自治州文管所编：《阿坝文物览胜》，四川民族出版社，2002年。

[5] 成都文物考古研究所、阿坝藏族羌族自治州文管所、茂县羌族博物馆：《四川茂县波西遗址调查与试掘》，《成都考古发现（2004）》，科学出版社，2006年。

北面、西面均为岷江所环绕，东距茂县县城约 2.5 千米，海拔高度 1650～1710 米，高出岷江河谷约 160 米，表面地势略呈缓坡状。营盘山遗址东、西、北三面均为陡坡，背靠九顶山，并临近岷江河道，易守难攻，为岷江上游地区得天独厚的风水宝地，是人类长期定居的理想之所。成都文物考古研究所、阿坝州文管所、茂县羌族博物馆于 2000 年调查发现，2000、2002 年进行试掘，2003、2004 年正式发掘，发现了非常丰富的彩陶实物。营盘山遗址的文化堆积较为丰富，文化层最厚处可达 2.20 米，其上层为春秋战国时期的石棺葬遗存，下层为内涵丰富的新石器时代遗存。遗址的新石器时代遗迹包括房屋基址 11 座、人祭坑 9 座、灰坑 120 余座、窑址 4 座及灶坑 13 座等。营盘山遗址出土的陶器、玉器、石器、细石器、骨器、蚌器等类遗物总数近万件。陶器从陶质陶色来看，以夹砂褐陶、泥质褐陶、夹砂灰陶、泥质红陶、泥质灰陶、泥质黑皮陶为主。其中夹砂陶可分为夹粗砂和夹细砂两种，以陶胎夹有颗粒粗大的片岩砂粒的陶片最具特色。泥质陶的火候均较高，尤其是彩陶片和表面打磨光亮的细泥红陶、褐陶片的硬度更高。陶片的纹饰种类丰富，包括粗细绳纹（包括交错绳纹形成的网格纹）、线纹、附加堆纹、彩陶、绳纹或锯齿状花边口沿装饰、弦纹、瓦棱纹、划纹、复合纹饰（绳纹与附加堆纹组合成的箍带形装饰、绳纹之上饰凹弦纹）、戳印纹、捏塑与刻划相结合的人面像等。一些陶片上还有明显的切割痕迹。陶器以平底器和小平底器为主，有少量矮圈足器，器形包括侈口罐、深腹罐、碗、钵、高领罐、盆、瓮、带嘴锅、缸、宽折沿器、瓶、甑、纺轮、陶球、穿孔器等。其中彩陶器的器形有盆、钵、罐、瓶等，器表打磨光亮，少量表面还施有白色陶衣，除黑彩外，还有少量的彩绘陶，图案题材有草卉纹、各种形式的线条纹、变体鸟纹、弧边三角形纹、网格纹、蛙纹等，多在器物的口部、颈部、腹部施彩，有一定数量的内彩。石器可分为打制和磨制两种，打制石器包括由大型剥离石片稍作加工而成的切割器、砍砸器、杵、石球（弹丸）、网坠等，还有少量个体甚小的燧石片；磨制石器包括斧、锛、长方形穿孔石刀、凿、有肩锛形器、砺石、石刻人面像等。玉器包括环镯形器等装饰品、璧形器、仿工具及武器类的斧、锛、凿、穿孔刀、箭镞等。细石器工艺较为发达，器形包括大量的石叶、石核，质地以燧石及水晶为主，以长条形且下端多呈弯曲状的石叶最具特色，石核包括锥状、柱状、船底状等。骨器包括笄、簪、锥、针、削、箭镞等。蚌器仅见穿孔的装饰品[1]。

　　姜维城遗址　　位于汶川县威州镇南部岷江与杂谷脑河交汇处南岸的二级台地上，2000 年四川省文物考古研究所进行正式发掘，对该遗址文化内涵有了较为清晰的认识。2003 年度四川省文物考古研究所、阿坝藏族羌族自治州文管所、汶川县文体局又进行发掘，揭露面积 300 余平方米，共发现新石器时期的房屋居住面遗迹 4 处、灰坑 30 多个，汉代夯土城墙墙基 1 处，宋代房屋基址 1 处，出土可复原陶器约 30 余件、彩陶片 50 余件、石器（含打、磨制石器、细石器、玉器）30 余件、骨器 6 件。彩陶图案的题材种类比较丰富，有条形纹、弧形纹、网格纹、草卉纹、瓜棱纹等[2]。

────────────
　　[1] 成都文物考古研究所、阿坝藏族羌族自治州文管所、茂县羌族博物馆：《四川茂县营盘山遗址试掘报告》，《成都考古发现（2000）》，科学出版社，2002 年。蒋成、陈剑：《岷江上游考古新发现述析》，《中华文化论坛》2001 年第 3 期。蒋成、陈剑：《2002 年岷江上游考古的发现与探索》，《中华文化论坛》2003 年第 4 期。成都文物考古研究所、阿坝藏族羌族自治州文管所、茂县羌族博物馆：《茂县营盘山遗址发掘报告》，待版。

　　[2] 四川大学历史系考古教研室：《四川理县汶川县考古调查简报》，《考古》1965 年第 12 期。王鲁茂、黄家祥：《汶川姜维城发现五千年前文化遗存》，《中国文物报》2000 年 11 月 26 日第 1 版。黄家祥：《汶川县姜维城新石器时代遗址及汉明城墙》，《中国考古学年鉴·2001》，文物出版社，2002 年。黄家祥：《汶川姜维城遗址发掘的初步收获》，《四川文物》2004 年第 3 期。四川省文物考古研究所、阿坝藏族羌族自治州文管所、汶川县文管所：《四川汶川县姜维城新石器时代遗址发掘报告》，《四川文物》2004 年增刊。四川省文物考古研究所、阿坝藏族羌族自治州文管所、汶川县文管所：《四川汶川县姜维城新石器时代遗址发掘简报》，《考古》2006 年第 11 期。

苍坪村遗址　位于松潘县进安乡苍坪村，地处位于岷江西岸二级台地上，高出河床约50米，背靠将军岭，南为窑沟（自然冲沟），台地南北长500米、东西宽400米。台地西南为松潘古城墙（主要为夯土结构，该段墙分布有小西门、西门两座城门），向上延伸至将军岭，向下连接松州古南门附近城墙。成都文物考古研究所、阿坝州文管所于2000年进行调查，从城墙下层夯土中采集了大量夹砂红褐陶片和少量弧线条暗纹彩陶片[1]。

2. 大渡河上游地区

罕额依遗址　位于丹巴县东北约3千米的中路乡罕额依村，地处大渡河上游支流小金河左岸的半山上，高出河面约600米，海拔2300米，遗址面积2万平方米。1989年10月至1990年12月，四川省文物考古研究所、甘孜藏族自治州文化局联合进行发掘,发掘面积123平方米,共发现灰坑8个,房屋遗址两处，出土有大量石器、骨器、陶器以及装饰品，出土的石器有打制和磨制的石斧、石刀、石锄、石锤和水晶石磨制的细碎石器。出土的骨器多为磨制而成，有骨梳、骨针、出土的陶器有黑色和红棕色，陶器纹饰以绳纹为主，陶杯、钵、罐等器皿上还有简单的花纹。古遗址、石棺墓葬群分别属于新石器时代和春秋战国时代。发掘者将其文化遗存分为三期，其中第一期出土一件泥质红陶彩陶片，器表施红色陶衣，饰单线条黑彩[2]。

孔龙村遗址　位于马尔康县脚木足乡孔龙村、脚木足河北岸一级台地，北距孔龙村寨子约50米。东西长500米、南北宽200米，地表种植蔬菜、荞麦等作物。1989年，阿坝州文管所人员与四川大学考古专业教师选择学生实习地点时，到此进行过调查。2000年，成都文物考古研究所、阿坝州文管所又进行了调查。从临河边取土处凹坑四壁观察，文化层堆积厚约50厘米。遗址中部堆积或许更厚，适宜进行大规模发掘。采集遗物包括泥质灰陶双唇式口（有轨式口）瓶、喇叭口瓶、尖唇钵、盆，泥质褐陶短颈罐，泥质红陶碗，夹砂褐陶绳纹鼓腹罐、侈口罐，少量黄褐底色线条纹彩陶片，盘状打制石砍砸器、砾石、磨光穿孔石刀等[3]。

白赊遗址　白赊，藏语义为"跳舞的寨子"。遗址位于马尔康县脚木足乡白赊村白赊庙，地处乡政府东南3.5千米，脚木足河东岸二级缓坡台地，相对高差30米，距河床高40米，南临白赊沟。台地东西长180米，南北宽500米，总面积约90000平方米，黄土发育良好。2003年，阿坝州文管所进行了调查，采集遗物包括粗细平行线条纹、弧线纹、网格纹彩陶片（底色分为红褐色、黄褐色、灰褐色三种，陶质均为泥质陶），泥质灰陶翻沿纹唇大口罐，泥质灰陶绳纹敛口钵，泥质磨光灰陶盆、钵，泥质灰陶折沿平唇口瓶，饰绳纹、横向及斜向泥条附加堆纹的泥质灰陶片，泥质红陶碗，夹砂褐陶侈口绳纹罐，以及穿孔近背部的磨制石刀等[4]。

哈休遗址　哈休藏语义为"神力"。遗址位于马尔康县沙尔宗乡政府驻地东北一千米处的哈休村，茶堡河二级台地。台地呈缓坡状，北高南低，距河床高约25米，相对高差30米。东西长220、南

[1] 成都文物考古研究所、阿坝藏族羌族自治州文管所：《岷江上游考古调查报告》，待刊。

[2] 四川省文物考古研究所、甘孜藏族自治州文化局：《丹巴县中路乡罕额依遗址发掘简报》，《四川考古报告集》，文物出版社，1998年。

[3] 四川联合大学历史系考古教研室编：《四川大学考古专业三十五年·大事记》，内部资料。成都文物考古研究所、阿坝藏族羌族自治州文管所、马尔康县文化体育局：《四川马尔康县孔龙村遗址调查简报》，《成都考古发现（2005）》，科学出版社，2007年。

[4] 四川省文物考古研究所、阿坝藏族羌族自治州文管所、成都文物考古研究所、马尔康县文化体育局：《四川马尔康县白赊村遗址调查简报》，《成都考古发现（2005）》，科学出版社，2007年。

北宽 160 米，总面积 35200 平方米。2003 年，阿坝州文管所进行了调查。遗址北部断面发现文化堆积，距地表深 1～2 米，长约 30 米，厚 0.5 米，宽不详，内含大量早期陶片、炭屑、烧土块、兽骨等。在断层中部有一灰坑，长 1.8 米，厚 0.6～0.2 米，内含大量早期陶片、兽骨、彩陶等。遗址中部有一长期雨水冲刷形成的冲沟，将遗址分为东、西两部分，西部台地面积占遗址面积的三分之二。整个台地黄土发育较发达，厚达十余米。从采集遗物的分布来看，遗址应以西部为中心。采集遗物包括泥质陶线条纹彩陶瓶（黄褐底色）、粗细弧线条纹折沿敛口彩陶盆（灰褐底色，腹表及沿面施彩）、泥质灰陶折沿平唇口瓶、带錾盆，夹砂褐陶敛口鼓腹罐（沿面、唇面及腹表施绳纹，上腹装饰横向鸡冠状錾），上腹带穿孔的泥质磨光黑皮陶钵，施绳纹及箍带状附加堆纹的夹砂褐陶片和泥质灰陶片，打制石刀等 [1]。

3．大渡河中游地区

狮子山遗址　位于汉源县大树乡西南 200 米处，最高点海拔 952 米，遗址地处山岗中上部高程约 900 米的山坡上，20 世纪 70 年代初发现。1988 年，中国社会科学院考古研究所四川工作队曾进行了考古调查，采集有石器、陶器等遗物。1990 年 5～6 月，四川大学历史系考古专业对狮子山遗址发掘 321 平方米，发现遗迹包括灰坑 16 个、残房址 9 个及石片砌成的瓢形建筑 1 处，出土遗物有磨制石器、打制石器、细石器、陶器、骨器等。其中发现有 10 余片红底黑彩的彩陶片，纹样多为平行或交错线条纹 [2]。

此外，黄河上游支流的黑河流域的若尔盖县县城附近的达杂寺遗址也采集过彩陶 [3]。

二　川西彩陶的初步研究

1．川西彩陶的分组

川西彩陶均为黑色颜料绘制而成，底色包括为红褐色、灰褐色和少量黄褐色等类。图案的题材较为丰富，主要包括几何图案类、植物类和动物写实类三种。器类以容器为主，包括瓶、罐、盆、钵等。

以茂县营盘山遗址为例，通过与周边地区（尤其是黄河上游地区）同时代遗址出土彩陶的比较，依据彩陶装饰图案的风格特征，可将四川西部的彩陶划分为三组：

A 组　彩陶数量不多，但制作较为精细，底色以红褐色为主，表面打磨光亮，图案题材包括弧边三角纹、变体鸟纹、弧线纹、圆圈纹、蛙目纹、网格纹等类，器形有小口直腹瓶、口沿较厚的尖唇敛口钵、宽折沿曲腹盆等，有少量内彩（图 13-29、30）。目前在茂县波西、营盘山、汶川姜维城等遗址有发现。

B 组　彩陶数量最为丰富，底色包括为红褐色、灰褐色和少量黄褐色等类，多数表面打磨光亮，

[1] 阿坝藏族羌族自治州文管所、成都文物考古研究所、马尔康县文化体育局：《四川马尔康县哈休遗址调查简报》，《四川文物》2007 年第 4 期。阿坝藏族羌族自治州文管所、成都文物考古研究所、马尔康县文化体育局：《四川马尔康县哈休遗址 2006 年的试掘》，四川大学博物馆、四川大学考古学系、成都文物考古研究所编《南方民族考古（第六辑）》，科学出版社，2010 年。

[2] 刘磐石、魏达议：《四川省汉源县大树公社狮子山发现新石器时代遗址》，《文物》1974 年第 5 期。王瑞琼：《汉源县瀑布沟水库淹没区文物古迹调查简况》，《四川文物》1990 年第 3 期。中国社会科学院考古研究所四川工作队：《四川汉源县大树乡两处古遗址调查》，《考古》1991 年第 5 期。马继贤：《汉源县狮子山新石器时代遗址》，《中国考古学年鉴·1991》，文物出版社，1992 年。

[3] 资料现存若尔盖县文管所。

题材包括平行复线条纹、水波纹、垂帐纹、圆圈纹、网格纹、圆点纹、长弧叶状纹、鸟目纹、草卉纹及其复合纹饰等，几乎在川西地区所有发现彩陶的遗址中均有出土。

　　B组彩陶又可分为两个亚组：

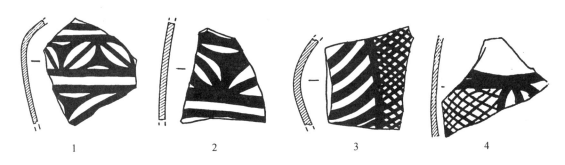

图13-29　A组彩陶

1～3.营盘山遗址00H8：4、17、T8④：102　4.姜维城遗址03IT0105(19)B：8

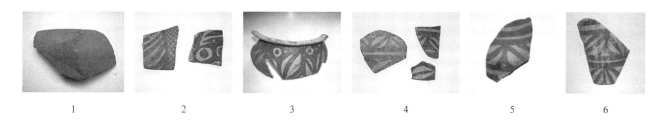

图13-30　A组彩陶

1.波西遗址出土　2～6.营盘山遗址出土

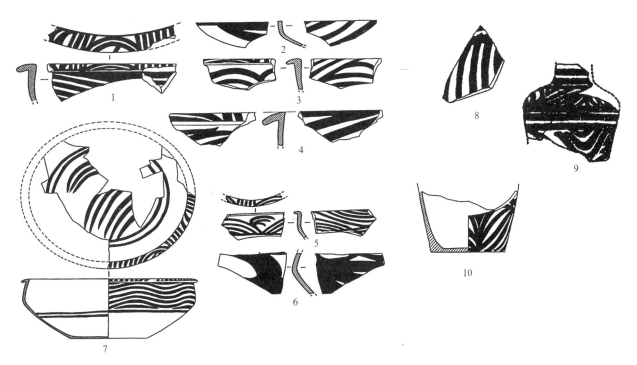

图13-31　BⅠ组彩陶

1～7.营盘山遗址00H14：3、T15⑤：41、T14③：11、H18：11、H24：30、采：20、H8：2　8.罕额依遗址T1(10)：173　9.姜维城遗址03IT0106(19)B：2　10.箭山寨遗址采集

　　ＢⅠ组　彩陶所占比例最多，题材包括平行复线条纹、水波纹、垂帐纹、圆圈纹、网格纹、圆点纹、长弧叶状纹、弧线条纹等。器形包括带耳彩陶瓶、敞口浅腹钵、窄卷沿浅腹盆、细长颈直腹瓶、卷沿小口罐、带角状錾的敛口罐等，钵、盆类器物多有内彩。底色以红褐色、灰褐色最多，同时有少量黄褐色（图13-31、32）。川西地区凡出土彩陶的遗址几乎均有ＢⅠ组彩陶。

　　ＢⅡ组　彩陶数量不多，除包括ＢⅠ组彩陶的图案题材外，还包括了Ｃ组的草卉纹、鸟目纹等类题材，即Ｂ组和Ｃ组彩陶题材相结合的产物。如营盘山遗址出土标本2000H8∶1大口罐和2000H12∶5细长颈瓶的整体风格为ＢⅠ组彩陶题材，但肩部一周圆圈纹内增加了两两一组的草卉纹装饰，而营盘山遗址出土标本2002H44∶219图案题材则为ＢⅠ组的网格纹与Ｃ组的鸟目纹的组合。器形有大口罐、细长颈瓶、小口长颈罐等，底色主要为红褐色和灰褐色（图13-33、34）。

    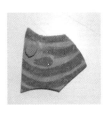 

1　　　　　　2　　　　　　3　　　　　　4　　　　　　5　　　　　　6

图13-32　ＢⅠ组彩陶
1～5.营盘山遗址　6.哈休遗址

1　　　　　　　　　　　　　　　　　　2

图13-33　营盘山遗址出土BII组彩陶
1.00H8∶1　2.00H12∶5

图13-34　营盘山遗址出土BII组彩陶

C组　彩陶数量最少，图案题材仅有草卉纹、鸟目纹、弧线太阳纹等个别种类（13-35、36）。底色多为灰褐色和红褐色。目前在川西以外地区很少发现同类题材彩陶，C组彩陶为川西地区的地域特色产品。

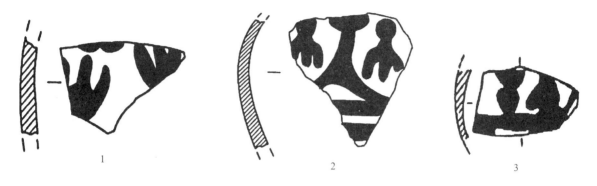

图13-35　C组彩陶
1、2. 营盘山遗址00T15④：39、00采：9　3. 姜维城遗址03IT0106⑪：10

图13-36　营盘山遗址出土C组彩陶

2. 川西彩陶的年代和文化因素分析

A组彩陶中的细泥红陶弧边三角纹彩陶敛口曲腹钵（如波西遗址02G1：4）与河南陕县庙底沟遗址仰韶文化的A3碗（H10：128）、A10g盆（H47：42）等的风格相似[1]，且共存的双唇式小口瓶、尖唇敛口钵等其他陶器（图13-37），以及细泥红陶及线纹所占比例最多的特征均属于仰韶文化庙底沟类型晚期的情况判定[2]，A组彩陶的年代上限也相差不远，即可达仰韶文化庙底沟类型晚期。

此外，A组彩陶中的姜维城遗址标本03 Ⅰ T0105（19）b：8表面施网格纹与正中竖线对分的圆圈纹共同组合而成的纹饰，同大地湾遗址九区H842出土的折沿曲腹盆[3]、武山傅家门遗址石岭下类型的B型彩陶瓮[4]、天水师赵村遗址四期（石岭下类型）的C型盆的纹饰相似[5]；A组彩陶中的蛙目纹也和大地湾九区、西山坪遗址四期出土的蛙目纹近似。大地湾遗址九区堆积以大地湾遗址第四期遗存为代表的仰韶文化晚期类型遗存为主，即传统意义上的马家窑文化石岭下类型。据此判定A组彩陶的年代下限与仰韶文化晚期类型（石岭下类型）相当。

A组彩陶的年代应早于B组、C组彩陶。

[1] 中国科学院考古研究所编著：《庙底沟与三里桥》（黄河水库考古报告之二）（中国田野考古报告集考古学专刊丁种第九号），科学出版社，1959年。

[2] 陈剑：《波西、营盘山及沙乌都——浅析岷江上游新石器文化演变的阶段性》，《考古与文物》2007年第5期。

[3] 甘肃省博物馆文物工作队：《甘肃秦安大地湾第九区发掘简报》，《文物》1983年第11期。

[4] 中国社会科学院考古研究所甘青工作队：《甘肃武山傅家门史前文化遗址发掘简报》，《考古》1995年第4期。

[5] 中国社会科学院考古研究所：《师赵村与西山坪》，中国大百科全书出版社，1999年。

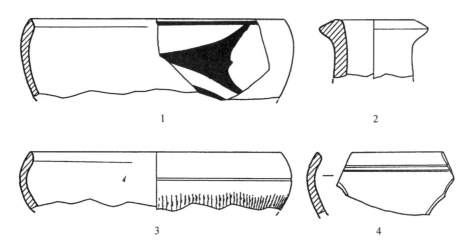

图13-37　波西遗址2002G1出土陶器

1. 彩陶钵2002G1：4　2. 双唇式小口瓶2002G1：5　3. 尖唇敛口钵2002G1：6　4. 方唇敛口钵2002G1：7

　　ＢⅠ组彩陶中的平行复线条纹、水波纹、垂帐纹、网格纹、圆点纹、弧线条纹、长弧叶状纹等纹饰题材，双耳彩陶瓶、带内彩的盆、钵、敛口罐、颈部施平行复线条纹即圆点纹的小口瓶等器形，均可在东乡林家遗址[1]、师赵村遗址和西山坪遗址五期等马家窑文化马家窑类型遗存中找到相同的遗物。其年代也与马家窑文化马家窑类型相当。

　　Ｃ组彩陶数量较少，图案题材包括草卉纹、鸟目纹、弧线太阳纹等少数几类，为川西地区的本土化产物。ＢⅡ组彩陶除ＢⅠ组的图案题材外，还增加了草卉纹等类题材，即ＢⅠ组彩陶和Ｃ组彩陶的复合产物。它们的年代可能较ＢⅠ组彩陶略晚。但ＢⅡ组彩陶和Ｃ组彩陶中均未见马家窑文化半山类型的纹饰和器物，且整个甘肃南部和川西高原均未发现半山类型遗址，ＢⅡ组彩陶和Ｃ组彩陶也往往与ＢⅠ组彩陶共出，年代差异不会太大，其年代应早于半山类型，仍然处于马家窑类型文化的年代范围之内。

3. 川西彩陶的产地及其文化属性

　　根据陶泥、底色和纹饰题材等彩陶的自身特征，以及遗址内发现的陶窑的形制、结构等情况综合分析，可以对川西彩陶的产地作出判定。一般情况下，如果窑内处于氧化气氛，烧制而成的陶器表面多呈红色或黄色；而在还原气氛下烧制而成的陶器表面多呈灰色或灰褐色。而川西彩陶的底色除了红褐色及少量黄褐色外，还较多地出现了灰褐色，尤其是Ｂ组和Ｃ组彩陶中灰褐色底色的比例较大（图13-38，1），足见当时的陶器烧制技术还不成熟，对窑室内的温度控制不熟练，难以准确地在窑内制造出氧化或还原的气氛。同时，一些彩陶表面的彩绘打磨压印不够紧密，颜料未能真正地渗入陶器表层，烧制过程中和成品的黑彩极易脱落。因此，川西彩陶的烧制技术较黄河上游地区同时期彩陶相对落后。个别彩陶的陶泥中夹杂有细小的白色石英颗粒，而川西高原即出产此类白石，至今本地的藏、羌等民族还盛行对此类白石的崇拜习俗。营盘山遗址发现的横穴式陶窑（编号2003SMYY1），窑箅可达12孔，直径在1米以上，窑内有较厚的烧结物，经取样

　　[1] 甘肃省文物工作队、临夏回族自治州文化局、东乡族自治县文化馆：《甘肃东乡林家遗址发掘报告》，《考古学集刊（第4集）》，中国社会科学出版社，1984年。

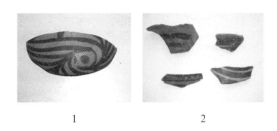

图13-38　营盘山遗址出土彩陶
1. 02H44：216、217、230、179　2. 03H52：4

测试，烧制温度在 1000 摄氏度以上，足以烧造出精美的彩陶。种种特征表明这些彩陶器多是川西地区本地生产的产品。

但 A 组彩陶中的弧边三角纹尖唇敛口钵（波西遗址标本 2002G1：4，图 13-30，1）、变体鸟纹折沿曲腹盆（营盘山遗址标本 03H57：1，图 13-30，3）等彩陶，表面施红色陶衣并打磨光亮；B I 组彩陶中的变体鸟纹器（营盘山遗址标本 03H52：4，图 13-38，2），表面施黄色陶衣并打磨光亮，均色泽鲜艳，与遗址同出的其他彩陶器差异明显，而前者与黄河上游仰韶文化庙底沟类型晚期和大地湾四期为代表的仰韶文化晚期（石岭下类型），后者与马家窑文化马家窑类型的同类彩陶器如出一辙。可见，少量川西彩陶为黄河上游地区直接输入的产品。

川西彩陶以本地生产为主，少量彩陶不排除为黄河上游输入产品。A 组和 B I 组彩陶为川西地区外来文化因素的具体表现，C 组和 B II 组彩陶则是本土化的产物，具有浓郁的地域特色。川西彩陶虽然多数分别与黄河上游不同文化类型的同类器物风格相似，属于外来文化影响的产物，但它们本身的数量并不丰富，在遗址的多数同一地层单位出土陶器中所占的比例仅为百分之二、三。川西彩陶与共存的细泥红陶碗钵类器物、双唇式及喇叭口小口瓶等因素一样，已成为川西地区新石器文化内涵的组成部分。

4. 川西彩陶分布的时空特征

岷江上游干流及其支流的彩陶出土地点分布密集，且彩陶的类型和数量均较丰富，A 组彩陶的时代也较早，A 组、B II 组和 C 组目前也仅在此地区有发现。

大渡河上游地区的彩陶出土地点也较密集，就目前的考古材料来看，均为 B I 组彩陶，年代晚于岷江上游的 A 组彩陶。

地处大渡河中游的汉源县狮子山遗址为迄今四川地区出土彩陶的最西南地点，也多为 B I 组彩陶。有学者认为彩陶沿横断山再往南传，便不再保留烂漫的色彩，陶器上的装饰一变为以刻划压印为主的表现形式，但图案结构仍然保留着彩陶的样式，许多纹饰表现有衬花的特点[1]。

四川盆地腹心及其北缘地带迄今均未发现彩陶实物，茂县营盘山遗址、汶川县姜维城遗址等彩陶遗址距成都平原直线距离不过数十千米，但在成都平原至今尚未发现彩陶，有可能彩陶的影响是由川西山地南下进入横断山区。

5. 关于仰韶文化、马家窑文化的南传

川西彩陶的时空分布特征比较明显地反映了仰韶文化、马家窑文化的南传情况。

---

[1] 王仁湘：《黄河上游彩陶南传之路探索》，《中国社会科学院古代文明研究中心通讯》，总第8期，2004年8月。

　　大地湾遗址、师赵村和西山坪遗址的发掘材料基本建立起渭河上游地区新石器文化较为完备的发展序列，概言之，第一期为前仰韶时期的大地湾一期文化，第二期为仰韶文化半坡类型，第三期为仰韶文化庙底沟类型，第四期为仰韶文化晚期类型（或马家窑文化石岭下类型），第五期为马家窑文化马家窑类型（东部为常山下层遗存）[1]，其南面的西汉水流域、白龙江下游地区也大体为这一文化发展序列[2]。岷江上游地区北面毗邻白龙江下游地区，再北面依次为西汉水流域、渭河上游地区，仰韶文化因素向南由此进入岷江上游地区也符合文化传播的一般规律。

　　关于仰韶文化进入川西高原的时间，就目前的考古发现表明，至迟在仰韶文化中期即庙底沟类型文化时期，黄河上游新石器文化因素已进入川西高原。茂县波西、营盘山遗址还出土有个别前仰韶文化风格的陶器。

　　地处岷江上游以西的大渡河上游北临白龙江上游和甘南高原，再北面为马家窑文化分布的中心河湟地区，史前文化序列基本为：仰韶文化庙底沟类型—马家窑文化石岭下类型—马家窑类型—半山类型—马厂类型。河湟地区马家窑文化马家窑类型对大渡河上游、中游地区新石器文化的影响更为明显。

　　岷江上游及其北面的白龙江下游、西汉水流域和渭河上游地区的彩陶文化，因地处文化交汇地带，分别受到了仰韶晚期文化和马家窑文化马家窑类型的影响。而大渡河上游、中游地区新石器文化则更多地受到了马家窑类型的影响。

三　余论

　　仰韶文化庙底沟类型晚期的年代约为距今6000年前，马家窑文化马家窑类型的年代下限约为距今4700年。据此推算，川西彩陶的存在时间前后跨度近1000年之久（表13-3、4）。

　　川西彩陶系外来文化影响的产物，前期题材以外来因素（A组彩陶及其后续的BⅠ组彩陶）为主，后期出现了本土特色题材的C组彩陶，以及外来题材与本土特色题材相结合的BⅡ组彩陶，是川西地区新石器文化本土化历程的具体表现形式之一。

表13-3　川西彩陶时代对照表

组别＼时代	庙底沟类型文化晚期	仰韶文化晚期类型	马家窑文化马家窑类型
A组	————————————————		
BⅠ组		————————————————	
BⅡ组			————————
C组			————————

　　[1] 甘肃省博物馆文物工作队：《甘肃秦安大地湾遗址1978至1982年发掘的主要收获》，《文物》1983年第11期。郎树德、许永杰、水涛：《试论大地湾仰韶晚期遗存》，《文物》1983年第11期。谢端琚：《甘青地区的史前文化》，文物出版社，2002年。

　　[2] 北京大学考古学系、甘肃省文物考古研究所：《甘肃武都县大李家坪新石器时代遗址发掘报告》，《考古学集刊（第13集）》，中国大百科全书出版社，2000年。张强禄：《试论白龙江流域新石器文化与川北川西地区新石器文化的关系》，《四川大学考古专业创建三十五周年纪念文集》，四川大学出版社，1998年。张强禄：《马家窑文化与仰韶文化的关系》，《考古》2002年第1期。张强禄：《白龙江流域新石器时代文化谱系的初步研究》，《考古》2005年第2期。

表13-4　川西彩陶一览表

编号	遗址名称	地址	考古工作情况	彩陶数量	彩陶形制	彩陶类别	资料出处
1	波西	岷江上游茂县	调查并发掘	少量	弧边三角纹等	A组	《四川茂县波西遗址调查与试掘》,《成都考古发现（2004）》,科学出版社,2006年。
2	营盘山	岷江上游茂县	调查并大规模发掘	数量丰富	草卉纹、各种形式的线条纹、变体鸟纹、弧边三角形纹、垂帐纹、网格纹、蛙纹等	A组BⅠ、BⅡ组C组	《四川茂县营盘山遗址试掘报告》,《成都考古发现（2000）》,科学出版社,2002年;《四川茂县营盘山遗址发掘报告》,待刊。
3	姜维城	岷江上游汶川县	调查并较大规模发掘	数量较为丰富	草卉纹、线条纹、变体鸟纹、网格纹、太阳纹等	A组BⅠ、BⅡ组C组	《四川理县汶川县考古调查简报》,《考古》1965年第12期;《汶川姜维城发现五千年前文化遗存》,《中国文物报》2000年11月26日第1版;《四川汶川县姜维城新石器时代遗址发掘报告》,《四川文物》2004年增刊。
4	建山寨	岷江上游理县	调查并小规模发掘	少量	线条纹、垂帐纹等	BⅠ组	《四川理县汶川县考古调查简报》,《考古》1965年第12期;《四川理县箭山寨遗址2000年的调查》,《成都考古发现（2005）》,科学出版社,2007年。
5	龙溪兰布村	岷江上游汶川县龙溪乡兰布村	调查	少量	线条纹等	BⅠ组	《巴蜀之先旧称人皇为氏族部落之君》,《邓少琴西南民族史地论集》,巴蜀书社,2001年;《从龙溪考古调查看石棺葬文化的兴起与羌族的关系》。
5	苍坪村	岷江上游松潘县进安	调查	个别	线条纹	BⅠ组	《岷江上游考古调查报告》,待刊。

6	孔龙村	大渡河上游马尔康县	调查	个别	线条纹	B I 组	《四川马尔康县孔龙村遗址调查简报》，《成都考古发现（2005）》，科学出版社，2007年。
7	白赊村	大渡河上游马尔康县	调查	少量	平行线条纹、弧线纹、网格纹等	B I 组	《四川马尔康县白赊村遗址调查简报》，《成都考古发现（2005》》，科学出版社，2007年。
8	沙尔宗哈休村	大渡河上游马尔康县沙尔宗乡哈休村	调查	少量	平行线条纹、弧线纹	B I 组	《四川马尔康县哈休遗址调查简报》，《四川文物》2007年第4期；《四川马尔康县哈休遗址试掘简报》，待刊。
9	罕额依	大渡河上游丹巴县	调查并发掘	个别	线条纹	B I 组	《丹巴县中路乡罕额依遗址发掘简报》，《四川考古报告集》，文物出版社，1998年。
10	狮子山	大渡河中游汉源县	调查并较大规模发掘	少量	线条纹	B I 组	马继贤：《汉源狮子山新石器时代遗址》，《中国考古学年鉴·1991》，文物出版社。
11	达扎寺	黄河支流黑河若尔盖县达扎寺镇	调查	个别	不详	不详	资料现存若尔盖县文管所

第一四章　文化性质与源流研究

第一节　波西、营盘山及沙乌都
——浅析岷江上游新石器文化演变的阶段性*

　　2000 年以来岷江上游新石器考古取得了系列突破性进展，发现了 83 处新石器遗址和遗物采集点，确认了一处大型的中心聚落——营盘山遗址，揭露出房址、窑址、灰坑、灶坑、人祭坑等遗迹数百处，出土了陶器、玉石器、骨角器等类遗物近万件，为探讨岷江上游新石器文化的内涵及演变序列提供了新的实物材料。波西下层遗存、营盘山遗存和沙乌都遗存是文化面貌各异的三类遗存，分别代表了岷江上游新石器时代文化延续发展的三大阶段。第一阶段的波西下层遗存具有仰韶文化庙底沟类型的典型特征；第二阶段的营盘山遗存与马家窑文化的石岭下类型、马家窑类型和以大地湾遗址第四期文化为代表的仰韶文化晚期遗存之间存在较多的共同文化因素，差异也很明显；第三阶段的沙乌都遗存则与成都平原的宝墩文化面貌相近。这三大阶段遗存目前仅能判别出相对的早晚差异，尚不能确认为一脉相承的文化渊源关系，但可以发现从第二至第三阶段，本地土著文化因素呈现不断壮大的趋势，体现了岷江上游地区文化演进的本土化历程。

　　岷江上游新石器时代考古起步较早，自 20 世纪 20 年代伊始，中外学者即在此进行了多次考古调查，发现有彩陶片、磨制石器等实物，但数十年来的进展不大。近年来，岷江上游新石器时代考古有了突破性进展。2000 年 6 ～ 11 月，成都文物考古研究所等单位在岷江上游地区开展了全面、详细的考古调查，并对茂县营盘山遗址进行了初步勘探和试掘。2000 年 6 月，四川省文物考古研究所对汶川县姜维城遗址进行了小规模试掘。2002 年 9 ～ 11 月，成都文物考古研究所等单位又进一步对茂县营盘山遗址进行了全面勘探和试掘，同时还对茂县波西遗址进行了试掘。2003 年 10 月至 12 月，经国家文物局批准，成都文物考古研究所等单位对茂县营盘山遗址进行了面积为 1000 平方米的发掘。这些考古工作获取的第一手实物资料初步揭示了岷江上游新石器时代的文化概貌，也对探讨该地区新石器时代文化发展序列及本土文化因素的演进提供了基本材料。

一　近年岷江上游新石器考古调查与发掘的收获

　　2000 年 6 月以来，为配合《四川省文物地图集》的编写工作，在四川省文物局的统一部署下，成都文物考古研究所会同阿坝藏族羌族自治州文管所、茂县博物馆等当地文博单位，在岷江上游地

* 陈剑：成都文物考古研究院。原载于《考古与文物》2007年第5期。

区开展了全面、详细的考古调查，并以调查工作为基础，对茂县营盘山遗址进行了全面勘探和试掘。本次调查和试掘是岷江上游地区首次开展的具有全面性、目的性和针对性特征的系统化考古工作，前后历时近三个月，取得了丰硕的成果，考古调查共发现新石器时代文化遗址和遗物采集点达83处（图14-1），试掘又发现了丰富的新石器时代文化遗迹和遗物，还清理了大批石棺葬，为研究岷江上游地区新石器时代文化的内涵及演变序列等课题提供了宝贵的实物材料。

茂县县城所在的河谷冲积平原不仅是岷江上游地区的地理中心，而且是该地区面积最大的平原，这里地势平坦、开阔，土壤肥沃，取水便利，扼上下交通之咽喉，历来是人类定居生活的理想之地。2000年以来，成都文物考古研究所、阿坝州藏族羌族自治州文管所、茂县羌族博物馆联合在此进行了全面和系统的考古调查[1]，发现了营盘山、波西槽南、波西槽北、金龟包、波西台地、上南庄、勒石村、沙乌都、马良坪等十余处新石器时代遗址及遗物采集点。这些遗址的新石器时代遗存多数被晚期的石棺葬叠压或打破。

经过2000年10～12月及2002年9～11月的两次试掘[2]和2003年的正式发掘[3]，成都文物考古研究所等单位对茂县营盘山遗址进行了详细的调查、勘探，并选点进行了发掘。共发现的新石器时代遗迹包括各型房屋基址20座、人祭坑8座、灰坑120余个、窑址3座及灶坑12座等，还在遗址中西部发现1处大型类似于广场的遗迹。遗址出土的陶器、玉器、石器、细石器、骨器、蚌器等类遗物总数近万件。

2002年又对茂县波西遗址进行了小规模试掘，发现有灰沟等遗迹，出土陶器、石器等遗物近百件[4]，从陶器尤其是彩陶器和细泥红陶器的特征来看，该遗址下层堆积的时代应属于仰韶文化庙底沟类型阶段。

同年对营盘山遗址进行环境调查时，在隔江相望的北面新发现一处新石器时代晚期的遗址——沙乌都遗址[5]，从采集的陶片来看，不见彩陶及细泥红陶，花边口沿装饰的夹砂陶器、瓦棱纹泥质灰白陶等与成都平原宝墩文化的同类陶器非常相似，与营盘山遗址主体遗存的差异明显。

本次考古调查和试掘工作是岷江上游地区新石器时代考古的一次重大突破，极大地丰富了该地区新石器时代文化的研究内容，是四川地区新石器时代考古的新成果。为探讨岷江上游新石器时代文化的内涵和发展演变序列提供了可靠的实物资料，也为研究长江上游与黄河上游地区的文化交流和传播情况提供了新的佐证材料。目前基本确认营盘山遗址是岷江上游地区的大型中心聚落遗址之一[6]，其周围还分布着数十处时代相近或略有差异的中小型聚落遗址，它们共同构成了一处新石器时代晚期的大型遗址群。

营盘山遗址堪称岷江上游地区新石器时代最重要的中心聚落遗址之一，其面积近10万平方米，

[1] 成都文物考古研究所、阿坝州文管所：《岷江上游考古调查报告》，待刊。

[2] 成都文物考古研究所、阿坝州文管所、茂县博物馆：《四川茂县营盘山遗址试掘报告》，《成都考古发现（2000）》，科学出版社，2002年。成都文物考古研究所、阿坝州文管所、茂县博物馆：《四川茂县营盘山遗址2002年的发掘》，待刊。蒋成、陈剑：《2002年岷江上游考古的收获与探索》，《中华文化论坛》2003年第4期。

[3] 成都文物考古研究所、阿坝州文管所、茂县博物馆：《四川茂县营盘山遗址2003年的发掘》，待刊。

[4] 成都文物考古研究所、阿坝州文管所、茂县博物馆：《四川茂县波西遗址试掘简报》，《成都考古发现（2004）》，科学出版社，2006年。

[5] 成都文物考古研究所、阿坝州文管所、茂县博物馆：《四川茂县沙乌都遗址调查简报》，《成都考古发现（2004）》，科学出版社，2006年。

[6] 蒋成、陈剑：《岷江上游考古新发现述析》，《中华文化论坛》2001年第3期。

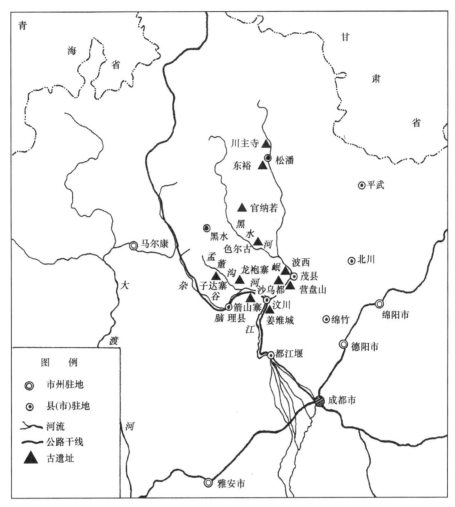

图14-1　岷江上游新石器时代遗址分布图

是该地区目前已发现的面积最大的新石器时代文化遗址。在境内山峰耸峙、重峦叠嶂、河谷深邃、悬崖壁立，素有"峭峰插汉多阴谷"之称的岷江上游这样的高山峡谷地区，如此大型的新石器时代文化聚落遗址是十分罕见的。从地理位置来看，营盘山遗址基本处于岷江上游的中心地带，其东北紧邻茂县县城所在的河谷台地，又是岷江上游地区面积最大的河谷冲积扇平原，目前发现的时代最早、规模最大的石棺葬墓地即位于此地，汉代汶山郡的郡治也一度在此。时至今日，茂县县城附近地区仍是阿坝藏族羌族自治州的重要的经济中心之一。可见，营盘山遗址及其附近地区从新石器时代到历史时期，一直是岷江上游地区的政治、经济、文化中心所在。

二　岷江上游新石器文化遗址的分类

数年来岷江上游尤其是茂县营盘山新石器时代大型遗址群的考古调查与发掘积累了较为丰富的实物资料，初步展现了岷江上游新石器时代文化演变的基本过程。

依照出土遗物的面貌，可将营盘山新石器时代大型遗址群内的遗址分成三类。

第一类：以波西遗址灰沟02G1为代表（表14-1），调查发现的此阶段的遗址有数处，以茂县波西遗址为代表。波西遗址位于茂县凤仪镇平头村波西组，地处岷江西岸二级台地之上，高出岷江河床约100米，西距沙乌都遗址约500米，西南与营盘山遗址相距约1500米，东与县城隔江相望。遗址于2000年7月由成都文物考古研究所调查发现，2002年进行了小规模试掘，在遗址中部开1.5米×10米探沟一条（编号为02SMBT1）。遗址地层堆积较简单，第①层为耕土，第②、③层为唐宋时期文化地层，第④层为新石器时代文化堆积（表14-2），第④层下发现灰沟02G1。

表14-1　波西遗址02G1陶片陶质陶色及纹饰统计表　　　　（单位：件）

陶质、陶色 数量、纹饰	泥质陶				夹砂陶		合计	百分比（%）
	褐	红	灰	黑皮	褐	灰		
斜向线纹		3	8				11	14
交错线纹	3		7				10	13
斜向绳纹	4		3		10		17	22
彩陶	1	1					2	3
附加堆纹		1	1				2	3
素面		4	6	1	2	2	15	19
戳印纹	17		1				18	23
弦纹	3						3	3
花边口沿					1		1	1
合计	28	9	26	1	13	2	79	100
	64				15			
百分比	36	12	33	1	15	3	100	
	82				18			

02G1出土遗物包括陶器、石器两类，其中石器有器体宽扁的磨制石斧、打制石网坠、磨制石环等。陶片的陶质陶色包括细泥红陶、泥质褐陶、泥质灰陶、夹砂褐陶、夹砂灰陶等类；纹饰有弧边三角纹彩陶、斜向及交错线纹、绳纹、附加堆纹、弦纹、压印花边口沿装饰、戳印纹等；器形包括弧边三角纹彩陶敛口钵、细泥红陶尖唇钵、双唇式小口瓶、侈口罐、溜肩罐、高领罐、碗等。

第二类：数量较多，以营盘山遗址为代表。通过发掘对遗址平面布局分区的情况有一定的了解：其中部地带发现较多的柱洞、基槽等房屋基址和窖穴类遗迹，应为居住区；遗址中部偏西地带发现有大面积的硬土活动面遗迹，地势较为平坦，硬土面下还清理出人祭坑多座，应是举行包括宗教祭祀在内的公共活动的广场区；广场区以北地带发现有多座窑址和数量丰富的灶坑遗迹，应是集中烧制陶器的手工业作坊区；另在遗址中部偏北地带发现有多处灰坑遗迹，如02H44等（表14-3），坑内出土了大量的细石叶、细石核、燧石器、燧石原料及半成品，推测此处可能为集中制作细石器的地点。

遗址内发现的新石器时代遗迹包括房屋基址、人祭坑、灰坑、灰沟、窑址、灶坑及广场等。灰坑的大小规格各异，平面形状包括不规则形、圆形、椭圆形、长方形、扇形等种类，底部多较平整，坑内填土大多为灰黑色土。一些灰坑底部及四周采用卵石（有的内含大形砺石）垒砌而成，推测应

表14-2　波西遗址02T1④陶片陶质陶色及纹饰统计表　　　（单位：件）

数量/纹饰 陶质/陶色	泥质陶				夹砂陶		合计	百分比（%）
	褐	红	灰	黑皮	褐	灰		
斜向线纹	1	1	4				6	11
交错线纹		2	1				3	6
斜向绳纹	2	1	4		2		9	17
交错绳纹		1			1		2	4
附加堆纹		1			1	1	3	6
素面	6	3	6	5	5	2	27	51
花边口沿					2		2	4
弦纹			1				1	1
合计	9	9	16	5	11	3	53	100
	39				14			
百分比（%）	17	17	30	9	21	6	100	
	73				27			

表14-3　营盘山遗址02H44陶片陶质陶色及纹饰统计表　　　（单位：件）

数量/纹饰 陶质/陶色	泥质陶					夹砂陶			合计	百分比（%）
	红	褐	灰	黑	黑皮	褐	灰	黑		
斜向绳纹	4	263	134			794	671	19	1885	45
交错绳纹		133	120			167	113	17	550	13
斜向线纹			13				2		15	0.5
交错线纹		30	23						53	1
弦纹		5	14	1		1			21	0.5
附加堆纹	3	14	3	3		105	116	3	247	6
彩陶	86								86	2
花边口沿						4		1	5	0.4
素面	104	685	271	43	16	77	80	1	1277	31
戳印纹		2				6	2	1	11	0.5
人面纹			1						1	0.1
合计	197	1131	580	47	16	1154	984	42	4151	100
	1971					2180				
百分比（%）	4.5	27	14	1	0.5	28	24	1	100	
	47					53				

是进行石器加工的场所或有其他用途。个别灰坑内还发现涂有鲜红色颜料的石块，可能具有某种宗教含义。房址的平面形状有圆形、方形和长方形之分，均为地面式建筑，依面积大小可分为小型、中型房址。小型房屋基址的面积不大，多系单间建筑，平面多为方形或长方形，中型房址内有隔墙。房址之间有叠压、打破关系，发现的遗迹现象包括柱洞、基槽、灶坑及贮火罐等，房内还出土大量红烧土块，其上可见明显的棍棒插抹痕迹及拌草遗存，推测这些房址的建筑结构采用了木骨泥墙的形式。窑址均为横穴窑，依火道的位置及走向可分为两类：一类平面略呈圆形，窑箅、火道基本位于火塘的正上方；另一类平面略呈马蹄形，双火道向外延伸。在房屋基址密集区和广场遗迹的硬土面之下发现了多座人祭坑，应是举行宗教祭祀等重大活动的人牲遗存。

　　遗址出土遗物丰富，包括陶器、玉器、石器、细石器、骨器、蚌器等类。陶器以手制为主，一些器物经过了慢轮修整。从陶质陶色来看，以夹砂褐陶、泥质褐陶、夹砂灰陶、泥质红陶、泥质灰陶、泥质黑皮陶为主。其中夹砂陶可分为夹粗砂和夹细砂两种，以陶胎夹有颗粒粗大的片岩砂粒的陶片最具特色。泥质陶的火候均较高，尤其是彩陶片和表面打磨光亮的细泥红陶、褐陶片的硬度更高。陶片的纹饰种类丰富，包括斜向及交错绳纹（包括交错绳纹形成的网格纹）、斜向及交错线纹（含交错线纹形成的菱格纹）、附加堆纹、素面磨光、彩陶、绳纹花边口沿装饰、素面、弦纹、瓦棱纹、划纹、复合纹饰（绳纹与附加堆纹组合成的箍带形装饰、绳纹之上饰凹弦纹）、戳印纹、捏塑与刻划相结合

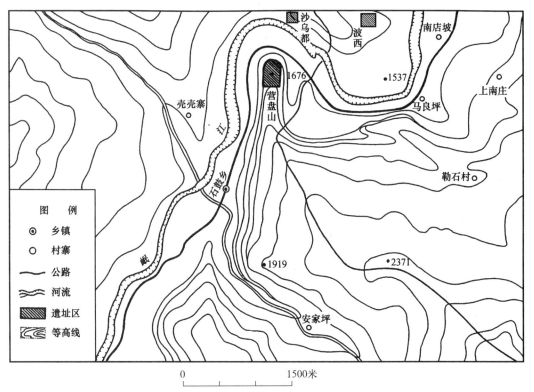

图14-2　波西、营盘山及沙乌都遗址群位置和地形图

的人面像等。陶器以平底器和小平底器为主，有少量矮圈足器及个别尖底器，器形包括侈口罐、深腹罐、碗、钵、高领罐、盆、瓮、带嘴锅、缸、宽折沿器、瓶、纺轮、陶球、穿孔器等。其中彩陶器形有盆、钵、罐、瓶等，彩陶均为黑彩绘制，图案题材有草卉纹、线条纹、变体鸟纹、弧线三角形纹、网格纹、蛙纹等。石器可分为打制和磨制两种，打制石器包括由大型剥离石片稍作加工而成的切割器、砍砸器、石杵、

石球（弹丸）、石网坠等，还有少量个体甚小的燧石片；磨制石器包括石斧、石锛、长方形穿孔石刀、石凿、砺石、穿孔石片等，其中既有器体厚重、宽大的石斧、石锛，也有器体小巧、磨制精细的石斧、石锛、石凿。玉器包括环镯形器等装饰品、璧形器、仿工具及武器类的玉斧、锛、凿、穿孔刀、箭镞等。细石器包括大量的石叶、石核，质地以黑色及灰色半透明的燧石、白色透明的水晶及白色石英为主。骨器包括骨簪、骨锥、骨针、骨削、骨镞等。

　　第三类：以新发现的沙乌都遗址为代表，2002 年发掘期间，在营盘山遗址附近地区进行环境调查时，新发现了文化面貌与营盘山遗址有明显差异的沙乌都遗址。沙乌都遗址位于茂县凤仪镇水西村，地处岷江北岸三级台地以上的山脊地带，高出岷江河床约 300 米，与营盘山遗址隔岸相望，二者间的直线距离不足 800 米。在沙乌都遗址发现灰坑断面一处（编号 02SMSH1，表 14-4），出土及采集陶片的陶质陶色包括夹砂灰陶、夹砂褐陶、泥质灰陶和泥质磨光黑皮陶等类，不见彩陶和细泥红褐陶；纹饰有绳纹、瓦棱纹、较细的附加堆纹（表面又饰压印纹）、绳纹及锯齿状花边口沿装饰、戳印纹等；器形包括侈口罐、溜肩罐、喇叭口长颈壶形器、钵、带流器等。

表14-4　沙乌都遗址H1陶片陶质陶色及纹饰统计表　　　（单位：件）

陶质陶色　数量纹饰	夹砂陶		泥质陶			合计	百分比（%）
	灰	褐	灰	褐	黑皮		
纵向绳纹		4			1	5	7
纵向线纹		2	1			3	4
附加堆纹		5	6			11	16
瓦棱纹			1		3	4	6
花边口沿		7				7	10
戳印纹		2	6			8	11
素面	3	8	13	5	4	33	46
合计	3	28	27	5	8	71	100
	31		40				
百分比（%）	4	40	38	7	11	100	
	44		56				

三　岷江上游新石器文化演变的阶段性

　　上述三类遗存的文化面貌有一定的共性，但差异更为明显。波西、营盘山、沙乌都三处遗址均位于茂县城关河谷冲积扇平原之内，相互之间的地理位置相距并不远（图 14-2），三者之间是何种关系，是时代差异抑或是同时期不同类型的文化遗存。

首先分析第一类和第二类遗存的关系，波西遗址 02T1 提供了这样一组地层关系：

①→②→③→④→ G1 →生土。

其中第④层出土陶器的特征与开口于第④层下的 02G1 有所不同：陶质陶色方面，夹砂褐陶、泥质灰陶的比例升高；纹饰方面，线纹所占的比例略有降低；器形包括夹砂褐陶绳纹花边侈口罐、泥质灰陶卷沿罐、碗、钵、瓶等。却与营盘山遗址主体遗存的陶器特征相似。这表明岷江上游新石器文化第二阶段营盘山遗存与第一阶段波西下层遗存之间有地层上的叠压关系，也证明了波西下层遗存的年代应早于营盘山遗存。但二者是否有文化发展上的直接源流关系尚待更多的实物资料来明晰。

再看第二类遗存和第三类遗存的关系，尽管目前还未发现有地层上的叠压或打破关系，但据营盘山与沙乌都遗址仅是隔江相望，而文化面貌却判然有别的情况，初步判定二者之间的关系主要是时代上的差异。

据此，可将岷江上游新石器时代文化的演变划分为三大阶段。

1. 第一阶段

以波西遗址 2002 年发掘的灰沟 02G1 为代表的遗存属于第一阶段。出土遗物包括陶器、石器两类，其中石器有器体宽扁的磨制石斧、打制石网坠、磨制石环等。陶片的陶质陶色包括细泥红陶、泥质褐陶、泥质灰陶、夹砂褐陶、夹砂灰陶等类；纹饰有弧边三角纹彩陶、细绳纹、附加堆纹、弦纹、压印花边口沿装饰、戳印纹等；器形包括彩陶钵、细泥红陶直口尖唇钵、双唇小口瓶、侈口罐、溜肩罐、高领罐、碗等（图 14-3）。

与营盘山遗址相比较，波西遗址 02G1 出土陶器的风格较独特，陶质陶色以泥质红陶、泥质灰陶为主，器表多打磨光亮，有少量夹砂褐陶；纹饰以斜向及交错线纹、绳纹、弧边三角纹彩陶、附加堆纹等为主；器形有敛口钵、直口钵、小口瓶、侈口罐等。出土的细泥红陶弧边三角纹彩陶钵、口沿内侧有一道凸棱的直口尖唇钵、双唇式小口瓶等陶器与河南陕县庙底沟遗址仰韶文化遗存出土的同类器物特征相近[1]，各类陶质陶色及纹饰所占比例，以及器形上的特征也与之相似，且未见马家窑类型文化的彩陶。表明波西遗址 02G1 的内涵具有典型的庙底沟类型文化特征，其文化面貌与营盘山

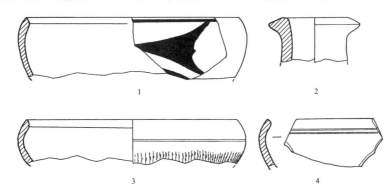

图14-3　波西下层遗存陶器
1. 彩陶钵2002G1：4　2. 双唇式小口瓶2002G1：5　3. 尖唇敛口钵2002G1：6　4. 方唇敛口钵2002G1：7

[1] 中国科学院考古研究所编著：《庙底沟与三里桥》（黄河水库考古报告之二）（中国田野考古报告集考古学专刊丁种第九号），科学出版社，1959年。

遗址有一定差异，年代应更早，约在距今 6000 年前后。这也是岷江上游地区首次发掘的具有准确地层关系的庙底沟类型文化遗存，可以命名为"波西下层遗存"。

以波西遗址 02G1 为代表的遗存为第一阶段，受到了仰韶文化庙底沟类型的强烈影响，外来文化因素占据较为明显的主体优势。从已有的考古资料来看，此类遗址的规模均不大，一般处于岷江干流及主要支流两岸的二级阶地之上，并呈狭长形状分布。

这阶段的遗址除波西遗址有明确的地层单位外，营盘山遗址也出土有这阶段的泥质陶双唇口瓶、弧边三角纹彩陶片等遗物；黑水县的官纳若遗址也采集有细泥红陶双唇口瓶、夹砂褐陶侈口罐等器物的残片，该遗址时代的上限也可至这一阶段；另在汶川县姜维城遗址也采集有泥质灰陶双唇口瓶、细泥红陶直口钵等庙底沟文化类型的遗物[1]，表明该遗址内也存在第一阶段的文化遗存。

2. 第二阶段

第二阶段即以营盘山遗址的主体遗存为代表，可以命名为"营盘山遗存"（图 14-4）。此阶段岷江上游的新石器文化发展到高度繁荣阶段，遗址数量众多，尤其是出现了营盘山遗址这样的大型中心聚落。外来文化因素（主要是西北地区马家窑文化石岭下类型和马家窑类型、以大地湾遗址第四期文化为代表的仰韶文化晚期遗存的影响）仍然占据着相当重要的地位，但以夹砂褐陶侈口花边罐、

图14-4　营盘山遗存陶器

1～4、6、9. 夹砂陶罐（2000T10④：37、2000H28：26、2000T12⑤：36、2000H3：36、2000T11①：1、2000H8：57）　5. 彩陶罐（2000H8：1）　7. 彩陶盆（2000H8：2）　8. 彩陶瓶（2000H12：5）　10. 泥质陶高领罐（2000H4：19）　11、13. 泥质陶钵、碗（2000H3：35、2000H7：1）　12. 泥质陶罐（2000H11：2）　14、15. 矮圈足器（2000H21：9、2000T1④：30）

---

[1] 王鲁茂、黄家祥：《汶川姜维城发现五千年前文化遗存》，《中国文物报》2000年11月26日第一版。黄家祥：《汶川县姜维城新石器时代遗址及汉明城墙》，《中国考古学年鉴（2001年）》，文物出版社，2002年。笔者于2002年10月曾陪同中国考古学会副理事长张忠培教授现场调查姜维城遗址，采集有细泥红陶陶双唇式小口瓶、细泥褐陶敛口盆等类陶器口沿残片，张先生确认为西阴村文化（即庙底沟类型文化）的遗物。

喇叭口长颈陶罐形器、矮圈足陶器及燧石细石器等内容为代表的本土特色文化因素也开始逐步突显。

目前发现的这一阶段遗存的数量较为丰富，分布的地域也较广，基本遍及整个岷江上游地区。大渡河上游、中游的新石器文化与这一阶段遗存之间也存在较多的相似文化因素。

营盘山遗存同甘肃天水师赵村遗址第四期和第五期文化[1]、武山傅家门史前文化遗址[2]、东乡林家遗址主体遗存[3]等马家窑文化石岭下类型和马家窑类型遗存，甘肃秦安大地湾遗址第四期文化[4]、武都大李家坪遗址第二期和第三期文化[5]等仰韶文化晚期遗存相比较，之间存在较多的共性。营盘山遗存出土的以泥质褐底黑彩的彩陶器、细泥红陶碗钵类陶器为代表的因素，应是前者影响的产物。东乡林家遗址也出土有水晶质细石核等细石器，与营盘山遗存的少量水晶质细石叶等细石器之间或许有渊源关系。

但营盘山遗存与马家窑文化石岭下类型和马家窑类型、仰韶文化晚期遗存的差异也是非常明显的，如：营盘山遗存未见半地穴式房屋建筑，却流行木（竹）骨泥墙的地面式房屋建筑；陶尖底器极其罕见；有少量的矮圈足陶器；陶质陶色方面，营盘山遗存的彩陶所占比例仅为 2% ～ 3% 左右（而马家窑类型的彩陶高达 20% 以上），细泥红陶的比例也不高，夹砂褐陶、夹砂灰陶、泥质褐陶和泥质褐陶占绝大多数；在陶器纹饰方面，营盘山遗存的典型特征是：陶器表面盛行在绳纹或线纹之上装饰泥条附加堆纹或凹弦纹，从而形成箍带状的装饰风格；营盘山遗存晚期流行器体小巧的斧、锛、凿类器；在打制石器方面，营盘山遗存以燧石细石器和小型石片石器为特征的小石器风格也是其自身特征之一。

营盘山遗址目前有两个由北京大学考古文博学院加速器质谱实验室测试的碳 -14 年代测试数据，BA03280（2000SMYT10H8）：4390±60 BP；BA03281（2000T12 ⑥）：4170±60 BP。树轮校正后的年代约为距今 5300 ～ 4600 年，同马家窑文化石岭下类型和马家窑类型、以大地湾遗址第四期文化为代表的仰韶文化晚期遗存的年代相近（查看第九章第一节碳 -14 测试数据与分析）。

姜维城遗址是本阶段的一处中型聚落遗址，规模略小于营盘山遗址，地处汶川县威州镇，岷江与杂谷脑河在此交汇，遗址的文化内涵及时代基本同于营盘山遗址。

3．第三阶段

此阶段的遗址目前发现的数量还非常有限，仅在茂县城关凤仪镇发现一处，即沙乌都遗址。

沙乌都遗址虽然与营盘山遗址基本隔河相望，但其文化面貌却与营盘山遗址存在较大差异（图14-5）。沙乌都遗址出土陶器中不见前两个阶段常见的烧制火候较高的彩陶器及细泥红褐陶器，而出土的夹砂灰陶绳纹及锯齿状花边口沿侈口罐、泥质磨光陶喇叭口长颈壶形、沿面施绳纹的夹砂褐陶

[1] 中国社会科学院考古研究所：《师赵村与西山坪》，中国大百科全书出版社，1999年。

[2] 中国社会科学院考古研究所甘青工作队：《甘肃武山傅家门史前文化遗址发掘简报》，《考古》1995年第4期。

[3] 甘肃省文物工作队、临夏回族自治州文化局、东乡族自治县文化馆：《甘肃东乡林家遗址发掘报告》，《考古学集刊（第4集）》，中国社会科学出版社，1984年。

[4] 甘肃省博物馆文物工作队：《甘肃秦安大地湾遗址1978至1982年发掘的主要收获》，《文物》1983年第11期。郎树德、许永杰、水涛：《试论大地湾仰韶晚期遗存》，《文物》1983年第11期。

[5] 北京大学考古学系、甘肃省文物考古研究所：《甘肃武都县大李家坪新石器时代遗址发掘报告》，《考古学集刊（第13集）》，中国大百科全书出版社，2000年。张强禄：《试论白龙江流域新石器文化与川北川西地区新石器文化的关系》，《四川大学考古专业创建三十五周年纪念文集》，四川大学出版社，1998年。张强禄：《马家窑文化与仰韶文化的关系》，《考古》2002年第1期。

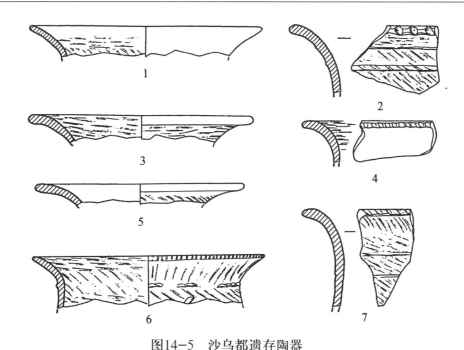

图14-5　沙乌都遗存陶器

1、3、5. 喇叭口长颈壶形器（2002H1：4、3、5）　　2、4、6、7. 花边口沿侈口罐（2002H1：11、12、2、1）

罐等遗物却与成都平原各史前古城遗址为代表的宝墩文化的同类器物特征相同[1]，表明沙乌都遗址的内涵与成都平原宝墩文化存在较为密切的联系，其时代应晚于波西遗址和营盘山遗址，距今年代应为4500年左右。以沙乌都遗址主体为代表的第三阶段遗存，可以将之命名为"沙乌都遗存"。在夹砂褐陶及泥质灰陶系方面、装饰绳纹及纹唇风格等方面延续发展了第二阶段的文化因素，更多地表现出浓郁的本地文化特色，表明在此阶段，岷江上游地区的本土文化因素已胜过外来文化因素，从而占据了优势地位。

四　岷江上游新石器文化的本土化

以波西遗址02G1为代表的波西下层遗存为第一阶段（年代可上溯至距今6000年前后），受到仰韶文化庙底沟类型的强烈影响，外来文化因素占据主体成分，此类遗址的规模不大。庙底沟类型时期是仰韶文化实力最为强盛的阶段，向外拓展的扩张势力远大于其他阶段，庙底沟类型遗存在较为广大的范围内均有发现，波西下层遗存的出现应是仰韶文化对外传播的产物。

发展到以营盘山遗存为代表的第二阶段（距今年代5300～5000年），岷江上游新石器时代文化进入一个较为繁盛的时期，出现了营盘山遗址这类大型的中心聚落和姜维城遗址这样的中型聚落，并出现了具有奠基性质的人祭坑、公共活动的中心广场、各型陶窑址及中、小型房屋基址等较为丰富的遗迹现象，并出土有陶塑人像、做工精细的玉器等为数甚众的高规格遗物。

第二阶段岷江上游的地方文化特色也开始突显，包括木骨泥墙的地面房屋建筑、胎中有粗大颗

---

[1] 王毅、孙华：《宝墩村文化的初步认识》，《考古》1999年第8期。成都文物考古研究所、四川大学历史系考古教研室、早稻田大学长江流域文化研究所：《宝墩遗址——新津宝墩遗址发掘和研究》，有限会社阿普（ARP），2000年。王毅、蒋成：《成都平原早期城址的发现及初步研究》，《夏禹文化研究》，巴蜀书社，2000年。江章华、颜劲松、李明斌：《成都平原的早期古城址群——宝墩文化初论》，《中华文化论坛》1997年第3期。

粒的夹砂陶器、陶器表面在绳纹或线纹之上装饰泥条附加堆纹或凹弦纹的箍带状纹饰风格、矮圈足陶器、器体甚小的斧锛凿类磨光石器、燧石细石器等内容的本土文化因素，在比例上渐渐超过外来文化因素。

营盘山遗存以彩陶器、细泥红陶碗钵类器形为代表的一组文化因素虽然是外来文化影响的产物，但包括陶泥和烧制方法等种种特征表明这些陶器多是岷江上游本地生产的产品，因此，这一组文化因素实际上成为了营盘山遗存文化内涵的组成部分。

以沙乌都遗址主体遗存为代表的第三阶段（距今年代约4500年左右），则表现出浓郁的本土文化特色，不见烧制火候较高的彩陶器及细泥红褐陶器，却与成都平原宝墩文化存在较为密切的联系。

这三个阶段之间虽然还有较大的缺环，但本土化文化因素不断增多的历程得以基本体现。这三个发展阶段之间虽然还存在较大的缺环，但以夹砂褐陶绳纹花边侈口罐、泥质灰陶瓦棱纹器等内容为代表的本土文化因素呈现出不断壮大的发展趋势，而以彩陶器和细泥红陶器为代表的外来文化因素所占比例却不断缩小直至消失。这一趋势展现了岷江上游新石器时代文化演进中的本土化历程。

在以"波西下层遗存"为代表的第一阶段，岷江上游的新石器时代文化可纳入中原仰韶文化庙底沟类型的文化系统之中。以营盘山遗存为代表的第二阶段，还与甘青地区的马家窑文化石岭下类型和马家窑类型、以大地湾遗址第四期文化为代表的仰韶文化晚期遗存有着一定程度的亲缘关系。而"沙乌都遗存"为代表的第三阶段，岷江上游的新石器时代文化的本土化特征则已十分明显。

第二节 岷江上游新石器时代遗存新发现的几点思考*

2000年成都文物考古研究所发掘出土的茂县营盘山新石器文化遗存与甘青地区马家窑文化的特征基本一致，其文化属性当为"马家窑文化"，同时也有小的差异。宝墩文化很可能与岷江上游的马家窑文化有关系，之间还有时间缺环，哨棚嘴文化通过白龙江、嘉陵江流域与甘青地区的原始文化可能也有联系。

岷江上游新石器时代遗存，过去只有一些调查材料，发现了不少石器和陶片的采集点，这些采集点大约有三十余处，遍及整个岷江流域，包括其支流杂谷脑河，北起松潘中部，南达汶川县中部，西至茂县西部和理县中部。著名的如汶川姜维城遗址、阿尔遗址、理县箭山寨遗址等。曾有学者根据这些调查材料对岷江上游的新石器文化作了初步研究，将岷江上游新石器文化分成阿尔、姜维城、箭山寨三个类型，并认为阿尔类型为土著的早期文化，中期的姜维城类型是西北马家窑文化的一支南下与土著的阿尔类型融合形成，箭山寨类型则是继承姜维城类型发展起来的晚期文化[1]。但是这种仅仅根据调查采集到的少量陶片和石器所作的文化属性与年代判断在考古研究上往往有很大的偏差，甚至与实际情况完全不相符，因此在没有对遗址作正式发掘以前，对岷江上游新石器文化面貌始终都没有一个比较清楚的认识，只隐约感到这一区域的新石器文化与甘青地区的马家窑文化有联系。2000年，成都文物考古研究所为配合《四川省文物地图集》的编写工作，在岷江上游地区开展了全面、详细的考古调查，调查范围遍及岷江上游干流和其主要支流黑水河、杂谷脑河两岸的河谷地带，

---

* 江章华：成都文物考古研究院。原载于《四川文物》2004年第3期。

[1] 徐学书：《岷江上游新石器时代文化的初步研究》，《考古》1995年第5期。

发现了茂县营盘山、松潘东裕村、汶川高坎、理县猛古村、黑水官纳若等53处有文化堆积层的新石器时代遗址和茂县壳壳寨、汶川布兰、理县四南村、黑水泽盖村等29处新石器时代遗物采集点[1]，更重要的是对茂县营盘山遗址进行了试掘，揭露面积200平方米，出土大量陶片和石器[2]，这样岷江上游新石器文化遗存第一次有了科学发掘的资料，该遗址面积较大，有近10万平方米，遗存十分丰富，因此十分典型，紧接着2002年成都文物考古研究所对该遗址又进行了更大规模的发掘，获得了更为丰富的文化遗物，这为正确认识岷江上游新石器文化提供了科学的资料，笔者通过对这些资料的观察，有几点想法谈出来供学界同仁参考。

一　营盘山新石器文化遗存的性质

从营盘山遗址出土的陶器和石器看，其总体特征与甘青地区的马家窑文化（指马家窑文化马家窑类型，以下同）基本相同，也就是带有强烈马家窑文化的共性特征，主要表现在以下几个方面：

（1）营盘山遗址陶器制法与马家窑文化陶器的制法相一致，均主要采用泥条盘筑和捏塑法，小口细长颈的壶、瓶等，多是口颈、肩腹分段盘筑成后，再进行粘接，陶坯多进行过抹、压、磨、刮削等修整，留下了清晰的修整痕迹[3]。

（2）营盘山遗址出土的彩陶风格为典型的马家窑文化风格，彩陶陶色为红褐色，橙黄色，少量灰褐色，黑彩，图案有草卉纹、粗细线条纹、水波纹、变体鸟纹、弧边三角纹、圆点纹、草叶纹、网格纹、弧线圆圈纹、卷叶纹、涡旋纹、杏圆纹、蛙纹等，盆、钵类还发现有内彩[4]。马家窑文化的彩陶陶色有砖红和橙黄，彩绘主要是黑彩，也有黑白或黑红两彩兼施的，花纹结构以多条弧线、弧边三角、圆点等为母题组成宽面几何形图案，常见的有垂幛纹、菱格网纹、连续涡纹、花瓣纹等，有的花纹很象植物的叶子与花朵，彩绘既饰在器物的外表，又饰在器物的内壁。口沿上也有彩绘，多由斜线、三角、方格、圆点等组成一周窄带纹。同时还有蛙纹、鱼纹、鸟纹等动物形饰，鸟纹多为变体鸟纹[5]。从上述可以看出，如果排除因各自叙述方式不同外，其基本特征是一致的。

（3）营盘山遗址出土的夹砂陶器多夹粗大的片岩颗粒和白色石英砂颗粒，陶胎较厚，纹饰以绳纹和附加堆纹最多，绳纹多斜行和交错的棱格纹，口沿多绳压花边装饰和锯齿波浪口，附加堆纹比较有特征的是口沿下一圈作裙边装饰以及腹部几周作箍带状，除绳纹外，泥饼装饰也富有特色。上述特征与马家窑文化相一致，如甘肃东乡林家遗址报告说"夹砂陶内羼石英岩颗粒和云母片等，胎粗质坚。""粗陶纹饰比较简单，以斜行交错方格绳纹为主，斜行或横行的较少。深腹罐等，肩以下施平行泥条堆纹，口沿外用手指压成窝齿状，肩部也有压印的各种窝状绳纹，并贴圆泥饼"[6]。天水师

---

[1] 蒋成、陈剑：《岷江上游考古新发现述析》，《中华文化论坛》2001年第3期。

[2] 成都文物考古研究所：《四川茂县营盘山遗址试掘简报》，《成都考古发现（2000）》，科学出版社，2002年。

[3] 成都文物考古研究所：《四川茂县营盘山遗址试掘简报》，《成都考古发现（2000）》，科学出版社，2002年。谢端琚：《马家窑文化类型及其相关问题》，《考古与文物》1985年第1期。

[4] 成都文物考古研究所：《四川茂县营盘山遗址试掘简报》，《成都考古发现（2000）》，科学出版社，2002年。

[5] 谢端琚：《马家窑文化类型及其相关问题》，《考古与文物》1985年第1期。学正、张朋川、郭德勇：《谈马家窑、半山、马厂类型的分期和相互关系》，《中国考古学会第一次年会论文集》，文物出版社，1980年。

[6] 甘肃省文物考古工作队、临夏回族自治州文化局、东乡族自治县文化馆：《甘肃东乡林家遗址发掘报告》，《考古学集刊（第4集）》，中国社会科学出版社，1984年。

赵村和西山坪[1]等遗址的马家窑文化遗存也是这种特征。

　　（4）从器物群来看，马家窑文化比较典型的器物群彩陶有罐、瓶、壶、盆、钵等，泥质陶常见盆、钵、瓶等，夹砂陶多见敛口深腹罐、侈口束颈深腹罐等，这些共同因素无论是营盘山还是陇西的东乡林家、陇东的天水师赵村、白龙江流域的大李家坪[2]遗址等都是基本相同的，都带有马家窑文化的共性特征。我们可以比较几件稍微完整的陶器，如营盘山出土的1件彩陶缸（H8∶1）的器形与天水师赵村属马家窑文化的第5期所见的1件彩陶缸（T213③∶103）相同，其腹部所饰的连续涡纹和肩部的花卉纹为马家窑文化所常见，相同形制的缸也见于大李家坪、兰州西坡[3]、东乡林家等遗址。营盘山出土的彩陶盆H8∶2与甘肃东乡林家H23∶24的形制相同，均有水波纹装饰，一个是内彩，一个是外彩，这种彩陶盆为马家窑文化典型的器物，凡马家窑文化遗址都有。营盘山出土的彩陶瓶也是典型的马家窑文化陶器，如营盘山所见的H12∶5就与甘肃东乡林家出土的彩陶瓶F21∶5形制一致，其领部所饰线带纹和腹部的垂幛纹也是马家窑文化的常见纹饰（图14-6）。营盘山遗址出土的泥质陶器中高领类器物没有完整器，但从其口领特征可以推知与马家窑文化的平底瓶或壶罐类器物是一种器物（图14-7），根据甘青地区从庙底沟类型到马家窑文化之间的文化发展关系的研究表明，庙底沟类型多见重唇口尖底瓶，到石岭下类型演变成平口尖底瓶，到马家窑类型尖底瓶基本不见了，被平底瓶代替了[4]，营盘山基本不见尖底瓶，与马家窑文化的情况相一致。如果将营盘山遗址出土的夹砂陶器口沿与东乡林家的作一比较（图14-7），可以看出其器类和形制也相近。通过上面的比较我们可以看出，营盘山新石器文化遗存与甘青地区马家窑文化的特征基本一致，因此其文化属性当为"马家窑文化"。营盘山与甘青地区马家窑文化相比，除了它们带有马家窑文化共有的特征外，也

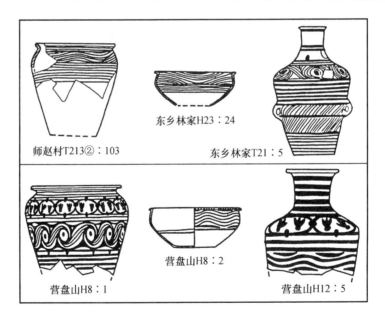

图14-6

　　[1] 中国社会科学院考古研究所：《师赵村与西山坪》，中国大百科全书出版社，1999年。

　　[2] 北京大学考古学系、甘肃省文物考古研究所：《甘肃武都县大李家坪新石器时代遗址发掘报告》，《考古学集刊（第13集）》，中国大百科全书出版社，2000年。

　　[3] 甘肃省博物馆：《甘肃兰州西坡呱遗址发掘简报》，《考古》1960年第9期。

　　[4] 张学正、张朋川、郭德勇：《谈马家窑、半山、马厂类型的分期和相互关系》，《中国考古学会第一次年会论文集》，文物出版社，1980年。

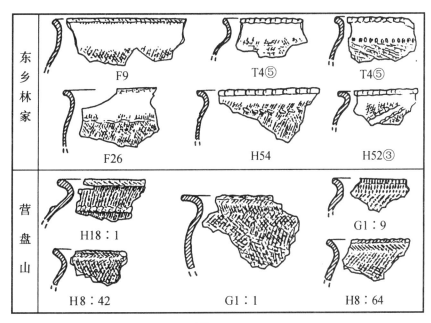

图14-7

有细小的差异，张强禄先生根据马家窑文化不同区域呈现出的地方特征将马家窑文化分成了五个小文化区：

①以兰州盆地为中心的陇西平原，

②天水———武山渭河源头地区，

③宁夏南部山区清水河流域，

④青海东部和武威地区，

⑤甘南高原[1]。

五个区中宁夏南部山区清水河流域与青海东部武威地区两个区的文化面貌与其他三个区区别较大，与营盘山遗址的文化特征也相去甚远，营盘山遗址的文化面貌与其余三个区除了都带有马家窑文化的共性特征以外，都存在不同程度的差异。陇西平原我们以东乡林家为代表，天水以师赵村为代表，甘南高原张强禄先生是以白龙江上游的掌坪遗址为代表，将白龙江下游的大李家坪遗址第三期遗存归入仰韶晚期遗存，但掌坪遗址属调查材料，资料太少，实际上大李家坪遗址第三期遗存除了带有一些地方特征外，也具有强烈的马家窑文化的共性特征，因此笔者在此将其作为马家窑文化在白龙江流域的代表性遗址，将上述各区典型遗址的马家窑文化遗存与营盘山作一比较：在陶系方面营盘遗址与东乡林家和天水师赵村第五期遗存区别较大，东乡林家遗址和天水师赵村第五期遗存泥质陶中灰色较少，而营盘山泥质灰陶占有一定数量，还有磨光黑皮陶，东乡林家的夹砂陶以红褐为主，灰褐较少，师赵村第五期的夹砂陶主要是红陶，基本不见灰陶，而营盘山遗址的夹砂陶中灰陶、黑陶和黑褐占有相当大的比例，在陶系方面营盘山遗址与白龙江流域的大李家坪第三期遗存最为相近，大李家坪遗址第三期遗存泥质陶以灰色为主，橙黄次之，夹砂陶以红褐为主，灰色次之。从绳纹风格来看，营盘山遗址与东乡林家遗址有所区别，与师赵村第五期遗存和大李家坪第三期遗存相

[1] 张强禄：《马家窑文化与仰韶文化的关系》，《考古》2002年第1期。

近，营盘山遗址的绳纹以斜行为主，其次是交错，少量横行，天水师赵村第五期遗存也是斜行较多、交错较少，大李家坪第三期遗存也是以斜行为主，其次是交错，而东乡林家的绳纹是以斜行交错方格为主，斜行或横行较少。从器类来看营盘山与三个区都有小的差异，如东乡林家发现有陶甑，而营盘山目前没有发现，营盘山出土数量较多的喇叭口高领罐，而东乡林家几乎不见，师赵村第五期遗存中所见的折腹盆、盘、碟、尊等不见于营盘山，师赵村第五期遗存多喇叭口尖底瓶，而营盘山多喇叭口平底瓶，大李家坪第三期遗存中多浅重唇口尖底瓶，而营盘山几乎不见。另外营盘山见有少量圈足器，而甘青地区不见圈足器，营盘山遗址发现大量细石器，而甘青地区马家窑文化中发现的细石器很少。上述差异除地域上的原因外，可能也有时代早晚的因素，需要作更深入细致的分析。总的来说，差异不是主要的，这种小的差异只是同一考古学文化在不同区域呈现出的差异，达不到不同文化间的差异程度，最多能达到同一考古学文化的不同区域类型的程度，而且甘青地区的马家窑文化也存在区域差异，因此应将岷江上游地区类似于营盘山的新石器文化遗存归入"马家窑文化"，岷江上游应属马家窑文化的分布区。

二 宝墩文化与岷江上游新石器文化的关系

关于宝墩文化的来源问题，由于在成都平原目前还没有发现早于宝墩文化的遗存，而成都平原周邻地区的考古工作开展也很少，因此目前要弄清这个问题很困难，笔者曾将宝墩文化与嘉陵江流域的广元中子铺、张家坡、邓家坪，涪江流域的绵阳边堆山新石器遗存作比较，认为上述新石器文化遗存年代越晚就越与宝墩文化相近，推测可能是宝墩文化的来源，[1] 但上述遗址发掘的规模较小，发表的资料不丰富，其遗址本身的面貌就不十分清楚，因此这种关系也只是隐隐约约的感觉，并不十分明确，而岷江上游地区以前没有材料，更不好说。营盘山遗址的发掘为我们提供了可资比较的材料，就目前资料看，营盘山新石器文化遗存与宝墩文化区别是很明显的，但也能看出一些相似的特征，主要表现在以下几点：

（1）陶器制作主要为泥条盘筑和手制，高领器的颈、肩、腹粘接，在器内留有明显的粘接痕，夹砂陶器的器底为地包天二次套接，这些作法宝墩文化与营盘山马家窑文化遗存是一致的。

（2）夹砂陶器绳纹中的交错棱格风格，在夹砂陶器的器底多有绳纹装饰，口沿多绳压花边装饰和波浪口，这也是二者的共同特征，宝墩文化中偏早阶段所见的泥质陶罐腹部先拍绳纹然后再慢轮弦抹出数道弦纹的作法在营盘山很常见，宝墩文化偏早阶段所见的带瓦棱纹的黑皮陶在营盘山遗址中也发现有。

（3）都盛行小平底器，还有圈足器，没有圜底器，宝墩文化中的高领罐与营盘山的高领罐应该有关系，宝墩文化的夹砂陶的花边口沿罐与营盘山的花边口沿罐也应有关系。

（4）宝墩文化偏早阶段的圈足风格与营盘山遗址出的圈足非常接近（图14-8）。

从上述几点分析，宝墩文化很可能与岷江上游的马家窑文化有关系，从目前情况看，宝墩文化与马家窑文化之间还有较大的时间距离，马家窑文化大大早于宝墩文化，因此这种关系还十分模糊，如果将来的工作能将这个空缺补上，这种关系将更为清楚明白。

---

[1] 江章华、李明斌：《古国寻踪——三星堆文化的兴起及其影响》，巴蜀书社，2002年。

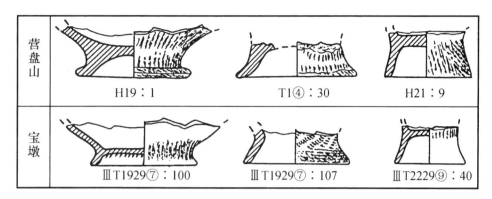

图14-8

三　哨棚嘴文化的来源问题

　　笔者曾通过哨棚嘴文化与嘉陵江流域新石器文化的比较，发现它们有许多共同的特征，尤其是哨棚嘴文化的早期阶段，如夹砂陶口沿流行施绳纹或花边波浪风格，纹饰以绳纹和堆纹最普遍，口沿下流行附加堆纹的裙边装饰，泥质黑皮陶风格等，认为哨棚嘴文化很大可能源于川东北的原始文化，哨棚嘴文化与宝墩文化某些因素可能有着共源关系，因此形成了宝墩文化与哨棚嘴文化的一些相似因素[1]。凡是熟悉川东地区哨棚嘴文化的人，看了营盘山遗址新石器文化遗存的陶器，都会感觉到其间有某些相似因素，如瓦棱纹的黑皮陶，棱格绳纹，夹砂陶器多深腹和箍带纹风格等，哨棚嘴遗址的下层出有小口高领施绳纹的泥质罐与营盘山的高领罐比较相近，哨棚嘴遗址T411第⑨层还出有马家窑文化风格的陶钵[2]，如果说哨棚嘴文化与马家窑文化有联系的话，那么很可能是通过白龙江、嘉陵江流域发生的。白龙江发源于甘南藏族自治州迭部县的郎木寺，流经甘南藏族自治州和武都地区的迭部、舟曲、武都、文县等，在四川昭化汇入嘉陵江。1974年甘肃省长江流域规划办公室第二期考古训练班对这一流域进行了一次调查，发现有仰韶文化庙底沟类型、马家窑类型、齐家文化、寺洼文化安国类型等遗址，其中马家窑文化遗址比较多，从上游到中游及支流北峪河和白水江流域都有[3]。1987年至1988年，甘肃省考古部门又调查了白龙江流域的大李家坪、寺背坪、任家坪、后村东坪等遗址，发现有庙底沟类型、石岭下类型、马家窑类型和寺洼文化等遗存[4]。1995年春，北京大学考古学系、甘肃省文物考古研究所等单位对武都县境内的古文化遗存进了重点复查，并选择了北峪河流动的大李家坪遗址进行了发掘，获得了一批较为丰富的资料，前面述及大李家坪第三期遗存即为马家窑文化遗存。白龙江流域的古文化完全有可能影响到嘉陵江流域，嘉陵江流域的广元中子铺、张家坡和邓家坪遗址，曾在1989～1991年中国社会科学院考古研究所进行过小规模的发掘。中子铺遗址的早期遗存为细石器遗存，可能为一细石器制造场，先后出土和采集到1万数千件各类细石器标本，晚期遗存为磨制石器与陶器共存，陶片以夹砂褐陶和灰褐陶居多，有的夹粗砂颗粒，有的夹有云母的砂质，有少量泥质红陶，色近似橙红。表饰绳纹为主，个别饰划纹和指甲印状的连续戳

　　[1] 江章华：《再论川东长江沿岸的史前文化》，《四川文物》2002年第5期。
　　[2] 北京大学考古文博院三峡考古队、重庆市三峡库区田野考古培训班、忠县文物管理所：《忠县洽甘井沟遗址群哨棚嘴遗址发掘简报》，重庆市文化局、重庆市移民局：《重庆库区考古报告集1997卷》，科学出版社，2001年。
　　[3] 长江流域规划办公室考古队甘肃分队：《白龙江流域考古调查简报》，《文物资料丛刊（第2集）》，文物出版社，1978年。
　　[4] 赵雪野、司有为：《甘肃白龙江流域古文化遗址调查简报》，《考古与文物》1993年第4期。

印纹，灰褐陶多附加堆纹，见若干方唇上施绳纹或饰齿状或绞索状花边装饰。张家坡遗址发现有砾石加工的小型石器，不见细石器，陶器有夹砂和泥质，手制，主要呈灰褐色，纹饰以绳纹和堆纹及划纹为基本形式，其中绳纹使用最广泛，口沿外施附加堆纹较有特点，个别口唇呈波状。邓家坪遗址以夹砂的灰褐陶为主，泥质灰陶较少，还有少量的黑皮陶和个别泥质红陶，纹饰以绳纹和堆纹最普遍，另有划纹、锥刺纹等，流行在口沿和唇部施绳纹或花边波纹的作风，与张家坡一样，都有许多裙边口沿。发掘者根据碳-14测年将中子铺早期细石器遗存推定在距今6000～7000年，张家坡和中子铺晚期遗存推定在距今5500～6000年，邓家坪距今5000～5500年[1]。除邓家坪遗址外，都早于马家窑文化，由于所作的工作太少，这些年代并不一定完全可靠。上述遗址最引人注意的是陶器流行绳纹和附加堆纹，流行口沿施绳纹、波浪花边和裙边装饰，黑皮陶特征等，这些均与包括岷江上游在内的马家窑文化的部分特征相似，加之中子铺大量细石器和营盘山大量细石器的存在，这些共性，很容易使人相信嘉陵江流域的古文化与甘青和岷江上游的马家窑文化有联系，果真如此的话，这一路线应是通过白龙江流域发生的。嘉陵江流域可能早在距今7000年左右就存在一支原始文化，这支文化在以后的发展过程中与白龙江流域和甘青地区的马家窑文化甚至更早就有联系。我曾经说川东长江沿岸的哨棚嘴文化可能是源于川东北嘉陵江流域的原始文化，那么哨棚嘴文化中有些因素与马家窑文化相似就比较好理解，因此我们看到营盘山新石器文化遗存有与哨棚嘴文化相似的因素。

四 结语

仅靠营盘山遗址一、二次发掘要建立岷江上游的新石器文化体系是不可能的，目前的资料主要集中在马家窑文化阶段，从2000年营盘山遗址发掘的资料看，个别彩陶似可早到石岭下类型时期，如彩陶片00H8：4、H8：17的彩绘风格与石岭下的风格相近，2002年在茂县波西村试掘，还发现有仰韶文化庙底沟类型风格特征的彩陶和重唇口尖底瓶等少量遗物，因此推测，岷江上游应该有比马家窑更早的新石器文化遗存，仅目前的情况反映，至少可到庙底沟时期，如果是这样的话，那么岷江上游至少在庙底沟时期开始就与甘肃地区的洮河、大夏河、湟水、大通河、庄浪河和白龙江诸流域的古文化几乎是同步发展的。另外，在岷江上游地区尚未发现明显晚于马家窑文化的遗存，如半山、马厂等类型，也就说马家窑文化以后的新石器文化面貌还不清楚，是否还是与甘肃地区一样沿着同样的路子发展，或是发生了分化，如果能对更晚的遗址进行调查和发掘将是非常重要的工作，也是最终解决岷江上游新石器文化与成都平原古文化关系的最关键的一环。嘉陵江流域的考古工作也开展得太少，其新石器文化面貌不清楚，是否在距今约7000年左右就存在一支以细石器为特征的原始文化，从目前资料看，这种可能性较大，那么往后的发展如何，又与白龙江流域的古文化发生着怎样的关系，有交流是可以肯定的，但要说得比较清楚需要做大量工作。川东长江沿岸的新石器文化很大部分可能是源于嘉陵江流域的原始文化，哨棚嘴文化中发现的与马家窑文化相似的因素当是通过白龙江与嘉陵江流域交流的结果。至此宝墩文化与哨棚嘴文化某些因素的共源关系似乎有了一个初步的解释，一个是通过岷江流域，一个是通过白龙江和嘉陵江流域共同源于马家窑文化或者与马家窑文化有联系（川东长江沿岸的新石器文化与嘉陵江流域发生联系诂计会更早），由于它们后来

---

[1] 王仁湘、叶茂林：《四川盆地北缘新石器时代考古新收获》，《三星堆与巴蜀文化》，巴蜀书社，1993年。

因不同的发展空间逐渐发生了分化,形成了不同的文化面貌。上述仅是就营盘山新发现的几点思考,希望能对推动四川(包括重庆)地区新石器时代考古工作的进一步开展起到一定的作用,正是本文的目的,将来的考古工作如果证明我今天的想法是如何之幼稚和错误,那正是我们工作取得了进步的体现。

第三节 甘肃东乡林家遗址分期的再认识

——兼论营盘山遗址的分期、年代与文化属性*

甘肃东乡林家遗址位于大夏河东岸的黄土高原上,西面塬下为东川河谷盆地,遗址由秋粮地、阴洼坡和破寺角等平原、山坡、土岗连成一片。1977~1978年甘肃省文物工作队会同有关部门对林家遗址进行发掘,发掘面积近3000平方米,并整理发表了发掘报告,将马家窑类型文化依存分为早、中、晚三个阶段[1]。原报告较全面的公布了发掘材料,为认识和进一步研究马家窑类型文化的内涵、性质以及其他有关问题提供了依据。但是,报告对遗址发现的遗迹现象注意力主要集中于房址,而对灰坑、窑址的开口层位并没有交代清楚,从而影响了林家遗址马家窑类型分期的细化和深入。后来也有学者在对林家遗址发掘报告分期的基础上进行了再分期,基本上维持了原报告的结果[2];近来又有将其分为三期,但第三期分为早晚两段[3]。无疑,随着分期的深入,对林家遗址马家窑文化的发展认识也进一步加深。近年,川西北的茂县营盘山[4]、汶川姜维城[5]等遗址进行了系统的发掘,均含一定的马家窑类型文化因素,对于这些遗址的时代和文化性质尚有不同意见。基于此,笔者重新梳理了《甘肃东乡林家遗址发掘报告》,获得了一些原来没有引起重视的线索,在吸收前人研究成果的基础上对林家遗址的分期提出了自己的看法,从而进一步讨论茂县营盘山遗址的时代和文化属性。

一 林家遗址的层位关系

首先,从原报告介绍第⑥层为"夯筑硬土,为下层半地穴房址内的堆积……且此层下为生土",我们可知第⑥层实际为下层房址(F9、F19、F24、F26)的垫土;另外,"第⑤层叠压于下层房址之上,包含物极少,是屋顶或墙壁上铺抹的泥皮的堆积",可以理解为下层房址的废弃堆积。所以,第⑥层,F9、F19、F24、F26和第⑤层是代表下层房子的建造、使用和废弃三个不同阶段的堆积,年代相差当不会太远,从地层关系上可将其划为遗址的早期堆积。

其次,由原报告"图二(上)T16-17-18北壁地层剖面图"可知①→②→③→④→H5、H54→

* 何锟宇:成都文物考古研究院。原载于《四川文物》2011年第4期。

[1] 甘肃省文物工作队、临夏回族自治州文化局、东乡自治县文化馆:《甘肃东乡林家遗址发掘报告》,《考古学集刊4》,中国社会科学出版社,1984年。

[2] 张忠培等:《关于马家窑文化的几个问题》,《庆祝苏秉琦考古五十五年论文集》,文物出版社,1989年。

[3] 丁见祥:《马家窑文化的分期、类型、来源及其与周边文化关系》,北京大学硕士研究生学位论文,2006年。

[4] 成都文物考古研究所等:《四川茂县营盘山遗址试掘报告》,《成都考古发现(2000)》,科学出版社,2000年。

[5] 四川省文物考古研究所等:《四川汶川县姜维城新石器时代遗址发掘报告》,《四川文物》2004年增刊。

⑤→F9→⑥；由"图二（下）T19-48 北壁地层剖面图"可知①→②→③→F8→④→H40→F26→⑥；由原报告"图四 F17、F18 叠压关系剖面图"可得到另外一组地层关系，即①→②→③→F17→④→F18、H31→⑤→F19→⑥。

再次，从报告的叙述可知第③层以上没有新石器时代的遗迹单位，即第③层为新石器时代最晚的地层单位。从报告叙述中我们还得到 6 组遗迹打破关系，这此前已经有多位研究者曾注意到的，即 H54→F12，F18→H30，H40→F26，H69→H71，F22→H70，Y1→F19。

最后，还可以从原报告"图三 探方、遗迹平面分布图"得到多组比较确定的遗迹间的打破关系，结合前面已经确定了房址的开口层位，我们可间接得到一些灰坑的开口层位，悉数列举如下：③→H68→F27→F22→H70、H71；④→Y1、H31→F19→⑥；④→F7→H55、H88；③→F6→H2、H96、H97；④→H40→F26→⑥；③→H13→F5→④；H5→F12→⑤；④→F18→H30。

这样，我们就尽可能复原了一部分遗迹的开口或打破地层，可以分为 3 组。A 组，下层房址和废弃堆积（第⑥层、F9、F19、F24、F26、第⑤层、H14、H71、H30、H70、H55、H88）；B 组，中层房址、灰坑（F2、F4、F7、F12、F18、F22、Y1、H5、H31、H40、H54、H69）和第④层；C 组，又可分为 2 小组，其中第③层下各遗迹单位（F6、F8、F17、F27 等 21 座房址、H2、H96、H97、H13、H68）为 C1 组，第③层为 C2 组。

二　林家遗址陶器类型学分析

在厘清林家遗址层位关系的基础上，我们依据器物的形态变化对典型器物重新进行类型学划分。林家遗址出土的陶器主要以罐、瓶、缸、盆、钵、甑、带嘴锅、碗为主，另外有少量瓮、豆、托盘和器盖等。

彩陶瓶　依据口部特征，分为二型。

A 型　直口，鼓肩，腹部无耳（图 14-9，1）。

B 型　侈口，腹部有对称圆形小耳，分为 2 式。

B 型 I 式　折沿，尖唇，颈部饰条带纹，肩部饰二方连续涡旋圆圈点纹（14-9，2）。

B 型 II 式　平沿，尖唇，颈部饰条带纹和圆圈点纹，腹部饰平行线纹（图 14-9，3）。

壶　分为 2 式。

I 式　侈口，尖唇，长颈，颈部饰条带纹（图 14-9，4）。

II 式　侈口，平沿，圆唇，颈部较 I 式短（图 14-9，5、6）。

缸　出土较少，分 2 式。

I 式　尖圆唇，直腹，腹部饰捏塑的附加堆纹（图 14-9，7）。

II 式　方唇，下腹内收（图 14-9，8）。

带嘴锅　均为筒状流，分为 3 式。

I 式　敛口，弧腹，口沿下饰弧线黑彩（图 14-9，9）。

II 式　口部有压印齿状花边纹，弧腹，平流（图 14-9，10）。

III 式　口部饰压印齿状花边纹，流斜行向上（图 14-9，11）。

罐　依据口部和腹部特征，分为五型。

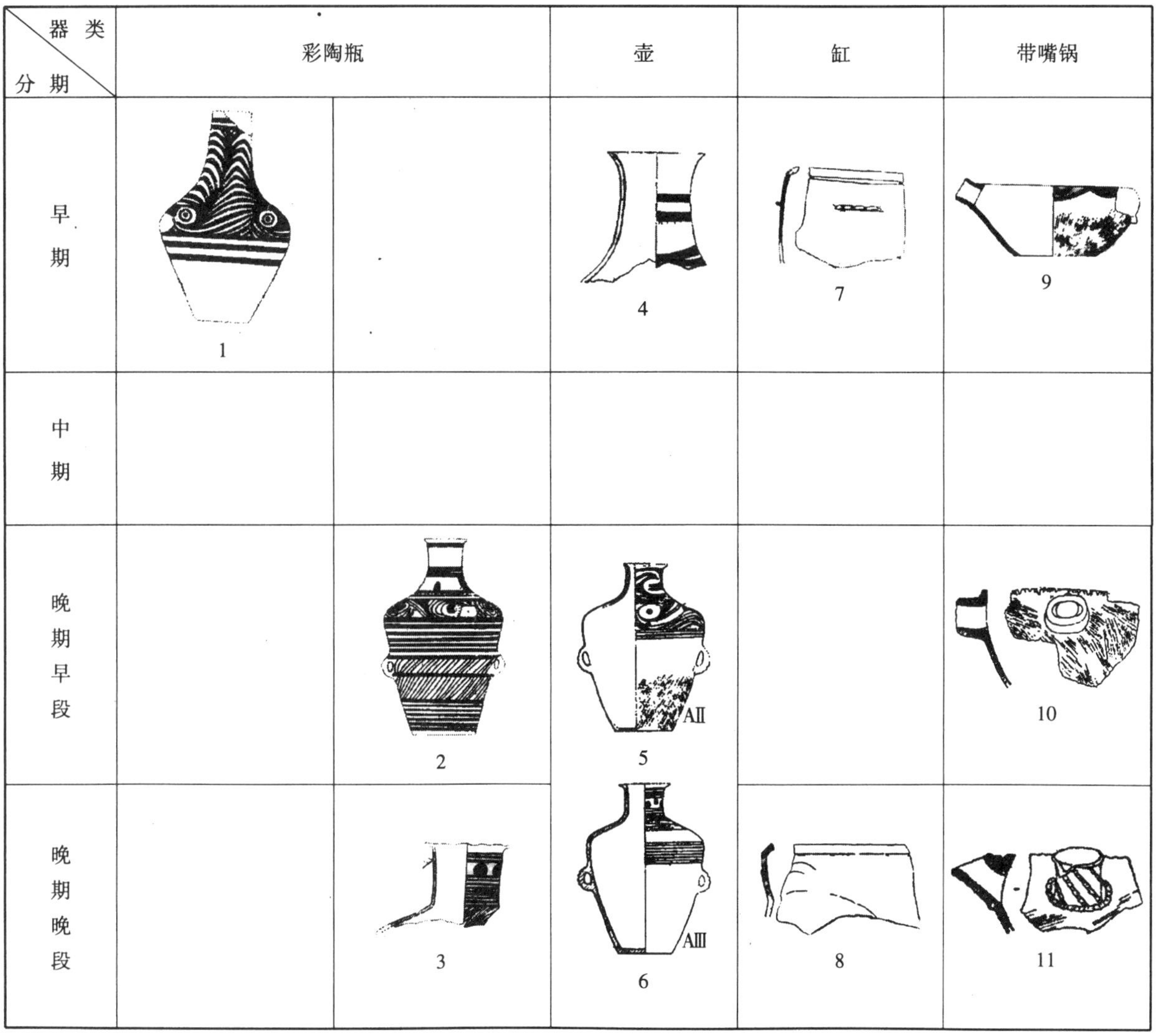

图14-9　彩陶瓶、缸、碗、带嘴锅分期表

彩陶瓶：1. A型F19：1　2. BⅠ式F21：5　3. BⅡ式T14③　壶：4. Ⅰ式T35⑥：111　5. Ⅱ式H9：2　6. Ⅱ式F8：12　缸：7. Ⅰ式
T35⑤　8. Ⅱ式T53③　带嘴锅：9. Ⅰ式F19：26　10. Ⅱ式F21：6　11. Ⅲ式T52③

A 型　敛口，弧腹，腹部有双系，依据腹部特征，分为2式。

A 型Ⅰ式　腹较鼓，腹部两侧有对称双系，肩部饰"四角星"纹和平行线纹（图 14-10, 1）。

A 型Ⅱ式　颈部和腹部均有对称双系，腹部饰"三趾爪"纹和平行线纹（图 14-10, 2）。

B 型　侈口，鼓腹，分为3式。

B 型Ⅰ式　溜肩，口沿和腹部饰黑彩条带纹和变体鸟纹（图 14-10, 3）。

B 型Ⅱ式　折肩，素面（图 14-10, 4）。

B 型Ⅲ式　颈部较短，器形矮（图 14-10, 5）。

C 型　卷沿，依据陶质和口部特征，分为二个亚型。

Ca 型　夹砂陶，腹部饰绳纹，分4式。

Ca 型Ⅰ式　沿微卷，方唇，颈部较长（图 14-10, 6）。

Ca 型Ⅱ式　卷沿，方唇，花边口沿（图 14-10, 7）。

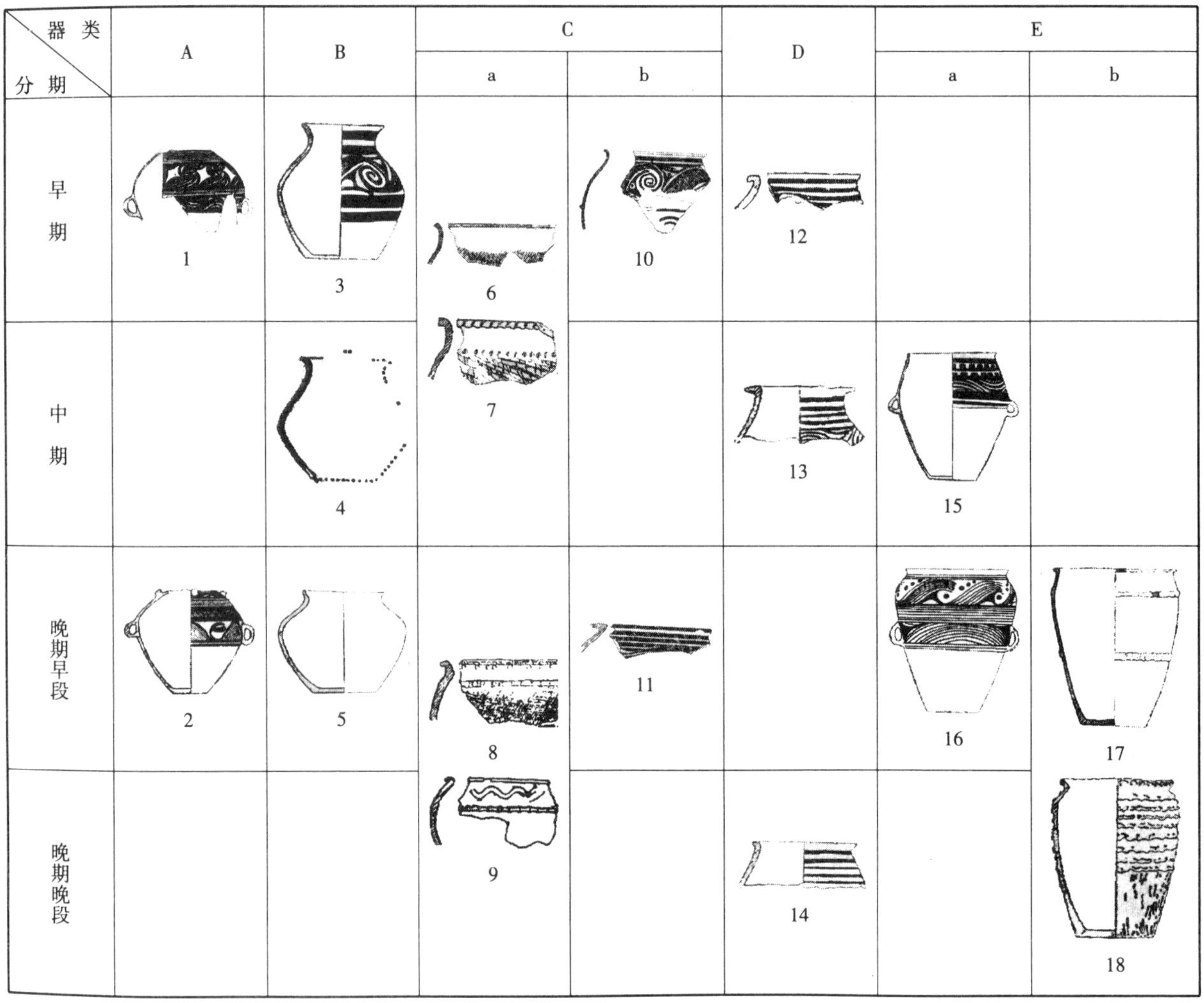

器类 分期	A	B	C		D	E	
			a	b		a	b
早期	1	3	6	10	12		
中期		4	7		13	15	
晚期早段	2	5	8	11		16	17
晚期晚段			9		14		18

图14-10　陶罐分期表

1. AⅠ式T3⑥:66　2. AⅡ式H55:34　3. BⅠ式F24:6　4. BⅡ式T18④:2　5. BⅢ式F8:12　6. CaⅠ式F9　7. CaⅡ式 T4⑤　8. CaⅢ式F8　9. CaⅣ式T13③　10. CbⅠ式F9:22　11. CbⅡ式H54　12. DⅠ式T35⑤　13. DⅡ式T18④:37　14. DⅢ式 T20③　15. EaⅠ式F4:1　16. EaⅡ式F16:7　17. Eb型F8:1　18. Ec型F21:9

Ca型Ⅲ式　卷沿，短颈，花边口沿（图14-10，8）。

Ca型Ⅳ式　卷沿，圆唇，肩部饰水波纹和附加堆纹（图14-10，9）。

Cb型　泥质黄褐陶，通体饰黑彩，分为2式。

Cb型Ⅰ式　侈口，肩部饰蛙纹（图14-10，10）。

Cb型Ⅱ式　敛口，溜肩，肩部饰平行线条纹（图14-10，11）。

D型　敛口，分为3式。

D型Ⅰ式　卷沿，短颈，颈部饰平行线条纹（图14-10，12）。

D型Ⅱ式　平折沿，尖唇，颈较长，颈部饰平行线条纹（图14-10，13）。

D型Ⅲ式　沿微卷，圆唇，颈部饰平行线条纹（图14-10，14）。

E型　深腹罐，依据陶质和口部特征，分为三个亚型。

Ea型　泥质黄褐陶，腹部有对称双系，器物上半部分饰黑彩。

Ea 型 I 式　敛口，溜肩，肩部饰"城垛"纹和平行线条纹（图 14-10, 15）。

Ea 型 II 式　侈口，折肩，肩腹部饰圆圈点纹和弧边三角纹（图 14-10, 16）。

Eb 型　敛口，平沿，圆唇，肩、腹各饰一道附加堆纹（图 14-10, 17）。

Ec 型　夹砂褐陶，侈口，折肩，周身饰绳纹和箍带纹（图 14-10, 18）。

盆　依据口部、腹部形态差异，分为五型。

A 型　折沿，弧腹，分 4 式。

A 型 I 式　敛口，折沿，尖唇，弧腹略折（图 14-11, 1）。

A 型 II 式　口微敛，圆唇（图 14-11, 2）。

A 型 III 式　直口，折沿，腹较深（图 14-11, 3）。

A 型 IV 式　敞口，折沿，尖唇，浅腹（图 14-11, 4）。

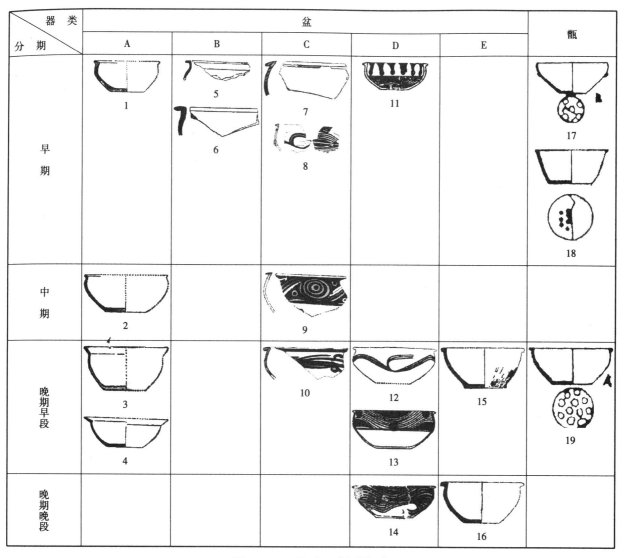

图 14-11　陶盆、甑分期表

盆：1. A I 式 T4⑥：66　2. A II 式 T23④：54　3. Aa III 式 H92：31　4. Ab III 式 F16：25　5. B I 式 T35⑥　6. B II 式 T4⑤　7. C I 式 T4⑥　8. C II 式 H70　9. C III 式 T46④　10. C IV 式 F16　11. D I 式 H55：29　12. D II 式 H27：7　13. D III 式 H23：24　14. D IV 式 T5③：8　15. E I 式 F21：10　16. E II 式 T24③：25　甑：17. I 式 H81：18　18. II 式 H55：28　19. III 式 F8：13

B 型 平沿，短颈，分 2 式。

B 型 I 式 直口，平沿，方唇，弧腹（图 14-11，5）。

B 型 II 式 敛口，平沿，圆唇，弧腹（图 14-11，6）。

C 型 敛口，弧腹，分 4 式。

C 型 I 式 折沿，圆唇（图 14-11，7）。

C 型 II 式 折沿，尖唇，弧腹略折，腹部饰草卉纹（图 14-11，8）。

C 型 III 式 折沿，圆唇，腹部饰蛙纹（图 14-11，9）。

C 型 IV 式 平沿，方唇，腹部饰草卉纹（图 14-11，10）。

D 型 口微敛，折腹，分 4 式，器形变化不大，主要是彩绘纹饰的变化。

D 型 I 式 折沿，尖唇，内沿饰"倒人形"纹（图 14-11，11）。

D 型 II 式 折沿，尖唇，腹较深，腹部饰"三趾爪"纹（图 14-11，12）。

D 型 III 式 窄沿，上部式连弧并列波浪纹间圆点纹（图 14-11，13）。

D 型 IV 式 折沿，尖唇，腹部饰连弧并列波浪纹和"二趾爪"纹（图 14-11，14）。

E 型 平沿，方唇，分 2 式。

E 型 I 式 敞口，斜腹，腹下部饰交错绳纹（图 14-11，15）。

E 型 II 式 直口，弧腹（图 14-11，16）。

甑 依据口部、腹部特征，分 3 式。

I 式 口微敛，弧腹，腹部有双錾（图 14-11，17）。

II 式 敞口，斜沿，尖唇，斜腹（图 14-11，18）。

III 式 直口，平沿，方唇，弧腹（图 14-11，19）。

钵 依据口部、腹部特征分为三型。

A 型 敛口，分为二个亚型。

Aa 型 腹较深，分为 2 式。

Aa 型 I 式 尖圆唇，弧腹，饰弧线垂帐纹（图 14-12，1）。

Aa 型 II 式 尖圆唇，腹上部饰黑色彩绘垂帐纹，腹部饰捏塑的附加堆纹（图 14-12，2）。

Ab 型 腹较浅，分为 2 式。

Ab 型 I 式 圆唇，鼓腹，饰平行带状纹黑彩（图 14-12，3）。

Ab 型 II 式 腹部饰柳叶纹和平行带状纹黑彩（图 14-12，4）。

B 型 直口，弧腹，分 2 式。

B 型 I 式 直口微敛，弧腹，腹部饰草卉纹（图 14-12，5）。

B 型 II 式 弧腹略折，腹下部饰两道平行条带黑彩（图 14-12，6）。

C 型 口微敛，腹部有对称双錾，分 2 式。

C 型 I 式 上腹彩绘黑彩圆点和垂帐纹（图 14-12，7）。

C 型 II 式 器形较浅，腹部饰弧线相交"鱼形纹"（图 14-12，8）。

碗 敞口，分为 2 式。

I 式 尖圆唇，弧腹，假圈足（图 14-12，9）。

II 式 尖圆唇，斜腹，平底（图 14-12，10）。

器类\分期	钵				碗
	Aa	Ab	B	C	
早期	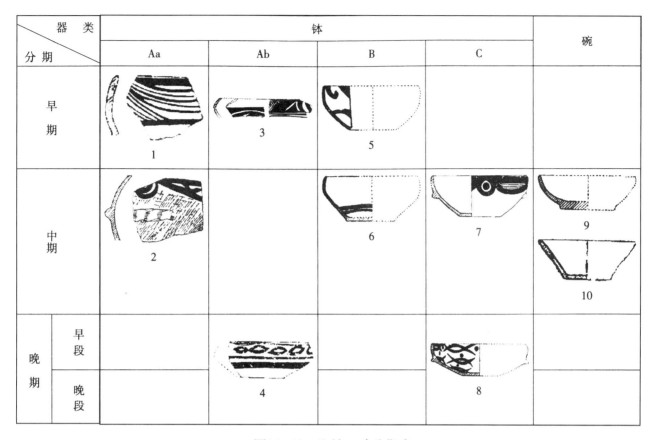 1	3	5		
中期	2		6	7	9
					10
晚期 早段		4		8	
晚段					

图14-12 陶钵、碗分期表

钵：1. AaⅠ式T4⑥ 2. AaⅡ式T15④ 3. AbⅠ式H81 4. AbⅡ式H46：62 5. BⅠ式F9：54 6. BⅡ式T46④：34 7. CⅠ式T46④：35

8. CⅡ式H92：27 碗：9. Ⅰ式H31：24 10. Ⅱ式T4④：1

瓮　仅1件。小口，圆肩，深腹，小平底（图14-13，1）。

豆　仅发现1件，口部残，弧腹，矮圈足（图14-13，2）。

托盘　敛口，方唇，折腹（图14-13，3）。

器盖　圆形纽，纽周饰绳纹，器盖呈倒喇叭型（图14-13，4）。

依据地层关系，结合上面陶器的类型学分析，我们可以将东乡林家遗址分为三期4段，分别为早期、

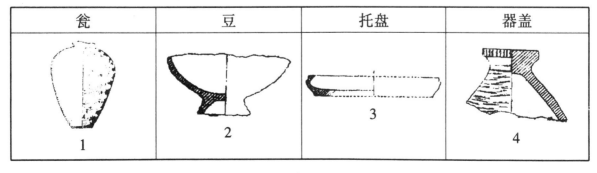

瓮	豆	托盘	器盖
1	2	3	4

图14-13 其他典型器物

1. 瓮F6：2 2. 豆F21 3. 托盘T3⑥：61 4. 器盖T4⑤

中期、晚期早段和晚期晚段。

早期即 A 组地层单位。器物类型包括 A 型Ⅰ式、B 型Ⅰ式彩陶瓶，Ⅰ式壶，Ⅰ式缸，Ⅰ式带嘴锅，A 型Ⅰ式、B 型Ⅰ式、Ca 型Ⅰ式、Ca 型Ⅱ式、Cb 型Ⅰ式、D 型Ⅰ式罐，A 型Ⅰ式、B 型Ⅰ式、B 型Ⅱ式、C 型Ⅰ式、C 型Ⅱ式、D 型Ⅰ式盆，Ⅰ式、Ⅱ式瓿，Aa 型Ⅰ式、Ab 型Ⅰ式、B 型Ⅰ式钵，托盘和器盖等。

中期即 B 组地层单位。器物种类有 B 型Ⅱ式、Ca 型Ⅱ式、D 型Ⅱ式、Ea 型Ⅰ式罐，A 型Ⅱ式、C 型Ⅲ式盆，Aa 型Ⅱ式、B 型Ⅱ式、C 型Ⅰ式钵和碗等。该段器物种类少，显得有些单薄，器物群中不见早期的托盘、器盖等器物，新出现的有 Ea 型Ⅰ式罐等。

晚期早段，即 C1 组地层单位。器物种类有 B 型Ⅱ式彩陶瓶，Ⅱ式壶，Ⅱ式带嘴锅，A 型Ⅱ式、B 型Ⅲ式、Ca 型Ⅲ式、Cb 型Ⅱ式、Ea 型Ⅱ式、Eb 型Ⅰ式、Eb 型Ⅱ式罐，A 型Ⅲ式、A 型Ⅳ式、C 型Ⅳ式、D 型Ⅱ式、D 型Ⅲ式、E 型Ⅰ式盆，Ⅲ式瓿，Ab 型Ⅱ式、C 型Ⅱ式钵，另外有新出现的瓮、碗等。

晚期晚段，即 C2 组地层单位，该段出土器物种类少，器物种类仅有 B 型Ⅱ式彩陶瓶，Ⅱ式壶，Ⅱ式缸、Ⅲ式带嘴锅，Ca 型Ⅲ式、Ca 型Ⅳ式、D 型Ⅲ式、Eb 型Ⅰ式、Eb 型罐，D 型Ⅳ式、E 型Ⅱ式盆，Ab 型Ⅱ式、C 型Ⅱ式钵等。

三 营盘山遗址年代和文化属性

营盘山遗址位于四川省阿坝藏族羌族自治州茂汶羌族自治县凤仪镇附近，地处岷江东南岸二级台地上，海拔约 1600 米，高出岷江河面约 120 米，遗址面积近 10 万平方米。2000 年始成都文物考古研究所等联合对遗址进行多次发掘，发掘者依据层位关系和出土陶器的组合和演变特征将新石器时代遗存分为两期 4 段，并建议将此类遗存命名为"营盘山文化"，认为其是一种以具有自身特色的本土文化因素为主体成分，同时吸收了多种外来文化因素的地方文化类型[1]。试掘报告发表后，有研究者提出了不同的意见，一种认为营盘山新石器时代遗存应归入马家窑文化，岷江上游应属于马家窑文化的分布区[2]；一种认为其是仰韶文化晚期类型，并与甘肃白龙江流域的新石器时代文化有着必然的联系，可能是后者南迁的结果[3]；还有一种认为相对仰韶晚期遗存来说，营盘山新石器时代文化的地位和大李家坪三期遗存相差不大[4]。笔者认为，要探讨营盘山遗址新石器时代遗存的文化属性，首先应该着力于遗址本身的分期和器物群的认识，在分期的基础上判断遗存的上限和下限，从而与周边文化进行比较，进而探讨其文化属性。

（一）分期与年代

[1] 蒋成、陈剑：《岷江上游考古新发现述析》，《中华文化论坛》2001年第3期。成都文物考古研究所、阿坝藏族羌族自治州文物保管所、茂县羌族博物馆：《四川茂县营盘山遗址试掘报告》，《成都考古发现（2000）》，科学出版社，2002年。蒋成、陈剑：《2002年岷江上游考古的收获与探索》，《中华文化论坛》2003年第4期。

[2] 江章华：《岷江上游新石器时代遗存新发现的几点思考》，《四川文物》2004年第3期。

[3] 陈卫东、王天佑：《浅议岷江上游新石器时代文化》，《四川文物》2004年第3期。

[4] 丁见祥：《马家窑文化的分期、类型、来源及其与周边文化关系》，北京大学硕士研究生学位论文，2006年。

　　试掘报告将新石器时代遗存分为两期4段，基本上反映了遗址的层位关系，但是由于营盘山遗址地处坡地，地层堆积并不连续，笔者对遗址的分期和时代略有不同的认识。在报告提供层位关系的基础上，结合陶器的类型学分析我们认为营盘山新石器时代遗存可以分为3段（图14-14）。

1. 第 I 段

　　即试掘报告的早期早段，包括H4、H12、H13、T8⑥、T12⑥等地层单位。第 I 段出土的器物较少，可以分成两组陶器，A组包括钵、彩陶瓶、壶等，主要为马家窑类型文化因素；B组主要为罐类，为本土文化因素。

　　A组陶器包括钵、彩陶瓶、壶3类。

　　钵　标本H12：4(T12⑥：71)，敛口，弧腹，腹部饰密集的斜向绳纹，该种钵见于波西遗址G1(G1：6)，仅后者上腹另饰一周凹弦纹，且腹部绳纹为纵向，大李家坪第三期该类钵也多饰纵向绳纹。

　　彩陶瓶　数量少。标本H12：5，I 式，侈口，平折沿，圆唇，颈部饰平行线条纹，肩部饰草卉纹，腹部饰平行线条纹和水波纹，该种草卉纹见于大李家坪第三期中段（MT6⑦：59）。

　　壶　标本不多。标本H12：2，A 型 I 式，直口，平折沿，尖圆唇，高领外壁及沿面施陶衣并磨光，该式壶见于大李家坪第三期中段（MT2⑦：14）和茂县波西遗址（T1③：1）；标本H4：19，B 型，侈口，尖圆唇，领较短，该式壶同样见于大李家坪第三期中段（MH21：78）。因此，第 I 段的年代当于大李家坪遗址第三期中段的年代相当。

　　B组陶器以罐类为主，大致可以分为三型。

　　A 型　直口罐。标本T12⑥：50，A 型 I 式，折沿，圆唇，束颈，溜肩，该器形沿用至第 II 段。

　　B 型　侈口罐。标本H13：14，B 型 I 式，圆唇，束颈，唇面压印斜向绳纹，颈部和腹部饰纵向绳纹，最突出的特征是在肩部或腹部贴塑圆形泥饼。

　　C 型　卷沿罐。标本H4：6，C 型 I 式，侈口，卷沿，方唇，短颈，唇面压印横向波浪式绳纹，颈部饰纵向绳纹，肩部以下饰斜向绳纹，该类罐也见于林家遗址和大李家坪第三期，但林家遗址该类罐颈部一般不施纹样，大李家坪第三期与营盘山的较近，但仍有区别。

2. 第 II 段

　　包括H3、H8、T12④、T10④等地层单位，大致包括原报告的早期晚段和晚期早段，这一阶段是营盘山新石器时代遗存中最发达的阶段，除了继承第 I 段的一些文化因素外，在夹砂陶器出现了一些新的器形。

　　A组陶器包括 II 式彩陶瓶、A 型 II 式壶、彩陶罐、彩陶盆、带嘴锅、侈口罐、钵、碗和器盖等，这些均是马家窑类型常见器形。

　　II 式彩陶瓶　标本H8：4，广肩，表面用黑彩绘制多组以弧边三角纹为主、呈带状分布的几何形图案，与甘肃康乐县苏家地发现的基本一致。

　　A 型 II 式壶　标本H8：67，侈口，卷沿，圆唇，颈部较 I 式短。

　　彩陶罐　标本H8：1，敛口，平折沿，方唇，束颈，颈部饰平行线纹，肩部饰草卉纹、弧线圆圈纹和圆点纹，腹部饰变体鸟纹、平行线纹和圆点纹，其中草卉纹与营盘山H12：5彩陶瓶的相同，变

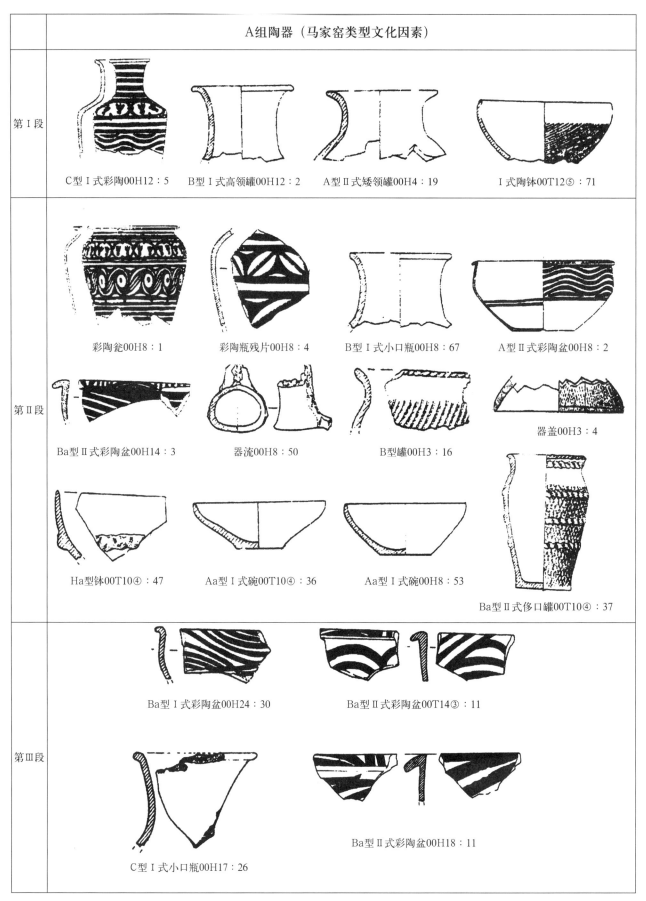

图14-14 营盘山遗址分期图

	B组陶器（本土文化因素）
第Ⅰ段	A型Ⅲ式小口瓶00H4：17　　C型Ⅰ式缸00H12：4　　EⅠ式罐00H13：4　　Db型Ⅰ式罐00H4：16
第Ⅱ段	C型Ⅰ式缸00H8：29　　E型罐00T12④：21　　Fb型小罐00H3：36　　Fa型小罐00T12⑤：36 Ba型Ⅰ式侈口罐00H8：42　　Ba型Ⅰ式侈口罐00H8：64　　Ba型Ⅱ式侈口罐00H8：71　　Ba型Ⅰ式侈口罐00H8：43 Cb型Ⅰ式侈口罐00H8：36　　Ab型Ⅰ式侈口罐00H8：34　　B型Ⅰ式瓮00H8：57　　G型小罐00H8：73
第Ⅲ段	C型罐00H1：5　　A型圈足00T1④：30　　A型圈足00H19：1　　A型圈足00H21：9 A型Ⅲ式小口瓶00H17：35　　Fb型小罐00T8③：27　　Da型Ⅰ式罐00H18：1　　B型Ⅱ式瓮00T1③：24

体鸟纹同林家遗址晚期遗存（F21：5）的完全一致。

彩陶盆　标本 H8：2，敛口，折沿，尖圆唇，上腹外壁饰水波纹和线条纹黑彩，底部、内壁饰草叶纹和弧线条纹，该型盆和水波纹多见于林家遗址晚期偏早阶段[1]。

深腹罐　标本 T10 ④：37，侈口，卷沿，方唇，唇面压印斜向绳纹，腹部饰交错绳纹，颈部和腹部饰 4 道箍带纹（附加堆纹）。标本 H3：16，卷沿，绳纹花边口，肩部和腹部饰纵向绳纹，与 B 组的 C 型 Ⅱ 式罐接近，但颈部均为素面，绝不见任何纹饰，多见于林家遗址等马家窑类型。

B 组陶器除延续第 1 段的 A、B、C 三型罐外，出现了一些新器形，如直口立领罐（E 型）、侈口直腹罐（D 型）等。

A 型 Ⅱ 式罐　标本 T12 ④：21，直口，短颈，平折沿，方唇。

B 型 Ⅱ 式罐　标本 H3：36，侈口，方唇，唇面压印斜向绳纹，颈部和腹部饰交错绳纹，肩部贴塑 4 个一组的圆形泥饼。

C 型 Ⅱ 式罐　标本 H8：42 和 H8：64，侈口，卷沿，圆唇，唇面压印斜向绳纹，颈部饰斜向绳纹，腹部饰交错绳纹。

D 型罐　标本 H8：73，直口，方唇，立领，广肩，唇面压印斜向绳纹，领部和腹部饰分段纵向绳纹，该种罐见于茂县波西遗址（T1 ④：1）。

E 型 Ⅰ 式罐　标本 H3：5，侈口，折沿，方唇，唇面压印绳纹，沿下饰箍带纹一道，直腹略鼓，器表饰纵向和斜向绳纹。

A 型缸　标本 H8：36，直口，折沿，方唇，唇面压印横向绳纹，器表饰纵向绳纹，直腹略鼓，外形与 E 型 Ⅰ 式罐较近，但体形较后者大。

3．第Ⅲ段

包括 H1、H18、H19、H21、H24、T1 ③、T8 ③ 和 T13 ③ 等地层单位，大致与原报告晚期晚段对应。该段 A 组文化因素较第 2 段大量减少，而 B 组文化因素则有所增强，出现一些新器形和新的纹饰，如出现较多圈足器和瓦棱纹。

A 组陶器方面，仅见少量壶、彩陶盆、彩陶钵和带嘴锅等。

A 型 Ⅲ 式壶　标本 H17：26，侈口，折沿，圆唇，领部下端内收略呈束颈。

彩陶盆　标本 H18：11，敛口，折沿，方唇，沿面彩绘竖线条纹和弧线条纹。

彩陶钵　标本 H24：30，直口，折沿，上腹外表绘制水波纹和草叶纹，内饰黑彩弧线条纹；标本 T14 ③：11，彩陶钵，直口，折沿，下腹内收，沿面彩绘竖线条纹和弧线条纹，腹部饰水波纹和弧线条纹，彩陶盆和彩陶钵的彩绘风格与林家遗址第 3 层（T5 ③：8）的风格一致。

B 组器物除了继承第 Ⅱ 段的外，出现较多的圈足器。

B 型 Ⅲ 式罐　标本 T8 ③：27，直口，方唇，唇面压印斜向绳纹，颈部和腹部饰交错绳纹，肩部贴塑 4 个一组的圆形泥饼。

C 型 Ⅲ 式罐　标本 H18：1，与 C 型 Ⅱ 式基本一致，仅颈部加饰附加堆纹一周。

A 型矮圈足器　标本 T1 ④：30，表面饰多道戳印纹；标本 H19：1，A 型矮圈足器，器表饰纵向绳纹，

---

[1] 林家遗址报告将新石器时代遗存分为早、中、晚三期，但笔者认为晚期尚可分为前后两段，前段为林家遗址第③层下的遗迹单位，后段为第③层。

足根部饰斜向绳纹。

B 型高圈足 标本 H21∶9，圈足内底凸起并饰篮纹，外表饰斜向绳纹。

F 型罐 标本 H1∶5，形制与 C 型Ⅲ式罐基本一致，但为泥质陶，腹部饰瓦棱纹。

综上，认为营盘山遗址新石器时代遗存的 3 段是一个连续发展的过程，其中第Ⅰ段的时代与大李家坪三期中段遗存年代相当，第Ⅱ段和Ⅲ段分别与林家遗址晚期早段和晚段年代相当，即与大李家坪第三期晚段遗存的年代相当。营盘山遗址 2000 年试掘时曾采集木炭标本送北京大学考古文博学院加速器质谱实验室进行测试，有 2 个碳 -14 年代测试数据，BA03280（2000SMYT10H8）：4390±60a B.P.；BA03281（2000T12⑥）：4170±60 a B.P.。2003 年发掘采集的木炭标本经中国社会科学院考古研究所测出了 3 个碳 -14 测年数据：4416±31，4274±31，4419±32 a B.P.，经树轮校正后大体为 4881 ~ 3100 a B.P.[1]。5 个数据树轮校正后的年代范围约为距今 5300 ~ 4600 年。林家遗址有 3 个晚期早段（简报分期）标本的碳 -14 测年数据，其中 H19 的木炭和 F21 的炭化稷粒为距今约 4700 年，F20 的炭化木柱为距今 5200 年[2]，学术界一般采用 4700 a B.P. 作为林家遗址的年代下限。结合两个遗址的碳 -14 测年数据，我们可将营盘山遗址的年代的下限定在 4700 a B.P. 左右，至于营盘山遗址的上限当与大李家坪三期中段遗存年代相当，估计在 5000 a B.P. 左右。

（二）文化属性探讨

前面已经提到对于营盘山遗存的文化属性目前有着几种不同的认识，无疑，学者们都关注到了马家窑类型文化因素的影响力，而且主要是从陶器群方面来分析的。虽然石制品和骨器的分析不如陶系分析那么直接反映文化谱系之间的关系，但还是有利于我们从宏观上把握文化之间的相互联系，增强说服力。为了能全面地考察营盘山遗址的文化属性，我们先对前面学者关注较少的营盘山遗址出土的石器和骨器进行梳理。

营盘山出土的石制品包括打制和磨制两种。打制的包括刀、斧、杵、石球(弹丸)、穿孔石片、砍砸器、刮削器和雕刻器等；磨制的包括斧、锛、刀、长方形穿孔石刀、凿、砺石、石环等。

营盘山长方形穿孔石刀分长方形单孔石刀和长方形双孔石刀，这两种形制的系绳石刀在甘青地区有较多发现，而在白龙江流域多为两侧带缺口的系绳石刀，在武都县大李家坪公布的材料中，二、三期均不见穿孔系绳石刀，陶刀也是两侧带缺口的，不见穿孔的[3]。而在营盘山遗址新石器时代的地层单位还不见两侧打缺系绳石刀，也不见陶制的穿孔系绳刀，在距营盘山遗址不远的波西遗址早段也不见两侧打缺系绳石刀。

营盘山遗址出土较多的细石器，原料以燧石和水晶为主，有细石核、细石叶等[4]；而在甘青地区的白龙江流域中极少见，师赵村五期仅发现细石叶 1 件[5]，在东乡林家有较多发现，原料主要为玛瑙、

---

[1] 资料现存成都文物考古研究所。中国社会科学院考古研究所考古科技实验研究中心碳十四实验室测试数据，《考古》2005年第7期。

[2] 甘肃省文物工作队等：《甘肃东乡林家遗址发掘报告》，《考古学集刊（第4集）》，中国社会科学出版社出版，1984年。

[3] 北京大学考古系、甘肃省文物考古研究所：《甘肃武都县大李家坪新石器时代遗址发掘报告》，《考古学集刊（第13集）》，中国大百科全书出版社，2000年。

[4] 蒋成、陈剑：《2002年岷江上游考古的收获与探索》，《中华文化论坛》2003年第4期。

[5] 甘肃省文物工作中国社会科学院考古研究所编著：《师赵村与西山坪》，中国大百科全书出版社，1999年。

水晶和石英等[1]。

　　环形器，在大李家坪二期和三期、师赵村均有发现，其中东乡林家发现石环较多，系先将石料打成扁平圆状，由二面中部琢击成孔，再用石钻从二面钻磨圆孔，有骨、陶、石质三种。营盘山的环形器看来也并非受白龙江流域文化的影响，而与洮河流域、大夏河流域的马家窑类型文化有密切联系。在四川盆地较早的新石器时代遗址如广元中子铺不见这类器物。

　　石球，在大李家坪二期不见，但三期出现少量，而在东乡林家遗址有大量发现，师赵村也有较多发现。石杵在东乡林家遗址、大李家坪遗址也有发现，在师赵村第五期不见，在广元中子铺不见石杵。石斧，营盘山有打制和磨制两种，均为弧刃中锋，平面呈梯形或长方形。在东乡林家遗址、大李家坪师赵村五期、广元中子铺均有出土。石锛，营盘山、东乡林家、师赵村五期均有出土。同样，在甘青地区比较常见的石镰在营盘山也少有发现[2]

　　从目前发现的情况来看，营盘山遗址出现的系绳石刀、环形器、石球、石杵、细石器、弹丸等无疑是受到了来自甘青地区马家窑类型文化因素的影响，特别是来自甘南林家遗址的影响。虽然在嘉陵江上游的广元中子铺较早就出现了典型的丰富细石器遗存，年代为距今 7000～6000 年[3]，与营盘山遗址的时代有较大的差距；而且营盘山遗址其他种类的石器多不见于该遗址，很难说其细石器传统来自于中子铺遗址的影响。另外，营盘山遗址出土的穿孔石片、石网坠和涂红石块则为甘青地区同时期的文化所不见，虽然数量较少，不占主流，但说明营盘山遗址的居民在生计模式（渔业）和信仰方面（尚红）与甘青地区比较也有自己的特点。

　　营盘山遗址出土的骨器种类有锥、簪、镞、（骨）梗刀、磨光肋骨等，另有一些制作骨器的坯料和废料，对于全面复原制作骨、角器的工艺流程有重要意义。这些工具主要用鹿角、鹿和牛的肋骨、长骨作为原料，经过截料、制坯、琢磨、挖槽、钻孔、雕刻纹饰等工序制成，另有少量有染色[4]。不论从加工骨器的原料、制作方法，还是骨器种类，营盘山遗址在骨器方面均与林家遗址的骨器特征有着众多的相似之处，甚至像骨梗刀在营盘山也同样有少量出土。

　　陶器方面，第 I 段时期，A、B 两组文化因素发展较均衡，从器形方面来看，A 组的彩陶瓶、壶、钵均为甘青地区马家窑类型的典型器物。B 组以罐类为主，其中 C 型 I 式壶颈部装饰弦纹的风格显然不同于马家窑类型，也不见于仰韶晚期，更可能是文化交融的地方特色现象；另外，A、B、C 三型罐不见于甘青地区，而是本土文化因素。第 II 段时期，A 组文化因素除了继承第 I 段的彩陶瓶、壶、钵外，彩陶盆、带嘴锅、器盖、深腹罐、碗等马家窑类型的常见器物也相继出现。B 组器物依然以各种罐为主，新出现了 D、E 型罐，以绳纹、箍带纹和弦纹为组合的复合纹饰广为流行。第 III 段时期，A 组文化因素逐渐消减，器类仅剩壶、彩陶盆、彩陶钵和带嘴锅，而 B 组文化因素除继承前段的外，圈足器的流行和瓦棱纹的出现成为全新的文化因素，与河湟地区的马家窑类型和大李家坪第三期晚段有着较大的差异。陶器中的 A 组无疑是来自于马家窑类型的文化因素，而对于 B 组文化因素的认识则是我们探讨营盘山遗址文化属性的关键。就目前的发现情况来看，这些文化因素多见于

　　[1] 甘肃省文物工作队等：《甘肃东乡林家遗址发掘报告》，《考古学集刊（第4集）》，中国社会科学出版社出版，1984年。

　　[2] 甘肃省文物工作队等：《甘肃东乡林家遗址发掘报告》，《考古学集刊（第4集）》，中国社会科学出版社出版，1984年。北京大学考古系、甘肃省文物考古研究所：《甘肃武都县大李家坪新石器时代遗址发掘报告》，《考古学集刊（第13集）》，中国大百科全书出版社，2000年。甘肃省文物工作中国社会科学院考古研究所编著：《师赵村与西山坪》，中国大百科全书出版社，1999年。

　　[3] 王仁湘、叶茂林：《四川盆地北缘新石器时代考古新收获》，《三星堆与巴蜀文化》，巴蜀书社，1993年。

　　[4] 何锟宇：《营盘山遗址出土动物骨骼研究》，北京大学硕士研究生学位论文，2006年。

岷江上游地区，至于它是马家窑类型发展到川西北地区适应当地环境而产生的还是岷江上游本土的新石器时代文化因素？目前仅有波西遗址早段比营盘山遗址早，且波西遗址 G1 并不见营盘山 B 组文化因素[1]，因此要做出判断还有待于岷江上游新石器时代遗存发现的不断积累。而 C 型壶为对 A 型壶的本地化模仿，在颈部装饰弦纹目前仅见于营盘山遗址；B 组的 C 型罐与 A 组的罐形态也非常接近（H3：16），仅在颈部装饰密集的绳纹和附加堆纹，这应该是对马家窑类型陶器的模仿，也加入了本地的文化因素。

通过对营盘山遗址出土的石器、骨器和陶器的观察以及与周边文化的对比，鉴于对 B 组文化因素的研究状况，我们认为将营盘山遗址的新石器时代文化遗存归属于马家窑类型发展到岷江上游地区的一个地方类型是比较恰当的，其上限与大李家坪三期中段遗存年代相当，下限与林家遗址晚期晚段、大李家坪第三期晚段遗存的年代相当。当然，营盘山遗址的彩陶比例较低（5% 左右），存在一定比例的磨光黑皮陶，盛行绳纹、锯齿状花边口沿、箍带纹、绳纹、弦纹等组成的复合纹饰也非常有特点，晚段流行矮圈足器和出现瓦棱纹等均与河湟地区的马家窑类型有较大的差异；而彩陶比例低，盛行绳纹、锯齿状花边口沿、箍带纹、绳纹、弦纹等组成的复合纹饰恰也是大李家坪遗址第三期的一大特点，这似可暂将其理解为马家窑类型边缘化的特征。另外，与营盘山遗址隔河相望的沙乌都遗址，出土陶器不见营盘山遗址的彩陶和细泥红褐陶等，大量文化因素与岷江下游的宝墩文化相似，发掘者将之命名为"沙乌都遗存"，年代距今 4500 年左右；并认为在夹砂褐陶及泥质灰陶系方面、装饰绳纹及纹唇风格等方面也延续发展了营盘山遗存的文化因素，更多地表现出浓郁的本地文化特色[2]。笔者认为其继承了营盘山第Ⅲ段大量的文化因素，如侈口罐（H1：2）与 D 型罐相似，仅唇部由方唇变为尖圆唇；瓦棱纹也较常见，不仅继承了营盘山第Ⅲ段较窄的瓦棱纹（H1：7），还出现了较宽的瓦棱纹（H1：18、H1：13）；喇叭口壶形器也当是有营盘山遗址常见的壶发展而来；绳纹和锯齿状花边也被沙乌都遗存继承。而这些文化因素又均较多的出现在宝墩文化中，故有的学者认为宝墩文化与营盘山遗址有相当密切的关系[3]。

目前，岷江上游地区新石器时代的文化序列逐步建立，就现有的材料看，三个明显的阶段是清晰的[4]。营盘山遗址发现的重要性不但在于充实了岷江上游的新石器时代文化序列，也反映在将岷江、白龙江、大渡河、嘉陵江以及大临河五条水系的文化联系起来。关于甘青地区新石器时代文化与川北、川西的关系，张强禄先生曾做过有益的探讨，主要从地理环境、传播途径、生产经济类型等方面展开的[5]。陈卫东和王天佑先生在此基础上做了进一步探讨，强调了气候环境的变化，特别是认为公元前 3000 年的降温活动是文化南迁的一个重要原因[6]。但是，波西遗址庙底沟遗存的发现说明文化的南迁在马家窑类型之前就已经发生；而且在白龙江流域的大李家坪遗址并没有典型的庙底沟类型的文

[1] 成都文物考古研究所、阿坝藏族羌族自治州文物保管所、茂县羌族博物馆：《四川茂县波西遗址2002年的试掘》，《成都考古发现（2004）》，科学出版社，2006年。

[2] 成都文物考古研究所、阿坝藏族羌族自治州文物保管所、茂县羌族博物馆：《四川茂县沙乌都遗址调查简报》，《成都考古发现（2004）》，科学出版社，2006年。

[3] 江章华：《岷江上游新石器时代遗存新发现的几点思考》，《四川文物》2004年第3期。

[4] 陈剑：《波西、营盘山及沙乌都——浅析岷江上游新石器文化演变的阶段性》，《考古与文物》2007年第5期。

[5] 张强禄：《试论白龙江流域新石器文化与川西、川北新石器文化的关系》，《四川大学考古专业创建三十五周年纪念文集》，四川大学出版社，1998年。

[6] 陈卫东、王天佑：《浅议岷江上游新石器时代文化》，《四川文物》2004年第3期。

化遗存，这一文化因素更可能是从陇西地区南下的，也表明营盘山遗址的马家窑类型文化因素不仅仅是受白龙江流域的影响，更要注意陇西地区的马家窑类型文化因素，我们对营盘山出土石器和骨器的分析更提醒了应该关注这一文化传播途径。

第一五章 环境、聚落、生业与社会分析

第一节 地理地质环境与聚落选址布局

一 地理地质环境

1. 营盘山遗址与岷江上游河谷阶地

从大的地理来看，营盘山遗址位于中国第一级阶梯青藏高原东部边缘地带。岷山—龙门山南北构造带（隆起带）构成了青藏高原东部边缘的中段，遗址所在的岷江上游发育于该隆起带的西侧，总体呈南北向分布。[1] 岷江西侧支流如杂谷脑河、黑水河、热务河等，向高原腹地溯源侵蚀，形成了沟谷纵横的山地侵蚀地貌。岷山主峰的海拔高度大于5500米（雪宝顶为5588米），龙门山中段主峰接近5000米（九顶山4989米），山顶面平均海拔高度大于4500米，相对地形高差大于1000米。岷山和龙门山中段组成的南北隆起带与四川盆地过渡的地带是一个地形陡变带，受到嘉陵江、白龙江、涪江等河谷支流的深切。沿陡变带的许多地方，局部河谷—山脊之间相对高差达3000米。地形最陡的一段位于隆起带南段九顶山东侧向成都平原过渡的地带，相对高差大于3300米。由于岷江中游和上游几个小河段的河谷纵向比降不同，同时河谷下方地壳上升速率不同，导致了上游和中游的几个河段的下蚀率产生了差异，岷江上游几个河段的年平均下蚀率（1.40毫米/年）大于岷江中游几个河段的年平均下蚀率（1.08毫米/年）。[2]

自源头弓嘎岭到都江堰，岷江上游河床海拔高程从3400米下降到900米，沿河谷发育的阶地海拔高程也相应下降，不同河段阶地的级别、相对高差也发生相应变化。[3] 阶地主要发育在盆地和两河交汇处，如斗鸡台盆地、漳腊盆地、茂县盆地和汶川盆地、鱼子溪与岷江干流交汇处、杂谷脑河与岷江干流交汇处等。低阶地主要发育在宽阔的河谷地带，如漳腊到镇江关段，但高阶地不甚发育；在峡谷地带，如茂县的两河口至马脑顶、映秀到玉龙段等，阶地发育少且分布不连续。岷江上游谷地以发育基座型阶地为主，侵蚀阶地和堆积阶地不发育。不同级别的阶地物质组成不同，一般情况，I、II级阶地由砾石层组成，海拔高度小于5米，沿河分布最连续的是III级阶地，以砾石和砂互层为特点，层序、韵律都很清楚。干流阶地与支流阶地的发育情况差别较大，总体而言，支流中少有阶地发育，如热务河、鱼子溪、黑水河等，但在杂谷脑河中阶地发育。岷江上游阶地发育最好的地段有2个，即漳腊—斗鸡台盆地和茂县盆地。营盘山遗址所在的茂县盆地位于岷江由南向西南流向转折处，

[1] 张岳桥、杨农、孟晖：《岷江上游深切河谷及其对川西高原隆升的响应》，《成都理工大学学报（自然科学版）》第32卷第4期，2005年8月。

[2] 高玄彧、李勇：《岷江上游和中游几个河段的下蚀率对比研究》，《长江流域资源与环境》第15卷第4期，2006年。

[3] 杨农、张岳桥、孟辉、张会平：《川西高原岷江上游河流阶地初步研究》，《地质力学学报》第9卷第4期，2003年12月。

盆地范围不大，盆地内发育 4 级阶地。Ⅰ级阶地高出河床 1～2 米，由河漫滩砾石组成，Ⅰ级阶地实际上是岷江断裂的活动而造成的，它只是局部地区的活动，而不是大范围的构造运动；[1] Ⅱ级阶地高出河床 8～12 米，由冲积、洪积、泥石流扇组成，以磨圆分选极差的灰岩角砾泥石流堆积为特征，在茂县盆地内可见 5 个这样大型的泥石流扇；在河谷地段，Ⅱ级阶地沿河两侧分布连续，海拔高度增大，次级阶面增加，阶地堆积物以砂砾石互层为主，砂层中发育交错层理和斜层理，热释光（TL）测试年龄为 2.07 万年。Ⅲ级阶地在茂县盆地呈典型的阶状地貌，高出河床约 100 米左右，由砾石层、黏土层、土状黄土和灰岩细粒砂等组成，电子自旋共振测定结果，底部年龄 28 万年，上部黄土层年龄 11 万年。波西遗址即位于其上。在第Ⅲ级阶地之上尚发育 1 个层状地貌面，上覆以黄土，下部局部见到砾石层。营盘山遗址就位于该黄土层上。

2. 营盘山遗址与川西黄土分布带

营盘山遗址所在台地的黄土发育较好，处于川西黄土分布带之上。包括营盘山遗址所在的岷江上游、大渡河上游地区在内的川西北高原山地，是中国黄土分布的重要地区。

从地质结构来看，川西高原是青藏高原的组成部分。对青藏高原及邻区马兰黄土重矿物特征的研究表明，以昆仑山—布尔汉达山—西倾山—岷山为界分为两大沉积区系，以北主要来源于亚洲内陆干旱的沙漠、戈壁区；以南来源于高原冰碛和寒冻风化物。由于青藏高原主要受西风环流控制，因而高原上的黄土物质不可能从北方来，而是就地提供的。冰碛物和岩层的寒冻风化提供了丰富的细粒物质。川西高原气候干燥寒冷有利于黄土发育。根据川西高原气候特征和黄土沉积特征分析，搬运黄土物质的主要动力为风、流水（包括冰水）和重力作用。通过川西高原黄土剖面与中国北方典型黄土剖面的对比，以及黄土在川西高原第四纪地层中的层位分析，确定川西高原广泛发育的"黄色黄土"可与北方马兰黄土对比，属上更新世，而"红色黄土"可与北方离石黄土对比，属中更新世。而高阶地上含有数层泥炭层的黄褐色和蓝灰色砂质黏土层可与中国北方的泥河湾层和南方的元谋组对比，属早更新世。将高阶地上的紫红色重黏土与三趾马红土对比，属上新世。川西高原黄土与黄土高原的晚第四纪黄土进行对比，两者之间也存在较明显的差异。第四纪以来青藏高原的阶段性大幅度隆升及东部地区的整体沉降，由此产生的构造地貌的巨大变迁必然会改变古大气环流和古雪线的空间分布，对古气候和古环境产生深刻的影响。与川西高原为一体的青藏高原海拔高、宽度大，其晚新生代强烈整体隆升是北半球气候变化的主要驱动力。在高原季风环流控制下，气候干燥寒冷，第四纪时期发生过多次冰川作用，有大量的冰积物存在。冰积物在冰川的碾磨作用下形成的细粒物质，为黄土发育提供了丰富的物源。高原冬季风和局地的冰川风将高山、高原面上的粉砂细粒物质吹扬到附近相对低洼处堆积，形成质地相对均一的黄土。局部由于受坡面流水作用的影响，风成黄土又被再搬运，形成具水平层理的次生黄土，夹于黄土地层中。黄土高原因其海拔较低，虽处冰期，但周边山地不一定有大规模冰川发育；而青藏高原则不然，冰期时冰川极为发育，甚至形成大型冰帽，即使在间冰期时某些高山仍有山谷冰川发育。因川西高原与黄土高原在地貌、气候和环境等条件存在显著的差异，导致两地同时代的黄土地层的发育过程不完全相同。在特定意义上说，川西高原的黄土为冰缘黄土，而黄土高原的黄土是季风黄土。同时川西高原主要受西南季风的影响，其气候效

————————
[1] 王书兵：《川西中部晚更新世地层与环境》，中国地质科学院博士学位论文，2004年。刘维明：《川西高原黄土记录的末次冰期气候变化》，兰州大学硕士学位论文，2008年。

应与黄土高原有所差异。青藏高原在上升到一定高度之后，冬季作为冷源，夏季作为热源，对高原季风具有加强作用，从而造成冷期更冷，暖期更暖。在西南季风和高原季风双重作用下，沉积物表现为厚度加大。

这些在成都平原以西的高原和高山地貌区的断陷盆地（如甘孜盆地、阿坝盆地）及河流阶地、沟谷上广泛出露的黄土地层，其黄土分布呈现分散、不连续的特点，黄土的厚度及范围远小于黄土高原，多在 10 米以下，厚者近 100 米。[1] 青藏高原东缘黄土地层的颜色和剖面形态与一般意义上的土壤有明显区别，显然不是在母岩上风化而来，而是外力作用下搬运沉积而形成的。通过对黄土粒度组成、石英颗粒表面形态特征以及矿物、元素组成的研究，发现青藏高原东缘黄土属风成沉积，但在物源上有别于北方黄土高原黄土。[2] 以位于马尔康县境内大渡河的 2 条支流淖斯甲河和足木足河交汇处的可尔因地区为例，区内和周边地区的黄土分布广泛，一般厚度几米到几十米，在可尔因大渡河沿岸 3～6 级阶地均广泛分布有厚度近 1 米到十几米的黄土，尤其是 5～6 级阶地厚度较大。从测年结果可见研究区黄土形成的地质年龄具有明显的一致性，介于 14.5～20.6 万年，即中更新世晚期。

3. 营盘山遗址位于龙门山断裂带及地震多发区

营盘山遗址所在的龙门山地区就是一个多断裂带和地震多发区。龙门山深断裂带这条成 45°角北东走向的深大断裂带位于扬子地台西北边缘，[3] 西南起自四川泸定附近，沿着北东方向延伸经汶川、灌县（都江堰市）、北川、阳平关、勉县，进入秦岭。整个断裂带长达 600 千米以上。龙门山深断裂带长期构成中国东西两部分的重要地质分界线，重力上也显示一个极为清楚的梯级带。中生代（此地质世代开始与距今 2.30 亿年，延续了 1.60 亿年，它包括了三叠纪、侏罗纪和白垩纪三个地质世纪）以来，各期构造运动显示比较强烈，并造成一个宽度为 30 千米左右的鳞片状逆掩断裂带，形成当今雄伟的青藏高原东南边界。龙门山断裂带内有三条主干断层：西边一条叫龙门山后山断裂，沿汶川—茂县一线；东边一条叫龙门山山前主边界断裂，沿安县—都江堰—天全一线；中间那条叫龙门山主中央断裂，沿映秀—北川一线。2008 年的"5·12"汶川特大地震的主震就发源于主中央断裂。

龙门山中段的九顶山新华夏构造带，地质构造复杂，断层、褶皱发育，构造对岩土体的改造强烈。同时，区域构造运动应力场的作用使岩体节理裂隙发育，岩性破碎，结构面发育，从而使岩体力学性质大为变化，为地质灾害的发育提供了条件。公元 1610～1900 年龙门山地震带只有 2 次强震记载，而 1900 年后的阶段较为活跃，1900～2000 年这 100 年间 5 级以上地震则比较完整，共发生 14 次地震，即 1900 年邛崃地震、1913 年北川地震、1933 年理县和茂县地震、1940 年茂县地震、1941 年康定地震、1949 年康定地震、1952 年康定和汶川地震、1958 年北川地震、1970 年大邑地震和 1999 年绵竹地震等。2008 年的"5·12"汶川特大地震就发生在龙门山逆冲推覆断裂带上，这是继 1976 年松潘、平武发生 7.6 级大地震之后，30 余年来四川发生的更强烈的大地震，在全国大部分地区，甚至在国外一些地区，都有明显震感，可见这次地震威力之强烈和破坏力之剧烈，令人无比震惊。这也是继唐山大地震之后，中国最为惨重的灾害性地震。

[1] 王建民、潘保田：《青藏高原东部黄土沉积的基本特征及其环境》，《中国沙漠》1997 年第 4 期。

[2] 文星跃、黄成敏：《青藏高原东缘黄土与环境变化研究进展》，《地球与环境》2011 年第 2 期。

[3] 地质矿产部地质词典办公室编：《地质词典》，地质出版社，1983 年。

二　聚落选址布局与趋利避害

针对前述三种地质地理背景条件，营盘山遗址先民已经有着较为深刻的认知程度，这在聚落选址布局方面表现得尤其明显和成功，充分利用了环境的有利之处，并采用多种方式避免了不利因素的影响或降低到最低程度，趋利避害，呈现出高超的智慧与技巧，其经验至今仍然值得学习和借鉴。

1. 营盘山遗址的优越地理位置

营盘山遗址的地理位置可谓天造地设，可见先民在定居地点位置的选择方面可谓处心积虑。营盘山遗址东、西、北三面均为陡坡，并临近岷江河道，易守难攻，为岷江河上游地区难得的风水宝地，适宜于人类长期定居。

遗址西、北及东北三面环水，均邻近岷江干流，东临深沟阳午沟，南靠龙门山主峰九顶山。清《道光茂州志》卷一"山川"记载："盘台山（即营盘山），州东南，山顶平衍如盘如台，又名银锭山，州之水口山也，堪舆家谓山势略低宜建浮图于此。"[1]

营盘山遗址史前先民对定居地点的选择，充分考虑了对水资源的控制与利用，遗址位居岷江上游干流河谷北岸的第三级阶地之上，为一个发育的层状地貌面，上覆以黄土，下部局部见到砾石层。与第一级和第二级阶地相比较，先民既取水便利，遗址又能够避免洪水的侵害。

营盘山遗址所在地属于九顶山的山前脊梁地带，但遗址表面地势较为平整，起伏坡度不大，与周围同海拔高度的山脊状地形之间的差异较为明显。其独特的平整地形的成因应与历史上人类的改造活动有关，营盘山遗址的地势现状是经过了多个时期的改土活动后才形成的。又根据遗址范围内普遍发现有原生的新石器时代文化层堆积（在遗存堆积的厚度上不同部位略有差别），判定这种改土活动早在新石器时代即已开始。

不单是营盘山遗址，而概观整个岷江上游地区，史前遗址在立体空间分布上具有有不平衡的特征。同一流域的上下游河段以及同一河段不同海拔高度的各级河流阶地之上，史前遗址的分布规律也不相同。如岷江上游干流的源头松潘县弓嘎岭至茂县石大关段，海拔均在2500米以上，地势地貌及气候条件较为恶劣，故较少发现史前遗址。而岷江支流杂谷脑河理县米亚罗以上地段、黑水河芦花镇以上地段、涪江上游干流江油市中坝镇以上地段及湔江（土门河）流域，情况与之相似，仅海拔高度略低一些。在岷江上游干流及支流杂谷脑河、黑水河流域史前遗址分布较为密集的地段，河谷两岸海拔适中的Ⅲ级、Ⅳ级阶地之上，发现的史前遗址较多；而海拔较高的Ⅳ级以上山腰及山顶地段，海拔较低的河床及Ⅰ级、Ⅱ级阶地之上，因地势条件较差和易受洪水影响等原因，很少发现史前遗址。包括营盘山遗址在内的岷江上游地区史前先民对于其所生活地域的地理环境特征的认知程度令人叹为观止。

通过发掘，对营盘山遗址内部的平面布局情况也有了初步了解。遗址地表呈缓平的斜坡状，南部略高较窄，北部略低较宽。遗址中部地带为大型广场、房屋、窑址、灶坑的集中分布区，应该为聚落的核心区域，是先民居住与日常生活的主要场所；而遗址南部及北部的边缘性区域则较少发现房屋、窑址、灶坑等遗迹现象，一般文化层堆积均较薄，可能是农业生产用地及放牧场地所在。这

---

[1] 四川茂县地方志编纂委员会办公室编印，杨迦怿、刘辅廷原著，谢复源校注：《道光茂州志》（内部资料）。

一布局形式符合安全防卫原则，遗址南部靠近九顶山，遗址对外交往的通道也位于这一区域，容易受到外来入侵的影响，故不宜布局居住房屋、活动广场及手工业生产设施；而遗址北部区域虽然空间较为开阔，但地势较低，且临近岷江河床，极易受到洪水的威胁，因此也仅适宜布局农业生产田地、放牧场所等辅助性设施。

2. 营盘山遗址先民对黄土的认知与利用

土壤是农作物生长的根本，黄土是非常适宜农作物栽培的土壤，黄土在结构上呈现出均匀、细小、松散、易碎的特点，这就使得粗笨的木耒、石铲等原始工具容易入土和耕作。黄土的有机质含量高，是较为肥沃的土壤，并有良好的保水性能。黄土一般呈碱性，黄土中的矿物质大体经久都不流失，因此基本肥力也长期不丧失。并且黄土还具有"自我加肥"的能力。这不但使其最适合于原始农业的早期耕作，而且也使黄土地区的人类从一开始就采用了与定居生活相适应的较为稳定的耕作制度。

地处川西高原山地的营盘山、哈休、姜维城等史前遗址文化层的土壤属于川西黄土，川西高原系青藏高原的东延部分，其黄土发育分布特征为：黄土分布广泛而集中，从北面阿坝盆地到南面的盐源盆地，从东侧的岷江河谷到西侧的金沙江畔都有黄土分布，但它不是遍布于整个高原，而是集中于河谷和断陷盆地中；黄土分布的厚度变化大，厚者达 50～100 米以上，而薄者不及 1 米，通常在高阶地、凹形谷肩、山坡及古冰蚀凹地上黄土厚度大，而在河谷低阶地与古冰碛物上覆盖的黄土通常较薄；由于黄土覆盖于不同的地貌部位，因而黄土分布的海拔高度变化很大，高者可达 4200～4300 米，低者仅 1500 余米，有的仅在一地，黄土的分布高差就达 2000 余米。

营盘山遗址的史前先民对川西黄土有着较为深入的认知与利用，不仅为陶器生产提供优质原材料，也为以种植粟黍为主要农作物的旱作农业提供了良好的土壤资源。

3. 营盘山先民对地震断裂带的认知与选址避让

尽管地处地震多发的断裂带，但龙门山地区的先民还是创造了具有较高水准的史前文化。茂县波西、营盘山、下关子遗址、汶川县姜维城遗址等一批重要史前遗址均位于龙门山地区的中心范围之内。而茂县县城所在的岷江河谷盆地范围内分布着龙门山三条断裂带中的西边一条即沿汶川—茂县一线的龙门山后山断裂带，而营盘山遗址的具体位置则巧妙地避开了此断裂带（图15-1），故遗址在"5·12"汶川特大地震中基本未受影响。

可见，经过数千年的探索、总结实践活动，包括营盘山先民在内的龙门山地区史前先民对于当地的地震断裂带已有着较为深刻的认知，在定居地点的选址方面可谓匠心独具。

尽管营盘山遗址所在的茂县属于"5·12"汶川特大地震的极重灾区，但令人欣慰的是，营盘山遗址经历了本次灾难后基本完好无损，仅北端边坡上有局部出现轻微滑坡现象（图15-2、3）。不得不赞叹岷江上游的史前先民选择定居地的慎重和科学性。实际上，茂县城关所在的河谷冲积平原在本次地震中均未受到严重损坏，茂县县城死亡人数仅 95 人。这一地区自距今约 6000 多年前左右就有先民在此定居生活，汉代的汶山郡、汶山县的治所也一度在此，历史上一直是岷江上游的政治、经济、文化中心所在。其安全性经过了历史的检验。汶川县城威州镇地处岷江干流与杂谷脑河交汇处，所在区域分布有姜维城新石器时代遗址、布瓦新石器时代遗址、增坡新石器至夏商时期玉石器窖藏、布瓦汉代石棺葬、姜维城汉代城址、唐代威州城、姜维城明清城址、布瓦明清碉楼等文化遗产，自

图15-1　茂县县城所在岷江河谷盆地范围内的史前遗址与地震断裂带分布位置图

图15-2　营盘山遗址地震前外景（北—南）　　图15-3　营盘山遗址地震后外景（北—南）

距今 5000 多年以来，人类定居历史基本连绵不断，是岷江上游的又一处经济文化中心。尽管靠近震中，威州镇的人员伤亡情况并不严重，仅部分房屋建筑成为危房。

　　一方面，岷江上游地区史前先民在选择定居地点时尽可能避开了地震断裂带；另一方面，地震尤其是特大地震的直接破坏和次生灾害对史前遗址的影响与破坏也不容忽视。

　　一般来说，地震的破坏可分为直接破坏和次生灾害两类，对史前先民的选址及遗址分布的影响不一样。首先看直接破坏。因为地震往往由断层断裂引发，当断层突然断裂时，地壳中与这条断层邻近的两个断块会突然发生水平方向或者垂直方向的错动，从地层深处发生断裂的那个点上会有巨大的能量释放出来，这种能量以地震波的形式辐射开来。一种叫做 P 波的地震波在传播过程中会拉伸或者压缩岩石，另一种 S 波则使岩石发生横向摆动。地质学家通过分布在世界各地的地震监测站对这两种地震波进行记录，就能够确定震源的位置以及处于震源正上方的地面位置，即震中。地震发生时，P 波和 S 波在地球表面上形成表面波，引起地面的上下震颤和左右摆动，通常沿着发生断裂的断层传播时能量是最强烈的。2008 年汶川"5·12"特大地震发生后进行的实地考察发现，处于断裂带之上和山脊地带的现代民居受到严重破坏，如震中附近的汶川县映秀镇、北川县城曲山镇、绵竹汉旺镇等城镇及汶川萝卜寨、茂县壳壳寨等村寨受到了毁灭性破坏。而在龙门山地区的山脊以及三条断裂带之上，较少发现史前遗址。这一现象不能不说与地震的直接破坏有关。

再看地震次生灾害的影响。野外调查发现，"5·12"汶川特大地震诱发的次生地质灾害类型多种多样，主要有滑坡、崩塌、泥石流、地裂缝和地震沙土液化等。但是在山区以滑坡、崩塌和泥石流为主，地裂缝主要位于发震断裂或次生活动断裂附近，其总体走向与地震带走向一致。地震诱发崩滑体的规模大小和密度与地震震级大小和震中距离存在着较好的对应关系。地震滑坡、崩塌的分布不仅受岩性的控制，而且与断裂构造有密切的关系。地震次生灾害可以多种形式并存，而且可能混杂在一起。地震灾区本来就多处在高山峡谷地区，易发生地质灾害。大地震后，山崩地裂，很多山体出现松垮现象，存在许多隐患，一旦有余震发生或者出现大雨暴雨，发生山体滑坡和泥石流的可能性将进一步增加。尤其是堰塞湖的破坏更为严重。相对于直接破坏，地震的次生灾害对史前遗址造成的破坏更为严重。岷江上游干流两岸的河床及一级阶地之上几乎未发现史前遗址；湔江（土门河）流域，目前仅在源头的茂县光明乡发现了下关子、上关子两处史前遗址，其余河段均为空白。这些情况应与地震的次生灾害存在一定的关系。[1]

了解到地震的直接和间接破坏后果，有助于深入探讨龙门山等地震多发地区史前遗址分布规律，以及史前考古学文化演变与地理环境变迁之间的互动关系。

4．遗址分布与环境变迁的互动关系

在茂县盆地即城关河谷冲积平原范围内，发现了营盘山、波西、金龟包、波西台地、上南庄、勒石村、沙乌都、马良坪等十余处新石器时代遗址及遗物采集点。从目前的考古资料来看，岷江上游地区新石器时代文化遗存大体包括波西下层遗存、营盘山遗存和沙乌都遗存等文化面貌各异的三类遗存，分别代表了岷江上游新石器时代文化延续发展的三大阶段。[2]第一阶段的波西下层遗存具有仰韶文化庙底沟类型晚期的典型特征；第二阶段的营盘山遗存与马家窑文化的石岭下类型、马家窑类型和以大地湾遗址第四期文化为代表的仰韶文化晚期遗存之间存在较多的共同文化因素，差异也很明显；第三阶段的沙乌都遗存则与成都平原的宝墩文化面貌相近。这三大阶段遗存目前仅能判别出相对的早晚差异，尚不能确认为一脉相承的文化渊源关系，但可以发现从第二至第三阶段，本地土著文化因素呈现不断壮大的趋势，体现了岷江上游地区文化演进的本土化历程。

以波西、营盘山、沙乌都遗址为代表的垂直分布非常差异：仰韶时代中期晚段的波西遗址处于岷江西岸Ⅲ级阶地之上，海拔高度约1590～1610米；仰韶时代晚期至马家窑类型时期的营盘山遗址则处于岷江东岸及南岸的Ⅲ级阶地以上的台地之上，海拔高度约1660～1710米；而龙山时代早期的沙乌都遗址更是处于岷江东北岸的山脊之上，海拔高度在1900米以上。本地点史前遗址分布的海拔高度与遗址时代之间关系表现出相同的规律性，遗址的时代越晚，所处的海拔高度越高。尤其是龙山时代（距今4800年以内）的文化遗址，多数已位于临近山脊的坡地之上，海拔高度基本在2000米左右。

---

[1] 陈剑：《龙门山地区史前遗址分布的地质学观察——5·12汶川大地震对四川史前考古的几点启示》，《中国聚落考古的理论与实践》，科学出版社，2010年。陈剑：《龙门山地区的史前地震考古：基础、方法与借鉴》，《中华文化论坛》2011年第4期。陈剑：《先秦地震考古研究的新进展及其对龙门山地区史前地震考古的启示》，《民族学刊》2013年第4期。

[2] 陈剑：《波西、营盘山及沙乌都——浅析岷江上游新石器文化演变的阶段性》，《考古与文物》2007年第5期。陈剑：《四川盆地西北缘龙山时代考古新发现述析》，《中华文化论坛》2007年第2期。

　　与此相似的是，同处于岷江上游地区的汶川县城位于杂谷脑河与岷江的交汇地带，在此两条狭长的河谷阶地及山脊之上，发现了姜维城、布瓦遗址和增坡玉石器窖藏等多处新石器时代遗址。其垂直分布差异特征也较明显：仰韶时代晚期的姜维城遗址处于岷江与杂谷脑河交汇处东南岸的Ⅲ级阶地之上，海拔高度不到 1400 米；而龙山时代的布瓦遗址则位于杂谷脑河东岸靠近山脊的坡地之上，海拔高度约 2100 米，龙山时代晚期至夏商时期的增坡玉石器窖藏也是处于杂谷脑河西岸Ⅲ级阶地以上的坡地之上，海拔高度约 1850 米。

　　更为巧合的是，在大渡河上游的脚木足河流域也发现有类似情况。如马尔康的孔龙村遗址、哈休遗址及白赊遗址所分布的地理海拔位置也值得关注。年代最早的孔龙村位于脚木足河干流一级阶地之上，为河谷冲积平原所在，海拔低于年代最晚的白赊村遗址；白赊村位于脚木足河东岸二级阶地以上的台地之上，海拔明显高于孔龙村遗址；而年代居中的哈休村遗址则位于支流茶堡河北岸二级阶地，略高于孔龙村遗址。这一分布规律与岷江上游地区的茂县县城河谷盆地和汶川县城地带的史前遗址分布规律相似。[1]

　　由此看来，大渡河上游地区与岷江上游地区史前遗址分布的海拔高度与遗址时代之间关系表现出相同的规律性，即遗址的年代越早，海拔位置越低并近于河边；而遗址的时代越晚，所处的海拔高度越高至台地甚至山腰之上。尤其是龙山时代（距今 4800 年以内）的文化遗址，多数已位于临近山脊的坡地之上，海拔高度基本在 2000 米左右。

　　这一规律与甘肃省秦安大地湾大型遗址群的内部分布差异特征相似。[2]黄河上游地区史前遗址的分布也有相类似的变化情况，如甘肃省秦安县大地湾遗址。大地湾遗存分为五期，第一期即前仰韶时期的老官台文化（有的学者称其为大地湾文化），碳 -14 测定年代距今约 7800 ~ 7300 年（经树轮较正，下同）；第二期属仰韶文化早期，与姜寨二期、史家墓地大体同时，碳 -14 测定年代距今约 6500 ~ 5900 年；第三期属仰韶文化中期，与宝鸡福临堡一期、岐山王家嘴同类遗存非常接近，大体相当于半坡中期、姜寨三期，碳 -14 测定年代距今约 5900 ~ 5500 年；第四期属仰韶文化晚期，相当于半坡晚期或福临堡二、三期，与天水师赵村四、五期基本相同，碳 -14 测定年代距今约 5500 ~ 4900 年；第五期属常山下层文化，参照常山遗址碳 -14 测定年代数据，大约在距今4900 ~ 4800 年前后。其中第四期遗存最为丰富，第二期次之，第五期最为零散。第一期文化在河边二级阶地呈带状分布，长约 120、宽 40 ~ 60 米，范围约 6000 平方米。第二期遗存分为前后紧密联系的三段，Ⅰ 段聚落保存较好，布局较为清晰，主体仍位于第二级阶地上，其南部已扩展到三级阶地的前缘；第三期 Ⅱ 段的聚落向西南扩展 2000 平方米；Ⅲ 段的聚落在台地西北部、东南部继续扩展出近千平方米。第三期聚落不仅局限于二、三级阶地上，已向南延伸至山脚下，整体面积可达 4 万平方米。第四期聚落从河边阶地急剧向山地扩展，主体部分面积达 50 万平方米，几百年时间内规模扩大了 10 多倍，达到了大地湾遗址史前聚落的鼎盛阶段，聚落巧妙地利用黄土高原沟壑梁邹的自然地貌，依山而建，背山面河，两侧分别以沟壑为天然屏障，显露了先民总体规划的卓越才能，主体位于海拔 1560 米的缓坡山地上，两侧是山梁，山梁外侧是难以攀援的陡坡，山坡中部略向内凹，形成避风的开阔地带，平面近似梯形，东西长约 600 ~ 900、南北宽约 400 ~ 600 米，从高往下（即从南

　　[1] 陈剑：《先秦地震考古研究的新进展及其对龙门山地区史前考古的启示》，《民族学刊》2013年第4期。
　　[2] 郎树德：《甘肃秦安县大地湾遗址聚落形态及其演变》，《考古》2003年第6期。郎树德：《大地湾遗址房屋遗存的初步研究》，《考古与文物》2002年第5期。甘肃省文物考古研究所：《秦安大地湾——新石器时代遗址发掘报告》，文物出版社，2006年。

往北）越来越宽。在聚落南北中轴线上，发现了 F400、F405、F901 等 3 座面积均超过 200 平方米的大型建筑，在中轴线附近还发现有其他大型建筑遗迹现象。第五期遗存仅分布在山地，山下河边阶地无此遗存，这与清水河沿岸其他遗址常山下层遗存的分布情况是一致的，均远离河岸，向山地发展。大地湾遗址展示了聚落形态在一个遗址内历经 3000 年的发展轨迹，揭示了史前聚落从小到大、从河边阶地到山地、从低海拔到高海拔、从单一到复杂的演进过程。

有学者认为这一现象与公元前 3000 年左右，全球和中国各地都存在一次突发性的、变化幅度较大的环境恶化事件有关系。[1] 这次环境恶化事件也是中国新石器文化中期文化衰落、文化断层出现的主要原因。这一环境恶化事件导致了洪水、气候趋于干冷化等灾害性现象的发生，致使原来人类定居生活的区域不再宜居，从而出现了定居地点迁移的现象。环境考古学研究表明，距今 1 万年前后以来的新石器时代，黄河流域曾经有过多次气候暖湿和干凉变化，可概括为前仰韶升温期、仰韶最暖期和龙山降温期等几个主要阶段。黄河流域在仰韶文化中、晚期（距今约 6000～5000 年）气温上升到全新世以来的最高点，形成了以栎等阔叶树为主的森林草原景观。当时关中一带降水量较为丰沛，气候温暖湿润。为原始农业的发展提供了有利的条件，仰韶文化快速发展起来，使史前人口增长和文化的发展进入一个繁盛时期。但文化的快速发展也可能带来了人口相对过剩的危机，扩张文化的生存空间成为人们必然的选择。这种扩张主要是从文化的中心区向周边地区迁徙多余的人口，迁徙的结果是对新领地的开发而导致文化分布区域的扩大。仰韶时期文化的大扩张，大大加快了不同区域史前文化的交流与融合。以仰韶文化为例，这次文化的大扩张，形成了以渭水流域为中心，汉水上游的文化分布区域，而其影响更是东达黄河下游，西到甘青地区，北至内蒙古南部，南及江汉平原。可以说，这一次文化的大扩张，大大促进了不同文化间的交流与融合，奠定了中国新石器时代文化时空分布的基本格局。全新世环境气候变化的多项研究成果表明，在距今约 5000 年前后，全新世大暖期结束，气温开始下降；距今 4000 年前后，是中国异常洪水多发的时期。这一环境气候的重大变化，对史前人类文化的发展，又带来了一次深远的影响。中国的东北、华北、西北等地的孢粉记录、黄土发育和碳－14 测年研究表明，距今 5000 年左右发生了环境恶化事件，表现为古土壤停止发育，孢粉浓度降低或缺失，孢粉组合中松、蒿花粉大增，榆、椴花粉明显减少。在季风区的北方的内蒙古地区、黄土区、黄河流域部分地区，表现为沙漠化、荒漠化的加剧。内蒙古中部的环境考古研究也表明，距今 4300 年出现了寒冷事件，当时的温度较现在低 3℃。上述环境变化记录在中国北方乃至北半球同时期环境记录中有较好的对应性，因此可以大体确定，距今 5000 年前后以来，发生了普遍而广域的降温事件，全新世以来的气候变化进入到龙山降温期。此外，环境考古学研究表明，距今 4000 年前后是中国北方异常洪水多发的时期，黄河流域、淮河流域和海河流域在这一时期普遍出现不同形式的史前异常洪水事件。

目前的考古发现资料表明，包括大渡河上游与岷江上游地区在内的川西北高原山地在考古学文

---

[1] 朱艳、陈发虎、张家武、安成邦：《距今五千年左右环境恶化事件对我国新石器文化的影响及其原因的初步探讨》，《地理科学进展》2001 年（第 20 卷）第 2 期。张宏彦：《渭水流域的古环境与古文化》，《考古文物研究——纪念西北大学考古专业成立四十周年文集（1956～1996）》，三秦出版社，1996 年。张宏彦：《渭水流域全新世环境变化的初步研究》，《环境考古研究》（第二辑），科学出版社，2000 年。靳桂云、刘东生：《华北北部中全新世降温气候事件与文化变迁》，《科学通报》2001 年（第 46 卷）第 20 期。方修琦、孙宁：《降温事件：4.3akBP 岱海老虎山文化中断的可能原因》，《人文地理》1998 年（第 13 卷）第 1 期。崔建新，周尚哲：《4000a 前中国洪水与文化的探讨》，《兰州大学学报（自然科学版）》2003 年（第 39 卷）第 3 期。夏正楷、杨晓燕：《我国北方 4Ka B.P. 前后异常洪水事件的初步研究》，《第四纪研究》2003 年（第 23 卷）第 6 期。张宏彦：《黄河流域史前文化变化过程的环境考古学观察》，《考古与文物》2009 年第 4 期。

化内涵、地理位置与环境等方面，与黄河上游地区尤其是青海东部和甘肃南部地区存在着较为密切的关系。位于渭水上游的甘肃天水地区原是仰韶文化的分布区。从仰韶晚期开始，主要分布在甘肃中部和青海东南部的马家窑文化，开始了第一波的东渐而到达了天水一带。在天水师赵村遗址，第一至第三期主要是老官台文化和仰韶文化遗存，从第四期开始出现了较多的马家窑文化因素，第五期（马家窑类型）和第六期（半山类型）则已是典型的马家窑文化遗存了。大约在距今 4000 年前后，甘青地区的气候进一步向干凉方向发展，齐家文化中出现了较多的羊骨，显示出畜牧经济成分增多。与此同时史前文化开始了第二波的东渐，在天水地区出现了以师赵村第七期和秦安寺咀坪等遗址为代表的齐家文化遗存。

川西北高原山地的史前遗址分布的变迁现象也应当与 5000 年前的大范围环境恶化事件有关。当然，造成环境恶化的原因是需多方面多角度的，除了大规模降温活动和干旱的环境恶化事件背景外，聚落的不断扩大以及人口的飞速增长而产生的影响也不容忽视。对于大地湾遗址群同大渡河上游及岷江上游地区史前遗址分布的海拔高度与遗址时代之间关系表现出相同的规律性现象，还有赖于多学科结合进行深入的探讨。

营盘山新石器时代大型遗址群堪称岷江上游地区这一历史进程的缩影。不同的发展阶段，遗址地理位置的变迁可能与岷江上游地区环境的变化息息相关。自距今 6000 年以来迄至距今 4500 年间，岷江上游地区的人口的不断增多，农业开采及耕种规模不断加剧，生态环境所受到的破坏也不断严重。第一、二阶段聚落遗址所在的临河一、二级阶地及其同一水平线的台地，因为洪水等因素的影响而不宜于人类定居，因此到了以沙乌都遗址为代表的第三阶段，人类选择定居的地点时也只能上移至江岸四级台地之上的山脊地带。

第二节　生业形态与社会生活

一　生业形态初识

植物考古研究表明，在营盘山遗址浮选出土的炭化植物种子中，以农作物籽粒和田间杂草种子的数量占绝对优势，二者合计约占出土植物种子总数的 95%。杂草是伴随着人类的出现而形成的、依附于人类的生产和生活而存在于某种人工生态环境的一类特殊植物。田间的杂草之所以被人类视为危害，是因为它们的生长环境属于人类耕种的农田，与人类所种植的农作物相伴而生。据此，在考古遗址浮选出土的田间杂草类植物遗存所反映的实际是当时的农耕生产情况。前面已经提及，营盘山遗址出土的杂草类植物种子都应该属于田间杂草。所以从总体上讲，营盘山遗址浮选结果所表现的是当时的农业生产以及农产品加工和消费的信息，毫无疑问，营盘山遗址的生业形态已经进入到农业阶段，农业生产应该是营盘山先民物质生活资料的主要来源。营盘山遗址浮选出土的农作物包括粟、黍和疑似黑麦三个谷物品种。粟也称谷子，黍也称糜子，这两种谷物常被统称为"小米"或"粟类作物"，是中国古代北方旱作农业的主体农作物品种。黑麦起源于西亚，后传入中国，有关黑麦传入中国的时间和途径尚不清楚。但黑麦也是一种旱地作物，抗旱耐寒。营盘山遗址浮选出土的杂草类植物遗存，如狗尾草属、黍属和马唐属，以及鸭跖草，都是秋熟旱作农田中常见的杂草类型，而谷子和糜子恰恰都是秋熟旱地作物。综合以上因素判断，营盘山遗址浮选结果所反映的农业应该属于典型的北方旱作农业生产特点。[1]

营盘山遗址是岷江上游地区一处重要的新石器时代遗址，其重要性不仅表现在所处的关键的地理位置，而且还在于其特殊的文化性质。例如，从营盘山遗址出土的彩陶不论在器形上还是在彩陶纹饰上都属于典型的马家窑风格，碳 −14 测定的年代也落在了马家窑文化的年代范围内，因此，有学者认为营盘山遗址的文化属性属于"马家窑文化"，岷江上游地区应该划归于马家窑文化的分布范围内。但也有学者持不同观点，认为营盘山遗址的文化遗存虽然与甘青地区马家窑文化有相似之处，但差异还是很明显的，例如房屋建筑的特点、某些陶器纹饰的特征等，因此，营盘山遗址的文化属性应该是受到马家窑文化影响的岷江上游地区本土文化。然而，不论是持哪一种观点，有一点是不容置疑的，那就是岷江上游地区的营盘山遗址文化遗存与甘青地区的马家窑文化存在着非常密切的关系。

马家窑文化分布的核心区域是甘肃中南部地区，该地区是中国古代北方旱作农业的主要分布区域之一。秦安大地湾一期文化出土的黍和粟是目前在中国发现的最早的小米遗存实物证据之一；在仰韶文化早中期，当地的旱作农业不断发展；到了马家窑文化时期，以粟和黍为代表性农作物的旱作农业系统在甘肃中南部地区已经完全建立。前面提到，通过对浮选出土植物遗存的分析，营盘山遗址的生业形态已经进入到农业生产阶段，其特点属于典型的北方旱作农业传统。由此推论，营盘山遗址浮选结果所表现出的典型北方旱作农业生产特点应该是源自马家窑文化分布的核心区域，姑且不论营盘山遗址的文化属性究竟是应该直接归属马家窑文化还是间接受到马家窑文化影响。

营盘山居民以定居农耕业为主要生业方式。这一经济生活状况还可以从遗址内发现的相关遗迹和出土遗物中略见一斑。如出土遗物包括较为丰富的石质、陶质和骨质生产工具，从石器工具方面来看，遗址出土少量的石斧、石锛和石凿等砍伐农具；各种石刀和切割器可能是用于农业收割或采集活动的；另有石杵等加工农具。陶器中夹砂厚胎的炊器，器体宽大、容积深广的贮器占有一定的比例。遗址出土陶器中有相当数量的酒具类器物，如制作精美的彩陶壶、彩陶瓶、杯、碗等，据此推测营盘山居民可能已掌握了酿酒技术并开始进行生产。遗址内还发现有圆形袋状灰坑，应为用于贮藏粮食或其他物品的窖穴。这些发现表明当时农产品的数量已较为丰富。从营盘山遗址出土的陶器来看，发现较多夹砂厚胎的炊器，遗址内还发现有用于贮藏粮食或其他物品的圆形袋状窖穴，说明当时农产品的数量已较为丰富。

但是，由于营盘山遗址所处的地理位置以及受当时气候环境变化的影响，营盘山的农业经济可能并不是很发达。营盘山遗址地处茂汶地区，气候复杂多样，具有干燥多风、冬季寒冷、夏季凉爽、昼夜温差大和地区差异大的特点。县城平均气温为 11℃，最低气温为 -12℃，最高气温为 32℃，无霜期二百二十天，年平均降雨量仅四百九十毫米，主要集中在五至十月，年平均蒸发量一千三百零五毫米，为年降雨量的近三倍[2]，现代的气候环境指标应该说不适合发展农业生产。借鉴地貌相似纬度稍北的渭水流域全新世环境变化的研究结果做初步分析，据张宏彦先生对渭水流域全新世环境的变化的研究认为，孢粉组合（5000 ∼ 4400 a B.P.）特征以案板 IV 带、西山坪第 2 号样品、师赵村第1、2 号样品为代表，显示草本花粉较前一时期有所上升，木本花粉略有下降，其中栎、鹅耳枥、胡

[1] 赵志军、陈剑：《四川茂县营盘山遗址浮选结果及分析》，《南方文物》2011年第3期。

[2] 《茂汶羌族自治县概况》编写组：《茂汶羌族自治县概况》，四川民族出版社，1985年，第3页。

桃等阔叶树仍常见，以松为主的针叶树稍有增加，反映出植被为针阔叶混交林和草原，气温和湿度均较前一时期有所下降[1]。营盘山遗址所处川西北高原山地的地貌环境，其位于中国的农牧交错带地区，一般认为生态过渡带对于环境变化的反应比较敏感[2]，因而当时气候环境的变化可能比较大，而且营盘山遗址附近的气温低于附近的其他河谷地区，因此认为由于营盘山遗址所处的地理位置，在降温的大背景下农业生产可能并不是很发达的。

　　根据动物考古研究结果来看，营盘山遗址出土的动物种类包括哺乳纲、鸟纲、鱼纲、爬行纲、腹足纲和瓣鳃纲等，家畜有猪和狗、黄牛和山羊，野生动物有水鹿、斑鹿、麂、牛、羚羊、羊、熊、兔子、野猪、竹鼠、龟、大型鳖类、蚌类、鱼类和鸟类等。营盘山遗址出土的动物种类比较丰富，说明当时遗址周围植被浓郁，水域宽广，动物资源丰富，为先民提供了良好的生境。通过对可鉴定标本数、最小个体数、家畜年龄结构、骨骼重量及肉量估算等统计分析，我们认为猪是人们饲养的稳定的肉食来源，年龄都相对较小，反映当时人们食用猪肉的状况；狗的数量少，应该不是以食肉为畜养目的，而很可能是作为狩猎的伴侣。野生动物中以哺乳动物为主，而哺乳动物中有偶蹄目、食肉目、灵长目、兔形目和啮齿目，其中偶蹄目占绝大多数，它们是当时聚落遗址先民的重要肉食来源，另外少量爬行动物和淡水鱼类也是食物结构的重要组成部分。从骨、角质工具来看，主要是以骨锥为主，另有箭镞、骨梗刀、骨匕、骨针等生产和狩猎工具；骨簪、骨镯等妆饰品制作精细，表现较高的审美情趣，总体看来骨、角器工艺比较发达。动物骨骼资料反映出该遗址无疑是定居农业社会，以农业为主但并不是十分发达，平时畜养猪作为稳定的肉食来源，同时采集、狩猎和捕鱼也是获取食物的重要方式。

　　茂县地处川西北高原山地向川西平原过渡的高山峡谷地带，境内北有岷山，东南有龙门山脉由东北向西南延伸，西部有邛崃山脉，境内高山耸峙，河谷深邃，江河纵横，森林茂密。营盘山遗址位于县城凤仪镇附近，由于龙门山脉挡住了从太平洋吹来的湿润东南风，加以谷地开阔，吸收太阳辐射热较差，[3]使营盘山遗址附近的气温低于附近的其他河谷。在(四川)西部地区特殊的地貌条件下，动物区系的种类组成具有复杂和古老的特殊点外，善于奔驰跳跃或登崖履险的有蹄类多，也和东部地区形成鲜明对照。[4]总的看来，地表起伏比较大，从而导致气候、植被类型的多样化和垂直分布明显，对于资源动物的种属构成、数量和分布地域影响很大。从野生动物的栖息环境可以推测遗址周围的气候环境和植被状况，营盘山遗址出土的动物骨骼呈现出当时动物种属的多样性，说明营盘山人生活在一个山清水秀、林草茂密的自然环境中，也有一定的灌丛和草丛，反映出该地区处于从高原向平原过渡的地貌特征，植被垂直变化也较明显。

　　营盘山遗址发现的动物骨骼比较破碎，通过仔细观察，骨骼表面有食肉类咬痕、烧痕、人类肢解动物和加工骨器留下的痕迹。食肉动物的咬痕仅见于在少数骨骼表面，鉴于遗址中发现有狗的遗骸，这些骨骼上的咬痕可能是狗所为。营盘山遗址发现的动物群以家养动物为主，野生动物数量较少，按最小个体数统计家养动物占总数的65.09%（含黄牛），野生动物占34.81%。家养动物的种类有猪、狗，可能还有黄牛，其中猪占主导地位，这些都与农业定居社会驯养动物的特征相似。另外，从收集的骨骼状况来看，营盘山遗址的骨骼分布相对密集，破碎程度也高，骨骼上保留有不少的砍切痕迹，

[1] 张宏彦：《渭水流域全新世环境变化的初步研究》，《环境考古研究》（第二辑），科学出版社，2000年，第145～151页。

[2] 宋豫秦：《生态过渡带之人地关系刍议》，《环境考古研究》（第二辑），科学出版社，2000年，第13～16页。

[3] 《茂汶羌族自治县概况》编写组：《茂汶羌族自治县概况》，四川民族出版社，1985年，第1～4页。

[4] 《四川资源动物志》编辑委员会主编：《四川资源动物志》（第一卷 总论），四川人民出版社，1982年，第15、16页。

而且还发现了很多的骨坯和制作骨器剩余的废料。这些特征都说明营盘山遗址是一个定居的聚落。

在营盘山遗址周围有丰富的动物资源和植被条件，可以为先民提供广阔的食物资源。遗址位于岷江边缘的台地上，岷江从营盘山遗址的西、北和东北三面环绕而过，弯曲的河道形成了较大面积的回水湾区，河水流速减缓，其中的浅水区域是理想的捕捞作业场所。已经发现了少量的鱼骨，遗址出土遗物中也有网坠发现，说明岷江及其支流丰富的鱼资源也是食物的重要来源之一。遗址出土有数量丰富的狩猎所用的石球、磨制精细的石质和骨质箭镞等遗物。还出土有数量众多的细石叶、细石核及小石片石器，质地以黑色及白色半透明的燧石、白色的石英和透明的水晶为主，细石器制作工艺成熟，选材精良。学术界一般认为，细石器多为复合工具的组成部分，常用来剥离加工兽皮，细石器工艺与狩猎、畜牧经济有密切联系。遗址还出土有亚腰形的打制石网坠，当为捕捞渔业的实物例证。

营盘山遗址植物考古浮选结果的一个显著特点是出土了大量的果核残块，从中鉴定出了桃、梅、杏、李等不同的果树品种，由于在先秦文献中早有记载，有学者推测桃、梅、杏、李这四种果树应该是起源于中国。营盘山遗址的发现为今后探讨这些果树的栽培历史提供了珍贵的资料。在营盘山遗址浮选出土的植物种子中，值得关注的还有藜属、沙棘和红豆杉的遗存。藜属植物中包含有一个失传的栽培品种，起源于北美洲，曾经是当地古印第安人种植的主要谷物之一，但随着玉米的传入，栽培藜被放弃了。栽培藜的被栽培又被放弃的这段历史是否在中国也曾出现过，这是一个需要认真考虑和深入研究的学术问题。岷江上游地区盛产沙棘和红豆杉，沙棘的经济价值很高。红豆杉也是一种具有很高经济价值的植物种类，根据营盘山遗址的发现，岷江上游地区古代先民有可能早在距今 5000 年前就已经认识到了沙棘和红豆杉的食用价值或者是药用价值。[1]

总之，从遗址所处的地理环境、出土动物骨骼、骨器加工和浮选的植物标本来看，营盘山遗址可能以农业经济为主，同时，狩猎、采集和捕捞业也是营盘山居民经济生活中不可或缺的补充内容，反映出营盘山先民很好地利用了区域地理内的资源为生活服务。营盘山遗址虽地处川西北，先民们除了充分利用当地的动植物资源外，在遗址中发现有少量海贝，说明当时地处高原边缘的营盘山先民并不封闭，至少与周边地区存在交流。

二　技术与艺术管窥

1. 房屋营建技术

营盘山遗址发现的房屋遗迹均为地面建筑，依据面积可分为中型和小型两类。小型房屋基址的面积不大，在 15～20 平方米，多系单间建筑，平面多为方形或长方形；中型房址面积最大可达 50 平方米，并有分间，内部有隔墙。房址之间有叠压、打破关系。发现的遗迹现象包括柱洞、基槽、灶坑及贮火罐等，房内还出土大量红烧土块，其上可见明显的棍棒插抹痕迹及拌草遗存，推测这些房址的建筑结构采用了木骨泥墙的形式，并开挖了基槽。

遗址中部发现的大型广场遗迹的面积超过 200 平方米，其硬土面之下发现有多座奠基性质的人祭坑，表明该遗迹在遗址的平面布局中占有非常重要的地位，这里应是举行祭祀等重大活动的场所。

[1] 赵志军、陈剑：《四川茂县营盘山遗址浮选结果及分析》，《南方文物》2011年第3期。

尽管营盘山遗址目前尚未发现大型房屋建筑遗存，但在广场上发现了一些大型柱洞，直径在30厘米以上，有的内部垫有卵石，有的柱洞附近还有奠基人牲坑，埋有骨架纤细应该属于儿童的遗骸。根据柱洞的规格可以推测房屋建筑的规模可观。这也表明这些柱洞应该属于规格较高的大型房屋建筑所有，该大型建筑的性质非同一般，在聚落平面布局中的地位非常重要。

2．陶器烧制技术

营盘山遗址范围内发现多座陶窑，还出土相当数量的烧结物，使人们对于营盘山先民的陶器烧制技术有了较为深入的认识。窑址均为横穴窑，依火道的位置及走向可分为两类：一类平面略呈圆形，窑箅、火道基本位于火塘的正上方；另一类平面略呈马蹄形，双火道向外延伸。遗址内发现有结构较为复杂的陶窑，如2003年发现的陶窑03Y1，体量较大，残存窑箅厚度在5厘米以上，可以烧制出火候较高的陶器。

通过对灰坑02H44出土的烧结物标本进行了取样，送达国家教育部四川大学分析测试中心进行了相关的检测分析。结果表明为硅、铝、钙、铁、钾、钠、镁、钛等因素的氧化物，判断其烧结温度可达近1000℃，可以烧制出质量较高的陶器种类。营盘山遗址出土部分陶器的特征及发现的陶窑均支持这一测试及判断结果，如彩陶、泥质红陶、泥质细泥灰陶及泥质磨光黑皮陶的烧造火候均较高，个别陶器轻扣表面，即发出清脆的响声。

而以彩陶制作工艺为代表的制陶业是整个仰韶时代手工业的最高成就所在，营盘山遗址出土数量众多且制作精美的彩陶器，更是它作为大型中心性聚落的实物标志。

营盘山居民具有较为高超的装饰和造型艺术水准，尤其在彩陶器的加工制作过程中得以集中体现。遗址出土彩陶器种类众多，质地以细泥红陶为主，火候较高，烧制温度可达1000℃，扣之有清脆的响声。器表均打磨光亮，有的还施有一层白色的陶衣，再于其上用软笔绘出几种图案，图案内容题材丰富，包括动物（变体鸟纹、蛙纹等）、植物（草卉纹、草叶纹、杏圆纹等）、几何图形（垂帐纹、水波纹、弧线纹、圆圈纹等）三大类，绘制笔法流畅、娴熟。彩陶器的造型特征以几何曲线形为主，器类有瓶、罐、盆、钵等，不少堪称精品。包括彩陶器在内的部分加工制作精致的泥质陶器，开始逐步脱离日常生活实用器的特征，呈现出礼器化的迹象。

3．工具制作加工技术

营盘山遗址出土的骨、角、蚌器数量较多，器形规范，加工精致。器物种类有锥、簪、镞、（骨）梗刀、磨光肋骨等，另有一些制作骨器的坯料和废料，对于全面复原制作骨、角器的工艺流程有重要意义。这些工具主要用鹿角、鹿和牛的肋骨、长骨作为原料，经过截料、制坯、琢磨、挖槽、钻孔、雕刻纹饰等工序制成，另有少量有染色。

遗址出土石器可分为打制和磨制两种，打制石器包括由大型剥离石片稍作加工而成的切割器、砍砸器、杵、石球（弹丸）、网坠等，其中两侧带缺槽的石刀非常有特色，还有少量个体甚小的燧石片；磨制石器选材精细，包括斧、锛、长方形穿孔石刀、凿、有肩锛形器、砺石、石刻人面像等。

营盘山遗址玉石器制作过程中的穿孔技术相当成熟，以管钻为主。根据遗址出土的小型玉芯及带孔玉石器穿孔内部管钻留下的螺旋痕迹，可以判断多为单向钻孔。

营盘山遗址的细石器及小石片石器具有出土地点集中化的特征，未经使用的成品石器、半成品石器和加工残片，多在几处填土呈灰黑色的大型灰坑内出土。此现象表明营盘山居民中已有固定的人员从事石器加工作业，这些大型灰坑可能就是当时的石器加工作坊所在地，而石器（尤其是细石器）制作已成为手工业的专业门类之一。

4．玉器资源的认知与利用加工

营盘山遗址出土的玉器可分为三类，其一为仿生产工具的锛、斧、凿、穿孔刀、镞等，多数的刃部未见使用痕迹；其二是环镯、珠类装饰品；其三是具有礼仪用器性质的璧、璜类器。这表明营盘山居民的玉器加工已成为一门内部有较细程度分工和较高专业化程度的手工业门类，也标志着营盘山遗址在聚落群体系中具有非同一般的地位。

营盘山先民对本地玉器原料资源已经有着较深程度的认知，这表现在对龙溪玉的选取及开发利用之中。杂谷脑河为岷江上游的一级支流，因流经理县县城所在的杂谷脑镇而得名，位于川西北高原山地的东部偏南地带。发源于岷江与大渡河的分水岭—鹧鸪山的南麓，经理县境内的米亚罗、杂谷脑、薛城等地，而后进入汶川县，在县城威州镇汇入岷江。全长 158 千米，流域面积 4629 平方千米。主要支流有孟屯河、龙溪河等。该流域也是"龙溪玉"的命名地和最核心产地。龙溪软玉与新疆软玉、台湾软玉合称中国三大软玉。四川已发现软玉矿点、矿化点多处，其中著名者为龙溪玉，因产于汶川县的龙溪沟而得名。软玉产于志留系茂县群结晶灰岩夹变质基性火山岩中，呈薄层状、透镜状、眼球状和瘤状，顺层产出。[1]

通过对营盘山遗址等地点出土及采集的部分玉石器进行成分测试，发现其材质主要是以透闪石为主的矿物集合体构成，还含有少量白云母、石英、高岭石、长石、绿泥石等杂质矿物。部分玉石器纯度较高，为单一透闪石软玉。反映在元素特点上，以含量 1% 为界，主量元素为硅（Si）、镁（Mg）、钙（Ca）、铁（Fe）和铝（Al），微量元素为钾（K）、锰（Mn）、钛（Ti）、铬（Cr）、锆（Zr）。这与地质学界所分析的汶川龙溪玉矿的特点一致，所以可以确认这些采集玉石器是用当地矿料制作而成。同时，这一测试结果还与汶川县龙溪乡马登村玉矿料及金沙玉石器的材质、主微量元素基本相一致的结果。[2] 因此，不难判定，本地先民早在史前时期就已经开始认识和利用龙溪玉矿这一重要的地质矿产资源，这也是龙溪玉登上辉煌历史舞台的开端，直至三星堆、金沙文化时期，龙溪玉一直被开采利用，并制成礼、法之器，达到鼎盛。

除了对本地的玉石器原料资源——龙溪玉矿有着充分的认知、开发利用之外，一些实物证据表明，营盘山先民还对其他地区的玉石器原料资源也有所了解。如营盘山遗址 2002 年曾出土了一件玉镞，白色，半透明，质地细腻，具有和田玉的特征。2006 年也发掘出土有类似质地的玉器残片。镞为消耗品，此类玉器不应仅为孤例，这为川西史前玉器的矿源研究提供了新线索。有学者指出，新疆昆仑山脉出产的和田玉，大约在距今 6000～5000 年前就开始有零星地传播到黄河上游地区甚至长江汉水流域等某些地方。例如，在甘肃秦安大地湾和陕西临潼姜寨的仰韶文化遗址中发现过和田玉的踪迹，在陕西汉中的南郑龙岗寺仰韶文化遗址里也发现过可能是和田玉的玉器。[3] 大地湾遗址地处黄

[1] 周开灿：《四川的宝石资源》，《宝石和宝石学杂志》2003 年第 4 期。

[2] 成都文物考古研究院（杨颖东、陈剑）：《四川杂谷脑河流域采集玉石器材质分析报告》，《成都考古发现（2015）》，科学出版社，2017 年。

[3] 叶茂林：《甘肃、青海、宁夏、新疆地区出土玉器概述》，《中国出土玉器全集》第 15 卷，科学出版社，2005 年。

河上游支流渭河上游地区，第二期文化出土有绿松石饰、蛇纹石和汉白玉坠等玉器，第四期文化出土有大理石权杖头等玉器。大地湾距离新疆和田玉产地较近，而龙岗寺遗址地处长江中游汉水上游地区，较大地湾遗址距和田玉产地又远了许多。营盘山遗址地处岷江上游地区，地理经度位置与大地湾相近。同时，营盘山遗址的文化内涵与大地湾遗址第四期文化（仰韶晚期文化）之间存在较多的共性及渊源关系。因此，营盘山遗址存在发现和田玉的可能性，也符合和田玉传入内地的路线和轨迹。[1]

5．四川地区雕塑艺术探源

营盘山遗址出土有 4 件陶质雕塑人面像及 2 件石质雕刻人面像。其中陶塑人面像（02H7：5），残宽 8.9、残高 6.5 厘米。该陶塑人面像似为一陶容器肩部的装饰，夹砂灰陶，火候较高，略残，高鼻，弧形宽耳，两耳、鼻及下颌系捏塑而成，双目、双鼻孔及嘴部系刻划而成，造型生动、传神。该塑像的造型与甘肃省秦安县大地湾遗址第二期文化（仰韶文化半坡类型）出土的人头形器口彩陶瓶（A型 I 式陶平底瓶，QD0：19）上的陶塑人像较为相似；与陕西省高陵县姬家乡杨官寨仰韶文化遗址出土的镂空人面覆盆形器、涂朱砂的人面塑残陶器上的人面塑像也很相似。另在灰坑 02H44 还出土有一件陶塑人头像残件（02H44：67），制作更为简易泥质褐陶，头顶磨平，仅戳印出双目及嘴部，残高 4、头宽 3.5 厘米。灰沟 03HG1 也出土一件陶塑人头像（03HG1：16），泥质褐陶，鼻、脸为捏塑，眼、口为刻划，左眼呈三角形。标本 04H8：101，为一件夹砂灰陶高领器的颈部贴塑一椭圆形人面，高约 2.5 厘米，表面刻划出双目、双鼻孔及嘴部，小巧精致，十分传神。

中国新石器时代人形彩绘与陶塑发现最多的是黄河中上游地区，且多集中在渭河、洮河、大夏河和湟水流域，河西走廊也有精品出土，分布在这广大地区的仰韶文化北首岭下层类型、半坡类型、庙底沟类型、马家窑文化石岭下类型、马家窑类型、半山类型、马厂类型，齐家文化和龙山文化都见到人形彩绘或陶塑，以半坡、半山和马厂类型所见为多。半坡类型彩陶盆上的人面鱼纹，时代最早，约当距今 6500 年前，至少从这个年代起，中国西北地区的人形彩绘与陶塑不断丰富发展，一直递嬗到铜器时代。营盘山遗址出土的陶塑人面像应是受黄河上游仰韶文化南下传播影响的产物。鼻及双耳为捏塑，双目及口部刻划而成，造型生动、传神。其造型与甘肃省秦安县大地湾遗址出土的仰韶文化庙底沟类型的人头形器口彩陶瓶上的陶塑人像较为相似，表明是受甘青地区文化传播影响的产物。

此外，2004 年营盘山遗址发掘时还出土了 2 件石刻人面像。标本 04H7：100，为一灰白色扁平椭圆形卵石，石质坚硬，表面用锋利尖状工具琢刻出双目、鼻部及嘴部，高约 5 厘米、宽约 3 厘米。标本 04H8：100，为一淡绿色扁平椭圆形页岩石片，一面先磨制平齐，再用尖利工具雕刻出双目、鼻部及嘴部，下巴表面还划出 5 道胡须，高约 4.5 厘米、宽约 3.5 厘米。

这些遗物尽管取材比较简陋，艺术手法也还比较简单，但它们是目前四川地区考古发现年代最早的陶质及石质雕刻雕塑艺术作品，堪称四川雕塑艺术的源头。

---

[1] 陈剑：《川西史前玉器简论》，《玉魂国魄——第三届玉器与传统文化研讨会论文集（三）》，北京燕山出版社，2008年。

第三节　精神文化内涵初析

一　关于人牲制度

根据已有的考古发掘实物资料，可以判定人祭制度和猎头习俗也是营盘山居民精神生活领域的重要内容之一。

人牲（或称"人祭"）和人殉，曾经是古代世界普遍存在的一种社会现象，一般出现于原始社会晚期到阶级社会初期。在中国历史上，以汉族为主体的居住区，人牲人殉的流行时间似乎更长一些，影响也更大一些。汉族以外的国内少数民族地区，也曾广泛流行。在较多的情况下，二者被混为一谈，这看法不一定正确。虽然它们都是原始宗教崇拜的牺牲者，二者之间有着密切的关系，但产生人牲和人殉的起因及其被杀害的含义却不相同，牲人殉人的身份、来源也不相同，二者的盛衰时间也是不相同的。人牲来源于远古人类的食人遗风，但把人当作祭品的做法却发生于人类早已超越了以人为食的新石器时代晚期。在旧世界大陆，人牲最早发生于农业部落。[1] 人牲（也称"人祭"）是用活人做牺牲，杀之以祭神灵或祖先。人殉是用活人去为死去的氏族首领、家长、奴隶主或封建主殉葬。在原始社会末期到初级国家形成的整个历史时期中，人牲和人殉曾经是古代世界普遍存在的一种社会现象。被当作祭品的牲人和陪同主人死去的殉人，都是原始宗教的牺牲者，二者之间有着密切的关系。但产生人牲人殉的原因，牲人殉人的身份、来源以及他们被杀害的含义却又很不相同。一般地说，人牲是供"食"的，而吃敌人是个古老的传统，所以用的是俘虏、"仇人"；人殉是供"用（役使）"的，既为"用"，就要避仇敌，使亲近，所以殉者须"亲媚"，须"故旧"，殉者与被殉者的关系应是二者生前关系的继续。

营盘山遗址发现有较为丰富的人祭人牲遗存现象，2002 年试掘时发现 5 处：分别为 02M23、02M24、02M25、02M32、02M44。2003 年又发现 3 处：分别为 03M32、03M36、03M40。2004 年发掘 1 处：即 04M29，同时在遗址中部地带还发现多孔大型柱洞，内底垫有石块作基础，一孔柱洞附近还有埋藏纤细骨架（应为儿童骨架）的奠基性质的小型人祭坑。营盘山遗址的人牲遗存按照填埋地点及人骨的保存完好程度及形状可分五型。

A 型：下肢扭曲活埋型，骨架保存完整。如营盘山遗址 02M24、03M32、03M40。

B 型：斩杀后填埋型，骨架多不完整。如营盘山遗址 02M23、02M32、03M36。

C 型：仅埋人头型，其余人骨无存。如营盘山遗址人祭坑 02M25。

D 型：平躺填埋型，骨架完整，形状自然。如营盘山遗址 02M44。

E 型：婴儿葬，骨架纤细，规模较小。如营盘山遗址 04M29。

营盘山遗址发现有较为丰富的人牲遗存现象，表明五千年前的营盘山社会经常举行制度化的人祭活动。尽管目前的发掘面积有限，但营盘山遗址范围内发现的人牲遗存现象数量却如此众多，类型丰富，且人祭坑之间有地层上的早晚关系，这表明史前时期的营盘山社会长期举行人祭活动，已

---

[1] 姚孝遂：《"人牲"和"人殉"》，《史学月刊》1960年第9期。王克林：《试论我国人祭和人殉的起源》，《文物》1982年第2期。黄展岳：《中国古代的人牲人殉问题》，《考古》1987年第2期。黄展岳：《中国史前期人牲人殉遗存的考察》，《文物》1987年第11期。黄展岳：《中国古代的人牲人殉》，文物出版社，1990年。黄展岳：《中国古代的人牲人殉新资料概述》，《考古》1996年第12期。黄展岳：《古代人牲人殉通论》，文物出版社，2004年。

是一种制度化、并非偶然性和阶段性的活动。

在营盘山遗址东北边不远的茂县下关子遗址也发现有人祭坑。下关子遗址位于茂县光明镇中心村，是土门河流域的一处大型河谷台地聚落遗址。土门河为涪江上游的一级支流，发源于茂县县城以东的土地岭（即岷江上游与涪江上游的分水岭），沿途流经茂县土门片区的光明乡、富顺乡（甘沟，即原土门区公所驻地）、土门乡及东兴乡，然后流入北川县境内。为配合兰成铁路工程建设，2014年10月～2015年2月，四川省文物考古研究院联合阿坝州文物管理所、茂县羌族博物馆遗址进行了考古发掘，发掘面积5500平方米，清理新石器、汉代和明代墓葬66座，灰坑25座、房址1座；出土铜、铁、陶、石、骨、琉璃、绿松石、海贝、料珠等各类器物500余件（套），"半两"、"五铢"、"货泉"等铜钱1000余枚，还出土有人骨、兽骨、浮选的碳化植物种子等。其中新石器时代灰坑葬M49为1座灰坑葬，是一个成年人和一个婴幼儿的合葬墓，成年人和婴幼儿面对面，都是侧身屈肢葬，应该为非正常死亡的埋葬形式。[1]

此外，成都平原的大邑县高山古城遗址目前也发现有人祭坑现象。遗址位于四川省成都市西南部大邑县三岔镇高山社区赵庵村，城墙东南角地理坐标为北纬30°27′09.5″，东经103°34′46.3″，海拔高度494.5米，地处成都平原的腹心。高山古城遗址目前已发现2座人祭坑，其一位于墓地的中部，墓坑平面呈圆形，坑壁较直，口径约0.6、深约0.4米，人骨保存较好，头向为350°，侧身蜷曲于墓坑内；其二位于解剖发掘城墙的西南转角处，略呈长方形，较浅，被城墙夯土叠压，系在生土层挖坑填埋，下肢弯曲，头骨被压扁，根据骨架特征推定埋葬的是一位儿童。[2]

根据出土陶器特征分析，下关子遗址的年代属于龙山时代，应该晚于营盘山遗址，其文化内涵包括较多的营盘山文化因素，二者之间有着明显的先后承接关系。高山古城遗址属于宝墩文化早期，学术界基本赞同营盘山文化是宝墩文化的源头之一的学术观点。因此，可以将下关子遗址及高山古城遗址的人祭坑现象视为受营盘山遗址人祭制度的派生和影响的产物。下关子遗址新石器人祭坑（墓葬M49）与营盘山遗址的A型人祭坑相似；高山古城遗址墓地中部的人祭坑与营盘山遗址的B型人祭坑相似；而高山古城遗址城墙下的婴儿葬与营盘山遗址的E型人祭坑相似。

初步看来，四川地区考古发现的史前人祭现象数量较为丰富。其年代包括仰韶文化时期、龙山文化时期。其分布地域涵盖了川西北高原、四川盆地周边山地以及成都平原范围内。即在川西北高原、高原与四川盆地的重要关节点、成都平原腹心均发现了史前人祭现象。

而同处于巴蜀地区的重庆云阳县李家坝巴人墓地的发掘也为战国时期巴人实行人牲人殉制度提供了重要实证。如1998年发掘的24号单椁墓平面为方形，墓内有3具并列的人骨架，包裹于青膏泥中，骨骼较朽，但葬式可辨，均头南脚北，仰身直肢，中间者可能为墓主，两侧似为殉人，墓主足部置一人头，当为人牲，椁室东北部置一些散乱动物骨架，亦为牺牲，未发现其他随葬品。18号一椁双棺墓平面呈长方形，椁内两棺东西并置，南北略有错位，两具人骨架均头北足南，东者俯身直肢，西者仰身直肢，东侧为墓主，西侧为殉人，随葬铜剑、勺各1件，均置于东侧葬具内，东侧

[1] 辛中华：《茂县下关子新石器时代及汉代遗址》，中国考古学会编《中国考古学年鉴·2015》，中国社会科学出版社，2016年。

[2] 刘祥宇、周志清、陈剑、闫雪：《四川大邑县高山古城宝墩文化遗址》，《中国考古学年鉴·2017》，中国社会科学出版社，2018年待版。刘祥宇、周志清、陈剑、闫雪：《成都平原年代最早和最为完整的史前墓地——成都大邑高山古城遗址的新发现》，《中国文物报》2016年6月3日第6、7版。成都文物考古研究所：《成都市大邑县高山古城2014年发掘简报》，《考古》2017年第4期。周志清、陈剑、刘祥宇：《四川大邑高山古城遗址》，《2015中国重要考古发现》，文物出版社，2016年。周志清、陈剑、刘祥宇、闫雪：《四川大邑高山古城遗址》，《2016中国重要考古发现》，文物出版社，2017年。

骨架足下有 3 个人头，当为人牲。[1]

首先探讨营盘山遗址各型人祭坑的性质问题。黄展岳先生认为，中国地域辽阔，民族众多，社会发展差异很大，原始宗教崇拜各有不同，表现在人牲的有无及其形式，当然也有区别。根据考古资料，可以暂时把中国史前期的人祭（人牲）分为三大类：血祭地母、猎头祭谷、奠基牲。其中，"血祭"和"猎头"，都与农业崇拜有关。前者流行于黄河流域，并为古代中国的统治王朝所继承；后者发生于长江以南，以后长期流行于南方越僚系民族间，并远播于东南亚及南洋诸岛。判断"血祭"遗迹的重要标志，除了要有非正常死亡的遗骸以外，还应有崇拜物或祭祀场地作为佐证。"猎头"的标志应是完整的首级，明显的砍杀痕迹；一般应有装置"猎头"的容器或其他可供识别的标志。"奠基牲"遗迹的重要标志是看被害者是不是埋置在城墙基内或房基内，城墙基下或房基下及房址居住地面下，而这个房子一般应该是比较大的建筑。为了避免以一概全，不论何种人牲的确定，在同一文化遗存中都应发现多起，而非孤例。[2]

四川地区史前人祭现象以奠基祭牲为主，前述的营盘山遗址 A 型、D 型及 E 型人祭坑，高山古城遗址城墙下的婴儿葬，或位于大型建筑遗迹如房屋、广场附近，或压于城墙之下，均应为奠基性质的人祭坑。营盘山遗址的 B 型人祭坑和高山古城遗址墓地中部的人祭坑，则可能与血祭地母有关。营盘山遗址的 C 型人祭坑，应该为猎头祭谷的遗迹。

再来看一看营盘山遗址人祭人牲的渊源问题。人祭是指杀死活人作为供奉给神灵、祖先"食用"的牺牲，作为祭品的人和同作为祭品的狗、猪等牲畜的用途一样。杀人为牲源于早期人类吃人的习俗。人祭人牲的出现是原始初民自然崇拜和部落间掠夺战争的产物。在原始社会末期，由于剩余劳动的产生，商品交换的发展，出现了部落之间为掠夺财富和扩张领土而发动的战争。对待战争中的俘虏，最初是杀掉或吃掉，随着原始宗教的发展，又逐渐将俘虏和其他牲畜一起作为供奉给神灵的祭品，最初是自然崇拜，到了父系家族、宗族制确立后，又含有祖先崇拜的内容，其目的是为了祈求风调雨顺、农业丰收、战争胜利，表达对神灵和祖先的畏惧、崇拜等宗教观念。[3]

从目前的考古资料来看，国内发现的年代较早的人祭人牲实例见于辽宁省喀左县东山嘴红山文化祭祀遗址。这是一处用石材构筑的群体建筑台址，中间是一座方形台基，四边有石围墙，两侧有石墙或石堆，前后有圆形和方形的石圈。在石圈附近，发现陶塑女像和人架。又有大量猪骨和少量鹿骨遗存。经学者们现场鉴定，确认为一处原始祭祀遗址。陶塑女像似为地母神，那具遗存下来的人架，应是用来供献地母神的人牲。如果判断不误，则人牲的出现还要往前追溯一段较长的时间。可是，问题似乎还没有完全解决。东山嘴的人牲在红山文化中仅是孤例，猪骨、鹿骨"多经敲砸，支离破碎，不见较完整的个体"，似非与人牲共存的祭牲，所以，要确定红山文化存在人牲习俗，尚须有较多的人牲实例的发现。

红山文化比仰韶文化稍晚，受仰韶文化影响较大，以后，红山文化又对商文化有较大影响。商代是中国人牲的鼎盛时期，推测商代和红山文化的人牲习俗均起源于仰韶文化，也许并不是没有道

[1] 四川大学历史文化学院考古系、云阳县文物管理所：《云阳李家坝巴人墓地发掘报告》，《重庆库区考古报告集1998》，科学出版社，2003年。黄伟：《试析云阳李家坝战国墓地的几个问题》，《重庆2001三峡文物保护学术研讨会》，科学出版社，2003年。

[2] 黄展岳：《中国古代的人牲人殉问题》，《考古》1987年第2期。黄展岳：《中国史前期人牲人殉遗存的考察》，《文物》1987年第11期。黄展岳：《中国古代的人牲人殉》，文物出版社，1990年。黄展岳：《中国古代的人牲人殉新资料概述》，《考古》1996年第12期。黄展岳：《古代人牲人殉通论》，文物出版社，2004年。

[3] 王磊：《试论龙山文化时代的人殉和人祭》，《东南文化》1999年第4期。

理的。1991年在河南渑池县班村庙底沟二期文化遗址西部窖藏区内，发现一个大土坑。土坑周围环绕七个小土坑。土坑平面呈椭圆形，最大径约2米，内有多具人骨架。肢骨有的被钝器打断，有的被击伤，有的被肢解，显系非正常死亡。在人骨旁边还有殉葬的兽骨。人骨兽骨同埋于一坑，又作了有规律的排列，这种现象，应与原始祭仪有关。坑中的人骨应是祭祀的牺牲。庙底沟二期文化属中原地区龙山文化早期，碳-14校正年代约公元前2900～前2800年左右。新石器时代遗址中常见的"灰坑葬"，其性质或可因班村祭祀坑的提示而找到正确的解释。继仰韶文化之后发展起来的龙山文化，属于父系制确立、私有制产生并向阶级社会过渡的时期。这时，氏族、部族间经常发生掠夺战争，一般又带有血族复仇性质，这就为人牲的扩大化创造了条件。在龙山文化遗址中，经常在灰层或灰坑中发现被砍杀的人头骨，多具骨架叠压于废坑中，或身首分离，或做挣扎状，或多具人畜同埋。这应是当时氏族部族间冲突的反映。为了表示对本族战死者灵魂的安慰，在集中杀害战俘时，很可能是要举行祭祀仪式的。这种被用于祭奠的人牲，目前还无法从现存的遗骨中识别出来。

西安半坡遗址仰韶文化第1号长方形房子的居住面下，发现一个被砍下的人头骨和一件粗陶罐共存。有学者推定，这个人头是这座房子奠基时使用的人牲。理由是：半坡仰韶居民所居住的房子可能遭受过某种自然灾害（如火灾），人们对自然灾害产生畏惧，于是在房子奠基时杀人祭奠，以求神灵的庇护。或以为这种人祭可能是一种驱鬼避邪的活动。半坡居住区中的长方形房屋，大概是以庆祝形式奉行自然崇拜的场所。就在这类大房子的居住面下，发现"有意埋下"的陶罐和人头，可见这种人祭是原始宗教自然崇拜的习俗。如果这个判断不误，就可以说明中国人牲在距今六千多年前的仰韶文化时期就已经存在了。不过，与半坡同时期的遗址已发掘不少，至今并未发现类似的实例。半坡房址下的人头骨是个孤证，它是不是奠基人牲，似乎还有待较多的发现，然后才能论定。郑州西山仰韶晚期城距今5300～4800年，是中原地区年代最早的史前城址之一，平面呈圆形，最大径180米，面积约34500平方米，城内建筑基址多有奠基坑，用瓮棺葬埋葬儿童，应为奠基的牺牲。比较准确的实例是用幼童作为房屋建筑的奠基牲，它们集中发现于安阳后岗、永城王油坊、汤阴白营和登封王城岗遗址等地的河南龙山文化遗址中。用幼童于建筑奠基的起因是什么，它同南方越僚民族杀祭初生子的思想动机是否相同？是值得进一步探讨的。这里只想指出，河南龙山文化的范围，正是中国古代文献记载中的商人祖先活动区，殷商大型建筑中大量使用人牲奠基，应是河南龙山文化的幼童奠基习俗的进一步发展。

猎头遗迹在中国南方地区的新石器时代遗址中曾有发现。湖北省房县七里河遗址发掘的墓葬中，不仅揭露出该氏族流行的埋葬习俗，也发现了许多耐人寻思的特殊现象，让人们了解到此地石家河文化先民们在生前流行的古老社会风俗，其中包括氏族社会的猎头风俗。聚落址上发现多例人颅骨遗骸的奇特现象，如：

（1）一座4平方米多面积的浅穴式房屋里，穴室出口处仅一级台阶，台阶下有一片烧红过的土上，放置一个成年人的颅骨。此现象不像是房子奠基所为，似在此房屋废弃后放置的。

（2）东北面一房屋内废弃后的锅形窖穴里的灰烬土中，不规则放着一个已破碎的成年人颅骨。

（3）在一座陶窑的火膛上近椭圆形火口内，放置着一个成年人的颅骨。

（4）一座16岁男性单人一次葬墓中，随葬乳猪下颌骨一副，还殉葬一个人颅骨。分析这个人颅骨，有可能是此墓主生前猎头所获的战利品。

（5）另有一座男性单人一次葬墓中缺失头骨，分析此男子的头生前已被异族人猎走。

以上只见人颅骨和只见尸体不见颅骨的多处遗迹，观其现象应都是猎头习俗的遗迹。[1]同样的情况，在云南宾川白羊村新石器时代墓地中也有发现。在发掘区中有十座无头仰身葬，死者绝大多数是成人，仅个别是儿童。一墓埋葬一至三具，多至十多具。无头合葬中有的肢体方向相反，下肢分别置于异向者的胸腹部位。死者的头颅，也有可能是被别的氏族所猎取，或认为与祖先头颅崇拜有关。[2]西藏拉萨曲贡遗址也发现有人牲及猎头遗迹。[3]1957年，在河北邯郸涧沟龙山时代的晚期遗址出土了6具留有斧砍刀剥痕迹的人头盖骨，出自两个圆形半地穴式窝棚内。1号为青年女性，用钝斧从眉弓经颞骨到枕后砍下，在枕尖下偏左方有横向斧痕8道，是砍头时斧刃偏离所致；在头盖骨正中，从额头经头顶至枕部有一条钝刀割剥头皮的痕迹，由于刀锋不利，割痕有来回错动的痕迹。2号为青年女性，枕骨上有二十余道砍头的斧痕，从右上向左下劈砍，由于是钝斧所为，斧痕长短深浅不一；从顶骨中央向前后剥割头皮的刀痕十余条。3号仅剩头骨左侧一块，年龄性别不详，上方有一道斧痕，左方有6道斧痕，右方有割头皮痕迹十余条。4号仅余顶骨及枕骨，年龄性别不详，顶骨近额处有斧痕4道，为将死者踩在地上从右后方砍下。5号为男性，额部偏右有2道斧痕。6号为成年男性，额部有1道砍头斧痕。有学者推测这些头盖骨可能是一种猎头祭祀的习俗，与七里河遗址聚落上穴室内猎头祭祀情况十分相似。[4]严文明先生对这6件头骨做出归纳：第一，他们是被人推倒在地后，挣扎着砍下头颅的；第二，砍头和剥皮用的钝斧钝刀应是石斧和石刀；第三，两个窝棚各放置2个完整头骨和1个不完整头骨，一个窝棚房只有女性，一个窝棚房只有男性；第四，死者均为青年或中年；第五，女性头盖骨的剥皮刀痕明显，男性头盖骨上则没有剥皮刀痕，表明女性剥头皮，男性不剥头皮，也许是男性是砍下头盖后，揪着头皮整个剥下，所以没有留下割痕。严文明先生认为涧沟这6具头盖骨是作为饮器的头盖杯，与猎头风俗无关。[5]

东南地区良渚文化时期的人殉人祭遗存几乎发生于良渚文化的各个大的时期，这在中国古代文化中是不多见的。纵观中国古代社会，人祭的出现要早于人殉，始见于仰韶文化。而人殉则开始于龙山时代，多见于大汶口、陕西龙山文化、齐家文化等合葬墓。上海青浦福泉山遗址经历了多次发掘，在土台上清理的良渚文化墓葬中，首次发现了明确的人殉和人祭现象。如M145见凹弧形葬具痕迹，惜墓主尸骨朽蚀严重，葬式不明。随葬器物22件。墓坑北另有一紧挨的附葬坑，长0.97、宽0.80、深0.37米，坑内埋设两具人骨，都作侧身屈肢、双臂朝后、面部朝上的受绑扎状，身旁均无任何随葬器。坑内两人的性别年龄有二说，一说分别为女性青年和少年，一说分别为30岁以上的中壮年和17岁以下的青少年。不管是何者，此坑中的两人都应当是作祭的人牲。1977年发掘的吴县张陵山M4出现的3个人头骨，一个应是墓主头骨，另两个则具有人祭的性质。1990年和1991年，江苏昆山赵陵山遗址被部分揭露，两次发掘共清理良渚文化墓葬85座。人牲人祭现象比较突出，发掘

[1] 湖北省文物考古研究所：《房县七里河》，文物出版社，2008年。王劲：《七里河遗址石家河文化氏族古老风俗及相关古史探析》，《华夏考古》2016年第2期。

[2] 黄展岳：《中国古代的人牲人殉问题》，《考古》1987年第2期。黄展岳：《中国史前期人牲人殉遗存的考察》，《文物》1987年第11期。黄展岳：《中国古代的人牲人殉》，文物出版社，1990年。黄展岳：《中国古代的人牲人殉新资料概述》，《考古》1996年第12期。黄展岳：《古代人牲人殉通论》，文物出版社，2004年。

[3] 中国社会科学院考古研究所、西藏自治区文物局：《拉萨曲贡》，中国大百科全书出版社，1999年。

[4] 北京大学、河北省文化局邯郸考古发掘队：《1957年邯郸发掘简报》，《考古》1959年第10期。河北省文化局文物工作队：《河北邯郸涧沟村古遗址发掘简报》，《考古》1961年第4期。

[5] 严文明：《涧沟的头盖杯和剥头皮习俗》，《考古与文物》1982年第2期。陈星灿：《中国古代的剥头皮风俗及其他》，《文物》2000年第1期。

者把该墓地的人牲分为四种：1、墓内人牲。如 M56，墓主仰身直肢，为 30 岁左右的男性，有红漆木质葬具痕迹，葬具南端有一散乱的人骨架，肢骨凌乱，属非正常死亡，年龄与墓主相仿，但性质应为墓主的人牲。再如 M57，墓主也为 30 岁左右的男性，仰身直肢，也见红漆木质葬具痕迹；墓主头部上方葬具之外有一人头骨，面朝下，经鉴定为一少年。2、墓外人牲。如 M82 设坑仅葬一个 1 ～ 2 岁的婴幼儿，墓葬紧贴 M56，应是 M56 的墓外人牲。3、墓群人牲。如 M68 和 M69 在整个墓群的北端，皆无坑，仅葬一幼儿，两者之间置一夹砂红陶的大鼎，可能是作人牲时的祭器。4、高土台外的集体人牲丛葬群。高土台外的西北部有 19 具无墓坑、无葬具、随葬品极少的丛葬群，可分三排，三排人骨架的东南有一层平面略呈三角形的黑色灰面，长约 4、宽约 1.5 米，灰面上有一残陶碎片，碎片上有火烧痕迹，证实黑灰系燃烧后的灰烬。显然灰烬是在举行某种仪式时留下的。根据报告，已鉴定的 15 具人骨架中，少儿 6 具，青年 6 具，成年 3 具，无一具属老年。其中男性 6 具，女性 3 具。有 7 座墓显示肢体不全，脑骨破碎和受捆绑的现象。有些骨架还相互叠压。种种迹象表明，这批丛葬群中的死者均是地位卑微、身份特殊的人，他们被排在高土台之外，是一种集体的人牲，或专门的人牲场所。浙江桐乡新地里良渚文化遗址最近也发现有人祭坑。祭祀坑中发现人骨，而且是在同一区域，这在良渚遗址中还是首次发现。在两个祭祀坑内，躺着两副扭曲的小孩骨架；在另一极狭窄的坑内还出现了一副成人骨架，骨架已变了形，显然是被硬塞进去的，可以想象当时祭祀的惨烈。除了人骨外，其他祭祀坑内还发现了狗的骨架。可见，当时在用动物做祭物的同时，"人祭" 也是一种风俗。值得注意的是，人殉与人祭具有不同的社会内涵，它们的出现并不同步，也不一定共见，如仰韶文化中极少见到殉人性质的墓例，而大汶口文化则极少见到人祭的遗存。就目前的考古资料，良渚文化的人殉与人祭遗存都有一定的比例，说明良渚文化的社会性质比较复杂。人祭遗存不见于良渚之前的崧泽文化，也罕见于良渚文化同时期的周边文化，因此良渚文化的人祭遗存具有原发性。由于良渚文化社会发育了比较成熟的原始宗教，出现了以玉为载体的礼器系统和专门用于祭祀的祭坛，良渚文化的人祭从一开始便具有合理性。[1] 而良渚文化人殉遗存均见于良渚文化基本分布区的北部，主要流行于良渚文化中期晚段和晚期早段，它们与大汶口文化的合葬墓遗存具有更直接的关系。良渚文化之前的崧泽文化仅发现 2 例平等的合葬墓，与良渚文化同时期的周边文化也仅有大汶口文化有较多的合葬墓，因此良渚文化的人殉遗存源于大汶口文化是最具可能性的。江苏新沂花厅遗址北区墓地就是这样一种传递的纽带之一。

探讨营盘山遗址人祭制度的渊源，应从年代早于营盘山遗址且发现有人祭人牲现象的考古学文化入手。目前考古发现的年代早于营盘山遗址的人祭人牲现象为黄河流域的仰韶文化，而良渚文化的人祭遗存具有原发性，同时营盘山文化与良渚文化没有直接的联系，故营盘山遗址的人祭人牲与良渚文化的人祭人牲关系不大。

营盘山遗址的人祭人牲现象应该主要是受黄河流域新石器时代仰韶文化人牲的影响而产生的。营盘山遗址的人牲现象可能与中原地区新石器时代的人牲之间有渊源关系。根据目前的考古资料，营盘山遗址的主体遗存与仰韶文化晚期遗存之间关系密切。因此西安半坡仰韶文化遗址发现有奠基人牲；郑州西山仰韶晚期古城城内建筑基址多有奠基坑，用瓮棺葬埋葬儿童；以及河南班村遗址发现有庙底沟二期的灰坑葬，这些年代早于或相当于营盘山遗址的史前人祭人牲现象，可能就是营盘山遗址人祭人牲的来源，至少也是受到了他们的影响。

[1] 赵晔：《良渚文化人殉人祭现象试析》，《南方文物》2001 年第 1 期。

营盘山遗址的猎头现象目前还属于孤例，与房县七里河遗址、宾川白羊村遗址的猎头遗迹现象之间的关系，还有待于更多资料和深入探讨。

营盘山遗址人祭制度在四川地区产生了较为深远的影响。营盘山文化是宝墩文化的重要源头之一，宝墩文化与三星堆文化之间存在明显的先后承接关系，因此，营盘山文化与古蜀文化之间存在一定程度的渊源关系。营盘山遗址的人祭人牲与商周时期广汉三星堆遗址、成都金沙遗址出土的用于祭祀的跪状石人之间可能存在某种渊源关系。

四川广汉三星堆遗址为商代晚期的古蜀王国都邑所在地，发现有两件石雕跪状人像，头部有损坏，制作工艺较为粗糙，仅雕出其大致轮廓，连五官的具体位置和形状均难以分辨，形体也较小，高度一般在10余厘米左右。[1] 美国芝加哥大学博物馆收藏1件石雕跪状人像，应该也是古蜀国的遗物。成都方池街遗址也出土有1件石雕跪状人像（编号84CFT12），用石灰石制成，略残，头发为中分两披，脚下跪，双手被反缚于后背。雕刻线条粗犷，除鼻较明显突出外，眼、嘴均未明显刻出，表面经过打磨。通高50、头高18厘米。[2] 这是蜀文化石雕跪状人像中个体最为高大者。2001年开始发掘的成都金沙遗址出土了大批珍贵遗物。其中有12件石雕人像。这些石雕人像形制基本相同，均呈双手被反绑的跪坐状，头顶呈V字形。曾经有学者认为，它们表现的是奴隶或者战俘。[3] 也有学者认为，金沙等地出土的被缚跪坐石人像应该是巫师，与石人共出的石虎、石蛇、玉璋和卜骨等都是巫师的工具。与三星堆出土的青铜神坛一样，金沙石人像及其共存物表现的可能是巫师举行祭祀活动的一个场景。[4]

从造型的表面直观形象来看，营盘山遗址的A型人牲与三星堆遗址、金沙遗址出土的石人像非常相似，均呈跪状。从性质来看，均为人牲。从身份和社会地位来分析，营盘山遗址的人祭坑所埋者多数为战争中从对方抓获的俘虏或者是本部族中的罪犯之类，蜀文化的石雕跪状人像也是仿照战俘或罪犯之类形象，其社会地位应当不高。

史前时期的营盘山社会与商周时期的古蜀王国均盛行在宗教祭祀活动中使用人祭人牲的制度和习俗，前者使用真正的活人，而后者已将石雕人像用作活人的替代品，这是更加文明和进步的表现。

二　尚红习俗

营盘山遗址发掘的灰坑02H40的底部出土一块椭圆形扁状石块，器表一面略内凹、另一面较平整，周边局部经打击加工导致部分边缘的石片剥离，石块的凹面保留有一层红色的粉状物质，色泽鲜艳，紧紧粘附于器表（图15-4）。2002年发掘时在遗址中部采集到夹砂褐陶矮圈足器一件，内底部也残留有红色物质（图15-5）。

川西北高原山地史前考古发现有多例器物涂红现象：大渡河上游的哈休遗址2006年试掘出土的打制石器（包括石片切割器和打制石块）表面涂抹有红色颜料，另一件磨制精细的双孔石钺两面也发现有涂红现象，此外，个别陶片表面还残留有红色颜料。

[1] 陈显丹：《成都金沙遗址出土文物相关问题的讨论》，《中华文化论坛》2003年第4期。
[2] 成都市博物馆考古队、成都市文物考古研究所：《成都方池街古遗址发掘报告》，《考古学报》2003年第2期。
[3] 王方：《对成都金沙遗址出土石雕作品的几点认识》，《考古与文物》2004年第3期。
[4] 施劲松：《金沙遗址出土石人像身份辨析》，《文物》2010年第9期。

图15-4　营盘山遗址02H40底部
出土带红色颜料的石块

图15-5　2002年采集夹砂褐陶矮圈足器
（内底部残留有红色物质）

这些实物材料表明，尚红习俗是川西北高原山地史前时期先民精神生活领域的重要内容之一。

根据红色颜料在器物表面的部位可将这些涂红器物分为两类：一、加工研磨、贮盛调制颜料的容器，如营盘山遗址的陶矮圈足器；二、有特别含义装饰的器物，如哈休遗址的涂红双孔石钺。

营盘山遗址出土的涂红石块，经四川大学分析测试中心测试，红色颜料的成分含汞、硅等，以汞的氧化物为主，应该属于朱砂。营盘山遗址出土的涂红现象是目前四川地区考古发现的最早使用朱砂的实例之一。哈休遗址陶器、石器上的红色颜料可能也为朱砂。在史前人类心目之中，红色代表鲜血和灵魂，是生命与力量的象征，涂红现象具有特殊含义。哈休遗址出土的双孔石钺，选材精心，通体磨制精美，器体宽大，非一般人所能享用的日常用品，而是地位与权力的象征，器表近穿孔部位两面均涂红，更体现了石钺及其主人的威严和庄重。红色颜料的具体用途还可能与涂面、刷房等活动有关。

中国古代的尚红习俗历史久远，早在旧石器时代晚期的山顶洞人即已在埋葬死者时使用红色矿石粉，如将矿粉撒于死者周围，并将随葬用的饰物兽牙、石珠、鱼骨都染上红色。

古代尚红习俗主要表现在对朱砂的使用上。朱砂是一种天然红色矿石，主要化学成分为天然硫化汞（HgS）。古代有丹砂等多种名称，它是中国古代各族人民最喜爱的红色颜料和涂料，在中国古代，朱砂有着广泛的用途，既可用作书画之颜料，又可为术士炼丹所用。朱砂是国画三重色之一，是中国炼丹术重要内容之一，其中包括升华提纯和合成辰砂（银朱）。考古实物资料表明，早在距今8000多年前的新石器时代就已出现先民使用朱砂的现象，如浙江余姚县河姆渡遗址中就有外涂朱砂的漆碗，此后，在江浙一带的良渚文化、西北马家窑文化新石器文化，商周时期的四川广汉三星堆、河南殷墟等遗址都曾发现用朱砂涂染的装饰品和尸骨。西周以来朱砂用途较广，主要用于书写（含甲骨、竹木简、丝绸、纸张）、陶器的彩绘、纺织品涂色、油漆和漆器中颜料、化妆用品、宗教用品、装饰玉器着色、壁画颜料和彩墨颜料等九个方面。秦汉时不仅大量用作颜料还用来炼制水银，北朝至清代全国各地的壁画及其他彩绘艺术中都用朱砂做颜料。历代对朱砂做颜料的选择、加工制作也积累了不少经验。[1]

新石器时代的器物、遗迹表面的朱砂涂红现象以及朱砂彩绘陶等现象更为多见。从目前考古材

[1] 王进玉、王进聪：《中国古代朱砂的应用之调查》，《文物保护与考古科学》1999年第1期。周国信：《中国的辰砂及其发展史》，《敦煌研究》2010年第2期。

料来看，距今 8000 多年的史前时期先民对朱砂已有一定程度地认知，且多使用于日常生活中。如距今 8500 ～ 7500 年的湖北宜都城背溪遗址，出土一件涂有朱砂的陶盘，同时还发现有朱砂颜料用于彩绘陶。[1] 距今 7000 ～ 6000 年的浙江余姚河姆渡遗址第三层出土的木质漆碗，器壁外涂有朱砂。[2] 甘肃秦安县大地湾遗址第四期文化（仰韶文化晚期）大量出土朱砂彩绘陶，尽管朱砂颜料用于彩绘陶，较早发现于湖北枝城市城背溪遗址，但大量出土这类彩绘陶是在大地湾遗址第四期文化的第二段遗存中，已发现有朱、白彩绘陶片近百件。此期朱砂彩绘的陶器多为灰陶或夹砂陶。从目前的观察看，有胶结材料使用的迹象。铁白云石颜料粗看起来有些像黄砂岩，X- 射线衍射证明其中含有较多量的石英及长石。大地湾第四期文化距今年代在 5500 ～ 4900 年。[3] 江苏省新沂县花厅村新石器时代遗址 M109 出土有两面涂抹红色颜料的磨制石斧。安徽省潜山县薛家岗遗址出土的部分磨制穿孔石斧、钺、刀等器物，在穿孔周边用红色颜料绘制有花果形图案，既是装饰也有特殊含义。

值得充分关注的是河南灵宝西坡遗址仰韶中期庙底沟类型及晚期文化均发现有较为丰富的尚红习俗遗存现象。遗址位于灵宝市阳平镇境内的黄帝铸鼎原遗址群面积 130 平方千米，铸鼎原周围分布着北阳平遗址、西坡遗址、东常遗址、轩辕台等 30 多处仰韶文化遗址，是中国现有面积最大、延续时间最长、包含物最丰富的仰韶时期古文化遗址群，也是近年来仰韶文化考古的最重大成果之一。2000 年以来，中国社会科学院考古研究所与河南省文物考古研究所连续对黄帝铸鼎原进行了 7 次大规模的发掘，陆续发现了一座占地 516 平方米的带回廊的特大宫殿基址，发掘出仰韶时期大型的人工防护壕沟，弄清了西坡这座远古城池的公益活动区、居住区、作坊区、墓葬区等城建布局；发现了仰韶中晚期的大型墓葬区，出土了一大批完整的成套玉器、陶器、石器等文物，为研究人类社会阶段的产生，国家的出现，文明的起源提供了珍贵的实物资料。2001 年发掘的房址 F102 平面呈弧角长方形，前壁约略外弧，余为直壁，坐西北朝东南，依门道方向为 127°，门道居前壁正中，呈长方形直壁斜坡状，火膛位于室内前部，正对门道，平面近圆形，位于火膛以北 0.8 米处，有一略呈长方形的灰白色石块嵌入并略高于居住面。石块中部略下凹，表面光滑，面上残留有红色物质，疑为颜料。紧邻石块周围也有零星的类似物质，当系研磨时撒落而致。[4] 在 2002 年至 2004 年的发掘中，遗址中心部位发现两座特大房址，其中房址 F105 外有回廊，占地面积 500 余平方米，房址 F106 室内面积达 240 平方米，是目前发现的同时期最大的两座单体房屋建筑遗迹。两座房屋建筑技术复杂，房址 F106 居住面下有多层铺垫，居住面和墙壁加工考究，地面、半地穴北墙壁的表面普遍以朱砂涂成红色。[5] 2006 年的发掘又发现仰韶文化中期晚段大型墓葬 2 座，及其他中、小型墓 10 座，出土有陶器、骨器、石器、玉器等随葬品。大型墓葬 M27、M29 因其规模、结构和特殊的葬俗再次使西坡成为学界关注的焦点。M27 墓主人为一成年男性，骨骼保存良好，身边未见任何随葬品，脚坑中放置了 9 件陶器，包括一对大口缸、一对簋形器、一套釜灶、一壶、一钵和一杯。两件大口缸上腹部均有基本相同的彩绘图案，为红色彩带上加一周黑点。其中一件大口缸唇部有朱砂痕迹，缸内填土中有涂

[1] 湖北省文物考古研究所：《宜都城背溪》，文物出版社，2001 年。

[2] 王进玉、王进聪：《中国古代朱砂的应用之调查》，《文物保护与考古科学》1999 年第 1 期。

[3] 甘肃省文物考古研究所：《秦安大地湾——新石器时代遗址发掘报告》，文物出版社，2006 年。马清林、胡之德、李最雄、梁宝鎏：《甘肃秦安大地湾遗址出土彩陶（彩绘陶）颜料以及块状颜料分析研究》，《文物》2001 年第 8 期。

[4] 河南省文物考古研究所等：《河南灵宝市西坡遗址 2001 年春发掘简报》，《华夏考古》2002 年第 2 期。

[5] 中国社会科学院考古研究所河南一队等：《河南灵宝市西坡遗址发现一座仰韶文化中期特大房址》，《考古》2005 年第 3 期。

抹朱砂的细麻布碎块，推测缸口原来可能用涂朱的麻布覆盖。[1]

　　朱砂还在中国古代的丧葬活动中扮演着重要角色。大约从距今 6000 年的仰韶时代中期开始，朱砂以人骨涂朱、随葬品涂朱和撒入墓圹填土等方式被使用在贵族丧葬仪式中。以朱砂铺设墓底作为贵族葬仪中不可或缺的程序是在龙山时代的陶寺文化中确立的，并为此后的二里头文化或夏时期文化所继承，成为商周墓葬制度的重要组成部分。[2] 对于朱砂在丧葬习俗中的用途，在以往的研究中多数学者认为朱砂的使用与人们对于红色的信仰存在某种联系；或认为朱砂在墓葬内使用既是出于美化棺椁的需要，又可能具有敛葬的意义；也有学者从葬仪的角度对其予以阐释，认为朱砂是早期国家葬仪复杂化的组成部分，包括葬仪在内的宗教仪式对于政权的延续与社会稳定意义重大。毫无疑问，上述分析都有其合理的成分。但问题是朱砂的使用形式多种多样，分布位置各异，用意应有所不同，如器物涂朱可能意在鲜艳、醒目，棺椁涂抹朱砂可能有美化的目的；而朱砂铺底现象当为一种专门的丧葬礼仪，有着独特的发展轨迹、分布区域和使用族群。[3] 在仰韶文化中晚期，朱砂开始使用于人们的丧葬活动中，如灵宝西坡墓地 M 27 墓圹西南角距墓口深约 1 米处发现有两小片朱砂痕迹。[4] 这个时期朱砂墓分布地域较广，使用方式多样，主要包括填土中加入朱砂、随葬器物涂朱、人骨涂朱、葬具涂朱等。与此同时，朱砂铺撒墓底现象在个别遗址开始出现，但所占比例较低，而且往往是墓底局部铺朱，如花厅遗址的 M4，[5] 说明朱砂奠基葬正在萌芽孕育之中。在豫西地区，使用朱砂见于仰韶文化时期的洛阳王湾遗址第一期文化以及属于仰韶文化向龙山文化过渡期的第二期文化，墓葬中人头骨涂朱现象较为普遍。[6] 进入龙山时代，朱砂墓分布地域有所缩小。目前材料显示，豫西地区的王湾三期文化不见朱砂墓；而江苏江阴高城墩遗址良渚文化中期墓葬 M1、M2、M5、M6、M8、M11，[7] 山东茌平尚庄大汶口文化晚期墓葬 M23 等为朱砂墓。[8] 除此之外，朱砂墓主要在晋南地区龙山文化中流行，且在陶寺文化中已经出现朱砂奠基葬。[9]

　　尽管国内浙江、湖北、安徽、江苏等地的史前遗址中均发现了使用朱砂为主的尚红现象，但这些遗址在文化内涵及文化因素方面与营盘山遗址之间难以看出有什么联系，故营盘山遗址尚红习俗的来源应该与这些遗址没有关系。考察营盘山遗址尚红习俗的渊源还是要从黄河上游及中原地区的仰韶文化入手。就目前已有实物资料来看，西坡遗址庙底沟类型文化、大地湾遗址第四期文化的年代均早于川西北高原山地史前文化，西坡遗址仰韶文化的年代达到距今 6000 年，大地湾遗址第四期文化（仰韶文化晚期）大量出土朱砂彩绘陶距今年代在 5500 年左右。同时，黄河上游的仰韶晚期文化与哈休、营盘山遗址为代表的川西北高原山地史前文化之间存在着明确的文化渊源关系。川西北高原山地史前尚红习俗的渊源可能与仰韶文化使用朱砂的涂红现象关系密切。

　　而在青藏高原腹心的西藏自治区拉萨市曲贡新石器时代遗址也发现有大量的在打制石器上涂抹

　　[1] 中国社会科学院考古研究所、河南省文物考古研究所：《灵宝西坡墓地》，文物出版社，2010年。

　　[2] 方辉：《论史前及夏时期的朱砂葬——兼论帝尧与丹朱传说》，《文史哲》2015年第2期。

　　[3] 张国硕、贺俊：《试析夏商时期的朱砂奠基葬》，《考古》2018年第5期。

　　[4] 中国社会科学院考古研究所、河南省文物考古研究所：《灵宝西坡墓地》，文物出版社，2010年，第84、287页。

　　[5] 南京博物院：《花厅——新石器时代墓地发掘报告》，文物出版社，2003年。

　　[6] 北京大学考古实习队：《洛阳王湾遗址发掘简报》，《考古》1961年第4期。北京大学考古文博学院：《洛阳王湾——田野考古发掘报告》，北京大学出版社，2002年。

　　[7] 南京博物院、江阴博物馆：《高城墩》，文物出版社，2009年。

　　[8] 山东省文物考古研究所：《茌平尚庄新石器时代遗址》，《考古学报》1985年第4期。

　　[9] 张国硕、贺俊：《试析夏商时期的朱砂奠基葬》，《考古》2018年第5期。

红颜色的现象，但经测试，它们所使用的红色颜料均为赤铁矿（赭石），成分以铁的氧化物为主。[1]
另在西藏自治区贡嘎县的昌果沟、琼结县的邦嘎等新石器时代遗址均发现有大量的在打制石器上涂
抹红色颜料的现象。经测试，它们所使用的红色颜料均为赤铁矿（赭石），成分以铁的氧化物为主。
距今年代在 4000 年左右。青藏高原腹心地区的尚红习俗出现的年代较晚，曲贡、昌果沟、邦嘎遗址
发现的石器涂红现象距今年代均在 4000 年左右。这些发现也可能与仰韶文化使用朱砂的涂红现象的
影响有关系。

　　而后来商周时期的古蜀文明也存在着尚红习俗。如成都平原商周时期三星堆、金沙遗址均流行
在玉器尤其是玉璋的阑部阴刻线条上，石雕人像、石虎、石蛇的眼部、口部表面涂抹红色颜料（朱砂）
的风格。古代文献记载内容及目前已有的考古资料均表明，岷江上游地区的史前文化与古蜀文明之
间存在一定程度的渊源关系。从古蜀文明大量涂抹红色颜料的风格中或许可以看到营盘山遗址、哈
休遗址等川西北高原山地史前时期朱砂涂红习俗的影响。

三　营盘山遗址的人群与族属初探

1．仰韶文化及马家窑文化向川西北高原山地的南传

　　仰韶文化南传进入川西北高原山地的发生时间较早，目前看来，以茂县波西遗址灰沟 02G1 为代
表的考古实物资料表明，至迟在仰韶文化中期庙底沟类型的晚段，黄河流域仰韶文化因素即已进入
川西北高原山地。[2]仰韶文化在中期庙底沟类型阶段发展至高峰，势力空前，在关中、中原、山西、
内蒙古南部以及甘青地区东部等较大范围内，文化面貌呈现出惊人的相似性，对外扩展能力非常强盛，
湖北、山东等地区均出现了庙底沟类型的遗物。之后的仰韶文化晚期发生了分化，上述各地的文化
面貌有一定程度的差异，甘青地区中西部的马家窑文化势力逐步强大。

　　包含弧边三角纹彩陶钵、内唇有凸棱的敛口红陶钵、重唇式小口瓶、锐角底尖底瓶等遗物为代
表的"波西下层遗存"的出现表明，仰韶文化中期庙底沟类型人群的对外殖民移民活动已进入川西
北高原山地。这是目前所见的黄河上游地区史前时期人群第一次自北向南移动进入西南地区的现象，
发生时间约在距今 6000～5500 年间。[3]

　　仰韶晚期文化的影响更是遍及川西北高原山地的岷江上游、大渡河上游及中游等地。最南边的
汉源县姜家屋基遗址曾出土陶双唇口瓶，属于大渡河中游地区。多数学者赞同马家窑文化源于仰韶
文化的观点，[4]所谓石岭下类型（也有学者称为大地湾第四期文化）即是仰韶文化向马家窑文化的过
渡阶段，对川西地区的影响极其明显，侧重于东部地带。

　　而川西北高原山地岷江上游、大渡河上游及中游地区多个遗址所发现的仰韶晚期的陶小口瓶、
彩陶等遗物表明，仰韶晚期（福临堡三期文化、大地湾四期文化、石岭下类型）人群的自北南下移动，

[1] 中国社会科学院考古研究所、西藏自治区文物局：《拉萨曲贡》，中国大百科全书出版社，1999年。
[2] 成都文物考古研究所、阿坝藏族羌族自治州文物管理所、茂县羌族博物馆：《茂县波西遗址2002年的试掘》，《成都考古发现（2004）》，科学出版社，2006年。
[3] 陈剑：《江源地区新石器文化的序列与黄河上游新石器文化南传的阶段性》，《江源文明——大禹文化与江源文明学术研讨会论文集》，四川出版集团巴蜀书社，2006年。陈剑：《从川西陶小口瓶的分布看藏彝走廊东部边缘区史前人群的移动》，《藏彝走廊东部边缘族群互动与发展——平武县各民族历史•文化•民族关系及民族政策研讨会论文集》，民族出版社，2006年。
[4] 严文明：《略论仰韶文化的起源和发展阶段》，《仰韶文化研究》，文物出版社，1989年。

在数量及规模上均较第一次南下移动为甚，发生时间约在距今5300年左右。

仰韶晚期文化之后的马家窑文化马家窑类型强烈地影响了川西北高原山地，最南边至少抵达大渡河中游汉源县境内的狮子山遗址。或许可以认为，马家窑文化对川西北高原山地的影响实际是仰韶文化南下的继续。马家窑文化的半山、马厂类型更为偏西，对川西北高原山地的影响微乎其微。

黄河上游地区史前时期人群的第三次自北向南移动进入西南地区约相当于马家窑类型文化时期，突出的实物证据便是川西北高原山地岷江上游地区、大渡河上游和中游地区广为发现的马家窑类型彩陶现象，距今年代在5000年前后。

以陶小口瓶为代表的仰韶文化因素在四川地区的分布范围远广于同时期的马家窑类型彩陶的分布范围，[1]在岷江上游、大渡河上游及中游的局部地区有重合。而四川盆地腹心及其川北地区、川东北地区、峡江地区目前还未见马家窑类型彩陶，但三峡地区也发现有陶双唇口小口瓶文化因素，这一现象背后蕴涵着较为丰富的历史信息。

前辈学者石兴邦先生依据岷江上游地区过去调查发现的彩陶片等实物资料，对马家窑文化的发展去向可能进入了西南地区（四川一带），巴蜀文化应是接受了中原文化浓厚的影响。[2]邓少琴先生也对古代巴蜀与马家窑文化彩陶南流的有关问题进行了初步论述。[3]王仁湘先生以彩陶为例对仰韶文化向西南地区的传播进行了深入解读。他指出，庙底沟文化彩陶的传播浪潮，以它所在的晋、陕、豫一带的中心区作为源头，波及东南西北四方。庙底沟文化还对长江上游地区新石器文化的发展产生过强大的推力，在那里也发现了同样传统的彩陶遗存。庙底沟彩陶向西向南的传播，不仅是一种艺术形式的传播，也是一种认知体系的传播。随着彩陶的播散，我们看到了一种大范围的文化扩展，这种扩展的意义与作用，大大超过了彩陶自身。由黄河上游地区向南观察，彩陶对南部长江流域影响也非常强烈。由西北到西南，横断山区北部及邻近地区都有一些彩陶发现，从中可以看到这种影响留下的证据。这表明庙底沟文化彩陶在向西传播的同时，也向南部传播，影响进入长江上游地区。依近年的发现研究，黄河彩陶文化明确传播到嘉陵江上游和邻近成都平原的岷江上游地区。庙底沟文化彩陶传播到西北以后，经过一个时期的发展，由仰韶文化晚期（或称石岭下类型）过渡到马家窑文化。马家窑文化彩陶渊源于庙底沟文化，以弧边三角作衬底的旋纹是两个文化一脉相承的主体纹饰。黄河上游的庙底沟文化和马家窑文化彩陶，都先后影响了长江上游地区远古文化的发展，密切了两河之间的文化联系。近年的发现表明，黄河上游彩陶向长江流域的南传，是由甘肃南部经嘉陵江上游到达岷江上游地区，然后直抵拒长江干流不远的大渡河边，南传开始的时间很可能不晚于庙底沟文化时期。在嘉陵江支流白龙江一带发现包含彩陶在内的庙底沟文化及后庙底沟文化遗存，如甘肃武都大李家坪就出土了一些这时期的彩陶，其中就有鱼纹。当然由于陶片较为破碎，纹饰仅存鱼尾和鱼腮局部，发掘者也没有辨别出来。在这一带发现鱼纹彩陶的同时，还见到一些圆圈纹与叶片纹彩陶，也都是庙底沟或后庙底沟文化风格。如四川茂县波西遗址见到的一例圆圈纹彩陶片，采用两种构图复原，一种为双点穿圆式，一种为纯圆圈式，都属于庙底沟文化风格。此外在一些地点还出土了双瓣式花瓣纹彩陶，武都大李家坪就见到两例，纹饰绘在同类的深腹盆上，叶片较为肥硕，中间也都绘有中分线。甘肃武都往南，在四川茂县的营盘山也意外见到几例双瓣式花瓣纹，叶片中

[1] 陈剑：《川西彩陶的发现与初步研究》，《古代文明》第五卷，文物出版社，2006年。

[2] 石兴邦：《有关马家窑文化的一些问题》，《考古》1962年第6期。

[3] 邓少琴遗稿：《古代巴蜀与中原黄河流域彩陶南流的有关问题》，《中华文化论坛》1999年第2期。

也绘有中分线，可知这样的花瓣纹与大地湾和大李家坪属于同一类，时代可能也相差不远。这里还发现一例作双层排列的双花瓣纹，为它处所不见。在四川岷江上游的理县箭山寨、茂县营盘山和姜维城遗址发现了典型的马家窑文化彩陶。有可能彩陶的影响是由川西山地南下进入横断山区，丹巴县罕额依和汉源县狮子山遗址发现的彩陶便是南传的重要证据。茂县营盘山发现一件马家窑文化风格旋纹彩陶，构图介于双旋纹和叶片纹之间，绘制较为精细。庙底沟文化彩陶向西特别是向西南的传播，将黄河文化传统带到长江上游区域，具有非常重要的意义。庙底沟文化若干类彩陶纹饰的分布范围，远远超越了这个考古学文化自身的分布范围，让我们感觉到有一种强大的推力，将庙底沟文化彩陶的影响播散到了与它邻近的周围的考古学文化中，甚至传播到更远的考古学文化中。对于这样的推力，我认为可以用"浪潮"这样的词来描述，彩陶激起的浪潮一波一波地前行，一浪一浪地推进，它将庙底沟文化的艺术传统与精神文化传播到了更广大的区域，也传播到了岷江上游地区。这样看来，甘南至川西北茂汶一带的岷江上游地区，至晚在公元前4000年的年代已经纳入到黄河文化的强烈影响区域。来自黄河文化的影响，相信对成都平原史前文化的发展也产生过某种推力，只是目前我们还没有在考古上找到有力的证据来说明。[1]

其实，黄河上游地区仰韶文化、马家窑文化向川西北高原山地的传播不仅仅表现在彩陶（包括庙底沟文化类型彩陶、仰韶文化晚期类型彩陶和马家窑文化马家窑类型彩陶）和陶小口瓶之上，其他文化因素也不胜枚举。例如营盘山遗址、哈休遗址发现的圆形袋状灰坑，较深，坑壁、坑底加工精细，在坑内近底部发掘出大量陶器或较为纯净的灰烬等遗物，应为贮藏物品的窖穴。而长江上游地区很少发现史前时期的袋状灰坑，只能表明营盘山遗址的这类窖穴是受黄河上游仰韶文化的影响而产生的。营盘山遗址出土的磨制穿孔石刀（双孔或单孔），大量使用由石片加工而成的两侧带缺槽的打制石刀，也是黄河上游地区仰韶文化的风格。营盘山遗址出土陶器中的带嘴锅（匜）、甑等器物也是来自仰韶文化的因素。而营盘山先民以粟黍为主要作物的旱地农耕生业形态与黄河上游仰韶文化的农业形态基本一致。营盘山遗址的人祭人牲现象，营盘山遗址和哈休遗址的陶人面像和陶人头的造型艺术，使用朱砂的尚红习俗现象也应当是黄河上游地区仰韶文化南传的产物。

石硕先生以考古材料为依据，对藏彝走廊地区新石器时代文化中大量存在的来自黄河上游地区的文化因素，以及黄河上游新石器时代人群向藏彝走廊迁徙的主要路线进行了探讨。他认为，藏彝走廊新石器文化乃直接渊源于甘青地区，是甘青地区新石器文化向南发展形成的一个系统。约6000年前因气候急剧趋向干燥寒冷，甘青地区人群中的一支开始南下向藏彝走廊迁徙，由此产生了汉语语族和藏缅语族人群的分化。这些由黄河上游南迁的人群不仅是藏彝走廊新石器文明的主要开拓者和创造者，也是藏缅语族最早的祖先人群。由于黄河上游新石器时代人群的南迁路线各不相同，不仅造成了藏彝走廊不同区域人群之间的分化，也导致并形成了藏彝走廊地区文化面貌各异的人群支系与区域类型。[2]

可见，黄河上游新石器文化向西南地区的传播具有阶段性、波浪形特征。不仅有物质生活层面的影响，更有精神生活层面的影响，来自黄河上游史前文化的影响是全方位、立体化的，渗透到社会生活的方方面面。这是在探讨岷江上游地区史前人群及族属等相关问题时必须予以充分关注的

[1] 王仁湘：《庙底沟文化彩陶向西南的传播》，《四川文物》2011年第1期。

[2] 石硕：《从新石器时代文化看黄河上游地区人群向藏彝走廊的迁徙》《西南民族大学学报（人文社科版）》2008年第10期。石硕：《黄河上游新石器时代人群向藏彝走廊迁徙路线之探讨》，《西南民族大学学报（人文社科版）》2009年第6期。

现象。

在探讨营盘山遗址先民的族群问题时,相关文献记载的内容及其解读是不容忽视的。如《史记·五帝本纪》记载五帝世系说:"黄帝居轩辕之丘,而娶于西陵之女,是为嫘祖。嫘祖生二子,其后皆有天下:其一曰玄嚣,是为青阳,青阳降居江水;其二曰昌意,降居若水。昌意娶蜀山氏女,曰昌仆,生高阳。"《帝王世记》也有同样的说法:"帝颛顼高阳氏,黄帝之孙,昌意之子,母曰景璞(《易系辞》引作'昌仆'),蜀山氏之女。"《大戴礼记·帝系》亦云:"黄帝居轩辕之丘……昌意降居若水,昌意娶于蜀山氏,蜀山氏之子谓之昌濮氏,产颛顼。"

《蜀王本纪》记载:"蜀王之先名蚕丛,后代名曰柏灌,后者名鱼凫。此三代各数百岁,皆神化不死,其民亦颇随王去。鱼凫田于湔山,得仙。今庙祀之于湔。时蜀民稀少。后有一男子,名曰杜宇,从天堕,止朱提。有一女子,名利,从江源井中出,为杜宇妻。乃自立为蜀王,号曰望帝。治汶山下邑,曰郫化,民往往复出。"《华阳国志·蜀志》记载,"蜀之为国,肇于人皇,与巴同囿。至黄帝,为其子昌意娶蜀山氏之女,生子高阳,是为帝颛顼;封其支庶于蜀,世为侯伯。历夏、商、周,武王伐纣,蜀与焉。其地东接于巴,南接于越,北与秦分,西奄峨嶓。地称天府,原曰华阳。故其精灵则井络垂耀,江汉遵流。《河图括地象》曰:"岷山之地,上为井络,帝以会昌,神以建福。"《夏书》曰:"岷山导江,东别为沱。泉源深盛,为四渎之首,缎拗为九江。"

林向先生认为不妨把《蜀王本纪》、《华阳国志》等记载的蜀王世系的传说,看作是对社会历史发展程度"顺序"的一种"记忆和传播",它是有历史事实为依据的,但它有"虚构夸张的""把许多人和事集中在一个人身上""有后代叠加"的成分,所以不可能是有什么准确起迄年份的"三代"或"五代"蜀王的王朝史,而只是反映古蜀文明化发展进程和特征,"仙化"传说只是某种历史兴废事实的折射。如果这样认识,那么有历史价值是肯定的。今本《蜀王本纪》可以与最近的考古发现相印证,虽尚待进一步研究,大体总算有了一些面目。"蚕丛之世"还处于原始氏族制的部落联盟时期;"鱼凫之世"应该是开始了从"野蛮时代"(酋邦制)向"文明时代"(国家制)的过渡,即处于原始社会开始向文明社会的转型期;"杜宇之世"已具备文明时代的社会标志(冶金术、城邑、礼仪中心、艺术和文字符号),三星堆应是古蜀文明的中心城市;"开明之世"为古蜀国的扩展之世,前期以十二桥遗址为代表,其社会经济、政治、文化逐渐鼎盛,后期的辉煌以船棺墓地为代表,而戛然中落,为秦所灭。[1]

营盘山遗址所在的茂县还流传有不少关于大禹的传说。大禹等来自川西北方向的族群则主要以岷江等西部水系河谷顺势而下,故《蜀王本纪》等书明确记载大禹兴于川西北岷江流域。《史记·三代世表》也记西汉时仍居息于今云南大姚、姚安一带的蜀王自称为"黄帝后世"。《大戴礼记·帝系》云:"黄帝居轩辕之丘,娶于西陵氏之子,谓之嫘祖氏,产青阳及昌意。青阳降居江水,昌意降居若水,昌意娶于蜀山氏,蜀山氏之子谓之昌濮氏,产颛顼。""颛顼产鲧,鲧产文命,是为禹。"同书《五帝德》篇和《世本》所载与之大致相同。《史记·五帝本纪》的相关记载兼采上述先秦文献之说而成。对于黄帝之子"青阳降居江水,昌意降居若水"的古老传说,唐司马贞《索隐》指出:"降,下也,言帝子为诸侯,降居江水、若水。江水、若水皆在蜀,即所封国也。"诸书提到的"江水",即指岷江,若水则为今雅砻江。而"降下"或"降居"云云,反映从高原下徙盆地,此应为出于西北甘陕青一带古羌的黄帝族群支系沿横断山脉岷江等水系南下至于蜀地,在文献中留下的传说史影,说明

[1] 林向:《〈蜀王本纪〉与考古发现》,《四川大学学报(哲学社会科学版)》2011年第5期。

先秦蜀地存在和繁衍着陆续来自川西北以至更遥远的甘青陕高原的古老族群。禹兴西羌及黄帝子青阳、昌意的传说，正是先民这一远古历程在蜀地和中原文献系统中留下的印记，并在近年营盘山等川西北考古遗址中得到印证。与之联姻的西陵氏、蜀山氏，从地名上看，则似为当地原有之土著族群。而时代稍晚的蜀王蚕丛氏及杜宇氏等族群，也来自岷江上游地区，似应与上述更早的族群有一定渊源关系。在上古族群迁徙互动过程中，既有从四川盆地周边及域外徙入者，如上举各族群；也有因种种缘故由盆地底部平原迁返盆周或从盆地内徙出者，前者如传说中鱼凫氏"得仙道"而去和杜宇氏之"隐于西山"（《蜀王本纪》《华阳国志·蜀志》），大量石棺葬资料也揭示蚕丛氏东周时期已居于岷江上游，后者之显例则有禹族之西兴东渐于黄河流域，和秦举巴蜀后蜀王子泮所率族群之辗转徙于越南北方。而在上述漫长的多族群并存互动过程中，族群的重组以至逐渐融合为新的族群自难避免。因此，禹族东渐之际如在蜀地留有支系，当与西陵氏和蜀山氏等早期族群一样，渐已转融于后来之族群。[1]

关于黄帝子青阳、昌意、蜀山氏、禹兴西羌的文献及传说均从另一个角度表明，营盘山遗址的先民与中原地区仰韶文化、龙山文化之间，存在着较为密切的关系。这与考古发现的实物资料在某种程度上是相互契合与映证的。

2. 来自体质人类学的考察

通过观察和鉴定营盘山遗址新石器时代人祭坑的两例人类骨骼标本，大体有如下认识：两例均为男性，03M32 死亡年龄大致在 30～35 岁；03M40 死亡年龄大致在 35～40 岁。营盘山两例人祭坑人颅骨形态特征主要表现为颅型偏长，高颅型和偏狭的颅型，中等的面宽，较高的面型，中等的眶型以及狭鼻型等特点。这些特征与先秦时期广泛分布于甘青地区的"古西北类型"人群的颅面形态最为相似。从颅骨反映的情况来看，或许暗示出早在营盘山文化所处的新石器时代，该类型人群就已经存在于中国西南山地的岷江上游地区。[2]

另外，有学者采集了营盘山遗址人祭坑出土的两具人骨（03M32，03M40）的骨样和齿样，进行了牙本质胶原序列样本和骨胶原的碳氮同位素分析。骨胶原分析结果指出此二个体成年时的食谱结构由 C3 和 C4 类食物共同组成，但 C3 类食物的贡献较大。此外，他们的蛋白质来源主要为猪和牛，淡水鱼和鹿的贡献相对较小。牙本质胶原的序列同位素分析结果则表明 M40 于完全断乳（约三岁）后至七岁半以前的蛋白质来源和成年时差不多，皆以猪和牛为主；并且在这段时间内，M40 摄取了较多的小米。相较之下，M32 于四岁半至十三岁半间主要食用淡水鱼，稻米食用量可能也较成年时为多。由于两个体的牙本质胶原 δ15N 值变异皆不大（<1‰），因此可推测他们各自在幼年时期所摄取的淡水鱼类和陆地肉类相对含量应大致维持不变。在此前提下，M32 于幼年时可获取较多的淡水鱼类（M32 牙本质 δ15N 平均值高于 M40），这或许与社会地位或家庭对幼儿照顾的差异有关。M32 和 M40 成年期以猪和牛为主的蛋白质来源，食谱中的植物种类则同时包括小米和稻米，且稻米所占比例似乎不低。M32 幼年食谱中的淡水鱼类比例较其成年时高；相比之下，M40 幼年食谱主要即由猪和牛所构成。M32 于幼年时能取得淡水鱼类可能具有某种社会意义。此外，牙本质胶原序

---

[1] 彭邦本：《上古蜀地水利史迹探论》，《四川大学学报（哲学社会科学版）》2007年第6期。段渝：《大禹史传的西部底层》，《四川大学学报（哲学社会科学版）》2004年第5期。

[2] 原海兵、陈剑、何锟宇：《茂县营盘山遗址祭祀坑出土人骨研究》，《华夏文明》2018年第6期。

列样本的同位素分析显示此二个体的幼年食谱转变史，主要表现为淡水鱼类和陆地肉类以及稻米和小米的比例变化。[1] 这一取食发生转变现象的原因值得深入探讨，也为我们认识营盘山遗址先民的来源与构成提供了新的视角。02M32 幼年时可获取较多的淡水鱼类，这与营盘山先民的生业形态不太吻合，鱼肉的营养应高于粟黍，或许与 02M32 生前的社会地位或家庭对幼儿照顾的差异有关；另一种可能则是 02M32 幼年时曾生长在异地，临近河流或湖泊，该地的捕捞渔业较为发达，居民饮食结构中淡水鱼类所占比例甚高，待他成年后因某种原因来到了营盘山。

营盘山遗址还出土了多件表现人物形象的实物，可以从直观上帮助判断先民的种属情况。尤其是其中的一件写实特征较强的陶塑人面像（02H7：5），残宽 8.9、残高 6.5 厘米。该陶塑人面像似为一陶容器肩部的装饰，夹砂灰陶，火候较高，略残，高鼻，弧形宽耳，两耳、鼻及下颌系捏塑而成，双目、双鼻孔及嘴部系刻划而成，造型生动、传神。该塑像的造型与甘肃省秦安县大地湾遗址第二期文化（仰韶文化半坡类型）出土的人头形器口彩陶瓶（A 型 I 式陶平底瓶 QD0：19）上的陶塑人像较为相似；与陕西省高陵县姬家乡杨官寨仰韶文化遗址出土的镂空人面覆盆形器、涂朱砂的人面塑残陶器上的人面塑像也很相似。这从另一个方面印证了营盘山先民与仰韶文化先民之间在种属方面有着较为亲密的源流关系。

---

[1] 李政益、林圭侦、陈剑、Andrea Czermak、原海兵：《四川茂县营盘山遗址二人类个体之食谱结构：牙本质胶原序列样本及骨胶原之碳、氮同位素分析》，《四川文物》2018年待刊。

附表1 2000年度房址登记一览表

编号	位置	层位关系	形　制	出土器物				
				彩陶	泥质陶	夹砂陶	石器	骨角牙器
00F3	T13东部	③→F3→F4	近似方形，柱洞式基础，木骨泥墙墙体。发现柱洞5个，直壁平底，直径0.15～0.20、深0.20～0.30米。柱洞内填土为黑褐色，出绳纹泥质灰陶。房址仅发现一略呈钝角拐角，不完整，方向、面阔、进深、面积不详。		绳纹、素面泥质陶陶片			
00F4	T13中部	③→F3→F4→H16、H18	柱洞式房址，木骨泥墙墙体。基槽中可见8个柱洞，直径0.15～0.20、深0.20～0.30米。柱洞内为黑褐色填土，其中拐角处两个柱洞经涂黄泥后用火烧硬。柱洞为直壁，平底或尖底不一，出少量夹砂褐陶或泥质灰陶。房址仅发现一略呈直角拐角，不完整，方向、面积等不详。		泥质陶陶片	夹砂褐陶陶片		
00F5	T13西南	③→F5→H18	柱洞式房址，木骨泥墙墙体。可见柱洞7个，直壁平底，直径0.13～0.20、深0.20米。褐色填土，出少量泥质绳纹陶。房址仅发现一弧形拐角，不完整，方向、面积等不详。		绳纹泥质陶片			

附表2 2002年度房址登记一览表

编号	位置	层位关系	形　制	出土器物				
				彩陶	泥质陶	夹砂陶	石器	骨角牙器
02F1	T1东部	③→F1→④	F1是由③层下15个柱洞排列3组而成。D6～D8呈东西一条线，D9为西转角连接柱，与G2呈排，呈一直尺角的墙基。D1、D2、D4、D5呈东西一线，D11为西转角连接柱，又呈一直角的墙基。D3、D10呈东西一线，D13、D12构成北墙一线连接柱。柱洞直壁圜底，直径0.20～0.41、深0.15～0.60米。洞内填土为灰黄粉土或黄粉土。		少量陶片	少量陶片		

02F2	T1中部靠北	⑦→F2→⑧	F2为长方形的三连间,南、北、东三间均保留有踩踏面。其中南踩踏面东西长3.30、宽1.30米。东南转角靠墙基槽有一贮火膛穴,在踩踏面西部有一火种罐。踩踏面的南部有柱洞一排,间距0.08~0.65米,直径0.06~0.20、深0.06~0.20米。北踩踏面北有呈东西向的两柱洞D4、D5,东有D3与D2呈南北一线。东北角残,东西宽3.40、南北长4.10米,形成12平方米的屋且直角长方形。东踩踏面残长1.30、宽0.64米。	少量陶片	火种罐		
02F5	T2东南部	⑤→F6→F5→生土	F5由10个柱洞分成3组排列而成。其中D1~D3为一组,呈东西向。D1、D4、D5为一组,呈南北向。D6~D10为一组,呈东西向。从平面看,F5被D6~D10排列成一行,隔为2个房子,均呈长方形,房子间距2.20米。F5柱洞为直壁圜底,直径0.20~0.38、深0.10~0.32米。洞内填土为灰褐色。	少量陶片	少量陶片		
02F6	T2东南部	⑤→F6→F5→生土	残存4个柱洞,D11~D13为一组,呈东南—西北向,与D14连接成90°拐角,推测F6平面呈长方形。F6柱洞为直壁圜底,直径0.24~0.34、深0.28~0.38米。洞内填土为黄褐色,土质疏松。	少量泥质陶片	少量夹砂褐陶片		
02F7	T13西部	③→F7→④	F7仅发现4个柱洞,依次编为D1~D4,D1、D2、D3依次排列成直线,与D4构成L状。柱洞为直壁平底,直径0.22~0.34、深0.28~0.30米。洞内填土为黑色,土质疏松含草木灰。	少量陶片	少量陶片		
02F9	T25东部	③→H44→F9→④	F9被晚期破坏较为严重,仅发现11个柱洞。除了D1~D3有规律外,其余无规律,平面形状不清楚。D1~D3排列成直线,且较明显,构造方式特别。柱洞为直壁平底,直径0.12~0.38、深0.15~0.52米。洞内填土为黑色,土质疏松。	少量陶片	少量陶片		

附表3 2003年度房址登记一览表

编号	位置	层位关系	形 制	出土器物				
				彩陶	泥质陶	夹砂陶	石器	骨角牙器
03F1	T14扩方西南	③a→F1→④a	呈长方形，木骨泥墙，长2.80、宽2.30米，面积6.44平方米。					
03F2	T14中部	④b→F2→⑤	不规则形，方向270°，座东向西，面积7.30平方米。					
03F3	T14南部扩方的东南	④b→F2→⑤	骨木泥墙体残高0.06～0.14米，圆形柱洞直径约0.05、深0.10米，该墙应为东西两间房的隔墙。两间残房面积约6平方米。					
03F4	T14南部扩方东部	④b→F4→F5→⑤	圆角方形（或长方形），结构为木骨泥墙，基槽内有柱洞，基槽深0.10～0.15、柱洞深0.20米左右，屋面呈南高北低之势。面积8.32平方米。	少量陶片				
03F5	T14北部	④b→F4→F5→⑤	保存一较完整的基槽，向南拐头，西连T21中部H43下一基槽。F5的走向、面积等不详。					
03F6	T31东部	③a→F6→④a	方向5°，残存一侧土墙和4个柱洞。墙残长2.55、宽0.40～0.50、高0.20米。墙体呈浅黄色，偶见黄褐色颗粒、碎石，质地板结、硬实。土墙西侧排有4个柱洞，洞口低于墙基0.10米，柱洞内填黄色粉土同墙体，无包含物。					
03F7	T36东北部	⑤下	仅保存基槽一段，宽0.20～0.25、深0.10米。其余部分因南部和西部未进行发掘，F7方向及形制不详。			少量陶片		
03F8	T36西部	⑤→F8→生土	仅保存一直角拐角基槽部分。长边1.50、短边0.70米，拐角处有圆形柱洞，柱洞直径0.15、深0.20米。F8的方向、大小不能确定。					
03F9	T36北部	⑤→F9→生土	F9为基槽式房基，呈直角方形（长方形）。基槽宽0.10～0.15、深0.10米，方向220°。西南有一宽0.50米宽的空隙，可能是门道。F9的大部分在东部和北部，北部未发掘，东部被H43打破，所以，其大小、形制不能确定。	少量陶片	少量陶片			

附表4　2004年度房址登记一览表

编号	位置	层位关系	形　制	出土器物				
				彩陶	泥质陶	夹砂陶	石器	骨角牙器
04F1	T4、T5、T6内	③→F1→④	F1保存3个柱洞，三编号D1～D3，其中D1处于T4北部偏西，D2处于T5的关键柱内，D3处于T6中部偏西南。柱洞均为直壁平底，直径0.30～0.36、深0.30～0.45米。柱洞均填灰褐颗粒土，有的底部有陶片。三柱洞平面连线呈是三角形，门道、方向、面积等不详。					
04F2	T3、T5内	③→F2→H23	F2保存3个柱洞，编号为D1～D3，其中D1处T5东隔梁中，D2处T5北隔梁，D3处T3东南角。柱洞均为直壁平底，直径0.28～0.30、深0.18～0.60米。柱洞均填灰褐颗粒土，有的底部有陶片或柱础石。三柱洞平面连线呈一钝角三角形，门道、方向、面积等不详。					
04F3	TT3、T5、T6、T7内	④→H22、H23→F3→生土	该房址保存有基槽、柱洞。柱洞和基槽连线后可围成一近似长方形，无居住面，难以判断房门，方向。以残存基槽和柱洞看，成西北—东南长，约5.20米，东北—西南宽，约4.20米。基槽宽约0.32、深0.26米。柱洞均为直壁平底，直径约0.30、深0.20～0.45米。柱洞内填土为灰黄土，土质紧密，均有础石，无其他包含物，其他情况不详。			少量陶片		
04F4	T13中部	③→F4→F5→生土	该房址保存有7个柱洞，西侧一组4个，北侧4个组成一近似直角，中间一洞为两组共有。受发掘面积局限，不能确定判断其房门和范围，没有保留居住面。柱洞直壁平底，直径约0.30、深0.25～0.40米。柱洞内填深褐色粘土，较纯，无包含物。					
04F5	T13中东部	③→F4→F5→生土	F5保存一组柱洞，该组柱洞在平面分布上构成以拐角"T"字形。平面上向南壁和东北角延伸。受发掘面积局限，不能判断其房门和范围，没有保留居住面。柱洞直壁平底，直径约0.30、深0.20～0.48米。柱洞内填深褐杂混少许黄色土，纯净，无包含物。					

附表5　2006年度房址登记一览表

编号	位置	层位关系	形　制	出土器物				
				彩陶	泥质陶	夹砂陶	石器	骨角牙器
06F1	T3东南部	④→H3、G1→F1→生土	F1因晚期破坏较为严重，仅残留柱洞6个，编号D1～D5基本在一条直线上，北偏西23°，D6于D2在一线上，与D1～D5的连线呈"丁"字形组合。以柱洞连线看，以发掘房屋可分为南北两间。柱洞直壁平底，直径0.11～0.23、深在0.12～0.27米。洞内基本填灰黑或灰褐色较疏松的灰土混合填土，D4底部有以柱础石。			少量陶片	石块	
06F2	T4西南部	⑦→G2、G3、H14→F2→生土	该房保存相对较好，有两层垫土和7个柱洞，为一长方形建筑。柱洞直壁平底，直径0.36～0.52、深0.36～0.73米。柱洞内均填较疏松的灰黑或深褐色稍粘的混合土。					
06F3	T6中部	③→F3→生土	F3仅保留4个柱洞，分别编号为D1～D4，4个柱洞连线组成"丁"字形结构。D1、D3的连线（墙）将房分为东西两间，均为方形。柱洞直径0.14～0.30、残存深0.14～0.18米。在T6的西侧残存一小块坚硬的，似门道的地面，距地表0.80、厚0.20米。该房残存地面垫土内含较多的夹砂褐陶、泥质灰陶残块，可辨器形以罐为主。		少量陶片	罐少量陶片		

附表6　营盘山遗址灰沟登记一览表　　　　　　　　（单位：米）

编号	位置	层位关系	形状	尺寸（长×宽－深）	出土器物				
					彩陶	泥质陶	夹砂陶	石器	骨角牙器
00HG1	T16东端	⑤→H29→HG1→生土	长条形	5.50×0.90－0.20		高领罐钵残片	侈口罐		
03HG1	T26东北—西南向，T21西北角，T36东北—西南向	⑤→HG1→F9→⑥	长条形	10.10×1.10－1.25		罐、钵残片		石块	兽骨少许
06HG1	T3东侧中部	④→HG1→F1	近梯形	1.02×0.30－0.22		AaⅠ式碗	罐残片		
06HG2	T4西北部	⑦→HG2→HG3→生土	近梯形	1.80×0.40－0.16		少量陶片	少量陶片	石块	
06HG3	T4西北部	⑦→HG2→HG3	不规则带状		少量彩陶	罐残片	少量陶片	B型石刀	

附表7　2000年度灰坑登记一览表　　　　　　（单位：米）

编号	位置	层位关系	形状	尺寸（长×宽－深）	出土器物				
					彩陶	泥质陶	夹砂陶	石器	骨角牙器
00H1	T1北端	④→H1→⑤	不规则形	4.00×3.00－1.50		BⅠ式小口瓶，C型罐，AaⅡ式碗	DbⅡ式罐		
00H2	T4南部	③→H2→④	不规则形	1.50×1.20－0.60					
00H3	T8西部	⑤→H3→⑥	不规则形	4.00×4.00－0.70		BⅠ式小口瓶，Ⅰ、Ca、Da型钵，A型纺轮，角形器，空心器，A、B型陶球	CaⅠ、CbⅠ式、F型侈口罐，B型罐，EⅠ、Fa、Fb型小罐，器盖，B型器流，A型圈足		
00H4	T8北部	⑥→H4→生土	扇形	1.50×1.50－0.10		AⅢ式小口瓶，AⅠ、AⅡ式矮领罐，AaⅠ式碗	DbⅠ式罐		
00H5	T8西北部	③→H5→④	半圆形	1.50×0.60－0.25			B型罐		
00H6	T8东北部	③→H6→④	扇形	3.00×0.80－0.30					
00H7	T8中部	⑤→H7→⑥	椭圆形	1.50×1.30－0.30		Hb型钵			
00H8	T10北部，T15西南	⑤→H8→H27→生土	不规则形	6.75×2.50－0.65	罐，AⅡ式盆，瓮，	BⅠ式小口瓶，CⅠ式缸，AbⅠ、BⅠ、BbⅡ、DcⅡ式盆，AaⅠ式碗，B型陶球	AbⅠ、BaⅠ、BaⅡ、CbⅠ式侈口罐，G型小罐，BⅠ、CⅠ式瓮，穿孔构件，A型器流，器底		
00H9	T10东南	⑤→H9→生土	椭圆形	1.35×1.15－0.20		残高领罐			
00H11	T12北部	④→H11→⑤	不规则形	1.2×0.65－0.9		CⅠ式缸			
00H12	T12北部	⑥→H12→生土	椭圆形	2.10×1.85－0.30	CⅠ式瓶	BⅠ式高领罐，CⅠ式缸	器底		
00H13	T12西北部	⑥→H13→生土	梯形	1.75×0.85－0.32			Fa型小罐		

00H15	T14东部	③→H15→H21→④	不规则形	0.60×0.45−0.20			AaⅠ式侈口罐		
00H16	T13北部	③→H16→H18	椭圆形	2.65×1.90−0.50			DbⅡ式侈口罐		
00H17	T14北部	③→H17→④	梯形	4.00×2.95−0.60	AⅠ式瓶	CⅠ式小口瓶，BⅡ式高领罐，E型罐，AⅢ、BⅠ、BⅡ、Ca型钵，碟，AaⅠ式碗，A、F型陶球	AaⅠ式侈口罐，Fa型小罐，BⅠ式瓮器底		
00H18	T13南部	③→H18→H19→④	近椭圆形	4.60×3.70−0.50	BⅡ式盆	BⅡ式小口瓶，AbⅠ式碗，器底	DaⅠ、Fa型小罐		
00H19	T13西南	③→H18→H19→④	椭圆形	2.30×2.10−0.40	钵	BⅠ式小口瓶	BaⅠ、CbⅡ式侈口罐，A型圈足器		
00H20	T13西南	③→H18→H20→④	圆弧形	2.10×0.35−0.25		Ad型、BaⅠ式碗，器底			
00H21	T14东北	③→H21→④	不规则形	2.40×1.60−0.35	CⅡ式罐	CbⅠ式盆，A型陶球	CaⅡ、D型侈口罐，AⅡ、CⅡ式瓮，A型圈足器		
00H22	T14西北	④→H22→⑤	近长方	2.95×1.50−0.30			AbⅠ、BaⅡ式侈口罐		
00H24	T14东南	④→H24→⑤	近椭圆形	1.50×1.00−0.40	BaⅠ式盆	Da型钵，DcⅡ式盆，Ad型碗，A型陶球	CaⅡ式侈口罐		
00H25	T15东部	③→H26→H25→④	不规则形	1.30×1.20−0.65		A型纺轮，角形器，A、B型陶球			
00H26	T15东北	③→H26→H25→④	近长方	1.50×0.70−0.30		A型陶球			
00H27	T15西北	⑤→H8→H27→生土	椭圆形	1.40×1.10−0.20		AⅡ式高领罐			
00H28	T16西南角	③→H28→④	圆弧形	3.90×2.10−0.60		BⅠ式高领罐，A型陶球，器底	CaⅡ式侈口罐，FaⅡ式小罐，CⅠ式瓮		
00H29	T16北部	⑤→H29→HG1→生土	椭圆形	3.30×2.90−0.40			AⅠ、CⅠ式瓮		

附表8　2002年度灰坑登记表　　　　　　　　（单位：米）

编号	位置	层位关系	形状	尺寸（长×宽－深）	出土器物				
					彩陶	泥质陶	夹砂陶	石器	骨角牙器
02H1	T4东部	③→H1→④	近椭圆形	0.90×0.90－0.85		CⅠ式瓶，CⅡ式缸，Ca型钵，BaⅡ式盆，AⅠ式带嘴锅、流	AaⅠ式侈口罐，EⅠ式小罐，C型带嘴锅	A型刮削器，细石核，石凿，细石叶，A型石斧	
02H3	T4的中部	③→H3→④	不规则形	2.70×2.30－0.64	器耳	C型陶杯，器盖	CaⅠ式侈口罐，CⅠ、CⅡ式小罐		
02H4	T4南部	③→H4→④	不规则形	1.18×0.78－0.74		BaⅡ、DaⅠ式钵，环	B型带嘴锅	石片	
02H5	T4西南角	③→H5→④	不规则形	2.00×0.70－0.66		D型瓶	EⅡ、EⅢ、JⅡ式罐	A型纺轮	
02H6	T8的中部	③→H6→④	近椭圆形	1.50×1.24－0.10		BⅠ、BⅡ式高领罐、AⅠ、Dc型钵，BaⅡ式盆，Ad型碗	BbⅡ、BbⅢ式侈口罐		
02H7	T2东部	③→H7→④	不规则	3.50×2.80－0.78		BⅠ式高领罐，Dc型钵，BaⅡ、EeⅡ式盆，陶塑人面像，A型器耳	BaⅠ式侈口罐	B型石刀，石环	
02H8	T10的西北部	③→H8→④→生土	椭圆形	0.29×0.25－0.56	E型罐	AⅡ、BⅡ、Eb、D型瓶，CⅠ、CⅡ式高领罐，D型罐，Dc型钵，BaⅡ、BaⅢ、CaⅡ、CbⅡ、CcⅠ式盆，Ad型碗，B型杯，B型球	AaⅠ、AaⅢ、CaⅠ式侈口罐，Db、JⅡ式罐	B、D型砍砸器，A型刮削器，A型切割器，细石核，A型斧，石凿，镞，砺石，A型纺轮，Aa、Ab型球	
02H9	T10西北角、T11东北角	③→H9→H33	椭圆形	1.00×0.60－0.16		BⅡ式瓶，BⅡ式罐，CⅡ式缸，BaⅠ、Bd型碗，AⅡ式带嘴锅			笄
02H10	T1东南角	④→H10→⑨	不规则形	1.46×0.36－0.40	AⅠ式盆				
02H11	T1东南部	④→H15→H11→⑨	不规则形	1.04×0.20－0.30					

02H12	T1西南角	③→H12→H18	近圆形	3.70×3.50 −1.15		C型壶，CⅡ式高领罐，DaⅡ、Db、Ja型钵，BaⅠ、BaⅡ、CaⅡ、CbⅡ、CcⅡ式盆，BaⅠ式碗，A型陶球	AaⅡ、BaⅡ、CaⅠ式侈口罐，CⅠ式罐，EⅠ、FⅡ式小罐，AⅠ式带嘴锅	B、D型砍砸器，A、B型刮削器，A、B、C、D型切割器，琢背刀，刻划器，Aa、Ab、Ba、Bb型石球，纺轮，石凿，细石叶，石片	锥，镞，笄，烧骨片
02H13	T4南壁下	③→H13→④	近圆形	1.20×1.20 −0.35		CⅠ式瓶，Db、Ja型钵，B型陶球			
02H14	T1东南部	③→H14→④	不规则形	1.04×0.54 −0.64				A、C型切割	骨簪
02H15	T1东南角	④→H15→H11	不规则形	1.40×0.52 −0.2		BaⅢ式盆，Bd型碗，器底	AbⅡ式侈口罐，CⅡ式小罐	B型砍砸器	
02H16	T1东南部	④→H15→H11→H16→生土	不规则形	2.80×2.10 −0.54	B型罐	BⅡ、Ea型瓶，BⅠ式高领罐，BbⅠ式盆，Bc、Bd型碗，A型陶球	AaⅡ、AbⅠ、AbⅡ、BaⅠ、BaⅢ、BbⅡ、CbⅠ式侈口罐	石锛	笄
02H17	T1南部	④→H17→H22	椭圆形	2.00×1.70 −0.54		Bd型碗			
02H18	T1南部	④→H18→⑧	长条形	1.45×1.56 −0.22				A型刮削器	
02H19	T17东北部	②→H19→③	不规则形	1.20×0.90 −0.32		AaⅠ式碗，B型杯		石片，细石核，石凿，细石叶	
02H20	T17西部	③→H20→④	不规则形	4.40×1.30 −0.32		BⅡ式瓶，BⅡ式高领罐，AⅠ式缸，Db型钵，AaⅡ、Ad、BaⅠ、Bc型碗	AbⅠ、AaⅡ、BaⅠ、BbⅠ、CaⅠ式侈口罐，EⅠ式小罐	A型刮削器，A型石刀，A型纺轮，Ab型石球，砺石	

编号	位置	叠压打破关系	形状	规模		陶器		石器	其他
02H21	T7北部	④→H21→生土	不规则长方形	6.50×1.18 -0.48		CI式缸，Ac型碗，A型陶球	豆		
02H22	T1内中部	④→H15、H17→H22→H23	椭圆形	3.40×1.56 -0.20		B型瓮，Db型钵，AaI式碗，器底	AbI式侈口罐	石环	
02H23	T1东部	④→H15、H17→H22→H23→⑤	扇形	2.84×2.60 -0.35		Ad型碗	DI式小罐		
02H24	T17东南部、T1东部	③→H24→生土	扇形	2.40×2.08 -0.25		A型纺轮			
02H25	T18西北部	③→H25→④	长方形	4.40×3.00 -0.40		BII、CII式瓶，BI式高领罐，BaII式盆，Hb型钵，AaI式碗，A型纺轮	CaI、BaIII式侈口罐，CI、H、K型罐，CI、DIII、EII、EIII式小罐，A、B型钵	尖状器，A型刮削器，A、C型砍砸器，A、C型切割器，刻划器，细石叶，石片，细石核，穿孔器，斧，石锛，砺石，A、B型石刀	
02H26	T9南部	③→H26→④	不规则形	1.80×0.84 -0.15		器底	BaIII式侈口罐，EI、EII式小罐		
02H27	T8东壁下	③→H27→④	近圆形	2.66×2.66 -0.80		DaII、Db、G型钵，AaI、Ac型碗，B型器耳，器底	EII式小罐，器盖		
02H28	T13东北角	④→H28→⑤	不规则形	4.30×4.20 -0.40		BI式缸，BaII、BbII式盆，Ad、BaII式碗，B型陶球，器底	AaI、AbI式侈口罐，Db型罐，DII式小罐，C型带嘴锅		镞
02H29	T1西北部	④→H29→⑥	圆形袋状	1.80×1.80 -1.30		AII、CII、D型瓶，CI式高领罐，BaII、BbII、CbII式盆，F型钵，AaI、Ad、BaI、Bd型碗	BaI式侈口罐，器底		

02H30	T10中部偏西	④→H30→生土	椭圆形	2.25×1.42－0.65	Ab型钵	Ea型瓶，BⅠ式高领罐，CⅠ式缸，B型瓮，Dc型钵，BaⅠ、Bb、Bd型碗，B型杯，A、B型陶球	AaⅠ、AbⅠ、BaⅡ、DⅠ、DⅡ式侈口罐，器底	石环	镞
02H32	T9东部	④→H32→⑤	近椭圆形	4.00×2.50－0.22	AⅠ式瓶，D型罐，器底	BⅠ式瓶，CⅠ式高领罐，CⅠ式缸，Hb型钵，BbⅠ、CaⅡ式盆，AaⅠ、Ad型式碗，器底	BaⅠ、CaⅠ式侈口罐，JⅡ式罐，器盖		锥
02H33	T11东北角和T10的西北角	③→H9→H33→④	扇形	1.60×0.20－0.44		A型器耳，C型杯			
02H34	T11的北部	③→H34→④	圆形	1.28×1.28－0.35		BaⅡ、CcⅡ式盆	器底		
02H35	T11中部偏北	④→H35→生土。	长方形	1.55×0.55－0.18			器底		
02H36	T24东南角	②→M石→H36→③	扇形	1.80×1.80－0.40	器底	AⅡ式瓶，CbⅡ、Dd、F型钵，BaⅠ、BaⅡ、BbⅡ、Ec、EeⅡ式盆，AaⅠ、AaⅡ、Ad型碗，C型杯，陶镯，器底	AaⅢ、AbⅡ、AbⅢ、BaⅠ、DⅡ式侈口罐，E、I、K型罐		
02H37	T24中部偏北	③→H37→生土	不规则形	2.30×1.70－0.40		B型瓮，CaⅡ式盆，Bb型碗	AbⅡ式侈口罐		
02H38	T24南部	③→H37→生土	椭圆形	1.60×1.35－0.78		BⅠ、D型瓶，BaⅡ、Ja、Jb型钵，BaⅡ式盆，AaⅠ、AbⅠ、Ac、Bd型碗，陶刀，A型陶球	BaⅠ、DbⅡ式侈口罐，Da型罐，器底	Ba、Bb型砍砸器，A、B型刮削器，A型切割器，石片，琢背刀，细石叶，A型纺轮，Ab型石球	
02H39	T1北部	③→H39→⑧	扇形	1.60×1.30－0.38		BⅡ、AⅢ式瓶，A型陶球	CbⅡ式侈口罐		

02H40	T1东北部	⑧→H40→⑨	椭圆形	2.54×1.00 −0.52		BⅡ式高领罐，Ac、Bb、BaⅡ式碗，器底	AaⅡ、BbⅠ式侈口罐，Db型罐，器底	
02H41	T1西北部	⑧→H41→⑨	不规则形	1.96×0.24 −0.52		BⅠ式瓶，尖底瓶底，BⅠ式高领罐，CcⅠ式盆，A型纺轮	BbⅡ、CaⅠ式侈口罐，Da型罐	Bc型砍砸器研磨器	
02H42	T1北部	⑨→H42→生土	不规则形	1.30×0.70 −0.40				
02H43	T1东北部	⑨→H43→生土	不规则形	1.32×0.60 −0.34		Hb型钵，BcⅠ式盆，C型杯，A型纺轮，B型陶球	AaⅡ、CaⅠ式侈口罐，EⅠ、EⅡ、FⅠ式小罐，JⅠ式罐，CⅠ式杯，器盖	
02H44	T25西半部	③→H44→F9→④	不规则形	5.00×3.20 −0.64	BⅠ、CⅡ式瓶，B型罐，C型盆，器底	AⅢ、CⅡ式瓶，BⅠ、CⅠ式高领罐，B型瓮，BaⅠ、F、G、Hb型钵，BaⅠ、BaⅡ、BbⅠ、BbⅡ、CbⅡ、EeⅠ式盆，B型带嘴锅，AaⅡ、Ac、Ad、BaⅠ、Bd型碗，陶塑人头像，甑底，器盖，Ab、B型圈足，环，镯	AaⅠ、AbⅡ、AaⅡ、BaⅠ、BaⅡ、BbⅠ、DⅠ、DⅡ式侈口罐，Db、Da、JⅡ式罐，CⅠ、DⅡ、DⅢ、EⅠ式小罐，BⅡ式瓮，器底	尖状器，Ba、Bc、Bd型砍砸器，A型刮削器，凿，A、B型石刀，斧，网坠，砺石，纺轮，石锛，穿孔器，锥，镞，环，细石叶，细石核，刻划器，石片，石核，	锥、镞笄、牙
02H45	T19北部	③→H45→⑤	扇形	1.40×0.40 −0.30			CⅡ式罐	B型石刀	
02H46	T19、T20东南部	⑦→H46→⑧	半圆形	1.66×0.72 −0.66		EeⅠ式盆	AaⅠ式侈口罐，盘，A型钵，器底	
02H47	T19、T20东北部	⑨→H47→H48	近长方形	2.66×1.90 −0.82		CⅠ式高领罐	CⅠ式小罐，C型缸，器盖	

02H48	T19东部	⑨→H47→H48→生土	半圆形	2.40×0.76－0.85		BⅠ式高领罐，Ca型钵			
02H49	T26南部	②→M石→H49→③	长方形	1.14×0.84－0.50		A型杯			
02H51	T26北部	③→H51→生土	不规则形	1.18×0.78－0.74		BⅡ式高领罐			

附表9　2003年度灰坑统计表　　　　（单位：米）

编号	位置	层位关系	形状	尺寸（长×宽－深）	出土器物				骨角牙器
					彩陶	泥质陶	夹砂陶	石器	
03H1	T5西南	①→H1→Z1→④	圆形	1.50×1.50－0.32					
03H2	T10南部	④a→H2→生土	圆形	2.75×2.75－0.40		器底	DⅡ式小罐	镯	
03H3	T12中部	①→H3→生土	近圆形	2.10×1.96－0.24	BⅠ式瓶，Bc型盆	BⅡ式高领罐，AⅠ式缸，Cb型钵，BaⅠ式碗	DbⅡ式小罐，盘，AⅡ式带嘴锅		
03H4	T3西北	③b→H4→④a	圆形	1.15×1.15－0.21		Ab型罐，BaⅠ式碗			
03H5	T2东部T3西部	③a→H5→④a	不规则形	5.96×2.00－0.60	AⅠ式盆	C型带嘴锅	AaⅠ式侈口罐，Dc型罐，BⅠ式带嘴锅		
03H6	T12东南	①→H6→生土	圆形	1.20×1.20－0.46	CⅠ式瓶				
03H7	T11西部	②→H7→生土	椭圆形	1.35×0.90－0.35			CbⅠ、CaⅡ式侈口罐		
03H8	T10东北部	④a→H8→H14	椭圆形	1.94×1.20－0.30		BⅡ式瓶，CcⅡ式盆，AaⅡ式碗	AaⅠ式侈口罐		
03H9	T2西部	H5→H9→④a	椭圆形	1.50×1.00－0.60		CⅠ式瓶，Ac型碗，B型杯			
03H10	T9西北角	②→H10→⑤	椭圆形	1.60×1.16－0.50	器耳	BaⅢ式钵	AaⅡ式侈口罐，Ⅱ式筒形罐		
03H11	T7北部	③a→H11→④b	扇形	2.68×2.10－0.32	BⅠ式高领罐，AⅠ、AⅡ、CⅠ式缸，Ca型钵，CcⅡ式盆，B型器耳，A型陶球		A型钵，C型带嘴锅，盘，B型圈足，器盖，器底		
03H12	T7西南部	③a→H12→④b	不规则形	1.90×1.54－0.36			CⅡ式小罐		

03H13	T7西北角03H	④b→H13→⑤	椭圆形	1.58×0.40-0.32		BI式矮领罐、CI式罐 C型带嘴锅	BbIII式侈口罐，EII式小罐		
03H14	T10东北部	H8→H14→生土	不规则形	5.04×3.20-0.82	BI、BII式瓶，Ab型钵，Bc型盆	BI、BII、Eb型瓶，BI、BII式矮领罐，BI、D型高领罐，CI式罐，AI、AII、BI、CII式缸，Ab、CaII、DaI、DbI式盆，AII式带嘴锅，AaI、Bd、Ad型碗，BaII、Ha型钵，A型纺轮，器底，器钮，环	AaI、BaI式侈口罐，Da型罐，AII、DII式小罐，BII式盆，盘，器底	镯	
03H15	T8西部	②→H15→④a	不规则形	2.20×1.08-0.52			CbII式侈口罐，FII、GII式小罐		
03H16	T6西南部	③b→H16→④a	椭圆形	1.00×0.90-0.46			器盖	A型锛	骨簪
03H17	T1西部	④a→H17→④b	半圆形	2.40×1.44-0.30		BI、CII式罐，CI式缸，Ca型钵，AbII式碗	AbIII式侈口罐		簪
03H18	T6中部	④a→H18→④b	椭圆形	2.60×1.88-0.35					
03H19	T1南部	④a→H19→⑤	近椭圆形	1.00×0.30-0.20		BI式带嘴锅，Ab型盆			簪
03H20	T8西部	④b→H20→Y2	近圆形	1.85×1.75-0.42	BaII式盆	AI、CI式高领罐，Ab型盆	BI式带嘴锅		骨锥、簪
03H21	T13东部	④b→H21→⑤	长方形	3.45×0.70-0.30		CcI、CcII式盆			
03H22	T14中部	③a→H22→H24	不规则形	-0.46		BII式高领罐，AI式缸			
03H23	T15中部	②→H23→⑥	圆形	0.90×0.90-0.20		C型带嘴锅，AaI、Bb型碗	Db型罐，C型钵，Cb型杯，器底		
03H24	T20中南部	③a→M石→H24→H35	圆形	2.10×1.56-0.60	器耳	CaI式盆，AII式钵，器底，Bc、Bd型碗，B、E型球，B型杯			
03H25	T15西北	②→H25→⑤	椭圆形	1.60×0.90-0.48		BII式缸	AbII、CaI式侈口罐，GII式小罐		

03H26	T17北部	②→H26→⑥	椭圆形	3.10×2.10−0.82		AⅠ、BⅠ式缸，Hb型钵，AaⅠ式碗，EeⅠ、EeⅡ式盆，器底，器盖，BⅠ式带嘴锅	AaⅡ、AaⅢ、AbⅡ、BaⅠ、CaⅡ式侈口罐，AⅡ、CⅠ、DⅠ式小罐，B型钵，	簪
03H27	T14西南	③a→M22→H27→F1→④a	半圆形	3.90×1.56−0.65		E型罐，BaⅡ式钵		
03H28	T14西部	③a→H28→④a	近方形	1.10×1.05−0.60				
03H29	T18西南	④b→H29→⑤	不规则形	2.95×0.45−0.36		Bd型钵		
03H30	T16西北	②→H30→生土	近圆形	1.00×0.90−0.58		Hb型钵		
03H31	T18西南	④a→H31→④B	不规则形	2.00×1.80−0.24		BⅠ式瓶，DbⅠ式盆		
03H32	T18西南	④b→H32→⑤	不规则形	2.30×1.05−0.35		A型球	BaⅠ式侈口罐，Da型罐	
03H33	T20东北	③a→H33→④b	不规则形	2.30×1.38−0.40		AⅠ式高领罐		
03H34	T19西南	③b→H34→④a	不规则形	3.10×1.30−0.23		CⅡ式缸，A型纺轮		
03H35	T20西南	②→M→H24→H35→④a	不规则形	2.25×1.10−0.50		Bd型钵		
03H36	T24西北	②→H36→⑤	椭圆形	3.00×1.90−0.40		Ca型钵	AaⅠ式侈口罐，A型圈足	
03H37	T24西部	②→H37→生土	椭圆形	1.90×1.60−0.20		DaⅠ式盆，DaⅡ式钵	AⅡ、DⅠ式小罐	
03H38	T14	④b→H38→⑤	不规则形	2.36 ⅰ 1.40−0.42			CaⅠ式侈口罐，CⅠ式小罐	
03H39	T27北部	④a→H39→H44→④b	半圆形	2.90×1.00−0.56	Cb型钵	BⅠ式高领罐，Ec型盆，A型纺轮		
03H40			不规则形					

03H41	T27东部	④a→L1→H41→⑤	近椭圆形	3.50×2.80-0.62		BI式瓶，A型壶，AI、AII、CII式高领罐，AI、Jb、F、Hb型钵，Ab、CcII、Ec、CcII、DaI式型盆，AI式带嘴锅，AbI、BaI、Bb、Bc型碗，E型杯，网坠，圆形陶片，器底	CaI、CbI、DI式侈口罐，DII、H型小罐，AI式带嘴锅，A型圈足，器底	B型锛，镯，B型石刀	簪
03H42	T26西北	③b→H42→M32→④b	不规则形	4.00×2.06-0.60	CII式瓶	CII、D型瓶，B型壶，AII、CI式高领罐，BIII式矮领罐，CII式罐，AI、AII、BI、CII、F型缸，Ca、F、Ha型钵，CaI、CaIII、CcI、CcII、Ed型盆，B型带嘴锅，AaII、Ad、Bb式碗，A型纺轮胚体，A、E型陶球	AaI、AaII、BaII、BaIII、BbIII、CaI式侈口罐，CI、CII、DIII、EI、EII、EIII、GI、FII式小罐，Ca型杯，器底	A型锛，B型斧，B型刀	簪，角锥
03H43	T21北部 T26南部	④b→L1→H43→H57	长方形	7.30×4.00-0.50		AII、BI、CII式瓶，BI式高领罐，Ab型罐，AI、AII、CI式缸，BaII、Hb型钵，CaII、CcI式盆，B型带嘴锅，AaI、AaII、Ac、Ad、AbI碗，陶杯，C型球，B型器耳，器钮，BaI式器底	AaI、AaII、AaIII、AbII、BaII、BbII、CaI、CbI、CbII、DI式侈口罐，CII、Da、Db、Dc型罐，CI、CII、DI、DII、EI、EII、EIII、FI、GI、GII式小罐，AI、B型带嘴锅，A型圈足瓿底，E型杯，器盖	B型刀，锥	簪，锥
03H44	T27西北	④a→H39→H44→④b	扇形	1.90×1.75-0.80		BaI式碗，B型球	DII式小罐		
03H45	T28中部	③a→H45→④a	近圆形	2.15×1.90-0.40	AI式盆	DbI式盆，A、B型器耳	DII式小罐，A型圈足		

03H46	T14西南	④b→H46→H56→⑤	半圆形	2.40×1.64－0.50					
03H47	T32北部	④b→H47→⑥	不规则形	6.70×5.00－0.90	底部	ＢⅠ、ＢⅡ式瓶，ＡⅠ式高领罐，ＡⅠ、ＣⅠ式缸，ＤａⅠ式钵，Ab、Ab、ＣａⅠ、ＣａⅡ、ＣbⅠ、ＥeⅡ、式盆，ＡaⅠ、ＡaⅡ、Ad、ＢaⅡ、Bd型碗，陶镯，Ａ、Ｂ型球	ＡaⅠ、ＡaⅡ、ＡbⅠ、ＡbⅢ、ＢaⅡ式侈口罐，ＤⅡ式小罐，ＡⅠ、Ｃ型带嘴锅，ＡⅠ式盆，Ａ型圈足	环	
03H48	T30中西部	④b→H48→⑤	椭圆形	5.00×3.20－1.20	ＡⅠ、ＡⅡ式瓶，器耳，底部	ＡⅡ、ＢⅠ式瓶，ＡⅡ式矮领罐，ＢⅠ、ＣⅠ式高领罐，ＡⅠ、ＡⅡ、ＣⅠ、ＥⅠ式缸，ＢaⅢ、ＤaⅡ、ＥbⅡ、Ja、Ｆ型钵，Ab、ＢaⅡ、ＢcⅡ、ＣaⅠ、ＣaⅡ、ＣbⅠ、ＣcⅠ、ＥeⅡ式盆，ＡⅠ、Ｂ型带嘴锅，ＡaⅠ、Ad、ＢaⅡ、Ｂc型碗，陶环，Ａ型器耳	ＡbⅠ、ＤⅠ式侈口罐，Db型罐，ＡⅠ、Ｂ、ＤⅡ、ＥⅡ、ＧⅠ式小罐，ＢⅡ式带嘴锅，盘，器底		
03H49	T31北部	④b→H49→⑥	长条形	3.10×1.70－0.45		Bd型碗	ＡaⅡ式侈口罐		
03H50	T31西南角	③a→H50→⑥	不规则形	1.45×0.45－0.60		ＤaⅠ式盆			
03H51	T31南部	④b→H51→⑥	椭圆形	1.90×1.52－0.70		ＣbⅠ式盆	ＢaⅠ式侈口罐	镯	
03H52	T36西部	④b→H52→⑥	不规则形	1.56×0.66－0.60		ＣⅡ式瓶，Hb型钵			
03H53	T36西北	⑤→H53→⑥	扇形	1.98×0.76－0.50		ＢⅠ式高领罐，ＢⅡ式缸	Ｂ型罐		
03H54	T36西部	⑤→H54→⑥	扇形	0.65×0.50－0.40					

编号	位置	层位关系	形状	尺寸（长×宽-深）	彩陶	泥质陶	夹砂陶	石器	骨角牙器
03H55	T34东北	⑤→H55→生土	不规则形	3.95×1.40-1.20		BI式罐，AI式缸，Ca、Ha型钵，CaII、EeII式盆，型钵，器底			簪
03H56	T14南部	④b→H46→H56→⑤	不规则形	1.24×0.56-0.90		B型壶			
03H57	T26西南部	④b→L1→H43→H57→H58	椭圆形	4.30×3.70-0.85		BI式瓶，Ja型钵，器底	AaI式侈口罐，I型小罐		簪
03H58	T33北部	H57→H58→⑤	不规则形	3.50×2.80-0.54	AI式盆	AI式矮领罐，AI、CI、CII、BI式高领罐，AI、CI式缸，AI式钵，Ac、Ad、BaII、CaII、DaI、Ed、EeI式盆，AaI式碗	F型侈口罐，Da型罐，器盖		
03H59	T32东南	④b→H59→⑥	长方形	1.95×1.10-0.56					

附表10　2004年度灰坑登记一览表　　　　（单位：米）

编号	位置	层位关系	形状	尺寸（长×宽-深）	彩陶	泥质陶	夹砂陶	石器	骨角牙器
04H1	T5北部	②→H1→③	不规则形	2.30×1.82-0.20					
04H2	T7中部偏西北	②→H2→H9	近圆形	2.85×2.62-0.20			Dd型杯		
04H3	2中部偏南	②→H3→生土	圆形	1.50×1.50-0.60		CII式瓶，BI式高领罐，AII式缸，B型瓮，AaI式碗	BaI式侈口罐，A型杯	石杵	
04H4	T6的东北角	②→H4→M27→③	扇形	3.30×1.50-0.12		BaI式碗，器底		A型刮削器，B型斧，B型刀，细石核	
04H5	T2东北角，	②→M1→H5→生土	圆形	1.35×1.35-0.63	瓶腹片			砺石，Ab型球	
04H6	T2东北部	②→M3→H6→H7	不规则形	2.45×1.75-0.60		CI式瓶，CI式高领罐，DcI、Ed型盆，A、D型陶球，器底、	AaII、AbIII式侈口罐，Db型罐，EII式小罐，A型杯	A型砍砸器，B型切割器，细石核，石片	

编号	位置	关系	平面形状	尺寸					
04H7	T2东部	②→H6→H7→生土	近圆形	3.60×3.56－0.55	CI式瓶，瓶腹片，器底	BI式瓶，BII式缸，瓺，Ha、I型钵，AaI、BaI、BbI、CII式盆，AaI式碗，A型纺轮，器盖，C型陶球，器底	AaI、BaII、BbII式侈口罐，AII、Da型罐，EI式小罐	BD型砍砸器，A型切割器，A、B型石刀，残石斧，锛，Ac型球，穿孔石器，研磨器，环	
04H8	T2东南部；	②→M6→H8→生土	不规则形	4.80×3.00－0.70		CI式罐，AI式带嘴锅，BbI式盆，A型球，器底	AaI、AbII、BaI、BbI式侈口罐，AII式罐，杯底	A、B型刀，Ab型石球，细石叶，穿孔石器	锥
04H9	T7西北角	②→H2→H9→生土	近圆形	1.80×1.60－0.25			器底		
04H10	T5东北角	③→H10→H11、H12	椭圆形	2.85×2.58－0.39		BIII式缸，AaI式碗，器底	AII式瓿	A型切割器，残石斧，细石核，Aa型球，石片	锥
04H11	T3西南角 T5北部	③→H10→H11→生土	不规则形	2.76×2.54－0.60		DaII、DbI、Ed型盆，AaI式碗，B型器耳，A、B、C型球	BaII式侈口罐，AII式筒形罐	A型切割器	
04H12	T5中部偏东南	③→H10→H12→④	近圆形	3.02×2.75－0.20		AaII式盆	AaII、BaI式侈口罐	残石斧，砺石，石片	
04H13	T2东北部	②→M2→H13→生土	圆形	2.00×2.00－0.70		BaI式碗		细石叶，石片	
04H14	T2中部偏北	②→M4→H14→H15	不规则形	1.75×1.75－0.60		AII、BI式瓶，AI式缸		B型砍砸器，细石叶，砺石	
04H15	T2北部	②→M4→H14→H15	不规则形	2.80×2.70－0.70		BbI式盆，A型纺轮	AaI式侈口罐，DI式小罐	A型斧，穿孔石器	
04H16	T2西北部	②→H16→生土	圆形	1.70×1.70－0.55	器底	CII式瓶、流、AII式高领罐	BbII式侈口罐，器底	C型切割器，A型石刀	
04H17	T2西北部	③→H17→④	不规则形	2.50×2.40－0.80	AII式盆	CII式瓶，DcII式盆	AaI、AaIII、BaII式侈口罐，Db、E型罐	A型砍砸器，研磨器	

04H18	T1东北部	③→H18→④	不规则形	2.80×2.20-0.80	器底	BⅢ式瓶，BⅠ式罐，EⅡ式缸，A型纺轮	AaⅡ式侈口罐，CⅡ、CⅢ式罐	A型刮削器，A型切割器，A型砍砸器，尖状器，砺石，细石核，细石叶，石片	
04H19	T1西北部	③→H19→生土	近圆形	2.10×1.80-0.46		B型瓮	CⅡ式罐，DⅠ式小罐，A型圈足	尖状器，A型刮削器，石片，琢背小刀，石锛，石凿，细石核，细石叶，穿孔石器，	
04H20	T1东南角	③→H20→生土	不规则形	1.60×0.90-0.40		AaⅡ式碗，器底	AbⅢ式侈口罐，AⅠ式小罐	A型石刀	
04H21	T3西北角	③→H21→生土	扇形50厘米	2.40×2.40-0.50	AⅠ式瓶	AaⅠ式碗	AaⅠ式侈口罐，B、DⅠ式小罐	A型石刀，残石斧，磨制石片	
04H22	T5东北角	④→H22→F3→生土	椭圆形	3.08×1.35-0.28				细石叶	
04H23	T5东北角	④→H23→F3→生土	近圆形	1.03×1.00-0.64					
04H24	T1西北角	③→H24→H27→生土	不规则形	3.40×1.93-0.60		BⅢ式瓶，CⅠ式罐，带嘴锅		A型石刀，砺石，Ac型石球	
04H25	T12东北角	②→H25→⑤→生土	扇形	1.00×1.00-0.30		BcⅡ式盆，C型杯，A型陶球		尖状器，B型石刀，细石核，穿孔石器，Aa、Ac型石球	
04H27	T1西北角	③→H24→H27→生土	圆形	1.25×1.25-0.95		E、Hb型钵，AbⅡ式碗	AaⅠ、AbⅠ式侈口罐，E型小罐	残石斧，砺石，Aa、Ab型石球	
04H28	T12东北角	④→H28→⑤→生土	不规则形	4.92×3.32-0.80		AⅢ、CⅠ式瓶，CⅠ式罐，CⅠ、EⅠ式缸	AaⅡ、BaⅠ式侈口罐，CⅠ、DⅠ式小罐	B型砍砸器，A型切割器，残石斧，石锛，穿孔石器，Ab、Ac型石球	

04H29	T14西南部	②→H29→H31→生土	扇形	2.95×1.85−0.36				镯，穿孔石器	
04H30	T9东南部	④→H30→⑤	不规则形	2.50×1.65−0.70	AⅠ式瓶，瓶腹片	BⅠ式缸，Da型钵，AaⅡ式碗	AaⅡ式侈口罐，AⅠ式筒形罐	凿，研磨器	
04H31	T14的中部	②→H29→H31→生土	不规则形	4.10×1.65−0.48		BⅠ式罐，CcⅠ式盆，AaⅡ式碗		A型刮削器，磨制石片	
04H32	T9南部	④→H32→⑤	圆形	2.07×2.00−0.50		AⅠ式带嘴锅	器盖		
04H33	T9北部	④→H33→H34→⑤	不规则形	1.40×1.00−0.48		DⅠ式缸			
04H34	T9东北角	④→H33→H34→⑤	不规则形	2.50×2.10−0.60		CcⅠ式盆			
04H35	T11中部偏西南部	③→H35→H36→生土	不规则形	4.10×3.40−0.90	CⅠ式罐，AⅠ式盆	AⅠ、BⅡ式缸，BaⅡ、CaⅡ、Cb、DaⅡ式盆，AaⅠ、Ac型碗	器底	B、D型砍砸器，B型石斧，A型石刀，琢背小刀，细石核，Aa、Ab型石球，石叶	
04H36	T11北部	③→H35→H36→生土	不规则形	4.70×1.20−0.44		BⅠ式矮领罐，E型罐，AⅠ式缸，C型瓮，AbⅠ、BaⅠ、CaⅡ式盆	AaⅠ式侈口罐	琢背小刀，环	

附表11　2006年度灰坑登记表　　　　　　　（单位：米）

编号	位置	层位关系	形状	尺寸（长×宽—深）	出土器物 彩陶	泥质陶	夹砂陶	石器	骨角牙器
06H1	T3西南角	③→H1→④	椭圆形	2.16×1.70—0.30	BaⅡ式盆	BⅡ式瓶，AaⅡ、AbⅠ、BcⅡ式盆，AaⅡ、AbⅠ式碗，A型陶球，流，器底	AaⅡ、BaⅡ、DⅡ式侈口罐，AⅡ式罐	B型砍砸器，A型切割器，锛，凿	镞
06H2	T3东北角	④→H2→F1→生土	近扇形	0.90×0.65—0.16		CbⅠ、DaⅡ式盆			
06H3	T3西南部	④→H3→F1→生土	椭圆形	1.95×1.60—0.30					
06H4	T1中北部	②→M→H4→③	椭圆形	3.70×1.70—0.45					
06H6	T2西部	②→M→H6→③	近圆形	3.25×3.40—0.38		Aa、BⅡ式罐，器鋬	AⅠ式小罐，器底		
06H7	T4中部	⑥→H7→⑦	椭圆形	1.20×0.88—0.29	AⅠ式瓶，器底	高领罐，器鋬		A、B型砍砸器	
06H8	T5西北角	③→H8→生土	不规则形	0.22×0.21—0.70		AbⅡ、Ac、BcⅠ式盆，C型带嘴锅，器耳	BaⅡ式侈口罐，DⅡ式小罐	锛，纺轮	
06H9	T8中北部	②→H9→→H10	椭圆形	2.80×2.10—0.35		BⅡ式瓶，AⅡ式矮领罐，AⅠ式瓮，BbⅠ、CaⅠ式盆，Aa、B、C型杯，B型陶球，器底	BaⅠ、F型侈口罐	C型切割器，A型斧，杵，A、B型球	
06H10	T8西部	②→H9→H10→Y2→③	椭圆形	3.00×1.50—0.60	AⅠ式瓶，AⅠ式盆	BⅠ式瓶，BⅡ、CⅡ式缸，AaⅠ、AaⅡ式盆		A型切割器，A型球	
06H11	T7中部偏西北	②→H11→③	不规则形	0.80×0.71—0.21	CⅠ式瓶	BⅠ式瓶，BaⅡ、DaⅠ、Ea型盆，C型杯	AaⅠ、AaⅡ、CaⅠ式侈口罐，器盖，器底	A型球	骨锥
06H12	T7东北角	②→H12→③	椭圆形	1.20×0.41—0.23		DcⅠ式盆，A、B型陶球		锛	
06H13	T4东北角	⑦→H13→F2	椭圆形	1.42×1.13—0.24		DbⅡ式盆		B型刀	
06H14	T4西北角	⑦→G2→G3→H14→F2	近圆形	3.50×3.40—0.25		AⅡ式瓶，罐，AⅠ、AⅡ、BⅠ式缸，AⅠ式钵，BaⅠ、DaⅠ、DbⅠ式盆，AⅠ式带嘴锅，火种罐	AaⅡ、AbⅠ、BbⅠ、CbⅠ式侈口罐，B型罐，器底	B型刀，A、B型切割器，A型球	

附表12　2002年度窑址登记一览表

编号	在探方中的位置	层位关系	形　制	出土器物				
				彩陶	泥质陶	夹砂陶	石器	骨角牙器
02Y1	T28中部	④→Y1→生土	残存两烟道与一处窑壁。烟道1平面呈三角形，斜壁，底足被墓打破，最大径0.26、小径0.04米，青灰的内侧烧结面厚1.5～2、外侧红烧土厚5～6厘米。烟道2平面呈长方形，边壁较直，底缓斜，烟道后底高于前，存底0.08米，前段被墓打破，底青灰烧结面厚1.5厘米。窑壁一段很短，略呈弧形：青灰烧结面厚1.5、窑床底厚6、底距已存窑面17厘米。烟道1残高0.50米，烟道2残高0.32米，它们之间有一道弧形的青灰烧结面，连通1、2，使它们平面呈"W"缓斜与西北连接窑壁一段，烟道与窑壁底高差0.05、烟道距地表深0.30、窑壁距地表深0.75米。窑室近底部4厘米厚的灰烬土夹细颗粒的青灰烧土，从中未出陶片。					

附表13　2003年度窑址登记一览表

编号	在探方中的位置	层位关系	形　制	出土器物				
				彩陶	泥质陶	夹砂陶	石器	骨角牙器
03Y1	T8东南角	②→M石→Y1→生土	馒头窑，窑室圆形，直径1.40米，椭圆形火膛，长径1.60、短径0.70米，圆弧形排列7个烟道，直径5～6、烧结面厚2～3、红烧土厚8～10厘米，窑床残高0.12、火膛深1.00米。青灰色烧结椭圆形烟道一段和残存烧结硬底火膛，烟道底倾斜。	罐				
03Y2	T8北部	H20→Y2→生土	由火膛、窑床、三孔烟道组成。窑床圆形，残高0.10米，直径0.60、火膛高0.36米；烟道孔径8～10、烧结面厚3～6厘米。工作坑被打破。平面呈圆形，馒头形，窑床斜底。	罐				
03Y3	T15南部	②→Y3→⑥	由工作坑、火膛、烟道（二道烟道）组成。窑壁厚5～6厘米，火膛长0.90、深0.40、宽0.52米，烟道直径20～30、深15厘米。	罐				

附表14　2004年度窑址登记一览表

编号	位置	层位关系	形　制	出土器物				
				彩陶	泥质陶	夹砂陶	石器	骨角牙器
04Y1	T1东北部	③→Y1→H18→生土	仅剩底部较硬的烧结面，形状不规则。范围2.80～1.70米，无出土包含物。					

附表15　2006年度窑址登记一览表

编号	位置	层位关系	形　制	出土器物				
				彩陶	泥质陶	夹砂陶	石器	骨角牙器
06Y1	T1东南角	②→M→Y1→③→生土	窑址由火膛、窑室、工作面堆积构成。窑址总长1.55、宽0.60米。窑室呈馒头形状，长0.75、宽0.60、残高0.14米，底部呈锅底。火膛部位的烧结面相对较厚，约4厘米，后壁较薄。无烟道残痕，窑口位置已变形，宽度大约0.18、残高0.07米。工作面底长0.80、宽约0.57米，底部处于黄褐色土层中，堆积有较多灰烬和陶片，堆积相对紧密。					
06Y2	T8西南角	②→Y2→③→生土	该窑呈馒头状，由火膛、窑室、工作面组合构成。火膛部分往探方西南角延伸。窑室残长1.25、宽约0.66、残高0.21米。火膛长0.78、宽0.66米。窑室烧结面约厚4～5、残高0～14厘米。窑门已残，宽约0.26、残高0.13米。工作面残长0.50、宽约0.50～0.80、残高0.18～0.21米。底部呈斜坡状，处于黄褐色生土层。火膛和工作面均用灰土填充，并包含杂石器、及少量生活器具残片等物。					

附表16　2002年度灶登记一览表

编号	位置	层位关系	形　制	出土器物				
				彩陶	泥质陶	夹砂陶	石器	骨角牙器
02Z1	T1北部扩方中部	④→Z1→⑥	Z1平面呈圆形，西部被石棺葬打破，东部灶壁部分垮塌，后方有长方形的灰色土并夹一线宽1.5厘米的烧土，边壁直。底由西向东倾斜。Z1直径0.80、深0.08～0.12米。Z1基坑边壁较直，平底。Z1火塘内填土为灰黄土夹灰烬，灰白色灰烬。灶烧结面底部以下有深0.30米的垫层，作基础用。					

附表17 2003年度灶登记一览表

编号	位置	层位关系	形 制	出土器物				
				彩陶	泥质陶	夹砂陶	石器	骨角牙器
03Z1	T5西南	①→H1→Z1→生土	灶的结构分灶门、火膛和灶坑，内壁有一圈厚约1～2厘米的烧结面，外圈红烧土厚度达2～6厘米，在火膛壁内还附有一层灰黑色烧结土。灶的平面形状略呈葫芦形（"8"字形），灶面呈圆形，灶坑为椭圆形。					
03Z2	T11西北部	②→Z2→生土	该灶呈长方形，南北长1.05、宽0.68、深0.25米。四周围石板竖砌，石板长0.90、宽0.25、厚0.05米。灶内有一层红烧土硬面堆积。灶内填土为灰黑色，质地较松软，未见遗物。					
03Z3	T19中部	②→Z3→③a战国	平面形状为圆形，红烧土烧结圆形，厚1厘米的结面。内填浅褐色夹碎石和石块、兽骨、陶片等。边壁斜缓、直、平，总体的边壁是由东向西斜。灶坑直径0.32～0.35、深0.38米。		残陶片			兽骨
03Z4	T19西南部	④a→Z4→④b	平面呈圆形，直径0.70～0.80米，东西长，南北较窄。Z4填土厚0.12、底部为厚0.06米的烧灼红烧土硬结面。边壁缓斜，锅底。灶坑边壁未加工过，边壁未有烧灼结面，底部有或是短时烧火的坑穴。填土为红烧土块夹石块少许，夹少许炭。		残陶片		斧	兽骨
03Z5	T29西部	④a→Z5→生土	平面形状呈椭圆形，被后期破坏较为严重，仅存有灶坑。灶坑长径0.30、短径0.20米，圜底，红烧土面厚5～6厘米。其内填土呈黑灰色，结构松散，含有少量的红烧土块等。		残陶片	残陶片		
03Z6	T29西部	④b→Z6→生土	呈椭圆形，被后期破坏，仅有灶坑。长径0.60、短径0.30、深0.15～0.40米，圜底。红烧土壁厚5～7厘米。其内填土呈黑灰色，结构松散。		残陶片、陶球			
03Z7	T29西部	④b→Z7→生土	呈椭圆形，被后期破坏严重，仅存有灶坑底部，呈圜底。长径0.76、短径0.49、深0.10米，壁厚5～7厘米。其内填土呈黑灰色，结构松散，含有少量的红烧土块。					

03Z8	T29西部	④b→Z8→生土	呈椭圆形，有灶坑和火门。灶坑长径0.50、短径0.40、深0.20～0.45米，壁厚5～25厘米。火门平面呈圆形，直径0.22～0.25米，壁厚0.10～0.12米。其内填土呈黑灰色，结构松散，含有少量红烧土块及草木灰烬等。	残陶片	残陶片			
03Z9	T29西部	④b→Z9→生土	呈椭圆形，灶坑长径0.45、短径0.35、深0.15～0.20米，平底。壁厚12～15、火门宽19～20、高15～16厘米，其内填土呈黑灰色，结构松散。	残陶片				
03Z10	T32中部偏南	③a→Z10→④a	略呈椭圆形，火膛（烧火孔）向南，整个灶南北长0.35、宽0.10～0.20、深0.13～0.16米。灶南北两端为斜壁内收，东西两侧壁略直。Z10内填土黑色土，很松，内夹木炭灰烬和烧结块等。					

附表18　2004年度灶登记一览表

编号	位置	层位关系	形　制	出土器物				
				彩陶	泥质陶	夹砂陶	石器	骨角牙器
04Z1	T2中部偏南	②→Z1→生土	表面呈椭圆形，长径0.33、深0.27米。灶口呈圆形，直径0.20、深0.35米；灶壁厚4、口壁厚6厘米。灶堂呈锅状，填土为浅黄褐色，无包含物。					
04Z2	T1北部偏西	③→Z2→H24→生土	灶已被晚期认为破坏，只剩下灶后半部分，表面为不规则形状，范围残长0.43、残宽0.31米。灶壁厚5厘米，灶内填土浅褐色。					

附表19　营盘山遗址人祭坑统计表

序号	时代	方向	位置	形制	结构	出土物	备注
02M23	新石器时代		位于02T11中部，开口于第③层下的硬土面下。	平面略呈圆形，坑口距地表深0.75、直径0.68米，坑底距地表深1.02、直径0.54米。	平底，壁较规整。坑内填土为灰黄色黏土。	人骨零乱摆放但基本完整，头骨居中，西边置五根肋骨，胫骨、趾骨等散于四周	
02M24	新石器时代	头向120°	位于02T11中部，开口于第③层下的硬土面下，南面紧邻02M23。	平面略呈圆形，坑口距地表深0.75、直径0.80米，坑底距地表深1.20、直径0.65米。	平底，壁较规整。坑内填土为灰黄色黏土。	人骨架完整，上肢分置两侧，下肢上曲至腹部，似被绑缚后填埋	

02M25	新石器时代		位于02T11南部，开口于第③层下的硬土面下。	平面略呈椭圆形，坑口距地表深0.81、长径1.40、短径1.10米，坑底距地表深1.21、长径1.10、短径0.90米。	平底，壁较规整。坑内填土为灰黄色黏土。	包含磨制石刀等遗物，坑底仅见人头骨一件，颅顶略残，下颌完整，坑底还置不规则形大石块4块。	
02M32	新石器时代		位于02T9东北部，开口于第③层下的硬土面下。	平面略呈圆形，坑口距地表深0.36、直径0.64～0.66米，坑底距地表深0.68、直径0.44～0.46米。	平底，壁较规整。坑内填土为灰黄色黏土。	包含少量陶片，坑底人骨架虽严重扭曲，但基本完整，头骨呈立状，下肢卷曲置于胸前	
02M44	新石器时代		位于02T19东部，开口于第⑤层下，打破第⑥层。	平面略呈长方形，长1.80米，坑口距地表深0.75～1.05、坑深0.10～0.12米。	西面坑壁被第④层的灰坑破坏，东面坑壁基本完好。坑内填土为疏松的黄褐色粉状土	人骨架完整，长1.63米，仰身直肢，双臂曲折交互于胸前。	
03M32	新石器时代		位于03T26北部，开口于③b层下，被H42打破，并打破④b层。	圆形，坑径1.00～1.10、深0.20～0.30米，南高北低。	竖穴土坑，其中填土为浅灰黄疏松土，夹大石块一块，位于坑西壁。	右为扭曲人骨架。泥质灰陶较多，夹砂陶次之，燧石块等。人骨架良好，牙齿完好。无葬具及随葬品。出土器型似罐、钵等早期陶片。	
03M36	新石器时代	方向180°	位于03T32中南部，开口于③a层打破④b层。	平面形状呈长方形，长1.90、宽1.70米。	竖穴土坑，灰色填土。	人骨保存较差，曲肢，跪状，仅剩下半身骨架。出土夹砂陶、彩陶。	
03M40	新石器时代	头向180°，面向90°	位于03T36东部，开口于第④b层下，打破H43。	距地表深0.65米。平面形状呈椭圆形，长径1.05、深0.40米。	圆形袋状土坑。	人骨架完好，侧身屈肢，无葬具及随葬品。	
04M29	新石器时代		位于04T4西北偏中部，开口于③层下，打破生土。	不规则土坑，宽0.41～0.28、深0.17米，距离地表0.56米。	坑浅，形制较小。	骨残	

附表20　00T1④层出土陶片纹饰统计表

陶质/数量/陶色/纹饰	泥质陶				夹砂陶				合计	百分比
	黑	灰	褐	红	红	褐	灰	黑		
绳纹	3	3	1		1	3	1	3	15	28.30%
附加堆纹										
素面磨光	4	11	1						16	30.19%
凸弦纹	5								5	9.43%
素面		1		2	1	1			5	9.43%
复合纹饰	1	5			1	1	1	1	10	18.87%
花边口沿							2		2	3.77%
合计	13	20	2	2	3	5	4	4	53	100%
	37				16					
百分比	24.53%	38%	3.77%	3.77%	5.66%	9.43%	7.55%	7.55%	100%	
	69.81%				30.19%					

附表21　00T8④层出土陶片纹饰统计表

数量\纹饰	泥质陶				夹砂陶				合计	百分比
	黑	灰	褐	红	红	褐	灰	黑		
绳纹	17	30	23		5	28	6	15	124	45.93%
附加堆纹		2	1		3	1	2	4	13	4.81%
素面磨光	17	11	10	10					48	17.78%
瓦楞纹			1						1	0.37%
素面	3	8	11	15		2	5	2	46	17.04%
复合纹饰	4	5	3						12	4.44%
绳纹+花边口沿					2	9			11	4.07%
彩陶			2	11					13	4.81%
方格纹		1						1	2	0.74%
合计	41	57	51	36	10	40	13	22	270	100%
	185				85					
百分比	15.19%	21.11%	18.89%	13.33%	3.70%	14.81%	4.81%	8.15%	100%	
	68.52%				31.48%					

附表22　00T8⑤层出土陶片纹饰统计表

数量\纹饰	泥质陶				夹砂陶				合计	百分比
	黑	灰	褐	红	红	褐	灰	黑		
绳纹	2	3	1		1	17	2	3	29	39.19%
附加堆纹	1					2		2	5	6.76%
素面磨光	1	1	2	1					5	6.76%
瓦楞纹										
素面	1	1	2	16					20	27.03%
复合纹饰	1		1						2	2.70%
绳纹+花边口沿						1			1	1.35%
彩陶				12					12	
合计	6	5	6	29	1	20	2	5	74	100%
	46				28					
百分比	8.11%	6.76%	8.11%	39.19%	1.35%	27.03%	2.70%	6.76%	100%	
	62.16%				37.84%					

附表23　00T8⑥层出土陶片纹饰统计表

数量\纹饰	泥质陶				夹砂陶				合计	百分比
	黑	灰	褐	红	红	褐	灰	黑		
绳纹	1	2				4		1	8	42.11%
附加堆纹										
素面磨光	4		2	3					9	47.37%
彩陶				1		1			2	
合计	5	2	2	4		5		1	19	100%
	13				6					
百分比	26.32%	10.53%	10.53%	21.05%		26.32%		5.26%	100%	
	68.42%				31.58%					

附表24　00T12④层出土陶片纹饰统计表

数量 陶色 陶质 纹饰	泥质陶				夹砂陶				合计	百分比
	黑	灰	褐	红	红	褐	灰	黑		
绳纹	6	11	2					1	20	32.26%
弦纹	1								1	1.61%
素面磨光	7	9							16	25.81%
网格纹	1								1	1.61%
素面	2	2	6	2	1	4		1	18	29.03%
复合纹饰	2	2	1					1	6	9.68%
绳纹+花边口沿										
合计	19	24	9	2	1	4		3	62	100%
	54				8					
百分比	30.65%	39%	14.52%	3.23%	1.61%	6.45%		4.84%	100%	
	87.10%				12.90%					

附表25　00T12⑤层出土陶片纹饰统计表

数量 陶色 陶质 纹饰	泥质陶				夹砂陶				合计	百分比
	黑	灰	褐	红	红	褐	灰	黑		
绳纹	6	4			6	10	4		30	46.88%
附加堆纹								1	1	1.56%
素面磨光	4	6							10	15.63%
瓦楞纹										
素面	2	7	1	2				1	13	20.31%
复合纹饰			1			2	1		4	6.25%
绳纹+花边口沿						3		1	4	6.25%
网格纹	1								1	1.56%
彩陶				1					1	
合计	13	17	1	4	6	15	5	3	64	100%
	35				29					
百分比	20.31%	26.56%	1.56%	6.25%	9.38%	23.44%	7.81%	4.69%	100%	
	54.69%				45.31%					

附表26　00T12⑥层出土陶片纹饰统计表

数量 陶色 陶质 纹饰	泥质陶				夹砂陶				合计	百分比
	黑	灰	褐	红	红	褐	灰	黑		
绳纹	34	21	10	4	4	5		7	85	55.19%
网格纹	1								1	0.65%
磨光	14	16	11		1				42	27.27%
瓦楞纹										
素面		8		3					11	7.14%
复合纹饰	1	9	1					2	13	8.44%
绳纹+花边口沿						1		1	2	1.30%
合计	50	54	22	7	5	6		10	154	100%
	133				21					
百分比	32.47%	35.06%	14.29%	4.55%	3.25%	3.90%		6.49%	100%	
	86.36%				13.64%					

附表27　00T13④层出土陶片纹饰统计表

纹饰\数量	泥质陶				夹砂陶				合计	百分比
陶色	黑	灰	褐	红	红	褐	灰	黑		
绳　纹	1	2	1	1	2	4	3		14	50.00%
附加堆纹						2	1		3	10.71%
素面磨光	2	4	1						7	25.00%
瓦楞纹										
素　面			1	2					3	10.71%
彩　陶			1						1	
合　计	3	6	4	3	2	6	4		28	100%
	16				12					
百分比	10.71%	21.43%	14.29%	10.71%	7.14%	21.43%	14.29%		100%	
	57.14%				42.86%					

附表28　00T13⑤层出土陶片纹饰统计表

纹饰\数量	泥质陶				夹砂陶				合计	百分比
陶色	黑	灰	褐	红	红	褐	灰	黑		
绳　纹						1			1	25.00%
附加堆纹							1		1	25.00%
素面磨光			2						2	50.00%
合　计			2			1	1		4	100%
	2				2					
百分比			50.00%			25.00%	25.00%		100%	
	50.00%				50.00%					

附表29　00T14④层出土陶片纹饰统计表

纹饰\数量	泥质陶				夹砂陶				合计	百分比
陶色	黑	灰	褐	红	红	褐	灰	黑		
绳　纹			1				1	1	3	75.00%
素　面								1	1	25.00%
合　计			1				1	2	4	100%
	1				3					
百分比			25.00%				25.00%	50.00%	100%	
	25.00%				75.00%					

附表30　00T14⑤层出土陶片纹饰统计表

陶质 数量　陶色 纹饰	泥质陶				夹砂陶				合计	百分比
	黑	灰	褐	红	红	褐	灰	黑		
绳纹								1	1	25.00%
瓦楞纹										
素　面				3					3	75.00%
合　计				3				1	4	100%
	3				1					
百分比				75.00%			25.00%		100%	
	75.00%				25.00%					

附表31　00H1出土陶片纹饰统计表

陶质 数量　陶色 纹饰	泥质陶				夹砂陶				合计	百分比
	黑	灰	褐	红	红	褐	灰	黑		
绳纹		4	13			12	5	1	35	42.68%
附加堆纹	2		1			1	2		6	7.32%
素面磨光	16	7	2	2					27	32.93%
瓦楞纹	1								1	1.22%
素面			2	6		1			9	10.98%
复合纹饰			1						1	1.22%
绳纹+花边口沿						2	1		3	3.66%
合　计	19	11	19	8		16	8	1	82	100%
	57				25					
百分比	23.17%	13.41%	23.17%	9.76%		19.51%	9.76%	1.22%	100%	
	69.51%				30.49%					
圈足器 1　钵 2　罐 4										

附表32　00H3出土陶片纹饰统计表

陶质 数量　陶色 纹饰	泥质陶				夹砂陶				合计	百分比
	黑	灰	褐	红	红	褐	灰	黑		
绳　纹	4	13	40		2	77	5	13	154	55.00%
附加堆纹	3	4						1	8	2.86%
素面磨光	15	11	22	4					52	18.57%
素　面	1	13	10	12		3			39	13.93%
复合纹饰	1		1			6			8	2.86%
绳纹+花边口沿						11	3	3	17	6.07%
彩　陶				2					2	0.71%
合　计	24	41	73	18	2	97	8	17	280	100%
	156				124					
百分比	8.57%	14.64%	26.07%	6.43%	0.71%	34.64%	2.86%	6.07%	100%	
	55.71%				44.29%					
盘 1　圈足器 1　高领罐 2　流 1　钵 7　罐 13　盆 5										

附表33 00H4出土陶片纹饰统计表

纹饰 \ 陶色	泥质陶 黑	灰	褐	红	夹砂陶 红	褐	灰	黑	合计	百分比
绳纹	3	19	3	1		11	2	3	42	46.67%
附加堆纹	3	2							5	5.56%
素面磨光	14	4	3	2					23	25.56%
素面		1	1	3			1		6	6.67%
划纹										
复合纹饰		9	1						10	11.11%
绳纹+花边口沿						1	1		2	2.22%
瓦楞纹	1								1	1.11%
彩陶			1						1	1.11%
合计	21	35	9	6		12	4	3	90	100%
	71				19					
百分比	23.33%	38.89%	10.00%	6.67%		13.33%	4.44%	3.33%	100%	
	78.89%				21.11%					

附表34 00H8出土陶片纹饰统计表

纹饰 \ 陶色	泥质陶 黑	灰	褐	红	夹砂陶 红	褐	灰	黑	合计	百分比
绳纹	11	26	75	3	22	210	8	10	365	58.97%
附加堆纹		1	5		5	20	2	2	35	5.65%
素面磨光	1	5	38	9					53	8.56%
素面	2	2	53	58	1	8	3		127	20.52%
复合纹饰		3	1					1	5	0.81%
绳纹+花边口沿					3	11	1	5	20	3.23%
彩陶			3	10		1			14	
合计	14	37	175	80	31	250	14	18	619	100%
	306				313					
百分比	2.26%	5.98%	28.27%	12.92%	5.01%	40.39%	2.26%	2.91%	100%	
	49.43%				50.57%					

附表35 00H12出土陶片纹饰统计表

纹饰 \ 陶色	泥质陶 黑	灰	褐	红	夹砂陶 红	褐	灰	黑	合计	百分比
绳纹	2	7	11			12			32	46.38%
附加堆纹										
素面磨光	1	7	2						10	14.49%
彩陶				7					7	10.14%
素面		6	2	3		4			15	21.74%
复合纹饰			1	2		1		1	5	7.25%
绳纹+花边口沿										
合计	3	20	16	12		17		1	69	100%
	51				18					
百分比	4.35%	28.99%	23.19%	17.39%		24.64%		1.45%	100%	
	73.91%				26.09%					

附表36　00H17出土陶片纹饰统计表

陶质 纹饰 数量 陶色	泥质陶				夹砂陶				合计	百分比
	黑	灰	褐	红	红	褐	灰	黑		
绳纹	178	14	13		26	140	3	7	381	56.19%
附加堆纹	11			3	6	42	2	2	66	9.73%
素面磨光	17	1		11					29	4.28%
彩陶	3		3						6	0.88%
素面	88	8	27	22	4	6			155	22.86%
复合纹饰	22	3	3	1		4			33	4.87%
绳纹+花边口沿						5			5	0.74%
穿孔	3								3	0.44%
合计	322	26	46	37	36	197	5	9	678	100%
	431				247					
百分比	47.49%	3.83%	6.78%	5.46%	5.31%	29.06%	0.74%	1.33%	100%	
	63.57%				36.43%					

附表37　00H19出土陶片纹饰统计表

陶质 纹饰 数量 陶色	泥质陶				夹砂陶				合计	百分比
	黑	灰	褐	红	红	褐	灰	黑		
绳纹	15	17	4	1		13	2	10	62	39.24%
附加堆纹			1						1	0.63%
素面磨光	31	15	6	5					57	36.08%
网格纹		1							1	0.63%
素面		5	8	8		1			22	13.92%
复合纹饰		4	2			4		2	12	7.59%
弦纹			1						1	0.63%
压印纹			1						1	0.63%
划纹				1					1	0.63%
合计	46	42	23	15		18	2	12	158	100%
	126				32					
百分比	29.11%	26.58%	14.56%	9.49%		11.39%	1.27%	7.59%	100%	
	79.75%				20.25%					

附表38　00H22出土陶片纹饰统计表

陶质 纹饰 数量 陶色	泥质陶				夹砂陶				合计	百分比
	黑	灰	褐	红	红	褐	灰	黑		
绳纹	6	9	5		6	25	3	6	60	38.96%
附加堆纹	1								1	0.65%
素面磨光	11	14	8	3					36	23.38%
网格纹	4	2	3			1			10	6.49%
素面	2	2	10	6				1	21	13.64%
复合纹饰	2	10	1		1	8	1	1	24	15.58%
彩陶			1						1	0.65%
划纹			1						1	0.65%
合计	26	38	28	9	7	34	4	8	154	100%
	101				53					
百分比	16.88%	24.68%	18.18%	5.84%	4.55%	22.08%	2.60%	5.19%	100%	
	65.58%				34.42%					

附表39　02第④层出土陶片纹饰统计表

纹饰 \ 陶质·数量·陶色	泥质陶					夹砂陶			合计	百分比
	红	褐	灰	黑	黑皮	褐	灰	黑		
交错线纹		3					1		4	0.35%
斜向线纹		1							1	0.09%
交错绳纹	2	37	75	5		32	18	5	174	15.01%
斜向绳纹	6	69	115	11		104	52	19	376	32.44%
彩陶	15								15	1.29%
附加堆纹	2	3	9	1		20	21	3	59	5.09%
素面	87	88	201	51	14	33	30	11	515	44.43%
弦纹	1	2	9						12	1.04%
花边口沿						1	2		3	0.26%
合计	113	203	409	68	14	190	124	38	1159	100%
	807					352				
百分比	9.75%	17.52%	35.29%	5.87%	1.21%	16.39%	10.70%	3.28%	100%	
	69.63%					30.37%				

附表40　02第⑤层出土陶片纹饰统计表

纹饰 \ 陶质·数量·陶色	泥质陶					夹砂陶			合计	百分比
	红	褐	灰	黑	黑皮	褐	灰	黑		
交错线纹		1							1	0.40%
斜向线纹			1						1	0.40%
交错绳纹		2	16			9	4	2	33	13.04%
斜向绳纹	1	18	26			28	6	7	86	33.99%
彩陶	2								2	0.79%
附加堆纹		1	6			10		1	18	7.11%
素面	16	21	40	17	3	11		1	109	43.08%
弦纹			1						1	0.40%
花边口沿						1	1		2	0.79%
合计	19	43	90	17	3	59	11	11	253	100%
	172					81				
百分比	7.51%	17.00%	35.57%	6.72%	1.19%	23.32%	4.35%	4.35%	100%	
	67.98%					32.02%				

附表41　02第⑥层出土陶片纹饰统计表

纹饰 \ 陶质·数量·陶色	泥质陶					夹砂陶			合计	百分比
	红	褐	灰	黑	黑皮	褐	灰	黑		
斜向线纹			1						1	0.44%
交错绳纹		5	16			2			23	10.13%
斜向绳纹		14	29			25	2	1	71	31.28%
彩陶	1								1	0.44%
附加堆纹		9	3			4			16	7.05%
素面	22	24	42	11	1	2	1		103	45.37%
弦纹		3	7			1			11	4.85%
花边口沿						1			1	0.44%
合计	23	55	98	11	1	35	3	1	227	100%
	188					39				
百分比	10.13%	24.23%	43.17%	4.85%	0.44%	15.42%	1.32%	0.44%	100%	
	82.82%					17.18%				

附表42　02第⑦层出土陶片纹饰统计表

数量 陶色 纹饰 陶质	泥质陶					夹砂陶			合计	百分比
	红	褐	灰	黑	黑皮	褐	灰	黑		
交错线纹			2						2	1.79%
斜向线纹										
交错绳纹				1		3	6		10	8.93%
斜向绳纹	2	1	13			17	2	4	39	34.82%
彩　陶	2								2	1.79%
附加堆纹		1				5	5		11	9.82%
素　面	6	15	12	5		1	3		42	37.50%
戳印纹										
弦　纹		3	1			1	1		6	5.36%
合　计	10	20	28	6		27	17	4	112	100%
	64					48				
百分比	8.93%	17.86%	25.00%	5.36%		24.11%	15.18%	3.57%	100%	
	57.14%					42.86%				

附表43　02第⑧层出土陶片纹饰统计表

数量 陶色 纹饰 陶质	泥质陶					夹砂陶			合计	百分比
	红	褐	灰	黑	黑皮	褐	灰	黑		
交错线纹	1	3	1						5	1.41%
斜向线纹		2					9	4	15	4.24%
交错绳纹	1	9	24			11	2	1	48	13.56%
斜向绳纹	4	29	48	2		25	4	5	117	33.05%
彩　陶						2	1		3	0.85%
附加堆纹	3	4	4			4	1	5	21	5.93%
素　面	33	40	25	15		12	3	3	131	37.01%
弦　纹			7			2			9	2.54%
花边口沿						3	1	1	5	1.41%
合　计	42	87	109	17		59	21	19	354	100%
	255					99				
百分比	11.86%	24.58%	30.79%	4.80%		16.67%	5.93%	5.37%	100%	
	72.03%					27.97%				

附表44　02第⑨层出土陶片纹饰统计表

数量 陶色 纹饰 陶质	泥质陶					夹砂陶			合计	百分比
	红	褐	灰	黑	黑皮	褐	灰	黑		
斜向线纹			7			1			8	7.34%
交错绳纹		1	5			1	3	2	12	11.01%
斜向绳纹		7	8			10	3	3	31	28.44%
附加堆纹		1				1	2		4	3.67%
素　面	18	9	9	10	2	6			54	49.54%
乳钉纹										
合　计	18	18	29	10	2	19	8	5	109	100%
	77					32				
百分比	16.51%	16.51%	26.61%	9.17%	1.83%	17.43%	7.34%	4.59%	100%	
	70.64%					29.36%				

附表45　02第⑩层出土陶片纹饰统计表

陶质 数量 陶色 纹饰	泥质陶					夹砂陶			合计	百分比
	红	褐	灰	黑	黑皮	褐	灰	黑		
交错绳纹						1			1	0.89%
斜向绳纹			10	1		11		1	23	20.54%
彩　陶	18								18	16.07%
附加堆纹			2			1			3	2.68%
素　面	28	4	15	2		16		1	66	58.93%
弦　纹			1						1	0.89%
合　计	46	4	28	3		29		2	112	100%
	81					31				
百分比	41.07%	3.57%	25.00%	2.68%		25.89%		1.79%	100%	
	72.32%					27.68%				

附表46　02H1出土陶片纹饰统计表

陶质 数量 陶色 纹饰	泥质陶					夹砂陶			合计	百分比
	红	褐	灰	黑	黑皮	褐	灰	黑		
交错线纹		3				1			4	4.76%
交错绳纹		5	10			2	2		19	22.62%
斜向绳纹		8	14	1		1			24	28.57%
附加堆纹			1			4			5	5.95%
素　面	2	4	13	7		1			27	32.14%
弦　纹		1	2	2					5	5.95%
合　计	2	21	40	10		9	2		84	100%
	73					11				
百分比	2.38%	25%	47.62%	11.90%		10.72%	2.38%		100%	
	86.91%					13.09%				

附表47　02H12出土陶片纹饰统计表

陶质 数量 陶色 纹饰	泥质陶					夹砂陶			合计	百分比
	红	褐	灰	黑	黑皮	褐	灰	黑		
交错线纹		11	22						33	8.97%
斜向线纹		3	2				3		8	2.17%
交错绳纹	1	10	27			12	4		54	14.67%
斜向绳纹	4	12	19			13	7	2	57	15.49%
彩　陶	2								2	0.54%
附加堆纹			2			9	25	2	38	10.33%
素　面	15	30	51	24	23	4			147	39.95%
弦　纹	1	10	14						25	6.79%
花边口沿						2		2	4	1.09%
合　计	23	76	137	24	23	40	39	6	368	100%
	283					85				
百分比	6.25%	20.65%	37.23%	6.52%	6.25%	10.87%	10.60%	1.63%	100%	
	76.90%					23.10%				

附表48　02H29出土陶片纹饰统计表

纹饰 \ 陶色	泥质陶					夹砂陶			合计	百分比
	红	褐	灰	黑	黑皮	褐	灰	黑		
交错绳纹		1	3						4	11.11%
斜向绳纹			3			5	2		10	27.78%
彩　陶	1								1	2.78%
附加堆纹							1		1	2.78%
素　面	2		14	2		1	1		20	55.56%
合计	3	1	20	2		6	4		36	100%
	26					10				
百分比	8.33%	2.78%	55.56%	5.56%		16.67%	11.11%		100%	
	72.22%					27.78%				

附表49　02H40出土陶片纹饰统计表

纹饰 \ 陶色	泥质陶					夹砂陶			合计	百分比
	红	褐	灰	黑	黑皮	褐	灰	黑		
交错绳纹			7			4	2		13	9.42%
斜向绳纹	1	14	18	3		9	18		63	45.65%
彩　陶	2								2	1.45%
附加堆纹			3				2		5	3.62%
素　面	4	9	21	4	1	4	6		49	35.51%
弦　纹			1	1			1		3	2.17%
花边口沿							3		3	2.17%
合　计	7	23	50	8	1	17	32		138	100%
	89					49				
百分比	5.07%	16.67%	36.23%	5.80%	0.72%	12.32%	23.19%		100%	
	64.49%					35.51%				

附表50　02H44出土陶片纹饰统计表

纹饰 \ 陶色	泥质陶					夹砂陶			合计	百分比
	红	褐	灰	黑	黑皮	褐	灰	黑		
交错线纹		30	23						53	1.28%
斜向线纹			13				2		15	0.36%
交错绳纹		133	120			167	113	17	550	13.25%
斜向绳纹	4	263	134			794	671	19	1885	45.41%
彩　陶	86								86	2.07%
附加堆纹	3	14	3	3		105	116	3	247	5.95%
素　面	104	685	271	43	16	77	80	1	1277	30.76%
戳印纹			2			6	2	1	11	0.26%
弦　纹		5	14	1		1			21	0.51%
花边口沿						4		1	5	0.12%
人面纹		1							1	0.02%
合　计	197	1131	580	47	16	1154	984	42	4151	100%
	1971					2180				
百分比	4.75%	27.25%	13.97%	1.13%	0.39%	27.80%	23.71%	1.01%	100%	
	47.48%					52.52%				

附表51　02H48出土陶片纹饰统计表

纹饰 \ 陶色 \ 陶质	泥质陶					夹砂陶			合计	百分比
	红	褐	灰	黑	黑皮	褐	灰	黑		
交错绳纹		1	6						7	12.50%
斜向绳纹		1	8	1		4	5		19	33.93%
素　面	6	1	16	1		1			25	44.64%
弦　纹			3	1					4	7.14%
花边口沿							1		1	1.79%
合　计	6	3	33	3		5	6		56	100%
	45					11				
百分比	10.71%	5.36%	58.93%	5.36%		8.93%	10.71%		100%	
	80.36%					19.64%				

附表52　03第④a层出土陶片纹饰统计表

纹饰 \ 陶色 \ 陶质	泥质陶				夹砂陶				合计	百分比
	红	褐	灰	黑皮	红	褐	灰	黑		
素　面	67	40	107	71	1	2			288	38.97%
绳　纹	7	12	50	57	7	127	3	14	277	37.48%
交绳纹			2				1		3	0.41%
线　纹	4	21	20	8		12		1	66	8.93%
绳纹+线纹		1							1	0.14%
线纹+凹弦纹			1						1	0.14%
绳纹+凹弦纹			9	11					20	2.71%
绳纹+附加堆纹	1	1	11	2	4	18	4	3	44	5.95%
线纹+附加堆纹		1							1	0.14%
戳印纹+绳纹				2					2	0.27%
附加堆纹	1	1	2						4	0.54%
彩　陶	20								20	2.71%
戳印纹	1		1						2	0.27%
划　纹	1								1	0.14%
朱　砂	1	1							2	0.27%
花边口沿					1	3		3	7	0.95%
合　计	103	78	203	151	13	162	8	21	739	100%
	535				204					
百分比	13.94%	10.55%	27.47%	20.43%	1.76%	21.92%	1.08%	2.84%	100%	
	72.40%				27.60%					

附表53　03第④b层出土陶片纹饰统计表

纹饰 \ 陶色 \ 陶质	泥质陶				夹砂陶				合计	百分比
	红	褐	灰	黑皮	红	褐	灰	黑		
素　面	139	112	130	116	1	10	2	18	528	36.69%
绳　纹	3	40	163	61	7	223	48	46	591	41.07%
线　纹		45	58	5		40	7	5	160	11.12%
绳纹+附加堆纹		4	15		3	48	8	9	87	6.05%
太阳纹+线纹		2	1						3	0.21%
线纹+凹弦纹			1						1	0.07%
线纹+附加堆纹		4	3						7	0.49%
绳纹+凹弦纹		2	12					1	15	1.04%

纹饰	泥质陶 红	褐	灰	黑皮	夹砂陶 红	褐	灰	黑	合计	百分比
绳纹+凸弦纹			3						3	0.21%
附加堆纹	1	1	4					1	7	0.49%
彩　陶	19	1							20	1.39%
朱　砂			3						3	0.21%
戳印纹				1					1	0.07%
凸棱纹				2					2	0.14%
花边口沿					2	5	1	1	9	0.63%
复合纹饰						1	1		2	0.14%
合　计	162	211	393	185	14	327	66	81	1439	100%
	951				488					
百分比	11.26%	14.66%	27.31%	12.86%	0.97%	22.72%	4.59%	5.63%	100%	
	66.09%				33.91%					

附表54　03第④层出土陶片纹饰统计表

数量　陶质　陶色　纹饰	泥质陶 红	褐	灰	黑皮	夹砂陶 红	褐	灰	黑	合计	百分比
素面	18	4	13	7		3			45	67.16%
绳纹	1		7	1		9			18	26.87%
线纹	1		2						3	4.48%
绳纹+附加堆纹							1		1	1.49%
合计	20	4	22	8		12	1		67	100%
	54				13					
百分比	29.85%	5.97%	32.84%	11.94%		17.91%	1.49%		100%	
	80.60%				19.40%					

附表55　03第⑤层出土陶片纹饰统计表

数量　陶质　陶色　纹饰	泥质陶 红	褐	灰	黑皮	夹砂陶 红	褐	灰	黑	合计	百分比
素面	66	35	107	70	1	8		2	289	46.46%
绳纹	5	11	47	14	9	67	14	14	181	29.10%
线纹	1	11	36	16		6		2	72	11.58%
绳纹+附加堆纹	1	2	12	2	2	14		1	34	5.47%
戳印纹+凸棱纹			1						1	0.16%
绳纹+凸弦纹			3						3	0.48%
线纹+附加堆纹			1						1	0.16%
绳纹+弦纹			2						2	0.32%
朱砂			2						2	0.32%
线纹+凹弦纹			1						1	0.16%
绳纹+凹弦纹			3						3	0.48%
附加堆纹			1			1			2	0.32%
彩陶	15	6	1	1					23	3.70%
凸棱纹				1					1	0.16%
戳印纹								1	1	0.16%
花边口沿						5	1		6	0.96%
合计	88	65	217	104	12	101	15	20	622	100%
	474				148					
百分比	14.15%	10.45%	34.89%	16.72%	1.93%	16.24%	2.41%	3.22%	100%	

附表56　03第⑥层出土陶片纹饰统计表

陶质／陶色／数量／纹饰	泥质陶				夹砂陶				合计	百分比
	红	褐	灰	黑皮	红	褐	灰	黑		
素面	7		3	8				1	19	67.86%
绳纹		1		1		2		1	5	17.86%
线纹			1						1	3.57%
绳纹+附加堆纹						1			1	3.57%
划纹	1								1	3.57%
花边口沿							1		1	3.57%
合计	8	1	4	9	3	1		2	28	100%
	22				6					
百分比	28.57%	3.57%	14.29%	32.14%		10.71%	3.57%	7.14%	100%	

附表57　03F3层出土陶片纹饰统计表

陶质／陶色／数量／纹饰	泥质陶				夹砂陶				合计	百分比
	红	褐	灰	黑皮	红	褐	灰	黑		
素面			3	1					4	12.50%
绳纹		4	2			9			15	46.88%
线纹						11			11	34.38%
彩陶	1								1	3.13%
花边口沿						1			1	3.13%
合计	1	4	5	1		21			32	100%
	11				21					
百分比	3.13%	12.50%	15.63%	3.13%		65.63%			100%	
	34.38%				65.63%					

附表58　03Z1出土陶片纹饰统计表

陶质／陶色／数量／纹饰	泥质陶				夹砂陶				合计	百分比
	红	褐	灰	黑皮	红	褐	灰	黑		
素面		1	3	3					7	100.00%
合计		1	3	3					7	100%
	7									
百分比		14.29%	42.86%	42.86%					100%	
	100.00%									

附表59　03Z4出土陶片纹饰统计表

数量 陶色 纹饰 \ 陶质	泥质陶				夹砂陶				合计	百分比
	红	褐	灰	黑皮	红	褐	灰	黑		
素面	4	1							5	71.43%
绳纹						2			2	28.57%
合计	4	1				2			7	100%
	5				2					
百分比	57.14%	14.29%				28.57%			100%	
	71.43%				28.57%					

附表60　03Z6出土陶片纹饰统计表

数量 陶色 纹饰 \ 陶质	泥质陶				夹砂陶				合计	百分比
	红	褐	灰	黑皮	红	褐	灰	黑		
素面		1	2						3	100.00%
合计		1	2						3	100%
	3									
百分比		33.33%	66.67%						100%	
	100.00%									

附表61　03Z8出土陶片纹饰统计表

数量 陶色 纹饰 \ 陶质	泥质陶				夹砂陶				合计	百分比
	红	褐	灰	黑皮	红	褐	灰	黑		
素面	2			1					3	100.00%
合计	2			1					3	100%
	3									
百分比	66.67%			33.33%					100%	
	100.00%									

附表62　03H8出土陶片纹饰统计表

数量 陶色 纹饰 \ 陶质	泥质陶				夹砂陶				合计	百分比
	红	褐	灰	黑皮	红	褐	灰	黑		
素面	3		3	3					9	18.37%
绳纹			5			25	1		31	63.27%
线纹			1						1	2.04%
绳纹+附加堆纹			1			5			6	12.24%
彩陶	1								1	
绳纹+凹弦纹			1						1	2.04%
复合纹饰										
镂孔										
合计	4		10	4		30	1		49	100%
	18				31					
百分比	8.16%		20.41%	8.16%		61.22%	2.04%		100%	
	36.73%				63.27%					

附表63　03H19出土陶片纹饰统计表

数量＼陶质陶色＼纹饰	泥质陶				夹砂陶				合计	百分比
	红	褐	灰	黑皮	红	褐	灰	黑		
素面			2	1					3	27.27%
绳纹		2		1		2			5	45.45%
线纹		3							3	27.27%
合计		5	2	2		2			11	100%
	9				2					
百分比		45.45%	18.18%	18.18%		18.18%			100%	
	81.82%				18.18%					

附表64　03H22出土陶片纹饰统计表

数量＼陶质陶色＼纹饰	泥质陶				夹砂陶				合计	百分比
	红	褐	灰	黑皮	红	褐	灰	黑		
素面		5	2	2					9	27.27%
绳纹		3	2		3	8			16	48.48%
线纹		2							2	6.06%
绳纹+附加堆纹			1		1	1		1	4	12.12%
附加堆纹										
彩陶	1								1	3.03%
戳印纹			1						1	3.03%
合计	1	10	6	2	4	9		1	33	100%
	19				14					
百分比	3.03%	30.30%	18.18%	6.06%	12.12%	27.27%		3.03%	100%	
	57.58%				42.42%					

附表65　03H23出土陶片纹饰统计表

数量＼陶质陶色＼纹饰	泥质陶				夹砂陶				合计	百分比
	红	褐	灰	黑皮	红	褐	灰	黑		
素面	3		2	1					6	12.24%
绳纹		4	15			4			23	46.94%
线纹			5						5	10.20%
绳纹+附加堆纹			1						1	2.04%
附加堆纹			2	1					3	6.12%
彩陶	1								1	2.04%
绳纹+凹弦纹		2				2			4	8.16%
线纹+凹弦纹			5						5	10.20%
花边口沿						1			1	2.04%
合计	4	6	30	2		7			49	100%
	42				7					
百分比	8.16%	12.24%	61.22%	4.08%		14.29%			100%	
	85.71%				14.29%					

附表66　03H24出土陶片纹饰统计表

数量 陶质/陶色 纹饰	泥质陶				夹砂陶				合计	百分比
	红	褐	灰	黑皮	红	褐	灰	黑		
素面	1	17	20	6		1			45	34.09%
绳纹	3	5	30			15	9		62	46.97%
线纹	1	2	2						5	3.79%
绳纹+附加堆纹		1	2	1	2	2			8	6.06%
附加堆纹			1						1	0.76%
彩陶		2							2	1.52%
凹弦纹				1					1	0.76%
绳纹+凹弦纹		1	4						5	3.79%
绳纹+几何纹			1						1	0.76%
花边口沿		1					1		2	1.52%
合计	5	29	60	8	2	18	10		132	100%
	102				30					
百分比	3.79%	21.97%	45.45%	6.06%	1.52%	13.64%	7.58%		100%	
	77.27%				22.73%					

附表67　03H26出土陶片纹饰统计表

数量 陶质/陶色 纹饰	泥质陶				夹砂陶				合计	百分比
	红	褐	灰	黑皮	红	褐	灰	黑		
素面	12	15	31	9					67	14.11%
绳纹	2	4	48			175			229	48.21%
线纹	1	4	45						50	10.53%
绳纹+附加堆纹						41	11		52	10.95%
线纹+附加堆纹			5						5	1.05%
附加堆纹			5						5	1.05%
彩陶	10								10	2.11%
戳印纹							5		5	1.05%
线纹+凹弦纹			7						7	1.47%
花边口沿						32	10		42	8.84%
镂孔						3			3	0.63%
合计	25	23	141	9		251	26		475	100%
	198				277					
百分比	5.26%	4.84%	29.68%	1.89%		52.84%	5.47%		100%	
	41.68%				58.32%					

附表68　03H27出土陶片纹饰统计表

数量 陶质/陶色 纹饰	泥质陶				夹砂陶				合计	百分比
	红	褐	灰	黑皮	红	褐	灰	黑		
素面	3		9	4					16	50.00%
绳纹		1	5			8			14	43.75%
绳纹+附加堆纹			2						2	6.25%
合计	3	1	16	4		8			32	100%
	24				8					
百分比	9.38%	3.13%	50.00%	12.50%		25.00%			100%	
	75.00%				25.00%					

附表69　03H37出土陶片纹饰统计表

数量 陶质/陶色/纹饰	泥质陶				夹砂陶				合计	百分比
	红	褐	灰	黑皮	红	褐	灰	黑		
素面	6	3	15	10					34	38.64%
绳纹	1		23			17			41	46.59%
线纹		1	5						6	6.82%
绳纹+附加堆纹		1				1			2	2.27%
线纹+附加堆纹						2			2	2.27%
绳纹+凹弦纹		1	2						3	3.41%
合计	7	6	45	10		20			88	100%
	68				20					
百分比	7.95%	6.82%	51.14%	11.36%		22.73%			100%	
	77.27%				22.73%					

附表70　03H41①层出土陶片纹饰统计表

数量 陶质/陶色/纹饰	泥质陶				夹砂陶				合计	百分比
	红	褐	灰	黑皮	红	褐	灰	黑		
素面	16	10	7	15					48	31.79%
绳纹		10	30			27		7	74	49.01%
线纹	1	3	3			2			9	5.96%
绳纹+附加堆纹			1			6		2	9	5.96%
线纹+附加堆纹						2			2	1.32%
附加堆纹				1					1	0.66%
彩陶	1								1	0.66%
绳纹+凹弦纹			4						4	2.65%
绳纹+凹弦纹+朱砂		1							1	0.66%
花边口沿						1			1	0.66%
绳纹+凸棱纹						1			1	0.66%
合计	18	24	45	16		39		9	151	100%
	103				48					
百分比	11.92%	15.89%	29.80%	10.60%		25.83%		5.96%	100%	
	68.21%				31.79%					

附表71　03H41③层出土陶片纹饰统计表

数量 陶质/陶色/纹饰	泥质陶				夹砂陶				合计	百分比
	红	褐	灰	黑皮	红	褐	灰	黑		
素面	4	6	5	8					23	32.39%
绳纹	1	2	6			23		4	36	50.70%
绳纹+附加堆纹		3	2						5	7.04%
附加堆纹	1								1	1.41%
线纹+附加堆纹						4			4	5.63%
花边口沿						1		1	2	2.82%
合计	6	11	13	8		28		5	71	100%
	38				33					
百分比	8.45%	15.49%	18.31%	11.27%		39.44%		7.04%	100%	
	53.52%				46.48%					

附表72　03H41④层出土陶片纹饰统计表

数量 陶质 陶色 纹饰	泥质陶				夹砂陶				合计	百分比
	红	褐	灰	黑皮	红	褐	灰	黑		
素面	2	4	5	6					17	33.33%
绳纹			9			9		8	26	50.98%
线纹		1							1	1.96%
绳纹+附加堆纹			1					1	2	3.92%
彩陶	3								3	5.88%
花边口沿						1			1	1.96%
朱砂			1						1	1.96%
合计	5	5	16	6		10		9	51	100%
	32				19					
百分比	9.80%	9.80%	31.37%	11.76%		19.61%		0.176	100%	
	62.75%				37.25%					

附表73　03H41⑤层出土陶片纹饰统计表

数量 陶质 陶色 纹饰	泥质陶				夹砂陶				合计	百分比
	红	褐	灰	黑皮	红	褐	灰	黑		
素面	6	10	10	21					47	41.96%
绳纹	1	4	30			10		1	46	41.07%
线纹			5			1			6	5.36%
绳纹+附加堆纹	1	1	2			3		2	9	8.04%
彩陶	1								1	0.89%
花边口沿					1	1		1	3	2.68%
合计	9	15	47	21	1	15		4	112	100%
	92				20					
百分比	8.04%	13.39%	41.96%	18.75%	0.89%	13.39%		3.57%	100%	
	82.14%				17.86%					

附表74　03H48出土陶片纹饰统计表

数量 陶质 陶色 纹饰	泥质陶				夹砂陶				合计	百分比
	红	褐	灰	黑皮	红	褐	灰	黑		
素面	42		236	217					495	26.12%
绳纹	6	20	158		162	261	110	63	780	41.16%
线纹		8	35		18	42	9	12	124	6.54%
绳纹+附加堆纹			12		19	173			204	10.77%
附加堆纹	15			21					36	1.90%
彩陶	30								30	1.58%
戳印纹			7						7	0.37%
线纹+附加堆纹						12			12	0.63%
花边口沿						98	15	9	122	6.44%
镂孔			2						2	0.11%
绳纹+凹弦纹			52						52	2.74%
凸棱纹			27						27	1.42%
瓦楞纹			4						4	0.21%
合计	93	28	502	269	199	586	134	84	1895	100%
	892				1003					
百分比	4.91%	1.48%	26.49%	14.20%	10.50%	30.92%	7.07%	4.43%	100%	
	47.07%				52.93%					

数量＼陶质／陶色／纹饰	泥质陶				夹砂陶				合计	百分比
	红	褐	灰	黑皮	红	褐	灰	黑		
素面	25	11	15	43					94	50.81%
绳纹	1	8		5		19		15	48	25.95%
线纹		5	8					5	18	9.73%
绳纹+附加堆纹						10			10	5.41%
附加堆纹		3							3	1.62%
彩陶	2								2	1.08%
绳纹+凹弦纹			5						5	2.70%
线纹+凹弦纹								5	5	2.70%
合计	28	24	31	48		29		25	185	100%
	131				54					
百分比	15.14%	12.97%	16.76%	25.95%		15.68%		13.51%	100%	
	70.81%				29.19%					

数量＼陶质／陶色／纹饰	泥质陶				夹砂陶				合计	百分比
	红	褐	灰	黑皮	红	褐	灰	黑		
素面	15		5	4					24	38.71%
绳纹						13		5	18	29.03%
线纹			8					3	11	17.74%
绳纹+附加堆纹			2			5			7	11.29%
线纹+凹弦纹			2						2	3.23%
合计	15		17	4		18		8	62	100%
	36				26					
百分比	24.19%		27.42%	6.45%		29.03%			100%	
	58.06%				41.94%					

数量＼陶质／陶色／纹饰	泥质陶				夹砂陶				合计	百分比
	红	褐	灰	黑皮	红	褐	灰	黑		
素面	13	7	10	12					42	41.18%
绳纹			11			27		5	43	42.16%
线纹										
绳纹+附加堆纹					2	6			8	7.84%
附加堆纹			2						2	1.96%
线纹+凹弦纹			2			5			7	6.86%
合计	13	7	21	16	2	38		5	102	100%
	57				45					
百分比	12.75%	6.86%	20.59%	15.69%	1.96%	37.25%		4.90%	100%	
	55.88%				44.12%					

附表78　03Y1出土陶片纹饰统计表

纹饰 \ 数量	泥质陶				夹砂陶				合计	百分比
陶色	红	褐	灰	黑皮	红	褐	灰	黑		
素面	3	2	1	1					7	25.00%
绳纹		2		6	1	2		3	14	50.00%
线纹		2	1			1			4	14.29%
绳纹+附加堆纹						1			1	3.57%
戳印纹			1						1	3.57%
线纹+凹弦纹		1							1	3.57%
合计	3	7	3	7	1	4		3	28	100%
	20				8					
百分比	10.71%	25.00%	10.71%	25.00%	3.57%	14.29%			100%	
	71.43%				28.57%					

附表79　03Y3出土陶片纹饰统计表

纹饰 \ 数量	泥质陶				夹砂陶				合计	百分比
陶色	红	褐	灰	黑皮	红	褐	灰	黑		
素面		1	6	1					8	25.00%
绳纹	2	5	5	2		3			17	53.13%
线纹		1	1						2	6.25%
绳纹+附加堆纹			1			1			2	6.25%
附加堆纹			1						1	3.13%
彩陶	1								1	3.13%
绳纹+凹弦纹			1						1	3.13%
合计	3	7	15	3		4			32	100%
	28				4					
百分比	9.38%	21.88%	46.88%	9.38%		12.50%			100%	
	87.50%				12.50%					

附表80　04第③层出土陶片纹饰统计表

纹饰 \ 数量	泥质陶					夹砂陶			合计	百分比
陶色	红	褐	灰	黑	黑皮	褐	灰	黑		
斜向绳纹	24	35	403			129	43		634	44.68%
彩陶	5	20							25	1.76%
附加堆纹		1	11	3		23			38	2.68%
素面	125	34	344	96		20			619	43.62%
戳印纹			7						7	0.49%
弦纹			1						1	0.07%
复合纹饰	5	9	27			43	7		91	6.41%
镂孔			1						1	0.07%
乳钉纹		1							1	0.07%
瓦楞纹			2						2	0.14%
合计	159	100	796	99		215	50		1419	100%
	1154					265				
百分比	11.21%	7.05%	56.10%	6.98%		15.15%	3.52%		100%	
	81.32%					18.68%				

附表81　04第④出土陶片纹饰统计表

陶质 数量 陶色 纹饰	泥质陶					夹砂陶			合计	百分比
	红	褐	灰	黑	黑皮	褐	灰	黑		
斜向绳纹	3	4	98			41	13		159	48.18%
彩　陶	7	2							9	2.73%
附加堆纹		2	2			3	4		11	3.33%
素　面	28		72		22				122	36.97%
戳印纹			2						2	0.61%
弦　纹			2			1			3	0.91%
花边口沿			1						1	0.30%
复合纹饰	1	3	9			10			23	6.97%
合　计	39	11	186		22	55	17		330	100%
			258				72			
百分比	11.82%	3.33%	56.36%		6.67%	16.67%	5.15%		100%	
			78.18%				21.82%			

附表82　04第⑤层出土陶片纹饰统计表

陶质 数量 陶色 纹饰	泥质陶					夹砂陶			合计	百分比
	红	褐	灰	黑	黑皮	褐	灰	黑		
斜向绳纹	1	2	33			27	1		64	43.24%
彩　陶	1								1	0.68%
素　面	20	4	25	23					72	48.65%
复合纹饰			4			7			11	7.43%
合　计	22	6	62	23		34	1		148	100%
			113				35			
百分比	14.86%	4.05%	41.89%	15.54%		22.97%	0.68%		100%	
			76.35%				23.65%			

附表83　04H5出土陶片纹饰统计表

陶质 数量 陶色 纹饰	泥质陶					夹砂陶			合计	百分比
	红	褐	灰	黑	黑皮	褐	灰	黑		
斜向绳纹	5		12			13			30	26.54%
彩　陶		4							4	3.54%
附加堆纹			2			2	1		5	4.42%
素　面	35	21	6			5			67	59.30%
戳印纹							1		1	0.08%
蓝　纹						1	1		2	1.77%
压印纹	2					2			4	3.54%
合　计	42	25	20			23	3		113	100%
			87				26			
百分比	37.17%	22.12%	17.70%			23.01%			100%	
			76.99%				23.01%			

附表84　04H8出土陶片纹饰统计表

纹饰 \ 陶质·陶色·数量	泥质陶					夹砂陶			合计	百分比
	红	褐	灰	黑	黑皮	褐	灰	黑		
斜向绳纹			78			158			236	67.43%
附加堆纹		1				1			2	0.57%
素　面	25	13	45		29				112	32.00%
合　计	25	14	123		29	159			350	100%
	191					159				
百分比	7.14%	4%	35.14%		8.29%	45.43%			100%	
	54.57%					45.43%				

附表85　04H17出土陶片纹饰统计表

纹饰 \ 陶质·陶色·数量	泥质陶					夹砂陶			合计	百分比
	红	褐	灰	黑	黑皮	褐	灰	黑		
斜向绳纹	2	17	60			135	62		276	69.17%
彩　陶	10								10	2.50%
附加堆纹			2			2			4	1.00%
素　面	15	22	56		15				108	27.07%
复合纹饰	1								1	0.25%
合　计	28	39	118		15	137	62		399	100%
	200					199				
百分比	7.02%	9.77%	29.57%		3.76%	34.34%	15.54%		100%	
	50.12%					49.88%				

附表86　04H19出土陶片纹饰统计表

纹饰 \ 陶质·陶色·数量	泥质陶					夹砂陶			合计	百分比
	红	褐	灰	黑	黑皮	褐	灰	黑		
斜向绳纹		34	13			58			105	48.61%
彩　陶	6								6	2.78%
附加堆纹		17							17	7.87%
素　面	10		36		37				83	38.43%
戳印纹						1			1	0.46%
细线纹						4			4	1.85%
合　计	16	51	49		37	63			216	100%
	153					63				
百分比	7.41%	FALSE	22.69%		17.13%	29.17%			1005%	
	70.83%					29.17%				

附表87 04H22出土陶片纹饰统计表

纹饰	泥质陶					夹砂陶			合计	百分比
	红	褐	灰	黑	黑皮	褐	灰	黑		
斜向绳纹			8				2		10	35.71%
彩 陶		2							2	7.14%
附加堆纹			2			1			3	10.71%
素 面			13						13	46.43%
合 计		2	23			1	2		28	100%
百分比		7.14%	82.14%			3.57%	7.14%		100%	
		89.29%				10.71%				

附表88 04H23出土陶片纹饰统计表

纹饰	泥质陶					夹砂陶			合计	百分比
	红	褐	灰	黑	黑皮	褐	灰	黑		
斜向绳纹			1				5		6	50.00%
附加堆纹			1						1	8.33%
素 面	2		3						5	41.67%
合 计	2		5				5		12	100%
		7				5				
百分比	16.67%		41.67%				41.67%		100%	
		58.33%				41.67%				

附表89 04H24出土陶片纹饰统计表

纹饰	泥质陶					夹砂陶			合计	百分比
	红	褐	灰	黑	黑皮	褐	灰	黑		
斜向绳纹			6			1	4		11	45.83%
彩 陶										
附加堆纹			1						1	4.17%
素 面		3	6	3					12	50.00%
合 计		3	13	3		1	4		24	100%
		19				5				
百分比		13%	54.17%		0.125	4.17%	16.67%		100%	
		79.17%				20.83%				

附表90　04H32出土陶片纹饰统计表

纹饰 \ 陶色	泥质陶 红	泥质陶 褐	泥质陶 灰	泥质陶 黑	泥质陶 黑皮	夹砂陶 褐	夹砂陶 灰	夹砂陶 黑	合计	百分比
斜向绳纹		1	5			3			9	47.37%
彩陶	2								2	10.53%
附加堆纹							1		1	5.26%
素面		1	6						7	36.84%
合计	2	2	11			3	1		19	100%
	15					4				
百分比	10.53%	10.53%	57.89%			15.79%	5.26%		100%	
	78.95%					21.05%				

附表91　06第③出土陶片纹饰统计表

纹饰 \ 陶色	泥质陶 红褐	泥质陶 灰	泥质陶 黑皮	夹砂陶 褐	夹砂陶 灰	合计	百分比
交错线纹		10			4	14	2.03%
斜向线纹	7	2		51		60	8.72%
交错绳纹	11	60		10	3	84	12.21%
斜向绳纹	2	105		101	10	218	31.69%
彩陶	12					12	1.74%
附加堆纹		3	1			4	0.58%
素面	53	69		1		123	17.88%
素面磨光		51	22			73	10.61%
花边口沿				15	1	16	2.33%
复合纹饰		2		9	1	12	1.74%
复合纹饰（绳+附加堆）		4		29		33	4.80%
复合纹饰（绳+弦纹）	7	31				38	5.52%
瓦楞纹		1				1	0.15%
合计	92	338	23	216	19	688	100%
	453			235			
百分比	13.37%	49.13%	3.34%	31.40%	2.76%	100%	
	65.84%			34.16%			

附表92　06第④层出土陶片纹饰统计表

纹饰 \ 陶色	泥质陶 红褐	泥质陶 灰	泥质陶 黑皮	夹砂陶 褐	夹砂陶 灰	合计	百分比
交错绳纹		2		6		8	23.53%
斜向绳纹		1		10		11	32.35%
素面	3			1		4	11.76%
素面磨光	4					4	11.76%
花边口沿				3		3	8.82%
复合纹饰（绳+附加堆）		2				2	5.88%
复合纹饰（绳+凹弦纹）		2				2	5.88%
合计	7	7		20		34	100%
	14			20			
百分比	20.59%	20.59%		58.82%		100%	
	41.18%			58.82%			

附表93 06F1出土陶片纹饰统计表

数量 陶质 陶色 纹饰	泥质陶			夹砂陶		合计	百分比
	红褐	灰	黑皮	褐	灰		
交错线纹				8		8	100.00%
合计				8		8	100%
				8			
百分比				100.00%		100%	
				100.00%			

附表94 06F2①层出土陶片纹饰统计表

数量 陶质 陶色 纹饰	泥质陶			夹砂陶		合计	百分比
	红褐	灰	黑皮	褐	灰		
斜向线纹	1	9				10	5.41%
交错绳纹		16		24	1	41	22.16%
斜向绳纹	2	12		19	8	41	22.16%
彩陶	6					6	3.24%
素面	20	9				29	15.68%
素面磨光	4	10	4			18	9.73%
花边口沿				10		10	5.41%
复合纹饰（绳+堆+弦）	6					6	3.24%
复合纹饰（绳+弦纹）		5		14		19	10.27%
复合纹饰（绳+泥条）					5	5	2.70%
合计	39	61	4	67	14	185	100%
		104			81		
百分比	21.08%	32.97%	2.16%	36.22%	7.57%	100%	
		56.22%			43.78%		

附表95 06F2②层出土陶片纹饰统计表

数量 陶质 陶色 纹饰	泥质陶			夹砂陶		合计	百分比
	红褐	灰	黑皮	褐	灰		
交错绳纹	6	11		2	3	22	18.18%
斜向绳纹				6		6	4.96%
彩陶	3					3	2.48%
附加堆纹				5	2	7	5.79%
素面	14	12		1		27	22.31%
素面磨光	14	21	8			43	35.54%
花边口沿	3			3		6	4.96%
复合纹饰（绳+弦纹）		7				7	5.79%
合计	40	51	8	17	5	121	100%
		99			22		
百分比	33.06%	42.15%	6.61%	14.05%	4.13%	100%	
		81.82%			18.18%		

附表96　06F3③出土陶片纹饰统计表

数量\陶质\陶色\纹饰	泥质陶			夹砂陶		合计	百分比
	红褐	灰	黑皮	褐	灰		
斜向线纹				1		1	0.46%
交错绳纹		23		8		31	14.16%
斜向绳纹		14		56	1	71	32.42%
彩陶	5					5	2.28%
附加堆纹	1					1	0.46%
素面	23	5				28	12.79%
素面磨光		33	9			42	19.18%
弦纹		5				5	2.28%
花边口沿				9		9	4.11%
复合纹饰（绳+附加堆）	2	3		15		20	9.13%
复合纹饰（绳+弦纹）		3				3	1.37%
复合纹饰（绳+堆+乳钉）				3		3	1.37%
合计	31	86	9	92	1	219	100%
	126			93			
百分比	14.16%	39.27%	4.11%	42.01%	0.46%	100%	
	57.53%			42.47%			

附表97　06H4出土陶片纹饰统计表

数量\陶质\陶色\纹饰	泥质陶			夹砂陶		合计	百分比
	红褐	灰	黑皮	褐	灰		
交错绳纹		2		4		6	11.54%
斜向绳纹	1	3				4	7.69%
素面	6	4				10	19.23%
素面磨光	3	10	3			16	30.77%
复合纹饰（绳+附加堆）				12		12	23.08%
复合纹饰（绳+弦纹）		4				4	7.69%
合计	10	23	3	16		52	100%
	36			16			
百分比	19.23%	44.23%	5.77%	30.77%		100%	
	69.23%			30.77%			

附表98　06H7出土陶片纹饰统计表

数量\陶质\陶色\纹饰	泥质陶			夹砂陶		合计	百分比
	红褐	灰	黑皮	褐	灰		
交错绳纹		4				4	10.53%
斜向绳纹		3		6		9	23.68%
彩陶	7					7	18.42%
素面	1					1	2.63%
素面磨光	2	3				5	13.16%
花边口沿				1		1	2.63%
复合纹饰（绳+堆）				4		4	10.53%
复合纹饰（绳+堆+乳钉）		1				1	2.63%
复合纹饰（绳+弦纹）	1	5				6	15.79%
合计	11	16		11		38	100%
	27			11			
百分比	28.95%	42.11%		28.95%		100%	
	71.05%			28.95%			

附表99　06H8出土陶片纹饰统计表

数量＼陶质陶色＼纹饰	泥质陶			夹砂陶		合计	百分比
	红褐	灰	黑皮	褐	灰		
斜向线纹		3				3	2.83%
交错绳纹	3	13			5	21	19.81%
斜向绳纹	3				19	22	20.75%
彩陶	5					5	4.72%
附加堆纹							0.00%
素面	15	7				22	20.75%
素面磨光	6	3	6			15	14.15%
花边口沿					5	5	4.72%
复合纹饰（绳＋附加堆）	2				8	10	9.43%
复合纹饰（绳＋弦纹）		3				3	2.83%
合计	34	29	6	37		106	100%
	69			37			
百分比	32.08%	27.36%	5.66%	34.91%		100%	
	65.09%			34.91%			

附表100　06H12出土陶片纹饰统计表

数量＼陶质陶色＼纹饰	泥质陶			夹砂陶		合计	百分比
	红褐	灰	黑皮	褐	灰		
交错线纹		1		4		5	13.16%
斜向线纹		1		4		5	13.16%
交错绳纹		1		3		4	10.53%
斜向绳纹				3		3	7.89%
素面	4	7	3	1		15	39.47%
复合纹饰	1	1		4		6	15.79%
合计	5	11	3	19		38	100%
	19			19			
百分比	13.16%	28.95%	7.89%	50.00%		100%	
	50.00%			50.00%			

附表101　06H14出土陶片纹饰统计表

数量＼陶质陶色＼纹饰	泥质陶			夹砂陶		合计	百分比
	红褐	灰	黑皮	褐	灰		
交错绳纹	6	23		9		38	6.92%
斜向绳纹	29	69		100	8	206	37.52%
彩陶	1					1	0.18%
附加堆纹		2				2	0.36%
素面	64	13	26	5		108	19.67%
素面磨光	76	57				133	24.23%
花边口沿				16		16	2.91%
复合纹饰（绳＋附加堆）	2			33		35	6.38%
复合纹饰（绳＋弦纹）		9				9	1.64%
镂空		1				1	0.18%
合计	178	172	28	163	8	549	100%
	378			171			
百分比	32.42%	31.33%	5.10%	29.69%	1.46%	100%	
	68.85%			31.15%			

附表102 06G1出土陶片纹饰统计表

数量 纹饰	陶质 陶色	泥质陶			夹砂陶		合计	百分比
		红褐	灰	黑皮	褐	灰		
附加堆纹					1		1	16.67%
素面		4	1				5	83.33%
合计		4	1		1		6	100%
		5			1			
百分比		66.67%	16.67%		16.67%		100%	
		83.33%			16.67%			

附表103 06G2出土陶片纹饰统计表

数量 纹饰	陶质 陶色	泥质陶			夹砂陶		合计	百分比
		红褐	灰	黑皮	褐	灰		
交错线纹		1	3				4	36.36%
斜向线纹		2	1				3	27.27%
附加堆纹					1		1	9.09%
素面			3				3	27.27%
合计		3	7		1		11	100%
		10			1			
百分比		27.27%	63.64%		9.09%		100%	
		90.91%			9.09%			

附表104 06G3出土陶片纹饰统计表

数量 纹饰	陶质 陶色	泥质陶			夹砂陶		合计	百分比
		红褐	灰	黑皮	褐	灰		
交错线纹			1				1	11.11%
斜向绳纹					1	1	2	22.22%
彩陶		1					1	11.11%
复合纹饰					5		5	55.56%
合计		1	1		6	1	9	100%
		2			7			
百分比		11.11%	11.11%		66.67%	11.11%	100%	
		22.22%			77.78%			

附表105 06Y1出土陶片纹饰统计表

陶质 数量　　陶色 纹饰	泥质陶			夹砂陶		合计	百分比
	红褐	灰	黑皮	褐	灰		
交错绳纹	3	5		2		10	14.93%
斜向绳纹	6	5		7		18	26.87%
素面	9	6				15	22.39%
素面磨光			7			7	10.45%
花边口沿				3		3	4.48%
复合纹饰（绳+附加堆）		1		8		9	13.43%
复合纹饰（绳+弦纹）	3	2				5	7.46%
合计	21	19	7	20		67	100%
	47			20			
百分比	31.34%	28.36%	10.45%	29.85%		100%	
	70.15%			29.85%			

附表106 06Y2出土陶片纹饰统计表

陶质 数量　　陶色 纹饰	泥质陶			夹砂陶		合计	百分比
	红褐	灰	黑皮	褐	灰		
斜向线纹	4	2			1	7	15.56%
交错绳纹		1			1	2	4.44%
斜向绳纹		1		11		12	26.67%
彩陶	4					4	8.89%
附加堆纹		1				1	2.22%
素面	12	4				16	35.56%
素面磨光			3			3	6.67%
合计	20	9	3	11	2	45	100%
	32			13			
百分比	44.44%	20.00%	6.67%	24.44%	4.44%	100%	
	71.11%			28.89%			

附录　营盘山考古大事记

1979年

元月中旬，原茂汶羌族自治县文化馆在营盘山遗址清理了一座已暴露在水沟边的石棺墓。

2月初，在营盘山基建工程中发现石棺墓葬群，原茂汶羌族自治县文化馆从2月5～16日，配合该工程清理了已暴露的9座石棺墓。

2000年

7月，为配合《四川文物地图集》的编写工作，在四川省文物局的统一领导下，成都文物考古研究所会同阿坝藏族羌族自治州文物管理所及茂县羌族博物在茂县营盘山调查时采集到部分新石器时代的陶片、石器等遗物，并发现了原生的文化层堆积，确认为一处新石器时代遗址。同时清理石棺葬器物坑2座。

10月下旬至11月中旬，成都文物考古研究所、阿坝藏族羌族自治州文物管理所、茂县羌族博物馆联合在营盘山遗址及石棺葬墓地首次进行了勘探和试掘，试掘集中在遗址的中西部进行，共布探方（沟）17个（条），揭露面积达240余平方米。

2001年

6月，成都文物考古研究所、阿坝藏族羌族自治州文物管理所、茂县羌族博物馆以《岷江上游新石器时代文化研究》课题联合向国家文物局申报2001年度文博社科基金资助项目，并获通过。

7月，《岷江上游考古新发现述析》在《中华文化论坛》2001年第3期发表。

2002年

《岷江上游考古发现新石器遗址》刊载于《中国文物报》2002年1月2日第2版；《茂县营盘山新石器时代遗址》刊载于《中国考古学年鉴·2001》（文物出版社，2002年）。

9月12日～11月5日，成都文物考古研究所、阿坝藏族羌族自治州文物管理所、茂县羌族博物馆再次对营盘山遗址及石棺葬墓地进行了详细的勘探，并选点进行第二次试掘。

10月，国家文物局王军处长、关强处长等一行至茂县考察营盘山遗址出土遗物。

10月12日，著名考古学家、中国考古学会副理事长、故宫博物院原院长张忠培先生等一行至茂县仔细察看了营盘山遗址及石棺葬墓地、波西遗址出土陶器、玉石器等器物标本。

11月15日，中国考古学会副理事长、北京大学严文明教授，国家文物局考古专家组组长、中国考古学会常务理事黄景略研究员，夏商周断代工程专家组首席专家、北京大学李伯谦教授，国家文物局专家组成员、中国考古学会常务理事、中国社会科学院考古研究所徐光冀研究员，中国社会科学院考古研究所边疆考古中心主任王仁湘研究员，时任中国国家博物馆副馆长李季研究员在成都参观了营盘山遗址及石棺葬墓地出土的实物标本及发掘现场的图片。

12月，营盘山遗址被四川省人民政府公布为第五批四川省文物保护单位。

12月，国家文物局文保司考古处闫亚林处长一行至茂县考察营盘山遗址出土文物。

论文"岷江上游考古新发现述析"荣获了成都市人民政府社会科学优秀成果三等奖表彰。

成都文物考古研究所、阿坝藏族羌族自治州文物管理所、茂县羌族博物馆编写的《茂县营盘山遗址试掘报告》刊载于《成都考古发现（2000）》（科学出版社，2002年）。

2003年

10月9日～12月17日，经国家文物局批准，成都文物考古研究所对营盘山遗址及石棺葬墓地进行第一次正式发掘，阿坝藏族羌族自治州文物管理所、茂县羌族博物馆进行配合。

11月14、15日，由四川省文物管理局、成都市文化局、阿坝藏族羌族自治州文化局主办，成都市文物考古研究所、四川省文物考古研究所、阿坝藏族羌族自治州文管所、茂县人民政府、汶川县人民政府及茂县羌族博物馆承办的岷江上游古文化遗址发掘工作汇报会在茂县举行。来自四川大学、四川省社会科学院、四川省民族研究所、西南民族大学、四川省文物考古研究所、成都市文物考古研究所、凉山彝族自治州博物馆等高校及科研单位，长期从事考古学、历史学、民族学研究的专家学者及各级领导60余人参加了汇报会。

《2002年岷江上游考古的收获与探索》在《中华文化论坛》2003年第4期发表。

《茂县营盘山新石器时代遗址》入选国家文物局主编《2003中国重要考古发现》（文物出版社，2004年）。

2004年

上半年，成都文物考古研究所与茂县羌族博物馆筹办"远古的家园"营盘山遗址考古发掘展览。经过半年的紧张工作，9月21日，茂县羌族博物馆"远古的家园"营盘山遗址考古发掘展览举行开展仪式，这是营盘山遗址出土文物首次对外公开展览。省内文博考古专家、当地领导和大批游客来到茂县羌族博物馆开展现场，参观了营盘山遗址出土文物。

10月15日～12月2日，经国家文物局批准，成都文物考古研究所对营盘山遗址及石棺葬墓地进行第二次正式发掘，阿坝藏族羌族自治州文物管理所、茂县羌族博物馆进行配合。

11月，时任文化部副部长、故宫博物院院长郑欣淼、故宫博物院外事处处长段勇等领导亲临发掘工地参观和考察。

论文"2002年岷江上游考古的收获与探索"荣获了成都市人民政府社会科学优秀成果三等奖表彰。

《茂县营盘山遗址试掘报告》荣获四川省人民政府社会科学优秀成果三等奖表彰。

《营盘山遗址群再现岷江上游五千年前辉煌》刊载于《中国文物报》2004年12月22日第1版。

《营盘山遗址面面观》刊载于《中国文物报》2004年12月22日第4版。

2005年

茂县营盘山遗址入围2004年度全国十大考古新发现终评名单。

2006年

10月25日～11月22日，经国家文物局批准，成都文物考古研究所对营盘山遗址及石棺葬墓地进行第三次正式发掘，阿坝藏族羌族自治州文物管理所、茂县羌族博物馆进行配合。

营盘山遗址被国务院公布为第六批全国重点文物保护单位。

2008年

"5·12汶川特大地震"对茂县羌族博物馆造成了严重破坏，"远古的家园"营盘山遗址考古发掘展览撤展。茂县羌族博物馆的灾后重建全面展开，营盘山遗址主要发掘人员参加了展览陈列大纲的编写工作。

2009年

5月12日，茂县举行纪念"5·12"抗震救灾一周年暨羌族博物馆重建奠基活动，国家文物局局长单霁翔宣布茂县羌族博物馆奠基，我国唯一的羌族博物馆将在两年内建成。

2010年

营盘山遗址入选"大遗址保护成都片区"七大遗址群之一，成都片区大遗址保护正式纳入国家文物事业"十二五"规划和全国大遗址保护五大片区之一。

2012年

6月28日，新建成的茂县羌族博物馆正式开馆，国家文物局宋新潮副局长宣布开馆，四川省文物局王琼局长、对口援建省山西省等领导为新馆揭牌。新馆专设有展厅陈列展示茂县营盘山遗址考古成果。

2013年

成都文物考古研究所、阿坝藏族羌族自治州文物管理所、茂县羌族博物馆编著的《茂县营盘山石棺葬墓地》考古报告由文物出版社出版发行。

2015年

《茂县营盘山石棺葬墓地》荣获了成都市人民政府社会科学优秀成果三等奖表彰。

2017年

4月，国家文物局批准了《茂县营盘山新石器时代遗址》考古报告的出版计划。

后　记

　　《茂县营盘山新石器时代遗址》的编写、编辑出版不仅是一项集体劳动的成果，而且也得到了各领域诸位专家的大力支持。

　　营盘山遗址出土动物骨骼承黄蕴平教授、周忠和教授、王应祥教授帮助鉴定。植硅石由北京大学环境资源与环境地理系植硅体实验室刘德成博士鉴定。孢子花粉于2007年11月由中国地质科学院水文地质环境地质研究所环境过程研究室范淑贤研究员鉴定。石器岩性由成都理工大学黄明、孟繁星、张明明鉴定。植物遗存由赵志军研究员鉴定。人祭坑人骨的测试分析由四川大学考古学系原海兵博士负责。四川大学分析测试中心对遗址出土的红色颜料、窑内烧结物进行了测试分析。北京大学考古文博学院吴小红教授、崔剑锋教授、杨颖亮工程师对遗址出土彩陶标本进行了测试分析。

　　此外，四川大学考古学系学生陈娜、索德浩、张彦、张振刚、赵晓华参加了2002年度发掘出土资料的整理工作；2013年起，四川大学考古学系研究生陈亚军、苇莉果、杨雨霏、肖林芝、张梦逸等先后参加了资料整理工作。

　　报告所用线图由卢引科、曹桂梅、杨文成清绘，纹饰拓片由代福尧负责。发掘现场照片及出土器物照片由陈剑拍摄。出土动物骨骼标本照片由何锟宇拍摄。

　　《茂县营盘山新石器时代遗址》报告上编执笔名单：

　　第一章：蒋成、陈剑、何锟宇、蔡清

　　第二章：陈剑、蒋成、何锟宇

　　第三章：陈剑、蒋成、何锟宇、陈学志、蔡清、范永刚

　　第四章：范永刚、蒋成、陈剑、何锟宇、陈学志、蔡清

　　第五章：何锟宇、陈学志、陈剑、蔡清、范永刚、刘永文

　　第六章：何锟宇、蔡清、陈剑、陈学志、范永刚、刘永文

　　第七章：何锟宇、范永刚、陈剑、李明、蒋成、蔡清、陈学志

　　第八章：何锟宇、蒋成、陈剑

　　第九章至第一四章执笔名单分别见各具体章节

　　第一五章：陈剑、何锟宇、蒋成、陈学志、蔡清、范永刚

　　陈剑、何锟宇负责了报告的具体编写工作并对全书进行了统稿和校订。

报告的编写及出版得到了四川省文物局王琼局长、濮新副局长、何振华处长及成都文物考古研究院王毅院长等领导的关切与指导。成都文物考古研究院副院长江章华研究员一直关心本报告的编写工作，不仅作出了具体指导，还惠允将其论文收入报告。

报告的英文提要由中央民族大学黄义军教授翻译。

文物出版社责任编辑秦彧、唐海源为报告的编辑出版付出了很多的努力。

在此对他们致以诚挚的感谢！

编　者